社区矫正前沿

（2022）

司法部预防犯罪研究所 / 主编

Frontiers of
Community Correction

中国法制出版社
CHINA LEGAL PUBLISHING HOUSE

前　言

《社区矫正法》的颁布实施，将社区矫正工作推进到一个全新的发展阶段。为了梳理总结社区矫正在规范化建设、实施分类管理与个别化矫正以及开展"智慧矫正"过程中取得的实效以及面临的理论与实践问题，推进社区矫正理论研究与实践工作高质量发展，经司法部领导批准，司法部社区矫正管理局与司法部预防犯罪研究所围绕社区矫正规范化、精细化、智能化面向全国社区矫正机构和科研院所开展了主题征文活动。

各地社区矫正机构工作人员以及理论研究人员踊跃参加，截至2022年11月底，共征收到130多篇论文。经初筛和多轮评选，共选出优秀论文53篇。为呈现有关优秀理论研究成果，并为我国社区矫正事业的改革与发展提供参考与借鉴，推动社区矫正理论研究的进一步繁荣，我们将本次征文中的优秀成果集结，并命名为《社区矫正前沿（2022）》，作为《社区矫正前沿》年度系列文集成果之一正式出版，以期进一步推动社区矫正理论研究与实践的高质量发展。

本书立足此次征文主题，将评选出的优秀论文划分为规范化篇、精细化篇、智能化篇三篇，在此基础上依据《社区矫正法》框架结构以及文章主要内容，对各篇文章进一步细化，确立了11个专题。其中，规范化篇划分为4个专题，重点对社区矫正总体的规范化建设、机构与队伍建设规范化、执法管理机制规范化及监督制约体系规范化进行探讨；精细化篇划分为5个专题，分别从总体要求、心理矫正、特殊地域社区矫正、特殊类型社区矫正、未成年人社区矫正等不同视角提出社区矫正分类管理及个别化矫正的完善路径；智能化篇划分为2个专题，主要介绍了各地在推进智慧矫正建设过程中的有益实践并就智能化建设中存在的疑难问题进行深度研究。

本次征文活动及本书编辑出版，由司法部预防犯罪研究所高贞所长全程把控，周勇副所长、高文副所长具体指导，社区矫正工作研究室具体组织实施，国外预防犯罪与刑事司法研究室、办公室配合共同完成。社区矫正工作研究室的张桂荣研究员、安文霞副研究员付出了大量心血，从拟定征文活动方案，与相关部门沟通协商，到对130多篇征文进行多轮筛选和评审，对筛选出的全部优秀论文进行集结、体例编排、编辑、校对，与有关作者积极沟通进行修改完善，再到联系出版等，完成了全过程的工作。李佳臻博士也参与了部分优秀论文的评选，张露予博士参与了文集的编辑、校对工作。在组织征文和本书编辑出版中得到了司法部社区矫正管理局刘晔副局长（正局级）、郭健处长以及其他相关领导的大力支持，中国法制出版社赵宏编辑、王悦编辑为本书出版做了大量工作，在此一并致谢。

由于水平有限，书中不当之处敬请批评指正。

目录
Contents

规范化篇

一、总体要求

我国社区矫正标准化建设探讨与展望
　　——基于14部标准的实证考察 ………………………… 姚明　钟海妮 / 4
行刑一体化建设推进路径研究 ……………………………… 玄计华　吕云青 / 13
市域社会治理现代化背景下社区矫正的功能定位和治理路径
　　——基于上海市虹口区社区矫正工作的调研 ………………………… 王震 / 23
2022年社区矫正理论研究与实务发展述要 ………………… 安文霞　张桂荣 / 34

二、机构与队伍建设

社区矫正机构建设语境下队建制的实践探索与思考
　　——以安徽省为例 ………………………… 任少军　施文斌　郭琪 / 50
社区矫正工作者职业倦怠及其对策 ………………………………………… 连春亮 / 57
目标差异与行为调适：政府购买社区矫正服务的评估现状 ………………… 金越 / 68
社会力量参与社区矫正工作：现状、问题与创新 ………… 王鹏飞　展嘉文 / 75
狱所民警助推社区矫正工作规范化的现状及思考
　　——基于四川省狱所民警参与社区矫正工作
　　　的实践 ………………… 贾良伦　臧肖　陈刚　张昆　刘康君 / 87
对完善《社区矫正法》的若干思考 ………………………………………… 牟九安 / 98
从社区矫正人才队伍建设视角浅析社区矫正规范
　　化精细化智能化建设发展 ………………… 贵州省社区矫正管理局课题组 / 103

《社区矫正法》下社会力量嵌入的社区矫正新模式
　　——广州市社区矫正社会工作专业化实践的本
　　　土探索 ……………………………… 蔡穗宁　陈镇杰　何嘉颖　曾展希 / 115
基层社区矫正队伍专职化建设的县级实践
　　——以成都市青白江区、崇州市社区矫
　　　正改革为例 ………………… 李虹霞　朱大全　郑意雄　于磊　赵爽 / 124
社区矫正执法者失职追责机制的科学建构
　　——以"尽职免责"条款为切入点 …………………………… 陈泽浩 / 132

三、执法管理机制

关于完善我国社区矫正调查评估工作的思考 ………………… 许明　蔡穗宁 / 151
浅析如何做好社区矫正调查评估工作
　　——以四川省成都市青白江区社区矫正调查评
　　　估工作实际为例 …………………………… 肖姝斌　杨妮　蒋凯 / 160
在社区矫正工作中完善经常性跨市、县活动制度探究 ……………… 吴育文 / 168
社区矫正对象经常性跨市、县活动制度初探 ………………………… 刘华燕 / 178
社区矫正训诫、警告、撤销缓刑条文体系化解析
　　——从解释方法谈规范与公平正义 ………………………… 张雨田 / 184
推进社区矫正执法规范化建设实践与若干思考
　　——以阜新市社区矫正工作为例 ……………………………… 刘爽 / 194
从个案角度浅谈社区矫正对象监管现状的问题与思考
　　——以台州市D区一起脱管案件为例 ……………………… 陈静源 / 203

四、监督制约体系

关于社区矫正制约监督体系建设的思考 ……………………………… 徐祖华 / 215
基层检察机关社区矫正检察监督工作存在问题及对策 ……………… 李宝英 / 221
从检察监督角度提升社区矫正执法规范化工作研究
　　——以杭州市萧山区为例 …………………………… 金啸　张巧玲 / 229

精细化篇

一、总体要求

社区矫正分类管理与个性化矫正的困境和出路 ············· 袁帅　黄陈炬　王勍 / 238
社区矫正"个别化"实践思考
　——以社区矫正对象 W 某为典型个案 ················· 张磊　马寅矗 / 249
人际交往行为视角下的社区矫正实效性研究 ···················· 邹宇慧 / 258

二、心理矫正

内嵌式社区矫正"心理—社会"整合服务
　探索 ································· 郭宏斌　董洪杰　史娟　毕坤坤 / 265
一湾晴朗工作室凝心聚力开展心理矫治工作
　——广州市荔湾区司法社工开展规范化社区矫正服务
　　案例 ··· 岳鸿洲　赵江涛 / 279
心理矫正工作再思考
　——以社区矫正工作人员与社区矫正对象的心理分析
　　为视角 ··· 任璀霞　金啸 / 292

三、特殊地域社区矫正

厦门市涉台社区矫正工作的探索与实践 ················· 林辉亮　黄永焕 / 303
农村社区矫正工作的困境及其破解之道
　——基于安徽淮南的实证调研 ························ 胡善平　朱传娟 / 309
乡村振兴战略视域下农村地区社区矫正问题与对策
　——基于 H 省 J 市社区矫正实证探究 ······················· 江漩涛 / 320
浅析农村地区社区矫正工作困境 ······························· 徐焱 / 327
谈农村牧区社区矫正如何融合民俗道德教育
　——以内蒙古赤峰市巴林右旗为例 ·························· 麻志远 / 333
关于社区矫正精细化监管的思考
　——以杭州市萧山区 Y 街道为例 ······················ 孙超　顾康康 / 344

四、特殊类型社区矫正

我国弱势群体社区矫正对象若干问题初探 ·················· 严曼蓉 / 353
危险驾驶罪社矫对象分类教育的现状分析与研究
　　——以 NT 镇醉驾型危险驾驶罪社矫对象为例 ·············· 郭永强 / 360
"非吸"类社区矫正对象困境分析及对策研究 ············ 王凯妮　钱晓玲 / 367

五、未成年人社区矫正

浅析未成年社区矫正对象管理实务
　　——以入矫时未成年人年龄界定标准为视角 ············ 吴宇　喻旭 / 379
浅谈《社区矫正法》实施两周年背景下未成年人
　　社区矫正的局限与发展 ························ 王元勋　王新杰 / 392
浅谈未成年社区矫正对象的精细化管理问题 ·················· 王洪山 / 400
未成年社区矫正工作执行现状及推进路径 ···················· 陈浩然 / 406

智能化篇

一、各地实践

新时代智慧矫正建设的实践与思考
　　——以上海市杨浦区为例 ·························· 邓远见 / 416
贵州省铜仁市推进社区矫正规范化、精细化、
　　智能化工作的主要做法及几点思考 ···················· 梅波 / 423
浅谈"智慧矫正"在社区矫正监督管理中的实践 ················ 陈亮 / 430
浅谈新形势下社区矫正信息化建设中智能化现状及发展 ············ 杨东越 / 435
浅谈社区矫正规范化、智能化建设
　　——以太原市迎泽区为例 ·························· 贾舜瑶 / 442

二、理论探讨

智能时代下社区矫正假释犯回归社会的困境与出路 ……… 李彦洁 李行 / 449
基层社区矫正智能化的适配性问题研讨 ………………………… 孙绍萍 / 458
大数据背景下智慧矫正在基层乡镇的建设路径分析 …………… 张荣珺 / 466
信息化背景下社区矫正发展研究 ………………………………… 文博 / 473
浅谈社区矫正智能化应急建设 …………………………………… 张佳宁 / 479

规范化篇

一、总体要求

我国社区矫正标准化建设探讨与展望

——基于14部标准的实证考察

姚明　钟海妮[*]

古语云，非规矩不能定方圆，非准绳不能正曲直。对社区矫正工作而言亦是如此。社区矫正工作应该建构全面、系统和完善的科学化标准体系，实现标准化管理，只有如此，才能确保社区矫正工作的规范化、精细化和智能化。"社区矫正标准化是指，运用标准化原理和方法，对社区矫正工作中存在的问题，制定共同实施和重复使用的标准体系，以获得最佳秩序和社会效益的非监禁刑罚执行活动。"[①] 本研究拟以对我国社区矫正标准化建设的实证考察为逻辑起点，通过分析探讨其进步性与存在的问题和不足，最终基于当前我国社区矫正的新理念、新要求，提出若干优化意见建议。

一、我国社区矫正标准实证考察分析

通过登录国家标准化管理委员会主办的全国标准信息公共服务平台统计查询，发现目前我国直接规制社区矫正的各类标准共计14部，其中行业标准7部，地方标准7部，暂无国家标准和团体标准。（见表1）

表1　我国社区矫正标准

标准类型	制定主体	标准名称及编号	颁布时间
行业标准	司法部	《全国社区矫正人员定位系统技术规范》（SF/T 0016—2017）	2017年4月
	司法部	《全国社区矫正管理信息系统技术规范》（SF/T 0015—2017）	2017年4月
	司法部	《社区矫正电子定位腕带技术规范》（SF/T 0056—2019）	2019年9月

---

[*] 姚明，安徽省铜陵学院副教授、法学博士。钟海妮，安徽省铜陵市司法局社区矫正支队政委。
[①] 马灵喜：《设区矫正标准化研究》，载《中国司法》2016年第12期。

续表

标准类型	制定主体	标准名称及编号	颁布时间
行业标准	司法部	《社区矫正术语》 (SF/T 0055—2019)	2019年9月
	司法部	《社区矫正中心建设规范》 (SF/T 0087—2021)	2021年6月
	司法部	《社区矫正定位管理系统技术规范》 (SF/T 0016—2021)	2022年1月
	司法部	《社区矫正基础业务系统技术规范》 (SF/T 0015—2021)	2022年1月
地方标准	安徽省合肥市	《社区矫正社会工作服务指南》 (DB3401/T 237—2021)	2021年12月
	四川省	《社区矫正调查评估规范》 (DB51/T 2832—2021)	2021年9月
	湖南省	《社区矫正专题地理信息数据库技术规范》 (DB43/T 1868—2020)	2020年12月
	上海市	《社区矫正社会工作服务规范》 (DB31/T 1220—2020)	2020年6月
	浙江省湖州市	《社会组织参与社区矫正服务规范》 (DB3305/T 124—2019)	2019年12月
	重庆市	《社区矫正社会工作服务规范》 (DB50/T 912—2019)	2019年8月
	江苏省	《社区矫正适用前调查评估工作规范》 (DB32/T 3246—2017)	2017年6月
国家标准		无	
团体标准		无	

通过对上述14部社区矫正标准的实证考察，发现其具有以下特征：

一是我国社区矫正标准制定工作起步较晚。通过对我国14部社区矫正标准的颁布实施时间梳理可知，最早的标准为2017年4月由司法部制定管理的《全国社区矫正人员定位系统技术规范》和《全国社区矫正管理信息系统技术规范》，而最新颁布的标准为2022年1月由司法部制定管理的《社区矫正定位管理系统技术规范》和《社区矫正基础业务系统技术规范》，时间跨度不足5年。由此不难看出，我国社区矫正的标准化建设工作起步相对较晚。

二是社区矫正行业标准和地方标准的关注点存在明显差异。通过对我国社区矫正的7部行业标准考察发现，其中3部标准，即《全国社区矫正人员定位系统技术规范》《社区矫正电子定位腕带技术规范》和《社区矫正定位管理系统技术规范》均关注的是"定位"问题，约占所有社区矫正行业标准的42.86%。而通过对我国社区矫正的地方标准梳理发现，"服务"问题是关注的焦点，地方标准《社区矫正社会工作服务指南》《社区矫正社会工作服务规范》《社会组织参与社区矫正服务规范》和《社区矫正社会工作服务规范》均将"服务"作为关键词，该类标准约占所有社区矫正地方标准的57.14%。

三是长三角地区更注重社区矫正的标准制定工作。通过对我国7部社区矫正地方标准的制定实施地考察发现，长三角地区更注重社区矫正的地方标准制定工作，作为长三角三省一市的江、浙、沪、皖均出台了该类标准，分别为江苏省制定实施的《社区矫正适用前调查评估工作规范》、浙江省湖州市制定实施的《社会组织参与社区矫正服务规范》、上海市制定实施的《社区矫正社会工作服务规范》和安徽省合肥市制定实施的《社区矫正社会工作服务指南》，可见地方的经济社会发展水平与地方社区矫正标准的制定存在一定的正相关。

最后，除上述特征外，我国社区矫正标准还存在均为推荐性标准等特征，在此不一一赘述。

二、我国社区矫正标准化建设的进步性及存在问题解读

（一）我国社区矫正标准化建设进步性探讨

虽然我国社区矫正标准化建设起步较晚，但在实践中发挥了积极作用，其进步性主要表现在以下几个方面。

1. 社区矫正标准已初步具备了层级体系

通过对上述14部社区矫正标准的实证考察分析得知，目前我国既有司法部制定的7部规范全国社区矫正工作的行业标准，亦有四川省司法厅制定管理的《社区矫正调查评估规范》、重庆市民政局制定管理的《社区矫正社会工作服务规范》等省级社区矫正地方标准，还有合肥市民政局制定管理的《社区矫正社会工作服务指南》、湖州市司法局制定管理的《社会组织参与社区矫正服务规范》等市级社区矫正地方标准，我国已经初步建构和形成了自上而下的三级社区矫正标准层级体系。

2. 社区矫正标准涉及的维度具有多元属性

通过对我国社区矫正标准的梳理得知，虽然目前数量上仅为 14 部，但所涵盖社区矫正的事项维度较广，从不同视角对社区矫正工作的开展和实施予以了规范。例如，湖南省司法厅制定管理的《社区矫正专题地理信息数据库技术规范》，针对的是社区矫正信息建设方面的事项；江苏省司法厅制定管理的《社区矫正适用前调查评估工作规范》，针对的是社区矫正调查评估方面的问题；司法部制定管理的《社区矫正中心建设规范》，针对的是社区矫正场所规范化建设等方面的问题，等等。

3. 能够与时俱进及时升级社区矫正标准

社区矫正标准不是一成不变、永远固化的，而应随着我国社区矫正工作理念的不断创新和发展进行不断"升级"，只有如此，才能确保社区矫正标准的科学化、合理化，才能在社区矫正的实践工作中发挥应有效能。从我国社区矫正标准的实践来看，基本能够做到与时俱进，及时更新。例如，"上海市为适应本地社区矫正工作最新的发展变化，全面修订了社区矫正管理标准，按照法律规定，结合自身实际，共修改 70 项组织规范，新增 1 项规范内容，修订并出台了《上海市社区矫正管理标准》4.0 版"。[①]

(二) 我国社区矫正标准化建设所存问题厘析

虽然我国社区矫正标准化建设取得了一定成绩，具有很大进步，但其与新时代我国社区矫正规范化、精细化和智能化的要求仍有差距，尚存在一些不足，主要表现为以下几个方面。

1. 我国社区矫正标准的数量供给仍然不足

"目前我国社区矫正工作面临着多重问题和困难，如部门协作水平与社区矫正综合性要求之间的矛盾、队伍力量不足与工作任务繁重的矛盾和社会参与程度不够与社区矫正社会化之间的矛盾等"，[②] 因此将社区矫正工作纳入一定的标准范围，使其更加制度化、规范化和明确化，显得较为紧迫。通过前文分析得知，目前我国虽已制定了 14 部社区矫正标准，但是，社区矫正标准数量的实然供给与我国社区矫正工作规范化、精细化和智能化的应然要求尚存在一定差距，特别是我国社区矫正的地方标准制定工作尤为滞后，目前只有 7 个省市出台了该类标准，仅占全国 32 个省、自治区、直辖市（不含香港、澳门和台湾地区）的 21.88%。

2. 尚未出台社区矫正国家标准和团体标准

依照《中华人民共和国标准化法》（以下简称《标准化法》）之规定，目前我

---

① 余东明：《既要"管得好"更要"矫得精"：上海拓展思路以"三变"迎接社区矫正法实施》，载《法治日报》2020 年 6 月 25 日，第 1 版。

② 覃剑峰：《全面提升社区矫正工作现代化水平》，载《法治日报》2020 年 6 月 11 日，第 2 版。

国的法定标准共有五类，分别为国家标准、行业标准、地方标准、团体标准和企业标准。基于我国社区矫正工作的性质，目前除企业标准外，国家标准、行业标准、地方标准和团体标准四类标准均对该项工作有较大"介入空间"。但通过前文分析得知，目前我国仅有司法部制定的行业标准以及四川省、湖南省等 7 个省市实施的地方标准，社区矫正的国家标准和团体标准尚存在缺位，难以满足新时代我国社区矫正工作高质量科学发展的应然要求。

3. 社区矫正标准关注智能化建设相对较少

毋庸置疑，我们已经迈入了智能化时代。早在 2018 年，习近平总书记在中共中央政治局集体学习中就明确指出，"人工智能加速发展，呈现出深度学习、跨界融合、人机协同、群智开放、自主操控等新特征，正在对经济发展、社会进步等方面产生重大而深远的影响"。[1] 在新时代社区矫正工作的建设发展中，加强智能化建设，建构科学化、体系化和完整化的社区矫正人工智能相关标准显得尤为突出和必要。但通过对目前我国 14 部社区矫正标准的深入考察却发现，目前"智能化建设"仍有较大空间，亟待强化。

综上，我国社区矫正标准化建设所存的若干问题势必在一定程度上影响和制约该项工作在实践中的顺利开展，如"由于目前社区矫正风险评估的标准没有全国性的统一规定，导致实践中评估结果的准确性有时难以保证"[2]。

三、我国社区矫正标准化建设存在问题动因剖析

为有的放矢地建构我国社区矫正标准化建设的优化路径，需要对当前所存问题的背后动因加以精准分析，以确保优化路径的科学性和针对性。笔者通过对相关资料的搜集整理和在安徽等地的实地考察调研认为，我国社区矫正标准化建设中所存问题的动因主要有以下几个方面。

（一）立法对社区矫正标准化建设支撑不够

2022 年 6 月 16 日，通过登录全国人大国家法律法规数据库和司法部备案法规规章数据库等平台查询得知，目前我国直接规制社区矫正的立法[3]共计 3 部，其中国家

---

[1] 习近平：《推动我国新一代人工智能健康发展》，载《人民日报》2018 年 10 月 31 日，第 1 版。
[2] 王黎黎、苏照桓：《我国社区矫正风险评估机制的困境与完善——基于美国明尼苏达州社区矫正风险评估机制的比较分析》，载《宜宾学院学报》2022 年第 3 期。
[3] 本文所称立法是从法的广义渊源出发，包括法律、行政法规、地方性法规和地方政府规章等。文中所说的《中华人民共和国社区矫正法》（以下简称《社区矫正法》）为全国人大制定的法律、《江苏省社区矫正工作条例》为江苏省人大制定的地方性法规、《珠海经济特区社区矫正工作办法》为珠海经济特区制定的地方政府规章。

立法1部，地方立法2部，分别为《社区矫正法》《江苏省社区矫正工作条例》和《珠海经济特区社区矫正工作办法》。通过对上述3部社区矫正的国家立法和地方立法考察分析发现，均未提及标准化建设问题，未能从法治层面给予社区矫正标准化建设工作予以有力的立法支撑。

（二）社区矫正标准化建设经验相对不足

经验是指人们在社会生产生活实践中所获得的关于客观事物运行状态和运行规律的理解和认识，经验对于指导人们未来的生产生活实践具有重要作用和价值。但通过前文分析得知，目前我国社区矫正的标准化建设仍处于起步阶段，直至2017年4月才有了我国第一部社区矫正标准，距今也不过5年时间，因此"经验不足"是我国社区矫正标准化建设所面临和存在问题的一个重要缘由。

（三）社区矫正标准化建设的人才较为匮乏

任何工作的高质量开展都需要人才的保障和支撑，对社区矫正的标准化建设而言亦是如此。由于历史等各方面因素，我国社区矫正的标准化建设工作启动较晚，相关人才也较为匮乏，主要表现为有权制定社区矫正标准的各级主体在人员编制等方面缺乏对该类人才的保障和支持、专注于社区矫正标准化研究的相关专家学者与司法行政、民政等部门缺乏有效的沟通协作等。因此毫无疑问，人才匮乏已经成为制约我国社区矫正标准化建设发展的重要因素之一。

（四）社区矫正标准化建设全社会协同不足

从应然视角而言，社区矫正工作是社会治理的一项重要内容，事关社会的和谐稳定，需要全社会各方面力量的协同配合，但回到实然层面，目前我国社区矫正工作主要由司法行政等政府部门单打独斗的局面仍然存在，对社区矫正的标准化建设工作而言亦是如此。例如，有学者在四川省民族地区调查发现，"社会公众对社区矫正的认知程度非常低，社区矫正所依赖的社会支持和社会资源难以发挥应有作用"。[①] 社区矫正标准化建设尚未形成合力，缺乏社会各方面力量有效的协同配合也是制约该项工作高质量发展的一大因素。

四、我国社区矫正标准化建设的优化路径探讨

基于前文对我国社区矫正标准化建设现状、问题以及动因等方面的探讨分析，

---

① 徐娟：《四川省民族地区社区矫正工作思考——基于甘孜、阿坝、凉山三州的实证考察》，载《犯罪与改造研究》2018年第10期。

按照我国社区矫正规范化、精细化和智能化的相关要求，现提出如下优化路径的建议。

（一）适时出台我国社区矫正国家标准

所谓国家标准，是指在全国范围内实施的某一行业或领域共同遵守的准则和依据。相较于行业标准、地方标准而言，国家标准层级更高、适用范围更广，同时，在我国，只有国家标准可采用强制性标准模式，其规范性更强。依照《标准化法》第十条第一款之规定，"对保障人身健康和生命财产安全、国家安全、生态环境安全以及满足经济社会管理基本需要的技术要求，应当制定强制性国家标准"。而"社区矫正作为国家治理能力和治理体系现代化的重要举措"，[①] 事关社会和谐稳定和社会管理成效，因此完全可以而且应当制定出台国家标准，以进一步提升社区矫正工作的科学化水平。基于以上分析，笔者建议可参考"社区建设"相关国家标准如《气象防灾减灾示范社区建设导则》（GB/T 40246—2021）、《城乡社区环卫清洁服务要求》（GB/T 41085—2021）之做法，出台《社区矫正规范化、精细化和智能化建设导则》《社区矫正服务要求》等国家标准，以填补我国社区矫正国家标准的空白，用更高层级的社区矫正标准来推动该项工作的高质量发展。

（二）加大社区矫正团体标准建设力度

所谓团体标准是指，由学会、协会、商会、联合会等社会组织团体制定的，由本组织团体成员约定采用或者按照本组织团体的规定，供社会自愿采用的依据和指南。"团体标准在推动社会组织自我管理和自我创新中具有重要价值"。[②] 2022年6月16日，笔者登录民政部设立的全国社会组织信用信息公示平台查询得知，目前我国共有各类社区矫正社会组织168个，涉及两大类别：一是作为民办非企业性质的社会组织，如北京东城区阳光社区矫正服务中心、长春市南关区修律社区矫正工作中心；二是作为社会团体性质的社会组织，如江苏省社区矫正损害修复协会、成都市成华区社区矫正协会。同时，我国社区矫正社会组织所从事的事项具有多个维度，如专司心理帮扶的牡丹江市社区矫正心理工作服务中心、乌鲁木齐社区矫正心理协会；专注志愿服务的东海县安置帮教社区矫正志愿者协会、徐州市云龙区津陇暖心社区矫正服务队，旨在提升社区矫正工作者能力的宿迁市宿城区社区矫正工作者协会、南京市江宁区社区矫正工作者协会等。基于以上分析可知，目前我国各类社区矫正社会组织已经成为社区矫正工作中的一支重要力量，而要让这支队伍更高效、

[①] 张凯：《社区矫正法的重要价值与鲜明特色》，载《人民调解》2020年第7期。
[②] 韩笑：《社会团体标准制定的程序理性研究》，载《大众标准化》2021年第12期。

更科学、更规范地发挥其应有价值，有必要制定相关团体标准。笔者建议可参考我国慈善领域制定实施的《慈善组织项目管理规范》（T/ZCL 002—2020）、《慈善社区创建评价方法》（T/ZCL 004—2020）等团体标准的做法和模式，由相关社区矫正社会组织牵头制定《社区矫正项目管理规范》《社区矫正示范社团创建评价方法》等标准，以填补我国社区矫正团体标准的空白，用团体标准来推动我国社区矫正各类社会组织良性规范运行。

（三）更加注重社区矫正智能化标准建设

从某种意义而言，社区矫正的智能化水平在一定程度上决定了社区矫正的规范化和精细化程度。如何以"智"提"质"，运用智能化手段来提升社区矫正工作是我们必须正视和重点加以关注的问题。因为，智能化技术可以赋能社区矫正工作，不仅可以节约人力物力，而且能提升社区矫正的规范化、精细化水平，以确保社区矫正的质效。例如，"通过便捷高效的空间、轨迹控制技术，让矫正执行机关和社区居民感到'安全'，同时对社区矫正对象形成震慑，使其时刻意识到身处服刑状态，以此确保其在矫正期内遵规守纪、不致再犯"[1]。因此我们必须更加注重社区矫正的智能化建设工作，具体建议如下：国家和地方有权制定社区矫正标准的相关组织机构，可参考《镇域城市管理智能化管理规范》（DB3205/T 1027—2021）的制定经验，出台实施《社区矫正智能化管理规范》；参考《金融建筑智能化系统技术标准》（DB34/T 1470—2021）的制定经验，出台实施《社区矫正定位智能化技术标准》等。

（四）打造社区矫正标准化建设人才队伍

社区矫正标准化建设需要人才的有力支撑，基于国情和当前我国社区矫正标准化建设工作实际，建议走加强专职队伍、发挥智库力量与夯实未来基础相结合的道路，具体建议如下：一是打造社区矫正标准化建设专职队伍。建议社区矫正相关主管部门，将本辖区社区矫正的标准化制定工作纳入重点工作事项之中，有条件的地区可设置专职岗位、专职人员负责该项事务，即提供平台，主动吸纳人才，打造社区矫正标准化建设专职队伍；二是充分发挥和调动社区矫正标准化建设智库力量。建议社区矫正相关主管部门"主动出击"，积极与高校、科研机构对接，通过设置智库、接受挂职等方式，将从事社区矫正标准化建设研究的专家学者吸纳到一线实践工作中来，有效发挥智库作用；三是加强社区矫正标准化建设人才教育培养力度。打造高质量的社区矫正标准化建设人才队伍，不仅要关注当代，更要着眼于未来，

---

[1] 梁盼、张昱：《从维控有力到治理长效：社区矫正效能标准的转向》，载《华东理工大学学报（社会科学版）》2022年第2期。

因此建议开设标准化工程等相关专业的高校，如中国计量大学、青岛大学、济南大学等，设置司法标准化课程或者将其作为一个培养方向来安排教学方案，培养该类人才；建议一些开设社区矫正专业的政法类院校，通过建立社区矫正标准化研究机构、开设社区矫正标准化建设等课程或研究方向，为未来培养社区矫正标准化建设的专门人才。

（五）给予社区矫正标准化建设有力立法支持

在法治社会中，法律规范无疑是调整社会关系、社会行为的最重要也是最根本的路径和方式，因为法律规范具有强大的指引功能，其能够对社会活动起到引导、催化之功效，因此对社区矫正的标准化建设而言，需要社区矫正相关立法对其予以鼓励、支持和引导，只有如此，才能从法治层面确保我国社区矫正标准化建设提质提效。具体建议如下：一是在国家立法层面，《社区矫正法》作为我国专门规制社区矫正的最高法律规范，应当对社区矫正标准化建设进行宏观指引，建议其在第一章总则部分加入"国家支持社区矫正标准化建设，鼓励各有权主体制定实施社区矫正的各级各类标准"等表述，从法的顶层设计层面，筑牢我国社区矫正标准化建设国家层面的法治化基础；二是在地方立法层面，各地立法主体可根据本辖区实际，本着地方立法的科学化、特色化原则，对社区矫正标准化建设相关问题予以更加明确、具体的规制，如可将标准化建设专设一章，对本辖区社区矫正标准化建设的主体职责、制定范围、保障措施等予以明确规定。

五、结语

2021年10月中共中央、国务院印发的《国家标准化发展纲要》明确提出，要"推动行政管理和社会治理标准化建设……开展社会治理标准化行动，推动社会治理标准化创新"，[1] 为社区矫正标准化建设工作提出了要求，指明了方向。毋庸置疑，未来我国社区矫正的规范化、精细化和智能化需要标准化建设来助力，"标准化之手"大有可为。本文与其说是探讨我国社区矫正标准化建设的现状、困难以及优化路径等相关问题，毋宁说是期冀引起社区矫正相关主管部门、标准化建设管理部门、相关领域的专家学者乃至全社会对该问题的关注，以实现我国社区矫正标准化建设高质量快速发展。

---

[1] 中共中央、国务院：《国家标准化发展纲要》，http：//www.gov.cn/zhengce/2021-10/10/content_5641727.htm，最后访问时间：2022年8月1日。

行刑一体化建设推进路径研究[*]

玄计华　吕云青[**]

2018年12月26日，司法部发布了《关于推进刑罚执行一体化建设工作的意见》，在全国范围内启动了刑罚执行一体化建设工作。韩玉胜指出，我国现在刑罚执行权配置并不合理，存在行刑权过散，甚至相互抵牾之处。[①] 在《中华人民共和国社区矫正法》（以下简称《社区矫正法》）出台之前，冯卫国、王利荣等都强调要在行刑一体化的视野下，宏观、有序地推进社区矫正工作。[②] 因此，树立行刑一体化的观念，推动监狱和社区矫正的一体化建设，是理论界和实务界的共同目标和方向。

一、行刑一体化发展现状

（一）取得的成就

1. 各地实践有序推进

安徽省坚持以政治为引领，认真贯彻司法部的相关部署。在省司法厅设立行刑一体化领导小组，负责组织、协调和推动相关工作。先后出台了《关于加强监狱与社区矫正机构工作衔接的通知》和《安徽省司法行政系统刑罚执行一体化建设工作的实施意见》，确定了执法衔接配合、整合系统资源、加强队伍交流、推进信息化建设、加强社会力量5个类别的建设任务。[③] 重点建设刑事执行的八大机制：统一决策机制、刑务衔接机制、警务配合机制、法务协作机制、执法责任机制、信息共享机

---

[*] 本文是中央司法警官学院校级重点项目（项目编号：XYZ201901）的阶段性成果。
[**] 玄计华，中央司法警官学院社区矫正研究中心研究员。吕云青，中央司法警官学院讲师。
[①] 韩玉胜、沈玉忠：《行刑一体化与刑罚执行权的新配置》，载《河北学刊》2008年第3期。
[②] 冯卫国、储槐植：《刑事一体化视野中的社区矫正》，载《吉林大学社会科学学报》2005年第2期。王利荣：《行刑一体化视野下的矫正体制架构——写在〈社区矫正法〉征求意见之际》，载《当代法学》2017年第6期。
[③] 晏国福：《完善刑罚执行一体化建设路径初探——以安徽司法行政系统为视角》，载《中国司法》2020年第8期。

制、行刑保障机制和文化共建机制，基本涵盖行刑一体化的主要方面。①（见图1）

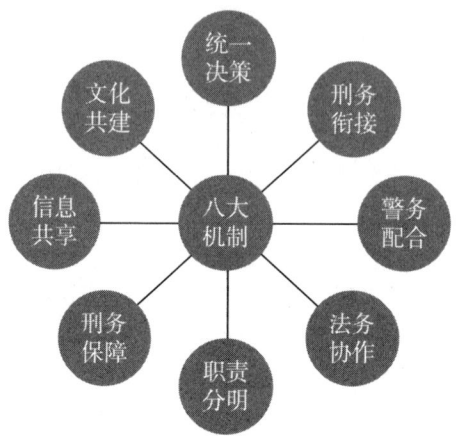

图 1　刑行一体化八大机制示意

黑龙江省为了更好地推进行刑一体化工作，明确了重点要做好的四项工作：一是充实完善社矫执法队伍；二是整合教育矫正资源；三是做好执法环节衔接配合；四是加强"智慧司法"建设。省司法厅制定了《黑龙江省司法行政系统刑罚执行一体化建设总体方案》，明确行刑一体化建设包括思想政治建设、执法队伍建设、共享机制建设、执法体系建设和智慧司法建设五个方面，将工作分为调研部署、工作启动、全面推进、深化发展四个阶段。为了有序推进司法警察支持和参与社区矫正工作，2019 年两次从监狱和戒毒所抽调 214 名民警参与社区矫正工作。②

四川省成都市充分利用监狱在监禁执行方面的优势，制定社区矫正对象进监警示教育及定期集中教育等工作机制。充分利用司法局法治宣传、法律援助、安置帮教等资源，不断充实监狱公共服务中心服务内容。③ 上海市探索依法扩大罪犯的假释率，积极打造假释工作平台，进一步构建罪犯信息共享和办案流程融通机制。更好地发挥假释对罪犯教育改造的作用，有效改善当前"减刑为主、假释为辅"的刑罚执行格局。④ 吉林省实现县级司法行政机关社区矫正用警全覆盖；河南省司法厅和内

---

① 安徽省刑事执行一体化研究课题组：《监狱行刑与社区矫正一体化机制研究》，载《安徽警官职业学院学报》2019 年第 4 期。
② 黑龙江省法治研究所刑罚执行一体化课题组：《司法行政刑罚执行一体化建设对策研究——以黑龙江省为对象的考察》，载《黑龙江省政法管理干部学院学报》2020 年第 6 期。
③ 全勇、李虹霞、朱冰：《刑罚执行一体化的探索与实践》，载《中国司法》2021 年第 3 期。
④ 上海市监狱管理局课题组：《依法扩大罪犯假释率的探索》，载《犯罪与改造研究》2020 年第 7 期。

蒙古司法厅也都积极推进刑罚执行一体化建设。[1]

2. 理论研究持续增温

就监狱与社区矫正的刑罚执行一体化问题，众多学者从不同的角度展开了相关研究。刚彦指出在监狱与社区矫正的衔接中，存在输送量少、把关不严、调查评估缺乏强制性、交接存在疏漏、衔接不够紧密等问题，并给出了相应的解决对策。[2] 张东平认为监禁矫正与社区矫正是"一体两翼"，为实现法律上的协调及部门之间的对接，应进一步完善监狱人民警察的职权、暂予监外执行的程式、社区矫正对象的收监条件及体检等规定。[3] 张凯基于社会学功能主义理论，将刑罚执行视为一个整体，认为监狱和社区矫正机构是其主要因素。[4] 余才忠透过基于刑事执行"一体化"的检察视角，认为在司法实践中，长期存在"重审轻执""重主轻附"倾向，兼有执行立法滞后、执行环节过多、执行机构过散等问题。[5] 宫达提出判断刑罚执行一体化水平的三个标准是融合性、制度性和有效性。运用SWOT法分析刑罚执行一体化建设内部环境的优势与劣势、外部环境的机遇与挑战。[6] 鲁兰指出派驻社区矫正工作的司法警察主要面临的挑战，认为监狱、社区矫正一体化建设是提升假释率的重要途径。[7]

在《社区矫正法》正式执行之后，相关研究依然持续增加。晏国福以司法行政系统为视角重点解决以下问题：法律法规不完备；运行衔接不顺畅；工作推进不平衡；内部管理不适应；社会支持不到位等。[8] 胡德军为推动监狱与社区行刑一体化协同发展，提出应当通过法律法规进行宏观调控，建立一体化行刑协同发展双轮驱动矫正模式，帮助社会树立安全"共生"理念。[9] 尚铮铮从历史的角度，系统地梳理了刑事执行工作的历史沿革，总结出刑事执行工作的特点，并对新时代如何推进一体化建设进行思考。[10] 章广志认为推进刑罚执行一体化离不开数字信息化建设，科学智

---

[1] 章广志：《智慧矫正视阈下刑罚执行一体化的困境与对策》，载《法制与社会》2021年第7期。
[2] 刚彦：《监狱行刑与社区矫正的衔接之探讨》，载《犯罪与改造研究》2013年第8期。
[3] 张东平：《行刑新构造下的立法协调与衔接》，载《河南司法警官职业学院学报》2015年第9期。
[4] 张凯：《中国大陆地区社区矫正制度研究》，西南政法大学2018年度博士学位论文。
[5] 余才忠、张鹏：《新时代背景下刑罚交付执行若干问题——基于刑事执行"一体化"的检察视角》，载《中国监察官》2019年第8期。
[6] 宫达、郝长生、张昔昌：《司法行政机关刑罚执行一体化建设的思考》，载《安徽警官职业学院学报》2019年第6期。
[7] 鲁兰、李红霞、李云：《监狱、社区矫正执行一体化工作探索路径》，载《宜宾学院学报》2019年第7期。
[8] 晏国福：《完善刑罚执行一体化建设路径初探——以安徽司法行政系统为视角》，载《中国司法》2020年第8期。
[9] 胡德军、程东：《监狱与社区行刑一体化协同发展路径选择》，载《犯罪与改造研究》2020年第12期。
[10] 尚铮铮：《新时代推进刑事执行一体化建设的思考》，载《辽宁公安司法管理干部学院学报》2021年第6期。

能地运转监狱和社区矫正机构是其关键环节,以此回应社会对刑罚执行工作的时代诉求。① 周勇强调监狱与社区矫正机构基于相同的目标,都是为有效减少重新犯罪。监狱与社区矫正互有利弊,要借助有效的改造项目,开展风险和需求评估,构造"监狱—社区—社会"持续服务体系。② 魏浩积极借鉴挪威行刑经验,从推动监狱行刑与社区矫正一体化、加强监狱行刑的社会化、完善监狱分级分类建设、促进刑罚执行现代化等方面完善我国行刑工作。③

(二) 存在的不足

1. 矫正动机不足

行刑一体化建设在全国各地如火如荼地展开,在理论界和实务界都取得了突破性进展。但在行刑一体化的建设中,对矫正对象的动机激发不够。该模式认为,矫正对象被动地接受矫正很难持续到底,未能激发内在动机的矫正项目基本无效。④ 行刑一体化也是矫正一体化,不仅体现在外在组织、衔接机制等方面,更体现在罪犯矫正和再社会化等方面。然而,在现有的一体化建设过程中,对罪犯矫正和再社会化的衔接等方面重视不够。无论是监禁矫正还是社区矫正,其最终目的是一致的,都是要降低矫正对象的重新犯罪率,并使其能够重新融入社会,这也是行刑一体化要达成的目标。然而监狱和社区矫正机构对矫正教育的重视不够,对矫正动机的激发不足,更多情况下还是被动地"要我矫正",而不是积极主动地"我要矫正",以致不能更好地达成最终目标。

2. 矫正视域狭窄

行刑一体化强调,不能将监狱与社区矫正孤立开来,要有机地做好两者之间的衔接,使其成为一个系统而高效的整体。但其视野还是过于狭小。⑤ 不能被动地解决犯因性问题,而应主动地促成矫正对象的福益。行刑一体化问题不只是行刑领域的问题,也是刑事犯罪领域的问题,还是人类社会的问题。行刑一体化的目的,不能只是解决犯罪问题,更应该是促成人类的福益。然而现有的一体化建设很少基于矫正对象的实际需要,更多考虑的只是行刑的效率,确保刑罚执行能得以有效开展。

---

① 章广志:《智慧矫正视阈下刑罚执行一体化的困境与对策》,载《法制与社会》2021年第7期。

② 周勇:《有效减少重新犯罪的全球经验及启示》,载《中国司法》2021年第8期。

③ 魏浩、李易尚:《挪威监狱刑罚执行的理念、体系及对我国的启示》,载《犯罪研究》2022年第1期。

④ Tony Ward, Pamela M. Yates, Gwenda M. Willis. The Good Lives Model and the Risk Need Responsivity Model: A Critical Response to Andrews, Bonta, and Wormith (2011). Criminal Justice and Behavior 39 (2012), 94-110.

⑤ Tony Ward, Claire Stewart. Criminogenic needs and human needs: a theoretical model. Psychology, Crime & Law 9 (2003), 125–143.

然而提高行刑效率的目的是什么？降低了重新犯罪率的目的又是什么？从更宏观的角度来看，当然是满足人类的基本需要，促成矫正对象的基本福益。故现有的行刑一体化，是将手段当成了目的，从而忽视了其真正的目的。

3. 矫正关系僵化

在行刑一体化的建设过程中，各地尤为重视警察力量的借调，将其视为一体化的重要组成部分，并且因为借调的警力素质不高，缺少法律依据等问题而苦恼。借助司法警察的强制力，能够保障社区矫正的权威性，然而依赖司法警察的强制力，并不能提升社区矫正的矫正效果。在《社区矫正法》中没有要求工作人员的警察身份，在一定程度上说明社区矫正的重点不是依靠强制力，而是要基于平等合作的矫正关系。决定矫正效果的一个关键因素是矫正关系，矫正专业人员在矫正中发挥着重要作用。[①] 然而，在行刑一体化建设过程中，对矫正专业人员并未引起足够的重视，而单纯地加强司法警察力量，无益于建立良好的矫正关系。

二、存在上述困境的原因

之所以存在上述问题，主要基于以下原因。

（一）传统观念根深蒂固

在我国存在根深蒂固的报应刑思想，该思想认为犯罪是一种恶，应该进行报应性惩罚。与报应刑思想相对应的是教育刑思想，教育刑思想将犯罪视为疾病，应该进行有针对性的医治，其最终目的是使矫正对象重新融入社会。在传统的观念中，行刑一体化是要更好地执行刑罚，提升刑罚执行的实际效果。在社区矫正过程中借用司法警察，能够更好地保障其执法的权威性。至于是否达到降低再犯罪率的目的，是否能有效帮助矫正对象融入社会，则不是报应刑思想考虑的重点。

报应刑思想的具体体现是重管理轻教育，管理是为保证刑罚的有序执行，而教育则是矫正的必需。在当前行刑一体化的建设中，更加重视管理上的一体化，注重行刑衔接上的一体化和管理制度的一体化，而忽略矫正教育的一体化和社会帮扶的一体化。在社区矫正机构中借调警力，有利于保证监督管理的有序进行，却无益于提升教育帮扶的水平。《社区矫正法》第三条中明确规定"有针对性地消除社区矫正对象可能重新犯罪的因素，帮助其成为守法公民"。实现这一目的的主要手段应该是教育帮扶，而监督管理是为保障教育帮扶的有序进行。

---

① Tony Ward, Mark Brown. The good lives model and conceptual issues in offender rehabilitation. Psychology, Crime & Law 10 (2004), 243-257.

（二）制度建设略显缓慢

虽然在基层已经开始实施行刑一体化建设，但尚缺乏统一的法律制度做保障。《中华人民共和国监狱法》（以下简称《监狱法》）的相关内容尚需一定程度的更新，《社区矫正法》尚需时间检验，监狱与社区矫正机构衔接缺乏制度保障。监狱与社区矫正机构的一体化，必然要求法律制度的一体化。《监狱法》与《社区矫正法》衔接不畅，会使得矫正机构各自为政，不利于长远的一体化建设。

一个比较突出的问题是，在监狱中假释的比例过低，以致一体化建设基础薄弱。以上海市为例，2017年监狱向人民法院报请减刑建议与假释建议的案件数量比例为2.71∶1，而2018年为3.02∶1，2019年1月至2020年7月为4.15∶1。[①] 在上海市浦东新区210名矫正对象中，缓刑194名，假释6名，管制1名，暂予监外执行9名。[②] 监外执行加上假释只占总人数的7%。2019年的我国社区矫正统计数据表明，判处缓刑的占总人数的94.7%，其他三类矫正对象合计不到6%（见图2）[③]。假释制度关涉行刑一体化建设的关键，如果瓶颈问题得不到解决，那么一体化建设将会流于形式。

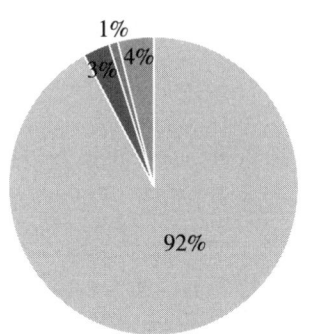

图2　浦东新区矫正对象构成示意图

（三）矫正队伍建设薄弱

行刑一体化不仅是机构的一体化，也是司法队伍的一体化，更是罪犯矫正工作的一体化。在矫正队伍的建设上，将司法警察引入社区矫正，有利于充实基层的执

[①] 上海市监狱管理局课题组：《依法扩大罪犯假释率的探索》，载《犯罪与改造研究》2020年第7期。
[②] 上海政法学院社区矫正研究中心课题组：《浦东新区社区矫正小组工作模式实证研究》，载《犯罪与改造研究》2019年第10期。
[③] 吴宗宪：《再论社区矫正的法律性质》，载《中国司法》2022年第2期。

法力量，有利于一体化的队伍建设。但司法警察代表着行政强制力，重点在于加强执法和监督，而不是对罪犯的矫正教育。在行刑一体化的队伍建设中，矫正专业力量建设没有成为重点，矫正专业人才建设没有成为重心。

由于社区矫正工作人员不足，各地矫正力量发展严重不平衡，借调民警能有效改进社区矫正工作，弥补行刑一体化的不足和短板。如果不及时增强矫正专业力量，提升罪犯矫正的一体化效果也无从谈起。基于社区矫正发展相对滞后，未能成为监禁矫正的有益补充，故行刑一体化发展水平较低。现有的行刑一体化建设，更多的是监狱对社区矫正机构的支援，尚未形成一体。

（四）矫正内容趋于雷同

行刑一体化意味着矫正一体化，矫正教育内容要成为一体，但一体化并不意味着一样化，而是要互为补充，发挥各自优势。由于社区矫正起步较晚，而监禁矫正发展更为成熟，故社区矫正更多的是借鉴监狱模式。监狱教育与社区矫正教育内容基本相同，不能互为补充，发挥一体化优势。就教育阶段而言，在监狱中有入监教育、在监教育和出监教育；在社区矫正机构有入矫教育、常规教育和解矫教育。在教育形式上，都有集体教育和个别谈话教育。在教育内容上，都有形势政策教育、思想道德教育、心理教育、法制教育、职业教育等。在犯罪类型、刑罚程度、风险级别等方面，矫正对象间存在着较大的差异，故监禁教育与社区教育应明显不同。

在现有的行刑一体化建设中，由于矫正教育是为监督管理服务，使得矫正教育方式过于被动。基本上还是被动的"要我矫正"，而不是主动的"我要矫正"。无论是在监狱教育，还是在社区矫正教育中，矫正对象都是被动的一方，这不利于调动他们的积极性，更不利于激发其矫正动机。上海市对社区矫正对象做了一项调研，对于心理治疗矫正项目的需求，108人明确表示不需要，约占55%；65人表示不太需要，约占33%；17人表示可以尝试，约占9%；6人表示非常需要，约占3%（见图3）[①]。在行刑一体化的建设中，项目矫正不够成熟，不利于矫正效果的提升；矫正教育衔接不当，将会导致资源的浪费；矫正教育方式不科学，无益于矫正关系的建立。

---

① 上海政法学院社区矫正研究中心课题组：《浦东新区社区矫正小组工作模式实证研究》，载《犯罪与改造研究》2019年第10期。

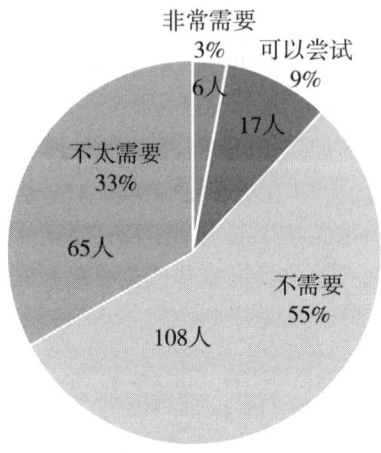

图 3　心理矫治需求情况示意图

（五）矫正评估发展滞后

在现有的矫正评估建设中，更加重视风险评估建设，而轻视需要评估建设。行刑一体化不仅意味着评估一致化，更意味着评估系统化和科学化。无论是在监狱还是社区矫正机构，都应重视风险评估建设，但各地风险评估差异较大，难以在监狱与社区矫正机构实现衔接。至于需要评估更是发展缓慢，无法进行一体化建设。评估技术是监督管理和矫正教育的重要辅助手段，行刑一体化意味着评估手段现代化、科学化。正所谓"工欲善其事，必先利其器"，评估工具的严重滞后，必然会影响矫正机构的决策水平，不利于矫正一体化的有序推进。

三、推进行刑一体化建设的路径

（一）更新行刑观念，借鉴先进成果

行刑一体化意味着监督管理一体化，更意味着矫正教育一体化。首先，要更新行刑观念。突出矫正教育在行刑领域的作用，将降低再犯罪率视为行刑一体化的重要目标，将矫正对象再社会化作为矫正教育的关键。监督管理是为保证矫正教育的有序开展，而不能成为一体化建设的首要目标。其次，要学习先进的理论成果，积极借鉴国外的先进经验，有助于提升行刑一体化建设的水平。激发矫正动机，拓宽矫正视野，注重矫正关系，有助于更新行刑一体化观念。最后，要及时汇总各地成果。群众的力量是巨大的，各地在实践中进行了积极探索和创新，并取得了丰硕的成果，可以将成熟的经验进行推广。相关部门可以构建行刑一体化建设交流平台，既能展示各地的创新成果,又有助于形成我国的特色。

(二) 完善法律制度,规范矫正流程

行刑一体化要靠法律制度来保障,更好地协调监狱与社区矫正的关系。可从以下几个方面着手:第一,完善相关法律制度。结合各地的具体情况,推动《监狱法》的修改工作,使之更好地与《社区矫正法》衔接,待时机成熟后可将两法合二为一。第二,提高假释人数的比例。在保障社会安全的前提下,积极探讨扩大假释的范围。一体化建设需要改善社区矫正对象的结构,缺少共同基础的一体化无异于"空中楼阁"。对社区矫正中需要被收监的对象,也要有完善的衔接机制,确保矫正对象能够"有来有往"。第三,将再社会化视为行刑一体化的重要目标。在制度上保证行刑一体化的重心:从反面来讲,是消除再犯罪率,解决犯因性问题;从正面来讲,是增进矫正对象福益,消除其实现基本福益的障碍。

(三) 确保队伍数量,提升队伍质量

行刑一体化建设的关键在于队伍建设,离开高素质的队伍行刑一体化将无法落地。要注重以下几个方面:第一,增加矫正专业人员的数量。在行刑一体化的建设中,需要注重矫正专业队伍的建设。严把入门关,选用专业人才;进行专业培训,提升职业素质;定期进行考核,确保人才质量。第二,注重矫正关系的建立。建立良好的矫正关系,是科学、有效矫正的前提。在双方对立的情况下,难以有效开展矫正工作。只有在合作、平等的氛围中,才能建立良好的矫正关系,有效地降低再犯罪率。这对矫正专业人员提出了更高要求,不仅要能够矫正,还要能融洽地矫正。第三,实现工作角色的转变。在传统的观念中,矫正工作人员是矫正的主导,要保障刑罚执行的有效完成。在矫正的理念下,矫正工作人员是辅助角色,帮助矫正对象除去拦阻,达成人生的基本福益。

(四) 丰富矫正内容,发挥各自优势

行刑一体化也是矫正一体化,矫正教育是一体化的重点。要想监禁矫正和社区矫正真正成为一体,需要做好以下几点:第一,在一体化的观念下设计矫正项目。无论是监禁矫正还是社区矫正,其最终目的是一致的,都是基于消除再犯罪的风险因素,从而降低矫正对象的重新犯罪率,使其融入社会达成基本福益。矫正教育要基于共同的目标,在此前提下统一设计矫正教育项目,而不能各自为政相互抵牾。第二,发挥各自的优势和特色。行刑一体化并不意味着行刑一样化,监禁矫正和社区矫正分属不同的矫正阶段,具有不同的优势和特点。监禁矫正时间更长强度更高,社区矫正能更好地运用社会资源,可以相互补充共同发展。第三,借法律制度巩固已有成果。通过法律制度的形式，及时巩固已经取得的成果，并不断推动矫正教育的创新。矫正教育发展空间巨大，项目矫正是发展的必然，在制度上鼓励不断创新，及时融入最新理念和技术。

（五）统一风险评估，发展需要评估

行刑一体化建设是行刑现代化建设，评估技术是时代发展的必然，更是行刑领域的大势所趋。要想进一步完善评估技术，实现评估的一体化建设，需要做好以下几点：第一，统一风险评估。行刑一体化意味着评估一体化，面对不同的评估体系，相关部门有必要统一工具。在同一地区先实现风险评估统一化，而不能各自为政不能共融。第二，重视需要评估。需要评估的发展不能一蹴而就，先要重视需要评估在矫正中的作用，结合各地的情况研发区域性的需求评估量表，有条件的地区可以逐渐实现统一共融。需要评估量表是为有针对性地矫正服务，针对监禁矫正和社区矫正的不同，需要进行一体化的统一设计。第三，善用评估结果。在很多地区评估量表流于形式，未能作为决策的重要依据，致使对评估工作不够重视。要及时更新改进不合理量表，有意合理使用相关量表，要有专业的工作人员负责，便于数据的上传、整理和应用。

总之，激发矫正动机、拓宽矫正视野、注重矫正关系等对完善行刑一体化制度具有积极作用。透过不同的视角，明确行刑一体化重点，不断消除再犯罪风险，帮助矫正对象达成福益，使其重新社会化，这是司法改革的发展趋势。

市域社会治理现代化背景下社区矫正的功能定位和治理路径

——基于上海市虹口区社区矫正工作的调研

王 震[*]

我国社区矫正自2003年开始试点，经过全国试行、法律层面确认和实践完善，正逐步走出一条有中国特色的社区矫正工作道路。党的十八届三中全会通过的《中共中央关于全面深化改革若干重大问题的决定》明确提出要"健全社区矫正制度"。2011年《中华人民共和国刑法修正案（八）》、2012年《中华人民共和国刑事诉讼法修正案》、2019年通过的《中华人民共和国社区矫正法》（以下简称《社区矫正法》）为我国社区矫正构建了基本的制度框架，在框架下推进有效的机制建设成为目前完善社区矫正的重要环节。随着全面依法治国、全面深化改革以及国家治理体系和治理能力现代化建设的不断深入，社区矫正逐步吸纳新的理论，进入制度、机制建设的成熟期。尤其是市域社会治理现代化将社区矫正纳入范围，使得"治理视角"在社区矫正中的地位越来越重要。推进社区矫正机制的完善，治理是重要命题。深化治理能力现代化、推进社区矫正"五治"融合为这一命题注入了活力。

一、社区矫正的功能定位与社会治理现代化

社区矫正是英美法系的舶来品，是一种在社区执行的非监禁处遇制度。历史经验表明，任何舶来品要想在我国取得成果，必须根据国情进行中国化、本土化改造，使其适应我国的经济、制度、社会和文化，适应发展的需要。在我国，社区矫正所针对的对象是被判处管制、宣告缓刑、假释和暂予监外执行的罪犯，属于社会治理中的特殊人群，对特殊人群的管控作为社会治理的一部分，对社会治理现代化的成效有重要影响。因此，探讨治理视角下的社区矫正功能定位和治理路径有其强烈的现实意义。

---

[*] 王震，中共上海市虹口区委组织部一级科员。

(一)社区矫正的特征

社区矫正作为一种在社区执行的非监禁处遇制度，具有两个显著特征。

1. 刑罚执行性是社区矫正的本质特征

社区矫正诞生于对部分监禁处遇的替代，其从一开始便具有浓郁的刑法属性。具体来说，社区矫正是一种刑罚执行方式，其与刑罚有关，但又不是具体的刑罚种类。我国在引进社区矫正之后，即认同了社区矫正的刑罚执行性。试点、试行的相关文件中把社区矫正界定为"非监禁刑罚执行活动"或"非监禁刑罚执行方式"。2014年《关于全面推进社区矫正工作的意见》指出："社区矫正是一项重要的非监禁刑罚执行制度"。《社区矫正法》关于社区矫正的目的描述中，其中之一就是为了"保障刑事判决、刑事裁定和暂予监外执行决定的正确执行"。在我国，要确保社区矫正的正确实施，就必须坚持刑罚执行性这一本质特征。在实践中需要将刑罚执行作为基础性、根本性工作加以贯彻，否则便伤害了社区矫正的合法性。

2. 社会性是社区矫正的最鲜明特征

社会性是社区矫正区别于监禁处遇最明显的特征。笔者认为，社区矫正的社会性体现在三个方面：第一，社区矫正是在社区执行，矫正对象接触的物理空间未发生变化，矫正对象对社会的脱离感弱；第二，社区矫正的设立之初即把复归社会作为目的之一，这里的复归不仅包括空间上的复归，更重要的是心理上的复归；第三，社区矫正不是由政府单独实施，而是广泛吸纳社会力量参与治理。社区矫正的效果集中展现在其社会性的发挥上。同时，社区矫正的社会性也决定了其必须参与社会治理的大局才能取得最好的效果。

(二)我国社区矫正的功能定位

社区矫正的兴起源于西方社会，是为解决监禁处遇存在的某些问题而设计出的非监禁处遇制度，如轻犯重犯交叉感染的问题、社会剥离问题、犯罪标签问题等，其主要目的是帮助罪犯复归社会、预防再犯。从20世纪70年代开始，传统的社区矫正功能定位开始遭到许多质疑，主要包括对社区矫正效果、公平性、安全性等的质疑。从此，社区矫正机能走向了复合型发展的道路，从单纯关注特殊预防，到复合关注正义修复、规范矫治、风险控制等。① 最高人民法院、最高人民检察院、公安部、司法部四部门在2003年发布的《关于开展社区矫正试点工作的通知》、2009年印发的《关于在全国试行社区矫正工作的意见》中指出，社区矫正的主要功能是对符合法定条件的罪犯"矫正其犯罪心理和行为恶习，并促进其顺利回归社会"。采用

---

① 李川：《修复、矫治与分控：社区矫正机能三重性辩证及其展开》，载《中国法学》2015年第5期。

的是较为单一的功能定位。《社区矫正法》第一条明确规定："为了推进和规范社区矫正工作，保障刑事判决、刑事裁定和暂予监外执行决定的正确执行，提高教育矫正质量，促进社区矫正对象顺利融入社会，预防和减少犯罪，根据宪法，制定本法。"这表明，我国社区矫正制度已经在关注社区矫正的其他机能，功能定位由单一型向复合型转变。"规范社区矫正工作"体现了规范矫正的机能；"保障刑事判决、刑事裁定和暂予监外执行决定的正确执行"体现了社区矫正的正义修复机能；"提高教育矫正质量，促进社区矫正对象顺利融入社会"体现了社区矫正的风险控制机能；"预防和减少犯罪"体现了社区矫正的特殊预防机能。

（三）市域社会治理现代化对社区矫正工作的影响

党的十八届四中全会通过的《中共中央关于全面推进依法治国若干重大问题的决定》提出要"加快保障和改善民生、推进社会治理体制创新法律制度建设"，其中就包括要"制定社区矫正法"。社区矫正是社会治理的题中应有之义，我国社区矫正法律体系和社区矫正制度是在治理视角下建立和发展起来的。市域社会治理现代化关于治理理念现代化、治理体系现代化、治理方式现代化的论述为社区矫正工作发挥复合机能提供了思路。

1. 多元主体，开放共治

多元主体参与是市域社会治理的重要特征。市域社会治理现代化要求完善党委领导、政府负责、民主协商、社会协同、公众参与、法治保障、科技支撑的社会治理体系，形成人人有责、人人尽责、人人享有的社会治理共同体。在市域社会治理现代化背景下，社区矫正虽然由司法行政部门主管，但要在党委领导下，广泛吸引社会力量参与，发挥主体协同作用和专业力量作用，共同提高社区矫正质效。

2. 精细精致，个案矫正

市域社会治理现代化的精细精致理念也为社区矫正提供了思路。社区矫正推进精细化管理，以个案为工作对象，针对不同对象的情况和特点制订矫正方案，坚持一案一矫，因人施教，精细化管理，全面提升矫正质量。

3. 权责明晰，规范执法

发挥社区矫正的规范矫正机能，重中之重是权责明晰。推进《社区矫正法》的实施，进一步制定实施细则，明确多元主体的权力和责任，有助于防止权力滥用和矫正随意化，发挥矫正的正义修复机能和规范矫正机能。

4. 科技支撑，数据智治

推进社区矫正大数据平台建设，推进矫正对象信息在多元治理主体间共享，联通民政、教育、就业等部门，为矫正对象复归社会提供帮助；借助信息化技术，依法对矫正对象进行定位管理，有效进行风险控制；开放线上教育，借助信息化平台丰富教育课程，提升矫正质量。

5. 机制创新，协同高效

创新沟通协调机制，建设社区矫正治理平台，建设有效的协调机制，畅通司法行政部门与社区矫正相关部门间协同，畅通多元治理主体间协同，提高社区矫正工作质效。

二、虹口区社区矫正治理现代化试点的实践

上海市虹口区是市域社会治理现代化试点区之一，也是全国社区矫正机构建设的先行者之一，[①] 其较早采用治理思维开展社区矫正，为上海乃至全国的社区矫正工作贡献了许多有益的经验。截至 2021 年上半年，虹口区社区矫正对象在册 263 人，连续 3 年实现在册社区矫正对象零重犯；对刑释解矫人员开展安置帮教，该类对象申报户口率、安置率、帮教率均长期稳定在 99%以上，重犯率降至 1%以下。近年来，虹口区司法行政机关在健全社区矫正工作体制机制、优化社区矫正执法协作衔接机制、全面提升执法规范化水平、全面加强工作队伍建设、推进"按需施教"精准化矫正、推进"智慧矫正"数字化转型等方面发力，着力提升社区矫正执法规范化水平、治理现代化水平。

（一）健全社区矫正工作体制机制

2021 年 1 月，虹口区社区矫正管理局正式揭牌，并继续探索成立虹口区社区矫正委员会，依法依规进一步厘清司法行政机关、社区矫正机构和司法所的职责权限，强化内部协作，坚持和完善社区矫正集中执法模式，加强社区矫正机构对司法所开展社区矫正工作的督查与指导，强化社区矫正机构职能作用，建设常态长效的社区矫正工作体制机制。开展"晴空"专项行动，建立指标核定、信息通报、管控责任人、帮教协调、专题研判、动态检查六项督促机制，推动社区矫正各类工作落到实处。

（二）优化社区矫正执法协作衔接机制

虹口区重点关注司法行政机关与检察机关、监狱的社区矫正执法协作衔接机制建设，建立了"检司协作"机制和"监狱、社区矫正机构协作共管"机制，并通过会签相关制度，确保执法协作衔接机制的正常运行。"检司协作"机制主要着重建设

[①] 虹口区人民政府:《中央司法部矫正管理局赴虹口区社区矫正中心参观指导》，http://www.shhk.gov.cn/shhk/xwzx/20130619/002004_a7d70861-c6de-47cf-aeeb-5030cdd2eb61.htm，最后访问时间：2022 年 7 月 31 日。

社区矫正刑事执行衔接及执行情况通报机制，通过由司法行政机关每月通报社区矫正工作开展情况，定期会同区检察院检察官对矫正对象开展分批次集中面询，及时了解他们日常活动情况及教育需求，强化社区矫正对象个别教育；"监狱、社区矫正机构协作共管"机制则着重关注深化刑罚执行一体化建设，严格落实市司法局印发的《关于加强本市监狱与区司法局刑罚执行衔接配合机制建设的意见》，完善假释、暂予监外执行对象病情复查、日常情况通报、风险评估等长效工作机制，加强与相关监狱的沟通联系，安排监狱民警参与假释、保外就医社区矫正对象矫正小组，定期通报对象日常表现情况，共同做好对象的协作共管，目前虹口区已经在2020年与提篮桥监狱签订了共建协议。

（三）全面提升社区矫正执法规范化水平

在提升社区矫正执法规范化水平方面，虹口区着重推进社区矫正执法责任制建设。开展专项执法检查，重点围绕日常工作是否规范、社区矫正对象是否存在脱管、漏管情况和档案是否规范等问题，对社区矫正工作中存在的突出问题和薄弱环节进行全面深度梳理，按照执法要求逐项明确责任人，剖析问题原因，落实整改措施，并将考核作为提升检查效果的重要抓手，倒逼执法规范的养成，进一步规范社区矫正执法。

（四）全面加强社区矫正工作队伍建设

虹口区司法行政机关多项举措并举，全面加强社区矫正工作队伍建设。一是坚持党建引领社区矫正工作队伍建设，持续深化党建联建。通过司法行政机关党支部、选派民警党支部和社工党支部联合共建、联组学习的方式，开展形式多样的主题党日活动，推动专职干部、选派民警和矫正社工融合发展。二是分层分类开展岗位练兵、技能比武和业务培训，加强对社会工作者的绩效考核，提高社区矫正工作队伍的业务能力。三是启动首席社区矫正官试点，将试点工作作为锤炼队伍、提升素能、规范执法水平的重要契机，组织认真学习试点工作要求，统一思想认识，推动提升社区矫正工作队伍专业化水平。

（五）推进"按需施教"精准化矫正

虹口区坚持精准化矫正，以矫正需求、矫正方案、矫正措施、矫正评估为核心要素，以排摸研判需求、制订实施方案、深化落实措施、评估运用效果的"四位一体"工作机制为主要内容，形成了"按需施教"的工作模式。同时，探索建立社区矫正对象数据库，运用大数据分析，辅助研判社区矫正工作面临的主客观影响和发展变化趋势，并根据每名社区矫正对象不同的个体特征、日常表现等实际情况，在充分考虑其工作和生活状况的基础上，制订个性化的矫正方案，实施一人一案，分级分类进行矫正，提升教育矫正的针对性和有效性。另外，关注矫正对象心理变化，针对其心理状态开展"启程"心理项目，精准矫正，关爱矫正对象心理健康。打造"虹苹果"关爱子女系列活动和"爱的黄丝带"专场招聘会等特色品牌，帮助社区矫正对象在心理上和角色上复归社会。

（六）推进"智慧矫正"数字化转型

虹口区着力推动"智慧矫正"数字化转型。加强大数据深度运用、技术手段赋能和流程机制重塑，通过信息化手段开展在线教育，运用 VR 设备开展沉浸式专题教育，进一步强化日常教育成效。推进智慧矫正指挥中心建设和远程视频督察系统建设，进一步加大信息化核查力度，探索创新智慧化应用。

三、社区矫正治理现代化的问题焦点

（一）社区矫正执法依据仍需进一步完善

《社区矫正法》的实施为社区矫正实践提供了法律依据。但实践中遇到的形形色色的细节问题、新问题无法在《社区矫正法》中完全体现，这就需要行政法规、地方性法规、规章的进一步完善。最高人民法院、最高人民检察院、公安部、司法部联合印发修订后的《中华人民共和国社区矫正法实施办法》、上海市颁布的《关于贯彻落实〈中华人民共和国社区矫正法实施办法〉的实施细则》，细化了社区矫正的相关规定，为社区矫正实践提供了更加细致的法律法规依据。但随着社会经济发展，层出不穷的新问题很快成为社区矫正中亟待解决的新课题，如区域一体化背景下矫正对象跨区域出行的审批监管问题、疫情常态化背景下社区矫正集中教育问题、聋哑对象等特殊群体的矫正对象的权利保障问题等，这些新问题需要相关部门在研究后制定相应的规则予以规制和指导。

（二）治理主体多元化仍需进一步发挥作用

在治理视角下，我国社区矫正已经形成了司法行政人员、检察官、选派民警、社会工作者、居/村委会工作人员、帮教志愿者、学校教师、矫正对象家属等多元主体参与共治的局面（参与主体视矫正对象具体情况而定）。在社会共治主体中，负责刑罚执行的主体是司法行政人员，负责法律监督的主体是检察官，负责调查评估、衔接纳管、电子监管等工作的主体是选派民警，与社区矫正对象接触最为频繁密切的主体是社会工作者，居/村委会工作人员、帮教志愿者、学校教师、矫正对象家属等则是社区矫正的协助者。社区矫正工作力量直接关系到矫正的效果。社区矫正工作中仍存在着执法力量不足、专业度不够，社区工作者专业多样性不足，学校教师、矫正对象家属参与程度低等问题。必须发挥治理主体多元化的作用，加强治理队伍建设，鼓励社会力量的参与。

（三）部门衔接协作机制仍需进一步创新

社区矫正工作涉及多部门共同治理。司法行政机关与法院、检察院、监所等部门之间涉及调查评估、衔接纳管、法律监督等工作的衔接与协作；司法行政机关与人社、民政、妇联等部门之间涉及刑释解矫人员安置帮扶工作的协作；司法行政机关工作人员与社区工作者同在矫正小组，涉及社区矫正对象的日常管理、教育矫正工作的协作。工作中，司法行政机关与法院、检察院、监所、人社、民政、妇联等部门间联动不足，缺乏有效的协作机制；司法行政机关工作人员与社区工作者间职责不清、关系不顺的问题较为突出。厘清关系、明确责任、建立常态长效的衔接协作机制对于提升社区矫正工作质效、保障《社区矫正法》的正确实施非常重要。

（四）智能化建设仍需进一步统筹推进

5G网络、大数据、人工智能的发展为各行各业赋能并取得了良好的效果，这些技术也被应用到公共治理领域，如上海政务服务"一网通办"、城市运行"一网统管"两张网的建设，为上海城市数字化转型、打造智慧城市提供了强有力的支撑。2020年，司法部发布了《智慧矫正总体技术规范》《智慧矫正远程视频督查系统规范》两项智慧矫正标准，对智慧矫正平台建设标准提出了统一而明确的要求。实践中，智慧矫正建设进程较慢，目前在用的管理平台功能较为单一，且各省市间矫正信息不通、公检法司及人社、民政、妇联等相关部门之间信息化联动不足、定位精准度低等，智慧矫正建设仍需进一步统筹推进。

四、治理视角下社区矫正治理路径的进一步探索

治理视角下，社区矫正治理路径应当围绕"治理能力现代化"，贯彻市域社会治理现代化系统融合、开放共治、包容协商、精细精致的治理理念，发挥政治的引领作用、法治的保障作用、德治的教化作用、自治的促活力作用、智治的支撑作用。

（一）政治引领方面

司法行政机关作为党的政治机关，政治性是其第一属性。司法行政机关主管的社区矫正工作在党委领导下开展，要发挥党委的领导作用，建设党委领导、司法行

政机关负责、各相关部门协同、社会力量参与的工作机制，由党委统筹社区矫正各相关部门之间的衔接和协作，厘清各相关部门在社区矫正工作中的职能和责任，确保衔接顺畅、协作高效。另外，结合机关党支部开展学党史等党建活动的契机，以党建联建等多种方式，发挥党在思想引领、组织引领方面的作用，强化社区矫正队伍建设，培养社区矫正执法干部和社会工作者在政治上的忠诚性和可靠性。

（二）法治保障方面

社区矫正实现治理现代化，离不开法治的保障。笔者认为，社区矫正法治保障主要体现在两个方面，即立法和执法。立法的完善使得社区矫正有法可依，有助于社区矫正规范矫正机能的发挥；依法执法则要求社区矫正正确执行刑罚，发挥正义修复的机能。

1. 社区矫正的立法保障

立法的完善是社区矫正规范化的要求，也是依法行政的要求。基于社区矫正的特征，兼具刑罚执行性和社会性使得社区矫正立法权限问题成为不得不重视的问题。有学者指出，我们必须深入社区矫正制度内部，解析构成这一制度的相关要素和包括的具体事项，并就这些要素和事项进行央地分属识别，从而就社区矫正的立法事项划分出中央立法与地方立法的"楚河汉界"。[①] 根据《中华人民共和国立法法》所确立的法律保留原则，犯罪和刑罚事项只能靠制定法律来规定，因此社区矫正中有关司法和刑罚执行的部分只能由法律来规定。而关于公检法司的衔接问题、治理中的问题等既可以由法律来规定，也可以由行政法规、地方性法规、规章来规定。因此，社区矫正的立法完善既要发挥中央的统筹作用和全国人大在特定事项方面的立法作用，也要激发地方活力，鼓励地方在新问题、细节问题的立法完善上多下功夫，积累有益的经验。

2. 社区矫正的执法保障

随着社会的进步和法治的健全，传统的报应主义或报复主义的刑罚观被认为是落后的刑罚观念，尤其是社区矫正以帮助矫正对象复归社会为导向，重教育感化而轻刑罚报复，报应主义的刑罚观更加被轻视。然而，社会正义遭到破坏，需要刑罚来进行修复，这实际上是报应主义刑罚观的一种表现方式。社区矫正的机能应当包含正义修复，它通过严格执法来完成。在对待社区矫正对象时，虽然不必像对待监狱服刑犯一样以罪犯称呼之，但也不能像对待安置帮教对象一样以一般社会人视之。在开展教育、帮助的同时，也应当严格执行对矫正对象的执行措施，如决定和接收、监督管理、解除和终止等。同时，也应当加强执法责任制的建设，推进权责明晰，

[①] 郭华：《〈社区矫正法〉制定中的争议问题研究》，载《法学》2017年第7期。

发挥执法责任制对于规范矫正的重要作用。

（三）德治教化方面

我国坚持依法治国和以德治国相结合，德行向来是社会对一个人评价的第一要素。社区矫正者在思想上、行为上脱离正常的社会规范要求，走上违法犯罪道路，道德缺失是重要原因之一。因此，做好社区矫正对象的教育矫正工作，帮助其在思想上、行为上复归社会，避免其再次走上违法犯罪道路，发挥社区矫正的特殊预防机能，关键在于道德教化。社区矫正机构应当积极开展教育，引导社区矫正对象树立社会主义核心价值观，增强其法治观念，提高其道德素质和悔罪意识。《社区矫正法》第三十六条第二款的规定："对社区矫正对象的教育应当根据其个体特征、日常表现等实际情况，充分考虑其工作和生活情况，因人施教。"这体现了市域社会治理现代化"精细精致"的治理理念。矫正小组应当根据社区矫正对象的实际情况，制订个性化矫正方案，同时要找准病因，消除导致社区矫正对象犯罪内外诱因，确保矫正效果显著、彻底。如对未成年人来说，家庭关系/环境、交友不慎等往往是其走上犯罪的主要诱因，因此由矫正小组帮助改善家庭关系、改善交友环境往往比单纯的说服教育效果更好。

（四）自治活力方面

《社区矫正法》第十三条规定："国家鼓励、支持企业事业单位、社会组织、志愿者等社会力量依法参与社区矫正工作。"这一规定以法律形式确立了社会力量在社区矫正中的合法地位。社会力量参加社区矫正，实质上是社会自治的体现。我国社区矫正引入社会自治的最早实践就发生在上海。2003年1月，由市委政法委牵头并推动、华东理工大学社会工作系承办培训的首批60余人的社区矫正社会工作者正式上岗，成为我国第一批社区矫正社会工作者。[1] 经过近20年的探索，为社会力量参与社区矫正积累了宝贵经验。

一是在政府和社会力量的关系方面，政府要坚持进一步深化"放管服"改革理念，将市场的回归市场，确定政社分开、转变职能的改革目标，致力于构建服务型政府。[2] 司法行政机关应当明确自己与社会组织不是领导和被领导、管理和被管理的关系，而应该是指导和合作的关系。司法行政机关要加强与社会组织的合作，对社会组织的工作予以必要的指导和提供充分的资源，可以采用政府购买服务和志愿参

---

[1] 费梅苹、邓泉洋：《中国特色社区矫正社会工作服务体系研究——基于"社区矫正法"的要求》，载《社会工作》2020年第1期。

[2] 董邦俊、代少青：《社会治理视角下的社区矫正问题研究》，载《江西科技师范大学学报》2018年第1期。

与相结合的方式邀请社会力量参与社区矫正治理并作为服务提供的主体。

二是在专业性方面，社区矫正工作者依法为社区矫正对象提供教育、心理辅导、职业技能培训、社会关系改善等方面服务，因此要求社会工作者在心理、法律、教育等方面具有一定的专业能力。另外，随着个别化矫正的发展，需要更加多样化的专业背景的社会工作者或志愿者参与社区矫正工作，如手语翻译、职业规划、戒毒等专业背景。

三是在多样性方面，应当吸引更多样的社会力量和社会资源参与社区矫正工作，尤其是在资金、就业机会、公益关怀、家庭关怀等方面。资金方面，目前社区矫正所需资金由政府财政支持，由于预算限制，在加强工作力量、深化服务等方面有所制约，未来可考虑吸纳社会捐款，用于专项治理领域，如开展对矫正对象或其家属中的未成年人、残疾人、老人等的关怀；在就业机会方面，可探索与企业合作建设矫正对象就业基地，由企业提供专门技术培训，解决矫正对象就业歧视和缺少生存技能问题；在公益关怀方面，可开展与社会公益组织合作，为矫正对象或其家属中的未成年人、残疾人、精神异常人群、老人等提供公益关怀；在家庭关怀方面，矫正对象家属因其情感上、时间上、了解程度上的优势，可以在社区矫正中发挥独特作用，但其参与社区矫正未能得到足够重视，导致参与比例低、参与程度不深。有学者认为，矫正对象家属参与协助矫正，应以充分发挥家庭成员"情感攻心"的独特作用为着力点。[①] 但需要注意的是，应同步做好参与协助矫正的矫正对象家属的法律宣传工作，防止发生矫正对象家属帮助社区矫正对象逃避监管或者掩饰隐瞒社区矫正对象实施的违法行为的事件。

（五）智治支撑方面

大数据支持社区矫正治理，有助于实现信息共享，畅通部门合作，加强日常监管，应对疫情常态，强化风险控制，推进个别化矫正，丰富教育资源。一是建设全国统一的智慧矫正系统。实现社区矫正全国各省市信息互通，加强各省市合作，方便异地衔接纳管、强化请假外出人员风险控制。二是利用智慧矫正系统畅通衔接协作。司法行政机关、监狱、检察院通过智慧矫正系统加强衔接协作，及时信息互通，防止矫正对象脱管失控。三是社区矫正信息接入智慧城市系统。如社区矫正对象信息接入上海"一网统管"，既方便矫正对象网上办事，同时人社、民政、妇联等相关部门可及时获取矫正对象信息，有针对性地开展帮扶。四是利用智慧矫正系统开展日常监管和远程督察。利用各种定位技术、人脸识别技术、视频分析技术等，通过

---

① 贾晓文：《社区服刑人员家庭成员参与社区矫正研究与思考》，载《犯罪与改造研究》2018年第11期。

实时监控、线上点名、远程视频督察等,对社区矫正对象开展日常监管。通过风险预警,对社区矫正对象可能存在的脱管风险、违反矫正规定风险等进行监测,及时研判风险并进行处置。五是大数据分析助力个别化矫正。建设社区矫正对象数据库,利用大数据分析对矫正对象实际情况进行分析,辅助矫正小组制定个性化矫正方案。六是利用线上资源开展在线教育。通过网络提供丰富的法律、心理、教育、培训课程等,并利用视频监控系统实时监控矫正对象的学习状态,既丰富了矫正对象的学习资源,又为疫情常态化之下防止人群聚集的集中教育找到了变通方案。

2022年社区矫正理论研究与实务发展述要

安文霞　张桂荣[*]

2022年社区矫正工作，在理论研究上不断深化基础理念研究、聚焦重点制度机制研究、拓展多元方法技术研究；在社区矫正司法实践中也不断提升规范化、精细化和智能化。未来社区矫正有必要从社区矫正自身发展、刑事司法全过程乃至社会治理三重视角深化开展研究。

据不完全统计，2022年通过中国知网检索到以"社区矫正"为主题的文献共计284篇，其中学术期刊论文90篇，硕士论文42篇、会议论文2篇、报纸文章150篇。

一、社区矫正理论研究新发展

（一）深化基础理念研究

一是系统谋划顶层设计。习近平法治思想中所贯穿的系统观念，对新时代推进全面依法治国具有重要的方法论指引作用。高贞认为，以习近平法治思想的系统观念指导新时代中国特色社会主义刑事执行制度建设，就是要将系统观念的整体观、体系观、协同观、发展观综合地、立体地、全方位地贯通到制度建设和实践工作的全过程。坚持在党对刑事执行工作的绝对领导下，以整体性的战略思维谋划刑事执行制度在推进国家治理体系和治理能力现代化、推进全面依法治国中的定位和战略目标，以体系性要求，科学构建内容完备、逻辑严密、运转有效的中国特色社会主义刑事执行制度体系。[①] 张桂荣认为应以习近平法治思想为指导深入实施《中华人民共和国社区矫正法》（以下简称《社区矫正法》），即坚持在党委领导下统筹推进，坚持以人民为中心的根本立场，坚持系统观念和一体化思路，牢固树立正确法治观念，大力提高社区矫正工作法治化、规范化水平，建设高素质社区矫正队伍。[②] 科

---

[*] 安文霞，司法部预防犯罪研究所副研究员。张桂荣，司法部预防犯罪研究所研究员。
[①] 高贞：《习近平法治思想的系统观念在发展完善刑事执行制度中的运用》，载《犯罪与改造研究》2022年第7期。
[②] 张桂荣：《深入实施〈社区矫正法〉的若干思考》，载《中国司法》2022年第10期。

学、正确、符合国情的社区矫正顶层设计对社区矫正全国性的改革创新具有重要意义。刘强提出我国社区矫正在顶层设计中存在指导思想不够清晰、设计目标不够明确、设计主体存在局限、设计思路不够大胆、设计方法不够科学等问题，建议在《社区矫正法》已经颁布实施的背景下，仍然有必要完善社区矫正的顶层设计，通过认真梳理当前我国社区矫正中存在的突出问题并总结实践中的成功经验，借鉴域外对社区罪犯管理的先进模式，更好地推动我国在社区刑罚及刑罚执行领域的一体化改革，以尽快实现党中央在这一领域提出的社会治理体系和治理能力现代化的目标。①

二是深度剖析重要基础理论。社区矫正性质界定是关涉社区矫正工作发展的基础性问题，亦是深受学者关注探讨的理论热点。吴宗宪认为在《社区矫正法》颁布之前持"社区矫正是刑罚执行工作"的看法有很大代表性，但《社区矫正法》对社区矫正的性质采取了模糊处理，这对于准确认识社区矫正、做好社区矫正工作及从事社区矫正研究均有不利后果，因此认为《社区矫正法》颁布之后有必要继续探讨社区矫正的法律性质，吴教授也重申其观点"社区矫正是依法在社区中监管、改造和帮扶罪犯的非监禁刑执行制度"，仍然主张社区矫正的法律性质是刑罚执行。② 关于社区矫正机构刑事执行权的性质界定，郑艳认为社区矫正机构行使刑事执行权的行为包括监管、教育、帮扶以及不得已时的惩戒，本质上是司法行政权。其尝试通过阐释社区矫正机构发展历程、分析社区矫正机构履职行为性质来厘清社区矫正机构的刑事执行权，在此基础上提出了重新配置社区矫正机构刑事执行权的路径，即建议取消"提请公安机关治安处罚建议权"并增设中间型惩戒措施。③

三是全面解读立法理念。贯彻落实《社区矫正法》，是当前和今后一个时期各级司法行政机关和社区矫正机构的一项重要工作任务。郭健认为在贯彻落实社区矫正法的过程中，应当树立正确的社区矫正理念、依法加强社区矫正组织机构建设、积极组织引导社会力量参与社区矫正工作，严格依法办案，依法落实社区矫正工作任务。④ 柳玉祥认为受误解轻刑主义理念和强调社区矫正教育矫治功能的影响，社区矫正实践工作在一定程度上忽视了社区矫正空间管理密切关联的社区矫正惩罚功能，这给社区矫正立法精神、法律措施的贯彻实施带来了一定影响，建议通过增强社区矫正空间管理意识、完善社区矫正空间权力体系、发挥社区矫正空间修复作用、强

---

① 刘强：《我国社区矫正顶层设计中存在的主要问题及解决对策》，载《辽宁师范大学学报（社会科学版）》2022年第2期。
② 吴宗宪：《再论社区矫正的法律性质》，载《中国司法》2022年第1期。
③ 郑艳：《社区矫正机构刑事执行权探究》，载《行政与法》2022年第3期。
④ 郭健：《社区矫正法的几个基础性问题探析》，载《犯罪与改造研究》2022年第5期。

化社区矫正虚拟空间管理等措施,提升新社区矫正监管矫治工作整体质效。① 社区矫正效能标准的实质以何为标准合理评价其执行效能的问题,梁盼、张昱认为"提质增效"成为新发展阶段对社区矫正"软发展"的高线要求,而"维控有力"因限于科层制窠臼仅部分满足社区矫正"硬管控"的底线效能要求,实践探索与反思发现应转向以"治理长效"为综合标准来评价社区矫正效能,并从内外部双重维度展开构建。② 翟中东、孙霞认为,从《社区矫正法》实施两年来的实践看,社区执法(程序性执行)工作受重视程度比较高。对社区矫正对象的管控关涉社会安全与社区矫正的社会地位,而矫正关涉社区矫正的最终价值。因此,随着社区矫正工作资源的积累,特别是人力资源的积累,对社区矫正对象的管控工作、对社区矫正对象的矫正,需要纳入实质性发展的视野,从观念、制度与技术层面分别进行问题分析与问题解决的思考,以促进社区矫正工作的全面发展。③ 连春亮认为社区矫正立法所倡导的内在精神和价值取向,蕴含着开放处遇一体化思想、人文主义思想、矫正教育思想、权利保障主义、重新回归主义等理论、思想和理念。在国家治理体系和治理能力现代化的社会环境条件下,应深刻领悟《社区矫正法》的价值理念、思想体系、制度规范、运行机制、实践范式等,建构中国特色的大矫正回归机制,形成"社区矫正共同体"。④ 关于权利保障理念,安文霞建议《社区矫正法》条文权利化规范,通过培育矫正对象的权利规范意识,提升其自我矫正动力进而实现其重新融入社会的目标。⑤

四是不断拓展研究视角。张磊、马寅翯认为在社区矫正工作中创造性地运用中华优秀传统文化的智慧,有助于实行分类管理和个别化矫正,增强社区矫正对象的社会责任感和家庭责任感,建议在新时期要在社区矫正工作中传承和弘扬中华优秀传统文化,还应结合其他先进制度和技术,即道德自觉与法律保障相结合、德行引导与心理疏导相结合、家庭支持与社会参与相结合,共同在新时代发挥生命力。⑥ 金越、郑艳基于对浙江省两个地市社区矫正对象的问卷调查结果,从工具性支持、情感性支持以及社会支持利用度三个方面来分析社区矫正对象社会支持的现状,并从

---

① 柳玉祥:《社区矫正的空间管理》,载《社区矫正理论与实践》2022年第2期。
② 梁盼、张昱:《从"维控有力"到"治理长效":社区矫正效能标准的转向》,载《华东理工大学学报(社会科学版)》2022年第2期。
③ 翟中东、孙霞:《〈社区矫正法〉实施两年来若干问题的思考》,载《犯罪与改造研究》2022年第9期。
④ 连春亮:《〈社区矫正法〉的问题与主义》,载《社区矫正理论与实践》2022年第2期。
⑤ 安文霞:《社区矫正对象权利规范探析》,载《犯罪与改造研究》2022年第6期。
⑥ 张磊、马寅翯:《中华优秀传统文化在社区矫正工作中的价值与应用》,载《犯罪与改造研究》2022年第5期。

支持的维度、内容、方式上提出了优化建议。① 王静、周纯以社会支持理论为视角，选取 G 市社区矫正中的某典型个案，分析该个案的全部服务过程，即分析网络现状、评定优势资源、建构支持网络、评估服务效果，揭示了社会支持理论视角下个案矫正工作的主要介入路径，为后续的个案矫正工作提供了一定的参考价值。② 社会资本理论强调社会关系网络的规范、信任、互惠等元素，具有嵌入社区矫正的理论能力。吴啟铮认为从类型化的角度看，提升社会资本对于社区矫正对象的"再社会化"具有重要作用，规范是其保障，信任是其基础，网络是其方式，互惠是其功效。构建社区矫正的社会支持体系应当明确国家、社会和个人的不同作用，突出社会力量在各个领域中的优势和与社区矫正机构的合作伙伴关系，分别在司法决策、监督管理、人权保障和福利供给上发挥支持作用，并逐渐予以法治化。③

（二）聚焦重点制度机制研究

一是社区矫正委员会机制研究。刘强认为应充分认识加强社区矫正委员会建设的重要性，并提出加强社区矫正委员会建设应注意的问题，即进一步明确社区矫正委员会的职责和任务，加强社区矫正委员会的制度化建设并推动社区矫正委员会制度的立法完善。④

二是风险评估机制研究。如何完善我国社区矫正风险评估机制是当前学界和实务界的讨论热点。王黎黎、苏照桓认为我国社区矫正风险评估存在审前调查评估工作权责与步骤以及风险评估方法和标准等尚需明确等困境，在介绍美国明尼苏达州社区矫正风险评估理念与方法及比较两者风险评估工作差异的基础上，提出了完善我国社区矫正风险评估工作的建议，即坚持循证矫正的工作理念、探寻适合我国情况的评估方法及研发适合我国情况的评估工具。⑤ 钟达先等认为《社区矫正法》实施后，社会调查评估的委托主体、内容、环节等发生变化，但未明确规定调查程序、内容，实践中存在委托走过场、调查流于形式、评估意见模糊等问题。因此，建议细化法律规定，规范社会调查评估程序和评估意见书，加强专业队伍建设和检察机

---

① 金越、郑艳：《〈社区矫正法〉视域下社区矫正对象社会支持系统的调查研究》，载《社区矫正理论与实践》2022 年第 2 期。
② 王静、周纯：《社会支持理论在社区矫正工作中的应用研究——以 G 市某个案为例》，载《长春理工大学学报（社会科学版）》2022 年第 2 期。
③ 吴啟铮：《社会资本理论视野下的社区矫正社会支持体系研究》，载《社区矫正理论与实践》2022 年第 2 期。
④ 刘强：《推进社区矫正委员会制度建设和立法完善》，载《中国司法》2022 年第 6 期。
⑤ 王黎黎、苏照桓：《我国社区矫正风险评估机制的困境与完善——基于美国明尼苏达州社区矫正风险评估机制的比较分析》，载《宜宾学院学报》2022 年第 3 期。

关监督力度，以提高调查评估内容的真实性和评估效率。①

三是分类管理制度研究。《社区矫正法》多次提及分类管理和个别化矫正，这是对各地十多年分类管理实践探索在立法层面的认可，也是各地社区矫正实践工作的指引。刘毅通过对部分基层社区矫正分类管理实践的实地调查，分析社区矫正分类管理在实践中所面临的困惑，并对社区矫正立法意图与立法价值进行深度解读，提出构建执行场所、工作人员和社区矫正对象"三位一体"的社区矫正分类管理体系的建议。②胡聪、徐晓燕以杭州市某区为例，对浙江省社区矫正对象分类管理制度进行剖析，认为主要存在没有设置宽松管理等级、层次性不足；不同管理等级之间处遇差别不大、引导与威慑有效性不足；分类管理制度未能与其他制度有机结合等问题，建议应通过增设宽松管理等级、增设宽松管理等级的主要管理措施、增设适用严格管理的情形、增设严格管理社区矫正对象的主要管理措施等建立专门的社区矫正对象分类管理制度。③

四是减刑、缓刑制度相关问题研究。于阳、张帅昌通过调研认为实务中社区矫正机构未能对缓刑犯减刑程序给予应有的重视，且由于缓刑犯减刑启用实质标准过高，程序衔接上存在诸多困难，因此实践中适用减刑情形并不多见，且当前社区矫正机构在缓刑犯减刑制度的适用中并未起到应有作用。建议为缓刑犯减刑制度适用提供程序保障，即社区矫正机构应当为该制度的启动提供保障，社区矫正机构应当为矫正对象的申诉权利提供保障，亦可针对矫正对象减刑提出的申诉设置听证程序。④针对社区矫正撤销缓刑问题，李浩针对现行法律法规对社区矫正撤销缓刑的规定较为笼统，在实践中也普遍存在着社区矫正机构提请权缺乏刚性、脱管人员缓刑撤销存在难局、社区矫正对象权利救济存在缺陷等影响社区矫正法治化、规范化进程的问题，提出可通过建立复议复核、预先逮捕、中止审理和权利救济等制度细化规范、完善提升。⑤

五是保外就医制度研究。保外就医一直是社区矫正工作中的难点，虽然各地社区矫正机构针对保外就医类社区矫正对象的监督管理和教育帮扶做了很多努力，但实践中还存在保外就医社区矫正对象主观和客观就医障碍、社区矫正机构开展病情鉴定专业性不足以及社会协同机制尚未健全等现实困境。对此，郭健等认为有必要

---

① 钟达先、隗永贵、于柏枝：《〈社区矫正法〉实施后的社会调查评估实践分析及制度研究》，载《北京政法职业学院学报》2022年第2期。
② 刘毅：《构建"三位一体"的社区矫正分类管理体系》，载《司法警官职业教育研究》2021年第4期。
③ 胡聪、徐晓燕：《浙江省社区矫正对象分类管理制度存在的问题及对策》，载《犯罪与改造研究》2022年第3期。
④ 于阳、张帅昌：《天津市社区矫正工作规范化法治研究》，载《警学研究》2022年第2期。
⑤ 李浩：《社区矫正撤销缓刑问题研究》，载《社区矫正理论与实践》2022年第1期。

通过修改法律、完善制度、健全机制等推进保外就医社区矫正工作的规范化、专业化与协同化。①

六是检察监督制度研究。对社区矫正对象合法权益保障的监督，郑军辉等基于社区矫正对象因正常工作、生活需要申请经常性跨市、县活动的情形，认为人民检察院在厘清社区矫正对象申请跨市、县活动范围包括但不限于本省的基础上，应通过调查核实、组织开展公开听证等方式，准确判断社区矫正对象可以适用经常性跨市、县活动相关规定，监督社区矫正机构依法简化程序和方式予以批准。② 徐垒等认为检察机关应当加强对社区矫正机构履行社区矫正对象外出申请审批职责的监督。社区矫正对象因生产经营需要等有正当理由申请外出，但社区矫正机构未批准，申请人民检察院监督的，人民检察院应当监督社区矫正机构依法批准。对社区矫正机构批准外出的，人民检察院应当监督社区矫正机构加强对社区矫正对象外出期间的动态监督管理，确保社区矫正对象"放得出""管得住"。③ 关于社区矫正的巡回检察制度，刘颖等认为各地社区矫正检察监督在不同程度上存在检察方式单一、办案意识不强、机制建设不足、工作责任不明等问题，因此建议检察机关可借鉴监狱、看守所巡回检察经验，优化社区矫正巡回检察的方式、组成人员、内容、办案流程等，同时研究建立社区矫正巡回检察办案和评价机制、社区矫正对象权益保障机制、反馈落实整改监督机制等，以促进社区矫正巡回检察工作不断发展完善。④ 关于监督力量的强化问题，匡旭东认为，社区矫正检察工作在司法实践中存在监督力量有待强化、"新"自侦权备而不用、异地检察监督缺位等现实困境，严重掣肘着制度的良好运行，并分析这种现实困境与检察监督传统的资源配置模式、滞后的智慧化发展水平、缺失的协同性监督理念等不无关系，建议从内部和外部两个方面优化社区矫正检察监督资源配置，利用区块链和人工智能技术发展社区矫正智慧监督新方式，发挥检察机关"新"自侦权价值以及推动社区矫正跨区检察监督制度形成等方面予以完善，不断优化检察监督机制，以实现我国社区矫正制度的法治化发展目标。⑤ 此外，社区矫正不是双向交互的一种刑罚执行关系，而是多元主体共同参与的活动，可以适当考虑引入被害人参与机制以及发挥人民监督员在检察监督中的作用。⑥

---

① 郭健、安文霞：《完善保外就医社区矫正工作刍探》，载《社区矫正理论与实践》2022年第1期。
② 郑军辉、黄庆浩、吕陈彬：《社区矫正对象经常性跨市、县活动监督实践与分析》，载《中国检察官》2022年第8期。
③ 徐垒、董红丰、仇小雷：《涉民营企业社区矫正对象申请外出监督案件办理路径》，载《中国检察官》2022年第4期。
④ 刘颖等：《社区矫正巡回检察的实践探索》，载《人民检察》2022年第6期。
⑤ 匡旭东：《掣肘与突破：我国社区矫正检察监督的制度省思》，载《华南理工大学学报（社会科学版）》2022年第7期。
⑥ 匡旭东：《社区矫正检察监督的实践检视与优化路向》，载《时代法学》2022年第3期。

七是社会力量参与制度研究。连春亮认为社区矫正工作是以社区为基本支撑，是充分运用社会力量对社区矫正对象的矫正教育活动。从一定意义上说，离开了社区，社区矫正就失去了存在的法律基础和社会环境。因此，从社区矫正工作的空间形态、立法精神、实质内容和价值追求等方面来看，社区矫正工作只有在目标定位、社区矫正主体、社区矫正内容、社区矫正方法、社区矫正评价等实然要素方面实现全面社会化，才能完成社区矫正工作教育帮扶社区矫正对象的任务。[1] 褚华林提出应更多关注社区专业人才培养、社会参与环境优化、配套政策体系完善和加快公共资源整合四个方面，破解社会工作参与社区矫正的实践困境，以此不断推动社会工作参与社区矫正事业的健康发展。[2] 杨明等剖析高校教师参与社区矫正的优势及不足，探寻参与社区矫正工作的有效方法策略。[3]

八是其他相关制度研究。周雨臣认为社区矫正公益活动和监狱劳动改造虽然均为法律明确规定的严肃执法活动，但是二者在活动内容、组织管理模式及价值取向上存在差异，即社区矫正公益活动是一种社会公共事务活动，是按照社会公共活动和社会公共管理的模式进行组织和实施，其追求的是认罪悔罪、修复社会关系和培养社会责任感。[4] 任文启、马啸云通过查阅案卷资料对"制式思想汇报"的实际效果进行分析，发现其并未实现所预计的了解社区矫正对象思想动态的效果，而且《社区矫正法》并未明确要求矫正对象提交思想汇报，明确要求的是定期提交"个人情况报告"和"特殊事项报告"，进而认为应当依法规范提交特定行为和活动的报告而非制式的思想汇报，应进一步规范社区矫正的监督管理，在社区矫正工作信息化发展基础上，建立大数据、信息化与个人行为和活动报告之间的印证关系，将思想转变的任务交由司法社工及其提供的教育帮扶，从而促进监督管理与教育矫正的一体化融合发展，真正提升教育矫正质量。[5]

（三）拓展多元方法研究

一是实证研究方法。安徽省司法厅课题组结合 2017 年至 2021 年近五年 A 省社区矫正对象重新犯罪的数据进行分析，阐释了影响社区矫正对象重新犯罪的实践因素，并提出预防和减少社区矫正对象重新犯罪的对策建议，即重点加强集中性重新犯罪罪名对象的管理，根据社区矫正对象特点实施精准教育帮扶，基于社区矫正对象不

---

[1] 连春亮：《论社区矫正社会化的实然要素》，载《犯罪与改造研究》2022 年第 7 期。
[2] 储华林：《社区矫正社会工作的实践困境与路径优化》，载《西安建筑科技大学学报》2022 年第 3 期。
[3] 杨明、杨子青：《高校教师参与社区矫正的价值、困境与对策》，载《广西教育学院学报》2022 年第 1 期。
[4] 周雨臣：《社区矫正公益活动与监狱劳动改造异同分析》，载《犯罪与改造研究》2022 年第 4 期。
[5] 任文启、马啸云：《制度、理念与操作：社区矫正中制式思想汇报的审视》，载《社区矫正理论与实践》2022 年第 2 期。

同阶段实施分期矫正，建立有效的重新犯罪风险预测机制，切实加强社区矫正工作队伍建设并着力提升科技信息技术的监管应用。①邓平运用实证调查的方式，对浙江省某社区矫正的 203 名社区矫正对象进行问卷调查。结果表明，对社区矫正对象通过加强重点人员管控、持续提升文化素养、全面普及法制教育、提升社会支持水平和减少案件负面影响等措施，联合各方面的社会力量帮扶和监督社区矫正对象，可切实有效地降低其再犯风险，保障社会安全和稳定。②乔新月通过对 2016 年至 2020 年河北省社区矫正工作进行分析和研判，认为在社区矫正调查评估居住地的认定、出境通报备案主体的确定、暂予监外执行工作管理监督、保证人未尽保证义务的责任规定、女性暂予监外执行对象故意多次怀孕逃避收监、社区矫正机构对病情复诊不能作出有效认定、社区矫正对象收监难仍待破解等很多细节方面，还缺乏有效可操作性规范，制约了社区矫正工作规范开展，建议应强化制度优势，提升社会治理效能。③杨彩云通过对 S 市 13 个区的社区矫正对象开展普查，从身份认同整合和社会支持视角，探究了歧视知觉对社区矫正对象社会疏离的影响机制。研究发现，歧视知觉对社区矫正对象的社会疏离既存在直接影响，也通过身份认同整合和社会支持两个中介变量产生间接影响。身份认同整合和社会支持在歧视知觉与社会疏离之间起到自我转化和外在保护的作用。因此，在外在歧视无法完全消除的情况下，为了缓解社区矫正对象的社会疏离，应注重提升个体的自我身份认同整合，增强对社区矫正对象的有益支持，从而促进其顺利回归社会。④

二是分类研究方法。针对不同类型社区矫正对象进行研究。张帆通过对云南省未成年社区矫正对象的调研，分析了当前未成年社区矫正工作暴露出思想认识、法律适用、专业化、就学和社会融合等问题，提出应细化制度措施、创建教育中心、畅通就学渠道、提高专业化水平、加强社会融合等对策建议。⑤王天瑞以社会支持理论为视角研究了未成年社区矫正对象的社会融入问题⑥。师玮玮认为应深化对未成年矫正对象心理矫治的认知，定位心理矫治项目在未成年人社区矫正工作中的地位和作用，提出构建未成年矫正对象心理矫治项目体系、制度体系和保障体系，促进未

---

① 安徽省司法厅课题组、夏月星、任少军：《预防减少社区矫正对象重新犯罪实证分析和实践探索》，载《中国司法》2022 年第 5 期。
② 邓平：《社区矫正对象再犯风险现状及对策探究》，载《犯罪与改造研究》2022 年第 8 期。
③ 乔新月：《河北省高质量实施〈社区矫正法〉的实践与思考》，载《中国司法》2022 年第 5 期。
④ 杨彩云：《歧视知觉对社区矫正对象社会疏离的影响机制研究——基于身份认同整合和社会支持的中介效应》，载《浙江工商大学学报》2022 年第 3 期。
⑤ 张帆：《云南省未成年人社区矫正工作调研报告》，载《中国司法》2022 年第 4 期。
⑥ 王天瑞：《青少年社区矫正对象社会融入的困境与出路——以社会支持网络为视角》，载《河南司法警官职业学院学报》2022 年第 1 期。

成年矫正对象最终的矫治和回归。① 针对不同犯罪类型社区矫正对象进行研究。熊菲等以矫正社会工作为视角，以酒驾罪犯及社区矫正工作人员为研究对象，展开定性研究分析，研究发现酒驾行为社区矫正实践在社会效益、矫正对象效益等方面有成效；社会工作介入酒驾行为社区矫正服务的实践逻辑为理念转变—服务介入—制度性建构；社会工作介入酒驾行为社区矫正实践存在现实困境、资源性困境和专业性困境。② 针对不同区域社区矫正对象进行研究。李澳就我国城市及农村社区矫正发展的现状展开论述，指出我国城市及农村社区矫正发展中存在的共同性问题和差异性问题，并提出加强经费保障、加大人才培养、挖掘农村人力资源、利用信息化实现社区服刑人员有效监管等对策。③ 黄葵花主要对农村社区矫正工作进行了研究，通过概述我国农村社区矫正，分析当前在农村社区矫正工作中面临的主要困境，提出开展专业矫正需求评估、推进政府购买社会服务、强化农村地区经费保障、提高执法素质及加大普法教育宣传等措施。④

三是案例研究方法。为充分发挥社区矫正工作指导案例的示范引领作用，指导和规范社区矫正工作，推动社区矫正法正确实施，更好地满足人民群众的法律服务需求，2022 年 5 月 31 日，司法部发布了 4 篇社区矫正工作指导案例。⑤ 2022 年 2 月 14 日，最高人民检察院召开新闻发布会正式发布了第三十三批指导性案例。该批指导性案例以社区矫正监督为主题，立足收监执行、脱管漏管、减刑监督、审批外出请假等社区矫正监督重点和待进一步探索的监督领域，梳理本批指导性案例的发布背景、主要特点和指导意义，为引导、规范地方检察机关办案实践提供遵循和参照。⑥

四是比较研究方法。周璇以美国司法部统计局的官方数据和评估报告作为分析样本，梳理了美国因犯罪问题种族化和扩张惩罚监督措施所带来的矫正难点，解析了美国目前陷入大规模监禁和大规模监督的困境成因，为我国社区矫正工作的发展提供参考。⑦

---

① 师玮玮：《论未成年社区矫正对象心理矫治体系的构建》，载《犯罪与改造研究》2022 年第 4 期。
② 熊菲、沈晖、詹国辉：《社会工作介入酒驾行为社区矫正：实践逻辑与反思》，载《华东理工大学学报》（社会科学版）2022 年第 3 期。
③ 李澳：《社区矫正制度城乡差异比较研究——以京津冀个别地区为例》，载《法制博览》2022 年 2 月上。
④ 黄葵花：《农村社区矫正工作面临的困境及应对》，载《法制博览》2022 年第 1 期。
⑤ 《司法部发布社区矫正工作指导案例》，载《中国司法》2022 年第 6 期。
⑥ 侯亚辉、刘福谦、谢佳：《深化社区矫正法律监督助力推进平安中国建设——最高人民检察院三十三批指导性案例解读》，载《中国检察官》2022 年第 4 期。
⑦ 周璇：《从大规模监禁到大规模监督：美国社区矫正的当下困境》，载《犯罪与改造研究》2022 年第 9 期。

二、社区矫正实务工作新探索

2022年年初,司法部时任社区矫正管理局局长姜爱东在《关于我国社区矫正工作发展形势与今后的工作任务》一文中介绍了自《社区矫正法》正式施行以来社区矫正工作在体制机制建设、机构队伍建设、教育管理、基础保障建设以及维护社会稳定等多方面均取得的诸多重要成就,同时也提出了今后一个时期我国社区矫正工作要进一步提高规范化、精细化和智能化水平。① 2022年以来,各地实务部门积极探索,社区矫正规范化、精细化与智能化取得了诸多成效。

(一) 社区矫正规范化新发展

一是依法加强社区矫正机构建设。其一,制定权责清单,明确执法权限。为确保社区矫正工作依法开展,2022年,江西省、陕西省、甘肃省、山西省、黑龙江省等地对社区矫正执法全过程各环节职责进行全面梳理,陆续印发了《社区矫正机构刑事执行权责清单》,明确规范省级、市级、县级社区矫正机构以及受委托司法所在社区矫正工作中的执法权限。其二,持续推进队建制改革,明确专职专责。安徽省滁州市司法局印发了《滁州市深化社区矫正体制改革实施方案》(滁矫委办〔2022〕2号),在全市全面推行"队建制"改革,明确"机构设置、人员配备、综合保障和工作运行机制"四项改革任务,在大队下设若干个社区矫正中队,统一名称和职责,每个中队承担一个社区矫正工作片区社区矫正日常工作,实现"大队+中队"模式"全覆盖"。将社区矫正大队委托的社区矫正工作职能从司法所剥离,赋予其协助社区矫正工作职能,对社区矫正执行体系进行重新构建,解决了"社区矫正机构+司法所"工作模式下"委托责任不清晰、执法主体不明确"的问题,实现了"专职机构做专门的事"的改革目标。

二是着力发挥社区矫正委员会职能作用。其一,明确成员单位职责和考评体系。如浙江省社区矫正委员会各成员单位积极深化责任和考评体系,制定出台包括公安、检察、法院等部门在内的《浙江省社区矫正委员会第二次全体会议重点任务落实清单》,明确15个成员单位工作任务22项;全省各地矫正委员会也充分发挥组织协调作用,统筹推进并落实成员单位工作任务共320多项;省委政法委、省妇联、省公安厅分别将参与社区矫正工作纳入其考核范围。② 其二,实体化运行社区矫正委员会。如甘肃省实体化运行社区矫正委员会。省、市、县、乡分别成立由政法委书记任主

---

① 姜爱东:《关于我国社区矫正工作发展形势与今后的工作任务》,载《社区矫正理论与实践》2022年第1期。
② 彭磊、葛白:《浙江省贯彻落实〈社区矫正法〉的实践与探索》,载《中国司法》2022年第4期。

任，公安、司法行政主要负责人为副主任的社区矫正委员会，全面统筹协调和指导各级社区矫正工作，协调研究解决社区矫正工作中的重大问题。其三，深化不同层级社区矫正委员会探索。天津市河北区积极推进区级社区矫正委员会工作，推进"公安派出所副所长兼任司法所副所长"，推进人民警察参与社区矫正，利用未成年人检察部门教育经验，推进未成年人社区矫正工作，联合科研院校参与社区矫正，理论实践交叉升级，创立"爱益启"志愿服务队等统筹发挥多方力量推进社区矫正工作。① 其四，不断加强成员单位协同机制。如甘肃省检察院和省司法厅制定下发了《关于进一步加强全省检察机关与司法行政机关在社区矫正工作中协作配合的实施意见》，就建立沟通协调、信息共享和同堂培训等长效工作机制提出要求，指出各级检察机关与司法行政机关应建立完善沟通协调机制，积极发挥信息化优势，实现社区矫正信息互联与共享。

三是不断健全制度体系。其一，不断健全完善省级制度体系。如广东省司法厅联合省法院、省检察院、省公安厅出台了《广东省社区矫正实施细则》，并先后制定了《广东省社区矫正对象分类管理及考核奖惩规定》和社区矫正机构权责清单、社区矫正档案管理以及社区矫正对象减刑、分段分类教育、矫正小组建设、矫正方案制定等10余项配套工作制度，初步建立契合广东实际的社区矫正制度体系，以制度化促进工作规范化。② 山西省制定"1个实施细则，7项细化制度，1套执法文书"，形成了全省社区矫正执行层面"1+7+1"制度体系，为全面推进社区矫正执法规范化建设提供了坚实的制度保障。其二，不断健全专项制度规范。四川省印发了《社区矫正社会服务工作规范》《社区矫正教育矫正规范》《未成年人社区矫正规范》三项地方标准，出台了《关于村（居）民委员会依法协助做好社区矫正工作的实施意见》；浙江省出台了《浙江省社区矫正调查评估办法》《浙江省社区矫正对象考核奖惩办法》等规范性文件③；河南省司法厅制定了《河南省未成年社区矫正对象教育管理工作指南（2022年版）》《河南省女性社区矫正对象教育管理工作指南（2022年版）》，以规范未成年和女性社区矫正对象教育管理工作。江西省印发了《关于进一步加强未成年人社区矫正工作的意见》；山西省司法厅联合12个部门和单位制定出台了《山西省社区矫正教育帮扶办法（试行）》；北京市、天津市等地印发了《社区矫正执法文书格式》，以进一步细化执法程序，统一执法标准，规范执法行为。

---

① 天津市河北区司法局：《天津市河北区切实发挥区级社区矫正委员会作用的探索》，载《中国司法》2022年第6期。
② 广东省司法厅：《充分发挥社区矫正委员会统筹协调指导作用 推动广东社区矫正工作高质量发展》，载《中国司法》2022年第6期。
③ 彭磊、葛白：《浙江省贯彻落实〈社区矫正法〉的实践与探索》，载《中国司法》2022年第4期。

（二）社区矫正精细化新发展

一是积极探索分类教育模式。广东省积极打造"1+6"未成年人社区矫正广东模式，即实施"伙伴同行"计划，打造一个品牌；落实组建一个矫正小组、量身定做一个矫正方案、上好入矫第一课、强化一对一心理辅导、开展一系列主题教育、编制一套专门教材"六个一"措施。① 江苏省南通市崇川区社区矫正机构针对女性社区矫正对象犯罪类型特点以及女性固有的注重家庭、关注情感等心理特点，通过政府购买服务链接优势资源，引入专业化社会组织通过项目化运作，积极探索女性社区矫正对象损害修复新模式。② 云南省社区矫正管理局与交警总队采用"订制项目化"针对醉驾社区矫正对象开展社区矫正交通安全教育试点工作。③ 河南省引导各地持续打造教育矫正亮点品牌，如郑州市女性向阳新生计划、南阳市"又见彩虹—金融助矫"防范非法吸储犯罪项目、濮阳市"账本式"教育矫正等优秀项目。④

二是充分挖掘地域特色，拓宽教育资源。山东省临沂市依托本地传统文化、红色文化以及就业资源等，创新"传统文化、红色文化、法治文化+心理教育""3+1"教育矫正模式，下发《临沂市社区矫正教育提纲》，建立文化育心讲师团和心理修复专家库，实施"优质示范课工程"；依托孟良崮战役纪念馆、大青山战役纪念馆等红色教育基地建立矫正教育讲堂；开展"赋能工程"，协调相关部门设立技能培训中心，建立罗庄区"赋能培训基地"、河东区"阳光中途之家"、费县"蒙山驿站"、临沭县"日新暖阳帮教基地"等品牌技能培训中心，提供职业技能培训并帮助矫正对象实现就业。

三是帮扶契合矫正需求发挥治本攻心效果。湖北省孝感市孝南区吸纳离退休老干部、老战士、老教授、老专家、老模范志愿者组成"五老"志愿者参与社区矫正工作，孝南区还探索制定了定期走访、会商机制和联席会议制度，明确了结对帮教基本任务"十二条"等一系列措施，涉及社区矫正对象从"接收"到"解除"各个环节。⑤

---

① "打造'1+6'广东模式 全面提升未成年人社区矫正质量"http：//www.moj.gov.cn/pub/sfbgw/jgsz/jgszjgtj/jgtjsqjzglj/sqjzgljtjxw/202205/t20220531_456248.html，最后访问时间：2022年7月25日。
② 夏晓莲、白红霞：《破茧成"蝶"重新出发——记江苏省南通市崇川区女性社区矫正对象损害修复新模式》，载《人民调解》2022年第3期。
③ 张帆：《"订单式"教育矫治，让醉驾者成为平安"驾者"——云南省开展社区矫正交通安全教育试点工作》，载《人民调解》2022年第4期。
④ 河南省司法厅社区矫正管理局：《创新突破 提升社区矫正工作精准化水平》，载《人民调解》2022年第1期。
⑤ 《孝感"五老"帮扶社矫人员重启人生》，载《法治日报》2022年5月8日，第8版。

（三）社区矫正智能化发展

为认真贯彻落实《社区矫正法》有关规定和司法部办公厅《关于加快全国"智慧矫正"建设的实施意见》提出的目标任务和总体要求，各地智慧矫正建设也卓有成效。

一是推进智慧矫正中心建设。浙江省制定《浙江省"智慧矫正中心"建设技术标准》《浙江省社区矫正中心建设标准》，形成以"四规范、三统一、三联动"为特色的浙江"433"创建模式。①

二是推动社区矫正系统一体化平台优化升级。山西省全面建成集"社区矫正管理信息系统"和"社区矫正视频督察系统"于一体的"山西省社区矫正一体化平台"，并对平台的各项功能模块进行优化升级，将社区矫正执法运行层面的法律制度规定和执法流程全部纳入平台，② 平台实现了省市县乡四级共用共享，数据实现了部省市县乡五级实时传递。广东省在省级统一平台基础上，总结省级心理矫正项目经验，2022年再投入217.58万元用于研发"粤知心"心理矫正评估分析子系统，提高全省心理矫正工作精准化、智能化水平。③

三是加强部门间信息化对接。浙江省与全省法院积极开展信息化协同，累计达49200余案次，名列全国第一。与省检察院、公安厅组成工作专班，就政法一体化办案综合集成改革等问题进行研究，不断推进社区矫正监督业务协同、定期数据交换等建设，有效提高监管实效。深化数字赋能，有力激发社区矫正智能化创新。山西省朔州市司法行政机关与公安机关加强信息协同交互，实现社区矫正对象入矫、解矫、实时监管等基本信息的同步推送和及时共享；晋城市泽州县在全省率先对接"天网""雪亮"工程，对重点社区矫正对象进行监管，有效提升社区矫正监管水平。④ 广东省按照中央政法委工作要求，省委政法委牵头、政法各单位积极参与建设政法大数据跨部门办案平台，细化梳理社区矫正与政法各家19个业务协同流程和21个重点环节预警点，在8个地市18个县区开展"最小化"部署。省司法厅深化与法院信息化联网，全省各级社区矫正机构、法院已通过网上办理调查评估、交付执行案件近1万宗。广州、东莞、茂名等地积极推进"雪亮工程+社区矫正"项目，通过路口、广场、学校等地摄像头对社区矫正对象进行定位核验和视频点名。

---

① 彭磊、葛白：《浙江省贯彻落实〈社区矫正法〉的实践与探索》，载《中国司法》2022年第4期。
② 山西省司法厅：《坚持问题导向强化统筹协调稳步推进山西社区矫正工作规范运行》，载《中国司法》2022年第6期。
③ 广东省司法厅：《充分发挥社区矫正委员会统筹协调指导作用推动广东社区矫正工作高质量发展》，载《中国司法》2022年第6期。
④ 山西省司法厅：《坚持问题导向强化统筹协调稳步推进山西社区矫正工作规范运行》，载《中国司法》2022年第6期。

四是加强智能应用与开发。浙江省启用"浙里连心"社区矫正心理健康教育管理平台，以"五色心晴码"为载体，实现了社区矫正从入矫到解矫的全流程帮扶。广东省依托省远程教育平台，加强线上教育，突出分类教育，各地市研发推广创新项目，如广州"微＋智慧矫正"微信小程序、深圳"社区矫正电子警察"巡检系统、佛山"区块链＋社区矫正"和"社区矫正机器人"、茂名"电子档案一键查询"系统、汕尾"民情地图"系统等，积极推动现代信息技术与社区矫正业务深度融合。[①]

三、社区矫正未来研究展望

综观2022年社区矫正的研究与实践成果，社区矫正理论在理念、制度与方法都有了更加深入的研究，社区矫正实务在规范化、精细化、智能化方面也有了卓有成效的探索。立足实际，展望未来，笔者认为未来更应注重从三重视角对社区矫正进行审视与研究。

一是微观的社区矫正视角。随着《社区矫正法》的颁布实施，各地也不断健全完善社区矫正地方制度体系，有必要对这些地方性规范进行系统梳理和比较研究。同时，各地在贯彻落实《社区矫正法》的过程中凸显出的疑难问题（如社区矫正执法工作中的证据认定、程序衔接，社区矫正工作人员的专业化提升、考核体系建构，社区矫正对象教育帮扶的个别化开展、矫正效果的科学评估，社区矫正机构的职责权限、司法所在社区矫正中的职能定位开展以及社区矫正委员会职能发挥等）也需要进行专项研究。

二是中观的刑事司法全过程视角。党的十八届四中全会通过的《中共中央关于全面推进依法治国若干重大问题的决定》，提出"优化司法职权配置。健全公安机关、检察机关、审判机关、司法行政机关各司其职，侦查权、检察权、审判权、执行权相互配合、互相制约的体制机制"，并明确了"完善刑罚执行制度，统一刑罚执行体制"的改革任务。刑事执行一体化不仅代表着理论界的主流观点，也彰显着国际社会实践的主流趋向。因此，对社区矫正制度的完善既要关注刑事执行自身内部监禁矫正与社区矫正间的系统性改革研究，也要注重开展社区矫正对刑事司法前端——侦查权、检察权与审判权的改革以及刑事司法后端——安置帮教等的配合、制约机制研究，在刑事司法全过程的优化完善中提升社区矫正整体效能。

三是宏观的社会治理视角。全球治理委员会总结出治理的四个特征：治理不是一

---

① 广东省司法厅：《充分发挥社区矫正委员会统筹协调指导作用 推动广东社区矫正工作高质量发展》，https://xueshu.baidu.com/usercenter/paper/show？paperid＝1j6g0gp0yk7s0v10re1q0ay03t240178&site＝xueshu_se，最后访问时间：2022年7月25日。

整套规则,也不是一种活动,而是一个过程;治理过程的基础不是控制,而是协调;治理既涉及公共部门,也包括私人部门;治理不是一种正式的制度,而是持续的互动。① 社区矫正作为社会治理的重要范畴,对社区矫正对象的矫正也不仅是一套规则,更是一个需要各有关部门协同互动的过程。而社区矫正实务中凸显的诸多问题究其原因可能更关涉其他部门工作,因此对社区矫正的优化改革,仅立足于社区矫正机构本身进行研究容易受到部门利益掣肘,且仅从本部门角度和立场出发进行研究和建议,不利于从国家法治整体建设的大局进行客观、全面的考量设计,需要从宏观视角进行总体顶层设计,剖析深层原因、系统谋划,发挥整体成效。因此深化社区矫正研究,亦应站在推进国家治理体系和治理能力现代化、推进全面依法治国中的定位和战略目标这一宏观背景下进行解读,对于全面贯彻宽严相济刑事政策、正确把握社区矫正的基本理念、准确理解社区矫正的立法趋向、体系性解读社区矫正实务中遇到的疑难问题、交叉性地开展社区矫正关涉部门及学科的研究进而不断优化顶层设计均具有重要意义。

---

① 转引自王天林:《论社区矫正融入社会治理的契合性——以"国家—社会"的重构与互建为视角》,载《中国治理评论》2021年第1期。

二、机构与队伍建设

社区矫正机构建设语境下队建制的实践探索与思考

——以安徽省为例

任少军　施文斌　郭琪[*]

为认真贯彻落实《中华人民共和国社区矫正法》（以下简称《社区矫正法》），切实将法律优势转化为治理效能，不断推动社区矫正工作高质量发展，近年来，安徽省以健全完善社区矫正执行体制为突破口，坚持改革创新与基层实践相结合，在加快推进市、县两级社区矫正机构依法设置的同时，积极探索社区矫正机构队建制建设试点，通过试点探索路径方法，积累工作经验，实现社区矫正机构建设新的突破，取得了阶段性成效。全省社区矫正对象重新犯罪率持续降低，2020 年为 0.08%、2021 年为 0.05%，2022 年上半年更是降到历史新低的 0.02%，远远低于全国平均水平。但社区矫正机构队建制建设试点过程中，还存在顶层设计缺位、执行体制不畅、基层保障不实等困难与问题，需要在实践和理论层面不断进行探索和完善。

一、社区矫正机构队建制建设的背景

推进社区矫正机构依法规范设置，是各级司法行政机关当前及今后一段时期的一项重要任务，而推进社区矫正机构队建制建设，作为社区矫正机构依法设置的延伸和拓展，对于构建完善社区矫正执行体系，促进社区矫正依法规范开展有着至关重要的作用。

（一）法律上有支撑

推进社区矫正机构队建制建设，旨在在乡镇一级设置社区矫正中队，构建形成省、市、县、乡四级社区矫正组织网络，实现社区矫正机构向实体化、实战化转变，社区矫正工作队伍向专职化、专业化转型，形成上下协同的扁平化管理运行机制。实践中，有的地方对队建制建设理解有偏差，认为推进队建制建设无法律依据。《社

---

[*] 任少军，安徽省司法厅社区矫正管理处处长。施文斌，安徽省司法厅社区矫正管理处二级主任科员。郭琪，安徽警官职业学院助教。

区矫正法》第九条第一款明确规定,"县级以上地方人民政府根据需要设置社区矫正机构,负责社区矫正工作的具体实施……"。这一条款将社区矫正机构作为社区矫正工作的法定主体,规定县级以上地方人民政府根据需要设置社区矫正机构。但对机构如何设置、设置到哪一层级没有作出具体规定,给各地结合实际、灵活设置预留了空间。因此,县级人民政府可以根据法律规定,既可以在县级层面设置社区矫正机构,也可以在乡镇一级设置社区矫正机构,这也是我们推进队建制建设的法律基础。近年来,浙江台州、山东济南、辽宁本溪、湖北武汉、湖南武冈等地积极探索社区矫正"队建制"建设,取得了良好的实践效果。

(二)现实中有需要

当前,县级社区矫正机构普遍存在管理社区矫正对象多、工作人员少的突出矛盾,且存在远离基层、掌握矫正信息难等诸多问题,很多工作依赖于基层司法所。但实际上,让司法所承担社区矫正相关工作并不现实。司法所职能繁杂、人手短缺、力量薄弱,就我省而言,全省司法所所均3.9人,政法专项编制的"一人所""无人所"仍然存在,且司法所受县级司法行政机关和乡镇(街道)双重管理,除承担人民调解、基层法律服务、安置帮教等9项职能工作外,还要参与乡镇党委、政府安排的中心工作,人员不足、精力分散,导致很多工作难以落实到位,这也是一个共性问题。因此,推进社区矫正队建制建设,将主要工作从缺乏刑事执行经验、精力严重不足的司法所中剥离出来,是破解长期影响和制约社区矫正发展的体制性障碍、结构性矛盾、深层次问题的重要之举。此外,还能够解决司法所管理社区矫正对象少、相关活动组织难等问题,使社区矫正分类管理、集中教育、公益活动等能更好地开展,实现矫正资源的集约化、最大化利用。

(三)专业上有要求

社区矫正作为严肃的刑事执行工作,法律性、政策性和专业性都很强。法律的本质属性是国家的意志性,必须具有国家强制力和普遍约束力,只能由授权的专门国家机关来执行。司法所作为司法行政机关最基层的组织机构,其职能主要是提供法律服务、法治宣传,工作方式主要以沟通、调解、宣传为主,在管理体制、人员编制上带有明显地方差别。《社区矫正法》虽然将司法所定位为"受委托承担社区矫正工作",但困于县级机构人员不足、委托事项不明等现实因素,实现社区矫正执法的统一、规范、严格等刚性需求尚存在困难。如果把司法所定位为社区矫正的日常执法机构,司法所的柔性特质就会与执法的刚性需求产生冲突,表现出各种不相适应。此外,司法所的多头管理属性、人员兼职多、流动性大、专业人才不足等,不符合社区矫正队伍建设的专业化、职业化要求。

二、安徽省社区矫正机构队建制的实践探索和阶段性成效

（一）总体情况

2017年7月，蚌埠市怀远县在学习借鉴其他地区的经验基础上，根据自身实际和工作需要，将全县的19个乡镇划分为5个区域，在县社区矫正执法大队下设5个社区矫正中队，开启了安徽省社区矫正机构队建制建设的实践探索。《社区矫正法》颁布实施后，安徽省在16个市社区矫正机构全覆盖、90%县（市、区）完成机构设置的同时，于2021年9月，召开了全省社区矫正机构队建制建设试点工作会议，部署在蚌埠、滁州、宿州、淮北、淮南、芜湖、六安、宣城8个市的26个县（市、区），开展队建制建设试点，要求试点单位在推进社区矫正中队设置、明确职责关系、加强专职队伍建设和场所设施保障等方面结合实际探索。各试点单位积极争取党委、政府支持，加强与编制、人社、财政等部门的协调沟通，稳步务实推进试点。其中，滁州市在明光市试点成熟的基础上，以市社矫委名义印发了《深化社区矫正体制改革实施方案》，在8个县（市、区）全面部署开展队建制建设工作。蚌埠市力推怀远县队建制做法，将"全面推进社区矫正中队建设，创新社区矫正监督管理模式"确定为市委特色化改革项目之一，在全市县域层面全面探索试点。

（二）建设路径

安徽省社区矫正机构队建制建设，以完善科学、规范、高效的执法管理工作体制为目标，实施差异化的多维推进模式，采取试点先行、稳步推进、全面推开的步骤，力争队建制工作取得最好效果。在试点推进工作中，着重抓住"三个关键"：一是科学谋划。明确司法所在社区矫正工作中仍然具有不可或缺的重要作用，在试点，要求社区矫正中队建设，不能完全将社区矫正工作从司法所剥离，而是建立以社区矫正中队为主体、司法所协助配合的工作机制，形成社区矫正工作有机衔接、相互协调、相互促进的新格局。社区矫正中队与司法所之间既要明确分工，又要协作合作，中队专门负责社区矫正工作，不承担司法所业务工作及乡镇（街道）中心工作，司法所利用组织引导社会力量、熟知当地情况、与地方党委政府沟通顺畅等优势，配合社区矫正中队开展工作。二是合理设置。对社区矫正中队是否需要设置、如何设置，综合考虑区域面积、行政建制、人口分布、社区矫正对象数量和交通便利等因素，科学论证、按需设置，避免"一刀切"、盲目推进。县域面积较大，社区矫正对象数量较多，且人员相对分散的，打破乡镇（街道）区域限制，分片设置若干中队；县域面积较小，社区矫正对象数量较少，且人员相对集中的，可以在社区矫

对象相对集中的地方设置一个中队；县域面积较小，社区矫正对象人数少，且人员相对分散，社区矫正工作规范化程度较高的，可不设置中队。三是明确标准。按照机构性质、人员编制、场所建设"三个独立"设置标准，对试点单位提出要求：社区矫正中队的机构性质要尽量独立，获编制部门批复，确保社区矫正中队执法合法合规；社区矫正中队工作人员要保持独立，从司法行政编制中分离出来，确保专人、专岗、专职；社区矫正中队场所要相对独立，功能室设置、执法车辆和执勤装备配备满足工作需要。

以我省队建制建设最具代表性的明光市为例，该市为县级市，辖13个乡镇、4个街道，139个村、10个社区，面积2350平方公里，人口64.4万，在册社区矫正对象237人。在试点推进中，成立了以市委常委、政法委书记为组长，市政府副市长为第一副组长，市编办、人社局、财政局等相关部门和各乡镇（街道）分管负责同志任成员的领导小组。2021年12月16日，市委编办批复在县社区矫正大队下设4个中队，其中，一中队设在明光街道、二中队设在仁和集镇、三中队设在桥头镇、四中队设在涧溪镇，分别承担4个、4个、6个、3个乡镇（街道）社区矫正日常监管教育工作。为保证中队工作有效运转，市司法局调配一名股级干部任一中队队长，调配3名司法所长任二、三、四中队队长，市政府按照年均每人7.5万元的薪酬标准，统一招聘23名辅助人员充实中队力量，基本保证了每个中队有2名政法专项编制人员、4名至6名辅助人员。与此同时，市委政法委调配6间办公用房，专门用于一中队办公场所，面积约140平方米，二、三、四中队由当地镇政府整合办公用房落实场地，面积分别为280平方米、320平方米、290平方米。市司法局对4个中队场所进行统一装修、统一规划建设，配齐各功能室办公桌椅、电脑设备等必备办公用品，为每个中队配备了2辆执法执勤车。建成后的社区矫正中队，实行中队长负责制，明确了社区矫正大队、中队、司法所，以及中队长、副中队长、工作人员具体职责，并建立了岗位目标责任、工作例会、请示报告、通报协商、档案管理、保密管理、应急处置、矫务公开、工作考核评价等中队管理制度，保证了各项工作规范有序开展。从2022年4月1日开始，委托司法所承担的社区矫正工作全部移交社区矫正中队。

（三）试点成效

一是机构实战化实现新突破。试点的26个县（市、区），有13个县（市、区）社区矫正中队获当地编制部门批准，设立社区矫正中队42个，7个县（市、区）自行探索设立社区矫正中队21个，社区矫正中队总数达63个，取得实质性突破。其中，滁州的8个县（市、区）、蚌埠的3个县（市、区）全面推进，共设立社区矫正中队40个，承担154个乡镇（街道）社区矫正日常监管教育工作，基层社区矫正专门的实体机构实现从少到多、由弱变强。二是队伍专业化实现新突破。通过"摸着石头过河"的试点,坚持边摸索、边总结、边完善,形成了切合各自实际的队伍建设模式。比如,蚌埠市印发了《社区矫正辅助队伍管理规定》,通过招聘辅助人员充实社区矫正中队力量;濉溪县设立 4 个社区矫正中队,落实政法专项编制 18 人,招录 15 名辅助人员加强中队力量,专职从事社区矫正工作。霍邱县司法局已经设置 5 个社区矫正中队(其中一中队 9 人、二中队 6 人、三中队 9 人、四中队 6 人、五中队 7 人),聘用辅警 26 人,已于 2016 年经编办正式批复。目前,试点各社区矫正中队基本能保证 2 名编制人员、4 名辅助人员,且均由县级机构统一调度、统一使用,保证了社区矫正工作人员的专职、专岗。三是保障体系化实现新突破。各试点单位坚持把场所建设作为社区矫正中队建设的重点,积极争取党委、政府支持,通过新建、改建、租赁等多种形式,科学选址、加快建设,着力把社区矫正中队打造成基层监管执法的最前沿阵地。目前,设立的社区矫正中队场所面积在 130—280 平方米不等,均配备有报到登记、电子监控、信息采集、教育矫正等功能室,并至少保障 1 辆执法执勤用车。四是执法规范化实现新突破。社区矫正"大队+中队"的模式,县乡两级有了独立的社区矫正机构,社区矫正中队直接受县级大队管理,职责明确,精力到位、职能到位。经过近一年的实践,试点单位的社区矫正档案更加齐整健全,对社区矫正对象违反监管管理的处理更加及时规范,走访、信息化核查、公益活动等工作也由原来的难以落实到位变成现在的保质保量完成。基层普遍反映,队建制建设不仅大大减少了司法所工作量,还避免了司法所人情地熟所带来的执法干扰。

三、当前安徽省社区矫正机构队建制建设存在的制约因素

虽然安徽省在推进队建制建设的实践中取得了一定成效,但与适应新形势、新要求相比还有一定差距,其中的困难与问题仍然十分突出,影响着社区矫正机构队建制建设的深远发展,需要认真总结分析并研究解决。

(一)顶层设计缺位

社区矫正工作试点以来,从加强社区矫正机构设置到推进社区矫正队建制改革,各地实践各有特色,既没有统一规范,也没有完全成熟的做法。对于社区矫正机构建设完善,《中华人民共和国刑事诉讼法》第二百六十九条规定:"对判处管制、宣告缓刑、假释或者暂予监外执行的罪犯,依法实行社区矫正,由社区矫正机构负责执行。"《社区矫正法》第九条规定:"县级以上地方人民政府根据需要设置社区矫正机构,负责社区矫正工作的具体实施……"这些法律条款对队建制建设虽留有空间,但仅作出原则性规定,缺乏宏观指导性文件,在有关机关衔接配合、队伍力量配备、

硬件设施保障等方面，缺乏政策支持，导致司法行政机关协调推进该项工作难度较大，特别是在争取编制部门的支持时困难较多。

（二）运行机制不畅

由于社区矫正机构队建制建设时间还不长，因此，与推进队建制建设的职责关系界定、社区矫正机构级别设立、与司法所委托机制建立、场所设施装备建设等必要条件落实，都没有成熟的经验可取，尚处于探索起步阶段。如何界定县级社区矫正大队、社区矫正中队和司法所的职责定位；如何建立完善社区矫正中队与司法所衔接顺畅的协作配合机制；如何建立健全社区矫正中队日常管理制度；如何规范执法管理工作流程；等等，都需要结合实际深入思考，以形成一套有机、健全且切实可行的运行机制。

（三）基础保障不实

一是中队工作力量不足。目前编制人员主要通过内部调剂或司法所工作人员转岗，增加编制难度较大，在县级司法行政机关现有编制极为紧张的情况下，有的地方确实存在不少困难。二是场所建设不够统一。中队场所还没有统一的规划建设标准，各地场所建设面积、功能室设置、执法执勤及办公设备配备等存在差异，这既不能增强社区矫正工作的辨识度，也不能很好地体现社区矫正工作的严肃性。三是经费保障不够有力。社区矫正中队作为新生事物，法律及相关文件对社区矫正中队开展工作没有经费支撑，导致地方在相关经费投入上缺乏政策依据。

四、推进社区矫正机构队建制建设的对策与建议

推进社区矫正机构队建制建设，不仅需要做好顶层设计、强化政策支持，还需要在人员配备、场所建设、经费保障方面持续系统施策并展现效果，才能保证有序推进并在改革创新中取得实际效果。基于安徽省实践探索反映的困难与问题，提出以下对策与建议。

（一）加强顶层设计

社区矫正机构队建制建设，实质上是涉及现行刑事执行体制和司法行政管理体制改革完善等深层次问题，是对基层社区矫正管理体制和工作机制的改革创新。从安徽及其他省份的部分地区探索实践来看，社区矫正机构队建制建设模式，是符合基层工作实际、促进社区矫正依法规范开展的有益尝试，效果已经显现。但从试点情况来看，由于缺乏必要的政策支持，不少地方在协调编制部门解决机构编制时，

要求提供法律依据或上级有关文件，推进工作面临重重阻力和困难。鉴于此，建议国家层面进行总体设计和规划，在总结各地试点工作经验，经过一定的研究论证，出台有关机构建设的政策文件，明确队建制建设的基本原则、建设模式、职能定位、人员配备和场所保障等，以便于基层更好地操作。

（二）完善运行机制

社区矫正机构队建制建设工作的重点在县级大队、中队和司法所之间，发挥作用的关键在于形成稳定有效的工作运行机制。在权责界定方面，省级层面结合试点经验，加强研究论证，探索建立全省统一的县级社区矫正大队、乡级中队和司法所的社区矫正权责清单，明确各方职责和义务，理顺三者之间的关系，形成清单化、闭环式职责运行机制。在执行体制方面，地市和县（市、区）应按照刑事执行有关精神，制定社区矫正大队、中队独立运行的落实举措和实操办法，将社区矫正工作从复杂的行政条块体制中剥离出来，独立开展工作。在管理制度方面，应加快建立健全社区矫正中队开展工作急需的制度，比如，社区矫正中队日常管理制度、岗位职责制度、工作流程制度、考核评价制度、学习培训制度、部门联动制度等，以适应新模式下工作的新要求。通过依法健全体制机制，让队建制建设的效果更加凸显。

（三）夯实工作保障

主要包括社区矫正中队人员力量、场所建设、经费保障等。一是充实人员力量。积极向省委、省政府报告，加强与编制部门沟通，争取增加一定数量的编制，充实到县级社区矫正大队和社区矫正中队。探索建立《社区矫正执法辅助人员管理规定》，明确辅助人员招聘、使用、管理和待遇等，保证队伍的专业性和稳定性。同时，指导市、县两级加大政策支持，统筹调配资源，将更多的工作力量向基层社区矫正岗位倾斜。二是加强场所建设。参照县级社区矫正中心建设有关标准，制定社区矫正中队场所建设基本标准，指导各地因地制宜建设的同时，保证场所建设的基本统一。结合部级"智慧矫正中心"创建，研究推动将社区矫正中队纳入建设范围，保证执法管理工作有效衔接。市、县（市、区）应加强社区矫正大队、中队执法执勤车辆的配备，落实必要的执法执勤装备设施。三是落实工作经费。联合财政部门尽快修订社区矫正经费保障政策，明确将社区矫正中队开展工作的经费列入本级政府预算，纳入社区矫正工作经费范围，规定具体开支项目，并建立经费使用管理制度。积极争取党委、政府支持，推动将社区矫正中队场所建设、辅助人员招录费用单独列支、专项使用。

社区矫正工作者职业倦怠及其对策

连春亮[*]

社区矫正工作是一项综合性、系统性的工作,因此,参与社区矫正工作的人员也具有多元性。从参与人员的身份特征看,其包括了公安机关和监狱管理机关的人民警察,人民法院的审判人员,人民检察院的检察人员,司法行政机关和社区矫正机构的人员,与社区矫正工作密切相关的人力资源和社会保障、教育、卫健委等部门的人员,村委会、居委会等基层自治组织的人员,社会组织、社会团体等机构的人员。在本文中,笔者所研究的社区矫正工作人员,只限于司法行政机关和社区矫正机构中专职从事社区矫正工作的人员,既包括司法行政机关和社区矫正机构中的公职人员,也包括社区矫正机构中从事社区矫正的社会工作者,统称为社区矫正工作者。

在现实社会中,不同的职业领域,各有职业倦怠的内在成因、外显形态和结构特征。笔者以"社区矫正工作者职业倦怠"为主题,在中国知网进行检索,没有发现有关于社区矫正工作者职业倦怠方面的研究。为此,有必要对社区矫正工作者的职业倦怠问题进行探讨。

一、职业倦怠的理论基础与外显形态

(一)职业倦怠的理论基础

职业倦怠的理论研究,主要有匹配理论、三维度理论、资源保存理论和社会支持理论。匹配理论认为,"职业倦怠产生的概率与员工的付出与报酬、公平等的不匹配程度成正比"。[①] 即当个体与工作环境中的核心要素长期存在失配时,就会产生职业倦怠,失配性越大,产生倦怠的概率就越大,反之亦然。三维度理论"把助人行业人员(教师、护士等)当中出现的对工作上长期的情绪及人际应激源作出反应而

---

[*] 连春亮,河南司法警官职业学院教授、二级警监、三级调研员。
[①] 马振兴:《H 省监狱警察职业倦怠问题研究》,河北科技大学 2019 年硕士学位论文。

产生的心理综合征称为职业倦怠。由于社会对此类人存在普遍的社会期望,造成此类人在进入职业之后不得不持续地投入大量的情绪、生理等方面的精力来满足所服务对象的要求,久而久之,就容易造成身心疲惫的症状",① 提出了职业倦怠的三维度理论模型,即"情感耗竭、去人性化、个人成就感降低"。② 资源保存理论认为,"人们总是寻找、努力获得、保持以及积累他们认为有价值的资源,这些有价值的资源可能是与物质有关的事物、工作控制权与决定权、工作自主性、报酬、时间等,也可能是与人格有关的自我效能和自尊等"。③ "当有价值的资源丧失或受到限制或不足以满足个人需要,没有达到预期的期望时,职业倦怠就有可能发生。"④ 社会支持理论认为,"对于个人而言,人作为一个个体若想获得幸福感就必须得到其他子系统的认可和支持,对于组织成员而言,其工作需要得到家庭以及社会等多方面的支持"。⑤

(二) 职业倦怠

职业倦怠,又叫工作倦怠、工作疲倦、工作枯竭、职业枯竭、职业衰竭、职业枯竭症等。职业倦怠这一概念,是 1974 年由美国心理学家弗洛伊登伯格(Freuden Berger)首次提出的,之后,社会心理学家马斯拉奇(Maslach)"从情感、态度和行为三个层面",⑥ 将助人工作者因为工作时间过长和工作强度过大所产生的疲惫状态,称为职业倦怠,突出表现为"情感耗竭、去个性化和低成就感"。⑦ 其中,情感耗竭是核心,是个体情绪方面的状态,在工作中表现出来的处于疲劳、烦躁、紧张、易怒和过敏等负面情绪;去个性化是指人际关系消极,在工作和生活中处于消极应对的被动状态,对工作对象视为"物"而非"人",表现出消极、冷漠和疏远的态度;低成就感是指个体对工作满意度的评价,认为个体的工作没有任何价值和意义,感觉不到工作的成就感,主要是自我评价效能感降低和自我消极评价增长等。

社区矫正工作者所从事的社区矫正工作,是一种"助人行业",不仅要面对社会"消极群体",而且要强制性地提供必要的服务,具有政治性、法定性、事务性、繁杂性、周期性的典型特征。因此,笔者将社区矫正工作者的职业倦怠定义为:社区

---

① 马振兴:《H 省监狱警察职业倦怠问题研究》,河北科技大学 2019 年硕士学位论文。
② 马振兴:《H 省监狱警察职业倦怠问题研究》,河北科技大学 2019 年硕士学位论文。
③ 邹长华:《安徽省监狱警察职业倦怠的研究》,华东师范大学 2008 年硕士学位论文。
④ 邹长华:《安徽省监狱警察职业倦怠的研究》,华东师范大学 2008 年硕士学位论文。
⑤ 马振兴:《H 省监狱警察职业倦怠问题研究》,河北科技大学 2019 年硕士学位论文。
⑥ 沈泉宏、王玉香:《青年社会工作者职业倦怠的原因和对策研究——以济南市为例》,载《山东青年政治学院学报》2020 年第 5 期。
⑦ 易福侠、胡丽娜:《基于积极心理品质的高职教师职业倦怠研究》,载《豫章师范学院学报》2020 年第 4 期。

矫正工作者在社区矫正工作中因不能有效应对工作压力或工作挫折，而产生的个人能够体验到的，以身心疲劳、焦虑、心力衰竭、情感冷漠与疏离、工作效率低下等为特征的情绪性耗竭现象。

（三）职业倦怠的外显形态

职业倦怠是职业压力的一种，主要来源于社会期望压力、个人成就压力、工作性质压力、人际关系压力和组织机制压力等。其中内涵了社区矫正工作者精神层面、生理层面、行为层面、认知层面的外显形态。从宏观上看，社区矫正工作者职业倦怠最常表现出来的症状有三种：一是对职业发展前景感到失望，情绪烦躁、易怒，丧失工作热情。二是工作态度消极，对社区矫正工作流程和社区矫正对象没耐心，对工作感到厌倦。三是消极评价甚至负面评价社区矫正工作的意义和价值，跳槽意愿强烈。

社区矫正工作者的职业倦怠，从具体行为表现上看，主要有：一是对工作中的困境无所适从，自我迷失。把握不准社区矫正的工作目标，不能领悟社区矫正的工作原则，抓不住工作重点，理不顺工作思路，不能有效激活工作热情。二是社区矫正工作者在完成工作任务时，不认真研究工作中出现的问题，不仔细思考解决问题的办法，导致工作错漏不断。三是社区矫正工作者在管理教育社区矫正对象时，出现乱作为、少作为甚至不作为的不良情况，所管理的社区矫正对象思想不稳定，接受矫正教育的积极性不强，遵规守纪的表现较差。四是社区矫正工作者易出现畏难情绪，遇到问题时，往往退缩、逃避，停滞不前。五是社区矫正工作者在面对新形势、新要求时，不但迟疑抱怨，自我学习意识松散，而且对新观点、新理念加以全盘否定，拒绝新的科学的工作方法，偏执地使用"老办法"，凭经验主义开展工作。导致个体工作与社区矫正工作脱节，无法契合新时代条件下社区矫正工作的整体环境。

二、职业倦怠的成因

社区矫正工作是一项具有综合性、创造性、艺术性、技术性、复杂性的工作，社区矫正工作者产生职业倦怠的成因也具有复杂性。从情绪情感的疲惫感、人际关系的疏离感、工作价值的低成就感、专业知识的枯竭感四个维度上分析，导致职业倦怠的因素既有内源性因素，也有外源性因素。下面就其外显形态进行综合分析。

（一）内源性因素

社区矫正工作者职业倦怠的内源性因素主要是指社区矫正工作者的心理资本、

人格结构、知识技能、实践经验、主观期望、自我认知、角色扮演等影响因素。

1. 成就感低

成就感低主要表现在工作认可度与获得感低。产生的原因：一是工作要求多。在工作中，各部门都要求报数据、报指标，不断地考核、验收、评比；在监督管理工作中，制订矫正方案、风险评估、定期走访谈话、外出请假审批、生物验证、书面报告、集中学习、公益活动、社会活动、禁止令执行、通信联络、信息化核查、实地察访、出境报备、漏管脱管查找、收监执行报批等；在教育帮扶工作中，建立矫正档案、个别谈话、谈话记录、工作台账、心理矫正、职业技能培训、法律援助、临时性救助、适应性帮扶等。要完成这些工作要求，就需要社区矫正工作者在人际关系、工作负荷、技能要求、角色扮演、家庭与工作冲突等方面，不断地努力和付出，动用各种社会资源，消耗自身的心理资本。二是工作任务重。主要体现在"两多"：委托调查评估的案件多和管理的社区矫正对象多。笔者曾对一个县的司法局进行调查，司法局社区矫正中心正式在编人员 3 人，招聘社区矫正工作者 1 人；下辖 14 个乡镇司法所，共有正式在编人员 18 人，招聘社区矫正工作者 14 人。共计社区矫正工作者 36 人。2017 年在调查评估工作上，共收到公安机关、人民法院、监狱等委托调查评估的案件 682 件，每个司法所平均约 49 件。全县在册社区矫正对象 842 人，平均每个司法所管理社区矫正对象约 60 人；管理社区矫正对象最多的司法所正式在编人员 2 人，招聘的社区矫正工作者 2 人，管理社区矫正对象 107 人。可以说，社区矫正工作者整天忙于调查评估和日常杂务，疲于应对。

2. 待遇差

在本文研究的社区矫正工作者的两类人员中，第一类的公职人员虽然是国家公务员，但是，绝大多数工作在乡镇基层司法所，除社区矫正工作外，身兼其他工作，不仅工作条件差，工作环境艰苦，而且工资待遇也处在公务员序列的"下等"。在实际工作中，需要家庭走访、进村入户调查、实地调研等，不仅缺少交通工具，而且没有午餐补助和通信补贴等福利。第二类的专职社区矫正工作者，大多属于招聘的合同制人员，或者属于政府购买服务项目的公司派遣人员，工资待遇更差。据笔者调查，在中部某省份，招聘或者外派的社区矫正工作者工资水平在 2000 元至 3000 元，仅能够维持基本的生活需要。大多数人并没有把社区矫正工作作为自己的职业选择，也没有把社区矫正作为事业来做，只是作为工作的过渡形式，因此，这类社区矫正工作者的更换频率是非常高的。

3. 职业发展空间的"天花板效应"

社区矫正工作者的第一类公务人员，大多工作在县级社区矫正机构和乡镇司法所，编制序列处于最底层，在很多地方受制于职位设置的限制，即使被任命为社区矫正科长，或者司法所长，也在科员级别，极少达到四级主任科员的职级。如果达到四级主任科员的职级，绝大多数人就到了职业发展的"天花板"，可以说，社区矫正工作者职业发展通道极其狭窄，发展空间极其有限。至于第二类的招聘或者外派的社区矫正工作者，大多只是打工者的角色，几乎没有长远的职业发展规划，只要有更好的发展机遇，大多都会转行。所以说，社区矫正工作者职业高期望值与职业基层化的矛盾冲突，始终是巨大的困扰因素。

4. 职业认同危机

社区矫正工作者的职业认同感，是社区矫正工作者对于社区矫正的工作目标、工作性质、工作内容、社会价值、社会期望、社会评价等方面的整体观点，与社会公众的一致性。二者高度契合，就说明社区矫正工作者的职业认同感高度一致，否则，差异越大，说明职业认同感的异质性越大。目前，社区矫正工作者产生职业倦怠的原因之一，就是对社区矫正工作的职业认同感极低，由此产生两种心理现象：

一是角色冲突引发角色焦虑。《社区矫正法》第十条和第十一条，要求从事社区矫正工作的人员应当具备法律、教育、心理、社会工作等专业知识。而实际上，在社区矫正工作者中，具备单一专业知识的人员所占比例很低，具有两种以上专业知识的人员更是凤毛麟角。这样就产生了四大冲突：社区矫正工作的专业性与社区矫正工作者的非专业性的角色冲突；社区矫正工作要求专业知识的综合性与社区矫正工作者专业知识技能的单一性的角色冲突；社区矫正工作高能力需求与社区矫正工作者低学习机会的角色冲突；对社区矫正对象矫正教育的工作目标与监督管理安全要求之间的角色冲突。

二是自我效能感不足。社区矫正工作者的自我效能感，是指在面对社区矫正工作中出现困难、挫折和应急突发事件时，能够利用专业技能解决问题的自信程度，分为结果期待和效能期待。结果期待是指社区矫正工作者预测到社区矫正中的某一行为会产生特定的结果时，这个行为可能会被选择并执行，是对结果的判断。效能期待是指社区矫正工作者对自己完成某个行为的判断，强调的是对自己能力的判断。[1] 社区矫正工作者由于自我效能感不足，导致职业倦怠。

5. 心理一致感失调

心理一致感是社区矫正工作者对社区矫正整体环境进行评估的一种稳定的内在心理倾向，即应对内外压力的自信心。心理一致水平高，就有更强的自信心应对挫折和突发应急事件，对事件作出无压力的评估。也就是说，当压力事件发生时，对于压力事件的心理评估结果对社区矫正工作者的影响远远大于事件本身。总体上表现为社区矫正工作者个体如何应对社区矫正内外环境中的危机，应对危机时所具有的资源以及对生活总体意义性的感受。

---

[1] 王辰：《人性化管理和自我效能感对教师职业倦怠问题研究》，载《黑龙江科学》2020年第17期。

（二）外源性因素

职业倦怠的外源性因素主要是指社会公众对社区矫正工作所产生的社会价值的社会认可和社会力量的社会资源支持紧密相关的一系列影响因素。很明显，社区矫正制度一经产生，在顶层制度设计上，就受制于组织资源在体制机制建构形态和建构水平的影响，特别是社区矫正机构设置、队伍建设、社区矫正文化培育、组织管理绩效考核等，都是影响社区矫正工作者职业倦怠的因素。

1. 传统监管压力的挫折感

社区矫正工作从试点到全面推行的十几年间，一直定位于非监禁刑罚执行活动，刑罚执行和监督管理成为社区矫正的核心工作。但是，由于法律没有赋予社区矫正机构的行刑权，导致社区矫正工作者在对社区矫正对象监管过程中承受着巨大的压力，出现了很多难以克服的障碍。在《社区矫正法》制定过程中，关于是否赋予社区矫正工作者行刑权的问题，成为立法的热点问题。2019年12月颁布的《社区矫正法》，并没有赋予社区矫正机构和社区矫正工作者的行刑权，社区矫正的工作核心转移到对社区矫正对象的矫正教育上，使社区矫正工作者产生挫折感。

2. 新型矫正教育压力的自我怀疑感

《社区矫正法》把社区矫正定性为刑事执行活动，回归了社区矫正的本质属性。从社区矫正的立法精神看，对社区矫正对象的矫正教育成为社区矫正工作的核心任务，"提高教育矫正质量，促进社区矫正对象顺利融入社会"是法定目标，"通过适度监管和有针对性的一些矫正措施，充分发挥社会各方面的力量来进行矫治教育有利于社区矫正对象顺利回归社会"。[①] 这是对传统社区矫正工作"非监禁刑罚执行"定性和强调刑罚惩罚性的否定。摆在社区矫正工作者面前的现实是，必须把刑罚执行理念转变为教育帮扶理念。社区矫正工作者面对社区矫正法定目标和核心任务的转变，出现了失落和迷茫：一是对社区矫正的认知已经形成惯性思维，从思想认识上难以转变；二是传统的社区矫正工作的整体格局已经形成定势，不愿意打破现有工作模式，寻求新的路径；三是面对社区矫正工作新的目标、新的要求，感到无所适从，猛然间不知如何去做。由此，对自己以往的工作方式和工作能力产生了怀疑，一方面社区矫正工作摆在面前，必须适应新的要求作出回应；另一方面不知道社区矫正工作究竟应该从何处着手。

3. 社会资本存量不足，资源要素缺失

社会资本是人与人之间的联系，存在于人际关系的结构之中。在社区矫正工作

---

① 白阳：《体现中国特色 助力长治久安——解析新出台的社区矫正法》，https：//www.thepaper.cn/newsDetail_forward_6904055，最后访问时间：2022年8月10日。

中，社区矫正工作者所拥有的社会资本主要与司法行政机关、社区矫正机构和社区矫正工作者所处的社会位置直接相关。社区矫正工作者拥有的社会资本主要存在于社会结构中，表现为能够拥有或者直接支配社会公共资源，社区矫正工作者和社区矫正机构的社会权威，社会公众对社区矫正工作者的信任程度，法律法规以及行政规章的强制力大小，社区矫正参与者对社区矫正工作的共识，等等。很明显，社区矫正工作者拥有的社会资本是无形的，通过社区矫正参与者彼此之间的合作进而提高社会的效率和社会整合度。但是，社区矫正机构和社区矫正工作者在整体社会中的位置是"微不足道的"，这就导致社区矫正工作所需要的社会资源要素缺失，社会资本存量严重不足，难以满足社区矫正工作的实际需求。

4. 职业培训少，知识技能储量不足

社区矫正工作的综合特性要求社区矫正工作者具有综合性的业务知识。一般来说，要求社区矫正工作者具备法学、心理学、社会学、管理学等方面的基本知识和技能。就目前社区矫正队伍的整体构成来看，一方面，能够具备两种以上知识技能的社区矫正工作者都是极少的，亟须进行系统性的培训才能胜任工作；另一方面，由于社区矫正工作者的管理结构、岗位需求、资金来源等因素的影响，极少对社区矫正工作者进行长时间规范的、系统的业务培训，条件好的地方，也只是进行应急性的短期培训。这样就形成了社区矫正工作者业务知识技能培训的紧迫性与长期得不到培训之间的矛盾冲突。长此以往，导致社区矫正工作者知识技能储量不足，不仅难以促进社区矫正工作的提质和升级，而且使社区矫正工作者因职业枯竭而产生焦虑。

三、职业倦怠的排解策略

对于社区矫正工作者的职业倦怠，如果从情感衰竭、去个性化和低成就感三个维度来审视，情感衰竭是衡量社区矫正工作者压力的维度；去个性化是衡量社区矫正工作者倦怠人际关系的维度；低成就感是衡量社区矫正工作者倦怠自我评价的维度。因此，寻求克服社区矫正工作者职业倦怠的对策，也必须从社区矫正的制度设计、环境优化和社区矫正工作者认知水平、价值定位、潜力开发等方面着手。

（一）制度设计的现实优化

随着《社区矫正法》的颁布实施，需要以《社区矫正法》为依托，不仅要建立健全社区矫正的体制机制，而且对现有制度设计要进行优化提质。主要包括以下几点。

一是从顶层制度设计的层面，亟须建立统一规范的社区矫正机制，包括社区矫正委员会和社区矫正机构。就目前的情况来看，省级层面的社区矫正委员会相对比较一致，而直接关乎社区矫正具体工作的县级社区矫正委员会，不仅大部分地方没有成立，而且已经成立的职能定位也比较模糊。至于社区矫正机构的设置则更为混乱，有些地方称为"社区矫正管理局"，和司法局合署办公，"两块牌子一套人马"；有些地方称为"社区矫正中心"，属于司法局的二级机构。机制的混乱直接影响着社区矫正工作的开展。

二是管理机制的优化。依据《社区矫正法》和《中华人民共和国社区矫正法实施办法》（以下简称《社区矫正法实施办法》）的规定，乡镇司法所根据社区矫正机构的委托承担社区矫正相关工作。而面临的现实是：第一，管理体制的不统一。有些地方的司法所司法局的派出机构，由司法局统一管理；有些地方的司法所是由乡镇管理，司法局只是业务指导。这样就给乡镇司法所的整体管理工作带来了障碍。第二，司法所根据社区矫正机构的委托承担社区矫正相关工作，但对于怎么委托，委托与被委托之间的权利义务关系怎么设置等，现行的法律法规、行政规章、部门规章和规范性文件等都没有作出规定，这就使得社区矫正工作者在实务操作中无所适从。

三是现有管理制度调整。社区矫正工作现有制度是在从试点到全面推行的十几年的探索中建立起来的，有其自身的规范性和合理性，但是，这些管理制度建立的前提是社区矫正是"非监禁刑罚执行活动"，是以"惩罚性"为核心的。这就需要依照《社区矫正法》的立法精神，将社区矫正管理制度调整为以教育帮扶为核心，建构以社区矫正对象的矫正教育为中心内容的管理制度和矫正教育模式，实施社区矫正工作重心的战略转移。

四是建立容错免责机制。随着社区矫正工作的全面推行，对社区矫正工作者工作失职、不作为、乱作为、违法违纪等行为的问责已成常态。客观地讲，问责是依法社区矫正、维护法律尊严、规范运作的要求，也是社区矫正法治化的内在特质，是社会治理体系与治理能力现代化的必然要求。但是，问责是有边界的，边界是法定的。在实务工作中，存在对社区矫正工作者追究责任泛化或追责扩大化现象。社区矫正工作者不是社区矫正对象的上帝，不能为社区矫正对象的一切行为负有无限责任。如果这样，将会极大挫伤社区矫正工作者的工作积极性、主动性，也是对社区矫正法治化建设的破坏。因此，应该建立健全容错免责机制，鼓励实干、宽容失误，打消社区矫正工作者的顾虑。

（二）培训制度常态化

古人云："工欲善其事，必先利其器。"社区矫正工作的质量如何，很大程度上取决于社区矫正工作者队伍的素质高低。对社区矫正工作者的业务培训，既是社区矫正队伍建设的要求，也是社区矫正工作者心理资本的储备过程。建立常态化的培训制度，是克服社区矫正工作者职业倦怠的途径之一。笔者认为，可以借鉴全员育人、全过程育人、全方位育人的"三全育人"理念，围绕社区矫正工作矫正教育的核心内容，以《高校思想政治工作质量提升工程实施纲要》的课程育人、科研育人、实践育人、文化育人、网络育人、心理育人、管理育人、服务育人、组织育人、资助育人"十大育人"体系为借鉴，建构对社区矫正工作者培训体系，挖掘育人要素，完善育人机制，优化评价激励。建立常态化的培训制度，包含以下三个层面的框架设计。

1. 社区矫正整体目标的培训

《社区矫正法》和《社区矫正法实施办法》的颁布实施，使社区矫正的目标发生了转化，工作的重点发生了转移。在这样的情况下，大多省、自治区、直辖市出台了具有地方特色的实施细则，这些都需要社区矫正工作者深入地学习、理解、内化，并转化为社区矫正内部动力。因此，建构社区矫正工作者整体目标的培训体系成为目前的工作重心，也是一项需要一以贯之坚持不懈的工作。

2. 工作具体需求和工作标准培训（岗位目标）

社区矫正工作者存在着专业背景繁杂、专业知识缺乏和专业技能不足等问题，在这样的情况下，对社区矫正工作者进行系统的、规范的岗位培训，是做好社区矫正工作的前提条件和基本保障。特别是依据《社区矫正法》和《社区矫正法实施办法》和各地的实施细则，使社区矫正工作者掌握最基本的工作制度、工作需求，工作规则和工作标准，明确社区矫正的工作原则、工作具体目标和操作规范，使之胜任不同的工作岗位。

3. 个人职业发展目标的培训（职业素养）

基于社区矫正队伍的高度不稳定性，在进行个人职业发展目标的培训中，一是应强化职业认同感教育，只有认同了自己的职业，认同职业的社会价值，才能培育社区矫正工作者的职业兴趣，才会产生内在的工作动机。二是要强化社区矫正工作者的工作责任心，以高度的社会责任感对待社区矫正工作，认识到社区矫正工作对社会安全和秩序的重要意义。三是要培育社区矫正工作者对社区矫正对象的宽容心、包容心，以高度的政治责任感、法律责任感，善待社区矫正对象，维护社区矫正对象的合法权益，充分体现法律的个别正义。四是增强社区矫正工作者的事业心，不断更新其知识结构，增加知识储备，为做好社区矫正工作奠定基础。五是完善人格结构，提升人格品质，准确定位自身角色，合理责任归因。

（三）提升自我认知

习近平总书记曾经对思政课的教师提出六个方面的素养要求：政治要强、情怀要深、思维要新、视野要广、自律要严、人格要正。① 这为社区矫正工作者提升自我认知，强化自身素养指明了方向。

1. 优化人格特质，提升自我效能感

实践证明，"不现实的理想和期待，较低的自我价值判断，对自己缺乏客观的认识和准确的评价，怯懦、孤僻、冷漠自私、自卑软弱、偏激狭隘、求全责备、贪图个人名利、奉献精神差等"人格特质是产生职业倦怠的内在驱动力。② 因此，只有优化社区矫正工作者人格特质，才能提升自我效能感。笔者认为，社区矫正工作者至少在两种心理特质上是必须优化的：一是心理资本。心理资本是一种人格特质。"心理资本是个体在成长和发展过程中表现出的一种积极心理状态，具体表现为：（1）在面对充满挑战性的任务或工作时，有信心并能通过付出必要的努力来获取成功（自我效能感）；（2）对现在与未来的成功能够有积极的归因（乐观）；（3）对目标锲而不舍，为了能够获得成功，在必要时可以调整实现目标的方式或途径（希望）；（4）当身处逆境或被难题困扰时，能够持之以恒，迅速复原并完成超越，以取得成功（韧性）。"③ 心理资本内涵了自我效能感、乐观、希望、韧性等积极的心理品质，这些心理品质是克服职业倦怠的有力武器。二是心理韧性。人格特质论认为，心理韧性是"个人的人格特质或能力，是稳定的个人心理特征，是个体应对压力、挫折、创伤等消极生活事件的能力或特质"。④

2. 合理归因

归因理论认为，把失败或者挫折归因到外在因素或者不可控因素，则不会降低社区矫正工作者的效能感。一般来说，社区矫正工作者对社区矫正工作中出现的挫折，或者突发应急事件的归因主要有问题产生的来源、影响因素的控制性和稳定性三个方面的分类归因。面对问题，归因影响工作态度。如果将出现的问题归因于社区矫正工作者自身，则产生挫折感、失败感；如果将出现的问题归因于外在的、不可控的因素，则产生积极的态度，并影响到社区矫正工作的具体行为。

3. 合理定位自我价值

不能自我合理定位是社区矫正工作者职业倦怠的原因之一。有些社区矫正工作者由于自我价值定位过高，职业期待过大，当期望不能实现或者自我期望与现实差距过大时，就会产生自我焦虑。比如，在《社区矫正法》制定过程中，实务部门的

---

① 《习近平在学校思想政治理论课教师座谈会上的讲话》，载《人民日报》2019年3月19日，第1版。
② 李翠华：《高职院校教师职业倦怠问题研究》，湖南师范大学2009年硕士学位论文。
③ 路东伟：《高等职业院校教师心理资本、职业认同及职业倦怠的关系研究》，华南理工大学2016年硕士学位论文。
④ 邓龙刚：《监狱警察工作压力、心理韧性与职业倦怠关系研究》，南京师范大学2012年硕士学位论文。

一部分社区矫正工作者期待将社区矫正定性为刑罚执行活动，期望社区矫正机构中从事社区矫正工作的公务人员变更为警察身份，等等，当《社区矫正法》颁布后，这些期望没能实现，进而引发了一些社区矫正工作者的失望感、焦虑感，对社区矫正工作产生了失望情绪，工作主动性和成就感明显降低。因此，依据《社区矫正法》的规定，合理定位自我价值和社会角色才能避免产生角色焦虑。

（四）挖掘情绪智力

情绪智力是一种内隐性的心理资源，是指社区矫正工作者准确地识别、利用在社区矫正工作中管控的自我情绪情感信息，并由此有效维护社区矫正工作的客观存在的能力总和。根据萨拉维（Salovey）和梅耶（Mayer）"能力取向"理论模型，情绪智力测量包括以下四个维度：情绪知觉、情绪理解、情绪利用、情绪调节。[1] 情绪知觉是指社区矫正工作者在社区矫正工作中能够感知、觉察社区矫正工作参与主体的情绪、情感状态，能够以合理的方式评估与表达情感需要；情绪理解是指社区矫正工作者在社区矫正工作中能够理解情绪的价值、意义、复杂性以及认识情绪的转换路径；情绪利用是指社区矫正工作者在社区矫正工作中能够借助或利用表情、言语和动作等，恰当地运用情绪以促进自己和社区矫正对象的思维发展；情绪调节是指社区矫正工作者在社区矫正工作中能够判识和利用相关信息调节和管理自己和社区矫正对象的情绪，调整消极情绪以唤醒并维持良好的情绪状态。[2] 这是积极的情感体验所产生的效应。

（五）优化考评机制

建立健全社区矫正工作考评制度，优化绩效考评机制，激活社区矫正工作者的积极性、主动性和创造性。一是结合社区矫正工作者的岗位要求，明确工作目标和考评内容，制定考核指标体系。二是规范考评程序，统一考评要求，做到公平公正。三是建立考评反馈评议机制，赋予社区矫正工作者对考评的质疑权和争议问题的解释权，对考评中出现的争议问题及时跟进处理。四是充分运用考评结果，真正做到奖优罚劣。

综上所述，社区矫正工作者的职业倦怠，既有内源性因素，也有外源性因素，更多情况下是两种因素交互融合的结果。因此，克服社区矫正工作者职业倦怠的因素，建构和优化社区矫正体制机制，培育社区矫正工作者自身的人格特质，才能激发社区矫正工作者的工作激情和热情，才能为社区矫正工作增添内在动力。

---

[1] 唐菲：《中等职业学校教师情绪智力与职业倦怠的关系研究》，载《教育与职业》2020年第24期。
[2] 唐菲：《中等职业学校教师情绪智力与职业倦怠的关系研究》，载《教育与职业》2020年第24期。

目标差异与行为调适：政府购买社区矫正服务的评估现状

金越[*]

一、问题的提出

深化政府、市场与社会的合作治理是我国创新社会治理的重要形式，其中政府购买社会服务是政府转变职能和社会治理现代化的内在需要与重要抓手。社区矫正作为社会治理的重要组成部分，在社会治理现代化进程中加快推进社区矫正工作的规范化、精细化、智能化亦是刻不容缓。《中华人民共和国社区矫正法》（以下简称《社区矫正法》）作为我国首部针对社区矫正工作的专门立法，多条文提及社会力量依法参与社区矫正，为社区矫正工作中多元主体参与教育矫正提供了法律保障与法定要求。在多方社会力量参与中，政府购买社会服务是最具专业性、稳定性的一种参与模式。

《社区矫正法》颁布施行以来，各地社区矫正机构购买社会服务火热开展，多地评选推出示范性社区矫正社会服务项目。在看到成绩的同时，我们仍需要冷静思考政府购买的社区矫正服务是否达成了预期目标？社会组织的参与是否真的有助于社区矫正工作的"提质增效"？要回答上述问题，对购买服务开展评估就显得十分重要。那么，如何保持服务评估的有效性？社区矫正机构、社会组织、社区矫正对象分别作为政府购买服务的购买方、承接方及消费方，在评估中扮演着什么角色，又起到什么作用，对评估结果可能会产生什么影响？本文就将从上述三方立场出发，探讨政府购买社区矫正服务的评估现状。

二、价值逻辑：三方主体实现共赢共享共发展的内涵要求

社区矫正机构、社会组织、社区矫正对象三者作为政府购买社区矫正服务的主

---

[*] 金越，浙江警官职业学院讲师。

要利益相关主体，不同维度地获得购买服务带来的便利与好处。深究其本质，三方是政府购买服务的行动共同体，任何一方的行为都可能影响整个服务进程与效果。同样地，服务的有效评估在满足三方各自发展需求的基础之上实质助推社区矫正工作的整体性发展，由单方利益走向共同价值。

（一）于矫正机构而言，是优化教育帮扶提升矫正质量的实践要求

《社区矫正法》第三条规定："社区矫正工作坚持监督管理与教育帮扶相结合，专门机关与社会力量相结合，采取分类管理、个别化矫正，有针对性地消除社区矫正对象可能重新犯罪的因素，帮助其成为守法公民。"之后的第十一条、第三十五条、第四十条、第四十一条等多个条文都对社会力量参与教育帮扶给予规定、鼓励、支持，为向社会组织购买社区矫正专项服务提供了制度保障。

社区矫正机构作为社区矫正工作的政府责任主体，应当积极引入社会组织参与，共同形成教育帮扶合力，丰富矫正内容以满足矫正对象多元化和个性化的矫正需求。矫正机构也应当对社会组织所开展的服务进行评估，作为矫正机构教育帮扶工作完成度与有效度、矫正对象矫正期间表现与改变、社会组织服务内容契合与服务质量水平等方面的评价依据，是从根本上保障与提升教育矫正质量与水平的需要，是对多元主体构成的教育矫正行动集合实现社区矫正目标的绩效考量，是对多元主体共同参与矫正工作保持可持续张力的实践要求。

（二）于社会组织而言，是刺激良性竞争提升行业水平的发展需要

近年来，随着社会治理模式改革创新的持续推进，社会治理重心向基层下移，越来越多的社会组织孕育而生，截至2021年年底，全国共有社会组织90.2万个，[1]呈现出多样化的发展状态，在社会经济生活中承担着重要作用。社会组织在数量呈高速增长态势之下，其发展质量是否与公共需求相匹配，其发展动能是否与社会发展相适应是值得思考的。根据相关学者研究发现，目前我国社会组织的发展水平与经济发展水平、人口空间分布等因素息息相关，整体来看社会组织呈现出明显过密化、资源俘获有限、自主生存能力弱等发展限制。[2]

有效评估是从内生力上给予社会组织自查自省、自我调整、自我优化的契机。评估的过程也是了解和回顾社区矫正服务项目实施及其效果的过程，是对服务开展实施过程、服务内容、经费管理使用、服务满意度、投入产出比等维度的全方面考评。科学、合理的评估指标与评估方式是社会组织调整机构项目运行，提升服务项

---

[1] 中华人民共和国民政部：《2021年民政事业发展统计公报》，https：//images3.mca.gov.cn/www2017/file/202208/2021mzsyfztjgb.pdf，最后访问时间：2022年8月12日。
[2] 陈友华、詹国辉：《中国社会组织发展：现状、问题与抉择》，载《新视野》2020年第5期。

目质量的参照标准，在一定程度上倒逼社会组织向好向优向强发展，有效地刺激政府购买社会服务市场的良性竞争。

（三）于矫正对象而言，是科学审视自我重新融入社会的示意支持

《社区矫正法》明确了社区矫正工作对社区矫正对象开展监督管理与教育帮扶的两项基本任务。诸多专家学者认为矫正任务重心应为教育帮扶，以激发自主矫正为主，为矫正对象释放更多权利空间。①《社区矫正法》第四条也明确规定了社区矫正工作应当依法进行，尊重和保障人权。这再一次对社区矫正对象的权利保障作了明示规范。此外，后续多个条文也提及了社区矫正对象的权利规范，指明了社区矫正对象可享受社会帮扶，多方力量也应当给予教育帮扶。

社区矫正对象之所以成为社区矫正机构购买社会服务的消费对象，是其存在或可能存在偏差的心理行为需要矫正调整的需求，抑或存在社会资源短缺需要获取更多社会支持的需求。与此同时，身份标签化、社会歧视、自我否定等衍生因素都可能加剧社区矫正对象的负向心理情绪，不利于其重新融入社会。服务评估的核心指标之一就是经过教育帮扶项目介入社区矫正对象所发生的改变。这对矫正对象而言，是自我的一次重新审视与自我评价。严谨科学的评估会让矫正对象对自我审视结果产生明显的正向加成作用，增强自我效能，重新树立信心，强化融入社会的信念与期许。

三、现实困境：三方目标差异驱动下的不同行为调适

上述对开展政府购买社区矫正服务评估的价值逻辑探讨是社区矫正工作健康发展的理想化追求。但在评估实施的现实过程中，发现存在着流于形式、工作僵化、专业性差异等评估困境。② 本文将以社区矫正机构、社会组织、社区矫正对象三方主体的目标差异为着手点，分析在评估过程中因目标差异驱动下的不同行为调适所导致的评估现实困境。

（一）服务购买方：社区矫正机构的减负求稳与提效创新

《社区矫正法》第二章"机构、人员和职责"中明确规定了社区矫正机构负责社区矫正工作的具体实施。因此，政府购买社区矫正服务对于社区矫正机构而言，其最直接的受益在于教育帮扶这一大工作任务的下放。在财政预算和规定要求的前提

---

① 安文霞：《社区矫正对象权利规范探析》，载《犯罪与改造研究》2022年第6期。
② 陈晓蓉、张汝立：《手段偏差与目标替代：制度逻辑视角下政府购买服务绩效评估困境》，载《求实》2021年第5期。

之下，社区矫正机构更倾向于将教育帮扶中难度较大的、操作烦琐的、专业性较强的任务通过购买服务形式外包给社会组织。

对于人员配置不足、监管压力较大的矫正机构而言，其购买服务的首要目标就是减负求稳，一方面能够减轻矫正机构自身的工作量，另一方面可完成《社区矫正法》规定的教育帮扶法定要求。这样目标下的矫正机构在评估过程中持有的是"做了就好""有了就行"的应付考核心态，重视的是活动基本台账的留痕，对活动次数、活动签到表、现场照片等最基础、最表层信息的检查，以确保能够应付上级检查部门的考核。相比较监督管理而言，社区矫正工作能出亮点、好出亮点的空间更多在于教育帮扶上。《社区矫正法》对于教育帮扶范畴只作了框架性的说明，具体做什么、怎么做、做到何种程度都未详尽要求。因此对于想出成绩的矫正机构管理者来说，其最后需要评估的服务结果就不仅限于台账，而是更多关注创新性、代表性、示范性的可物化、可复制、可宣传的成果。以追求业绩出众、工作出彩为目标的矫正机构，相比较购买服务所带来的实际效果，可能更多关注的是所购买服务对于矫正业绩的附加值部分。

（二）服务承接方：社会组织的"活下来"与"强起来"

经过多年的孵化与培育，社会组织数量的快速增长与购买服务的供需呈现不对等状态。社会组织行业发展数量与质量的不平衡直接导致它们在政府购买服务整个过程中的不同需求状态和目标追求。

"活下来"是社会组织最原始也最为现实的第一层次需求，而"活下来"最大的要素就是资金。部分社会组织会在政府购买的服务框架之内，维持合同规定的形式，压缩或简化活动具体操作环节，比如，减少人员安排，选择相对便宜物资等，通过在固定购买资金之内压缩产出成本，挤压剩余价值，从而获得生存空间。此外，在熟人社会的人情因素、合作惯性等交叉作用下，政府购买社区矫正服务存在着一种"一次购买、终身回购"的现状。那么社会组织会尽最大可能性迎合评估要求，根据评估指标做好评估准备，而中间被挤压的服务质量不会在评估环节出现，以表层的符合要求顺利通过评估验收以获取之后的回购。而对于已经超越"活下来"这一层次需求的社会组织而言，它们则追求更高层次的目标，旨在做好做大做强组织机构。这些社会组织在服务项目中求新大于求实，以至于在评估过程中所呈现的评估材料形式大于内容，包装大于实质。这种形式又恰恰符合部分社区矫正机构对于所谓业绩的追求，而忽略了购买服务本身的性价比与需求性。

（三）服务消费方：社区矫正对象的被动配合与自主参与

社区矫正对象相比于其他购买服务的服务对象而言，很可能存在着被动、机械参与的情况。政府购买服务的购买内容属于公共服务范畴。但是社区矫正作为恢复性司法指导下的一种刑法理念，是刑事处罚的非监禁形式，具有一定的刑法惩罚性。所购买的社会服务对于社区矫正机构而言是规定动作，对于社区矫正对象而言，是其矫正期间必须完成的矫正任务，是其顺利解矫重新回归社会的前置条件之一。这种被动心态接受社会服务的矫正对象，在评估过程中对于服务效果、服务质量的评价是有失公正的。作为服务消费方可能以故意对抗评价的方式来表达对矫正的抗拒甚至敌意，也有可能故意讨好的评价方式以求得所谓的认可来获得矫正过程的顺利与舒适。

当然，不可否认存在部分矫正对象是有着教育帮扶需求的，会主动参与矫正。相对而言，这些矫正对象因为自身的需求性与自主性在评估的过程中能够给出更真实的感受和评价。但是矫正对象最实质性的目标仍是顺利解矫，因此哪怕是自主矫正的服务对象也难免会在评估中给出有利于自己解矫的评价内容。

四、解困构想：基于目标一致性的全周期评价行动

（一）目标一致性的相关理论内涵

目标导向行为，也就是群体成员追逐目标的行为，其包含两个特征维度：一是个体欲达到的目标状态，即行动目标；二是个人完成目标所执行的具体动作，即动作形式。针对群体成员追逐相同目标的行为，总以某种动作形式来实现该目标，故群体成员在实现目标时不仅包括行动目标的一致性，还涉及动作形式的一致性。[①] 目标管理法，源于企业管理范畴，主要是指员工与企业管理者协商制定个人目标，依据企业的战略总目标及相应的部门目标而分解，确定员工个人目标，由此产生的奖励或处罚则根据目标的完成情况来确定。[②] 目标管理法的最大特点就是目标导向，追求组织目标与个人目标紧密结合。

基于上述理论，政府购买社区矫正服务的评估目标本质是明确的，涉及评估的三个直接相关利益群体因为自身需求与角色定位的不同，出现评估目标上的差异，导致在评估过程中为实现自身目标而做出不同的行为形式，从而影响评估结果。因此，只有保证三方利益群体的目标一致方可确定评估行为的真实性和有效性，才能真正实现服务评估的价值作用。

[①] 何晓燕、邵美璇、段继鹏、尹军：《群组成员行动目标的一致性对群体实质性的影响：动作形式一致性的调节作用》，载《应用心理学》2022年第1期。

[②] 王裕娟：《H公司绩效考核指标选取与组织目标一致性研究》，东南大学2022年硕士学位论文。

(二) 基本构想：基于共同需求建立全周期管理的评估机制

1. 系统梳理三方需求，明确共同目标支点

关于社区矫正的总目标，在《社区矫正法》第一条就做了主旨性的规定："为了推进和规范社区矫正工作，保障刑事判决、刑事裁定和暂予监外执行决定的正确执行，提高教育矫正质量，促进社区矫正对象顺利融入社会，预防和减少犯罪……"虽然社区矫正机构、社会组织、社区矫正对象三方在购买服务的评估过程中扮演着不同的角色，但其实他们的目标并不矛盾。只需要梳理出三方需求的交集点，并以此为着力点展开评估行动，就会得到真实可靠的评估结果。

社区矫正机构最底层的需求是完成法定的社区矫正相关任务，有余力之时可以创新教育矫正形式，提升矫正效果，总结推出矫正样板示范。社会组织的需求则是以政府购买服务为主要的稳定资金来源形式，在此基础之上打响品牌，以品牌效应吸引更多的服务购买，从而形成良性循环。那么，对于社区矫正对象而言，其是政府购买服务最直接的受益者，服务质量的好坏最直接的影响是作用在矫正对象身上。结合三方各自需求来看，一个正确的社区矫正服务项目就是他们共同的目标支点。正确，首先体现在项目是符合社区矫正对象真实需要的，因为有着内在真实需求会促其自主矫正。社会组织则会因为矫正对象的主动配合，减少活动中时间、精力等方面的消耗，在获取价值空间的同时更容易获得实质性效果。而这又是社区矫正机构在社会市场中选择服务承接方重要的考量因素。社区矫正对象经过服务项目所获得的正向改变，可以让社区矫正机构在完成教育帮扶任务的同时减轻监督管理的压力，更是经得起推敲的真实矫正业绩。正确矫正项目这一支点能够带动形成三方可持续的良性循环，破解三方目标差异的壁垒。

2. 建立全周期管理的评估机制

全周期管理是一种以系统论与协同学为理论基石，被实践证明的先进管理思维，具有系统性、协同性、有序性等特点，注重源头治理、过程管理、运行结果的反思与调整等。[1] 基于该种思维理念，要求从整体性角度出发将政府购买社区矫正服务看成一个生命体，评估就是根据服务的进程进行系统的、动态的、发展的诊断与调整，保证社区矫正服务高质量有效开展。

首先要做好项目源头的需求评估。精细化、个性化矫正是《社区矫正法》提出的矫正要求，也是社区矫正实践工作的发展方向，要求根据社区矫正对象的性别、年龄、心理特点、健康状况、犯罪原因等情况，制订有针对性的矫正方案，实现分类管理、个别化矫正。社区矫正机构在购买矫正服务选择承接方时，要充分考量社

---

[1] 刘锋：《以"全周期管理"思维破解基层治理困局》，载《领导科学》2020 年第 16 期。

会组织所能提供的服务内容、可用资源等方面是否符合所管理的矫正对象的需求所在。而社会组织在设计社区矫正项目时同样要考量所要服务的项目对象的特征及其需求。其次要选择合适的评估主体。根据现有评估情况来看，以社区矫正机构或社会组织或两者共同评估为主，较少引入第三方评估。虽然第三方评估在实践评估过程中有被指出公信力不足、社会认可度低、内卷化严重等问题，其专业度与成熟度都有待完善，但不可否认的是第三方评估有着其独特的优势所在，能够克服社区矫正机构或者社会组织超然的视角对购买服务的效率、效益、效果等方面给出相对公正客观的外部评价。同时，2020年3月1日施行的《政府购买公共服务管理办法》中也提及了具备条件的项目可以运用第三方评价评估。再次要确定科学的评估指标。指标是否合理、是否科学会直接影响最终的评估结果，在评估中起着举足轻重的作用。因此，在制订评估方案时就要明确评估维度，细化评估指标，考量指标之间的关联度与敏感度，考虑不同指标的权重分布，以最终得出可靠的评估结果。最后是对于评估结果的运用。打破惯性回购的购买思维，充分利用评估结果，社区矫正机构决定是否再次购买，是否需要调整购买内容，是否需要增加教育矫正投入，等等；社会组织则通过评估结果对开展活动的过程及结果进行反思、总结、调整与优化；社区矫正对象则可以根据结果提升自我认识，增强自我效能感及社会适应力。

五、结语

政府购买服务是全国深化改革和社会治理模式转型的重要抓手，是政府职能转变向市场要效能、向社会要资源的重要形式。有效评估是检验并推动政府购买服务成功"落地"的重要一环。开展社区矫正机构购买社区矫正服务的评估，是对贯彻落实《社区矫正法》有效性的实践检验，是社会组织可持续参与教育帮扶的关键要素，是对社区矫正作为社会治理重要内容的积极回应。

社会力量参与社区矫正工作：现状、问题与创新*

王鹏飞　展嘉文**

社区矫正是我国基层社会治理中的重要组成部分，而社会力量参与社区矫正工作也是治理能力、治理体系现代化的重要体现。社区矫正工作中的社会力量，包括社区矫正社会工作者以及社区矫正志愿者，也包括其他社会辅助力量。社区矫正工作广泛吸收社会力量，有利于缓解社区矫正人力物力资源匮乏，提高社区矫正工作效率。社区矫正与监狱矫正最大的区别点就在于社区矫正的社会性，即在社区中，由社会力量充分参与进行教育、矫正以及帮困扶助。社会力量的参与，为社区矫正工作注入了灵魂。社区矫正工作中充分吸收社会力量的参与，这既是社区矫正内部发展的需求，也是社会力量自身发展和价值实现的契机。《中华人民共和国社区矫正法》（以下简称《社区矫正法》）及《中华人民共和国社区矫正法实施办法》（以下简称《社区矫正法实施办法》）出台以来，缓解了诸多社会力量参与的现实问题，推动了实践工作的发展，但仍有诸多问题有待解决。

一、社会力量参与社区矫正的现状窥探

社会力量参与社区矫正工作的现状考察，可分为社区矫正社会工作者以及社区矫正志愿者两部分工作队伍，下文分别予以考察。

（一）社会力量参与社区矫正的典型模式

实践中社区矫正社会工作者的社区矫正参与，往往是通过政府购买社工服务的方式展开，目前部分地区已经初步形成了一些模式做法。

---

* 本文为四川省高等学校人文社会科学重点研究基地项目"社区矫正社会调查评估完善问题研究（SQJZ2020-06）"的阶段性研究成果。
** 王鹏飞，西北政法大学刑事法学院副教授，硕士生导师。展嘉文，西北政法大学刑事法学院硕士研究生。

1. 社会工作者参与社区矫正的典型模式

（1）深圳地区的"春雨模式"

2008年深圳市正式引入社工参与社区矫正工作，由深圳市司法局发起成立的深圳市春雨社会工作服务社，成为第一家承接社区矫正社工服务的机构，其最大的特色就在于对社区矫正恢复性与惩罚性二者之间关系问题以及教育矫正效果提升路径问题的实践探索。在工作方法上，着眼于对社区矫正对象的实际需求的深入调查和了解，择取与社区矫正对象矫治需求相匹配的矫治措施，并进行相应的教育资源分配。[①]

（2）北京地区的"中途之家"

北京市朝阳区于2008年率先建成了国内首家"阳光中途之家"，其定位系帮助社区服刑人员和刑释解教人员顺利回归社会的社区矫正和安置帮教机构，提高其适应社会的能力。同时，还为"三无"人员即无家可归、无亲可投、无生活来源的群体提供临时安置帮助。随后，北京市其他区县的中途之家也纷纷成立，到了2011年，北京已经形成了"一区县一家"的"阳光中途之家"体系格局。据统计，朝阳区阳光中途之家现有事业编制共计11人，截至2020年，已接收社区矫正对象8000人次。[②]

（3）上海地区的新航社区服务总站

该服务总站于2004年成立，工作内容是为社区服刑人员和刑释解教人员提供专业服务。在工作队伍上，截至2020年，上海共有新航总站社工712人，社会帮教志愿者20742人，社会帮教成员单位709个，参与社区矫正和安置帮教工作的其他社会力量227家。[③] 其具有代表性的"爱启新航"回归教育项目，共计开展各类活动273次，累计为2227名对象提供帮教服务11666人次，对象满意率高达92.8%。[④]

此外，江苏、浙江等地也探索出一些实践经验。如江苏省在全省范围内推行社区矫正管理教育服务中心模式、浙江省推行的社区矫正网格化工作模式、安徽省合肥市部分地区尝试社工群体与社区矫正对象的家属协作配合开展社区矫正项目的工作模式、武汉地区拓宽政府购买社工服务项目范围等。

---

① 王光吉：《社工参与社区矫正工作的春雨经验》，https://www.sohu.com/a/259925629_660595，最后访问时间：2022年8月10日。

② 程雪宏：《阳光中途之家，人生路上的加油站》，https://www.thepaper.cn/newsDetail_forward_9636405，最后访问时间：2022年8月10日。

③ 余东明、黄澍：《帮助他们涅槃重生，你愿意加入吗？》，http://gov.eastday.com/renda/tyzt/shs-fxz/n32480/u1ai6246098.html，最后访问时间：2022年8月10日。

④ 上海民政：《上海品牌社会组织 | 上海市新航社区服务总站——立足专业，发挥优势，推动本市社区矫正、安置帮教社会工作发展》，https://sghexport.shobserver.com/html/baijiahao/2020/09/14/262301.html，最后访问时间：2022年8月10日。

2. 志愿者参与社区矫正的典型模式

(1) 志愿者参与社区矫正的北京模式

北京地区早在 2003 年就成立了社区矫正志愿者协会，出台了《北京市社区志愿服务促进办法》等配套性规范文件。建构起了"3+N"模式的工作队伍，这成为北京模式的最大特色。具体来说，该工作队伍模式系由监狱抽调干警（被抽调者原有的人民警察身份、职级待遇、工资福利均保持不变，并对于分配到远郊区县者予以一定的待遇倾斜）、司法所指派司法助理员，加上社工作为协管员，这三方主体构成的三支社区矫正专业专职力量主导社区矫正工作。"N"则由若干名社区干部、社区居民等志愿者组成群众兼职力量。在此基础上，实现专业专职力量与群众兼职力量的有效联动、优势互补。

(2) 志愿者参与社区矫正的浙江模式

宁波市北仑区探索出的"红领之家"志愿服务模式，已在全国范围内成为典型。该志愿服务组织于 2012 年成立，是一个党建引领的公益性社会组织，当地党委还出台了《关于在入党积极分子和预备党员之间开展义工服务的通知》，要求所有入党积极分子和预备党员每年必须参加 24 小时的义工服务。自成立以来，红领之家一直致力于帮助特殊群体"去标签化""无差别融入"，并创造性地通过志愿服务积分兑换制度的建立对志愿者进行正向激励。该组织在吸收专家志愿者的同时，还吸收了一批社区矫正对象作为志愿者成员，许多社区服刑人员在参与志愿服务的过程中受到感染，在解除社区矫正之后，还继续参与志愿者活动。

除上述模式外，天津市西青区的"新希望"志愿者服务队、江苏省的"五老"志愿者模式、武汉的高校结合模式、上海的多方参与模式等，都是志愿者参与社区矫正的生动实践。

(二) 社会力量参与社区矫正的现实困境

1. 社会工作者参与社区矫正的现实困境

根据司法部社区矫正管理局发布的数据显示，全国累计接受社区矫正对象达到了 478 万人，累计解除矫正对象 411 万人。[1] 全国每年接收社区矫正对象 50 多万人。[2] 相对而言，社区矫正专职社工的缺口仍然很大，社工的参与还面临着很多困难，主要表现为如下方面。

首先是财政保障不充分，社工群体薪资待遇不佳。据国家民政部门的统计，目前我国的社会工作服务组织已经达近万人的规模，但区域发展不均衡，集中分布在

---

[1] 王勇：《〈社区矫正法〉通过 明确社工参与途径》，载《公益时报》2019 年 12 月 31 日，第 9 版。
[2] 代睿：《司法部：全国每年接收社区矫正对象 50 多万人 矫正期间再犯罪率低于 0.2%》，https://finance.sina.com.cn/jjxw/2021-09-24/doc-iktzqtyt7808698.shtml，最后访问时间：2022 年 7 月 30 日。

沿海发达地区，多数区域社工待遇仅在当地最低工资标准线上。如北京市石景山区专职社工提供的薪酬待遇是月薪 3000—5000 元，相对于北京的生活消费所需而言是有很大差距的。[1] 又如山东潍坊的社工招聘信息显示，招聘人员月工资不低于潍坊市所在地区最低工资标准的 150%，[2] 而潍坊市的最低工资标准仅在 1900—2100 元。可见，社区矫正专职社工的待遇普遍偏低。

其次是上升空间有限，社工群体稳定性差。目前在行刑实践中，无论是协助社区矫正机关进行日常监管，还是对困境中的社区矫正对象进行心理疏导或是其他方面的帮困扶助，都需要社工的深入参与甚至在工作中发挥主导作用，工作任务十分繁重但是上升空间非常有限。相对而言，社工编制的地位比事业单位编制要低，级别也少，社会认可度低，而刚就业的年轻人对于职业发展前景要求往往较高，导致社工群体人才流失问题严重。如杭州市下城区的社工规模在 1000 人左右，但是平均每年都要流失 30—60 人，流失率达到了 5%，武汉市的社区矫正专职社工人员流失率也一度高达 40%。

再次是社工群体缺口大，持证率低，妨碍社区矫正工作效果。社工群体缺口大成为各地社区矫正工作开展过程中面临的共通性问题，在 2022 年中国就业培训技术指导中心发布的《2022 年第一季度全国招聘大于求职"最缺工"的 100 个职业排行》名单中，社工职业赫然在列。与此同时，社工群体的持证率极低，如武汉市全市社区矫正专职社会工作者中，取得社会工作师职业水平资格证书的仅仅占比 1.2%，取得助理社会工作师职业水平资格证书的仅仅占比 14.8%，取得国家二级心理咨询师职业水平资格证书的仅仅占比 7%。[3] 虽然我国社工持证人员现已增加至 73.7 万人，[4] 相对于 2019 年增加了 20 万余人，[5] 但仍未能完成民政部十年前发布的《社会工作专业人才队伍建设中长期规划（2011—2020 年）》中的要求。

此外，社工在刑罚执行工作中的人身安全难以得到保障。社工群体构成中，女性社工占比超过了八成，她们在工作上需要面对各类社区矫正对象，经常遭受社区矫正对象的人身安全威胁。许多社区矫正对象对自己的犯罪行为并没有悔过，而社

---

[1] 《石景山专职社工招聘信息》，https：//www.sohu.com/a/525029873_121106842，最后访问时间：2022 年 7 月 30 日。
[2] 《2020 年潍坊市工会社会工作专业人才公开招聘公告》，https：//baijiahao.baidu.com/s?id=1682419832671162899&wfr=spider&for=pc，最后访问时间：2022 年 7 月 30 日。
[3] 刘志月、刘欢：《社区矫正社工亟需新鲜血液》，http：//legal.people.com.cn/n1/2018/0708/c42510-30133295.html，最后访问时间：2022 年 7 月 30 日。
[4] 高蕾：《全国逾 70 万人获社会工作者职业资格证 2022 年考试报名启动》，http：//www.gov.cn/xinwen/2022-04/26/content_5687363.htm，最后访问时间：2022 年 7 月 30 日。
[5] 杨月、牟昊琨：《全国社会工作者总量上升 持证者增至 53.1 万》，https：//news.youth.cn/gn/202011/t20201104_12559922.htm，最后访问时间：2022 年 7 月 30 日。

区矫正裁前调查评估的准确性尚有待提升,这在一定程度上造成了一些客观上并不符合社区矫正的"没有再犯罪的危险"之人身危险性实质条件的人员被不当适用了社区刑,给社区矫正工作者带来一定的风险。

最后是社区居民对社区矫正工作的认识理解还存在一定偏差,社工自身的归属感与职业认同感偏低。我国社工行业还属于一个新兴行业,群体社会知晓度低,社区民众配合度低,这在一定程度上打击了社工群体的工作积极性。如何与社区更好地联动,成为摆在社工面前的一个重要课题。

2. 志愿者参与社区矫正的现实困境

首先是立法变化对于社区矫正志愿工作带来的冲击。新出台的社区矫正立法,改变了以往行刑实践中已经形成较为成熟的社区矫正对象日常监管经验,即佩戴电子定位装置,转而保障社区矫正对象的人身自由、一切围绕着促使社区矫正对象回归社会为制度设计的根本,从原则上佩戴电子定位装置转变为原则上不佩戴,这给包括志愿服务工作在内的社区矫正工作以一定的冲击。对此,虽然有学者解读认为此举系社区矫正社会性的充分体现,但是也承认对于执法工作的高效展开产生了一定影响。同时,《社区矫正法》以及《社区矫正法实施办法》中,删除了实践已久的、原《社区矫正实施办法》中规定的"双八"改造制度,制度废除之后,在实践中根据何种标准开展教育帮扶工作方面,成了一个难题。

其次是主体责任不够清晰。作为社区矫正工作的重要辅助力量,社区矫正志愿者承担了大量矫正相关工作,但是志愿者的法律责任范围却并不明确。由于该群体系对社区矫正对象提供志愿服务,不同于专业社工的购买服务形式的参与,志愿者系无偿参与社区矫正工作,而基于权责一致的基本理念,实务界往往忽略了对志愿者在履职过程中,实施违法行为之时追责问题的重视。同时,还存在着志愿者与社工之间权责范围不清晰的情况。

最后是社区矫正志愿者工作内容的形式化色彩。目前志愿者参与社区矫正的工作内容多以帮教为核心,就司法实践来说,其中的公益劳动往往安排在当地的司法所或者社区矫正中心,进行卫生打扫工作,内容较为单一且浅显,这些措施难以对社区矫正对象的思想改造和行为规范产生效果。此外,志愿者由于专业性弱,在帮教过程中难以及时发现社区矫正对象的心理、行为方面的深层次问题,大多以说教的方式进行,难以深入内心。加之志愿者的层次和素质参差不齐,组成结构不合理,社区矫正志愿者的结构组成缺乏顶层的设计和调配。

二、社区矫正对象的帮教需求之实践检视

对于社会力量如何有效参与社区矫正过程,以发挥出制度设立的应有作用,首

先需要立足于实践调查去发现社区矫正对象的帮扶需求有哪些,以及诱发犯罪人再犯的因素是什么,在这个基础上,尝试构建起有针对性的、有层次的社会力量参与社区矫正的工作模式。

(一)社区矫正对象帮扶需求的实践调查

通过对陕西省某监狱30名社区矫正对象以及30名即将刑释出狱的监狱服刑人员的访谈发现,社区矫正对象在帮扶需求上存在一些个性化的特点:

1. 假释犯往往更为关注家庭关系的修复问题

由于假释犯人数极少,加之社区矫正工作与安置帮教工作存在部分相似性,因而对监狱服刑中的部分即将刑释出狱的服刑人员进行了访谈。通过调查发现,对于这部分服刑人员而言,刑释出狱后家庭关系的恢复是其最为关心的问题。其中对于长刑犯而言,入狱往往导致夫妻关系破裂,他们进而转向寻求父母、子女的情感支持。除家庭关系修复外,其他需求均处次要地位。

2. 缓刑犯往往更为关注就业与社会歧视问题

作为社区矫正对象的主要组成部分,缓刑犯的占比达到了90%。在犯罪类型上,缓刑犯往往以侵犯财产类犯罪为主,犯罪行为发生后,往往能够与被害人和解并得到家人的谅解,因而在家庭关系修复上的需求不明显。但是缓刑犯中原生环境处于经济困难状态的现象凸显,犯罪前处于无业状态的情况较为突出。即使是犯前为就业状态,根据国家有关政策文件的规定,对于被判处徒刑宣告缓刑的人员,其职务自然撤销,这类缓刑犯在初入行刑阶段之时,自身的心理调适帮扶需求普遍存在,对于解矫之后的再就业问题高度重视。与此相关,缓刑犯由原初状态的普通公民转变为社区服刑人员,身份转换可能带来的社会歧视问题,亦成为该群体较为担忧的共性问题。

(二)再犯诱发因素分析

通过对再犯人员的调查发现,以下几个方面的因素是服刑人员再犯的高危诱因,需要在社区矫正工作中加以重视:

1. 个体因素

再犯人员在受教育程度方面呈现出的异常性,反映出了文化程度与再犯行为诱发之间的一定关联性。一些学者的调查也反映出了这一问题,比如,上海市新收犯监狱曾于2017年对在押罪犯150人发放调查问卷,经调查统计发现,在二次犯罪中,学历以初中为主,参加社会工作年龄小于20岁,说明其接受教育较少。[1] 黄兴瑞教授、孔一教授在对浙江省出狱同期群的比较研究中也认为,弃学(毕业)前学习成

---

[1] 朱耀华:《罪犯经济状况与再犯风险分析》,载《犯罪与改造研究》2017年第5期。

绩，在校受罚情况等因素与再犯有重要关联。[1] 同时，再犯人员的性格异常较为明显，很多再犯人员存在一定的交往障碍。以上诱发再犯的个体因素，对完善社会力量参与社区矫正的机制路径具有一定的启发意义，社会力量在社区矫正工作中，应采取针对性的措施，以提升社区教育改造的效果。

2. 家庭因素

研究发现，罪犯家庭关系、成长环境等与再犯发生具有高相关性。如王彬、李宝花等学者对四川省某监狱服刑的 100 名累犯和 103 名初犯研究表明，导致再犯的原因中，作为家庭因素的父母陪伴情况以及与子女关系情况占据前两位。[2] 广州监狱课题组调查发现，家庭经济窘迫因素占到影响再犯因素的 29.6%。[3] 我们在对 30 名即将刑释出狱的服刑人员的个案访谈中，犯人均表示最担忧家人能否接纳自己，这在长刑犯中表现得尤为突出。因此，这启发我们在社区矫正有关机制完善的过程中，应着眼于顺利融入社会，尤其是预防再犯的矫正目标，应当在亲情帮教方面开展深入的工作，此举有助于矫正措施深入罪犯心中。

3. 行刑因素

再犯诱因的行刑因素，主要表现为犯罪人在上次服刑期间，未获得文化或劳动技能的提升，或是未能扭转其错误的价值观，因而导致其再次走上犯罪道路。上述行刑因素启示我们，在社区矫正相关机制完善的问题上，尤其是在社区矫正的社会力量参与上，应当从实质层面去把握"助人自助"的工作理念，并注重兼顾矫正效果衡量的形式与实质两方面。

4. 社会因素

再犯诱因的社会因素，实质在于犯罪人所处的社会环境状况。许鹏在对 184 名再犯罪人的不良行为分析发现，赌博占到 34%，说明再犯罪人的业余爱好不太健康并会导致结交不良朋友，容易诱发再犯。[4] 学者周佳认为反社会行为（酗酒、赌博等）对于再犯具有显著的预测作用和直接的影响。[5] 再犯人员的交往圈明显处于异常状态，他们常与其他违法犯罪人员结交且存在不良行为。这提示我们，在社区矫正的有关内容完善上，应当帮助社区矫正对象净化交往圈，通过系列措施树立社区群众

---

[1] 黄兴瑞、孔一、曾赟：《再犯预测研究——对浙江罪犯再犯可能性的实证分析》，载《犯罪与改造研究》2004 年第 8 期。孔一：《再犯原因的结构——基于浙江省出狱同期群的比较研究》，载《刑事法评论》2011 年第 2 期。

[2] 王彬、李宝花、胡俊梅：《重新犯罪行为与童年期创伤的关系》，载《中国心理卫生杂志》2008 年第 8 期。

[3] 广州监狱课题组：《对 250 名重新违法犯罪人员的调查报告》，载《犯罪与改造研究》2009 年第 8 期。

[4] 许鹏：《调查报告：影响犯罪人再犯的因素——以句容监狱为样本的实证分析》，南京师范大学 2015 年硕士学位论文。

[5] 周佳：《基于生命进程视角的刑释人员再犯行为研究》，浙江大学 2012 年硕士学位论文。

对社区矫正工作的正确认识。

三、社会力量参与社区矫正的路径创新

（一）社会力量参与社区矫正的联动机制建构

社会力量参与社区矫正的联动机制，应当包括两个维度，一是社区、社会组织与社会工作者的联动机制的构建和完善，即所谓"三社联动"之外部联动机制；二是社会力量如何深度化、实质化、合理化地参与到社区矫正工作中来这一内部联动机制的构建和完善。

1. "三社联动"社会力量参与机制的建立完善

首先，从实证研究中所总结出的诱发再犯的高危因素以及社区矫正对象的实际需求两个维度出发，通过被动筛查与主动反映两种途径，获取社区矫正对象的共性与个性的服务性需求。前文所指出的再犯诱发因素的各类信息属于社区矫正对象教育帮扶工作中的共性内容，应当为社区矫正对象的教育帮扶所吸收。至于社区矫正对象的个性化需求的发现，则可以将被动筛查发现模式，与裁前风险评估的调查内容以及入矫初期的信息填报收集工作相结合，获知最为全面的社区矫正对象的需求信息。而在矫正过程中，对于社区矫正对象出现的新需求，应向社会组织反映、寻求帮助，在于社会组织是联结社区矫正对象与社工队伍之间的枢纽。其次，当社会组织接收到社区矫正对象的需求信号之后，便开始根据其个性化需求去有针对性地匹配作为服务提供者的专业社工。需要根据社区矫正对象的需求，在社会组织的安排下提供有针对性的服务项目。最后，需要建立相应的效果反馈机制，由社区矫正对象向社会组织反馈社区帮教的效果。在这个良性循环中，逐渐总结出效果良好的服务项目并将其推广适用，并对未产生实效的项目进行调整补足。这种设计的根本特色在于着眼再犯诱因以及矫正对象的实际需求，以社会组织在社区矫正对象与社工之间的枢纽调节功能的发挥为核心，以服务项目效果反馈检视机制的平行建立为补充，从而使得社会力量的社区矫正参与由形式而迈入实质层面（见图1）。

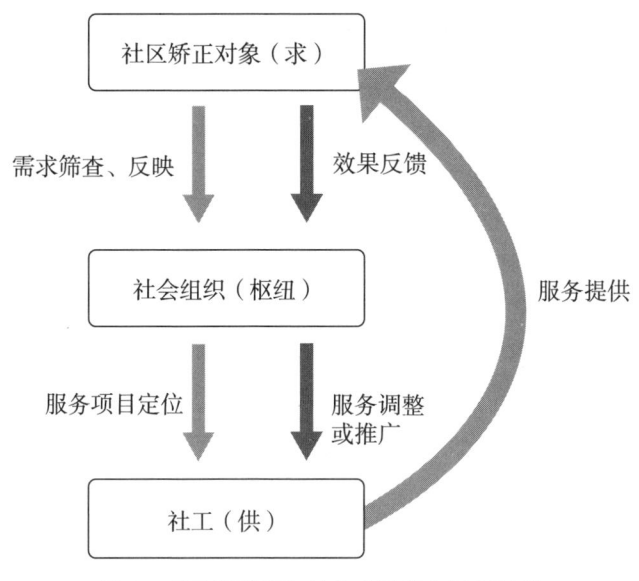

图 1 "三社联动"社会力量参与机制示意

2. 关于社会力量参与的内部联动机制的建立完善

社会力量的社区矫正参与还存在着人员稳定性、人员素质、职责界限以及工作内容等方面的问题,这些问题可以通过内部联动机制的建立完善得以进一步解决,具体包括"择优选用、科学分工、互相配合"三个层面。

(1) 择优选用

在社会力量入口上严把质量关,择优选聘社工和志愿者,设置最低服务年限标准,建立完善考核奖惩机制,进一步加强财政对社区矫正工作的支持力度,提升社工的工资待遇以及福利待遇,增强社工与志愿者的职业认同感,吸收其他省市的实践经验,探索推进社会志愿者队伍"2+X"构成机制,发挥高校资源优势,建构以高校大学生志愿者—五老志愿者为核心的志愿服务队伍,同时积极吸收其他社会力量、专家志愿者。与此同时,在录用为社区矫正社工或志愿者后,还应当强化对社区矫正工作者的履职保障。在落实条文规定的基础上,完善配套机制,联动公安机关加强安全防控。拓展社区矫正工作队伍的上升空间,强化职业群体的稳定性。

(2) 科学分工

科学划定社工队伍与志愿者队伍内部权责边界,做到社会力量的内部科学分工。社工与志愿者均为矫正小组的成员,志愿者与社工共同参与社区矫正的教育帮扶工作,而社工在教育帮扶之外,还主导负责拟适用社区矫正的对象之社会调查评估工作、社区矫正对象的心理帮扶工作、技能培训工作以及主导关系修复工作,这些工

作因具有一定的专业技术性要求因而立法规定由社会工作者（社会组织）主负责。（见图2）

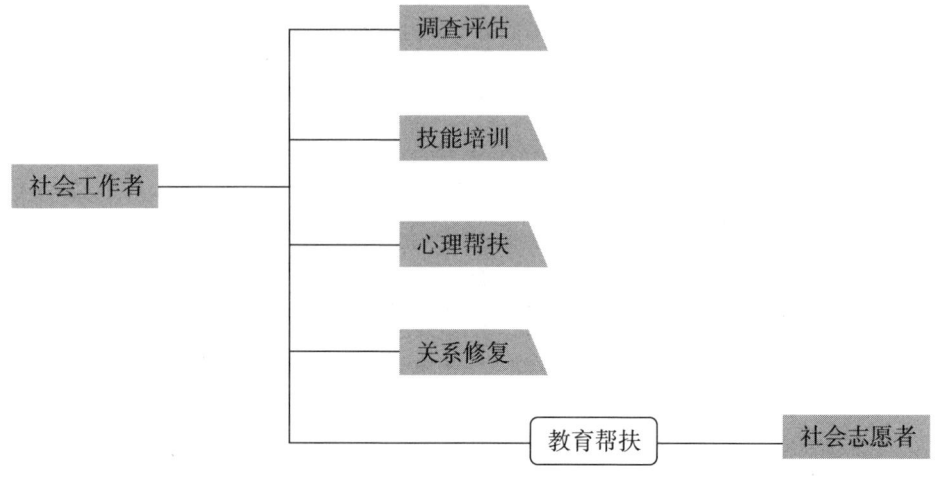

图2 社区矫正工作中社工与志愿者的分工

（3）互相配合

在科学分工的基础上，对于社工主导的部分工作，可以考虑由其承担组织、协调功能，根据情况自己承担或者安排有相应优势的志愿者开展定期或不定期的思想教育讲座、技术培训讲座；而在志愿者主导的公益活动开展过程中，则可以邀请社工就活动中涉及的心理帮扶、沟通协调等技术性内容，进行辅助支持。

（二）社会力量参与社区矫正的恢复模式运用

新出台的《社区矫正法》在立法内容上体现出了恢复性司法理念，只有社会关系得以修复，才意味着社区矫正对象真正融入了社会。而在这个方面，社会力量的参与将会大有可为。

1. 社会力量参与社区矫正的"被害人—加害人调解"恢复性模式的运用

"被害人—加害人调解"是恢复性司法的原初模式，具体到社区矫正领域：首先由社工在加害人与被害人中间起到促进聚合的作用。在前期聚合工作完成后，社工的任务就转向程序引导。由被害人（或已故被害人的家人）阐述犯罪行为所带来的损害后果，被害人在犯罪被害后的现实处境等。进而由加害人来阐述自己犯罪的诱因、犯罪后的所处状况、自己对于加害行为的反思、对被害方的悔过等内容。在反复的沟通对话过程中，双方对彼此的境遇与需求产生进一步理解，促使加害人对被害人作出真诚的道歉以及通过金钱、公益活动或其他途径进行积极的伤害修复。而司法人员作为强制力的代表，职责在于对加害行为的预防和应急处置功能的发挥。

当然，可能需要反复的沟通和促进才能够达成恢复性谅解，因而社工在其中还起到评估与检视的作用，并筛查出新的问题，确定下一轮恢复性对话的时间。

2. 社会力量参与社区矫正的"家庭小组会议"恢复性模式的运用

就社区矫正对象（加害人）而言，犯罪后的影响并非仅及于自身的定罪量刑以及标签效应，其亲友尤其是近亲属也会因标签效应的影响而受到伤害。因此，在修复项目运作中，加害人与其亲友的关系修复应当是其重要方面。同时，被害人与亲友关系的恢复也很必要，一些案件中，犯罪也会带来被害人与亲友之间关系的裂痕，因而家庭小组会议模式下还致力于被害人的家庭关系恢复。家庭小组会议将"加害人—被害人调解"这种"个人对个人"的恢复模式，扩展为"家庭对家庭"，此时的恢复，是两方家庭关系的修复，或曰被害方家庭整体对加害方的谅解。同样地，这种类型的修复效果也并非一蹴而就，需要社工进行评估检视，及时总结和调整。司法人员的职责亦是对于程序进行中出现的加害行为进行及时制止和处理。

3. 社会力量参与社区矫正的"圈"恢复性模式的运用

圈模式的复杂性在于关系恢复的进一步拓展，除了如家庭小组会议中需要被恢复的社会关系，还纳入了加害人与所在社区、被害人与所在社区关系的恢复。在犯罪发生后，无论是加害人受其行为带来的标签化影响，还是被害人受其周围人的歧视，都会波及各自家人，因而恢复双方各自和社区的关系，均为"圈"模式的重要方面。在对话运作上，理想的发言顺序系在加害人（亲属）、被害人（亲属）进行表达之后，由社区成员代表就犯罪行为对社区所带来的伤害进行表达，以促进加害人认罪悔罪。司法人员同样承担加害制止、应急处遇的作用。

（三）社会力量参与社区矫正的需求要素吸收

《社区矫正法》与《社区矫正法实施办法》取消了"双八"制度，制度废除后如何实质化改造，是应当正视的一个重要问题。矫正对象需求的充分吸收，是从形式迈向实质的关键。

首先，做好社区矫正对象教育帮扶需求筛查工作，这是社区矫正工作取得效果的根本前提。就社区矫正对象的共性需求，通过前述再犯诱因的筛查分析与社区矫正工作内容相结合，开展集中、统一的教育帮扶工作。而对于根据前文提及的社区矫正对象帮扶需求的类型化特征，可援引前述恢复性对话中的家庭小组会议模式，着重解决假释犯的家庭关系修复问题。对于管制、缓刑犯而言，可援引恢复性对话中的"圈"模式，以解决其更为关注的就业与社会歧视问题。至于社区矫正对象其他具体的、个别的需求，则通过主动报告与被动筛查两种途径，及时发现并展开个别化的教育帮扶工作，以及进行及时的帮扶教育效果检视。

其次，根据社区矫正对象的个性化需求进行程序对接、工作内容调适以及帮教资源分配。社区矫正对象的个性化需求发现机制如前述，包括主动报告与被动筛查两种路径，以此为基础进行精准定位，同时，结合矫正过程中矫正对象的需求变化，进行相应的工作内容调适。构建不同技术优势的社工队伍，对于社区矫正对象的个性化需求进行相应的帮教资源分配，以及进行相应的恢复性对话、集中教育或是相应的公益活动的程序衔接。

最后，建立完善社区矫正对象帮教工作反馈检视机制。建立和完善畅通的工作反馈检视机制，是提升教育帮扶效果的重要途径，也是保障教育帮扶措施切实符合社区矫正对象实际情况的根本措施。因此，应当定期评估社区矫正教育帮扶实践效果，由社区矫正对象及其近亲属进行反馈，通过阶段性评估与结果性评估相结合的方式，及时完善教育帮扶项目内容。

狱所民警助推社区矫正工作规范化的现状及思考

——基于四川省狱所民警参与社区矫正工作的实践

贾良伦 臧肖 陈刚 张昆 刘康君[*]

一、研究背景及问题

推进刑罚执行一体化工作是贯彻落实习近平法治思想、推进国家治理体系和治理能力现代化、落实总体国家安全观的一项重要举措。加强监狱安全和社区矫正工作也是地方安全工作目标体系和市域社会治理体系的重要组成部分。作为刑罚执行一体化建设的组成部分，《中华人民共和国社区矫正法》（以下简称《社区矫正法》）的出台明确了社区矫正工作的法律要求，[①] 推进和规范了社区矫正工作，也是社区矫正工作从布局开展到不断深入的现实需求。社区矫正工作的规范化从构成要素来讲应该包括矫正组织和人员的正式化、矫正程序和内容的明确化、监督管理的明晰化、考核奖惩的有据化等。其中，社区矫正组织和人员的正式化和规范化是其他要素规范化开展的人员基础，也是社区矫正工作能够按照法律规范化实施的重要推动力量。《社区矫正法》第二章"机构、人员和职责"中对社区矫正工作人员的身份属性[②]、专业背景、工作内容、工作伦理和队伍建设分别作了明确规定。第十六条

---

[*] 贾良伦，四川省资阳强制隔离戒毒所党委书记、所长。臧肖，副教授，成都大学法学院社会工作系主任。陈刚，四川省资阳强制隔离戒毒所党委成员、副所长。张昆，四川省资阳强制隔离戒毒所办公室主任、四川省司法行政戒毒工作协会理事。刘康君，四川省资阳强制隔离戒毒所办公室政策法规研究人员、四川省司法行政戒毒工作协会理事。

[①] 《社区矫正法》第一条规定："为了推进和规范社区矫正工作，保障刑事判决、刑事裁定和暂予监外执行决定的正确执行，提高教育矫正质量，促进社区矫正对象顺利融入社会，预防和减少犯罪，根据宪法，制定本法。"第十六条规定："国家推进高素质的社区矫正工作队伍建设。社区矫正机构应当加强对社区矫正工作人员的管理、监督、培训和职业保障，不断提高社区矫正工作的规范化、专业化水平。"

[②] 《社区矫正法》第十条规定："社区矫正机构应当配备具有法律等专业知识的专门国家工作人员（以下称社区矫正机构工作人员），履行监督管理、教育帮扶等执法职责。第十一条：社区矫正机构根据需要，组织具有法律、教育、心理、社会工作等专业知识或者实践经验的社会工作者开展社区矫正相关工作。第十四条：社区矫正机构工作人员应当严格遵守宪法和法律，忠于职守，严守纪律，清正廉洁。"

特别强调了社区矫正工作队伍建设能够提高社区矫正工作的规范化、专业化水平。

《社区矫正法》第十条规定："社区矫正机构应当配备具有法律等专业知识的专门国家工作人员（以下称社区矫正机构工作人员），履行监督管理、教育帮扶等执法职责。"由于各地推进社区矫正工作的进度和人员配置参差不齐，为完善社区矫正机构人员配置，增强对社区矫正对象的威慑力和监管专业性，助推社区矫正工作规范化发展，司法部于2018年提出选派监狱和强戒所民警参与社区矫正工作的意见。[①] 四川省司法厅于2019年出台了《全省司法行政系统刑罚执行一体化建设选派监狱、戒毒人民警察管理办法（试行）》（以下简称《管理办法》），落实狱所民警支持和参与社区矫正工作。由于受狱所收押收戒人员和民警比例的限制，四川省并不具备将狱所民警全部安排参加社区矫正工作的条件，所以采取选派狱所民警的方式。2020年选派了118名监狱、戒毒民警参与社区矫正，2021年完成新一批118名民警的选派工作，并增派了65名监狱、戒毒民警。四川社区矫正对象人数在全国靠前[②]，但再犯罪率只有0.12%（低于全国0.2%的平均水平）。这样的工作成效离不开狱所民警参与社区矫正的贡献。近两年来，选派的狱所民警在社区矫正工作中的角色和职责履行是否到位，工作内容和成效如何，各项支持是否落实，工作延续性如何保障，特别是狱所民警凭借自己的工作经验有无助推社区矫正工作更好开展等问题都值得深入研究。一方面，可以为该工作的成效和延续性提供意见建议，为类似省情的兄弟省份社区矫正工作提供借鉴；另一方面，可以助推全国社区矫正工作的规范化。

二、狱所民警参与社区矫正工作的现状及工作内容

（一）"两阶段、两步走"推进狱所民警参与社区矫正工作

四川省目前共有183名狱所民警参与社区矫正工作，根据司法部"要积极选派监狱警察支持县级社区矫正机构"的文件要求，选派民警中监狱民警140人，占比

---

① 《司法部关于推进刑罚执行一体化建设工作的意见》中提到："首先，要积极选派监狱警察支持县级社区矫正机构，每个区（县）要有监狱警察参与社区矫正工作。其次，要特别注意社区矫正对象分布不平衡情况和监狱警力实际，逐步推进监狱警察到社区矫正对象比较多的司法所，在一线具体开展社区矫正工作。"

② 截至2021年第三季度（按司法部统计口径），全省现有在册社矫对象36128人，新增入矫22147人，解矫20160人，列管人数56288人，完成调查评估14646件，严格落实管控措施，依法依规对91人使用电子定位装置，开展信息化核查33034人次，警告处理1323人次，训诫2613人次。

76.5%。① 鉴于部分市州监狱警力不足,② 四川省还选派了戒毒民警43人,占比23.5%。183名民警根据地方需求被派往全省20个市、州。③（见表1）由于各地社区矫正对象数量不同,所以各市州接收民警的数量也不一样,成都市接收的民警最多,其次为凉山州。

表1 四川省狱所派出民警概括

市、州	民警数量（人）	派出监狱	派出强戒所
成都	66	成都监狱、川西监狱、新源监狱、崇州监狱、邛崃监狱、未成年犯管教所	成都强戒所、戒毒康复所
阿坝	2	阿坝监狱	
巴中	4	巴中监狱	
达州	6	川东监狱、达州监狱	
德阳	5	阿坝监狱	省女子强戒所
广安	3	南充监狱	
广元	4	广元监狱	
乐山	6	乐山监狱、雷马屏监狱、嘉州监狱	
凉山	25	攀西监狱、凉山监狱	西昌强戒所、盐源强戒所、省女子强戒所、成都强戒所、新华强戒所、眉山强戒所
眉山	4	雷马屏监狱、眉州监狱	眉山强戒所
绵阳	6	川北监狱、绵阳监狱	
南充	13	川中监狱、嘉陵监狱、南充市监狱、川北监狱	
内江	4	内江监狱	内江强戒所 泸州市强戒所
遂宁	5	大英监狱	
雅安	4	雅安监狱	雅安强戒所
宜宾	8	宜宾监狱、南溪监狱、汉王山监狱	
资阳	2		资阳强戒所

① 其中川西监狱因目前无在押犯人,所以派出民警最多。
② 成都市、德阳市、眉山市、内江市、雅安市、泸州市、攀枝花市和凉山州。
③ 四川省共21个市、州。

续表

市、州	民警数量（人）	派出监狱	派出强戒所
自贡	3	自贡监狱、川西监狱	
泸州	8		泸州市强戒所
攀枝花	5		攀枝花市强戒所

（二）狱所民警发挥专长履职尽责

四川省高级人民法院、四川省人民检察院、四川省公安厅、四川省司法厅 2020 年 11 月 24 日印发的《四川省社区矫正实施细则（试行）》（以下简称《实施细则》）对矫正小组的构成有明确的规定，[1] 其中矫正小组组长由执行地县级社区矫正机构或受委托的司法所工作人员担任。狱所民警作为矫正机构或司法所工作人员，以专业身份担任矫正小组组长的情况非常普遍。因此，矫正小组的工作[2]也就是狱所民警的职责，需要他们统一领导或全面参与。

狱所民警参与社区矫正工作的职责在《管理办法》中有明确的规定，主要包括调查评估、接收和解除、监督管理、教育矫正、考核奖惩等八项内容，这也都是《实施细则》中规定的社区矫正机构和司法所的职责，（见表 2）但在具体工作中狱所民警承担的职责会有所侧重。

---

[1] 《四川省社区矫正实施细则（试行）》第五十二条第一款规定："执行地县级社区矫正机构或受委托的司法所应当为社区矫正对象确定矫正小组。矫正小组组长由执行地县级社区矫正机构或受委托的司法所工作人员担任，矫正小组其他成员不少于三人，由社会工作者、志愿者、网格员和有关部门、村（居）民委员会、社区矫正对象所在单位、就读学校工作人员以及社区矫正对象的家庭成员或者监护人、保证人等相关人员组成……"

[2] 《四川省社区矫正实施细则（试行）》第五十三条规定："……矫正小组主要开展下列工作：（一）参加入矫和解矫宣告；（二）按照矫正方案，开展个案矫正；（三）督促社区矫正对象按要求报告有关情况、参加教育学习及公益活动，遵守社区矫正监管规定；（四）参与对社区矫正对象的考核评议和教育；（五）对社区矫正对象走访谈话，了解其思想、工作和生活情况，及时向社区矫正机构或者受委托的司法所报告；（六）协助对社区矫正对象进行监督管理和教育帮扶；（七）协助社区矫正机构或者受委托的司法所开展其他工作。"

表2 狱所民警参与社区矫正机构职责对照表

机构	社区矫正机构①	司法所	选派民警参与社区矫正工作的主要职责②
主要职责	（一）接受委托进行调查评估，提出评估意见； （二）接收社区矫正对象，核对法律文书、核实身份、办理接收登记，建立档案； （三）组织入矫和解矫宣告，办理入矫和解矫手续； （四）建立矫正小组，组织矫正小组开展工作，制定和落实矫正方案； （五）对社区矫正对象进行监督管理，实施考核奖惩；审批会客、外出、变更执行地等事项；了解掌握社区矫正对象的活动情况和行为表现；组织查找失去联系的社区矫正对象，查找后依情形作出处理； （六）提出治安管理处罚建议，提出减刑、撤销缓刑、撤销假释、收监执行等变更刑事执行建议； （七）对符合条件的社区矫正对象提请逮捕； （八）对社区矫正对象进行教育矫治，开展法治道德等教育，组织心理矫正、公益活动等事项； （九）动员社会力量，组织指导社会工作者、志愿者参与社区矫正，协调有关部门和单位依法对就业、就学、特殊困难的社区矫正对象进行必要的帮扶；	（一）开展调查评估并及时向社区矫正机构反馈评估意见； （二）根据社区矫正机构指派接收社区矫正对象，建立工作档案； （三）建立矫正小组，组织矫正小组开展工作，制定和落实矫正方案； （四）组织入矫和解矫宣告； （五）开展社区矫正监督管理工作，落实走访考察、通信联络、信息化核查、定期报到、核查病情复查情况等措施，了解掌握社区矫正对象的活动情况和行为表现，并及时向社区矫正机构报告有关情况； （六）协助查找失去联系的社区矫正对象，查找后依情形提出处理意见； （七）对社区矫正对象申请会客、外出、进入特定场所、变更执行地等事项进行调查核实，提出意见；	（一）参与社区矫正调查评估工作； （二）参与社区矫正接收和解除工作； （三）参与对社区矫正对象监督管理工作； （四）参与对社区矫正对象教育矫正工作； （五）参与社区矫正对象的考核奖惩； （六）参与监狱假释、暂予监外执行与社区矫正的衔接工作； （七）参与脱漏管追查、违规违法及再犯罪行为制止和突发事件应急处置； （八）参与社区矫正其他工作

---

① 参见《四川省社区矫正实施细则（试行）》。
② 参见《全省司法行政系统刑罚执行一体化建设选派监狱、戒毒人民警察管理办法（试行）》。

续表

机构	社区矫正机构	司法所	选派民警参与社区矫正工作的主要职责
	（十）向有关机关通报社区矫正对象情况，送达法律文书； （十一）定期审核病情复查情况，组织开展病情诊断、妊娠检查和生活不能自理鉴别； （十二）依法办理社区矫正对象不准出境通报备案和交控手续； （十三）对社区矫正工作人员开展管理、监督、培训，落实职业保障； （十四）审查社区矫正对象档案查阅手续； （十五）其他依法应当履行的职责	（八）审批社区矫正对象七日内外出，呈报七日以上外出，负责办理销假手续； （九）组织社区矫正对象开展教育学习和公益活动； （十）根据社区矫正对象的现实表现，提出考核奖惩建议； （十一）其他委托事项	

在调查评估上，狱所民警以社区矫正机构或司法所工作人员的身份参与评估小组，在调查过程中，狱所民警在访谈方式、资料查阅、现场查看、笔录制作等环节发挥专业优势，提高了调查环节的严肃性和规范性，保证了《调查评估意见书》的质量和准确性。

在教育矫正上，狱所民警主要基于监狱和强戒所的教育矫正方法和经验模式，结合所在地区社区矫正人员的数量及特点，就教育的内容[①]、方式[②]、时间、对象[③]、师资等制订了本矫正机构/司法所的年度教育计划。推动分段教育、分类教育、集中教育和个别教育的计划落实，并做好了教育记录和教育效果评估，以便及时调整教育内容、方式等。

在档案管理上，狱所民警根据狱所管理经验就执行档案和工作档案内容的完整性、专业性和规范性做出专业指导。

---

① 法律政策教育、思想道德教育、文化知识教育、行为矫正教育、职业技能教育、心理健康教育等不同的教育内容。
② 集中教育有面授讲解、远程教育、线上学习、实地参观、警示教育等；个别教育可以通过通信联络、个别谈话、家庭走访、心理矫治、职业技能培训、法律援助、临时性救助等形式开展。
③ 按照社区矫正对象的性别、年龄、犯罪类型、性格特点、管理等级、生活工作需求等划分类别。

三、狱所民警助推社区矫正规范化存在的问题

目前,四川省社区矫正工作仍处于探索阶段,狱所民警参与助推社区矫正规范化还存在如下问题。

(一) 选派狱所民警的综合素养未完全符合规定

《管理办法》第六条对选派民警的工作态度、学历和专业背景、年龄、工作经验等有明确的规定。[①] 但在实际工作中,民警参与社区矫正工作对狱所(本身)并无显著贡献,相反还要占用狱所的警力,这对于部分警力本来就紧张的狱所而言更是一个难题。因此,部分狱所在选派民警上会有自己的利益考量,身体有疾病、年龄超过 50 岁、综合素养和专业能力不突出的人员,往往成为狱所选派的对象。甚至有些民警在参与社区矫正期间就办理了提前退休手续,这难免影响民警参与社区矫正的连续性和工作成效。

(二) 选派狱所民警参与社区矫正的连续性有待思考调整

《管理办法》规定,选派民警工作期一般为 1 年。派驻期满前,由省司法厅刑罚执行一体化建设工作领导小组办公室统筹开展新一轮选派调配工作。这种一年制的选派周期会影响民警参与社区矫正工作的连续性。对于狱所民警来说,来到社区矫正机构或司法所工作需要熟悉当地的工作机制、和监管对象建立工作关系、和社区矫正多方参与主体不断磨合,推动当地社区矫正工作的规范化和特色化。一年派驻期满后重新选派民警又要重新经历熟悉磨合的过程。虽然《管理办法》第十条规定,选派民警愿意继续派驻的,经派驻单位推荐,派出单位同意,省监狱管理局、省戒毒管理局审核通过后可再派驻 1 年。但是对于社区矫正工作来说,在选派民警有意愿、有责任心、有能力参与社区矫正工作的情况下,常态化派驻才是最优选择。

(三) 选派狱所民警存在多头管理的问题有待分析解决

在参与社区矫正狱所民警的人员管理上,《管理办法》规定民警的职务职级、警衔晋升,工资关系和福利待遇仍由原单位管理,对民警的平时考核由派驻单位负责,考核结果定期向派出单位反馈,年度考核由派驻单位提出考核意见,派出单位进行

[①] (一) 政治合格,责任心强,作风扎实,勤勉敬业;(二) 大专以上学历,取得心理咨询师、法律职业资格者优先;(三) 年龄原则上不超过 50 周岁;(四) 从事监管改造、教育矫正或戒治工作 3 年以上;(五) 身体健康,能胜任本职工作。

考核，确定考核等次，并存入干部人事档案。这种多头管理模式下，会出现双方都在管，双方都没有管的局面，如果民警责任心不足，会大大影响其参与社区矫正工作的积极性和工作效果。

（四）选派狱所民警的社区矫正能力有待培训提升

虽然属于刑罚执行的一部分，但社区矫正对于狱所民警来说是一个相对陌生的工作范畴。矫正对象、矫正流程、矫正的监管措施，以及支撑社区矫正的学科知识体系和各种能力要求，都需要狱所民警投入充足的时间进行学习和实践才能完全掌握。但在目前的《管理办法》中并没有提及狱所民警参与社区矫正的知识和能力要求，以及岗前、岗中培训等达成途径。

四、对策建议

在目前的社区矫正工作中，狱所民警的参与侧重是在监管和教育上，特别是利用自己人民警察的身份给社区矫正对象以威慑力，通过集中教育和个别教育不断给矫正对象灌输自己是服刑人员的认知，并要求其遵守社区矫正相关规定。为推动社区矫正工作的规范化、专业化、科学化，狱所民警参与社区矫正还可以在以下几个方面进行改进。

（一）加强对狱所民警参与社区矫正工作重要性的认识

社区矫正工作作为刑罚执行一体化的一部分，其本质就是在社区执行刑罚，严肃性和规范性是其核心特点。社区矫正作为一种适用刑罚的强制性司法活动，在涉及人身自由的限制，强制带离（到场）、脱逃查找、押送、调查取证等社区矫正秩序的维护方面均需要人民警察作为强制力的保障。狱所民警所具备的个人气质和气场对矫正人员的威慑，即使地方社区矫正工作人员统一制服也无法达到类似的效果。狱所民警参与社区矫正不仅能增加矫正小组的人员数量、保证矫正小组中警察的身份，增强社区矫正监管的严肃性，狱所人员监管的经验模式也能大大促进具有刑罚内核的社区矫正的规范性。因此，在社区矫正机构，矫正小组里配备一定数量的警察应是未来社区矫正工作的常态化需求。

（二）打通监狱管理局、戒毒管理局和社区矫正局人员流通的制度化通道

监狱管理局、戒毒管理局和社区矫正局同为司法厅下属的三个管理机构，三个部门的人员同为司法工作人员。在专业背景、业务属性上有其相近性，在人员交往流动上也有便利性。为快速推进社区矫正工作规范化，司法厅可以主导打通三部门

之间人员流动的制度化通道。第一，监狱管理和戒毒管理的民警如遇职务职级晋升，必须具有在社区矫正机构（司法所）的工作经历；第二，在每次的民警选派上，须有监狱或强戒所部门及以上级别领导，在地方社区矫正委员会中任副主任委员，助推地方社区矫正工作的规范化；① 第三，为保证民警参与社区矫正工作的长期性和稳定性，修改目前《管理办法》中选派时间的规定，如延长派驻期至3—5年；第四，为狱所民警由原单位完全转为地方社区矫正机构人员制定政策通道，从狱所民警转变为地方司法警察；② 第五，出于对各狱所对警力流失的考虑，可以给个人或单位匹配相应的激励措施，要求各狱所严格遵守选派要求中的年龄、学历和专业背景规定；同时，可以要求各狱所每年至少选派一名优秀民警参加社区矫正工作，真正让民警在社区矫正中发挥自己的专长，提高社区矫正工作的成效。

（三）进一步明确狱所民警在社区矫正中的身份和工作职责

《管理办法》对狱所民警在社区矫正中的职责规定用的多是"参与"的表述，对其职责的刚性规定并不充分，也导致很多民警在参与社区矫正过程中主动性不足，责任感不强。狱所民警参与社区矫正的定位完全可以从"参与"到"领导""引领"的转换。后续政策修订可以将狱所民警参与社区矫正的职责进一步清晰，如指定狱所民警为矫正小组组长，依靠其专业性和威慑性组织开展工作，对整个矫正小组负责，制订和落实矫正方案。该职责对狱所民警的综合能力又提出了更高的要求，需要相关培训支持和实务的历练，从而进一步提升狱所民警的工作责任感。

（四）发挥民警专长，链接狱所资源助推社区矫正工作规范化

第一，狱所民警熟悉监狱系统有利于社区矫正在接收和收监执行等社区矫正手续上的规范性；第二，利用狱所心理矫正的模式和方法，能够对矫正对象开展心理测评、心理辅导、危机干预等多维心理矫治工作；第三，面对社区矫正工作人员，可以利用狱所已有的师资库、教材库、案例库等开展调查评估、教育谈话、监督管理、失联查找、法律文书核实、心理矫正等业务培训；第四，协调地方社区矫正机

---

① 这也符合《司法部关于推进刑罚执行一体化建设工作的意见》中规定的"打通监狱（戒毒）警察对外交流和职务晋升渠道。对于政治素质、业务能力、工作实绩突出的干部，可推荐到司法所工作或到其他部门担任领导职务"。

② 这需要民警转社区矫正人员的制度通道，同时也可以给社区矫正人员以警察身份双向推动。例如，武汉市司法局政治（警务）部2012年6月18日发布《武汉市司法行政系统社区矫正工作人员警衔警务管理规定（试行）》，明确规定了对社区矫正工作人员评授警衔的具体事项，并且使用了"社区矫正人民警察"的术语，规定"目前在试点阶段，最高警衔不高于一级警司，高于一级警司的，授予一级警司警衔，低于一级警司的，按照评定授予警衔标准对应衔级授予"。又如，2013年5月17日，云南省西双版纳傣族自治州首批80名社区矫正人民警察结束为期5天的业务培训后，被正式授予社区矫正人民警察警衔。

构与狱所建立警示教育基地,组织矫正对象前往狱所接受震撼教育;第五,探索建立"中心+指导站"的一体化工作模式,县级社区矫正中心与属地社区戒毒(康复)指导站开展业务协作,社区矫正中心依托地方优势资源帮助社区戒毒(康复)指导站建设解决存在的一些问题,指导站专职民警发挥监管教育优势,帮助开展社区矫正工作,在社区矫正执法工作和社区戒毒(康复)指导站建设方面共同探索互帮共建机制,推动行政执法与刑事司法的有效衔接。

(五)赋能狱所民警,发动多元主体参与社区矫正工作

发动多元主体参与社区矫正工作也是其规范化的重要内核,这对狱所民警提出了新的能力要求,必须积极探寻公众参与矫正工作的有效途径和方法,切实提高社区矫正的社会化和规范化水平。

第一,在主题教育上,狱所民警可以链接社会资源为矫正对象开展职务犯罪、金融、涉黑犯罪等专项集中教育;链接教育基地、大专院校、企事业单位等开展红色文化、史学文化、三线建设精神主题教育;链接社区和街道组织社区矫正对象参与防疫、禁毒防艾宣传、文明交通劝导、创文创卫、环境清理等活动,强化其社会责任感。

第二,狱所民警推动加强社区矫正社会工作队伍建设。目前四川省社区矫正工作量大、专业性强、执法风险高,全省现有专职社区矫正工作人员数量不足,且专业能力不强;社区矫正专职工作者与服务对象的比例差距大,且大多数缺乏专业背景、学历和实践经验。[①] 狱所民警一方面可以参与人员招聘工作,从专业角度考察应聘者的素质和能力;另一方面对于新招聘的工作人员可以开展岗前培训;此外,还需要联动社区矫正社会工作服务机构,合力探索社会化力量参与社区矫正的模式和工作创新。

第三,对接社会组织和企业,共建矫正与安置帮教基地。社会适应性帮扶关系到矫正对象能否重新顺利回归社会,是能否达成社区矫正最终目标的关键。民警可以通过主动对接志愿者协会、社会工作服务机构、企业等建立公益劳动基地,社区矫正与安置帮扶基地等。为矫正对象提供教育劳动服务,技术培训,拓宽社区矫正对象的就业安置渠道。

第四,加大狱所民警社会工作能力培训,切实增强狱所民警社会工作综合能力。狱所民警对矫正社会工作者参与社区矫正的管理需要自身掌握矫正社会工作的知识体系和方法,以及具备一定的社会工作实务能力。因此,需要狱所民警在参与社区

[①] 四川省现有专职社区矫正工作人员仅692人,与社区矫正对象比例为1∶50;全省社区矫正专职社会工作者3789人,仍有10个市(州)未达到1∶10的配比要求,取得社会工作职业资格的仅占3.6%。

矫正前或过程中不断参加社会工作相关培训和实操,主管部门对其参加社会工作职业资格考试要提供便利,并对持证民警予以常态化奖励。

五、结语

社区矫正工作的规范化需要组织、人员、程序、内容、监督管理等整个系统的规范化。狱所民警参与社区矫正作为刑罚执行一体化制度设计的一部分,切实推动了社区矫正工作的规范化,同时在工作内容、方式方法上还有可以继续充实和创新的空间。但这需要狱所民警长期稳定地参与,也需要狱所民警发挥自己的专长,并利用好狱所内外社会资源推动社区矫正工作的规范化。在社区矫正工作规范化、社会化的发展趋势下,狱所民警也需要与时俱进不断提高自身的知识储备和专业能力。这一切都需要刑罚执行一体化等顶层设计的政策支持,社区矫正工作的规范化也将助推刑罚执行一体化工作不断完善和进一步优化。

对完善《社区矫正法》的若干思考

牟九安[*]

从 2020 年 7 月 1 日起施行的《中华人民共和国社区矫正法》（以下简称《社区矫正法》），对进一步规范社区矫正工作，促进非监禁罪犯顺利融入社会，推进社会治理体系和治理能力现代化，预防和减少犯罪具有重要意义。但囿于种种因素的限制，《社区矫正法》存在一些"纰漏"，会对社区矫正工作产生一些不良影响。如何进一步完善《社区矫正法》，充分发挥其社区矫正的作用，成为今后社区矫正工作亟待解决的重要课题。笔者就此谈谈自己的看法，以供商榷。

一、人员称谓

《尹文子·大道上》曰："大道无形，称器有名。名也者，正形者也。形正由名，则名不可差。故仲尼云'必也正名乎，名不正，则言不顺'也。"名称作为事物的名字，不仅要规范，而且要符合人们惯称，更要简洁明了。规范就是要符合语法结构；惯称就是符合约定俗成的习惯称谓；简洁明了就是用尽可能少的语言，传递尽可能多的信息，达到尽可能高的准确度和可理解度。《社区矫正法》第二条将社区矫正的被判处管制、宣告缓刑、裁定假释和批准或决定暂予监外执行的罪犯称谓规范为"社区矫正对象"，第十条将社区矫正机构专门国家工作人员称谓规范为"社区矫正机构工作人员"。笔者认为《社区矫正法》规范的"社区矫正对象""社区矫正机构工作人员"的称谓，既不规范，也不符合惯称，更不简洁明了。何以言之？是因为：一是"社区矫正机构工作人员"称谓既不符合惯称，也不简洁明了。如果说按《社区矫正法》规定，对"社区矫正机构专门国家工作人员"称谓为"社区矫正机构工作人员"，那么军人就应称为"在国家军队中服役的人员"，农民就应称为"长时期从事农业生产的人"……这样的称谓既显得冗长累赘，又不符合人们惯称。同时，这样的称谓也不明了，即不能清楚地表明其身份，如目前社区矫正机构工作人员既有国家公务员，又有招聘的志愿者、义工、社区工作者等，

---

[*] 牟九安，甘肃省监狱学会金昌监狱分会副秘书长。

一般人员确实不容易分清楚。二是"社区矫正对象"不符合人们的惯称。如果说按《社区矫正法》规定，对社区矫正的罪犯称谓为"社区矫正对象"，那么监狱罪犯就应称为"监狱惩罚改造对象"，学校学生就应称为"教育对象"……故其称谓不符合人们的惯称。为此，笔者建议《社区矫正法》将国家公务员身份的"社区矫正机构工作人员"修改为"社区矫正官（简称'矫正官'）"，将社区工作者、义工、志愿者等目前"五花八门"的称谓比照目前公安机关"警辅人员"，统一修改为"社区矫正辅助人员（简称'矫辅人员'）"。这样一来，"社区矫正官""社区矫正辅助人员"不仅比"社区矫正机构工作人员"称谓字数少，显得简洁，而且语义明了，可使非专业人士清楚社区机构工作人员中哪些是国家公务员，哪些是辅助人员，既方便群众办事，又方便群众监督。建议《社区矫正法》将"社区矫正对象"修改为"社区矫正人员"。其实在《社区矫正法》颁布前，对社区矫正罪犯的称谓，无论是官方还是民间尚未统一意见，其主张主要有二：一是以北京大学法学院高铭暄教授为代表，主张称为"社区矫正人员"；[①] 二是以北京师范大学刑事法律科学院吴宗宪教授为代表，主张称为"社区服刑人员"。[②] 不知何因，二者均未被《社区矫正法》采用。虽然吴宗宪教授认为，"社区矫正人员"欠规范，即缺乏必要的构词成分"被"，致使其指"被社区矫正人员"还是"从事社区矫正管理的人员"不明；如果加上"被"，语义明了"但不够简练，也缺乏专业性"。不过吴宗宪教授主张的"社区服刑人员"称谓，笔者认为不能涵盖缓刑罪犯和假释人员。何以言之？是因为：宣告缓刑罪犯是虽触犯刑律并经法定程序确认已构成犯罪、应受刑罚处罚但在一定考验期间内附条件地不执行原判刑罚的人员，假释罪犯是对判处徒刑的罪犯在执行一定刑期之后因其确有悔改表现不致再危害社会经法院裁定有条件地予以提前释放没有执行剩余刑期的人员，故二者虽是罪犯但为"非服刑人员"。高铭暄教授主张的"社区矫正人员"虽缺少"被"，但如同"劳教人员""戒毒人员"等名词一样，虽缺少介词"被"但不影响人们的理解。综上所述，笔者赞成高铭暄教授的主张，建议《社区矫正法》将"社区矫正对象"修改为"社区矫正人员"，既使社区矫正罪犯的称谓符合人们的惯称，又使称谓的内涵与外延一致，更充分彰显我国司法文明。

[①] 2012年8月30日在北京友谊宾馆举行的《社区矫正法（专家建议稿）》发布与研讨会上，高铭暄主张使用"社区矫正人员"的概念，为此，其专门致信中央政法委领导阐明其看法，具体参见吴宗宪发表在《中国司法》2013年第11期的《论"社区服刑人员"与相关概念》第64页注释7。

[②] 吴宗宪：《论"社区服刑人员"与相关概念》，载《中国司法》2013年第11期。

二、适用范围

社区矫正是与监禁矫正相对应的行刑方式，是指将符合非监禁条件的罪犯置于社区内，由专门的国家机关对其惩罚和教育以促进其顺利回归社会的行刑活动。在我国，剥夺政治权利是指剥夺罪犯在一定期限内参加国家管理和政治活动权利的行刑方式。从刑法规定看，剥夺政治权利既可以附加适用，也可以独立适用。独立适用剥夺政治权利的，其刑期从判决确定之日起计算并执行。附加剥夺政治权利的，从主刑执行完毕或者假释之日起执行。虽然《刑事诉讼法》（2012 年版）第二百五十九条规定"对被判处剥夺政治权利的罪犯，由公安机关执行"，但为节约司法资源，"健全公安机关、检察机关、审判机、司法行政机关各司其职，侦查权、检察权、审判权、执行权相互配合、相互制约的体制机制"，[1] 2003 年至《社区矫正法》颁布前，最高人民法院、最高人民检察院、公安部、司法部联合或独自印发的规范性文件中均涉及剥夺政治权利罪犯。[2] 然《社区矫正法》没有涉及"被剥夺政治权利并在社会上服刑的"罪犯，这既不利于节约司法资源，也不利于健全相互配合、相互制约的政法机关体制机制，更不符合我国实施社区矫正的初衷。也许有人说，《刑事诉讼法》既然规定了"对被判处剥夺政治权利的罪犯，由公安机关执行"的内容，那么《社区矫正法》没必要再赘述。此言差矣，何也，是因为：《社区矫正法》是根据《宪法》而不是根据《刑事诉讼法》制定的法律，故规定公安机关委托社区矫正机构对"被判处剥夺政治权利在社会上服刑的罪犯"进行管理教育，或像最高人民法院、最高人民检察院、公安部、司法部 2012 年制定印发的《社区矫正实施办法》第三十二条规定的那样"对于被判处剥夺政治权利在社会上服刑的罪犯"由司法行政机关"配合公安机关，监督其遵守刑法第五十四条的规定……"未尝不可。何况，20 年来我国社区矫正工作实践也表明，无论是"对于被判处剥夺政治权利在社会上服刑的罪犯"纳入社区矫正抑或"配合公安机关，监督其遵守刑法第五十四条的规定……"的做法，都既利于优化配置司法资源，也有利于公安机关集中更多的精力和时间维护社会治安和打击刑事犯罪。为此，笔者建议，将来完善《社区矫正法》时，增加"对于被判处剥夺政治权利在社会上服刑的罪犯"实施社区矫正的

---

[1] 参见中共十八届四中全会通过的《关于全面推进依法治国若干重大问题的决定》。

[2] 如司法部 2004 年印发《司法行政机关社区矫正工作暂行办法》（司发通〔2004〕88 号）第五条规定："对下列人员实施社区矫正：……5. 被剥夺政治权利并在社会上服刑的。"最高人民法院、最高人民检察院、公安部、司法部 2012 年制定印发的《社区矫正实施办法》第三十二条规定："对于被判处剥夺政治权利在社会上服刑的罪犯，司法行政机关配合公安机关，监督其遵守刑法第五十四条的规定，并及时掌握有关信息。被剥夺政治权利的罪犯可以自愿参加司法行政机关组织的心理辅导、职业培训和就业指导活动。"

内容。当然，最好的办法是将来完善《刑事诉讼法》时，将"对于被判处剥夺政治权利在社会上服刑的罪犯"纳入第二百五十八条规定的"社区矫正对象"的范围，删去第二百五十九条内容，从而使"对于被判处剥夺政治权利在社会上服刑的罪犯"管理教育更具专业化、高效化，也有利于侦查权、检察权、审判权、执行权相互配合、相互制约的体制机制的构建。

三、机构性质

本立而道生，提纲才能挈领。《社区矫正法》只说县级以上地方人民政府和国务院司法行政部门主管社区矫正工作，"县级以上地方人民政府根据需要设置社区矫正机构"，而对社区矫正机构的性质没有说明，使人们对社区矫正机构在国家机关体系中的地位不清、性质不明，从而影响社区矫正机构的资源配置。当然，目前对社区矫正机构的性质众说纷纭，难以定性，但作为法律不能回避这个问题。名称、表示事物名称的语言，都是概念的映像，即具有专指性。笔者认为，社区矫正人员均为罪犯，虽对于判处管制的罪犯来说侧重于行刑，对于宣告缓刑、裁定假释、决定或批准暂予监外执行罪犯来说侧重于监督，但二者都是为了将刑罚有效实施。为此，笔者建议将社区矫正机构定位成对非监禁罪犯实行监督管理的国家执行刑罚机关。为方便非监禁罪犯的行刑和监督管理，社区矫正罪犯主要由地（含副省级）级和县级人民政府的司法行政机关设立的社区矫正机构实施，其名称为"社区矫正监管中心"（该名称已得到人们的认可，《社区矫正法》应对其认可）。需指出的是，法无明文不可为。目前一些监狱在"刑罚执行一体化"名义下，派出监狱民警到社区矫正机构参与非监禁罪犯的监督管理和行刑，其做法既加剧了监狱警力紧张的局面（目前，大多数监狱警囚比例低于国家规定要求），又使派出民警陷入以民警身份参与执法于法无据的"尴尬"境地。笔者建议，停止派监狱民警到司法行政机关参与社区矫正工作的做法，推行同级公安机关在社区矫正机构设立"警务室"的办法，由公安民警协助社区矫正工作人员对社区矫正人员的管理教育，这样一来，既能增加社区矫正工作的权威性，又能使公安和司法行政机关在重点人群的管理上做到信息共享，管理协同，最大限度地增强社区矫正效能。

四、立法技术

《社区矫正法》作为规范社区矫正的法律，与其他法律一样，立法语言不仅要准确简洁而且要符合语法习惯，行文应前后一致。然《社区矫正法》第二条规定："对被判处管制、宣告缓刑、假释和暂予监外执行的罪犯……"，其中的"假释和暂予监外执行的罪犯"的词组和前面的"判处管制、宣告缓刑"一样应是动宾词组,然其在"假释"前面缺乏"裁定",在"暂予监外执行"缺乏"决定或者批准",致使其语法存在不足。同时,该条与第十七条规定:"社区矫正决定机关对判处管制、宣告缓刑、裁定假释、决定或者批准暂予监外执行"行文不一致。为此,笔者建议,将来修正《社区矫正法》时,将第二条修改为:"对被判处管制、宣告缓刑、裁定假释和决定或批准暂予监外执行……"这样一来,立法语言符合语法习惯,也可使前后行文一致。

从社区矫正人才队伍建设视角浅析社区矫正规范化精细化智能化建设发展

贵州省社区矫正管理局课题组[*]

社区矫正是贯彻党的宽严相济刑事政策，是推进国家治理体系和治理能力现代化的一项重要制度。深入推进社区矫正工作规范化、精细化、智能化，发挥人才队伍在规范化、精细化、智能化的重要作用，是当前社区矫正工作的具体要求。《中华人民共和国社区矫正法》（以下简称《社区矫正法》）颁布实施后，将社区矫正工作推进到一个全新的发展阶段，立足新发展阶段，加强人才队伍建设，对于推进社区矫正规范化、精细化、智能化建设，全面贯彻落实社区矫正法，推动社区矫正工作高质量发展，进一步发挥社区矫正在犯罪治理与社会治理中的职能作用具有重要意义。

一、社区矫正规范化、精细化、智能化建设价值分析

（一）相关概念辨析

1. 规范化

相关文件对于社区矫正规范化解读如下：社区矫正规范化主要体现于执法层面，《社区矫正法》作为社区矫正工作的专门法律，为推进和规范社区矫正工作提供了有力的法律保障。依法加强社区矫正机构建设，确保社区矫正执法主体合法；加强与法院、检察院和公安机关在重点执法环节的衔接配合，积极争取财政、民政、教育、卫生以及人力资源和社会保障等相关部门支持；大力加强社区矫正执法规范化建设，健全完善社区矫正制度体系；加强执法监督检查，紧盯"减假暂"等人民群众关注的执法重点环节，定期排查整治，严格责任追究，确保社区矫正执法权力始终在法

---

[*] 贵州省社区矫正管理局课题组：韩俊，贵州省司法厅社区矫正管理处处长；邹易材，贵州省政府法制研究中心；杨秀军，贵州省司法厅；肖昕，贵州省司法厅；吴韬，贵州省司法厅；黄倩，贵州大学研究生。

治轨道上运行,努力让人民群众在每一起社区矫正案件中感受到公平正义。

学术界对于社区矫正规范化有如下定义:学者吴宗宪在《中国社区矫正规范化研究》一书中认为,社区矫正规范化是指,具体涵盖工作概念规范化、人员概念规范化、适用对象规范化、裁决前调查规范化、执行机构规范化、执行人员规范化、监督管理规范化、教育矫正规范化、帮困扶助规范化、考核奖惩规范化、法律监督规范化等方面。学者肖飞认为,社区矫正规范化是指通过相关的制度约束或者规范的有效供给,为执法权及其运作确定严格的行为准则,使执法者始终严格、公正、文明执法,切实维护社会公平正义,在尊重社区矫正实质和遵循社区矫正规律的前提下,通过一系列的程序机制,使社区矫正产生公正有效和符合刑罚目的的社会效果、法律效果、整治效果。具体来说,就是指执法为民思想树立,矫正基础工作完善,矫治能力素质提升,人员机构经费到位,工作责任措施落实,适用法律、法规、规章准确,执法程序完整、合法,执法证据充分、合理,执法文书、档案全面、规范,内部执法监督实在、有效,实践操作始终依法、严格、公正、科学、文明。社区矫正规范化是把执法理念所蕴含的内容通过技术性的操作,进行执法程序设计、执法活动设计,尤其是在权利、义务、程序、责任等方面进行制度上的设计,在法定的框架内,根据现代法治理念的内涵和要求予以明确和具体,并随着执法实践不断强化和完善,切实维护、促进和实现社会正义。其内容主要涵盖主体规范化、程序规范化、行为规范化、制度规范化、责任规范化、监督规范化等方面。

2. 精细化

相关文件对于社区矫正精细化解读如下:社区矫正工作要紧紧围绕"促使和帮助社区矫正对象回归社会,使其成为守法公民"这一目标,坚持目标导向、问题导向和结果导向,切实抓好监督管理和教育帮扶工作,实现由"管得住"向"矫得好"、由"大水漫灌"向"精准滴灌"的根本转变。根据社区矫正对象个人情况进行科学分类,制订有针对性的矫正方案,坚持分类管理个别化矫正;充分发挥教育矫正攻心治本作用,灵活安排学习教育、公益活动、职业技能培训等内容,鼓励和提高社区矫正对象自我矫正和自觉回归的积极主动性,同时对违反法律规定的社区矫正对象严肃依法处理;高度重视心理矫治在教育帮扶中的运用,加强心理咨询师队伍建设,提高教育矫治的科学性、针对性;坚持专群结合,广泛动员和引导社会力量参与社区矫正工作。

学术界对于社区矫正精细化有如下定义:有学者认为,精细化治理古已有之,有成功的案例,也有失败的教训。社区矫正精细化是一种理念,一种法治文化。精细就是精密细致之意,精细化并非新鲜事物,老子曰:"天下难事,必作于易;天下大事,必作于细。"精者,去粗也,不断提炼,精心筛选,从而找到解决问题的最佳方案;细者,入微也,究其根由,由粗及细,从而找到事物的内在联系和规律。细是精细化必经的途径，精是精细化渠成的结果。细不是目的，而是达到精的途径。精细化是一种社会综合管理理念，是一种管理文化，其以"精、准、细、严"为基本原则，通过提高社区矫正工作人员的职业素质，加强社区矫正对象内部管控，强化链接协作管理，从而从整体上提高社区矫正效率。综上，精细化是指社会综合管理行为的精确化、深入化和细致化。精细化是一种意识、一种观念、一种认真的态度、一种精益求精的法治治理文化。

3. 智能化

相关文件对于社区矫正智能化的解读如下：国家支持社区矫正机构提高信息化水平，运用现代信息技术开展监督管理和教育帮扶。大力推进"智慧矫正"体系建设，着力构建部、省、市、县、乡五级贯通的信息化体系，形成全面覆盖、移动互联、智能应用、信息共享的"智慧矫正"建设新模式；加快推进"智慧矫正中心"建设，积极推动社区矫正系统一体化平台与综治"雪亮工程"和公安"天网工程"对接，加强社区矫正信息化联网工作，实现人民法院、人民检察院、公安机关等部门与司法行政机关信息共享、业务协同、网上办案，有效防止社区矫正对象脱管、漏管现象发生，进一步提高社区矫正工作的质量和效率；加强智能应用与开发，加强对自助矫正系统、社区矫正对象智能分析评估系统、移动应用系统、心理测评系统、远程教育系统等重点应用项目的研发和推广，推动社区矫正工作从人工管理到网上管理、从数字管理到智能化管理，从粗放管理到精细化管理，不断提高社区矫正工作现代化水平。《智慧矫正总体技术规范》对智慧矫正的定义如下：智慧矫正是指将信息技术与社区矫正工作深度融合再造，实现人力、设备和信息等资源有效整合和优化配置，构建集自动化数据采集与共享、精准化大数据分析与研判、智能化管理决策与指挥调度等功能为一体的全过程智能化社区矫正信息化体系。学术界对于信息化有如下定义：学者孙培梁在《社区矫正信息化》一书中认为，社区矫正信息化是立足于物联网、大数据、云计算、虚拟化等新概念、新技术，着重于社区矫正信息系统的设计思路与部署方案、社区矫正对象无线定位与解决方案两个具体应用，以此来推动社区矫正工作的顺利进行。学者孙振磊、王宏君认为，社区矫正信息化是指通过手机、电脑等电子信息设备对辖区内的社区矫正对象进行位置监控、信息互动、危情研判以及提醒警告等，以便实时掌握社区矫正对象动态信息，提高社区矫正工作效率，降低司法管理成本的新型刑罚执行管理模式。目的是在社区矫正领域全面实现科学化、标准化、智能化，加强对社区矫正对象的安全管理，节约司法资源，降低管理成本。在这种以计算机科学管理系统为依托的新型工作模式下，管理人员能够运用现代信息技术对被监管人信息进行采集、交流互动以及研究判断，将信息作为管理的基础，从而达到"质效并优"的目的。朱泽君认为，社区矫正信息化是指通过手机、电脑等电子设备对辖区内的社区矫正对象进行位置监控、信息互动、危情研判以及提醒警告等，以便实施实时掌握社区矫正对象动态信息，提高矫正工作效率，降低司法管理成本的新型刑罚执行管理模式，其目的是在社区矫正领域全面实现科学化、标准化、智能化，加强对社区矫正对象的安全管理，节约司法资源，降低管理成本。

（二）标准

1. 规范化标准

社区矫正规范化建设标准主要有以下几个方面：一是依法、依规、文明地开展社区矫正执法活动，统一执法内容和标准，廉洁高效执法，不发生工作人员违法违纪行为。二是进一步加强衔接管理，严密接收环节，社区矫正对象脱管漏管率有效降低。三是不断完善社区矫正工作监管方法，巩固和提升矫正效果，有效降低社区矫正对象的重新犯罪率；四是进一步加强社区矫正场所建设，保证场所实现标准化建设、规范化管理、科学化运作；五是进一步加强机构和队伍建设，组织或指导对社区矫正执法和专职工作人员进行业务培训，努力提高社区矫正工作人员工作能力，以适应工作需要。

2. 精细化标准

社区矫正精细化建设主要聚焦于以下几个方面：一是鼓励引导各地因地制宜实施分类管理、个别化矫正措施，注重从个案中提炼精细化管理要素，形成适用各类矫正类型的管理模式。二是坚持目标导向、问题导向和结果导向，切实抓好监督管理和教育帮扶工作，拓展教育矫正途径，丰富教育学习内容和形式，提高教育矫正质量，实现由"管得住"向"矫得好"、由"大水漫灌"向"精准滴灌"的根本转变。三是根据社区矫正对象个人情况进行科学分类，制定有针对性的矫正方案，坚持分类管理个别化矫正，着力解决和消除不利于社区矫正对象回归社会的各种问题和不利因素。四是充分发挥教育矫正攻心治本作用，灵活安排学习教育、公益活动、职业技能培训等内容，结合当地特色文化和优势充分挖掘学习教育等资源，选取社区矫正对象喜闻乐见、容易理解、接受的方式和内容，鼓励和提高社区矫正对象自我矫正和自觉回归的积极主动性，同时对违反法律规定的社区矫正对象严肃依法处理。五是重视心理矫治在教育帮扶中的运用，通过政府购买服务等形式，加强心理咨询师队伍建设，有针对性地开展心理疏导、心理健康教育和心理危机干预工作，提高教育矫治的科学性、针对性。六是坚持专群结合，广泛动员和引导社会力量参与社区矫正工作，充分发挥社会工作者和社会志愿者的积极作用，对社区矫正对象开展心理辅导、职业技能培训、社会关系改善等教育帮扶活动，促进社区矫正对象顺利回归社会。

3. 智能化标准

智能化（信息化）是引领经济社会发展的重要力量。党中央高度重视网络安全和科技信息化工作，党的十八大以来，提出了网络强国战略、大数据战略、人工智能战略以及"互联网+"行动等一系列决策部署。党的十九大明确提出了建设"网络强国、数字中国、智慧社会"的战略部署。《社区矫正法》第五条明确规定，国家支持社区矫正机构提高信息化水平，运用现代信息技术开展监督管理和教育帮扶。智慧矫正总体架构包括以下几个方面：一是基础设施层。基础设施层包括网络设施、云服务平台、物联感知设施以及社区矫正指挥中心建设。二是数据资源层。数据资源层包括社区矫正数据资源、数据共享交换平台以及数据资源管理。社区矫正数据中心是数据资源层的载体。三是服务支撑层。服务支撑层包括基础服务、人工智能服务、大数据服务和音视频服务。四是业务应用层。业务应用层包括部、省级社区矫正一体化平台和社区矫正指挥调度业务应用，其中，社区矫正指挥调度业务应用部署于社区矫正指挥中心；部、省级社区矫正一体化平台包括基础业务、定位监管、远程视频督察、远程教育、远程帮扶、心理辅导、协同应用、矫务公开、统计分析、辅助决策和智慧化融合，智慧化融合业务包括大数据应用、人工智能应用、移动互联应用和物联网应用；省级社区矫正一体化平台供省（区、市）、地（市、州）级、县（市、区）级、乡镇（街道）级四级进行使用。五是智慧矫正信息化安全保障体系，为各层提供安全技术保障。六是智慧矫正信息化运行维护体系，主要是为各层稳定可靠运行提供管理与服务支撑。

（三）价值意义

1. 规范化的价值意义

《社区矫正法》的颁布实施，为社区矫正工作提供了法律依据，也从法律层面对社区矫正工作的具体实施进行了规范。但在实践中，各地的贯彻落实情况与立法要求还存在着较大差距，仍然存在着一些不规范的现象，如机构队伍建设、与各部门之间的衔接配合情况以及执法问题等。因此，推进社区矫正的规范化建设，对于加强社区矫正机构队伍建设，确保社区矫正执法主体合法，规范司法行政机关、社区矫正机构、司法所在社区矫正工作中的权责，明确执法的权限，确保社区矫正工作的顺利开展具有重要意义。同时，加强社区矫正执法规范化建设，能有效地健全完善社区矫正制度体系，规范外部协作程序和内部执法流程，细化执法程序、严格执法标准、规范执法环节，严格规范执法行为。此外，推进社区矫正的规范化建设，还有利于形成各部门之间的相互配合、相互支持、各司其职、各尽其责的工作格局，助推社区矫正工作的有力有效开展。

2. 精细化的价值意义

根据《社区矫正法》的相关规定，对判处管制、宣告缓刑、假释和暂予监外执行的罪犯，依法实行社区矫正。在这四类社区矫正对象中，还存在着未成年社区矫正对象与其他社区矫正对象之分。由于犯罪年龄、犯罪类型、社会危险性等不同，在进行社区矫正时应当实行不同的矫正手段。具体而言，从犯罪年龄来说，未成年社区矫正对象心理年龄不成熟，对其进行专业的心理矫治尤为重要；从犯罪类型和社会危险性来看，假释、暂予监外执行社区矫正对象的社会危险性与管制、缓刑的社区矫正对象相比，社会危险性较大，因此社区矫正的过程中也应当采取不同的措施。对社区矫正对象进行分类管理、个性化矫正既是《社区矫正法》的规定，同时也是社区矫正精细化的要求。推进社区矫正的精细化，根据社区矫正对象的个人情况进行分类，分别制定个性化的矫正方案，能有效解决和消除社区矫正对象回归社会的进程中所出现的问题和不利因素，帮助社区矫正对象顺利回归社会。

3. 智能化的价值意义

社区矫正对象数量较多、分布面广、情况比较复杂，而社区矫正机构人员较少、事务繁杂，基础保障较薄弱，社区矫正工作人员力量严重不足，影响和制约了社区矫正工作的进一步推进，基于此，充分运用云计算、大数据、移动互联、物联融合、人工智能等现代信息技术，形成整体性、系统化高效运行的信息化网络工作体系，通过科技赋能分担大量社区矫正工作，减轻了社区矫正机构的工作量。将信息技术与社区矫正工作深度融合再造，通过智能化程序设计、大数据分析研判，客观、科学、精确地应对、解决社区矫正工作各种错综复杂的问题。比如，针对社区矫正对象的个体差异，通过智能分析生成个性化矫正方案，在更大程度上使得社区矫正工作利用现代科技"投入"智能、智慧，推动其从人工管理到智能化管理、从粗放管理到智能化管理、从单一管理向集约化管理的转变，以达到提质增效的目标。随着《社区矫正法》的颁布实施，其中的诸多举措亟须信息化来加以实现，"智慧矫正"根据相关法律法规，对传统的社区矫正业务工作模式进行了改变，通过严谨规范的程序设计、人性化操作提示，细化了社区矫正各项执法工作操作步骤和流程，明确了各级社区矫正机构、各岗位工作人员的操作权限，有效地防止了违规操作现象发生。对各类繁杂的日常工作事项，特别是对工作中的易错点、疏忽点和风险点，由系统按照相关要求作出科学提醒，实现了执法留痕、全程可查，强化监督。通过开展常态化网上巡查进行全方位、全过程的督查督办，大大促进了社区矫正执法工作的规范有序开展。从这个意义上来看，社区矫正信息化有利于推进公正执法、文明执法、规范执法，全面提高社区矫正的法治水平。

二、存在的问题及原因分析

(一) 现状

1. 规范化现状

全国司法行政系统贯彻《社区矫正法》经验交流电视电话会议强调,要坚持法治思维,不断提高社区矫正执法规范化水平。在全国各省的具体实践中,典型的经验做法以江苏省、福建省、河南省为例。江苏省坚持制度先行,依法加强社区矫正规范化建设。一是推动省委依法治省办出台了《关于加强社区矫正工作推进刑罚执行一体化建设的意见》;二是联合省法院、省检察院、省公安厅及时出台了《山东省社区矫正工作实施细则》;三是联合省卫健委印发了《关于进一步做好暂予监外执行病情鉴定审查工作的若干意见》。坚持机构创新,探索推行队建制管理模式。一是与省委编办协商,在省市县三级司法行政机关加挂社区矫正管理局牌子;二是探索队建制管理模式,建立社区矫正执法大队;三是在社区矫正中心普遍设立检察室、警务室。此外,江苏省还坚持资源共享,持续推进刑罚执行一体化建设。福建省坚持严格公正执法,大力提升社区矫正规范化水平,主要做法为规范执法行为、强化执法监督、统一执法模式。河南省采取措施强化队伍专业化建设,推动管理体制转变。一是通过增加正规军力量,增加专项编制,开展学习培训,提升队伍专业化素质;二是开展矫正官试点,试验"矫正官—矫正助理员—矫正员"队伍体系;三是规范专职社工建设,与民政、财政、人社联合出台《关于进一步加强社区矫正专职社会工作者队伍建设的指导意见》。

2. 精细化

全国司法行政系统贯彻《社区矫正法》经验交流电视电话会议强调,要树立科学理念,不断提高社区矫正工作精细化水平。在全国各省的具体实践中,典型的经验做法以福建省、江西省、山东省、广东省为例,福建省坚持科学教育矫治,大力提升社区矫正精细化水平:一是做优监管,二是做强教育,三是做实帮扶。江西省注重科学矫正,构建精细化监管教育新体系:一是工作理念"升级",由"业务首位"向"政治引领"转变;二是监督管理"优化",由"一味从严"向"适度管理"转变;三是教育帮扶"提质",由"大水漫灌"向"精准滴灌"转变。山东省坚持教育为本,构建精准化教育体系:一是整合社区矫正、监狱和部分社会资源,组建了全省"社区矫正教育师资库",培育了一批社区矫正专业社工组织;二是着力开展九类教育,具体为心理教育、职业教育、感恩教育、恢复教育等;三是综合运用线下与线上相结合、集中与个别相结合、说教与体验相结合的方式,提高教育的针对性、有效性、精准性。广东省突出"四个特色",推进"精准社矫"建设：一是教育模式规范化,定期组织社区矫正对象赴监所进行"震撼教育";二是教育主题品牌化,结合重大节日、纪念日以及广府、客家、潮汕等传统文化安排每月教育主题;三是教育内容精准化,广泛开展对社区矫正对象"四知道"活动,做实个案矫正;四是教育主体多元化。2021年,广东省全省投入9270万元购买社会服务,有1300余名社会工作者、逾2万名志愿者参与社区矫正工作,全省建立社区矫正基地1071个,参与社区矫正的高校17所、企业135家。

3. 智能化

全国司法行政系统贯彻《社区矫正法》经验交流电视电话会议强调,要强化科技支撑,不断加强社区矫正管理信息化水平。在全国各省的具体实践中,典型的经验做法如江苏省、浙江省。江苏省坚持科技支撑、打造智慧矫正。将大数据、区块链等现代信息技术与社区矫正工作深度融合,依托政法协同系统打通与公检法及监狱单位的线上业务流,逐步建成江苏特色的"智慧矫正"应用平台。具体措施为加强智能管、实施精准矫、组织云端学、强化链上考。浙江省深化"智慧+"模式,打造了"管理智能、管控精准、管教便捷、协同高效"的"智慧矫正"新格局。具体做法为：一是深化"智慧+平台"模式,实现监管"数字赋能",实现"人在网上走,事在网上办,结果网上查"。二是深化"智慧+移动端"模式,实现办公"数字增效",构建"社区矫正一体化办案平台",实现与公安、法院、检察院等文书传递实时交换以及网上办公、网上执法、网上考核、网上巡查。三是深化"智慧+监管"模式,实现管控"数字智控",根据指定区域对社区矫正对象活动区域划定"电子围墙"。四是深化"智慧+矫正中心"模式,实现智慧"数字集成",形成部、省、市、县、乡上下五级贯通的社区矫正场所体系;五是深化"智慧+在线教育"模式,实现帮扶"数字转型"。建立基于电子政务外网的市级在线教育帮扶系统,实时推送相关法律政策、管理规定,有针对性地开展心理健康教育、技能培训。

(二) 问题

1. 社区矫正机构工作人员"质"与"量"的问题

一是"质"的问题。在当前的社区矫正实践中,基层社区矫正机构工作人员的职业素养还达不到专业标准,主要体现在其所具备的专业类别单一,难以完全满足社区矫正工作的各项专业技术要求。从监管职能上来看,大部分工作人员是在招考后才从事社区矫正工作,缺乏相应的监管能力和管教经验,不具备专业性;从教育矫正层面来看,大部分工作人员往往要求的是具备法学相关专业背景,缺乏心理学、社会学、教育学等相关知识技能,专业背景仅仅能满足简单的说服教育,很难对社区矫正对象起到良好的心理矫治作用。其主要原因有以下几个方面：一是经验不足。部分工作人员虽然法律实践经验比较丰富，但是对法律工作专业知识掌握不够，复杂的法律问题、纠纷及矛盾化解能力不足；另外一些工作人员虽然有法学相关背景，但缺乏法律工作的实践经验，这些原因导致了社区矫正的效果不明显。二是专业技能严重缺乏。社区矫正工作人员具有很强的专业技术要求，工作人员需要根据具体的工作内容和实际情况，综合心理学、社会学、教育学等多重学科，因地制宜地开展社区矫正工作。

二是"量"的问题。社区矫正工作人员配置数量过少，难以满足社区矫正工作对人力资源的需求。近年来，司法所的职能在强化，工作量越来越大，工作要求越来越高，群众对法律服务质量的要求不断提高，社区矫正只是其中一项工作。司法所工作人员的职务数量需求与繁重的司法行政工作任务形成了鲜明的对比，使得部分司法所工作人员处于分身乏术的状态，在组织开展社区矫正工作时常常显得心有余而力不足，长期下来就出现了勉强应付、只图形式上完成的工作状态，没有创新方式实现矫正目的。

2. 教育帮扶力量"引"与"用"的问题

一是"引"的问题。社区矫正教育帮扶专业力量不足。当前，大部分地区社区矫正教育帮扶工作基本由基层司法所工作人员承担，而司法所工作繁杂，人员不足，缺乏专业型帮扶人员，如法学、教育学、心理学、社会学、犯罪学等专业型人才参与教育帮扶，鉴于司法所人少事多的现状，导致其只能保证社区矫正对象在矫期间不出事，使得一些教育矫正措施流于形式。由于地区之间的发展不平衡，部分地区没有专业的社会组织和社会力量，如何发展社会力量参与社区矫正成为一个亟须解决的问题。在社会力量充分参与社区矫正的地区，如何整合社会力量，使得社会力量在社区矫正中发挥出极大作用，以减少社会资源的浪费，实现资源的整合与共享，也是亟须解决的问题。

二是"用"的问题。《社区矫正法》规定，社区矫正坚持专门机关与社会力量相结合。在实践中，专职社会工作者参与积极性不高。大部分地区的专职社会工作者面临着角色尴尬、待遇偏低等问题，多数地区的社区矫正机构没有将专职社会工作者看作社区矫正的"专业人员"，而将其看作"辅助人员"，一些地区社会工作者享受的仅是最低工资标准，这些问题与专职社会工作者的专业服务形式形成了较大的反差，严重影响了专职社会工作者参与社区矫正工作的积极性。此外，社区矫正志愿者的参与度不足。志愿者具有非官方性、亲和性等特征，能较好地与社区矫正对象进行沟通交流，在矫正过程中，志愿者是一支重要的社会力量。但是在实践中，由于缺乏权利保障、物质保障等原因，导致志愿者参与社区矫正的积极性不高，有的欠发达地区甚至没有志愿者参与。

3. 信息技术人才"缺"与"育"的问题

一是"缺"的问题。随着社区矫正工作任务增多,开展社区矫正智能化建设势在必行。目前,既熟悉社区矫正工作又精通信息化工作的人才缺乏,部分地方基层社区矫正工作人员老龄化,对信息化技术应用水平、实操能力与工作需要还存在着不相适应等问题,同时,近年来社区矫正信息化、智能化应势而生,而作为建设主力军的专业技术人才缺乏,系统更新满足不了工作需要、知识更新跟不上形势需要、网络维护能力适应不了基层需求等问题。由于信息化专门人才的缺失,导致社区矫正项目建设以及日常运行管理难度较大。大部分地区的司法行政机关,特别是在区县级司法行政机关,严重缺乏计算机等专业技术人才,对有关信息化建设要求和相关规范标准不能了然于心,导致部分地区在社区矫正信息化建设过程中推进不够迅速有效。司法行政机关普通工作人员的信息化办公能力不高,对相关的设备操作不熟悉,从而使得社区矫正信息化进程缓慢。

二是"育"的问题。信息技术人才的培育主要是解决社区矫正工作信息化人才不足、信息化进程缓慢的问题。社区矫正信息化的人才建设主要依托于两类人员,其一是社区矫正工作人员,其二是社区矫正专业的在校以及毕业的大学生、研究生。社区矫正工作人员实践较多,对于社区矫正工作的开展有更多的体会,刚毕业的大学生、研究生学习能力较强,比较容易接受和适应新事物。在社区矫正信息化建设的进程中,应采取各种措施来加强对这两类人员的培养。在实践中,尽管国家级以及省级等社区矫正机构通过开展各种培训来提升社区矫正工作人员的业务水平,但由于部分基层社区矫正工作人员学习能力不强、缺乏工作责任感等原因,培训效果不甚明显。此外,对于大学生、研究生的培养缺乏专业院校支持。据统计,截至2022年,全国开设社区矫正专业的院校只有17所,且大部分都是司法警官学院,大部分省市没有院校开展社区矫正专业,此类人员的培养明显不足。因此,社区矫正实务工作中急需既懂社区矫正又懂信息技术的复合型专业人才。

三、对策建议

(一)注重机构队伍建设,增强工作人员的综合素养

一是大力加强县级社区矫正机构建设。在县一级设置单独的社区矫正机构作为社区矫正工作的执行机构,比较符合我国的国情和政策。经过我国十多年的社区矫正工作实践证明,在县一级司法行政部门设置专门的社区矫正机构,既有利于执法、行刑的统一,也有利于对社区矫正对象的监管和教育帮扶,同时也有利于培养和建设专业化、职业化的社区矫正执法队伍,促进社区矫正工作的长远发展。二是着力

推动社区矫正职业化发展。建立一支具备专业知识,掌握专业技能,发挥专业优势的社区矫正队伍是推动社区矫正高质量发展的重要保障。在配置专门国家工作人员上建立准入机制,结合社区矫正工作实际招录法律等专业的公务员,提升社区矫正队伍整体素质。在优化队伍内部结构上通过机关内部调剂、地方增加编制等方式,配齐配强社区矫正机构专门力量,强化刑事执行力量。三是注重人员队伍教育培训,增强社区矫正工作人员的综合素养。可以建立系统化的技能培训机制,提高社区矫正工作人员的专业化水平,也可以通过开展研讨会、岗位练兵、参加社工职业资格考试、心理咨询培训等形式,有针对性地促使工作人员规范化执行、运用社会工作理念开展社区矫正教育帮扶工作、系统开展心理干预,利用这些方式进一步强化工作队伍的责任意识和质量。四是可以组织本辖区内的社区矫正工作人员以分组的形式到优秀、典型单位的参观学习以及挂职锻炼;还可以邀请高校或者单位的专家学者到司法所沟通交流,拓宽社区矫正工作人员眼界。五是高质量的社区矫正工作队伍需要高素质的专业人才,在现有制度下,缺乏相应的激励机制是社区矫正机构很难吸引优秀人才的主要原因,因此,可适当增加社区矫正社工的薪酬待遇,建立相应的晋升标准,为社区矫正工作的开展留住优秀的专业人才。

(二)坚持社会协同,深化精心帮扶

社区矫正工作要坚持社会协同,引导多元主体参与。具体而言,一是发挥省、市、县三级社区矫正委员会统筹协调和指导作用,明确县级以上地方人民政府及有关工作部门的帮扶工作责任,发挥工会、共青团、妇女联合会等团体作用,对特定人员开展特色帮扶。二是坚持社会力量参与常态化,探索设立村(居)矫正教育工作站,支持引导社会组织参与社区矫正工作。一方面,吸引社会力量参与到社区矫正工作中来,根据《社区矫正法》的规定,社会力量参与社区矫正的主要方式是组织动员社会力量的加入和购买社会服务。组织动员更多社会力量参与,加强社区矫正的宣传,使人民群众意识到社区矫正的社会意义,愿意投身到社区矫正工作中来。另一方面,积极动员志愿者、家属、企业、公益组织等主要力量参与社区矫正工作,帮助社区矫正对象顺利回归社会。三是加强购买社会服务的资金支持和保障,吸引更多的社会机构和优秀的社会人才参与。四是加强资源的整合度,在社会力量充分参与社区矫正工作的地区,加强社会力量资源的整合与共享,实现社会力量参与社区矫正的效益最大化。五是增强扶困扶助实效。针对社区矫正对象不同受困情形,提供社会救助、劳动就业、教育培训、法律援助等"一站式"帮助,有效解决就业难、安置难、维权难等问题,为社区矫正对象提供人道主义关怀,促进其顺利回归社会。

（三）推进社区矫正"复合型"人才的专门培养

我国社区矫正智能化、信息化进程较缓慢的主要原因之一是信息化专业人才不足。即使有了先进的技术和完善的设备，没有专业人才的管理也无法达到信息化的目的。我国社区矫正工作队伍主要由社区矫正专职工作人员、社区矫正社会工作者及辅助人员、社区矫正志愿者组成，从这三支队伍中培养社区矫正复合型专业人才是解决当前难题的"关键一招"。具体而言，深入推进社区矫正智能化建设，抛开经费投入等因素，关键环节就是需要工作人员能够熟练地操作和应用电子信息设备，如果操作应用不能到位，再好的系统也难以有效发挥作用，所以培训必须先行到位。而且社区矫正信息化系统是对社区矫正对象进行管理的具体措施体现，更应该做到各种力量的综合使用，特别是在目前司法行政机关人员紧张的情况下，需要通过强化专业知识培训、信息系统培训、问题反馈交流、学习优秀经验等形式，培养既懂信息技术又懂社区矫正业务的复合型人才队伍。在外部人才协作上，需要通过人才引进、专家挂职、购买服务等方式，吸纳高端专业人才，推进其在这个领域发挥"领头羊"的作用，形成外部协作、内部提升的机制，推动社区矫正队伍整体提高专业素养。同时，司法行政机关要通过多种途径激励社区矫正工作队伍不断学习提升信息化办公水平，解决因不懂不会导致"智慧矫正"难以发挥质效的问题。在"智慧矫正"建设上还需要各地进行内涵式创新发展，在实践中发挥驱动创新质效来吸纳人才，在"智慧矫正"实践中全面实现自我价值。具体而言，一方面，应大力加强社区矫正专职工作人员的信息化培训，通过聘请专业的指导老师，通过"智慧矫正"系统等信息化设备开展相应的培训工作，并落实相应的绩效考核，从而激发社区矫正工作人员学习的积极性；另一方面，应将社区矫正纳入高校专业培养课程，专门培养社区矫正的专业人才，在社区矫正专业内设置信息化方面的专业课程，加强信息技术的重点教学，培育出一批既懂社区矫正又懂信息技术的复合型专业人才。此外，参加社区矫正工作的社会力量，如社会工作者、社会志愿者等，应当招募部分具有计算机专业知识背景的人员，这也是推动社区矫正智能化发展的有效措施。

四、结语

当前，随着刑罚逐渐呈现出轻刑化的趋势，社区矫正工作的压力越来越大，立足工作现状，多措并举建设一支高素质的社区矫正人才队伍，关系到社区矫正规范化、精细化、智能化的建设成效，关系到促进社区矫正对象顺利融入社会，预防和减少重新犯罪的最终目标能否实现，关系到社区矫正法律效果与社会效果能否有效展现，对推进社区矫正高质量发展工作具有重要意义。

《社区矫正法》下社会力量嵌入的社区矫正新模式

——广州市社区矫正社会工作专业化实践的本土探索

蔡穗宁　陈镇杰　何嘉颖　曾展希[*]

一、社区矫正社会工作的概述

(一) 社区矫正社会工作的内涵

王思斌教授认为，矫正社会工作也称为感化社会工作，主要由专业社会工作人员、司法行政人员和志愿者共同协作，将社会工作实施于矫正体系中，发挥社会工作专业特有的优势，在专业价值观的指导下运用社会工作专业理论、方法和技术，为那些罪犯或者具有潜在的犯罪危险性的人或其家人，在司法判决前、监禁中、社区矫正或刑满释放期间提供矫正服务，一般从心理、生活、社会交往等方面进行，使罪犯消除犯罪心理和修正犯罪行为，从而使其更好地融入社会。

何明升教授认为也可以把矫正社会工作称为矫治社会工作，它是一种福利服务活动，在社会工作实务这个整体中是一个重要的组成部分。社会工作与矫正体系相结合，在社会工作专业价值指导下，主要参与者是专业社会工作者（或志愿人士）运用社会工作专业理论知识和方法技术，对审判、服刑、缓刑、刑释或者其他处遇的人员，为犯罪人（或者有犯罪危险性的人）及其家人，提供教育、就业、心理、生活等方面的服务。

张忠杰教授所理解的矫正社会工作的概念，是从社会工作实施在司法矫正体系中，在社会工作专业价值观的理论前提下，由专门受过专业教育的社会工作者（或

---

[*] 蔡穗宁，广州市普爱社会工作服务社，越秀区司法社工项目负责人，助理社会工作师，广州市司法社工内部督导。陈镇杰，广州市普爱社会工作服务社，越秀区司法社工项目副主任，助理社会工作师，广州市司法社工内部督导。何嘉颖，广州市普爱社会工作服务社，越秀区司法社工项目副主任，助理社会工作师，广州市司法社工内部督导。曾展希，广州市番禺区普爱社会工作服务社，区域总监，越秀区司法社工项目督导，社会工作师，国家二级心理咨询师，心理治疗师，专业督导。

受过培训的专业社会工作者）或志愿人士采用科学的社会工作方法和技术，对处于审判、监禁、社会处遇和刑释期间的犯罪者（或具有犯罪倾向的违法人员），对其在行为、思想、生活和社会环境改善等方面提供矫正服务，从而使其更好地适应社会生活，实现个体再社会化，这是一种社会福利服务活动。

简言之，社区矫正社会工作即社会工作者以专业的社会工作力量介入社区矫正，为其提供各类矫正服务，促使社区矫正对象顺利融入社会，降低重犯率。

（二）社区矫正社会工作的起源与发展

社区矫正工作在18世纪后半叶，便在西方国家萌芽，经过发展，相关制度不断完善后，联合国于1955年出台了《囚犯待遇最低限度标准规则》；20世纪后期，社区矫正成熟为一项重要的司法制度。[1]

在我国，北京、上海两地同时于2002年进行试点社区矫正，随后2005年，"两高两部"联合发文，将试点范围不断扩大。2009年9月，"两高两部"联合下发了《关于在全国试行社区矫正工作的意见》，这意味着社区矫正正式在全国试行。[2] 随着社区矫正的重要性不断增强，各项规定不断完善，2012年1月，"两高两部"联合制定了《社区矫正法实施办法》，为社区矫正工作在全国依法顺利开展提供了制度保证。随着社区矫正的发展，社会工作者开始介入提供服务。社区矫正和社会工作都是从国外引进而来的，两者也都经历着中国化的过程。但我国的"社区矫正社会工作"实践早于"社区矫正社会工作"的研究，它从社区矫正开始试点起便已存在，并在不断发展之中。我国始终不停地推进和规范社区矫正工作，保障刑事判决、刑事裁定和暂予监外执行决定的正确执行，提高教育矫正质量，促进社区矫正对象顺利融入社会，预防和减少犯罪。2019年12月28日，《中华人民共和国社区矫正法》（以下简称《社区矫正法》）颁布，并于2020年7月1日起实施。

（三）我国社区矫正社会工作概况

自2003年7月社区矫正试点工作开展以来，我国社区矫正社会工作得到了快速发展。截至2017年年底，全国共有从事社区矫正工作的社会工作者8万多人。很多地方已经建立了以司法所工作人员为主、社会工作者全力协助和社会志愿者积极配合、专兼职人员结合的社区矫正工作者队伍。社会工作者作为一支重要的专业力量，正式介入社区矫正工作，在社区矫正工作中发挥了重要作用。

2003年7月，我国开始开展社区矫正试点工作，确定北京、天津、上海、江苏、

---

[1] 朱建华：《我国社区矫正制度现状、问题及其完善》，湘潭大学2007年硕士学位论文。
[2] 陈群力、袁正平：《社区矫正工作存在的问题与对策》，载《法制与经济》2014年第11期。

浙江和山东等省（市）为试点省（市）。2005年1月，我国扩大社区矫正试点范围，同时明确"运用社会工作方法，整合社会资源和力量对罪犯进行教育改造"。社会工作方法被纳入社区矫正范畴。2009年9月，全国试行社区矫正工作，提出"广泛动员社会力量参与社区矫正工作，建立健全社会工作者和社会志愿者的聘用、管理、考核、激励机制"。社会工作者作为一支社会力量成为社区矫正的重要部分。2012年2月，社区矫正中最具权威性的文件——《社区矫正实施办法》印发，规定"社会工作者和志愿者在社区矫正机构的组织指导下参与社区矫正工作"。2014年8月，我国全面推进社区矫正工作，规定"各地要从各自实际出发，积极研究探索采取政府购买服务的方式，充实社区矫正机构工作人员，坚持专群结合，发展社会工作者和社会志愿者队伍，组织和引导企事业单位、社会团体、社会工作者和志愿者参与社区矫正工作"。2014年11月，司法部、中央综治办等联合颁布了《关于组织社会力量参与社区矫正工作的意见》，强调社会力量参与社区矫正工作的重要性，要求"做好政府已公开招聘的社区矫正社会工作者的保障工作"。随着我国社区矫正工作从试点、试行到全面推进，社会工作也"化蛹成蝶"，逐步获得认同，进而成为社区矫正工作中的一支重要专业力量的"蜕变"。政策的不断完善，也推进了各地矫正社会工作实务的发展。《社区矫正法》实施两年来，全面开启了社区矫正工作的新局面，也为社会工作参与社区矫正的定位、参与形式、服务内容等提供了法理依据。

（四）广州市社区矫正社会工作服务推进概况

广州市自2006年启动社区矫正试点工作，2009年开始探索通过政府购买服务的方式引入社会力量参与社区矫正工作。2015年广州市司法局制定了《广州市司法社会工作项目体系建设实施方案》和《广州市司法社会工作项目购买服务实施细则》，社会力量参与社区矫正工作在全市全面推广，我市当前的社区矫正社会工作主要通过政府购买服务的方式，先后引入20多家社工机构参与社区矫正工作，建立了市、区两级种类不同、互为补充的司法社工项目体系；在探索社会力量参与社区矫正工作方面，广州市先行先试，打造了社区矫正社会工作"广州模式"，而该模式则是从学习我国香港特别行政区和新加坡经验起步，经过近10年来的快速发展，形成了项目化、市场化的政府购买社会工作服务体系，构建了"牵手模式"的广州司法社工服务矩阵，探索形成了政府主导、社会协同、项目运作、专业服务的"广州模式"。

目前"广州模式"在《社区矫正法》贯彻落实中，有以下重要举措：一是率先推动市政府出台规范性文件，为社区矫正社会工作提供资金支持和制度保障；二是率先制定司法社工八大项服务内容，提高帮扶效果；三是率先出台《广州市司法社会工作服务项目评估办法》，确保财政资金使用绩效；四是率先成立司法社工行业协会，推动司法社会工作的政策支持、服务开展、服务评估、行业规范的专业化、规范化、本土化发展。截至 2021 年 11 月，广州全市共购买司法社工项目 17 个，累计购买资金达 1.63 亿元，拥有专职司法社工 305 名。广大司法社工成为社区矫正工作中不可或缺的重要力量，为平安广州、法治广州建设作出了积极贡献，同时实现了社区矫正机构的刚性执法和司法社工的柔性服务有机结合，有效提升矫正帮扶效果。

二、广州市社区矫正社会工作服务模式现状分析

目前，广州市社区矫正社会工作服务模式，主要以驻点模式为主，但在驻点的人力分配上采用不同的原则进行分配。下面，笔者将对广州市越秀区司法社工项目与广州市番禺区司法社工项目（两个项目均为普爱社会工作服务社承接）进行分析。分别从以工作地为分配原则及以矫正需求为分配原则的两种驻点模式的服务情况及成效，客观地分析两种模式的优劣，从而对广州市的社区矫正社会工作的发展趋势及发展困境提供自己的观点和建议。

（一）越秀模式——以越秀区为例

广州市越秀区司法社工项目，自 2021 年 6 月 15 日由普爱社会工作服务社（以下简称普爱社工机构）承接，目前项目在职社工 15 名，分别有法学、社会工作、心理学等专业背景。项目模式由最开始的"全驻点模式"定型为"集中驻点+分散驻点"模式，即 5 名司法社工在区级社区矫正中心驻点工作，其余 10 名司法社工分散到社区矫正工作量较大的司法所驻点工作，让专业化、职业化、规范化的社区矫正社工队伍入驻各街区司法部门，驻点模式驻足于司法行政部门，通过该模式提高驻点服务成效。

社区矫正机构和普爱社工机构在项目运营初期针对司法社工的服务内容、方式、时间和要求共同商定了管理规范以及指标，最终制定《越秀区司法社工权责清单》，明确承接机构与社区矫正机构的合作形式为"牵手"而非"放手"。项目的驻点社工以专业服务为主，协助行政工作为辅，开展驻点服务。

驻点司法社工的工作内容涵盖多方面，一是进行风险评估。通过了解和分析社区矫正对象的犯罪原因、生活经历、家庭状况等基本情况，以分层分类的形式为其建立有针对性、时效性的矫正方案。二是开展实地查访。通过上门走访与服务对象联系沟通，掌握其思想、学习、工作、生活等近期情况，以进行有针对性的管理帮教和个案介入。三是组织社区矫正对象参与教育学习和公益活动，并将完成情况及时汇报司法部门。四是通过心理辅导、资源链接、就业技能辅导等形式，帮助社区矫正对象解决心理、生活、就业等方面的问题，协助其平稳度过社区矫正期。其中就形成了社区矫正服务中按类型分成的 4 个子项目——"司法护航计划""普法起航

计划""公益先锋计划""正向加油站计划",以完善越秀区社区矫正服务机制,为社区矫正对象提供公益活动、教育学习以及心理矫治等专业服务,提高越秀区社区矫正对象教育矫正水平,为其提供帮困扶助服务,协助社区矫正对象解决生活、就业、心理等问题,促进社区矫正对象顺利融入社会,最大限度地预防和减少重新犯罪。此外,该项目在区司法局和普爱社工机构的大力支持下,项目社工积极在司法社工项目上开拓创新,致力加强与购买方的通力合作,深入推进以园艺矫治为特色的"1+1+N"的社区矫正心理矫治工作体系建设,更加注重社区矫正对象的体验式学习和深度参与。在过往服务的基础上,"越秀普爱·园来由你"园艺矫治服务有了新的突破和进展,"园艺矫治"作为一种辅助社区矫正的工作手法,通过园艺治疗与教育矫治相结合,让社区矫正对象能够接触大自然,起到纾解压力与康健心灵的作用。该园艺矫治服务根据服务对象的特点进行分层分类与个别化服务,首创"身心社灵"四位一体个性化矫正模式,"身"即社区矫正对象身体力行参与,"心"即司法社工心理介入、引导,"社"即通过结合公益活动加强社会融入,"灵"即园艺过程中灵感的启发思考。该服务针对不同阶段、不同需要的社区矫正对象在"身心社灵"方面的需求特点,帮助社区矫正对象缓解压力、转移冲突、培养自信,从而更好地融入社会。

服务模式特点为:"一模式(全员驻点)、四板块(四项服务计划)、十内容(服务协议)"的专业服务策略的运营模式,保障司法社工的服务顺畅地开展。首先,"分散驻点"有利于增加司法社工与社区矫正对象的接触频率,更有利于建立专业的服务关系;而"集中驻点"使司法社工与司法行政机关的沟通交流更密切,这有利于构建全方位、多元化的资源网络,与司法行政部门沟通效率高、执行速度快;"集中驻点+分散驻点"有利于相关部门向驻点社工提供开展专业服务的便利条件,规避再犯风险、化解生活危机,提升矫正工作的能力和水平。其次,"集中驻点+分散驻点"的模式使司法社工参与社区矫正的工作范围有所增加,涵盖的内容包括:判前社会调查、初始评估、适应性帮扶、制作档案等。最后,"集中驻点",让司法社工可以利用社区矫正中心的场地优势,集中组织社区矫正对象开展社会公德、法律法规、时事政策教育等主题多样,形式丰富的教育学习活动,发现、发挥、发展社区矫正对象在品质、美德和才能方面自身优势,强化教育矫正的效果。越秀模式会把服务多元化及定位权责分化得更具体。

(二)番禺模式——以番禺区为例

普爱社工机构于2016年9月承接广州市番禺司法社会工作项目,通过前期的各项准备工作,从场地安排到人员配备,再到社工培训,项目在司法局及各街道司法所的支持下,组织司法社工前往各司法所见习,深入了解司法所日常工作的开展及社区矫正对象的服务需求，链接资源，探索与司法系统合作的新模式，最终形成"番禺模式"，该模式也与市内其他区级司法项目有所区别，其以服务项目化为基础，采用"三分法"的运营模式，即"分组""分工""分项目"。"分组"即把不同专业背景、服务经验、社会履历各异的司法社工分到各组别，不同专业能力背景的司法社工以项目统一统筹的多专业能力为支撑，在各自的工作岗位上开展相应的社会工作服务内容。"分工"即把工作内容进行分组分工，项目分成社矫执法组、项目综合组和驻所组。社矫执法组负责接收入矫、出入境证件代管、边控、初始评估、协助审批工作、档案管理、协助其他社区矫正工作。项目综合组负责区司法局社区矫正科室综合工作、个案矫正、教育学习、公益活动等。驻所组以镇街驻点的形式开展服务，该组主要负责个案服务和协助日常监管的工作，按各镇街司法所常年平均社区矫正对象人数进行社员人员配备，确保人力资源使用恰当。"分项目"是指把社区矫正工作按类型分成4个子项目："晨曦初现·初始计划""晨曦初晓·自强计划""旭日东升·新知计划""朝霞满天·活跃计划"，每个项目针对不同需要、不同阶段的社区矫正对象提供所需的服务。

番禺模式来源于司法所与社工站（原家庭综合服务中心）的服务合作，该服务合作以社工作为专业力量参与社区公益服务为探索，并逐步将社工的专业手法延伸到社区矫正的环节中，在此基础上推出自己独特的全工作流程：认为全区有需求的社区矫正对象是存在差异的，司法社会工作以实际需求为导向开展，根据需求将社工专业、法律专业、心理专业等不同专业人员优势进行分组，组内不同专业背景人员根据专业优势进行分工，不同组别承担不同的服务项目，为社区矫正对象提供预防性、恢复性和帮扶性的综合性、差异化、个性化的社会工作服务。

服务模式特点为：一是社区矫正服务的人性化、生动化和具体化；二是形式以分片+分项目的工作模式，将街镇、服务项目进行划分管理，进行统筹；三是利用个案辅导为主，小组工作、社区工作为辅的社会工作方法，链接各种社会资源、不断降低社区矫正对象的再犯风险、重建和恢复社区矫正对象的社会功能及营造安全良好、接纳包容的社会环境。司法所对社区矫正对象依法管控，侧重刚性管理，而司法社工则通过"帮扶、感化"，侧重柔性管理。对社区矫正对象分层分类，以"帮"代"管"，根据中文注解模型建立一个再犯风险评估体系。该模式下社工的独立自主性较强，能根据服务实际需求灵活变通，创新服务手法，如在疫情防控期间，番禺司法打造线上云服务向社区矫正对象提供线上政策解释、云端度新春系列活动、云端心理专题服务等，创新的云服务有效解决疫情防控期间对社区矫正对象的心理问题、政策法律意识薄弱等问题。番禺模式会把监管、服务分化得更具体。

（三）"越秀模式"与"番禺模式"的分析与探讨

从两种模式的运作情况来看，"越秀模式"下的社区矫正社会工作与"番禺模式"相比虽然同属于广州市内的司法社工服务项目，在宏观架构及要求上两者保持高度一致性，但在实际落地上则各有特点。

1. 服务的共性

越秀模式及番禺模式的本质都是政府购买服务下的司法社会工作服务，其工作内容及要求仍然是围绕《广州市司法社会工作项目体系建设实施方案》和《广州市司法社会工作项目购买服务实施细则》开展，不同模式下其服务内容保持高度一致性。社工作为专业力量参与到社区矫正过程中，更多是发挥帮扶及教育的作用，而监管的角色主要由司法行政机关承担。

2. 服务的区别

司法社工与司法部门的关系紧密程度的区别。"越秀模式"由于在驻足司法部门，与矫正对象的接触更加频繁，更有利于建立专业的服务关系。日常工作中能了解更多矫正对象所需以及需要关注的地方，主动对矫正对象开展专业服务，更好地把职能工作变社会工作，足则是专业工作融入了行政化工作，提高了工作难度。"番禺模式"属于管理与服务运营相分离的方式，其运作模式更倾向于项目化管理，在服务开展中能够有相对的自主性与独立性，但在开展服务的时候仍然需要依附司法部门，比如矫正对象来源必须由司法部门转介，在挖掘潜在个案、提供服务上存在一定的被动性。

"越秀模式"与"番禺模式"的社工角色区别。"越秀模式"立足于司法部门，在协助过程中加入社会工作元素，以"教"代"管"，像社区矫正工作的"陪伴者""教育者"，从而帮助对象顺利度过社区矫正期。"番禺模式"立足于服务层面，以需求为导向，在平等关系上建立专业合作关系，以"帮"代"管"，像一个"同行者"，帮助社区矫正对象渡过社区矫正期。

"越秀模式"与"番禺模式"的项目内部结构区别。"越秀模式"社工分布在不同司法部门，原则上一个司法所不超过一个派驻社工，一个社工独立完成多项社区矫正工作，社工与司法部门的沟通交流密切，这有利于构建全方位、多元化的资源网络，与司法部门沟通交流的人力成本花销少，与此同时相关部门也便于向驻点社工提供很多开展服务的便利条件。但由于社工的分配往往由司法局与司法社工项目协商安排，司法社工以定人定点形式开展工作，容易形成社工依附司法所的关系。"番禺模式"以"分片+分项目"管理形式，内部结构紧密，分工明确，同时服务的分化也更明确，多位社工以项目形式服务于与多个司法所，往往一个司法所有多个社工提供服务。但与此同时，司法部门在矫正过程中需要跟多位社工进行沟通，降低了与司法部门的联系频率，需要在与司法部门沟通交流上重下人力成本。司法社工与司法所往往形成一种内部合作的关系。

三、目前社区矫正社会工作服务模式的困境及发展建议

（一）社区矫正社会工作服务模式的困境

1. 公众对社区矫正工作的了解与接纳度不高

目前司法社工所提供的服务主要针对社区矫正对象，其目的在于降低再犯罪率，主要以补救性服务、发展性、教育性服务为主，但涉及公众的预防性、教育性服务甚少，而司法部门对社区宣传教育更倾向于普法教育，这导致公众对社区矫正作用和意义理解不深。社区矫正仍属于一种新的社会公共事务，它是以一种崭新的理念实现着刑罚执行方式的转变。寻求公众的支持对社区矫正对象回归社会具有重要意义，回归社会也是实现恢复性司法必然路径。当前，公众对社区矫正这一概念的知悉度不高，部分群众对这个新生事物一知半解，甚至存在误解，认为罪犯在社区内服刑会为社区带来安全隐患，增加社会的不稳定因素，因此也对社区矫正社会工作本身产生怀疑甚至是排斥，加之受传统的重刑文化影响，公众普遍认为监禁刑对犯罪的作用更有效，导致社区矫正社会工作的社会资源运用发挥不够完全，社区矫正对象再社会化中缺乏良好的社会支持环境，包容接纳支持的社会环境缺失更容易让社区矫正对象走上再犯罪的道路。

2. 社区矫正社会工作者的发展受限

目前社区矫正社会工作者大多数没有社会工作专业技能和背景，缺乏社会工作理念和实践经验，综合职业素养不足，同时相应的培训和督导资源缺乏，增加了培养出满足社区矫正社会工作以及社区矫正业务工作条件的专业社会工作者的难度。此外，广州市从事社区矫正社会工作者的薪酬待遇普遍不高，加上社区矫正社会工作者除了要从事专业服务的开展工作，还需完成社区矫正的司法辅助工作，付出与收入不成正比，对社区矫正社会工作者的积极性造成消极影响，从而导致其在驻点服务中容易缺乏对职业的荣誉感以及归属感，进而流失人才。社区矫正社会工作者相对于普通的社会工作者而言，由于工作性质属于特殊性社会工作服务，其工作开展的难度、风险、付出有过之而无不及，因此，参与社区矫正的社会工作者应当获得相对于普通社会工作者稍高的职业薪酬待遇，这样才能留住优秀的社区矫正社会工作者。

（二）社区矫正与社区矫正社会工作的发展建议

1. 提高社会对社区矫正社会工作的认可和接纳程度

社区矫正社会工作的大力发展前景下，部分群众对于社区矫正社会工作的接纳

与认可程度在逐渐提升，但大部分群众仍不了解社区矫正社会工作的作用、定位和模式等。因此，司法社会工作者在工作中需要积极对服务进行宣传，才能更好地促进社区矫正社会工作的发展。

2. 明确社区矫正社会工作的服务定位

华东理工大学张昱教授曾提出"社区矫正工作是具有复合性质，是刑罚执行、专业矫正、社会福利的整合"。刑罚执行是社区矫正的基础，但矫正本身是一个系统，既有惩罚性的矫正，也有面向矫正对象心理、行为、社交、适应性问题的具体矫正。惩罚性的矫正是一种外在管理，通过限制矫正对象的各种行为来实现；矫正对象心理、社会方面的矫正是一种内在管理，目的是让矫正对象成为遵纪守法的正常的社会成员。内在管理的功能要远远大于外在管理的功能，社区矫正工作加入了社会工作，正好弥补了社区矫正刑罚执行作用的不足。

3. 为社区矫正社会工作者"正名"

社区矫正社会工作自试点以来，"两高两部"多次发布社区矫正的相关制度文件，这些文件从不同程度、不同角度提到了社区矫正社会工作的定义、作用、地位、功能等内容，但是条文规定比较模糊，变动空间大。而《社区矫正法》《社区矫正法实施办法》的出台，虽然明确了社会工作者在社区矫正工作中的身份职责，也明确了社会工作者在教育帮扶中的角色定位，但对社区矫正社会工作者参与社区矫正工作的法律保障、服务专业性、服务成效以及参与度等并未做明确细化。希望将来在法律层面能对社区矫正社会工作者的角色、地位和身份进行更加清晰的规定。从社区矫正社会工作行业发展来看，相关从业人员要对此进行必要的倡导和呼吁，完善各项人才培训制度和薪酬制度，为这个行业留住人才，努力从各层面对社区矫正社会工作者"正名"。

四、结语

近年来，政府相关部门积极倡导社会力量介入社区矫正领域，而针对社区矫正社工工作者介入社区矫正的具体策略方法探索也是当下社会关注的热点。从一开始的借鉴，到自身摸索，最后形成一套具有本土化特色的服务模式。广州市社区矫正社会工作各区的服务模式各有特色，这正是经过长期的实践发展演变而来。但是，正如前文提及，社区矫正社会工作面临着诸多困境，将来广州市的社区矫正社会工作模式将会随着服务定位的确定而基本确立，同时加上社会对此的重视，各级部门陆续出台相应的规章制度后，广州探索社会力量参与社区矫正新模式，也会推动社区矫正专业化发展。

基层社区矫正队伍专职化建设的县级实践

——以成都市青白江区、崇州市社区矫正改革为例

李虹霞　朱大全　郑意雄　于磊　赵爽[*]

自 2003 年，我国开始在部分省市试点开展社区矫正，社区矫正工作在我国蓬勃发展起来，各地根据自身特点先后探索了"北京模式""上海模式""台州模式"等极富地方特色的社区矫正模式。在各地的实践中，社区矫正作为"最人道最文明最经济的非监禁性刑事执行制度"[①] 的各项价值不断彰显，作为制度设计，不断得到肯定。2019 年 12 月 28 日，具有里程碑意义的《中华人民共和国社区矫正法》（以下简称《社区矫正法》）正式颁布，标志着从立法上首次规定了社区矫正制度，也解决了长期困扰基层实施的执法权等一系列问题，中国特色社会主义刑事执行制度完整地确立起来。《社区矫正法》关于社区矫正机构和队伍的规定，无疑为各地推进社区矫正队伍专业化和职业化提供了充足的法理依据。

一、有关国家和地区社区矫正工作队伍情况概述

探讨社区矫正队伍工作队伍专职化，有必要了解一下其他国家和地区的实践情况，以资借鉴。

（一）日、美、英社区矫正队伍建设的主要特点

1. 日本模式

日本的社区矫正队伍除了机构配置的专门的工作人员，还有很多民间高素质的志愿者参与进来。在准入和考核上，日本不仅对专门的工作人员进行考核，也会考察民间志愿者的信誉、时间、生活条件，只有符合要求的社会信誉好、空余时间充

---

[*] 李虹霞，成都市司法局、社区矫正管理局局长。朱大全，成都市青白江区司法局党组书记、局长。郑意雄，成都市青白江区司法局人民参与和促进法治科负责人。于磊，成都市青白江区司法局副局长。赵爽，四川省崇州市司法局科员。

① 王顺安：《论〈社区矫正法〉的五大立法目的与十大引申意义》，载《中国司法》2020 年第 5 期。

足、生活稳定的人才能作为民间志愿者参与矫正工作，对于新选拔的志愿者要经过三次以上培训才能开展工作。与我国相比，日本的社区矫正人员不仅素质高而且生活优裕，他们投入社区矫正工作更多是基于对社会志愿活动的热情和责任感。①

2. 美国模式

美国的社区矫正机构人员分为两种，一种叫假释官，另一种叫缓刑官。除上述两种人员外，社区矫正工作人员的队伍中还包括社会上的一些志愿者以及一部分准专业人员假释官和缓刑官是公务员的编制，准专业人员和社会志愿者属于非官方的民间人员，没有编制。美国的社区矫正人员参与社区矫正管理的形式不多，缓刑官和假释官根据工作职能不同进行设置，矫正对象进行监督、管理和帮助，是享有执法权的社区矫正工作人员，其身份既是社会工作者又是政府公务员。在美国，对于社区矫正工作人员有着十分严格的准入要求，设置层层的条件限制，包括在适当的年龄、相关的专业领域、相关的工作经历、出色的身体素质，等等。每一名社区矫正机构的工作人员在工作之前，都要经过相当一段时间的培训，才可以到社区矫正工作的岗位上进行工作，工作之余同样有很多相关的培训课要上。准专业人员虽然不是正式的社区矫正机构工作人员，但是也要长期接受矫正知识的培训，以提供更好的矫正服务。②

3. 英国模式

英国中央和地方的社区矫正工作人员称为矫正官，属于公务员编制，除了要求具备本科以上学历和相应专业学位，还要接受矫正机构的专门培训。英国还有专门针对未成年人适用社区矫正的志愿机构全国未成年人司法委员会，其成员是来自政府、学校、警察、卫生等部门的志愿者，属于非政府组织。另外，还有青少年犯罪特别工作组（简称YOT），由地方政府牵头成立，在英格兰和威尔士有150余个。与全国未成年人司法委员会不同的是，该机构由地方政府拨付工作经费，接受地方政府的管理。英国志愿者数量庞大，政府提供一部分资金满足各个领域志愿活动，志愿者组织也可以从社会和宗教的募捐中筹集资金。③

（二）我国香港和台湾地区社区矫正队伍构建的主要模式

1. 香港模式

从服务的主要提供方来看，目前香港特别行政区社区矫正社会工作大致可分为官办的社区矫正社会工作和民办的社区矫正社会工作。官办的社区矫正社会工作服

---

① 张楚、王廷兴：《从日本社区矫正制度探求我国社区矫正工作的进程》，载《法制与社会》2017年3期。

② 周槐鼎：《社区矫正制度的发展与完善》，甘肃政法大学2021年硕士学位论文。

③ 周槐鼎：《社区矫正制度的发展与完善》，甘肃政法大学2021年硕士学位论文。

务其实是政府聘用社工公务员为社区矫正人员提供服务。民办的社区矫正社会工作服务相当于内地的政府出资购买社会工作服务。[1]

2. 台湾模式

我国台湾地区将管理社区犯罪人的工作人员称为"观护人",现已是一个专门的公务员系列。观护人的工作内容有:(1)执行假释及缓刑附保护管束案件;(2)执行其他社区矫治案件(缓刑附条件、义务劳动、缓起诉必要命令及易服社会劳动等案件);(3)其他有关社区矫治事项。一线观护人的具体职责是:在接收案件后,通过约谈、访视、书面报告,交付荣誉观护人及相关单位协助执行的方式执行保护管束。按照规定,观护人应于保护管束执行3个月内制定分类分级处遇措施,以后至少每半年修正一次,必要时可根据情况随时调整相关处遇计划。台湾地区对观护人的招聘标准和工资待遇与英、美等发达国家有相似之处,观护人的待遇高于普通公务员,也高于监狱、看守所的警务人员。在制度设计上保证了观护人队伍的相对稳定性。除观护人外,还设有佐理员,相当于观护人的助理。[2]

从上述有关国家和地区的社区矫正实践来看,虽然参与社区矫正的工作者具有不同的定位,队伍建设也各有特色,但也有两个共同特点:一是以专门机构为核心,围绕社区矫正惩戒性的特点,形成了一批高度职业化和专业化的社区矫正公务员队伍,该队伍主要围绕社区矫正工作中监督管理、执行变更等内容开展工作。二是以专业化社会组织为核心,围绕社区矫正社会修复功能,形成了一批专业化、职业化的社工队伍,主要围绕家庭关系修复、适应性生存、心理再建设等内容开展。

二、社区矫正法实施前部分地区关于队伍专门化的探索

在社区矫正法实施前,部分进行了一定的探索,试图构建专业化职业化的工作队伍,由于警察模式已经在事实上被否定,这里就不做讨论。

(一)安徽省怀远县社区矫正队伍专职化的探索

2019年8月,经怀远县三定方案确定,怀远县司法局设立社区矫正工作股,并加挂怀远县司法局社区矫正大队牌子,与社区矫正工作股合署办公,负责全县的社区矫正工作。怀远县的社区矫正机构工作人员是经过县司法局党组任命,在市县司法行政机关的统一领导下。具备组织实施刑事执行活动、调整日常监管方式、建议奖惩,组织开展调查评估,提出撤销缓刑、假释、收监执行建议等刑事执行核心权

---

[1] 梁建雄:《平衡帮扶与发展——香港特别行政区社区矫正社会工作对内地的启示》,载《中国社会工作》2019年第19期。

[2] 刘强:《安徽蚌埠社区矫正机构队伍建设调研报告》,载《中国司法》2021年第11期。

力的职业化队伍。社区矫正大队下设 5 个中队，分别管理规定的 3 个到 4 个不等的乡镇。社区矫正中队为县司法局派出机构，在社区矫正大队直接领导下开展辖区工作。每个中队配备 2 名正式在编人员作为工作人员，另配备 4 名执法辅助人员。①

（二）浙江省台州市社区矫正队伍专职化的探索

浙江省台州市初步探索队建制模式，得到了广泛的肯定。一是在市司法局单独设置社区矫正管理局，并增挂社区矫正执法支队牌子。市社区矫正管理局（执法支队）承担对下级社区矫正机构的业务指导与监管执法职责。二是县级层面设立社区矫正执法大队，并设立承担执法监督职责的法制科，规范执法程序与行为。执法大队统一行使社区矫正执法权，协调社区矫正各职能部门间的工作，承担调查评估、接收、事项审批、司法奖惩、收监、追查、禁止令执行和应急处置等职责，执法大队入驻社区矫正中心办公。三是在乡镇一级设置片区派出执法中队，由执法中队承担社区矫正日常监管职责。并积极组建与培育专业社团参与社区矫正工作，加大专业社会组织参与社区矫正工作力度，参与社区矫正对象教育矫正与帮扶工作，为矫正对象融入社会发挥相应作用，提升社区矫正社会工作水平。

整体来看，各地的实践始终围绕着机构专门化，队伍专职化开展。②

三、成都市青白江区、崇州市社区矫正队伍建设的实践探索

（一）青白江区社区矫正改革的具体实践

随着《社区矫正法》的颁布实施，2020 年成都市青白江区司法局被四川省社区矫正管理局确定为社区矫正省级改革试点单位。成都市青白江区设立了独立运行可对外行使职权的区级社区矫正管理局，下辖两个社区矫正片区化执法中心，按照 1：18 的比例进行了工作人员配备，司法所不再承担社区矫正主责，经区司法局同意，受区社区矫正管理局委托，配合开展社会调查、走访和协调村（社区）工作人员等三项职责。

1. 改革的基本情况及成效

（1）设置社区矫正委员会

青白江区司法局在原有社区矫正工作领导小组的基础上，在四川省率先成立由

---

① 纪金锋、危攀攀、敖翔等：《社区矫正队伍职业化建设探索——以安徽省怀远县为样本》，载《河南司法警官职业学院学报》2021 年第 1 期。

② 武玉红、赵洁：《论我国社区矫正基层管理机构的创新——基于对浙江省台州市天台县社区矫正执法中队的调研》，载《河南司法警官职业学院学报》2014 年第 4 期。

区长任主任，区委常委、政法委书记任常务副主任，分管副区长任副主任的社区矫正委员会。在委员会设立委员单位重点负责协调重大法律事务和案件管理问题，设立成员单位重点负责统筹协调教育帮扶和社会救助等社会化事务，明确了政法委、法院、检察院、公安、财政、教育、民政等部门的职能职责。在顶层设计上破除了青白江区社区矫正工作统筹协调的壁垒，实现了党委、政府对社区矫正工作的统一领导，解决了协调政法部门和保障部门不同频次的工作难点，实现了法律要求和实践需要的有机统一。

（2）成立专门的社区矫正局

将原社区矫正安置帮教科更名为安置帮教科，增设社区矫正科，增加聘用人员编制3名，为设立专门的社区矫正机构留足了人员、编制空间。随着改革的推进，优化原有社区矫正中心，实现职能独立，实质上建立社区矫正管理局，并在2021年获得区委编办批复同意设立可对外挂牌行文的成都市青白江区社区矫正管理局。青白江区社区矫正管理局有政法专编人员6名、社区矫正社工10名，日常管理在册对象超过250名，为队伍进一步专职化发展，工作专门化开展奠定坚实基础。

（3）探索成立社区矫正片区执法中心

青白江区司法局根据区内南北片区差异大，南部三镇目前主要涉农，北部四个镇（街）主要为工业和城区的实际情况，利用村（社区）合并后的闲置场所，打造总面积超过1000平方米的两处专门社区矫正执法场地，分别在毗河以北设立大弯执法中心，毗河以南设立姚渡执法中心，实现了社区矫正管理专门化的全区覆盖（见图1）。建立了片区集中执法的硬件标准，实现了执法场所与司法所的场所分离，保障了执法活动的专门化和严肃化，提升了司法所服务群众的安全感。同时，在社区矫正姚渡执法中心建立青白江区社区矫正警示教育基地，对社区矫正对象开展专门警示教育。

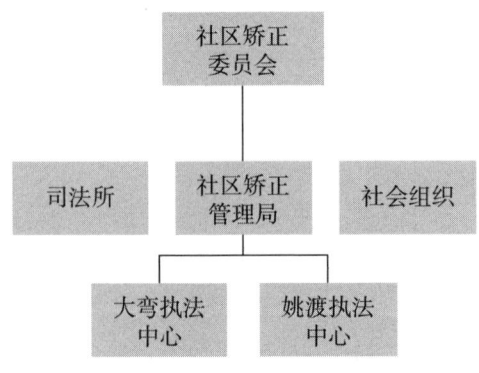

图1 青白江区社区矫正机构示意

从整体来看，目前青白江区社区矫正专门队伍专职人员较多，南北两中心分别由3名政法干警负责日常运转，在社区矫正姚渡执法中心，日常参与直接管理正编干警与社区矫正矫正对象社比达到1∶100，在大弯执法中心达到1∶80，均实现了较高的管理水平，甚至达到美国的日常管理水平，而从历次检查监督来看，工作水平不断提高，工作规范不断加强，达到了改革的目的。

2. 青白江区社区矫正队伍专职化的体系支撑

（1）工作体系支撑，增强队伍内部稳定性

一是内部分工。遴选14名政治素质过硬、业务素质优秀、法律素养较好的干部，组成一支"正编干部+辅助人员""4+10"的专职队伍，这支队伍与社区矫正局正副局长共同构成了全区社区矫正工作主体（其中一名正编长期借调），进一步明确社区矫正机构工作人员和社区矫正社会工作者在社区矫正工作中的权责分布，明确社区矫正机构工作人员为执法类工作责任主体，解决执法身份争议。专门制定干部竞聘上岗制度和辅助人员薪酬管理办法，明确社区矫正社工薪酬高于区司法局一般司法社工，提高社区矫正社工的薪资待遇、提升社区矫正工作的职业认同感，激发干事创业的强大活力。二是发挥司法所作用。司法所作为最基层司法行政站点，根据《社区矫正法》规定，依法接受委托，从事相应工作。明确委托是抽象的事权委托，而非专门的事项委托。目前，司法所配合社区矫正机构开展社会调查和走访工作，主要发挥司法所扎根基层，情况熟悉的优势，禁止"一事一委托"的具体事项委托。司法所受委托，需社区矫正机构提请，经区司法局同意，并要求社区矫正机构就委托事项进行专门备案，严格防止随意扩大或缩减的情况。目前，青白江区的"社区矫正机构+司法所"模式已经日渐规范和完善。

（2）社会组织支撑，形成强大的社会支撑

一是发挥基层力量作用。进一步明确村（居）民委员会在协调社区矫正机构开展社区矫正机构中的作用，引入网格员进入矫正小组，特别是在区级层面，将对社区矫正对象的监管明确为网格员的工作职责，做到在第一时间掌握矫正对象的具体情况，实现了日常监督的有效性。同时，进一步明确村（社区）在调查评估、走访调查、教育学习和社区服务中的职能职责，并探索社区服务的柔性方式。二是探索和培育专门社会组织。与义工组织签订协议，探索成立专门的社会组织并积极培育，一方面，针对社区矫正对象能力和特长，建立"服务项目由各社区发布，义工机构组织社区矫正对象实施，社区矫正机构进行评价"的集抢单和指派于一体的公益活动供需信息平台，并指导社会组织在姚渡执法中心筹建了名为"光明农场"的农业技能培训基地，培训涉农矫正对象种植蔬菜、水果等技能，并开通了销售渠道，断掉犯罪穷根。另一方面，建立心理干预平台。要将线上测评、线下咨询贯穿于社区矫正始终，与精神卫生机构合作在社区矫正专门执法场地规范化建立智能化心理干预室，发现心理障碍及时干预治疗。

(3) 智慧矫正支撑，以技术进步推动工作规范

一是全面启用省司法厅社区矫正办案平台，建立了"全流程、数据化"矫正办案平台。实现衔接、监管、反馈全流程的智慧监管，发动工作人员将青白江区自2005年被确定为中西部地区首批社区矫正试点单位以来形成的40余万页历史档案全部上传，实现了历史数据和现行数据的无缝衔接，确保管理痕迹全流程数据化上传、全过程网络化监督、工作痕迹随机可查。一方面，该平台任何操作均会第三方留痕，有力推动了日常监管的规范性，另一方面，在大量的文书性内容上，能自动生成，有效降低了工作人员的工作量，极大提高了管理效率。二是全面落实信息化核查。积极落实社区矫正法规定，与三大运营商主动对接，初步实现了社区矫正对象手机定位信息化核查。并针对运营商信息化核查延迟和可能出现人机分离的情况，启用"新我系统"，实现刷脸生物识别定位，有效维护了法律和裁判的严肃性。

(二) 崇州市区社区矫正改革的具体实践

1. 机构设置

在全面贯彻实施《社区矫正法》过程中，崇州市设置了由市委副书记、市长任主任，市委常委、政法委书记任常务副主任，副市长、市公安局局长任副主任的社区矫正委员会。成员单位有市委政法委、市法院、市检察院、市公安局、市司法局、市财政局、市人社局、市民政局、市教育局、市卫健局、市总工会、团市委、市关工委、市妇联、市残联，各镇（街道）。在具体承办机构设置上，崇州市坚持"专门机构+专门队伍+专门场所"的"三专"原则，成立了具有独立法人资格的崇州市社区矫正管理局，局内设报到室、监管室、教育矫正中心。同时，结合地域、经济、交通等实际情况，下设河东、河西两个分局具体承担全市的社区矫正日常工作。社区矫正管理局和两个分局的办公场所均与司法局、所办公场所完全剥离，面积均达200平方米以上。辖区内15个司法所不再承担社区矫正日常工作，但对社区矫正调查评估、人员查找等环节予以协助。

2. 队伍建设

遴选出政治素质过硬、专业能力强、经验丰富的15名同志组成一支"正编干部+辅助人员""3+2""2+3"的专职队伍。即社区矫正管理局机关内部人员由3名正编+2名社区矫正专干组成。两个分局的人员由2名正编+3名社区矫正专干组成。在执法身份上，分别为正编人员和社区矫正专干办理社区矫正执法证和社区矫正工作证，明确各自的权责分布。同时，基于社区矫正工作的工作强度和风险系数，明确社区矫正专干薪酬高于区司法局一般司法辅助人员，激发干事创业的强大活力。在社会力量整合上，一方面，与中普法律学校长期合作开展教育帮扶、心理筛查与治

疗、风险评估等工作。另一方面，建立市、镇街、村（社区）三级社区矫正网格，将社区矫正委员会成员单位、社区矫正局、镇街、村（社区）相关人员充实到网格员队伍，形成合力共同开展社区矫正工作。

四、结语

整体来看，在细化分工、社会支撑、智慧支撑到位的情况下，成都市青白江区、崇州市社区矫正机构专门化、队伍专职化改革取得了一定了成效，达到了实施《社区矫正法》意图规范的刑事执行行为的效果。但工作中，以区县为单位的专职化存在社区矫正管理局编制级别较低（股级）、队伍过于薄弱、矫正工作压力大等问题，下一步，一方面，可以从顶层设计上明确社区矫正管理局的级别和人员编制，在级别上应高于原司法局的内设科室，在县级层面至少应为副科级社区矫正管理局，在人员编制上应根据社区矫正对象的人数按比例配置。另一方面，可以考虑以数个区县为单位成立片区社区矫正管理机构（见图2），区县司法局保留社区矫正协调职能的形式改革（类似安置帮教科室和监所的关系），可整合安置帮教职能成立类似命名为刑事执行协调科的内设机构，并提高社区矫正工作者待遇，实现市一级社区矫正垂直管理，将社区矫正日常监管从区县司法局剥离出来，并建立相应的人员交流、工作保障机制，进一步推动队伍专职化，维护好刑事执行尤其是刑事责任处遇的严肃性，维护好国家法律的尊严，推动中国特色社会主义刑事执行制度的发展和完善。

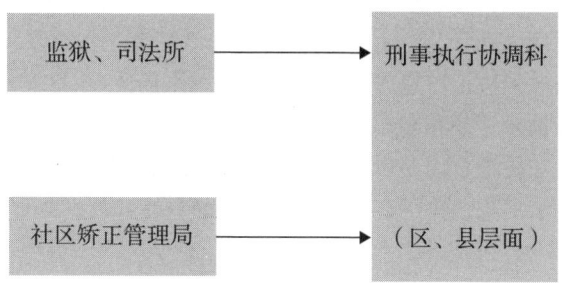

图2 理想状态下社区矫正机构

社区矫正执法者失职追责机制的科学建构

——以"尽职免责"条款为切入点[*]

陈泽浩[**]

2020 年 7 月 1 日《中华人民共和国社区矫正法》（以下简称《社区矫正法》）的正式实施，是我国社区矫正工作进入新时代的标志，也是全面进入法治时代的开始。[①] 社区矫正工作，既受到法律的规制，也受到法律的保护。然而，对社区矫正执法者失职行为追责中存在的问题，尤其是社区矫正对象再犯罪而引发的追责中所暴露出的一些困境并没有随着《社区矫正法》的颁布施行而得以很好地解决。一些基层社区矫正工作者及研究人员反映当前追责机制中存在一系列问题，引起了广泛关注。[②] 对社区矫正执法者的不当追责，不仅会打击他们工作的积极性，还会对他们的工作重心产生错误的引导，不利于《社区矫正法》理念目标的全面贯彻落实，进而会影响社区矫正的最终效果，以及我国的社区矫正事业。为解决上述问题，《中华人民共和国社区矫正法实施办法》（以下简称《社区矫正法实施办法》）第五十六条第四款规定："对社区矫正工作人员追究法律责任，应当根据其行为的危害程度、造成的后果、以及责任大小予以确定，实事求是，过罚相当。社区矫正工作人员依法履职的，不能仅因社区矫正对象再犯罪而追究其法律责任。"这一条款又被称为"尽职免责"条款。然而由于规格较低且规定较为笼统，导致其在实务中并未发挥出应有的效用。本文旨在梳理目前对社区矫正执法者失职追责的现状及存在的问题，结合该条款的规定，给出构建科学合理的追责机制的具体建议。

---

[*] 本文为四川省高等学校人文社会科学重点研究基地项目"社区矫正社会调查评估完善问题研究（SQJZ2020-06）"阶段性研究成果。

[**] 陈泽浩，西北政法大学法治学院、法律硕士教育学院硕士研究生。

[①] 连春亮：《〈社区矫正法〉出台的意义与特点》，载《犯罪与改造研究》2022 年第 4 期。

[②] 焦暄旺：《呼吁｜善待社区矫正工作者，不能让他们靠"天"吃饭!》，https://mp.weixin.qq.com/s/IqwiqFGSjXc_wTjXlyZ0jg，最后该访时间：2022 年 8 月 1 日。该篇文章阅读量达到 2.4 万次，留言 200 余条，在网络上产生了一定的影响。

一、当前对社区矫正执法者追责机制的现状考察

笔者在裁判文书网上搜集到自《社区矫正法》颁布以来社区矫正执法者因玩忽职守或滥用职权被追究刑事责任的案件9例。（见表1）

表1 玩忽职守或滥用职权被追究刑事责任的案例举例

案例	职务	损害结果	损害结果发生地	主要失职表现	判决结果
张某玩忽职守案	司法所负责人	所负责的社区矫正对象再犯运输、贩卖毒品罪，判处无期徒刑被认定为"造成恶劣社会影响"	异地犯案	存在脱管现象，长达8个月	构成玩忽职守罪，免予刑事处罚
张莉娜玩忽职守案	司法所负责人	再犯运输、贩卖毒品罪，判处死缓被认定为"造成恶劣社会影响"	异地犯案	存在脱管现象，多次不假跨省出行未发现	构成玩忽职守罪，免予刑事处罚
王旖旎玩忽职守案	专职社工	再犯运输、贩卖毒品罪，判处死缓被认定为"造成恶劣社会影响"	异地犯案	存在脱管现象，多次不假跨省出行未发现	构成玩忽职守罪，免予刑事处罚
王明毅滥用职权案	司法所所长	再犯非法吸收公众存款罪，判处有期徒刑4年	异地犯案	存在脱管现象，多次不假跨省外出未发现	构成滥用职权罪，判处有期徒刑1年，缓刑两年
叶尔肯别克玩忽职守案	司法所所长	再犯开设赌场罪，判处有期徒刑8个月被认定为"造成恶劣社会影响"	本地犯案	多次不假外出	超过诉讼时效裁定终止审理
乔清贤玩忽职守案	司法所工作人员	再犯黑社会性质组织罪，判处有期徒刑5年；组织卖淫罪，判处有期徒刑14年被认定为"造成恶劣社会影响"	异地犯案	存在脱管现象，长期在省外活动未发现，未及时申请转变为严管	构成玩忽职守罪，免予刑事处罚

续表

案例	职务	损害结果	损害结果发生地	主要失职表现	判决结果
马自杰玩忽职守案	司法所工作人员	再犯强迫交易、敲诈勒索数罪并罚判处有期徒刑17年 被认定为"造成恶劣社会影响"	本地犯案	多次不假出省未发现，未评估危险性直接适用普管	构成玩忽职守罪，判处有期徒刑8个月，缓刑1年
王剑玩忽职守案	司法所所长	涉嫌犯参加黑社会性质组织罪、聚众斗殴罪、开设赌场罪、寻衅滋事罪等多种罪名 被认定为"造成恶劣社会影响"	判决书中未写明	存在脱管现象，长达2个月，存在撤销缓刑的情形但未上报	构成玩忽职守罪，判处有期徒刑6个月
任涛玩忽职守案	司法所所长	再犯敲诈勒索、故意毁坏财物罪判处有期徒刑9年 被认定为"造成恶劣社会影响"	本地犯案	存在脱管现象长达1年，长期在外活动未发现	构成玩忽职守罪，免予刑事处罚

此外，笔者还从司法部官网、社区矫正宣传网、智汇社矫公众号平台、社矫之声公众号平台等网站收集社区矫正执法者受到政务处分的新闻资料若干。通过对这些案例和新闻资料进行归纳总结，得出我国当前对社区矫正执法者的追责机制有以下几个方面的特点。

（一）社区矫正对象再犯罪是刑事追责的根本原因

在上述9个刑事判决中，无一例外，社区矫正执法者"玩忽职守"或"滥用职权"行为所造成的危害后果都是"致使社区矫正对象再犯罪"，且对于这一危害后果都认定为"致使公共财产、国家和人民利益遭受重大损失"，其中有8例认定为"造成恶劣社会影响"这一情形（另1例在判决书中未写明）。这在《社区矫正法》颁布之前的同类案件中，也存在一致的情况。而对于社区矫正工作失职可能造成的其他损害后果，如侵犯社区矫正对象的人身自由、应当享受的国家政策或者其他合法权利的，没有发现被追究刑事责任的案例。可见，社区矫正对象再犯罪，是否属于"造成重大损失"的判断标准，也是启动刑事追责的根本原因。

社区矫正执法者受到政务处分的新闻报道中，与社区矫正对象再犯罪并无紧密的联系，既有因为社区矫正对象再犯罪而受到责任追究的，也有因为社区矫正对象违法而受到责任追究的，也有并未造成明显的危害后果，只是未认真履行教育管理职责而受到责任追究的。但是对于社区矫正执法者受到撤职或开除等严重政务处分的案件，往往是因为社区矫正对象再犯罪。[1] 可见社区矫正对象再犯罪的，往往使社区矫正执法者受到比较严厉的责任追究。

（二）司法所工作人员是受责任追究的主要人员

"社区矫正执法者是指在社区矫正中负责刑罚执行事务的国家工作人员。"[2] 社区矫正执法者应当包括负责社区矫正工作的社区矫正领导机构的工作人员，即在社区矫正管理局，或司法厅（局）下设的社区矫正科的工作人员；司法所中受委托从事社区矫正工作的正式在编人员。上述案例显示，所有因社区矫正对象再犯罪而受到刑事追究的公职人员皆为司法所中从事社区矫正工作的人员，没有社区矫正管理机关中从事社区矫正工作的人员，也没有公安机关和人民法院的工作人员。[3] 由此表明以社区矫正对象再犯罪引发的追责中，受责主体多为司法所中从事社区矫正的工作人员。在上述9个案例中，其中6人为司法所所长，这一情况的出现可能与司法所在编人数太少，无人专门从事社区矫正工作，或者直接从事社区矫正工作的工作者属于临时编制，不具有公务员身份有关。

（三）疏于监管是社区矫正执法者失职的主要表现

在上述案例中皆存在对社区矫正对象不同程度的疏于监管的情况，其中有8例存在不同程度的脱管现象，有7例社区矫正对象多次不假外出，有3例存在长期脱管的现象，其中最严重的脱管持续1年之久。社区矫正对象再犯罪中，有5起是异地犯案。最终9位执法者中，8人的行为被认定为玩忽职守行为，1人被认定为滥用职权行为。此外，也有社区矫正执法者出现了没有认真落实帮教和扶助工作的情况，但这些并非追责机关考量的主要因素，也没有执法者因为疏于帮教和扶助单方面的原因而被追究刑事责任的案例。可见，监督管理方面的失职，尤其是长期的疏于监管、脱管等失职行为，是判断社区矫正执法者是否存在刑法上危害行为的重要因素。

在因社区矫正对象再犯罪而追究行政责任的新闻报道中，绝大多数社区矫正执

---

[1] 社区矫正宣传网：《一司法所原负责人在社区矫正工作中弄虚作假、不认真履职被政务撤职处分》，2022年5月9日，http：//www.chjzxc.com/index/index/page.html? id＝17916，最后访问时间：2022年8月5日。

[2] 吴宗宪：《中国社区矫正规范化研究》，北京师范大学出版社2021年版，第184页。

[3] 笔者的搜索方法是：以"玩忽职守""社区矫正""司法所"为关键词获得有效案例9例。而将"司法所"替换成"社区矫正局""司法局""社区矫正管理机关""派出所""公安局"及"法院"则未获得有效案例。

法者也存在疏于监管的现象,但在疏于监管的表现程度上并未与追究刑事责任的案例表现出明显的差别,普遍出现的疏于监管的表现也是未按期走访、脱管、不假外出未发现等。可见,对社区矫正对象的脱管漏管,疏于最基本的监督管理,是影响社区矫正对象是否再犯罪的重要作用力,但并不是判断社区矫正执法者是承担行政责任还是刑事责任的重要考量。

二、对社区矫正执法者追责机制的现存问题分析

(一)结果导向的观念导致追责范围扩大化

在实践中,不论是检察机关还是社区矫正管理机关,都或多或少存在对社区矫正执法者是否尽职的逆推思维。其追责路径是以再犯罪的发生为依据来倒查社区矫正执法者是否存在不尽职的行为,在追责之前,追责机关往往已经默认了不尽职行为的存在,在发现执法者确实存在不尽职的表现后,将失职行为与再犯罪的危害结果挂钩,并由此得出结论:正是执法者的失职行为才导致了再犯罪的后果,如果执法者能够严格落实走访、监督、定位监管等措施,便有可能阻止社区矫正对象重新违法犯罪。这种以结果为导向的追责理念,存在以下两个方面的显著问题。

首先,违背客观事实,社区矫正对象再犯罪与社区矫正执法者的监管之间并无必然联系。社区矫正对象都是经人民法院判决裁定的犯罪分子,相对于一般公民,他们具有较高的犯罪风险。而社区矫正场所又是开放的社区,社区矫正对象活动空间大,相对自由,其再犯罪原因具有复杂性,社区矫正机构无法也不可能全时空掌握其活动情况,其再犯罪不必然与社区矫正执法者的监管存在必然联系。[1] 其次,即使社区矫正对象再犯罪与社区矫正执法者的疏于监管之间真的存在联系,结果导向的追责观念也会进一步强化甚至异化二者的联系。一方面,当追责机关发现执法者确有不当行为时,便会印证之前的假设,从而更容易在不当行为与再犯罪之间建立联系。另一方面,因为联系的建立,使得追责机关容易产生正是这一行为导致了再犯罪结果的认知,因此扩大执法者行为的损害后果,从而将执法者的正当行为或工作失误、能力不足扩大甚至异化为失职行为或渎职行为。这种以再犯罪为结果导向的追责观念,就使得本应当是执法者是否存在失职行为、执法者的失职行为与再犯罪之间有无联系的追责路径异化为有再犯罪的发生则必然由失职行为导致,有失职行为则必然要对执法者追究责任的追责路径,从而导致了追责范围的扩大化,是对依法、科学追责的背离。

---

[1] 王爱立、姜爱东主编:《中华人民共和国社区矫正法释义》,中国民主法制出版社2020年版,第297页。

（二）定罪标准的模糊导致追责措施严苛化

在实践中，司法机关往往容易将执法者的失职行为定性为犯罪，使得现实中存在显著的追责严苛化的问题。其主要原因在于，在对案件的犯罪行为、因果关系及损害结果的判断上均把关不严，没有严格依法判断。

首先，"重大损失"认定标准把关不严。对于重大损失的认定，2012年12月7日最高人民法院和最高人民检察院发布的《关于办理渎职刑事案件适用法律若干问题的解释（一）》（以下简称《渎职案件解释》）第一条作出了规定。[①] 在上述9起案例中，被认定为"造成恶劣社会影响"的犯罪，既包括犯罪情节较轻的罪，如再犯非法吸收公众存款罪被判处四年有期徒刑，[②] 也包括犯罪情节较重的罪，如再犯运输、贩卖毒品罪被判处死刑缓期两年执行。[③] 而对于这些犯罪是否真的足以造成恶劣的社会影响，值得商榷。有学者认为，造成恶劣社会影响属于非物质性损失，应是指"玩忽职守的行为严重损害国家声誉，严重损害国家威望和地位，或者严重损害党和政府的形象等"。[④] 而对于绝大多数、一般、普通的刑事犯罪，则显然难以造成这样的恶劣影响。损害后果的判断直接决定了行为的性质，如果没有造成法定的损害后果，即使执法者具有严重的失职行为，也不能构成滥用职权或玩忽职守罪。且损害后果的判断更容易量化处理，具有较强的客观性，是界定入罪还是出罪的重要关卡。而实践中存在的对于损害后果界定不严谨的状况，使得这一关卡被轻松逾越。

其次，危害行为认定标准判断模糊。在上述9起案例中，主要的失职表现包括脱管、不假外出未发现、未及时提请收监等，但并非所有的这类行为都能界定为构成玩忽职守罪的实行行为。实践中存在司法机关轻易将执法者的失职行为界定为"严重不负责任，不履行或不正当履行职责"的实行行为的现象。例如，在乔清贤玩忽职守一案中，法院将"未严格适用分级管理措施、未达到走访次数要求、未对思想汇报的内容进行实质性审查并提出处理意见，以及未及时发现社区矫正对象不假外出的情况"认定为玩忽职守行为。[⑤] 而对于未及时变更分级管理措施、未达到走访

[①] 《渎职案件解释》第一条第一款规定："国家机关工作人员滥用职权或者玩忽职守，具有下列情形之一的，应当认定为刑法第三百九十七条规定的'致使公共财产、国家和人民利益遭受重大损失'：（一）造成死亡1人以上，或者重伤3人以上，或者轻伤9人以上，或者重伤2人、轻伤3人以上，或者重伤1人、轻伤6人以上的；（二）造成经济损失30万元以上的；（三）造成恶劣社会影响的；（四）其他致使公共财产、国家和人民利益遭受重大损失的情形。"

[②] 参见河南省南召县人民法院刑事判决书（2020）豫1321刑初416号。

[③] 参见湖北省荆州市沙市区人民法院刑事判决书（2020）鄂1002刑初446号。

[④] 单民、杨建军：《玩忽职守罪立法研究——以"小官巨贪"现象为逻辑起点》，载《河南社会科学》2012年第1期。

[⑤] 参见湖北省秭归县人民法院刑事判决书（2020）鄂0527刑初137号。

次数要求，以及未对思想汇报的内容进行审查等行为，确是失职表现，但是否属于严重不负责任的玩忽职守实行行为，则有待商榷。至于未及时发现社区矫正对象不假外出的，属于失职行为所导致的结果，不宜作为失职行为来评价，即使社区矫正执法者依法履职的，也无法随时掌握社区矫正对象的动向。又如，在上述张某玩忽职守一案中，法院将"未认真执行教育学习、社区服务、定期走访、核实表现、考核评定等矫正措施，为了应付档案检查，伪造了社区矫正人员定期报告记录、社区矫正人员社区服务记录、社区矫正监管人员情况反馈登记表、社区矫正工作者走访记录等材料"认定为严重失职，[①] 但张某"未认真执行"到何种程度，在判决书中没有写明。如果社区矫正执法者在工作中稍有疏漏的，也属于"未认真执行"，显然不应认定为玩忽职守实行行为。

最后，因果关系认定标准把握失当。实践中，一旦存在危害后果和危害行为的，司法机关便很容易在二者之间确立具有刑法上的因果关系。事实上，二者之间很难达到玩忽职守罪因果关系的程度。主要原因有两点：第一，社区矫正执法者监管力度的薄弱。执法者与社区矫正对象之间是一种弱监管关系，执法者仅是负责了解和掌握社区矫正对象的活动情况和行为表现，不可能也没必要对社区矫正对象保持实时监控。[②] 这表明，不论执法者尽职与否，其对社区矫正对象是否再犯罪的决定作用都是有限的。第二，社区矫正对象再犯罪具有链条效应。所谓链条效应是指一件事物的各个环节相互作用，共同决定结果的发生。对社区矫正对象再犯罪而言，调查评估环节、社区矫正决定环节、日常矫正环节以及事发处置环节任何一个环节出现问题，均有可能是再犯罪的原因，此外，犯罪原因还包含着多种多样的因素。"对于任何特定的犯罪行为和犯罪现象而言，引起它们的往往不可能是一种因素，而有可能是多种相关因素。"[③] 因此，很难认定执法者的行为与社区矫正对象再犯罪之间具有刑法上的因果关系。

可以说，在9起案例中执法者是否构成玩忽职守（滥用职权）罪是存在争议的，需要依法谨慎判断。在损害后果、因果关系、失职行为等明显具有争议的关键点上，不论是控方还是审判法官都没有给出充分的说理阐释，最终9起判例中有8起作出有罪判决，仅有一起因超过诉讼时效作出无罪判决，表现出较明显的追责严苛化问题。

（三）权责匹配的失衡导致追责力度差异化

在实践中，不当追责还表现在权力与责任分配的失衡上，主要表现为以下两点。

[①] 参见湖北省仙桃市人民法院刑事判决书（2020）鄂9004刑初585号。

[②] 王爱立、姜爱东主编：《中华人民共和国社区矫正法释义》，中国民主法制出版社2020年版，第31页。

[③] 张远煌主编：《犯罪学》，中国人民大学出版社2006年出版，第185页。

第一，社区矫正参与机关之间权力与责任分配的失衡。社区矫正的参与机关是多元的，但受到责任追究的往往只是一线的社区矫正执法者。社区矫正的参与机关包括司法行政机关、人民法院、人民检察院、公安机关、监狱管理机关、社区矫正机构及司法所。从权力的纵向配置上来看，包括社区矫正的决定权和社区矫正的执行权两个环节，从监督管理权的横向配置来看，既包括社区矫正机构对社区矫正对象直接监管的权力，也包括公安机关维护社会治安秩序，制止危害社会治安秩序的行为的全面监管的权力，以及辅助社区矫正机构进行监管的权力。从社区矫正机构内部的权责分配来看，既包括社区矫正工作机构（包括司法所）对社区矫正对象直接监管的权力，也包括社区矫正管理机关的领导权。可见社区矫正工作中的权力配置是分散的，那么每个主体所应承担的责任也应当是分散的，其只在所配置权力的范围内承担责任。例如，社区矫正执法者的职责是监管确有悔罪表现，没有再犯危险的犯罪分子，而如果因为社区矫正决定机关的失职，致使具有较大犯罪危险的犯罪分子进入社区服刑，最终导致其再犯罪的，这种情况下应当追究社区矫正决定机关的责任，而不是社区矫正执法者的责任。然而在实践中，追责机制并没有充分考虑这一点，不仅在日常监督中，仅聚焦于社区矫正机构一身，"侧重于对社区矫正机构每半年一次的'例行性监督'，以及派驻监督、巡视监督，而对公安机关、人民法院是否认真贯彻施行《社区矫正法》缺失制度性的监督规定"。[①] 最为要紧的是，在事后追责中，仍然默认其他环节不存在问题，仅追究一线社区矫正执法者的责任，使得本应由社区矫正决定机关人员承担的责任转而由社区矫正执法者承担，造成权与责的失衡。这对社区矫正执法者而言是不公平的。

第二，社区矫正执法者可以行使的权力与承担的责任的不对等。针对社区矫正对象不服从监管的，一线社区矫正执法者没有惩戒权，训诫或警告也需提请县级社区矫正机构同意后做出。针对社区矫正对象可能或正在实施违法或犯罪行为的，一线社区矫正执法者也没有现场控制和强制带离的权力，只能提请公安机关或人民法院予以处置。可见，在现有的权力配置下，社区矫正执法者能否凭一己之力有效地预防和制止社区矫正对象再犯罪是有疑问的，而一旦社区矫正对象再犯罪，社区矫正执法者却必然要承担相应的责任。这种权力与责任的不对等，对社区矫正执法者也是极不公平的。

三、不当追责产生的消极影响

综上所述，对社区矫正执法者的追责机制存在的问题可以概括为：对一线社区

[①] 肖乾利、吕沐洋：《〈社区矫正法〉实施效果考察》，载《宜宾学院学报》2021年第4期，第27页。

矫正执法者（司法所从事社区矫正的工作人员）失职行为的追责存在扩大化、严苛化及差异化的现象，这一不当机制的长期作用，会不当扩大社区矫正执法者的执法风险，不利于社区矫正专门队伍的建设，也不利于《社区矫正法》理念目标的贯彻落实，最终伤害的是对社区矫正对象的矫正效果，以及国家的社区矫正事业。

（一）影响社区矫正专门队伍的建设完善

首先，不当追责会扩大社区矫正执法者的执法风险。对超出社区矫正执法者控制范围之外的事故进行追责，犹如"达摩克利斯之剑"悬在社区矫正执法者心头，使社区矫正执法者开展执法工作毫无安全感可言。社区矫正执法者开展工作畏首畏尾、唯唯诺诺，必然会降低工作质效。其次，不当追责会打击社区矫正执法者的工作热情。"目前来看，我国社区矫正工作还存在着社区矫正定性不准确，体制机制不健全，制度设计有缺陷，法律制度严重缺位等结构性矛盾。"[1] 在这种情况下，从事社区矫正工作绝非一项易事。很多工作人员是怀揣着理想与热情，在工作岗位上默默地奉献，然而，因为追责上的不当处理，将一些因为体制机制不健全、机关协作不到位，甚至其他人员的工作失职而引发的危害后果，清算到社区矫正执法者头上，这不仅是权力与责任的不匹配，更是付出与回报的不对等。长此以往，便会打击执法者的工作热情，让他们感到成绩不被认可，工作没有前景，从而产生消极情绪，仅将精力放置到避免被追责的形式工作上。最后，不当追责会导致工作队伍人才流失。面对工作待遇与执法风险的双重压迫，很多社区矫正执法者，尤其是能力突出、有更多选择的年轻社区矫正执法者，必然会考虑选择离开社区矫正工作岗位，由此导致人才的流失。据有关学者调查研究的数据显示，司法行政人员在一线面临巨大职业风险，由于职业身份定位不清、福利待遇相对较低，基层司法助理员普遍缺乏职业认同感，并不断引发辞职潮。导致人员极其不稳定，从事社区矫正工作的年限大多在1—2年。[2]

（二）不利于《社区矫正法》理念目标的贯彻落实

《社区矫正法》的颁布实施有力地开启了我国社区矫正工作的崭新阶段。"《社区矫正法》提振了继续开展社区矫正工作的信心，打消了对社区矫正工作前景的担忧。其中的一些规定反映了社区矫正工作的客观规律，具有很强的科学性，有利于促进社区矫正工作顺利开展。"[3]《社区矫正法》第二十四条第一款规定"社区矫正的措施和方法应当避免对社区矫正对象的正常工作和生活造成不必要的影响；非依法律

---

[1] 连春亮：《社区矫正的风险认知与管控体系构建》，载《宜宾学院学报》2020年第3期。
[2] 肖乾利、杨发成：《县乡两级社区矫正工作权责状况研究》，载《宜宾学院学报》2017年第4期。
[3] 吴宗宪：《我国社区矫正法的历史地位与立法特点》，载《法学研究》2020年第4期。

规定，不得限制或者变相限制社区矫正对象的人身自由"，以及废除普遍佩戴电子定位装置的措施，包括并未采纳实务界呼声甚高的人民警察编制等一系列事实均表明，社区矫正的首要目标在于保障社区矫正对象的诸多权利，以及帮助他们顺利回归社会。"在'大矫正'思想主导下，建构充满柔性的社区矫正制度成为大势所趋。"① 然而，追责机关仍然采用固有的追责理念、追责力度和追责手段，表现出与《社区矫正法》理念目标的相矛盾、相脱节。一些社区矫正执法者按照《社区矫正法》及配套法规的规定进行执法，等待他们的却是被追究、被问责甚至被送上刑事法庭。为了避免被追究责任，执法者必然将更多的精力放置到避免追责的表面工作上，以及对社区矫正对象的人身监管和权利限制上，甚至以对社区矫正对象的合法权利加以限制的方式达到对矫正对象的无盲点监管，从而加剧了实务工作中"工作要求的过程精致主义"与《社区矫正法》所追求的"矫正目标的结果实效主义"之间的矛盾，导致社区矫正工作的"内卷化"。② 这显然不利于《社区矫正法》所贯彻的理念和目标的落实。除此之外，面对严厉的追责机制及产生的一系列后果，执法者不得不在贯彻柔性矫正的理念与面对刚性矫正的现实之间来回摇摆，使得执法者容易将追责机制与《社区矫正法》的不配套，误解为《社区矫正法》与实际相脱节，由此对《社区矫正法》产生怀疑，认为《社区矫正法》不仅不能给予他们相应的保护，还尽给他们"添麻烦"。"法律必须被信仰，否则它将形同虚设。"③ 社区矫正执法者对《社区矫正法》产生的对立情绪，也不利于《社区矫正法》理念目标的贯彻落实。

四、科学追责的机制建构

面对当前追责机制中存在的问题，以及带来的一系列危害，《社区矫正法实施办法》第五十六条第四款规定了"尽职免责"条款。首先，所谓"尽职免责"是一种不论在任何领域、追究何种责任都应当持有的一种理念，不论是《刑法》规定的罪责刑相适应原则还是《中华人民共和国公职人员政务处分法》（以下简称《政务处分法》）的第四条和第六条所作出的原则性规定④，都蕴含着这一理念。这意味着，即使没有具体的规定，追责机关也需要以实事求是、过罚相当、职责相称的理念进行

---

① 连春亮：《〈社区矫正法〉出台的意义与特点》，载《犯罪与改造研究》2020年第4期。
② 连春亮在中国政法大学社区矫正法治论坛上的演讲《社区矫正工作存在的认知误区与对策》，2022年6月26日。
③ [美] 伯尔曼：《法律与宗教》，梁治平译，中国政法大学出版社2003年版，第3页。
④ 《政务处分法》第四条规定："给予公职人员政务处分，坚持党管干部原则，集体讨论决定；坚持法律面前一律平等，以事实为根据，以法律为准绳，给予的政务处分与违法行为的性质、情节、危害程度相当；坚持惩戒与教育相结合，宽严相济。"第六条规定："公职人员依法履行职责受法律保护，非因法定事由、非经法定程序，不受政务处分。"

追责。其次，将"尽职免责"规定为具体条款后，则是对理念的明确化和具体化，这一方面是对社区矫正执法者在实践中面临的执法风险、不当追责等一系列现实问题的回应，另一方面又为具体该当如何追责提供了思路和方向的指引。但该条款同样存在规定过于模糊的弊端，使得现实中对于该条款的运用仍然十分有限。还应以该规范为指引，同时在理念认知层面和规范操作层面进一步建构完善科学的追责机制。

（一）树立科学的追责理念

树立科学的追责理念是指导追责的总方针。《社区矫正法实施办法》第五十六条第四款便体现了科学追责的理念，要求追责应实事求是，过罚相当。本文认为，针对目前对社区矫正执法者追责机制中暴露出来的问题，科学追责应当包括以下三个方面的内容。

1. 依法追责

依法追责是指追究责任要依法进行，包括判断执法者是否存在失职行为，以及界定执法者是否应当就损害后果承担责任都要依照法律。只有坚持依法追责，才能排除主观判断的任意性，避免结果导向。尤其是在追究执法者的刑事责任时，必须坚持依法追责，刑法具有补充性和谦抑性的特点，不应轻易采用。追责机关应当依法判断再犯罪的损害后果是否符合《刑法》第三百九十七条规定的"致使公共财产、国家和人民利益遭受重大损失"；依法判断失职行为与再犯罪的损害后果之间的因果关系。

2. 合理追责

合理追责要求追究责任要切合实际，合乎情理，既要依法追究失职人员的责任，同时也要结合实际情况加以变通。做到合理追责，首先，要对社区矫正工作性质有正确的认识，确保监督模式、追责力度与社区矫正工作性质相适应。"社区矫正毕竟是在社会开放环境进行的，不是社会上'办监狱'。"[1] 社区矫正是刑事执行制度，而非单纯的刑罚执行制度。追责机关不能将对刑罚执行机构的追责制度套用到社区矫正中，否则必然造成追责过严。其次，做到合理追责还要充分认识社区矫正工作的实际情况。我国社区矫正工作仍处于发展阶段，且各地发展情况差异较大，追责机关应当深入了解地方社区矫正工作的实际状况，在追责时考量到执法者面临的困境，充分考虑哪些情况是执法者自身工作失职造成的，哪些情况是执法者自身所不能决定的客观因素造成的，确保处理结果更符合实际。最后，还要充分认识到刑法

---

[1] 王爱立、姜爱东主编：《中华人民共和国社区矫正法释义》，中国民主法制出版社 2020 年版，第 31 页。

的补充性和保障性。对于能够通过追究行政责任的方式达到保护法益的目的的，就有必要放弃追究刑事责任，对于即使处罚也达不到预防犯罪的作用的，应当侧重于宽容精神，对刑罚加以节制。①

3. 公平追责

所谓公平追责，是指处理结果要公平公正，确保有责任的人被依法追究责任，确保没有责任的人不受法律追究。社区矫正工作参与主体的多元性决定了权力的分散，权力的分散则意味着责任同样分散。追责机关在追究责任时应当全面地评估社区矫正的各个环节有无违法、失职现象，不仅要对一线的执法人员进行追责，也要追问对上级管理人员是否存在失职行为，还要追究社区矫正领域的其他国家工作人员有无失职行为。只有每一个岗位都查清了，每一个风险点都检查了，再判断事故责任的分担，才是公平追责。

(二) 明确"尽职"的判断标准

在尽职的情况下应当免责，何为"尽职"是适用该条款首要解决的问题。一般认为，"尽职是一种主观行为，表现为工作态度、敬业精神和责任心，是在履职过程中反映主观努力程度或质量的一种评价"②。但是人的主观行为往往难以直接察觉，且缺乏统一明确的判断标准。作为判断免责的前提条件的尽职不能仅局限于主观评价一个层次上。依文义解释，"尽职"是指"尽力做好职责范围内的事"，包括"尽力做"与"做好"两个部分。笔者认为，判断执法者尽职与否，既要判断其主观上是否尽力，又要判断客观上是否做好，即坚持客观上的合规履职与主观上的能动履职相结合的判断标准。

首先，客观上的合规履职是判断社区矫正执法者是否尽职的首要标准。所谓合规履职，即履行职责的程序和内容要符合规定，这里的规定，既包括法律规定，如《刑法》《刑事诉讼法》《社区矫正法》及《社区矫正法实施办法》规定的执法者的职责，也包括工作规定，如各省出台的社区矫正实施细则及地方社区矫正委员会、司法局出台的一些具体的工作规定，这些都属于执法者应当履行职责的范畴。合规履职要求执法者所有的执法行为都要有法（规）可依，方能受到法律的保护。一般认为，社区矫正执法者做到合规履职了，即满足尽职的判断标准。其次，主观上的能动履职是判断社区矫正执法者是否尽职的重要补充。所谓能动履职是指执法者积极发挥主观能动性，尽心尽力做好职责范围内的事务。能动履职反映出执法者的工作态度和责任心，也是判断其是否尽职的重要面向。一方面，社区矫正执法者积极

---

① 贾宇主编：《刑法学（上册·总论）》，高等教育出版社2019年版，第38页。
② 魏国雄：《风险管理的尽职免责》，载《中国金融》2015年第14期。

能动履职的,即便客观上存在一定的工作疏漏,也不应当认定为失职。这不仅是因为社区矫正工作具有综合性、复杂性和多样性的特点,① 司法所又普遍面临任务多、人手少的困境,要求每个执法者都将社区矫正工作做到事无巨细的要求过高。同时,社区矫正执法者未能做到合规履职可能存在意志外的因素,如地方实施细则的规定或上级要求的考核目标过高,以该司法所现有的人力情况根本无力完成。在存在这些状况时,就要结合主观因素判断其是否尽职。另外,如果社区矫正执法者工作态度过于消极,抱着"只要不出事,宁愿不做事"的心态,一味地做应付考核的表面工作,而忽视社区矫正实际质效,则也不应当认为其尽职。这种情形下执法者看似符合合规履职的要求,其实只是对相关法规的教条遵守,是形式主义、官僚主义的体现,与《社区矫正法》贯彻的理念和目标背道而驰,也不符合一个国家公职人员应有的职业道德规范和责任担当,不应判断为尽职。

因为社区矫正对象再犯罪的触发因素是多方面的,社区矫正执法者难以做到对社区矫正对象再犯罪的完全预防和掌控,不应对尽职的标准提出过高的要求。因此,坚持客观上的合规履职与主观上的能动履职相结合的判断标准体现了科学追责的理念,也能够很好地克服以结果为导向的追责弊端。

(三)"免责"模式的类型化建构

1. "免责"的内涵分析

社区矫正执法者作为社区矫正对象的直接监管者和直接责任人,担负着预防社区矫正对象再犯罪的责任,如果社区矫正对象再犯罪的,应当追究社区矫正执法者的责任,但是尽职的情况下应当免于追究执法者承担的法律责任,这是尽职免责条款的当然逻辑。所谓"免"是指豁免之意。"'豁免'免除的是特定职责或身份的人员如为普通公民所应负的法律上的责任或义务,其目的是保障其履行职责或维系其身份关系的需要;如果某行为或后果如普通公民也毋须承担什么法律责任或义务,则不涉及对其豁免的问题。"② 在尽职的情况下应当免除执法者的责任,这既由社区矫正的职业特性所决定,又是对现实中社区矫正执法者所面对的追责困境的呼应,是非常有必要的。

而所谓"免责",应是"免除行政责任"的意思,其包括两种情形:一是社区矫

---

① 参见王爱立、姜爱东主编:《中华人民共和国社区矫正法释义》,中国民主法制出版社 2020 年版。
② 朱孝清:《错案责任追究与豁免》,载《中国法学》2016 年第 2 期。

正执法者不具有《社区矫正法》和《政务处分法》规定的应当追究责任的情形,①则当然不追究其责任。二是社区矫正执法者具有《社区矫正法》和《政务处分法》规定的应当追究责任的情形,但同时具有《政务处分法》第十一条、第十二条规定的情形的,② 可以免予政务处分,或者从轻、减轻给予政务处分(部分免除)。而行为人的行为涉嫌犯罪的,往往具有严重不负责任的失职行为,因此不符合"尽职免责"的条件,而对于是否免除其刑事责任,则要依照《刑法》和《刑事诉讼法》的相关规定。

2. 免责的具体情形

行政责任的免除包括全部行政责任的免除和部分行政责任的免除。对于是否免除行政责任需要考虑的因素较多,既要考虑社区矫正执法者在客观上是否具有失职行为、失职的程度及是否具有《政务处分法》第十一条规定的情节,又要考虑在主观上是否做到了能动履职。以社区矫正对象再犯罪为例,第一,失职情节轻微的,应当免予处罚。如果执法者在监督管理、教育矫正和帮困扶助三个环节均做到了客观上的合规履职与主观上的能动履职的,即便有一些较微弱的工作疏漏,如工作档案的记录有所疏漏,且具有《政务处分法》第十一条规定的情形之一的,应当免除其行政责任。第二,不存在监督管理失职的,可以免除或部分免除责任。如果执法者整体履职表现良好,且在监督管理环节依法、能动履职,在教育和帮扶环节存在一些工作疏漏,但这些疏漏与社区矫正对象是否再犯罪之间关联薄弱的,如没有认真审查思想汇报的内容或者未按时组织、开展教育活动的,应当结合我国目前社区矫正工作现状和实际情况,如果社区矫正执法者在主观上积极能动履职的,应当免除其行政责任,如果其未做到积极能动履职的,也应免除导致社区矫正对象再犯罪的责任,对于相应的工作疏漏可以单独予以评价。第三,监督管理环节存在轻微失职的,可以依情节轻重部分免除责任。"考虑到社区矫正对象是决定机关经评估认为没有社会危险性的人员,社区矫正机构工作人员的监督管理重点在于了解掌握社区

---

① 《社区矫正法》第六十一条规定:"社区矫正机构工作人员和其他国家工作人员有下列行为之一的,应当给予处分;构成犯罪的,依法追究刑事责任:……(二)不履行法定职责的……"《政务处分法》第三十九条规定:"有下列行为之一……(二)不履行或者不正确履行职责,玩忽职守,贻误工作的;(三)工作中有形式主义、官僚主义行为的……"

② 《政务处分法》第十一条规定:"公职人员有下列情形之一的,可以从轻或者减轻给予政务处分:(一)主动交代本人应当受到政务处分的违法行为的;(二)配合调查,如实说明本人违法事实的;(三)检举他人违纪违法行为,经查证属实的;(四)主动采取措施,有效避免、挽回损失或者消除不良影响的;(五)在共同违法行为中起次要或者辅助作用的;(六)主动上交或者退赔违法所得的;(七)法律、法规规定的其他从轻或者减轻情节。"第十二条规定:"公职人员违法行为情节轻微,且具有本法第十一条规定的情形之一的,可以对其进行谈话提醒、批评教育、责令检查或者予以诫勉,免予或者不予政务处分。公职人员因不明真相被裹挟或者被胁迫参与违法活动,经批评教育后确有悔改表现的,可以减轻、免予或者不予政务处分。"

矫正对象的活动情况和行为表现。"① 因此，如果执法者整体履职表现良好，在监督管理环节存在一些工作上的疏漏，如未及时办理外出销假手续，或者未及时变更风险管理登记，但做到能够及时了解掌握社区矫正对象的活动情况和行为表现，且做到积极能动履职的，可以免除导致社区矫正对象再犯罪的责任，对于相应的工作疏漏可以单独予以评价，未能做到积极能动履职的，也可以部分免除其导致社区矫正对象再犯罪的责任，从轻减轻处罚。第四，监督管理环节存在严重失职的，则不能免除责任。如果执法者未能做到及时了解掌握社区矫正对象活动情况，如未按照规定办理登记接收手续，造成社区矫正对象长期漏管的、不认真履行日常监督管理职责，造成社区矫正对象长期脱管的，或者发现社区矫正对象有违反监管规定未及时做出相应处理的，这种情况下应当追究执法者的全部行政责任，根据行为的危害程度、造成的后果，以及责任大小予以相应的政务处分，确实是因社区矫正执法者个人业务素质、职业能力低下造成的，可以考虑从轻、减轻处罚，并在处罚后调换工作岗位。(见图1)

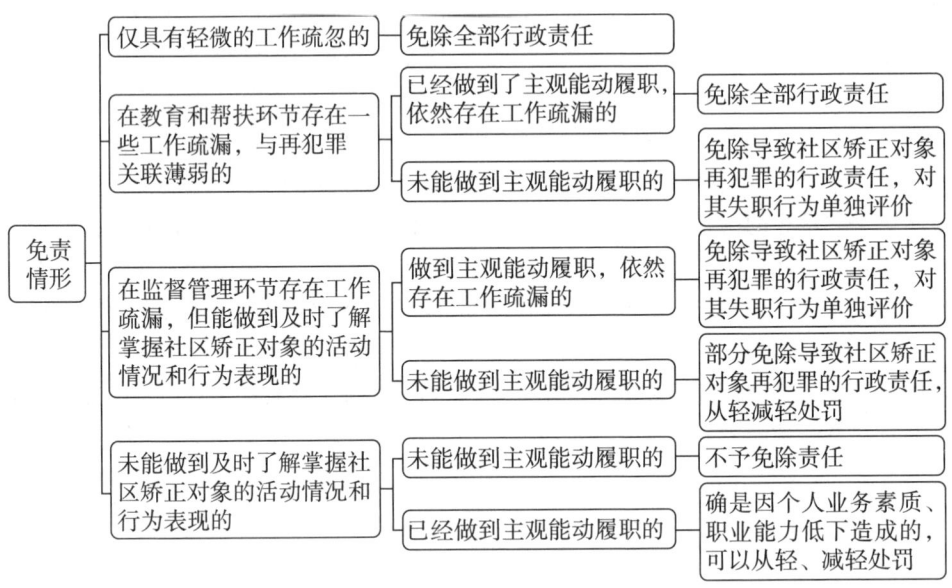

图 1　社区矫正执法者免责情形

---

① 王爱立、姜爱东主编：《中华人民共和国社区矫正法释义》，中国民主法制出版社2020年版，第71页。

（四）刑事责任的认定标准

对于社区矫正对象再犯罪需要追究社区矫正执法者的责任的，追究刑事责任一定要慎重，一般仅应追究行政责任和纪律责任。依照刑法的谦抑性和补充性，只有在最严厉的政务处分仍不能罚当其过时，再考虑追究刑事责任。在判断执法者是否存在刑事责任时，尤其要注重客观方面的判断，对于危害结果、危害行为，以及因果关系都要依法、谨慎分析。

对于危害结果的判断，应当注意只有危害结果达到"致使公共财产、国家和人民利益遭受重大损失"的程度才有可能构成玩忽职守罪。首先，对于"重大损失"的判断，应以再犯罪所造成的损害后果是否符合《渎职案件解释》第一条的规定而非以再犯罪本身为判断依据。理由有二，第一，于法无据。社区矫正对象再犯罪的罪行轻重与《渎职案件解释》第一条规定的情形之间没有必然联系，有些犯罪可能判处的宣告刑很重，如运输、制造鸦片五十克以上的，就可能被判处十五年以上有期徒刑直至死刑，但却并不具备法定的"重大损失"的情形。第二，逻辑不通。宣告刑的轻重是由诸多因素决定的，既包括犯罪人的人身危险性、社会危害性，也包括其有无前科、有无法定量刑情节及犯罪后的态度等，而这些因素并非都与社区矫正执法者的行为有关，换言之，宣告刑的轻重是对社区矫正对象再犯之罪的评价，但并不是对社区矫正执法者所造成的危害结果的评价，如果以宣告刑的轻重作为判断危害结果的标准，会导致危害结果评价的客观性的丧失。其次，判断危害结果是否符合第三项"造成恶劣社会影响的"，应当达到严重损害国家声誉，严重损害国家威望和地位，或者严重损害党和政府的形象的程度，不应轻易地将普通的刑事案件认定为"造成恶劣社会影响"。最后，如果危害结果既有物质性损失，又有非物质性损失，可以进行综合判断。"当物质性损害后果达不到立案标准而非物质性损害后果也不是十分明显时，就要把两者结合在一起综合认定判断。"① 如果与前三项具有同等甚至以上严重的程度，则认定符合第四项"其他致使公共财产、国家和人民利益遭受重大损失的情形"。

对于危害行为的判断，应当注意将符合玩忽职守罪构成要件的实行行为和一般工作失职相区分。只有严重的工作失职才能界定为"严重不负责任，不履行或不正当履行职责的"玩忽职守行为。例如，长期对社区矫正对象的活动情况和行为表现放任不管的，明知社区矫正对象脱管漏管不予处置且不向上级报告的，明知社区矫正对象实施违反禁止令的行为而不加以制止且不提请予以相应处分的，明知社区矫

---

① 闫晓华：《从四方面锁定渎职犯罪中的"恶劣社会影响"》，载《检察日报》2010年10月25日，第3版。

正对象不符合社区矫正条件而不向决定机关申请收监的，以及明知社区矫正对象可能实施或正在实施违法犯罪行为而不做出相应处理的，这些都应当认定为玩忽职守行为。"如果只是工作能力不够、工作规范不熟悉或者属于工作上的偶然疏忽等工作纪律和工作作风问题，就不宜拔到'玩忽职守'高度。"①

对于因果关系的判断，应当在危害行为和危害结果皆符合构成要件的情况下进行，以避免危害结果和危害行为本身的严重程度对于行为定性的影响。第一步，应当评估社区矫正对象的人身危险性情况。如果社区矫正对象自始都具有较高的人身危险性的，则执法者的行为与损害结果之间没有因果关系。这里可以借鉴"客观归责理论"② 加以说明，"在防止结果的发生属于他人的责任领域时，该结果不属于行为人的行为所符合的构成要件的保护目的之内的结果，不能将结果归责于行为人"。③ 因为社区矫正对象应当是没有或几乎没有人身危险性的人，而预防具有较高人身危险性的人再犯罪，并非社区矫正执法者的责任，因此在社区矫正对象自始都具有较高的人身危险性的情况下，不能将再犯罪的结果归责于社区矫正执法者。第二步，判断危害行为对于危害结果的作用力大小。一方面，判断危害行为对危害结果的直接作用力大小。一般认为，执法者的监督管理工作对于限制社区矫正对象是否再犯罪能够起到直接作用，而教育矫正和帮困扶助工作只能通过改变社区矫正对象生活水平的方式间接预防其再犯罪，作用力较小。如果社区矫正执法者在监督管理环节存在严重失职且这种失职行为给社区矫正对象营造了一个长期的无监管、无约束的自由空间，使得法益侵害持续面临现实紧迫危险的，应当认定危害行为与危害结果之间存在因果关系。另一方面，判断中间因素的作用力。如果中间因素对于社区矫正对象再犯罪起主导作用，而执法者的危害行为只是增加了中间因素介入的可能性的，则不应认为危害行为与损害结果之间存在因果关系。综上，只有在第一步和第二步判断均符合的条件下，方能认定危害行为与损害结果之间具有因果关系。

五、结语

针对当前社区矫正的发展现状，对社区矫正执法者追责应当树立"尽职免责"意识。在理念认知层面应当树立依法追责、合理追责及公平追责的科学理念。在制度操作层面应当明确尽职的判断标准，科学建构免责模式的应有类型。在追究责任

---

① 但未丽：《社区矫正执法人员玩忽职守罪认定偏差与匡正》，载《法律适用》2020 年第 22 期。
② 客观规则理论认为，只有当行为制造了不被允许的危险，而且该危险是在符合构成要件的结果中实现（或在构成要件的保护范围内实现）时，才能将该结果归责于行为。实现客观规则必须具备三个条件：一是行为制造了不被允许的危险；二是行为实现了不被允许的危险；三是结果没有超出要件的保护范围。
③ 张明楷：《刑法学》，法律出版社 2021 年版，第 229 页。

时，一般仅应追究行政责任，对于刑事责任的追究要谨慎，只有在最严厉的政务处分仍不能罚当其过时，再考虑追究刑事责任。刑事责任的判断应当注重危害结果、危害行为及二者之间因果关系的认定，只有在这三个方面均成立的，犯罪的客观方面方能构成。

徒善不足以为政，将认知层面的追责理念及规范操作尽快上升为成文的规定，方是解决实践领域问题的当务之急。在这方面已有地方在社区矫正执法者追责制度落实方面做出尝试，如四川省检察院与省司法厅联合出台的《四川省涉民营企业社区矫正对象赴外地从事生产经营活动管理办法（试行）》明确了民营企业社区矫正对象请假外出的审批流程和管理办法，并明确规定"社区矫正机构或者司法所工作人员应当依法正确履行职责。涉民营企业社区矫正对象外出期间再犯罪或者脱管的，社区矫正工作人员已依法履职，不存在失职渎职的，不追究相关责任"。这为社区矫正执法者如何执法提供了方向牌，也为其敢于执法注入了强心剂。追责困境应当引起地方领导机构的注意，在这方面，社区矫正委员会作为社区矫正工作的统筹和指导部门应当发挥积极作用，统筹司法行政部门、检察部门及相应部门联合出台相关文件，明确尽职标准及具体免责情形。

三、执法管理机制

关于完善我国社区矫正调查评估工作的思考

许明　蔡穗宁[*]

社区矫正是新时代深入推进全面依法治国，实现社会治理体系和治理能力现代化的重要实践，是一项严肃的刑事执行活动。随着《中华人民共和国社区矫正法》（以下简称《社区矫正法》）的颁布实施，社区矫正调查评估工作也进入新的发展阶段。[①] 针对社区矫正工作的新要求、新情况，浙江、广东等地社区矫正机构积极探索，不断完善，出台了社区矫正调查评估办法、社区矫正调查评估负面清单等制度文件，进一步推动了社区矫正规范化、精细化。

一、基层社区矫正调查评估工作现状

（一）委托主体更加广泛

《社区矫正法》规定社区矫正决定机关根据需要可以委托社区矫正机构或有关社会组织进行调查评估，评估意见供社区矫正决定机关参考。同时，明确了社区矫正决定机关的定义，即依法判处管制、宣告缓刑、裁定假释、决定暂予监外执行的人民法院和依法批准暂予监外执行的监狱管理机关、公安机关。为了实际工作需要，"两高两部"《中华人民共和国社区矫正法实施办法》（以下简称《社区矫正法实施办法》）出台后，将监狱纳入委托主体，代替监狱管理机关开展拟适用假释、暂予监外执行委托调查工作。随着"两高三部"《关于规范量刑程序若干问题的意见》印发实施，委托主体再次扩大，将可能判处管制、缓刑案件的侦查机关、人民检察院也纳入委托主体。目前，可以委托社区矫正机构或者有关社会组织开展调查评估的单位部门包括人民法院、人民检察院、公安机关、监狱管理机关和监狱、国家安全机关、军队保卫部门、海警机构等。

---

[*] 许明，就职于广东省广州市越秀区司法局。蔡穗宁，就职于广州市普爱社会工作服务社。
[①] 魏斌：《浅谈社会支持理论在社区矫正中的应用》，载《中国司法》2021年第8期。

（二）实施主体相对单一

党的十九届四中全会提出，必须坚持和完善共建共治共享的社会治理制度。《社区矫正法》中也提到国家鼓励、支持社会组织参与社区矫正工作，所需经费纳入本级财政预算。因此实施调查评估的主体除了社区矫正机构还有相关社会组织。国内一些地方采取政府购买服务方式，依托社工机构协助社区矫正机构或司法所开展社区矫正调查评估工作，对缓解基层社区矫正工作人少事多的突出问题，进一步健全、完善社会力量参与社区矫正工作具有重要意义。但是，各地实践中社会组织更多的是作为协助角色，配合社区矫正机构或司法所开展社会调查，出具调查评估意见的主体仍是县级社区矫正机构。能够独立接受委托，独立实施调查评估的社会组织发展较落后，人民法院等委托机关往往找不到可以委托调查的社会组织，基本上仍是委托县级社区矫正机构进行调查评估。

（三）调查数量日益增多

根据《最高人民法院关于减刑、假释案件审理程序的规定》人民法院在受理假释案件时，应当审查执行机关移送的材料包括罪犯假释后对所居住社区影响的调查评估报告。因此，监狱对拟适用假释的罪犯都会委托调查评估。为了贯彻落实《刑事诉讼法》关于"对适用保外就医可能有社会危险性的罪犯，或者自伤自残的罪犯，不得保外就医"的规定，公安机关、监狱对拟暂予监外执行的罪犯一般都会委托调查评估。[①] 为了进一步掌握被告人、罪犯的居住地、社会危险性和对所居住社区的影响，人民法院会根据情况委托调查评估。2021 年 3 月 1 日起施行的《最高人民法院关于适用〈中华人民共和国刑事诉讼法〉的解释》（法释〔2021〕1 号）第二百八十二条第一款规定，人民检察院建议判处管制、宣告缓刑的，一般应当附有调查评估报告或者委托调查函。对此，人民检察院委托开展社会调查的数量大量增加。以珠三角某国家中心城市为例，2019 年该市各级社区矫正机构共开展调查评估 686 件；2020 年开展调查评估 803 件，同比增加 17%；2021 年开展调查评估 1022 件，同比增加 27.3%。

二、社区矫正调查评估工作存在的问题

（一）社区矫正机构、司法所调查力量薄弱

按照《社区矫正法》《社区矫正法实施办法》的相关规定，社区矫正机构应当是

---

① 尚爱国：《暂予监外执行若干争议问题研究》，载《人民检察》2008 年第 7 期，第 4 页。

能以自己的名义行使职权、能独立对外承担法律责任的，负责对判处管制、宣告缓刑、裁定假释、决定或者批准暂予监外执行的罪犯具体实施社区矫正的执行机关。司法所根据社区矫正机构的委托，承担社区矫正相关工作。虽然，全国各地都在大力推进县级社区矫正机构建设工作。但受制于客观原因，各地推进情况参差不齐，少有能够以自己的名义行使职权、独立对外承担法律责任且工作力量充足的县级社区矫正机构。开展社区矫正调查评估工作更多的还是按照原有工作模式，即以县级社区矫正机构为主体，依靠司法所开展调查。全国范围内司法所管理体制也各不相同，有的是双重管理以司法局为主，有的是双重管理以镇街为主，司法所从事社区矫正的工作人员普遍人少事多、身兼多职，被频繁抽调、借用等情况屡见不鲜，部分社区矫正工作人员专业性不强，开展调查取证的水平不高。此外，社区矫正机构、司法所缺乏侦查权、强制权，对于全面掌握犯罪嫌疑人、被告人或者罪犯家庭和社会关系、犯罪行为的后果和影响、社会危险性和对所居住社区影响等情况难度较大。

（二）社会危险性和社区影响标准缺乏

当前，拟社区矫正的犯罪嫌疑人、被告人或者罪犯社会危险性和对所居住社区影响的权威认定标准缺乏，有的地方以犯罪嫌疑人、被告人或者罪犯曾经吸食毒品而认定其存在社会危险性；有的地方以犯罪嫌疑人、被告人或者罪犯负债累累而认定其存在社会危险性；有的地方以犯罪嫌疑人、被告人或者罪犯不配合村（居）委会工作，而认定其对居住社区产生较大影响；有的地方以家属不接纳，而认定其对居住社区产生较大影响。各地理解不一，评价标准不同，导致各地调查评估意见存在较大差异。为了解决实际工作中遇到的问题，有的地方采取"评分制"，对犯罪嫌疑人、被告人或者罪犯心理特征、性格类型、家庭关系、经济来源、涉案情况、被害人意见、村（居）委会意见等设置评分项目，进行细化评分。但由于犯罪嫌疑人、被告人或者罪犯个人情况各不相同，其社会危险性和对所居住社区影响的来源也不同，某些得"80分"也许比得"70分"的更具有社会危险性，更容易对居住社区造成不良影响。

（三）评估意见重视度不高

1. 存在重复委托情况

个别办案部门间信息沟通不畅，存在侦查、起诉、审判阶段重复委托社区矫正机构开展社会调查情况。例如，2022年2月15日A区人民检察院向Y区社区矫正机构邮递送达被告人蓝某调查评估委托函及相关材料，Y区社区矫正机构于2022年2月18日出具评估意见并书面回复。2022年3月11日Y区社区矫正机构再次收到A区人民法院邮递送达被告人蓝某调查评估委托函及相关材料，要求社区矫正机构再次进行调查评估。

2. 存在先判决后调查现象

个别单位对调查评估走形式，不重视，在判决前两三天才委托社区矫正机构开展调查评估。例如，2022年7月5日Y区社区矫正机构收到Y区人民检察院邮递送达被告人关某调查评估委托函及相关材料，Y区社区矫正机构于2022年7月11日出具评估意见并书面回复，但Y区人民法院已于2022年7月6日对关某作出判决。社区矫正机构尚在调查过程中，人民法院便已作出判决，导致被告人及其家属不能积极配合调查，严重影响了调查评估工作的严肃性。

3. 意见采信情况未予以说明

《社区矫正法实施办法》规定，"社区矫正决定机关对调查评估意见的采信情况，应当在相关法律文书中说明"。这既有利于社区矫正决定机关查明事实、认定证据、保护诉权、公正裁判，也有利于推动社区矫正机构规范开展调查评估工作，提升调查评估意见的含金量和重视度。然而，大部分社区矫正决定机关在实践中并未将调查评估意见的采信情况在《刑事判决书》或《执行通知书》等法律文书中进行说明。有的委托机关非但不履职担当，依法作出采信决定，反而向犯罪嫌疑人、被告人或者罪犯家属透露社区矫正机构的调查评估意见，引导家属将焦点放在社区矫正机构更改评估意见上，使犯罪嫌疑人、被告人或者罪犯及其家属对社区矫正机构产生敌意，给社区矫正机构、司法所、村（居）委会工作人员及被害人带来不必要的干扰。

三、完善调查评估工作的对策与建议

（一）健全调查评估工作体系

1. 制定出台调查评估负面清单

为了进一步规范社区矫正调查评估工作，准确把握犯罪嫌疑人、被告人或者罪犯的社会危险性和对所居住社区影响，国家、省级司法行政部门可以充分借鉴《最高人民检察院、公安部关于逮捕社会危险性条件若干问题的规定（试行）》相关内容，以及基层社区矫正工作实践，制定出台社区矫正调查评估负面清单，确保社区矫正调查评估工作有章可循。

可以将社会危险性划分为可能实施新的犯罪，有危害国家安全、公共安全或者社会秩序的现实危险，可能对被害人、举报人、控告人及证人实施打击报复，企图自杀或者逃跑四类，并进一步细化相关认定标准。

可以将居住社区影响分为无法在辖区居住，不便于落实监督管理；有酗酒闹事、高空抛物等不良生活习惯；缺少家庭关爱、性格孤僻并与辖区居民存在较深矛盾；

以涉黑涉恶人员为主要社会关系;被害人、家属或辖区三名以上居民反对接纳;其他可能严重影响社会安全稳定的情况六类。

同时,坚持以证据为基础,综合犯罪嫌疑人、被告人或罪犯犯罪或涉嫌犯罪的性质、情节、认罪认罚态度等情况,划分较大、较小等不同情节,全面、客观、公正地出具意见。(见表1)

表1 调查评估负面清单

评估内容		负面情形	设置依据(参考)	证据要求
社会危险性	可能实施新的犯罪	1. 案发前或案发后正在策划、组织或者预备实施新的犯罪的; 2. 扬言实施新的犯罪的; 3. 多次作案、连续作案、流窜作案的; 4. 一年内曾因故意实施同类违法行为受到行政处罚的; 5. 以犯罪所得为主要生活来源的; 6. 有吸毒、赌博等恶习的; 7. 其他可能实施新的犯罪的情形	《中华人民共和国刑事诉讼法》第八十一条、第二百六十五条;《中华人民共和国社区矫正法》第十八条;《最高人民检察院、公安部关于逮捕社会危险性条件若干问题的规定(试行)》第五条	1. 正在策划、组织或者预备实施新的犯罪或扬言实施新的犯罪的笔录、证人证言、当事人的陈述或视听资料等; 2. 多次违法犯罪的书证材料等
	有危害国家安全、公共安全或者社会秩序的现实危险	1. 案发后正在积极策划、组织或者预备实施危害国家安全、公共安全或者社会秩序的重大违法犯罪行为的; 2. 曾因危害国家安全、公共安全或者社会秩序受到刑事处罚或者行政处罚的; 3. 在危害国家安全、黑恶势力、恐怖活动、毒品犯罪中起组织、策划、指挥作用或者积极参加的; 4. 其他有危害国家安全、公共安全或者社会秩序的现实危险的情形	《中华人民共和国刑事诉讼法》第八十一条、第二百六十五条;《中华人民共和国社区矫正法》第十八条;①《最高人民检察院、公安部关于逮捕社会危险性条件若干问题的规定(试行)》第六条	1. 正在策划、组织或者预备实施危害国家安全、公共安全或者社会秩序的重大违法犯罪行为的笔录、证人证言、当事人的陈述或视听资料等; 2. 犯罪中起组织、策划、指挥作用或者积极参加的书证材料等

---

① 杨刚:《社区矫正调查评估科学化研究》,载《中国司法》2020年第7期。

续表

评估内容		负面情形	设置依据（参考）	证据要求
社会危险性	可能对被害人、举报人、控告人及证人实施打击报复	1. 扬言或者准备、策划对被害人、举报人、控告人及证人实施打击报复的； 2. 曾经对被害人、举报人、控告人及证人实施打击、要挟、迫害等行为的； 3. 采取其他方式滋扰被害人、举报人、控告人及证人的正常生活、工作的； 4. 其他可能对被害人、举报人、控告人及证人实施打击报复的情形	《中华人民共和国刑事诉讼法》第八十一条、第二百六十五条；《中华人民共和国社区矫正法》第十八条；《最高人民检察院、公安部关于逮捕社会危险性条件若干问题的规定（试行）》第八条	1. 扬言或者准备、策划对被害人、举报人、控告人及证人实施打击报复的笔录、证人证言、当事人的陈述或视听资料等； 2. 曾经对被害人、举报人、控告人及证人实施打击、要挟、迫害等行为的书证、笔录、证人证言、当事人的陈述或视听资料等
	企图自杀或者逃跑	1. 着手准备自杀、自残或者逃跑的； 2. 曾经自杀、自残或者逃跑的； 3. 有自杀、自残或者逃跑的意思表示的； 4. 曾经以暴力、威胁手段抗拒抓捕的； 5. 其他企图自杀或者逃跑的情形	《中华人民共和国刑事诉讼法》第八十一条、第二百六十五条；《中华人民共和国社区矫正法》第十八条；《最高人民检察院、公安部关于逮捕社会危险性条件若干问题的规定（试行）》第九条	曾经/着手准备/扬言自杀、自残或者逃跑的书证、笔录、证人证言、当事人的陈述或视听资料等

续表

评估内容	负面情形	设置依据（参考）	证据要求
对居住社区的影响	1. 无法在辖区居住，不便于落实监督管理的； 2. 有酗酒闹事、高空抛物等不良生活习惯的； 3. 缺少家庭关爱、性格孤僻并与辖区居民存在较深矛盾的； 4. 以涉黑涉恶人员为主要社会关系的； 5. 被害人、家属或辖区三名以上居民反对接纳的； 6. 其他可能严重影响社会安全稳定的	《中华人民共和国刑法》第七十二条、第八十一条；《中华人民共和国社区矫正法》第十八条；基层社区矫正工作实际	1. 村（居）委会等单位出具的证明； 2. 被害人、家属或辖区居民陈述； 3. 询问笔录； 4. 视听资料

2. 建立跨部门信息共享机制

为了准确把握拟适用社区矫正的犯罪嫌疑人、被告人或罪犯社会危险性和对所居住社区影响，仅仅依靠社区矫正机构、司法所、村（居）委会开展调查了解是远远不够的。需要各地充分发挥社区矫正委员会统筹协调作用，与公安机关共同建立拟适用社区矫正对象违法犯罪记录查询机制。从简便易行，注重时效的角度出发，可以明确查询内容为：依法查询拟适用社区矫正犯罪嫌疑人、被告人或罪犯被治安管理处罚、被采取强制措施情况及犯罪记录；查询程序为：开展社会调查时，相关司法所可以提交单位介绍信、经办人有效身份证明和委托调查函向拟适用社区矫正的犯罪嫌疑人、被告人或罪犯户籍地或者居住地公安派出所申请查询其违法犯罪记录；查询结果为：公安派出所应当在收到司法所查询申请后三个工作日内以《查询告知函》的形式反馈查询结果。查询对象为拟暂予监外执行罪犯病危或者适用刑事案件速裁程序的，应当在一个工作日内反馈查询结果。如遇特殊情况，查询期限由派出所和司法所协商确定。此外，国家、省级应当建立跨部门大数据平台，进一步打破信息孤岛，深入推进依法信息共享，推动对顽疾的长治长效。

3. 注重评估意见审核把关

开展调查评估工作的主体是县级社区矫正机构，调查的核心要素是社会危险性和对所居住社区的影响。社区居委会及司法所意见是县级社区矫正机构出具调查评估意见的重要基础和依据，但基层意见必须建立在事实与依据的基础之上。县级社区矫正机构在审核出具调查评估意见时，应当杜绝"仅凭不了解情况就不同意""仅凭不是户籍居民就不同意""仅凭以前没有在本辖区居住过就不同意"等本位主义的错误观点，坚决担当作为，加强对基层意见合理性、合法性审核把关，按照"有利于社区矫正对象接受矫正、更好地融入社会"的原则依法、客观地出具评估意见。对相关意见缺乏证据支持的，可以要求有关单位或个人补充提交。未能按期提交的，对相关意见可以不予采信。

（二）推进社区矫正机构、队伍建设

1. 进一步细致指导，依法设立社区矫正机构

开展社区矫正调查评估工作需要尽可能地了解犯罪嫌疑人、被告人或者罪犯的各种情况，以便准确、全面地评估其社会危险性和对所居住社区的影响。[1] 这项工作具有艰巨性与复杂性，需要有专门的机构来开展。当前，国内大多数县（市、区）虽已建成社区矫正中心，但基本上都将社区矫正中心定义为社区矫正工作的场所，而不是机构，没有解决编制上的问题。部分地区采取"加挂"社区矫正机构牌子的办法，也只是治标不治本，未能从根本上改变社区矫正机构力量薄弱的境况。对此，各级司法行政部门应当切实履行社区矫正主管部门责任，充分发挥各级社区矫正委员会作用，加强顶层设计，加大与编制、财政等部门沟通协调力度，联合出台社区矫正机构设立相关文件，自上而下扎实推进社区矫正机构建设。切实赋予县级社区矫正机构独立法人地位，明确社区矫正机构二级局地位，切实配齐配强社区矫正工作人员，切实为开展社区矫正调查评估等工作提供财政保障。

2. 进一步细化标准，发展壮大社会力量

社会力量参与是社区矫正工作的显著特征，做好社区矫正调查评估工作既要依靠专门的国家工作人员，也要依靠村（居）委员会、社会组织等各种社会力量，还需要依靠社会学、心理学、教育学、社会工作等专业知识。以政府购买服务的方式，引导社会组织参与调查评估工作，最终发展成为能够独立承担调查评估的实施主体，既有利于转变政府职能，提升评估意见的客观性，也有利于缓解基层社区矫正调查评估与日俱增的工作压力。对此，各地应当进一步鼓励引导社会组织参与社区矫正调查评估工作，可以立足调查评估工作实际，参照司法鉴定机构的管理模式，通过政府购买服务的方式，由地级市或调查评估工作量较大的县（市、区）成立社区矫正调查评估协会或工作社，并建立完善相关政策措施和制度办法，培育壮大一批制度完善、科学严谨、客观公正、口碑较好的社会组织独立承担调查评估工作，为全面推进社区矫正工作，维护调查评估客观公正做出积极贡献。

---

[1] 沈东权、沈鑫、何浩斐：《社区矫正法实施背景下的调查评估制度探析》，载《中国司法》2021年第7期。

3. 进一步强化教育，不断提高队伍能力水平

要进一步加强社区矫正队伍革命化、专业化、职业化建设，提高社区矫正工作者的政治素质、法律素养、专业技能和廉政意识，提升社区矫正工作质效和规范化水平。要加强政治统领和党建引领，着力把党的领导贯穿到社区矫正工作各个环节，坚持以习近平新时代中国特色社会主义思想为指导，深入学习贯彻习近平法治思想，教育引导广大社区矫正工作者拥护中国共产党的领导，拥护社会主义法治，切实增强"四个意识"、坚定"四个自信"、做到"两个维护"。要加强社区矫正工作者专业知识学习和业务能力培训，常态化组织社区矫正调查评估业务学习、工作评比、交叉检查和警示教育，严格遵守社区矫正"六不准"工作要求，全面落实防止干预司法"三个规定"，确保社区矫正调查评估工作公平公正，干净清白。

（三）强化全流程法律监督

检察建议是人民检察院依法履行法律监督职责，维护司法公正，保障法律统一正确实施的重要方式。人民检察院应当注重保障社区矫正调查评估工作依法进行，用足用好检察建议，维护司法权威和公信力。要加强对人民法院、人民检察院、公安机关、监狱等委托调查机关的检察监督，重点加强对调查评估意见采信情况是否说明、调查评估意见及相关信息是否保密、委托调查评估所附材料是否齐全的法律监督；要加强对县级社区矫正机构或有关社会组织等实施主体的检察监督，重点加强对收到委托调查时是否及时通知检察机关、是否在十个工作日内完成调查评估、是否客观公正出具意见的法律监督；要加强对相关单位、部门、村（居）委会等依法协助开展调查评估的组织和个人的检察监督，推动公安机关、村（居）委会等单位和个人切实履行法律义务，提供必要协助，积极配合提供相关线索，出具相关意见，防止调查评估工作成为社区矫正机构的"独角戏"。

四、结语

通过细化拟适用社区矫正社会危险性和对居住社区影响的评判标准，细化跨部门协作共赢机制，细化机构队伍建设指引，进一步构建全国社区矫正一盘棋工作格局，进一步推动统一标准、规范和流程，进一步依法把好社区矫正"入口关"，以精细化建设小切口，推动社区矫正调查评估工作大提升。

浅析如何做好社区矫正调查评估工作

——以四川省成都市青白江区社区矫正调查评估工作实际为例

肖姝斌　杨妮　蒋凯[*]

社区矫正调查评估是国际上通行的一项重要的社区矫正工作制度，能够充分体现社区矫正决定机关在适用社区矫正制度时的审慎态度，能够降低社会风险，提高社区矫正工作质量。本文通过四川省成都市青白江区社区矫正调查评估工作实际情况，分析研判基层在实行调查评估过程中存在的问题和难点，对如何做好社区矫正调查评估工作提出简单工作建议。

一、社区矫正调查评估基本概念

（一）什么是社区矫正调查评估

社区矫正调查评估工作是指社区矫正决定机关根据需要，可以委托社区矫正机构或者有关社会组织对拟适用社区矫正的被告人或者罪犯的社会危险性和对其所居住社区的影响，进行调查评估，提出意见，供社区矫正决定机关决定时参考的活动。

（二）开展社区矫正调查评估的内容和要求

2020年7月1日正式施行的《中华人民共和国社区矫正法》（以下简称《社区矫正法》）第十八条规定："社区矫正决定机关根据需要，可以委托社区矫正机构或者有关社会组织对被告人或者罪犯的社会危险性和对所居住社区的影响，进行调查评估，提出意见，供决定社区矫正时参考。居民委员会、村民委员会等组织应当提供必要的协助。"同年，最高人民法院、最高人民检察院、公安部、司法部联合印发《中华人民共和国社区矫正法实施办法》（以下简称《社区矫正法实施办法》），其中第十四条第一款"社区矫正机构、有关社会组织接受委托后，应当对被告人或者

---

[*] 肖姝斌，成都市青白江区社区矫正管理局副局长。杨妮，成都市青白江区社区矫正管理局工作人员。蒋凯，成都市社区矫正管理局一级主任科员。

罪犯的居所情况、家庭和社会关系、犯罪行为的后果和影响、居住地村（居）民委员会和被害人意见、拟禁止的事项、社会危险性、对所居住社区的影响等情况进行调查了解，形成调查评估意见，与相关材料一起提交委托机关"，已明确社区矫正调查评估主要工作内容。同时，该条第二款还规定"社区矫正机构、有关社会组织应当自收到调查评估委托函及所附材料之日起十个工作日内完成调查评估，提交评估意见"等一系列工作要求。

二、开展社区矫正调查评估的意义

社区矫正调查评估制度是伴随着中国社区矫正工作的创新发展而逐渐成长起来的一项制度。根据《社区矫正法》及"两高两部"《关于进一步加强社区矫正工作衔接配合管理的意见》的规定，社区矫正机构、有关社会组织接受委托后，通过开展社会调查评估提前介入刑事执行活动，及时掌握拟适用社区矫正罪犯的基本情况、现实表现、家庭社会关系、社会危害性和对居住社区影响等，在所属辖区派出所、村（社区）的配合和协助下，核实被调查人的相关情况，提出客观公正的意见供社区矫正决定机关参考，做好社区矫正适用前的衔接管理，把好社区矫正入门关。使决定更合法、科学、可靠，可以为不同的社区矫正对象提供最适合的教育矫正途径，这对提高社区矫正工作的规范性和公正性有着重要意义。具体表现如下：

（一）调查评估能够更好地保护法益

刑法的处罚方式以各种形式出现，本质是对法益的保护，社区矫正是国家创制非监禁刑罚执行方式，此种刑罚方式以不能侵犯法益为前提，以预防犯罪、维护社会稳定为目的。调查评估是社区矫正工作的组成，为法院或监狱等司法机关提供审判和量刑的参考，有价值的调查评估能够更好地维护法益。

（二）保障公民权利和维护社会秩序

社区矫正调查评估通过走访被害人、被调查人家属、村（社区）、网格员、单位、学校等，了解被调查人的相关情况，对被调查人的社会危险性和对所居住社区的影响进行评估，有利于维护被调查人所在村（社区）所涉公民的基本权利，以及维护当地社会和谐安全稳定。

（三）社区矫正工作有效开展的重要保障

由于当前我国社区矫正调查评估的主体和社区矫正执行机构为同一组织，因此社区矫正执行机关提前了解案件情况，并且通过调查评估了解被调查人的家庭、成长环境及家属态度，从而形成更好的衔接，也有利于制订有针对性的矫正方案；同时被告人或罪犯更能清晰地意识到社区矫正的重要性，在缓刑考验期内，以积极、平和的心态服从社区矫正机构的管理和教育，降低日后管理社区矫正对象的风险。

三、成都市社区矫正调查评估基本情况

（一）成都市社区矫正调查评估工作基本特征

自社区矫正工作试点以来，成都市各区（市）县社区矫正机构通过基层调研、听取建议、归纳总结等方法，逐步规范出社区矫正调查评估一整套标准，在调查程序的合法性、调查内容的完整度、调查结果的客观性、证据采集的规范性、文书制作的严谨性等方面都有了质的飞跃和提升。同时，各区（市）县社区矫正机构加大宣传力度，扩宽渠道，积极引导村（社区）工作人员、网格员等其他社会力量参加到调查评估工作中，进一步提高了调查评估意见的真实性和科学性，为市内甚至省外社区矫正决定机关提供了有价值的重要参考依据。

例如，高新区建立了社区矫正机构、街道司法所、社区网格、社会组织"四方协同"工作机制，由社区矫正机构委派监督，街道司法所会同社区网格、社会组织多方力量，共同完成调查评估工作。同时，发挥"区法治中心—街道法治建设办公室—社区法治工作站—社会法治建设点"四维基层全面依法治理网络体系作用，与公安、信访、戒毒、民政、教育等相关部门共享信息，全面评估罪犯、犯罪嫌疑人拟被实行社区矫正的合法性、可行性。彭州市立足《四川省社区矫正调查评估规范》，结合本地实际建立调查评估"查评分离、集体研判"三闭环体系，通过调查独立、评分分离、集体研判三个环节各自封闭不受干扰的优势，切实保障各执法环节程序规范、事实清楚、证据充分，有效杜绝了超期调查、人情调查、过场调查等不规范的情形，确保调查评估意见的客观性和科学性。

（二）现阶段开展调查评估工作存在的难点和不足

1. 调查评估力量不足，专业性不高

调查评估工作是一项专业性很强的工作，调查评估意见对准确作出社区矫正决定具有重要的参考价值，为保证调查评估意见的准确性，社区矫正机构应当配备具有法律等专业知识的政法专编开展调查评估工作。但目前状况，一是近几年缓刑适用率不断提升，社区矫正决定机关未根据案件实际需求，广泛委托社区矫正机构开展调查评估。二是部分区（市）县社区矫正机构并未设立专职人员从事调查评估工作，一般由受委托司法所开展调查走访工作。由于受委托司法所承担了法治宣传、

人民调解、社区矫正、安置帮教等多项职能，"人少事多"的矛盾较为突出，从而出现社区矫正机构每年接受调查评估的委托数量呈快速递增趋势，在社区矫正工作人员配置不足、工作能力不强的情况下，导致委托调查评估时间仓促，调查评估结果与事实有出入，社区矫正决定机关未采信调查评估结果，直接判决部分社区矫正案件。

2. 调查评估重心偏移，调查流于形式

按照社区矫正调查评估制度的定义，社区矫正机构开展调查评估工作，应主要了解被告人或者罪犯的社会危险性和对所居住社区的影响，而被告人或者罪犯固定居所和生活来源的情况，只是作为确定社区矫正执行地的参考证据之一，并非调查评估工作的直接目的。但在实际工作中，调查评估工作的重心往往落在了被告人或者罪犯居住地情况的核实上，对于社会危险性和对所居住社区影响的调查反而流于形式。一方面，居住地核实所需的证据材料要求比较明确，如租房合同、房产证明等，社区矫正机构只需确认被调查人有无相关材料，并走访所在社区即可确认其是否符合居住地条件。而社会危险性和对所居住社区的影响，如邻里情况、社区反响、认罪态度、家庭情况、个人不良嗜好、行为恶习、心理特征等方面的调查所需的印证材料不明确，调查难度相对较大。另一方面，居住地情况的调查结果，直接影响的是社区矫正执行地的确认。现阶段，执行地的确认一般是采取长期居住地为主、户籍地兜底的确认方式。对于社区矫正机构来说，如果被调查人的户籍地并非在其辖区内，只要确认被调查人不符合本辖区居住地执行社区矫正的条件，就可以彻底摆脱对被调查人的监管责任，由户籍地来兜底监管，一定程度上降低了对社会危险性和对所居住社区的影响。

3. 调查评估标准不统一，总体质量不高

从调查评估表中不难看出，做好一份调查评估要从居住情况、家庭与社会关系、犯罪行为的后果和影响、居住地村（居）民委员会和被害人意见、拟禁止的事项、社会危害性、居住社区的影响和其他事项等方面，必须全面掌握被调查人的相关情况。虽然调查内容已做到了基本涵盖，但对于应该如何认定却没有制定详细规范的解释和程序。由于大部分调查评估工作是由受委托司法所开展，在实践操作中，"因人而异"造成的差异和分歧也长期存在；调查评估结论缺少统一规范的法律文书格式，在文书制作过程中随意性较大，调查评估意见书结论表述"五花八门"，甚至未就调查结论进行详细阐述和说明，导致调查评估可信度不高，与《社区矫正法》中"适用社区矫正是否存在社会危险性以及对所居住社区的影响"之规定有一定背离。

4. 调查评估结果采信率不高，泄密造成次生隐患

一方面，《社区矫正法实施办法》第十四条第二款规定"社区矫正决定机关对调查评估意见的采信情况，应当在相关法律文书中说明"。由于调查评估意见的采信规

范未明确统一,因此,委托机关往往只关注程序是否合法,是否按规定发出委托函、被调查人是否为初犯、检察院的量刑建议等因素,对社区矫正机构的调查评估意见并不重视,因此很少,甚至没有将采信情况函告受委托的社区矫正机构;部分社区矫正决定机关对社区矫正机构通过多方调查走访,得出不适用社区矫正的结论视而不见,直接判决犯罪嫌疑人、罪犯实行社区矫正。在花费大量人力物力开展调查评估,却在机制体制,甚至是司法意识上,长期不重视社区矫正机构的调查评估结果,长此以往,形成恶性循环,必然会直接影响社区矫正工作整体实效,将安全稳定风险隐患带入社会。

例如,青白江区刘某案件中,因销售不符合安全标准食品罪,被判禁止令,但青白江区司法局在调查走访中核实到,刘某居住在青白江区银犁市场(冻品交易市场),因其工作不稳定,刘某再次从事食品相关工作的可能性很大。再者,刘某家属也在从事食品方面工作,增大了刘某触及禁止令的可能性。最后,刘某长期居住在食品特定场所,更具有违反法院禁止令的潜在风险性。因此,青白江区社区矫正管理局认定刘某不适宜纳入社区矫正,但未被社区矫正决定机关采纳。刘某入矫后,在对其突击走访中,发现其伙同他人利用手机微信等方式,从事食品相关活动,违反人民法院禁止令,青白江区司法局对其依法惩处并给予警告处罚。如果社区矫正决定机关采信了青白江区司法局的调查评估意见,那么,在很大程度上可以有效防止此类人员从事违规违法活动。

另一方面,《四川省社区矫正实施细则(试行)》第三十三条规定:"除依法在法律文书中予以说明的调查评估相关情况外,相关单位应当对调查人、调查对象以及调查评估其它相关具体事项予以保密,不得泄露。"但个别社区矫正决定机关在调查结束后,因被调查人或其家属询问时,会将"社区矫正机构不同意将犯罪嫌疑人、罪犯在本地实行社区矫正"的调查评估结论,甚至是调查评估内容及其分数,告知被调查人或其家属,将责任推卸至社区矫正机构,引发被调查人及其家属对社区矫正机构的敌意,造成不必要的安全稳定风险,给依法实行社区矫正带来干扰。

四、青白江区开展社区矫正调查评估的实践探索

《社区矫正法》颁布以来,青白江区社区矫正管理局在严格落实省、市社区矫正系列要求的前提下,为做好社区矫正调查评估工作,确保调查评估意见客观、公正、真实、全面,实践总结出"3445"工作模式,即调查评估小组至少3人,走访采集包括被调查人、家属、村(社区)、网格员或邻居等至少4份调查笔录,准确了解其居住情况、日常表现(包括违法违纪、性格特点、家庭工作状况及邻里关系等)、认罪悔罪表现及监管条件4个方面,充分听取村(社区)干部和网格员或邻居对被调

查人是否适用社区矫正的意见和建议，在收到调查评估委托函后5个工作日完成调查评估工作，对调查走访采集的证据，统一整理、严格审核并上传至省厅一体化平台，经调查评估小组集体研究形成结论性的意见。自实施"3445"工作模式以来，共开展调查评估46件，出具调查评估意见书46份，被采信33件，采信率71.7%。

例如，青白江区社区矫正管理局对孟某涉嫌袭警罪拟判处社区矫正开展调查评估，青白江区社区矫正管理局收到委托后，立即成立调查评估小组，第一时间通过走访其本人和家属，了解孟某是因酒后驾车被交警拦截，为逃避交警查处，驾车逃离时造成交警受伤，后意识到违法错误，主动赔礼道歉并赔偿受害人损失，积极配合派出所的调查。同时，青白江区社区矫正管理局也对孟某居住情况、家庭关系、社会关系、收入状况、办案单位等进行详细了解，核实到孟某涉嫌袭警罪未造成严重的人员伤亡和重大的经济财产损失，也未产生重大的负面舆论，且积极主动赔偿被害人损失并取得了谅解书。最后，由未参加走访调查的第三人，通过走访笔录中获得的信息，对调查评估表进行公正客观的评分，得出孟某适宜纳入青白江区实行社区矫正，并在5日内将调查评估意见书送达社区矫正决定机关。从此案例中，我们可以总结出以下几点。

（一）严格依法审查，确保调查评估的时效性

在接收调查评估委托函后，对照《社区矫正调查评估规范》对相关资料（调查评估委托函、起诉书等）进行审核，重点审查法律文书是否齐全、资料信息是否完整、证明材料是否完备，对符合条件的委托，及时上传系统，指派至执法分中心，分中心立即成立调查评估小组（社区矫正执法人员+辅助人员）开展走访调查；对材料不完整的联系补正，不符合委托条件的予以退回，切实提高案件指派质量和效率。

（二）强化多方协作，确保调查评估的公正性

严格落实双人调查制度、回避制度等调查要求，根据被告人或罪犯的现实情况，联合司法所工作人员通过走访其本人、家属、村（社区）、网格员或邻居、办案单位、派出所等，对其监管难度、是否具有社会危险性、再犯罪概率及对其所在社区是否有重大影响进行调查取证，根据每一阶段的调查情况进行综合分析，最终取得一个较为公正、合理的调查评估结论。同时，规范笔录采集和证据留存标准，每一份笔录由两名调查人员签字确认，保证调查评估考核表内的每一项打分和调查评估意见中的每个观点都有相应的证据材料支撑，各个证据材料形成完整闭环的证据链。最后，将所有材料及时上传至省厅一体化平台，确保调查过程全留痕、调查内容可追溯。

（三）细化评分标准，确保调查评估的真实性

围绕拟适用社区矫正的评估对象有无再犯罪风险、实行社区矫正对居住地居民有无重大不良影响等方面，建立案件评分机制。根据调查走访所获得的信息，如对居住地不稳定的人员或孤身一人在外，家人均不在本辖区的，无法履行监护人或矫正小组成员职责的，则认定其监管难度较大；生活来源不稳定或无固定生活来源的人员，也存在再犯罪的风险，有一定的社会危险性；被调查人与邻居发生过多次严重矛盾冲突或被调查人与本案被害人居住在同一社区，被害人对其适用社区矫正明确表示不谅解的，则认定其对所在社区有重大影响；暴力犯罪或存在精神疾病的，认定其社会危险性极大；没有认罪悔罪表现的、未认识到自身所犯错误的，认定其监管难度大等现实情况，由第三人通过调查评估笔录内容逐一进行客观评分，做到调查评估意见依据准确、程序合法。通过规范化、制度化的方式，减少调查评估结论受人为因素的干扰，确保调查评估意见真实有效。

（四）建立评审制度，确保评估意见的科学性

建立完善案件评审议事制度，成立由社区矫正管理局负责人、社区矫正机构工作人员和案件调查人员组成的评议小组，根据案件疑难复杂程度，实行一般案件正常审核、疑难复杂案件提交评议小组评估审核，并出具调查评估意见书，写明被告人或罪犯的基本情况，综合分析调查过程和结论，避免简单罗列调查事项直接得出评估意见的情况，详细说明调查内容和得分情况，使社区矫正决定机关一目了然。同时，以集体讨论、充分研究、会议决定的方式推动科学决策，提高采信率。

五、推进社区矫正调查评估规范化的对策建议

根据青白江区司法局及其他区（市）县司法局在社区矫正调查评估方面的创新举措及取得的工作成效，在推进社区矫正调查评估规范化方面，提出以下几点建议。

（一）加强队伍专职化建设

要加强对社区矫正工作人员的职业技能培训，不断提升其法律素养，加强其心理干预、社会工作、教育帮扶等方面的学习，组建一支结构合理、年富力强、朝气蓬勃的专职执法队伍，主动承担社区矫正执法主体责任，提高社区矫正执法队伍革命化、正规化、专业化、职业化水平，更好地解决在调查评估实践中遇到的重点、难点问题。

（二）科学规范调查评估内容和分值

丰富和完善调查评估的内容，根据被告人或罪犯的个体差异性，针对居住在城区的户口不在本地的外来工作者，在考察其工作和居住稳定性的基础上还要考察其有无紧急联系人；在农村地区大部分被调查人长期居住在本地，又多为老年人，因此要着重考察其家人的法治意识。同时，要告知可能成为矫正小组的村（社区）干部、家属应履行的相应义务并详细记录，减少评估工作的片面性，提高评估的可靠性。

（三）加强各部门之间的沟通协调

充分发挥社区矫正委员会统筹协调作用，确保公检法司各部门之间沟通畅通，文书传达及时。在开展调查评估工作时，对于情况较为复杂的人员，可以通过加强社区矫正机构与委托机关之间的沟通，使被调查人的实际情况得到及时、有效的反馈，供委托机关参考。除此之外，可以利用信息化手段，贯通公检法司各部门之间的信息共享渠道，依托政法一体化工作平台，努力实现大数据共享，从而有效提高社区矫正调查评估工作效率，使各部门之间的信息共享数字化、便捷化。

（四）完善调查评估规范体系

进一步完善社区矫正调查评估规范体系，将青白江区司法局"3445"工作模式，以及其他地区先进模式进行优化推广，出台开展调查评估的规范性文件和制度，明确委托机关和受委托机关的职责和义务，并加强贯彻落实，确保各项规章制度履行到位，落到实处，增强社区矫正机构开展调查评估的积极性。严格规范使用《被告人调查评估表》《罪犯调查评估表》和《未成年人调查评估表》等，全方面、多角度地进行证据采集，充分保障拟适用社区矫正对象的合法权益。

（五）加强与检察院的沟通协作

建立信息联络机制，主动接受检察院对社区矫正的"事前"监督，将社区矫正调查评估委托函、调查评估意见书均应同时抄送人民检察院，在抄送调查评估意见书时，并附调查过程中制作的调查笔录等调查材料，在确保检察机关对调查评估及时监督，以及对关键节点、关键环节的知情权，提高社区矫正机构出具的评估意见的含金量，提升社区矫正决定机关对评估意见的采信率。

在社区矫正工作中完善经常性跨市、县活动制度探究

吴育文[*]

经常性跨市、县活动是《中华人民共和国社区矫正法》（以下简称《社区矫正法》）的创新之举，是介于普通外出和执行地变更之间的一种新的管理方式，由于经常性跨市、县活动外延难以确定；相关法律法规不够完善；监管教育难以到位等问题，在执行过程中产生了不少困惑。针对上述问题，本文提出了完善经常性跨市、县活动制度的几点构想，能够为工作实际带来启发。

一、经常性跨市、县活动概述

（一）经常性跨市、县活动的定义

2020年《社区矫正法》及其实施办法施行以来，各地社区矫正事业得到跨越式发展，相关法律法规的制定是实务界和理论界多年来探索和总结基础上的结晶，体现出立法的科学性和创新性，本文所探讨的经常性跨市、县活动正是本次立法的创新之举。根据《社区矫正法》第二十七条第一款规定："社区矫正对象离开所居住的市、县或者迁居，应当报经社区矫正机构批准。社区矫正机构对于有正当理由的，应当批准；对于因正常工作和生活需要经常性跨市、县活动的，可以根据情况，简化批准程序和方式。"同时，四部门联合出台的《中华人民共和国社区矫正法实施办法》（以下简称《社区矫正法实施办法》）第二十九条规定："社区矫正对象确因正常工作和生活需要经常性跨市、县活动的，应当由本人提出书面申请，写明理由、经常性去往市县名称、时间、频次等，同时提供相应证明，由执行地县级社区矫正机构批准，批准一次的有效期为六个月。在批准的期限内，社区矫正对象到批准市、县活动的，可以通过电话、微信等方式报告活动情况。到期后，社区矫正对象仍需要经常性跨市、县活动的，应当重新提出申请。"

作为《社区矫正法》的配套制度，《社区矫正法实施办法》对经常性跨市、县活

---

[*] 吴育文，上海市青浦区司法局社区矫正选派民警。

动的程序性事项和管理手段作了进一步的细化规定，为各地制定实施细则、完善制度执行提供了参考。根据上述法律法规的内容，矫正对象离开所居住的市、县就是我们通常所说的外出请假，而经常性跨市、县活动则是社区矫正对象因正常工作和生活需要而经常性离开所居住的市、县的外出请假行为。经常性跨市、县活动作为外出请假制度的重要组成部分，事关对象合法权益的保障，值得我们重视和探究。

（二）经常性跨市、县活动与相关概念的区别

1. 经常性跨市、县活动与普通外出的区别

根据《社区矫正法》第二十七条之规定，外出的批准程序与经常性跨市、县活动的批准程序用分号相隔，表示两者之间存在一定的并列关系，该法条在"外出"这一大的框架下按照批准程序的不同分为普通外出和经常性跨市、县活动。故而不难看出，经常性跨市、县活动究其本质，是一种特殊的外出行为，其中"外出"是一个上位概念，是包含经常性跨市、县活动在内的，为了区分两者的概念，笔者用普通外出来与经常性跨市、县活动作比较。两者的区别在于：一是频次不同，经常性跨市、县活动系因为同一个事由在一定时期内多次外出，而普通外出基本只要出去一次就可以解决问题，很少有矫正对象因同一事由再次申请外出。二是外出的理由不同，普通外出的"正当理由"主要是指因就医、就学、参与诉讼、处理家庭或工作重要事务等事由而请假外出，经常性跨市、县活动的理由是正常工作和生活需要，实践中申请跨市、县的理由几乎都是因为工作事由，所以普通外出的理由较为多样化，而经常性跨市、县活动的理由则比较单一化。

2. 经常性跨市、县活动与执行地变更的区别

根据法律法规的相关规定，经常性跨市、县活动的理由是正常工作和生活需要，而执行地变更的理由则是工作、居所变化等原因，故而两者的理由存在一定的重合，对象因为工作的原因既可以申请经常性跨市、县活动，也可以申请执行地变更。两者的区别在于：一是法律效果不同，经常性跨市、县活动是在不改变执行地的基础上经常性离开所居住的市、县的外出行为，而执行地变更则是因为工作、居所变化等原因而变更执行地的行为，前者刑事执行机构并没有发生变化，仅仅是管理方式发生改变，而后者则直接导致刑事执行机构发生变化；二是审批的主体不同，经常性跨市、县活动只需要执行地社区矫正机构审批即可，而执行地变更在执行地矫正机构同意的基础上还要征求新执行地矫正机构的意见，后者比前者的审批流程更为复杂。

（三）经常性跨市、县活动的重要意义

1. 支持民营经济，优化营商环境

《社区矫正法》规定经常性跨市、县活动，充分体现出党和政府对发展民营经济

的重视和扶持。早在 2018 年 11 月 1 日，习近平总书记主持召开民营企业座谈会时就提出了支持民营企业壮大的六个方面的政策举措。2020 年 7 月 21 日，习近平总书记召开企业家座谈会，提出了四个方面的政策措施，其中提到要打造市场化、法治化、国际化营商环境。同时，2020 年突如其来的新冠疫情使党中央高度重视做好"六稳""六保"工作，通过落实"六保"来实现"六稳"，从而不断促进中国经济稳中求进。民营经济作为居民就业的重要组成部分，对服务和改善民生起到重要的推进作用，优化营商环境已然成为各级党委、政府和职能部门的工作重点。从 2012 年《社区矫正实施办法》把请假外出的理由规定为"就医、家庭重大变故等原因"，到 2019 年长三角地区《沪苏浙皖社区服刑人员外出管理办法（试行）》依法保障社区矫正对象跨省从事生产经营活动，再到 2020 年《社区矫正法》简化经常性外出审批程序，法律法规的逐步完善使矫正对象因生产经营活动申请外出不但有法可依，而且进一步简化了批准程序和方式，充分体现出司法行政部门优化营商环境，服务经济社会发展大局的精神。

2. 创新管理方式，体现人权保障

如前文所述，经常性跨市、县活动与普通外出、执行地变更既有相似之处，也有明显的区别，经常性跨市、县活动是《社区矫正法》在普通外出和执行地变更之间创设的一种新的管理方式，为那些居所和工作地分别处于两个市、县的矫正对象提供了方便，"既回应了基层社区矫正治理实践的需要，也充分考虑到了当今社会群体在工作模式和生活方式等方面发生的新情况、新变化和新需求，体现了立法的实事求是精神和法律的人道主义精神，使得社区矫正对象的外出管理措施和方法更具前瞻性、丰富性和灵活性"[①]。在《社区矫正法》实施之前，不少矫正对象往往要通过申请变更居住地的方式来解决工作地和居住地不统一的问题，由于不同地方变更居住地的标准千差万别，由此带来了很多问题。经常性跨市、县活动则为上述这类矫正对象解决了后顾之忧，解决了制度规定不完善的问题，最大限度地维护了矫正对象的合法权益。

二、实践中遇到的困惑

（一）外延难以确定

《社区矫正法实施办法》将外出的情形归结为"就医、就学、参与诉讼、处理家

[①] 徐祖华：《社区矫正对象经常性跨市、县活动相关规定执行问题初探》，载《犯罪与改造研究》2021 年第 5 期。

庭或工作重要实务等"原因，而没有对经常性跨市、县的情形和理由作进一步的说明。目前，在实务中很多基层单位对如何把握"确因正常工作和生活需要"产生了不少困惑，面对这一新生事物，结合工作实践，各地社区矫正机构都在摸着石头过河，边实践边总结经验。目前，已经有多个省、自治区、直辖市制定了贯彻《社区矫正法》及其实施办法的实施细则，很多地方明确了跨市、县活动的程序性事项和审批流程，但至今尚没有一部实施细则对经常性跨市、县活动的情形和范围进行过细化规定，仅《宁夏回族自治区实施细则》第四十六条第二款规定了从事长途运输业务需要社区矫正机构临时划设其活动范围和区域，但该实施细则也没有对经常性跨市、县活动作出系统分类。

目前，有一些地方的实施细则规定了申请跨市、县活动所需要的证明材料，如，《福建省贯彻〈中华人民共和国社区矫正法实施细则〉》（2022修正）第二十三条第二款规定："社区矫正对象确因正常工作需要经常性跨市、县活动的，需提供所在工作单位劳动关系、有效的统一社会信用代码证（照）复印件、社会保险、派遣证明材料；确因生活需要经常性跨市、县活动的，需提供生活往来的本人、配偶和子女不动产证明材料。"《江西省社区矫正工作实施细则》第六十二条第二款规定，"确因正常工作需要经常性跨市、县活动的，应当提供所在工作单位劳动关系、派遣等证明材料；确因生活需要经常性跨市、县活动的，应当提供亲属关系证明、产权证等证明材料"。笔者认为，在经常性跨市、县活动没有明确分类的情况下，直接规定矫正对象所需要提供的证明材料值得商榷，这在一定程度上反而限制了跨市、县活动的外延。其中，上述两部实施细则都提到因生活需要经常性跨市、县活动的，要提供相关亲属的产权证明材料，如果说矫正对象要申请照顾老人或者帮助子女照看孩子，要求上述证明材料具有一定的合理性，但如果矫正对象有跨市、县就医或者上学的需求，按照上述规定矫正对象就无法提交相关的申请，实际上变相剥夺了此类矫正对象因上述事由而申请经常性跨市、县的权利。正如笔者前文所述，经常性跨市、县活动是一种特殊的外出行为，虽然从目前来看以工作事由为主，但作为普通外出事由的就医、就学等原因在日后同样可能发生在经常性跨市、县活动中，故而各地实施细则在制定过程当中应当为今后跨市、县活动遇到的新情况留出余地。

值得注意的是，为贯彻落实"六保""六稳"的相关要求，不少地方的检察院和司法行政机关共同制定了关于社区矫正对象因生产经营活动而申请外出的规定，如上海市人民检察院和上海市司法局制定了《社区矫正对象因生产经营活动需要离开本市审批管理若干规定》，辽宁省人民检察院和省司法厅共同研究制定了《对涉民营企业社区矫正对象赴外地从事生产经营活动实行简捷监管办法》等，不少地方的实践探索，进一步完善了涉民营企业矫正对象外出请假、销假、监管等制度，对经常性跨市、县活动也提供了一定的启发。当然，作为跨市、县活动的"正常工作和生活需要"事由相对生产经营活动而言是一个上位概念，到底还包含哪些情形仍然需要司法行政机关在实践中不断探索和总结。

（二）法律法规的不完善

1. 外出频次和外出时间不明

《社区矫正法实施办法》第二十九条规定，"由本人提出书面申请，写明理由、经常性去往市县名称、时间、频次等"，这是《社区矫正法实施办法》里关于跨市、县活动外出时间和频次的唯一规定，实践中外出频次和外出时间由各地根据实际情况掌握。《社区矫正法实施办法》作为在全国推广实施的行政法规，在具体程序性事项方面不能规定得过于具体，否则无法为各地细化规定留出空间。但同时，我们也要看到，各地社区矫正机构就如何把握外出频次和时间问题产生了不少困惑，如外出频次是以周还是以月作为时间单位来计算次数？外出频次和时间是否要有规律性？外出后能在目的地过夜，还是要当天往返？由于各地社区矫正机构在理解上的不同，导致各地对跨市、县活动外出频次和时间把握口径不同。

2. 跨市、县活动能否跨省不明

根据《社区矫正法实施办法》的相关规定，在经常性跨市、县活动中，市是指直辖市的城市市区、设区的市的城市市区和县级市的辖区。基于上述规定，大家对于市、县的理解没有异议，但能否将"跨市、县"理解为在不同省份之间"跨市、县"，这是值得我们思考的一个问题。按照法律规定，直辖市的矫正对象如果申请跨市、县到周边省市是合法的，但直辖市附近城市的矫正对象想申请到直辖市进行跨市、县活动因为涉及跨省，从法理上来说则不一定符合形式上的要求。"对于社区矫正对象而言，应当基于'法无禁止即可为'的原则进行当然解释，即社区矫正对象可以申请离开所居住的省，但应当报经社区矫正机构批准；对于社区矫正机构而言，基于'法无授权不可为'的原则，其仅可对离开市、县或迁居的申请进行批准。"[①]作为国家机关，公权力的行使必须经过法律授权才能为之，如果社区矫正机构允许矫正对象跨省活动，则有超越法律授权乱作为之嫌。2022年2月15日，最高人民检察院召开新闻发布会，发布第三十三批指导性案例，包括5例涉及社区矫正领域的案例，检例第135号案中河南省滑县人民检察院就按照立法精神，将跨市、县活动中的"市、县"理解为包含跨省份之间的市、县，这个案例从侧面说明实践中不少社区矫正机构对能否跨省的问题持否定的态度。

---

① 秦吴霄：《社区矫正相关试行工作应伴随合法性判断——以福建省泉州市南安市涉企社区矫正试行工作为例》，载《社会科学研究》2022年第1期。

3. 审批一次的有效期过于固定

《社区矫正法实施办法》第二十九条细化了程序性事项和管理手段，包括跨市、县活动审批的时间期限，其中"批准一次的有效期为六个月"这一规定却让人着实费解，有些对象为处理工作事务申请经常外出的时间仅两三个月，难道也要批准六个月吗？又或者对象的劳动合同或生产经营合同剩余时间不足六个月的，合同期满后，社区矫正机构还要继续批准经常性跨市、县吗？故而，经常性跨市、县的时间应与矫正对象的实际情况相符合，否则会让各地社区矫正机构无所适从。笔者查阅了一下，绝大多数地方制定的实施细则都和实施办法保持一致，规定批准一次的有效期为六个月，只有《广东省社区矫正实施细则》规定"执行地县级社区矫正机构批准一次的有效期不超过六个月"，广东省的规定显然与实际情况相符，体现出规范性文件的严谨性。

（三）监管教育难以到位

1. 监督管理存盲区

按照目前法律的相关规定，社区矫正机构主要通过通信联络、信息化核查、实地查访的方式来了解掌握矫正对象的活动轨迹，由于经常性跨市、县矫正对象外出距离较远，给工作人员了解其活动情况带来一定阻碍。信息化核查通过人脸识别的方式可以确保矫正对象人机一致，但是在规定的报告时间以外，矫正对象依然可以通过人机不一致的方式来逃避信息化核查。与此同时，各地在审批经常性跨市、县活动以后，在系统上会给矫正对象按照其活动区域设定电子围栏，矫正对象在批准的期限内随时可以外出而不报警，这也给日常监管带来一定风险隐患。虽然各地均要求矫正对象通过电话、微信等方式报备后，才能外出活动，然而正如部分专家所指出的，"在社区矫正对象较长时间批准外出和流动状态下，容易导致部分社区矫正机构和司法所工作人员产生麻痹心理、放松警觉"[1]，久而久之，必然会产生疏于监管的问题。

2. 日常教育不到位

不少经常性跨市、县矫正对象因忙于工作，难以抽出时间参加社区矫正机构组织的法治、道德等教育活动，再加上目前疫情防控常态化的大背景，如果让此类矫正对象参加集中教育对于疫情防控而言也带来一定风险隐患。与此同时，因为经常性跨市、县活动审批一次的有效期较长，不排除个别矫正对象通过此类活动来逃避日常教育活动，从而摆脱社区矫正工作人员的教育管理。

---

[1] 徐祖华：《社区矫正对象经常性跨市、县活动相关规定执行问题初探》，载《犯罪与改造研究》2021年第5期。

3. 协助监管难落实

根据《社区矫正法实施办法》第二十八条第二款的规定，在社区矫正对象外出期间，"执行地县级社区矫正机构根据需要，可以协商外出目的地社区矫正机构协助监督管理，并要求社区矫正对象在到达和离开时向当地社区矫正机构报告，接受监督管理。外出目的地社区矫正机构在社区矫正对象报告后，可以通过电话通讯、实地查访等方式协助监督管理"。但在实际工作中，因为上述规定比较笼统，可操作性不强，双方社区矫正机构对于异地协助监管措施难以达成一致意见。更何况，此类对象不属于目的地社区矫正机构管理，出于本位主义和"多一事不如少一事"的思想，目的地社区矫正机构也不一定肯配合执行地社区矫正机构进行协助监管。

三、完善经常性跨市、县活动制度的几点建议

（一）对经常性跨市、县活动进行科学分类从而明确外延

正如前文所述，虽然不少地方针对跨市、县活动制定了有关程序性事项，但受限于上位法规定的不明确，各地在细化规定方面被束缚住手脚，无法准确把握"确因正常工作和生活需要"的范围。不过，从《社区矫正法》实施到现在已经一年多了，各地积累了不少经常性跨市、县活动的案例，为概念的科学分类提供了实践基础。以笔者所在的市辖区为例，自《社区矫正法》施行以来，截至 2022 年 6 月，上海市 X 区社区矫正中心共审批经常性跨市、县活动 31 人次，共计 17 名矫正对象，其中有 7 人为所在单位的管理人员或负责人，有 8 人在单位上班，有 1 人为长途运输驾驶员，有 1 人承包农地从事农业生产，上述人员都系工作需要才申请经常性跨市、县活动的。同时结合外省市一些地方的案例来看，工作或就业需要也占到了绝大多数，仅仅以生活需要为由申请跨市、县活动的案例极少。

结合上述案例，为了与实践相呼应，笔者认为，可以将经常性跨市、县活动分为生产经营类、上班务工类、长途运输类、家庭事项类和其他种类，即采用列举加兜底式的规定，以列举的方式先进行类型化的描述，再辅以兜底条款将不能类型化的案例一并进行概括，从而避免风险隐患。在分类明确的基础上，应进一步规定各类跨市、县活动所需要的证明材料，使证明材料体现出差异化和针对性，从而强化对相关矫正对象的监督管理。比如，生产经营类对象主要为单位的管理者和负责人，可以要求其提供营业执照、授权委托书、投资证明、任职证明、相关业务合同等证明材料，而对上班务工类对象，可以要求其提供劳动合同、出差证明、考勤记录、工资证明、社保缴纳记录等材料。各地可以制定实施细则细化分类，也可以就经常性跨市、县活动制定专门的规范性文件予以明确，从而完善制度规定，做到规范管理。

(二) 完善法律法规，堵塞制度漏洞

1. 外出频次和外出时间的问题

在外出频次方面，由于矫正对象跨市、县活动的情况千差万别，在单位上班的对象一周可能要外出5天以上，从事生产经营活动的对象外出时间则更加灵活多样，而跑长途运输的对象可能要连续几天不能返回。不少地方制定实施细则时过分强调外出的规律性，还有地方要求矫正对象每隔一段时间提交外出行程安排，笔者认为上述观点暴露出一些地方存在本位主义思想，值得商榷。在这个问题上，笔者认为各地可以借鉴《安徽省社区矫正工作实施细则》的相关规定，其中第四十条规定"每月至少往返所跨设区的市、县（市、区）三次及以上"属于经常性跨设区的市、县（市、区）活动。笔者认为规定每个月不少于三次是比较符合实际情况的，如果每个月才外出1次或2次完全可以通过申请普通外出来实现。这样规定既规范了制度执行，又避免了给矫正对象带来不必要的负担，同时也有利于矫正对象自行安排外出时间。

在外出时间方面，一些地方规定外出时间要有短时性，或者要求矫正对象当日往返，而这个问题涉及矫正对象能否在目的地过夜的问题，值得我们探究。以笔者所在的市辖区为例，目前所审批的经常性跨市、县矫正对象均能在当天实现往返。但如果以后遇到长途务工或就学的社区矫正对象，要求他们每日往返或者短时间外出显然是不现实的，而每次外出都要对这类矫正对象进行审批，程序又显得过于烦琐。从保障矫正对象合法权益的角度出发，笔者认为，经常性跨市、县活动应当允许矫正对象在目的地过夜。当然，从有利于监管的角度出发，矫正对象在外过夜应当有指定的居所才可以。

2. 跨市、县活动能否跨省的问题

如笔者前文所述，基于行政机关"法无授权不可为"的原则，不少基层机关显然不愿担当风险而将"跨市、县活动"理解为范围扩大到省外。虽然已经有最高检指导性案例将跨市、县理解为包含跨省份之间的市、县，但指导性案例毕竟不是正式法律解释，更不能代替法律，仅仅是人民检察院办理案件时释法说理的根据，各地司法行政机关出于本位主义考量，在当地人民检察院依法开展法律监督之前，依然可以要求跨市县对象不得出省。笔者认为，《社区矫正法实施办法》第二十九条应该在后面增加规定"经常性跨市、县活动包含跨省份之间的市、县"作为第二款，使对象跨省活动具备形式上的合法性，从而为各地细化规定提供依据。

3. 审批后有效期的问题

如前文分析，《社区矫正法实施办法》第二十九条规定的"有效期为六个月"应理解为不超过六个月才与实际情况相符合，而不能拘泥于文字本身。为了与实践相

呼应，笔者认为各地应当在实施细则或相关的规范性文件中明确规定"跨市、县活动批准一次的有效期不超过六个月"，从而将有歧义的规定予以明确化。如果今后要修改《社区矫正法实施办法》，为进一步完善经常性跨市、县活动制度，笔者建议可以将经常性跨市、县活动批准外出的时间期限规定为"三十日以上，不得超过六个月"，因为按照《社区矫正法实施办法》第二十七条的规定，不超过 30 日的外出完全可以按照普通的批假程序由县级社区矫正机构审批，这样规定可以在制度上实现与普通外出的有机衔接。

（三）完善制度强化监督教育

1. 充分利用信息技术加强外出监管

一是要加大信息化核查的频率，并建立随机抽查机制，在外出期间要求矫正对象不定期通过手机 App 来进行报告，从而让矫正对象无从掌握手机报告的规律，确保人机不分离。实践中矫正对象利用插件来修改手机定位的情况时有发生，在做好信息化核查工作的同时，应辅以微信视频通话的方式来核实矫正对象的真实轨迹，要求请假外出矫正对象在有明显标志的地方和工作人员进行视频通话，如工作单位、小区门口、政府机关等地方，以防矫正对象弄虚作假。二是依托智慧矫正平台做实做细跟踪核查机制，笔者建议在现有技术的基础上，可以设立"派单+签到签退"机制，矫正对象每次要跨市、县活动时，必须通过手机 App 先进行外出申请，工作人员进行派单操作以后，为其划设的电子围栏才会自动开启，最后矫正对象到达目的地所在的区域后再进行签到和签退操作。这样既克服了目前报备流程简单的问题，同时又是信息化核查工作的补充手段，从而方便社区矫正机构进行外出监管。

2. 借助互联网开启线上教育模式

由于不少跨市、县矫正对象忙于工作，难以参加各类教育活动，笔者认为社区矫正机构要充分依托智慧矫正平台，利用线上课堂等方式来满足矫正对象的学习需求，使矫正对象能够利用空余时间来自主安排学习；同时，要做好在线学习监督工作，通过人脸识别、断点续播、随机提问等方式来抽查矫正对象的学习情况，避免"替代式"学习和"挂机式"学习。另外，针对经常性跨市、县矫正对象中有相当一部分从事生产经营活动，在学习内容制定上要突出涉企业经营管理的课程，如融资贷款、风险防控、税务管理等内容，引导矫正对象合法诚信经营，使此类矫正对象的学习态度从"要我学"变成"我要学"，做到知识的精准投送。

3. 探索建立经常性跨市、县活动"双重审批"制度

由于经常性跨市、县活动存在异地监管难的问题，故而不少执行地矫正机构会委托目的地矫正机构协助监督管理，然而目前限于规定比较笼统，异地协助监管措施往往难以落地。笔者认为，今后可以探索建立经常性跨市、县活动"双重审批"

制度，即在执行地和目的地社区矫正机构都审批通过的情况下矫正对象才能进行经常性跨市、县活动，并通报双方同级人民检察院，一旦矫正对象在外出期间违反规定，则双方社区矫正机构都有权终止经常性审批事项，从而以制度倒逼目的地社区矫正机构进行协助监管，同时也能督促矫正对象认真遵守目的地的监督管理措施。

四、结语

外出请假是保障社区矫正对象合法权益的重要手段，而经常性跨市、县活动则是《社区矫正法》对外出请假制度的进一步深化和发展，对营造法治化营商环境和帮助社区矫正对象实现再社会化起到重要作用。虽然目前在执行过程中产生了不少困惑，但各地积累的经验和做法为今后经常性跨市、县活动工作的发展和完善奠定了基础。笔者立足于当前执行中遇到的困难，提出了完善此项工作的意见建议，希望能够为社区矫正工作实际带来启发。

社区矫正对象经常性跨市、县活动制度初探

刘华燕[*]

社区矫正对象外出管理是社区矫正监督管理工作的重要内容，社区矫正对象经常性跨市、县活动的审批与监管更是社区矫正工作的重点和难点，它在一定程度上是对矫正执法队伍执法水平和执法能力的考验。在现有法律规定下，分析研究实际执行中遇到的困难和问题，提出加强和改进相关工作的意见建议，希望能为矫正实践工作提供一些参考。

一、问题的提出

2020 年 7 月 1 日起施行的《中华人民共和国社区矫正法》（以下简称《社区矫正法》）第二十七条第一款规定："社区矫正对象离开所居住的市、县或者迁居，应当报经社区矫正机构批准。社区矫正机构对于有正当理由的，应当批准；对于因正常工作和生活需要经常性跨市、县活动的，可以根据情况，简化批准程序和方式。"该规定对社区矫正对象外出条件、批准机关、程序和方式等作出了明确规定，这与《中华人民共和国刑法》中对管制、缓刑、假释三类人员"离开所居住的市、县或者迁居，应当报经执行机关批准"的规定保持一致。相比 2012 年的《社区矫正实施办法》对此问题没有提及，该条规定既回应了基层社区矫正治理实践的需要，也充分考虑到了社区矫正对象在新的工作模式和生活方式等方面发生的新情况、新变化和新需求，充分体现了立法的实事求是精神和法律的人道主义精神，使得社区矫正对象的外出管理措施与方法更具前瞻性、丰富性和灵活性。当然，该条规定的概括性规定也使得社区矫正对象的外出管理工作，特别是"经常性跨市、县活动"的日常监管教育活动更富有探索性、挑战性和复杂性。《中华人民共和国社区矫正法实施办法》（以下简称《社区矫正法实施办法》）第二十九条是对《社区矫正法》第二十七条的具体执行规定，该规定对社区矫正对象"确因工作和生活需要经常性跨市、县活动"的管理问题，在事项审批、动态管理等方面作了相应细化和程序性规定，

---

[*] 刘华燕，四川省绵阳市三台县司法局社区矫正与安置帮教股股长。

但并未涉及"确因工作和生活需要经常性跨市、县活动"情形界定标准等实质性问题，这令基层工作人员在实际执行过程中产生了许多困惑和执行难点。

二、执行中存在的困难和问题

作为一名基层社区矫正执法机构的工作人员，不管是从现有的《社区矫正法》《社区矫正法实施办法》法律层面，还是从《四川省社区矫正实施细则（试行）》这一地方性法规中均未能找到比较有操作性的规定，这使得在日常工作中遇到这类问题时拿不准、吃不稳，卡得紧了，会影响矫正对象的工作生活，不利于其更好地改造，放得松了，又怕出现把关不严、监管不实等风险隐患。笔者在平常工作中认真学习上海、北京、湖南、福建、安徽等省市出台的《社区矫正实施细则》等制度的同时，对我县社区矫正机构2022年办理的12起社区矫正对象经常性跨市、县活动案例资料进行了研究分析。从总体上说，各省矫正机构在社区矫正对象经常性跨市、县方面或多或少进行了一定积极有益的探索与实践，也取得了一定的实践成果，这些探索与实践在一定程度上弥补了《社区矫正法》和《社区矫正法实施办法》在这一规定上的不足，为进一步做好社区矫正对象外出管理工作积累了经验、夯实了基础。但从中也暴露了执行中存在的一些具体问题和风险隐患。

（一）制度完善难

从部分省市出台的社区矫正实施细则来看，涉及"确因工作和生活需要经常性跨市、县活动"的情形界定这一问题，大多采取了与《社区矫正法实施办法》第二十九条规定一致的态度，有的在事项审批程序，跨市、县活动范围，相关证明材料等方面作了进一步的细化，如湖南省专节规定了经常性跨市、县活动这一制度，为了维护必要的监管秩序，将经常性跨市、县活动的范围明确为"一般限于执行地相邻市、县，对因特殊情况需要跨市州、跨省活动的要求分别报市级、省级社区矫正机构备案"。福建省规定"经常性跨市、县活动在福建省行政区域域的，报设区市级社区矫正机构备案；经常性跨市、县活动离开福建省行政区域的，报省级社区矫正机构备案。社区矫正对象确因正常工作需要经常性跨市、县活动的，需提供所在工作单位劳动关系、有效的统一社会信用代码证（照）复印件、社会保险、派遣证明材料；确因生活需要经常性跨市、县活动的，需提供生活往来的本人、配偶和子女的不动产证明材料"。上述情形，除法律制度支撑不足外，一个重要的原因在于行刑社会化条件下，如果通过列举等方式界定社区矫正对象"确因工作和生活需要"的情形，制度建设任务与压力都很大，且有一定的风险隐患。

（二）规范执行难

在具体的实践中，对于如何准确把握"确因正常工作和生活需要情形"，与《社区矫正法实施办法》第二十六条第二款规定的"就医、就学、参与诉讼、处理家庭或者工作重要事务等"外出正当理由情形之间的区别与联系。在笔者看来，"确因正常工作和生活需要"实际上已经涵盖了"正当理由"的情形。但在实践中，存在着把"确因正常工作和生活需要情形"与"正当理由"情形机械隔离开来的情形，加上外出事由的不确定性、鉴别情形的复杂性、日常监管的艰巨性和安全稳定的风险性等影响，在实际执行过程中产生了一定程度的"宁左勿右"思想苗头和"从严从紧"现象，影响了制度实施的政治效果和社会效果。有的地方在经常性跨市、县活动与正当理由的请假外出上因吃不透、把不准，已经出现了"前者宽、后者严"现象，实际执行中存在一定程度的把关不严、措施不力、监管不实等风险隐患。再者，基层普遍反映如何准确把握"经常性跨市、县活动"的时间与频次问题存在困难。例如，四川省某县社区矫正对象刘某以承包工程为生，刘某在入矫前就已承包该工程，但因其系承包者，无须长期待在工地，不适宜办理居住地变更，基本都是工程临时有事才会去，每个月去的频次和时间均不固定，时多时少，这使社区矫正机构对刘某经常性跨市、县活动的时间与频次等问题难以把握，给外出审核审批、日常监管等工作也带来了一定困难。

（三）风险防范难

由于缺乏全国统一的经常性跨市、县活动情形的标准，省与省之间、市县之间甚至是社区矫正机构工作人员个人之间，在具体执行《社区矫正法实施办法》第二十九条规定过程中，就会存在宽严不一的现象，这一方面影响了区域性的执法统一，造成社区矫正工作发展新的不平衡、不充分、不规范现象，另一方面导致社区矫正机构工作人员自由裁量权过大，留下执法工作隐患和队伍安全隐患。同时，《社区矫正法实施办法》第二十九条规定"在批准的期限内，社区矫正对象到批准市、县活动的，可以通过电话、微信等方式报告活动情况"。在实际执行中，一方面，存在社区矫正对象不如实、不及时报告自己外出活动情况的现象；另一方面，容易导致部分社区矫正机构和司法所工作人员产生麻痹心理、放松警觉，甚至可能出现过度依赖电话、微信等方式报告活动情况的现象，出现监管空白，留下安全隐患。同时，在疫情防控常态化新形势下，社区矫正对象经常性跨市、县活动也给社区矫正机构统筹做好疫情防控与日常监管教育和安全稳定等工作带来较大的压力。

（四）监管教育难

在日常工作中，由于经常性跨市、县活动一次性批准时间较长和外出活动情况报告方式简单等原因，存在部分社区矫正对象借此逃避监督管理和参加日常教育学习活动等现象，在一定程度上造成了其他社区矫正对象的情绪波动，影响了区域内社区矫正活动的正常开展和秩序稳定。根据《社区矫正法实施办法》第二十八条第二款的规定，社区矫正对象外出期间，执行地县级社区矫正机构根据需要，可以协商外出目的地社区矫正机构协助监督管理。从我县目前已发出的协助监管反馈情况来看，大部分外出目的地社区矫正机构出于自身监管教育压力增加的考虑，不愿意接收协助监管，部分接收了协助监管的矫正机构并未实际履行委托机关的委托事项，异地协助监管措施落不到实处。

三、加强和改进建议

经常性跨市、县活动制度设计回应了新时代人民群众的新要求，准确把握了刚性执法与柔性矫正的尺度，让社区矫正有力度更有温度。该项制度从实际执行中反映的情况和困惑来看，准确理解和贯彻执行"经常性跨市、县活动"相关规定及其立法精神，社区矫正机构需要重点处理好以下几点，在确保制度规定正确有效执行的同时，依法维护社区矫正对象合法权益，帮助其解决在正常工作和生活中遇到的实际困难和现实问题，不断提升贯彻执行《社区矫正法》和《社区矫正法实施办法》的政治效果、法律效果和社会效果。

（一）正确理解和把握三类关系

1. 正确理解和把握"正当理由"与"经常性跨市、县活动"的关系

《社区矫正法实施办法》第二十六条第二款规定的正当理由有五种情形，具有排他性、被动性和偶发性。对于"经常性跨市、县活动"情形而言，其主要特点在于：一是必需性。社区矫正对象的"确因工作或生活需要"情形在一定时期内客观存在，有些情形可能涉及生存与发展等问题，需要主观努力并必须应对和处理的相关活动和行为，如需要经常性跨市、县作业的客运或货运司机等职业行为。二是持续性。该行为或者活动在一个较长的时期，如6个月内持续或者连续发生或者存续的，需要社区矫正对象经常性、不能间断地跨市、县作业或者应对处理。三是稳定性。该行为或者活动外出目的地、事由、活动线路、频次等相对固定，有一定的规律性和稳定性，需要社区矫正对象经常性往返于执行地与目的地之间，动态性、常态化地应对或处理的活动或行为，如跨市、县就学就业需每天返回执行地居住，需经常性跨市、县处理公司或企业相关业务及开展营商活动，等等。综上可以看出"经常性跨市、县活动"的主要事由是建立在"正当理由"基础上的，只不过其表现形式更为特殊。

2. 正确理解和把握"经常性跨市、县活动"与变更执行地的关系

对于变更执行地，《社区矫正法》第二十七条第二款规定"因社区矫正对象迁居等原因需要变更执行地的，社区矫正机构应当按照有关规定作出变更决定"。《社区矫正法实施办法》第三十条规定"社区矫正对象因工作、居所变化等原因需要变更执行地的……"从中可以看出，当社区矫正对象工作或者居所发生变化时，由其本人自行决定是否需要变更执行地。而经常性跨市、县活动的矫正对象的工作和生活基础在执行地，并不在外出目的地，虽然社区矫正对象因工作、居所变化符合变更执行地条件，但其本人没有提出变更执行地的申请，社区矫正机构不能违规为其办理变更执行地手续。

3. 正确理解和把握经常性跨市、县活动与促进就业、保障合法权益的关系

实践表明，帮助有劳动能力、有就业愿望和有需求的社区矫正对象实现就业，是社区矫正机构困难帮扶工作的重点，是促进社区矫正对象再社会化、防范和减少再犯罪现象的重要措施。在我县12例社区矫正对象经常性跨市、县活动案件中，11人因工作需要，1人因照顾哺乳期孩子和正在外地就学孩子的生活需要。可见，工作需要是经常性跨市、县活动的主要原因。经济的发展为矫正对象跨市、县就业创造了条件、提供了可能，不管是部分矫正对象出于犯罪后心理承受能力，促使其选择跨市、县工作，还是矫正对象本身的工作性质需要经常性跨市、县活动，都需要我们在日常的工作中做到坚持以人为本，充分发挥"经常性跨市、县活动"规定在促进就业、帮助解决实际困难、维护合法权益等方面的法律保障作用。

（二）坚持制度先行

认真研究和合理界定社区矫正对象外出"正当理由"和"确因工作和生活需要"的具体情形，完善制度依据，提高刑事执行水平。在这方面，安徽省的做法值得学习借鉴。《安徽省社区矫正工作实施细则》用多个条款较详细地规定了矫正对象外出监督管理制度，以列举方式对矫正对象外出的"正当理由"作了较为合理的细化，如"本人就医、结婚、离婚、生育、参加考试等需要离开执行地的；涉本人的仲裁、登记、许可、调解、复议、诉讼等活动确需本人赴外地参加的；法定节假日需离开执行地探亲、祭祖的；本人近亲属婚嫁、病重、亡故等，确需本人赴外地处理的；因生产经营等工作需要，确需本人赴外地处理的，不包括赴外地务工；等等"。其在"经常性跨市、县活动"方面也作了相应规定，如"每月至少往返所跨设区的市、县（市、区）三次及以上""跨设区的市、县（市、区）活动的出行目的地和出行路线明确、固定，出行时间、频次规律""除必须途经外，不包括经常性跨设区的市、县（市、区）活动外的第三地；等等"。

（三）坚持科学管理

健全完善社区矫正机构审查审核机制，建立实施"谁审批、谁负责"岗位责任制，严格审查把关社区矫正对象"经常性跨市、县活动"目的地、事由、活动线路、频次及其相关证明材料，严防弄虚作假等现象发生；加强"智慧矫正"体系建设，完善社区矫正信息化管理平台功能，努力实现外出管理事项审批、通信联络、信息化核查、实地查访、异地协管等各项工作智能化闭环管理，确保矫正安全；健全完善部门衔接机制，充分发挥公安机关、检察机关等职能作用和资源优势，完善法律监督、检查核查等制约监督和协同配合机制，提升外出管理工作水平；健全完善村（社区）等社会力量参与机制。畅通监督管理与教育帮扶"最后一公里"，协助配合社区矫正机构做好外出管理等各项工作。

（四）坚持就业帮扶

建立实施社区矫正对象困难帮扶需求定期调查排摸制度，强化"精准帮扶"，加强部门沟通协调，着力推动相关法律规定转化为政策措施落地落实，完善社区矫正工作保障机制；深化社会力量参与，加强就业安置等基地建设，加大职业技能培训力度，积极帮助矫正对象实现就近就地就业。

（五）推广江浙沪等地先进经验，积极探索跨区域协作

既可有效解决托管监督、异地协查，信息互通等跨区事项，又能方便涉企矫正对象从事正常生产、经营活动，逐步推进跨区域社区矫正工作常态化、规范化，实现社会治理效能 1+1>2。

社区矫正训诫、警告、撤销缓刑条文体系化解析

——从解释方法谈规范与公平正义

张雨田*

习近平总书记在中央全面依法治国工作会议上强调，要深化司法责任制综合配套改革，加强司法制约监督，健全社会公平正义法治保障制度，努力让人民群众在每一个司法案件中感受到公平正义。① 公平正义是习近平法治思想的核心要义之一。②③ 习近平总书记在"七一"重要讲话中再次提到了公平正义这一价值。司法部社区矫正管理局局长姜爱东提出，要深入学习"七一"重要讲话精神，坚持法治思维，不断提高社区矫正执法规范化水平。④ 笔者认为，公平正义是法治思维的核心内涵，是实现社区矫正这一刑事司法工作规范化的指导思想与核心理念之一。

"人们对于正义存在不同的理解，但大体可以肯定的是，正义的基本要求是，对于'相同'的案件必须得到相同的或者至少相似的处理……例如，在刑法上，如果某种解释导致严重侵害法益的行为无罪，而轻微侵害法益的行为有罪，或者解释导致重罪只能判处轻刑，轻罪反而应当判处重刑，那么，这种解释就是不协调的，因而也是不正义的。要实现刑法的正义性，就必须保持刑法的协调性，故'使法律之间相协调是最好的解释方法'……"⑤

从我国的司法工作实际来看，立法解释、司法解释无疑对统一法律适用，规范司法工作起到了至关重要的作用。而众所周知，刑法的解释从效力上可以分为有权解释（立法解释、司法解释）和无权解释（学理解释）。立法解释、司法解释由固定

---

* 张雨田，福建省福清市社区矫正管理局一级科员。
① 2020年11月16日至17日，习近平总书记在中央全面依法治国工作会议上的重要讲话。
② 李林：《习近平法治思想的核心要义》，https://www.chinanews.com.cn/ll/2020/11-23/9345314.shtml，最后访问时间：2022年8月16日。
③ 吴建雄、熊世才：《习近平法治思想中的公平正义观》，载《行政管理改革》2021年第11期。
④ 人民网：《学习贯彻习近平总书记"七一"重要讲话精神，深入推进社区矫正工作规范化精细化智能化——专访司法部社区矫正管理局党支部书记、局长姜爱东》，http://www.people.com.cn/n1/2021/0826/c32306-32209041.html，最后访问时间：2022年8月16日。
⑤ 张明楷著：《刑法分则的解释原理》（上册），中国人民大学出版社2011年版，第57页。

的文字表述，因而与法律一样存在滞后性，制定者难以预见将来所有的现实可能，司法人员在适用时可能出现前述的"不协调"（不正义），进而导致司法失范。要克服法律滞后性带来的"不协调"造成司法不规范，就必须对其进行学理解释。学理解释更加灵活多样，更容易贴近司法实践，因而有助于正确理解法律的精神，有利于实现公平正义的价值。虽然，社区矫正在刑法学中位处"刑罚论"这一并不那么核心的部分，但不可否认的是，社区矫正也必须遵循正义法则，作为刑法基本原则之一的罪责刑相适应原则应当始终贯彻于社区矫正的执行过程，亦即社区矫正司法也应当避免"不协调"导致的不规范。《中华人民共和国社区矫正法》（以下简称《社区矫正法》）颁布后，"两高两部"制定了《中华人民共和国社区矫正法实施办法》（以下简称《社区矫正法实施办法》），进一步统一、细化社区矫正司法标准，对准确适用法律起到了司法解释作用。《社区矫正法实施办法》是规范全国社区矫正工作的重要司法文件，其中的训诫、警告、撤销缓刑条文更是直接关系到刑事变更执行，牵涉到特定对象的人身自由，对其正确解释适用是规范社区矫正司法的重中之重。因此，对训诫、警告、撤销缓刑条文可以通过适用刑法解释规则，坚持公平正义，从而实现规范司法。

一、问题的提出：区别微妙的解释与差异悬殊的处遇

请看以下两则案例：

案例1

张三在A社区矫正机构接受矫正，李四在B社区矫正机构接受矫正。

张三未经批准，私自外出，并更换日常使用的手机。A社区矫正机构发现张三失去联系后多次查找，但无法查找到其下落。张三在失去联系后的第9天回到执行地，并向A社区矫正机构谎称近几日都在执行地。A社区矫正机构经调查，未能取得张三行踪的证据，认为张三的行为属于脱离监管未超过十日，适用《社区矫正法实施办法》第三十四条第二项规定，对其给予训诫。其后，张三采取同样手段私自外出7天，再次仅受训诫处罚。

李四未经批准，私自外出，携带了日常使用的手机。B社区矫正机构发现后，电话联系李四。李四接听，承认其在外地处理急事，恳请允许其数日后返回补办"请假"手续。B社区矫正机构要求其立即返回。李四在外出后的第5天返回。B社区矫正机构认为，李四的行为属于脱离监管且拒绝接受监督管理，适用《社区矫正法实施办法》第三十八条第二款规定，于是向公安机关提请对其予以治安管理处罚。公安机关采纳建议，对李四作出了治安管理处罚决定。其后，李四因疏忽，未及时向B

社区矫正机构报送位置信息。B 社区矫正机构认为，李四的行为符合《社区矫正法实施办法》第四十六条第一款第三项规定的"因违反监督管理规定受到治安管理处罚，仍不改正"，对其提请撤销缓刑。最终，李四被收监执行。

案例 2[①]

张三在 A 社区矫正机构接受矫正，李四在 B 社区矫正机构接受矫正。

张三两次采用案例 1 中的方法私自外出，受到两次训诫。其后，张三再次私自外出，被处以警告。受警告之后，张三又先后两次私自外出。A 社区矫正机构认为，《社区矫正法实施办法》第三十五条第五项规定的"受到社区矫正机构两次训诫，仍不改正的"是指，每当累计受到两次训诫后的"仍不改正"，张三此前已被适用 1 次"两次训诫仍不改正处以警告"，故对其之后的两次私自外出行为仅能处以两次训诫。

李四两次因未及时报送位置信息、未及时电话报告等轻微违反监督管理规定的行为受到训诫。其后，李四再次未及时报送位置信息，被处以警告。受警告之后，李四又一次出现此类轻微违规行为。B 社区矫正机构认为，《社区矫正法实施办法》第三十五条第五项规定的"受到社区矫正机构两次训诫，仍不改正的"，是指一旦受到两次训诫后的每一次"仍不改正"，即受到两次训诫之后的每一次违规行为均应给予警告，虽然李四已被适用一次"两次训诫仍不改正处以警告"，但对其之后的轻微违规行为仍可以再次适用警告，故再次对其给予警告。李四受到两次警告后，再一次未及时报送位置信息。B 社区矫正机构认为，李四的行为符合《社区矫正法实施办法》第四十六条第一款第四项规定的"受到社区矫正机构两次警告，仍不改正的"，对其提请撤销缓刑。最终，李四被收监执行。

虽然上述系笔者结合实务中所见所闻杜撰的"教学案例"，为凸显不同解释立场导致的结果差异，举例略显两极分化，但是，在不同地区的相同案件中，甚至同一地区的相似案件中，类似的"不协调"是客观存在的。这一解释上的"不协调"造成《社区矫正法实施办法》的规范作用大打折扣。

加以归纳，不难看出：案例 1 中，张三私自外出 16 天，拒不承认私自外出，仅受两次训诫；而李四私自外出 5 天，坦白私自外出行为，之后仅有 1 次未及时报送位置信息的轻微违规行为，却被收监执行。案例 2 中，张三 5 次私自外出，仅受 1 次警告和两次训诫；而李四却因 5 次轻微违规行为被收监执行。

两个案例分别从条文适用上看，似乎均依据充分，仅是解释的立场不同，但缘何造成差异如此悬殊的处遇，值得深思。笔者认为，两个案例均存在"只见树木，不见森林"的机械解释问题，亦即将条文割裂开理解，未联系法律、司法解释的整

[①] 参见福建省福清市人民法院（2021）闽 0181 刑更 39 号刑事裁定书。

体进行体系化解释。针对此类问题，可尝试以体系解释为主导，结合文理解释、沿革解释，以及法条竞合的罪数处断原则，展开解析，加以规范。

二、脱管条文的特殊体系地位与适用偏差

造成案例1中张三、李四处遇差异的主要原因是对脱管条文的适用偏差。

《社区矫正法实施办法》第三十四条、第三十五条、第三十八条、第四十六条、第四十七条、第四十九条均涉及脱管行为处置的规定，即关于训诫、警告、撤销缓刑、撤销假释、收监执行的条文中均规定了脱管行为应如何处理。查阅相关条文还可以看到，唯独对脱管行为规定了可量化的处罚标准，即"未超过十日""超过十日""超过一个月"。此外，不少观点认为依据第三十八条，只要脱管的社区矫正对象出现拒绝接受监督管理的行为，[①] 就应当至少提请治安管理处罚，乃至提请撤销缓刑、撤销假释、收监执行。

"对刑法进行体系解释，要求使刑法条文之间相协调。但是，'使刑法条文相协调是最好的解释方法'这句话，是有前提的。亦即，对法条（尤其是对基本法条）做出了合理解释。因为一个解释结论与公认为合理的解释结论不协调时，就难以被人接受。由于刑法条文之间具有密切关系，对一个条文做出不恰当解释后，为了保持条文之间的'协调'，可能甚至必然导致对相关的另一个条文做出不合理解释。换言之，进行体系解释时，应防止因为错释一条而错释一片的局面。与之密切相关的是，应当选择哪一个法条作为基本法条，使之成为被比照、被类比的对象，也显得特别重要。"[②]

关于脱管行为处罚的规定贯穿于各类处罚措施的条文，且量化、具体，理解起来无疑义，严格根据脱管天数处罚应是"公认为合理的解释"。而违反报告、会客、外出、迁居等规定的情节，何谓轻微、何谓较重并不明确，"兜底条款"更是笼统。根据体系解释"互相联系""互相协调""以基本法条为中心"的原则，关于脱管行为处罚的条文本应作为"基本法条"，供处罚其他违规行为时比照、类比。换言之，只有当其他违规行为情节的严重程度与脱管"未超过十日""超过十日""超过一个月"基本相当之时，才可相应地给予训诫、警告或撤销缓刑、撤销假释、收监执行，否则就有"轻罪重罚，重罪轻罚"之嫌，有违罪责刑相适应原则。但事实上，脱管行为处罚的条文难以与其他条文相协调，若机械参照，便可能出现案例1中的问题。

第一，与训诫、警告条文难以协调。假设实践中常见的违反报告、外出规定的

[①] 例如，私自外出后拒绝立即返回。
[②] 张明楷著：《刑法分则的解释原理》（上册），中国人民大学出版社2011年版，第63页。

行为及兜底的其他违规行为应当与脱管"未超过十日""超过十日"程度基本相当，才能相应给予训诫、警告，那么，未按规定报告、私自外出、未按规定报送位置信息、不随身携带定位手机、定位手机关机至少要超过 10 次才能给予警告，否则仅能训诫。倘若如此解释，依照一般理解，出现 7 次以上应予训诫的违规行为才符合撤销缓刑、撤销假释条件，那么社区矫正对象违反监督管理规定 60 次（如 10 乘以 6）都不会被收监执行，如此必将严重影响社区矫正执法的权威和稳定。倘若不如此解释，社区矫正对象 1 次到 2 次未按规定报告或私自外出或未按规定报送位置信息、不随身携带定位手机、定位手机关机，就会受到训诫，而社区矫正对象脱管 10 日也仅受训诫；社区矫正对象 3 次到 4 次未按规定报告或私自外出或未按规定报送位置信息、不随身携带定位手机、定位手机关机，就会受到警告，而社区矫正对象脱管 20 余日也仅受警告，如此必将严重影响社区矫正执法的公平公正。实践中往往不会如此解释。笔者在实务中曾一度主张为实现罪责刑相适应，应当如此解释，但随着接触的案例增加，最终只能承认如此解释不切合实际。

第二，与撤销缓刑条文难以协调（撤销假释的相关规定与撤销缓刑一致，不再赘述；暂予监外执行收监执行的规定对于脱管的时间并无要求，不作比较）。依照《社区矫正法实施办法》第四十六条第一款第二项的规定，脱管超过 1 个月应当撤销缓刑。如前所述，依照一般理解，出现 7 次以上应予训诫的行为或者 3 次以上应予警告的行为才符合撤销缓刑条件。那么，如若社区矫正对象"化整为零"，每次脱管均不超过 10 日或者不超过 1 个月，则每次仅能给予训诫、警告，那么可能即使脱管近 2 个月（如 10 乘以 6 或者 30 乘以 2）也不会被撤销缓刑。如此机械解释，显失公平。

如何体系化解释适用，避免机械司法，应当厘清相关违规行为与脱管行为的关系。

三、违反外出、报告等规定行为与脱管行为的关系与处理

首先，应对脱管行为准确定义，以便精准参照。当前唯一定义脱管行为的条文见于"两高两部"《关于进一步加强社区矫正工作衔接配合管理的意见》第十条的规定："社区服刑人员在社区矫正期间脱离居住地社区矫正机构的监督管理下落不明，或者虽能查找到其下落但拒绝接受监督管理的，属于脱管。"即脱管表现为两种行为：一是脱离监督管理下落不明（可称作失联型脱管），二是虽能查找到其下落但拒绝接受监督管理（可称作抗拒型脱管）。此外，因第一种脱管定义的前提是脱离监督管理，故笔者认为在社区矫正机构未严格履行监督管理职责的情况下，社区矫正对象脱离监督管理，社区矫正机构未发现其下落不明，也属于脱管（可称作应发现未发现型脱管）。例如，社区矫正机构未严格开展信息化核查，未严格监督社区矫正对

象按时报告、参加教育学习等活动，社区矫正对象趁机私自外出，社区矫正机构未发现其私自外出，也属于脱管。①

其次，应列举违反外出、报告等规定行为的具体情形，以便区分情节严重程度。结合实践情况，违反外出规定主要有几种情形：未经批准私自外出、外出至批准范围以外的区域、批准的外出期限届满后未返回、返回后未及时"销假"、"销假"时未按要求提交外出情况证明材料。单纯对比违反外出规定的几类情形，不联系其他条文，一般认为私自外出、超批准区域外出及超批准期限外出的时间较长、次数较多，经责令立即返回而拒不返回的属于情节较重（应予警告）的情形，其中以私自外出时间较长、次数较多最为常见。违反报告及信息化核查等规定的行为类型相对简单，判断是否属于情节较重，一般根据频率、持续时间来判断。例如，根据一段时间内不按时报告、不随身携带定位手机、故意关机、不报送位置信息的次数、持续的时间来判断。那么，时间较长、次数较多如何把握？对于私自外出时间较长，较容易把握，以笔者所在地区的信息化核查手段和工作水平，一般不会出现私自外出超过 24 小时未被发现的情况，私自外出超过 24 小时未返回一般都存在拒不返回或下落不明或应发现未发现的情形，故一般私自外出超过 24 小时可以认定为时间较长。同理，不按时报告、不随身携带定位手机、故意关机、不报送位置信息持续的时间超过 24 小时，也可以认定为时间较长。而对于钻信息化核查"空子"多次私自外出，事后才被发现，从而导致累积处理的情形，次数较多的标准如何判定则难下定论，本文暂不作主张。不按时报告、不随身携带定位手机、故意关机、不报送位置信息一般能够及时发现，不会出现违规次数累积至应予警告的程度才处理的问题，及时予以训诫处罚即可。

最后，应正确处理违反外出、报告等规定与脱管出现竞合的情形。前文已述，私自外出、不按时报告、不随身携带定位手机、故意关机、不报送位置信息持续的时间超过 24 小时，一般都具有拒不接受监督管理或下落不明或应发现未发现的情形，而这三种情形就属于脱管。换言之，在此种情形下，一个行为既构成违反外出、报告等规定，也构成脱管。此时，实务人员往往会迟疑是适用违反外出、报告等规定的条文或者兜底条款，还是适用脱管的条文。若适用脱管条文，持续时间未超过 10 日就仅能予以训诫，前文已述如此适用难以实现罪责刑相适应。笔者认为，此种情形下，脱管条文与违反外出、报告等规定条文及兜底条款出现了交叉关系，故可以参照"法条竞合"的罪数处断原则，依照"特别法优于一般法、择一重罪"的原则，适用违反外出、报告等规定的条文或兜底条款，从而认定属于情节较重，给予警告。以笔者观点，"脱管未超 10 日给予训诫"这一条文在实践中几乎没有适用的

---

① 实践中，发现此种情况后，以脱管超过一个月为由撤销缓刑的案例并不鲜见。

空间，即使不能以私自外出、不按时报告、不随身携带定位手机、故意关机、不报送位置信息持续时间较长予以警告，① 也可以拒不配合通信联络、实地查访时间较长给予警告。②

此外，还应正确处理脱管条文自身的适用问题。笔者认为，脱管条文主要应适用于脱管超过 10 日的情形，理由如下：

第一，对比实践中出现的各类违规行为的情节，考量脱管行为对社区矫正监督管理秩序的妨害程度，脱管超过 10 日的行为较之绝大多数受到警告的行为明显严重，故一般应予以治安管理处罚。

第二，不宜将《社区矫正法实施办法》第三十八条第二款规定的"视情节依法提请公安机关予以治安管理处罚，或者依法提请撤销缓刑、撤销假释、对暂予监外执行的收监执行"理解为这种情节只能给予治安管理处罚以上的处罚。应当看到，是否能够查找到脱管的社区矫正对象的下落，无非取决于社区矫正对象是否愿意报告行踪及其"反侦查能力"。换言之，查找不到无非是由于其拒不报告行踪或"反侦查能力"较强。查找不到的社区矫正对象主观上同样拒不接受监督管理，甚至更为顽固、狡诈。并不能认为，能查找到下落但拒绝接受监督管理的社区矫正对象的违规情节，必然比查找不到的社区矫正对象恶劣。对于脱管的社区矫正对象给予何种处罚应当主要以脱管的时间为衡量标准，如社区矫正对象私自外出后短时间拒不返回，视时间长短给予训诫或警告即可。③

第三，在严格依照《社区矫正法实施办法》脱管条文执行的情形下，脱管超过 1 个月应当解释为累计脱管超过 1 个月。④ 否则可能得出前文所述的，每次脱管 10 天，脱管 6 次，累计脱管 60 天，也仅能给予 1 次警告、2 次训诫；每次脱管 30 天，脱管 2 次，累计脱管 60 天，也只能给予 2 次警告的结论。该结论的不合理就在于，因脱管被处罚后不思悔改，再次脱管，累计脱管超过 1 个月的恶劣程度显然不亚于连续脱管超过 1 个月，而仅受较轻的处罚，与撤销缓刑的条文难以协调。故笔者前文提出，"脱管未超 10 日给予训诫"这一条文在实践中几乎没有适用的空间，脱管超过 10 日的一般应予以治安管理处罚，治安管理处罚后仍不改正可撤销缓刑。

---

① 例如，无法证明私自外出、未到规定的报告时间、未配备定位手机、未使用报送位置信息的 App 等。
② 虽然《社区矫正法实施办法》未明确规定社区矫正对象拒不配合通信联络、信息化核查、实地查访应当给予处罚，但是《社区矫正法》第二十六条规定社区矫正机构可以通过通信联络、信息化核查、实地查访等方式核实有关情况，而实务中对不按时报送位置信息等不配合信息化核查的行为给予处罚是得到普遍认可的，故同理，对于不配合通信联络、实地查访的行为给予处罚是合理的。
③ 例如，在收到责令返回的通知后 1 个小时左右返回，可以考虑仅给予训诫。
④ 这里的 1 个月可以以 31 天为准，从而有利于行为人。

四、"两次训诫仍不改正"与"两次警告仍不改正"的解释适用

(一)"两次仍"的不同理解

实践中,对《社区矫正法实施办法》第三十五条第五项有两种不同理解。正如案例 2 中,A 社区矫正机构认为"受到社区矫正机构两次训诫,仍不改正的"是指,每当累计受到两次训诫后的"仍不改正";B 社区矫正机构则认为是指,一旦受到两次训诫后的每一次"仍不改正"。两种解释立场导致的结果差异是,在第一种立场的语境下,对 7 次应予训诫的违规行为可撤销缓刑;在第二种立场的语境下,对 5 次应予训诫的违规行为即可撤销缓刑。

第一种解释立场将第三十五条第五项解释为一种"累计制度"。类似于"两高"《关于办理盗窃案件适用法律若干问题的解释》第三条规定,二年内盗窃三次以上应认定为"多次盗窃",构成盗窃罪。该立场强调的是,在社区矫正对象多次轻微违规的情况下,轻微违规行为累计到一定程度体现社区矫正对象对监督管理秩序的妨害程度上升,也就应上升评价为较重的违规行为,予以较重处罚,侧重避免社区矫正对象"大错不犯,小错不断"无法给予实质性惩处的问题。

第二种解释立场将第三十五条第五项解释为一种"前科制度"。类似于"两高"《关于办理盗窃案件适用法律若干问题的解释》第二条规定,曾因盗窃受过刑事处罚或者一年内曾因盗窃受过行政处罚,构罪数额按照通常标准的 50% 确定。该立场将视角放在社区矫正对象的主观恶性、人身危险性上,强调的是社区矫正对象受两次训诫后的"不悔改",危险性因"不悔改"次数而上升,故对于两次训诫后的每一次违规行为都应当给予较重处罚,亦即将两次训诫后的警告"门槛"降低,与"按照通常标准的 50% 确定"有异曲同工之处。

笔者认为,第二种立场在不联系其他条文的前提下具有一定合理性。

首先,从文理上解读,条文的表述方式是"两次仍不改正",而非"累计三次",似乎在有意强调受两次训诫后的每一次"不改正"行为,而不是要设计一种"累计三次训诫给予警告"的制度。

其次,运用沿革解释,追溯撤销缓刑条文的演变历程。2012 年 3 月施行的《社区矫正实施办法》规定,受三次警告仍不改正应撤销缓刑。2020 年 7 月,《社区矫正法实施办法》施行后变更为受两次警告仍不改正应撤销缓刑,但因增加了训诫的规定,使得警告的"门槛"提高。实践中较少直接使用警告,普遍对违规行为优先适用训诫,而适用训诫的"门槛"与《社区矫正实施办法》时代的警告基本一致。亦即,情节相似的行为在社区矫正立法前出现 4 次即可能被撤销缓刑,在立法后,若

采取第一种立场，出现7次才可能被撤销缓刑。如此解释，立法前后司法标准调整幅度似乎过大（而刑法关于撤销缓刑的规定并没有改变），特别是对于经历立法前后两个阶段的社区矫正对象有失公允。若采取第二种立场，出现5次即可能撤销缓刑，可在实践与条文间找到一个较理想的平衡点。

最后，实践中常出现这样的案例：张三在当年1月因1次轻微违规受到训诫，2月因1次较重违规受到警告，3月又因1次轻微违规受到训诫，4月又出现1次轻微违规行为。在该情况下，张三于4月之前已受2次训诫和1次警告，且警告穿插在2次训诫之间，实际上属于"受到1次训诫、1次警告、1次训诫后仍不改正"，而非"两次训诫仍不改正"。故对于4月的违规行为能否适用"两次训诫仍不改正给予警告"，在文理和逻辑上难以理顺。在第二种立场"前科制度"的语境下，上述案例可以这样处理：张三在3月前受到1次训诫和1次警告，而1次训诫加1次警告的"前科"比2次训诫更重，依据"举轻以明重"的当然解释理由，当然可以适用"两次训诫仍不改正"对3月的违规行为给予警告，对于4月的违规行为则视情节决定是否提请撤销缓刑。如此便解决了"受到1次训诫、1次警告、1次训诫后仍不改正"难以适用警告条文的尴尬问题。

（二）"不改正"的内涵与区分

承接前文关于第二种立场合理性的问题，将"两次训诫仍不改正"与"两次警告仍不改正"关联解读，笔者认为二者"不改正"的程度并不相同。前者"不改正"对应的违规行为严重程度应与训诫条文规定的"情节轻微"相当，后者则应当与警告条文规定的"情节较重"匹配。理由是，"两次训诫仍不改正"衔接的是警告，而"两次警告仍不改正"衔接的是撤销缓刑，警告与撤销缓刑的处罚严厉性不能相提并论，故对"不改正"程度的要求也必须相应有轻重之分。

在第二种立场"前科制度"的语境下，将"两次训诫"始终作为前科，自然两次训诫后每一次"不改正"的程度都只需达到"情节轻微"，并无轻重之分。如此，在多次训诫后达到撤销缓刑程度，适用"两次警告仍不改正"之时便与警告条文规定的"情节较重"发生矛盾。这是第二种立场的不合理之处。

比较第一种立场与第二种立场，显然，第二种立场下的撤销缓刑标准比第一种立场低。原因有二：一是达到撤销缓刑需要的训诫次数更少，二是对"不改正"的程度要求更低。第二种立场的解释方法对于社区矫正对象较为不利。虽然"存疑时有利于行为人"之原则是否适用于解释方法，学界观点不一，[1] 但笔者认为，第二种解释立场的"入罪"倾向过于明显，实践中是否采用应保持审慎。

---

[1] 张明楷著：《刑法格言的展开》，北京大学出版社2013年版，第546—547页。

五、结语：解释正义与规范司法

文末，笔者运用文中的解释观点，再度分析开篇的两个案例，以期最大限度接近公平正义。

在案例 1 中：张三的 2 次失联行为同时构成违反报告、信息化核查等规定与脱管，即使无法查证其私自外出，也可参照"法条竞合"处理原则，以违反报告、信息化核查等规定情节较重给予 2 次警告，甚至可以将 2 次脱管时间累计，在已对其前一次脱管行为给予警告的情况下，对其后一次脱管行为提请治安管理处罚。[①] 李四脱管后虽未立即返回，但脱管时间未超 10 天，可不予以治安管理处罚，即使予以治安管理处罚，考虑其之后的未按时报送位置信息的行为严重程度不具有"情节较重"相当性，不应提请撤销缓刑。

在案例 2 中：张三 5 次私自外出，且具有脱管情形，脱管时间可累计计算，若累计超过 10 天，可提请治安管理处罚，超过 31 天可提请撤销缓刑。而对李四不宜采用前文的"第二种解释立场"快速"入罪"，且李四最后一次的违规行为严重程度不具有"情节较重"相当性，不应提请撤销缓刑。

"刑事立法是将正义理念与将来可能发生的事实相对应，从而形成刑法规范；刑事司法是将现实发生的事实与刑法规范相对应，进而形成刑事判决。作为解释者，心中应当永远充满正义，目光不断往返于规范与事实之间。唯此，才能实现刑法的正义性、安定性与合目的性。"[②] "刑法学并不是一个智力游戏，它背后是沉甸甸的社会责任。经常有人说，司法人员办的不只是案件，更是别人的人生，刑事司法尤其如此。"[③] 社区矫正工作，尤其是刑事变更执行当然属于刑事司法范畴，那种认为社区矫正机构不过是刑事变更执行的发起部门，不需对裁判结果负责的观点过于片面，缺乏担当。笔者认为，应当将社区矫正工作人员称为社区矫正司法人员，社区矫正司法人员是实践中的社区矫正法律规范解释者。虽然，社区矫正事业依然道阻且长，但社区矫正司法人员不必妄自菲薄，更不能不学无术、机械司法。相信有为才有位，始终以司法人员的标准要求自己，不断修炼内功，不断提升自我，不断追求公平正义，既能实现司法工作的规范化，也能实现队伍建设的规范化。

---

① 治安管理处罚与警告不是同一性质的处罚，将已受警告的行为作为治安管理处罚的事实依据并不违反一事不二罚原则。
② 张明楷著：《刑法分则的解释原理》（上册），中国人民大学出版社 2011 年版，第 1 页。
③ 张明楷著：《张明楷刑法学讲义》，新星出版社 2021 年版，第 4 页。

推进社区矫正执法规范化建设实践与若干思考

——以阜新市社区矫正工作为例

刘爽[*]

阜新市自 2010 年启动社区矫正试点工作，在辽宁省司法厅的指导和市委、市政府的领导下，认真贯彻落实省、市决策部署，夯实基础，破解难题、补齐短板，多措并举，特别是在《中华人民共和国社区矫正法》（以下简称《社区矫正法》）颁布施行以来，创新工作方法，充分发挥职能优势，推动社区矫正工作向纵深发展，最大限度消除社会不安定因素，取得了良好的政治、法律和社会效果，为全市经济转型振兴营造了和谐稳定的治安环境。

一、阜新市社区矫正工作发展历程

（一）工作试点阶段

阜新市社区矫正工作从 2010 年 3 月正式启动，按照"三年三步走"总体规划，2010 年在两县一区，4 个乡镇、2 个街道进行了试点。2011 年进一步扩大了试点范围，由原有的两县一区扩展到两县五区，从 6 个乡镇（街道）扩大到 75 个乡镇（街道），并在彰武县召开了全市社区矫正工作推进会，现场观摩彰武县社区矫正工作，推广和交流了公、检、法、司四部门的典型经验。同年 8 月，辽宁省司法厅在阜新市召开了全省社区矫正工作现场会，使阜新市社区矫正工作经验在全省得以推广。

（二）全面实施阶段

2012 年社区矫正工作在全市全面铺开。2014 年 6 月，辽西地区社区矫正座谈会在阜新市召开，与会人员参观了阜蒙县社区矫正管理教育中心、阜新镇司法所，阜

---

[*] 刘爽，辽宁省阜新市司法局社区矫正管理办公室主任。

蒙县司法局介绍了社区矫正工作经验。2015年为深入贯彻党的十八届三中、四中全会和习近平总书记对社区矫正工作的重要指示精神，理顺社区矫正工作管理体制，健全社区矫正工作制度和保障体系，全面推进我市社区矫正工作，市委、市政府出台了《阜新市关于全面推进社区矫正工作的意见》，为全市社区矫正工作开展做出了明确指引。

（三）摸索前行阶段

2019年4月，为深入贯彻落实司法部、省司法厅关于全面推进刑罚执行一体化建设的部署要求，进一步统筹整合全市司法行政各类资源，创新刑罚执行工作体制机制，提升刑罚执行效能，充分发挥监狱、戒毒警察的优势，实现司法行政工作融合发展，通过深入县区就进驻方式、用警模式、工作职责等问题进行调研，创新提出阜新刑罚执行一体化"1+9"工作模式，制定下发了《关于全面推进全市刑罚执行一体化建设的实施方案》，为全市社区矫正工作指明了方向，形成了刑罚执行一体化"阜新工作模式"。

（四）逐步完善阶段

2021年5月，阜新市社区矫正委员会经阜新市政府办公室正式发文批准设立。成立了由副市长担任主任，市政府秘书长、政法委副书记、司法局局长担任副主任，相关部门主要负责同志为成员的阜新市社区矫正委员会，构建"党委领导、政府负责、部门协作、社会参与"的社区矫正工作新格局。阜新市社区矫正委员会的成立，全力开创了我市社区矫正工作新局面，不断推进社区矫正工作迈上新台阶。

二、阜新市社区矫正工作基本情况

（一）社区矫正机构队伍基本情况

阜新市下辖5个区2个县，共有65个建制乡镇，17个街道。全市设置市级社区矫正机构1个，县区级社区矫正机构7个，85个司法所，截至2022年6月底全市共有社区矫正工作人员345人。

机构队伍具体情况如表1所示：

表 1　社区矫正机构队伍人类统计情况

社区矫正机构情况		司法所情况	社区矫正工作人员情况				
市级社区矫正机构	县区级社区矫正机构	已建司法所	社区矫正机构工作人员	选派监狱戒毒警察		司法所工作人员	社会工作者
^	^	^	^	派驻式工作模式	订单式工作模式	^	^
1 个	7 个	85 个	22 人	22 人	66 人	133 人	102 人

辽宁省委政法委、省委编办等单位联合出台《关于进一步加强新形势下司法所规范化建设的意见》，明确规定每个乡镇（街道）设置一个司法所，一般应当由 3 人以上组成。阜新市 85 个司法所工作人员 133 人，加上 23 名派驻式监狱戒毒警察、102 名社会工作者，共计 258 人，平均每个司法所刚够 3 名工作人员，司法所工作人员除完成社区矫正工作之外，身兼数职多重任务叠加，给社区矫正工作带来严重阻力。

（二）社区矫正对象基本情况

1. 社区矫正对象矫正类型分布情况

截至 2022 年 6 月底，全市累计接收社区矫正对象 8824 人，累计解除社区矫正对象 8102 人，社区矫正对象在册人数 722 人。

矫正类型分布情况如图 1 所示：

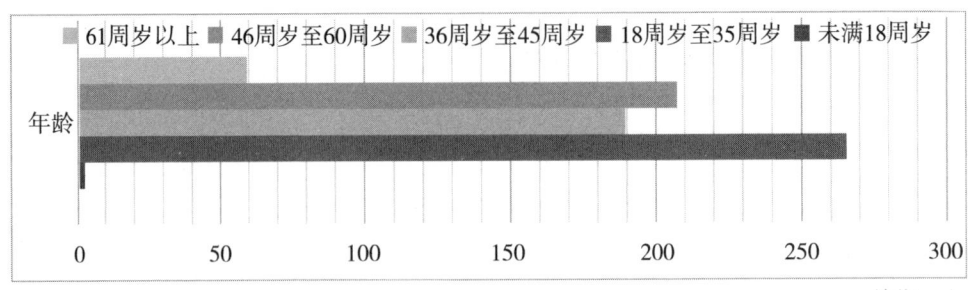

图 1　全市社区矫正对象矫正类型分布统计

在社区矫正对象中，绝大多数是缓刑，这些社区矫正对象没有受过监禁刑，没有面对高墙电网、没有警察看押，服刑意识差、再犯罪风险高，监管难度相对较大，需要在日常管理中加强对这类人群的教育和监管力度，强化他们的身份意识和悔罪改造意识。

2. 社区矫正对象年龄状况分布情况

2022年6月底全市在册社区矫正对象722人，其中未满18周岁2人，18周岁至35周岁265人，36周岁至45周岁189人，46周岁至60周岁207人，61周岁及以上59人。

年龄分布情况如图2所示：

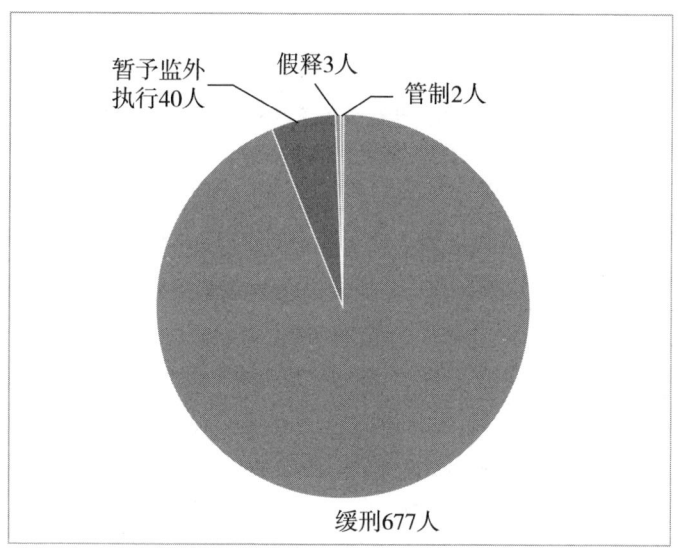

图2　全市社区矫正对象年龄分布统计

全市社区矫正对象中占比最大的是18周岁至35周岁，其次是46周岁至60周岁，再次是36周岁至45周岁，未成年人和60周岁以上的老人所占比例比较少。18周岁到35周岁的这部分人因为年轻冲动，也更容易引起更多的矛盾纠纷，这个年龄段也被称为"易发犯罪的高危年龄"对这部分人应当加强监督管理，严防出现二次犯罪。针对未满18周岁的社区矫正对象，将其列为特别关注对象，遵循教育、感化、挽救的方针。

3. 全市社区矫正对象数量变化情况

以近五年全市社区矫正对象为例。2017年共接收社区矫正对象875人；2018年共接收社区矫正对象847人；2019年共接收社区矫正对象662人；2020年共接收社区矫正对象611人；2021年共接收社区矫正对象650人。

近五年社区矫正对象接收情况如图3所示：

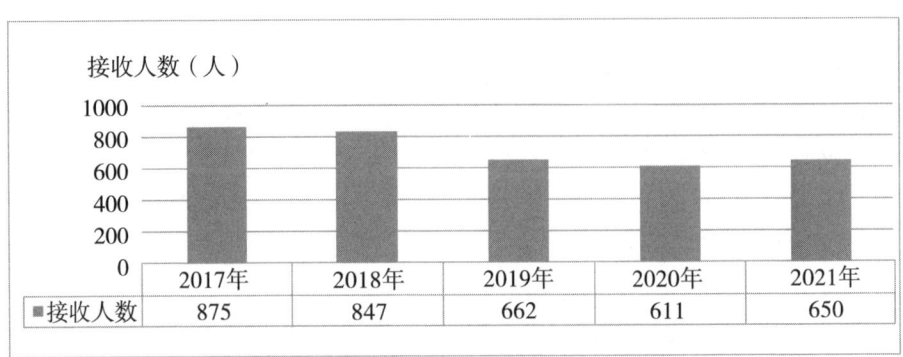

图 3　近五年全市社区矫正对象接收情况统计

2017 年列管社区矫正对象人数为 2157 人；2018 年列管社区矫正对象人数为 2091 人；2019 年列管社区矫正对象人数为 1803 人；2020 年列管社区矫正对象人数为 1625 人；2021 年列管社区矫正对象人数为 1525 人。

社区矫正对象列管情况如图 4 所示：

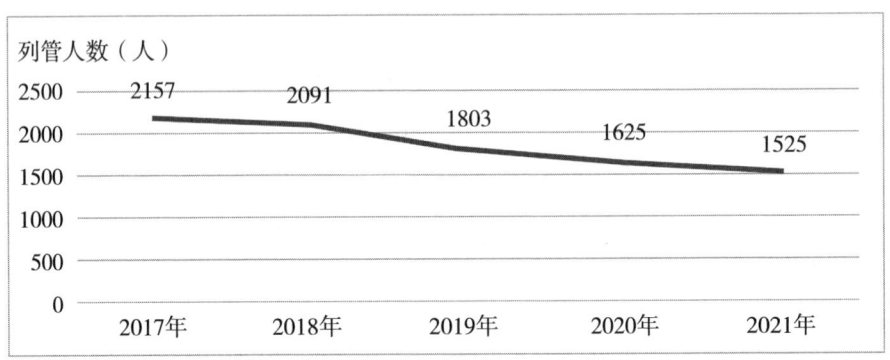

图 4　近五年全市社区矫正对象列管情况统计

由图 3、图 4 可以看出，近五年来，全市社区矫正对象接收人数、列管人数呈逐年递减趋势，受疫情等原因影响，2019 年、2020 年列管人数直线减少，2020 年接收人数为五年最低点，随着疫情态势向好，接收人数又逐渐呈增长态势，监管难度日益增加。

三、阜新市社区矫正执法规范化建设取得的实效

（一）统一执法标准，明确工作规范

阜新市结合自身特点，借鉴上海等地先进经验，起草编制了《阜新市社区矫正

档案管理规定》，强化基础工作，统一执法标准，参照《辽宁省社区矫正实施细则》的相关规定，规范调查评估、交付衔接、执法审批、监督管理、教育帮扶等内容。制作《阜新市社区矫正工作流程图》，完善日常管理台账目录规范全市社区矫正工作登记簿格式，统一阜新市社区矫正日常工作台账18种，会同市律师协会对社区矫正历年相关法律、法规、司法解释和司法文件进行了整理编排，形成《社区矫正常用法律法规与工作制度汇编》。

（二）加强队伍建设，形成执法合力

积极协调财政局、人力资源和社会保障局等相关部门，解决社区矫正助理员短缺问题，经市政府常务会议审议通过，决定通过政府购买服务形式为阜蒙、彰武两县配备社区矫正辅助人员64人，并联合市财政、市人力资源和社会保障局制定下发《关于印发〈阜彰两县司法局社区矫正辅助人员招聘实施方案〉的通知》。同时，深化刑罚执行一体化工作，扩大用警规模，以"派驻式"和"订单式"相结合方法，警察工作在社矫一线，形成刑罚执行一体化"阜新工作模式"。目前，全市参与社区矫正工作的警察90人，充分发挥挂职警察自身优势，通过"传、帮、带"切实提高执法执纪水平。

（三）注重技防监管，补充人力不足

全面落实信息化监管，积极推进社区矫正信息化和基础设施建设，以社区矫正监管平台为依托，强化平台运用能力，建立社区矫正监管平台日报告制度，各县区社区矫正机构、司法所将"平台"与"微信"相结合，通过视频通话、共享实时位置对关机、越界、人机分离的情况进行核查，实时掌握社区矫正对象行动轨迹，及时发现、及时干预、及时处理，实现了从"人盯人"的传统管理模式向"技防"的现代化管理模式转变，提高了社区矫正管理工作水平。

（四）建立联合机制，实现借力而行

深化司检协调配合，成立由市司法局副局长、市检察院副检察长任组长的社区矫正联合检查工作领导小组，下发《关于建立社区矫正联合检查工作机制的意见》《关于进一步加强全市暂予监外执行社区矫正对象监管教育工作的通知》《关于对涉民营企业社区矫正对象赴外地从事生产经营活动的简捷监管办法》，通过开展专案交流、联合执法、联席会议，切实规范社区矫正执法工作。依托公安机关信息数据技术资源优势，与市公安局建立联合工作机制，制定下发《关于开展社区矫正对象数据信息共享和信息化核查工作的通知》，各自指定专人负责，通过与市公安局定期开展社区矫正对象信息化核查，严防社区矫正对象脱管漏管现象发生，切实维护社会和谐稳定。

（五）加强执法监督，及时跟进指导

为确保各项工作部署和要求落地生效，把督查督办作为推进社区矫正执法规范化建设的重要环节和有效措施予以有力运用。以刑罚执行一体化建设工作为契机，明确由刑罚执行一体化建设领导小组下设的执法监督指导（规范化管理）工作组负责全市社区矫正执法监督工作，坚持将实地查验和后台巡查有机结合，采取深入基层一线督导检查和在指挥中心后台监管巡查的方式对各县区社区矫正工作进行监督，对存在的问题及时通报，将日常监督检查常态化，确保全市社区矫正机构执法依法规范进行。同时加强特殊时期执法监督，确保春节、全国两会、国庆等重要时间节点全市社区矫正工作持续安全稳定。

（六）创新心理矫治，实现标本兼治

各县区社区矫正机构充分发挥心理矫治作用，主动从生活、工作、学习等细微处关怀社会矫正对象，通过开展绘画体验课、心理沙盘有针对性地开展心理疏导，对思想波动大的社区矫正对象，及时开展心理咨询和危机干预，积极化解其不良情绪，消除社区矫正对象对社区矫正的芥蒂，用情感化，用心交流，帮助矫正对象合理看待因工作或生活而造成的压力，克服负面情绪，让其正视自己的过错，帮助他们摆脱心理障碍，积极改造，顺利回归社会，达到治本攻心的效果。

四、社区矫正执法规范化建设存在的问题

（一）社区矫正队伍素质有待提升

《社区矫正法》第十条至第十三条对参与社区矫正工作的各方主体的职责作了明确规定，鼓励和引导多元社会力量依法参与社区矫正工作。社区矫正能否达到法律效果和社会效果的统一，与社区矫正工作人员的配置息息相关，社区矫正需要在专业矫正工作人员的组织下，在社会工作者的帮助下，充分利用各部门的力量和各类资源，对矫正对象开展个别化的有针对性的教育、矫正等工作。就阜新市社区矫正工作现状来看，目前具体负责矫正对象日常监管的主体是基层司法所，由于司法所工作人员年龄普遍偏大、工作繁杂、身兼数职，社区矫正大部分工作由社会工作者来完成，由于工资待遇低、上升空间有限，人员专业对口较少、流动性大，无法满足社区矫正队伍专业化的需求。

(二) 社区矫正基础保障有待提高

监管一名社区矫正对象需要投入一定的人力物力，人力包括需要足够数量的社区矫正工作人员和社会志愿者，物力指建造社区矫正必需的教育、宣告的场所，提供必要的执法装备，智慧矫正的应用和维护费用，等等。虽然《社区矫正法》规定各级人民政府应当将社区矫正经费列入本级政府预算。但由于各县区经济发展不平衡，经费保障并没有全部落实到位，个别县区即使想通过公开择优购买社区矫正社会服务或其他服务，为社区矫正对象在教育、心理辅导、职业技能培训、社会关系改善等方面提供必要的帮扶，也没有足够的经费，无法付诸实践。此外，偏远地区刑罚执行一体化警察出行、食宿等问题也一直得不到有效解决，只能以"派驻式"和"订单式"相结合的方式参与社区矫正，经费不足严重制约着矫正工作的发展。

(三) 跨部门间协调配合有待完善

社区矫正工作涉及公安机关、人民法院、民政、教育、人社等多个部门，具有很强的综合性。《社区矫正法》出台后，虽然各部门对如何有效落实社区矫正工作凝聚了共识，但在实践中，在法律文书的传递、社会调查评估、社区矫正对象的交付、监督管理等方面，还存在一些问题。以社会调查评估为例，由于调查评估意见仅供参考，出现大量判而不调、调不采纳的现象。实践中，由于法院在判决或决定前，未对矫正对象进行调查评估，直接将户籍地确定为执行地，导致已经定居在外地多年的社区矫正对象在户籍地无居住条件，无法进行社区矫正，或长期在外务工的矫正对象回户籍地进行社区矫正，变成"无业人员"，不仅不利于矫正，甚至可能因无收入来源埋下再犯罪的隐患，给社区矫正工作带来不便。

五、推进社区矫正执法规范化建设的对策

(一) 加强队伍建设，提升专业素质

社区矫正工作需要法律、心理学、社会学和教育学等专业人才，通过招录、政府购买等方式加强专业人才引进，注重人才培养，建立业务培训长效机制，定期组织社区矫正业务学习，不定期举行知识竞赛、档案评查，将强化执法能力作为岗位练兵的头等目标，不断增强社区矫正工作人员刑罚执行意识，着力提升社区矫正队伍整体政治素质和业务水平。

(二) 落实经费制度，提高保障水平

以保证社区矫正工作有序开展为着力点，协调财政部门，将社区矫正所需经费

列入本级政府预算，细化经费使用细则，确保社区矫正专项经费落实到位，专款专用。同时积极宣传社区矫正工作开展的意义，吸纳社会资金，夯实经费基础，引入企业，共建社区矫正基地，为社区矫正对象更好地适应社会、回归社会，奠定坚实的物质基础。

(三) 加强协调联动，合力攻坚破题

为强化协调联动，及时解决各部门工作配合中存在的突出问题，切实提高社区矫正工作管理水平，与公安机关、检察机关、人民法院等部门建立长效机制，通过每月、每季度定期召开成员单位联席会议，结合各自职能从加强协调配合、信息通报、依法规范和督导检查等方面进行探讨，协调解决社区矫正工作配合中存在的问题。

从个案角度浅谈社区矫正对象监管现状的问题与思考

——以台州市 D 区一起脱管案件为例

陈静源[*]

一、案例背景

《中华人民共和国社区矫正法》（以下简称《社区矫正法》）第二十三条规定，社区矫正对象在社区矫正期间应当遵守法律、行政法规，履行判决、裁定、暂予监外执行决定等法律文书确定的义务，遵守国务院司法行政部门关于报告、会客、外出、迁居、保外就医等监督管理规定，服从社区矫正机构的管理。即明确了社区矫正对象应该遵守的社区矫正监督管理规定，社区矫正对象因自身原因没有受到社区矫正机构监管的，构成违反社区矫正监督管理行为"脱管"[①]。"脱管"有两种情形：一是从执法者视角，社区矫正机构没有履行法定职责，导致社区矫正对象没有受到社区矫正机构监管而造成的"脱管"；二是从社区矫正对象视角，社区矫正对象因自身原因没有受到社区矫正机构监管的，构成违反社区矫正监督管理行为"脱管"。笔者着重就社区矫正对象故意"脱管"问题进行如下研究探讨。

为加强对社区矫正对象的监督管理，防止出现社区矫正对象脱漏管现象，司法行政机关在社区矫正工作中，依法落实监管措施。根据《浙江省社区矫正信息化监管规定（试行）》（浙司〔2020〕65号），台州市社区矫正机关以智慧化革新为抓手，依托浙江省智慧矫正平台，工作人员每天对社区矫正对象进行定位手机抽查，实时监控跟踪社区矫正对象行动轨迹，定期排查，加大管控力度，严防脱管漏管。已经脱离粗放式模式，初步实现精细化、个性化管理。但从实际效果来看，主要面临以下两个方面的客观困难。其一，社区矫正面向的对象群体不断扩大。表1为台州市社区矫正大队某中队某街道近期社区矫正对象数据，负责某中队某街道社区矫

---

[*] 陈静源，浙江警院职业学院公共基础教学研究部讲师。

[①] 刘倪铭：《针对社区矫正工作"脱管"问题的研究探讨》，https://mp.weixin.qq.com/s/Owzi-BYQEnuxvN9OnnUEjSA，最后访问时间：2022年7月10日。

正的工作人员仅 3 人，在矫总数达 289 人。① 面对数量众多的社区矫正对象，负责社区矫正的工作人员在开展工作时千头万绪，很难做到详尽了解每一名社区矫正对象的各方面信息，难以实现对每一名社区矫正对象开展有针对性的教育与帮扶工作。其二，目前对社区矫正对象的信息收集工作还停留在对其既有身份信息、社会关系信息等基本方面，而社矫过程中对矫正对象的动态信息收集工作还不够完备，收集信息的质量以及对矫正工作有精准指导意义的数据还有待提升。②

表 1　台州市社区矫正大队某中队某街道近期社区矫正对象数据

在矫总数	司法部上传成功数	协同入矫数	累计解矫数
289	286	344	761
近七日入矫数	近七日司法部上传成功数	近七日协同入矫数	近七日累计解矫数
同比：+150%	同比：0	同比：0	同比：+50%

二、案件简介

社区矫正对象吴某，男，汉族，初中文化，离婚，户籍地、居住地均为浙江省台州市，执行地浙江省台州市某区某社区矫正执法中队。

1. 判决情况

吴某因犯盗窃罪经杭州市某区人民法院于 2022 年作出刑事判决书，判处有期徒刑七个月，缓刑一年二个月，并处罚金人民币 1000 元。在缓刑期间，依法实行社区矫正，社区矫正期限自 2022 年 3 月 15 日起至 2023 年 5 月 14 日止。

2. 失联情况

吴某到社区矫正执法中队报到后，社区矫正执法中队履行日常管理中，工作人员以通信联络的方式于 2022 年 4 月 25 日 9 时 55 分联系社区矫正对象吴某位置信息设备时，处于无人接听，通过浙江省社区矫正信息化监管平台核查，发现其位置信息设备置留在家中，存在人机分离情形；工作人员经拨打吴某常用手机联系时，得知其在本辖区所处街道范围的高速公路上时，要求其立即返回执行地社区矫正执法中队报告情况，其未及时按指令行事。同日下午吴某到 W 社区矫正执法中队于 15 时 35 分至 16 时 37 分做了调查笔录，据其自我陈述："当时接听工作人员电话时，已开车到某街道范围公路上前往某县的方向，去办点事就回来。"其间，中队责令其 4 月

---

①　数据采集于浙江省社区矫正"青鸟"执法办案平台，截止日期：2022 年 10 月。
②　周升慧：《探索大数据时代背景下智慧社区矫正的建设》，https://mp.weixin.qq.com/s/biA3Jz3jUsZPGfkvZg7DQg?，最后访问时间：2022 年 8 月 18 日。

26日到中队接受教育学习,至4月26日,吴某并未按要求到中队接受教育学习,工作人员联系其位置信息设备时,处于无人接听状态,联系其另一个常用手机已关机,发现该社区矫正对象失去联系。

3. 查找情况

发现社区矫正对象吴某失去联系后,台州市某区司法局立即组织社区矫正执法大队与中队进行查找,2022年4月26日执法中队以通信联络的方式联系矫正小组成员吴某父亲、村副书记蒋某、吴某弟弟等相关人员一同查找,均未联系到吴某本人;其间,与吴某弟弟联系,其弟弟陈述:与哥哥吴某关系疏远,基本没有交流往来,吴某性格孤僻,基本不与人交流。弟弟也通过其他亲朋寻找过吴某,但仍未找到;经联系吴某以往关系人丁某,其陈述跟吴某好几年前认识,但近几年自己都在外地,没有跟吴某有任何接触与联系,对吴某目前的情况一无所知;中队工作人员于4月26日在吴某家中张贴了要求到场报告活动情况的通知书,并要求其于2022年4月29日15时前到台州市某区司法局某社区矫正执法中队报告活动情况并接受调查(未按要求行事)。

4月27日矫正大队及中队工作人员到吴某家中实地查访,其母亲包某陈述:母子平时交流很少,自己连吴某被判刑的事都不知道,昨天(4月26日)看到其父闷闷不乐,经询问才知道的。吴某近阶段晚上基本住在家里,他是4月26日早上9时30分左右离开家的,离家的时候在哭,之后就不知道吴某的去向了。其父瘫坐在躺椅上,自言不想管这个儿子的死活了。同时,工作人员要求其父当场与吴某电话联系,其不愿配合。工作人员发现了吴某留在家中的位置信息设备。其间,台州市某区司法局于2022年4月27日向台州市公安局某分局发出协助查找社区矫正对象通知书,请求配合协助查找。

至目前,以通信联络、信息化核查、实地查访等方式对失联矫正对象吴某进行查找仍未得知其下落等其他相关信息情况反馈。

三、案件分析

工作人员通过搜索发现吴某曾在台州市某区注册经营过融资公司、房产经纪公司,其实吴某向工作人员自述的个人简历完全是虚假信息。同时,因未履行法院判决,吴某还被列入失信人员名单。

吴某入矫一个多月,便发生人机分离,将定位手机放在家中,驾车离开居住地,前往其他县区,被工作人员发现后,谈话教育的当晚就悄悄离开家。导致社区矫正对象吴某脱管的原因是多方面的,具体分析如下:

1. 从社区矫正对象当事人角度看

吴某有以下特点,一是性格孤僻,独来独往,家庭关系冷漠,父子、母子、兄弟之间缺少交流。社会关系失联，与朋友缺少往来。二是长期拖欠法院执行款，缺少诚信和对法律的敬畏。三是长期老赖躲债，居无定所，具有反侦查能力。四是由于生意上的不顺，有一定的自卑心理。五是手头比较拮据。

显而易见，社区矫正对象吴某脱管的动机很明确，这是一起有预谋的脱管事件。根据一般情况推断，法院执行款往往只是其拖欠债务的冰山一角，吴某不可能像正常人一样在居住地生活。作为一名失信人员，吴某不可能待在家中等人家上门讨债，需要到外地躲债。

因为盗窃一部价值1000元的旧手机，吴某从一位"企业法人"沦落为一个"小偷"，其背后还存在其他违法犯罪可能。社区矫正执法的信息监管措施使吴某体会到限制自由的不悦，吴某不愿被限制，选择了逃跑。

2. 从社区矫正执行机关角度看

工作人员现场发现，吴某存在"人机分离"现象，故意将安装有矫正信息化监管App的手机放在家中，由吴某母亲代为保管，本人日常使用另一部手机。这显示了当前社区矫正执行机关针对社区矫正对象的信息监管手段单纯依赖手机定位还存在一定漏洞。

3. 从社区矫正决定机关角度看

法院判决，吴某因盗窃手机，判处有期徒刑七个月，缓刑一年二个月，并处罚金人民币1000元。看似情节较轻，法院直接判吴某回原籍执行缓刑。

法院并未与执行地联系委托调查评估。从法律流程上看，调查评估是由法院完成的。D区矫正机构是否接受吴某为矫正对象，完全处于被动。事实上，法院对吴某的调查评估不到位，信息掌握不完善。鉴于吴某是失信人员，长期躲债，居无定所的情况，不应该判决吴某缓刑。

如此看来，法院对其失信情况未及时掌握，内部数据也存在信息孤岛问题。

4. 从社区矫正决定机制角度看

吴某应当判决实刑还是缓刑？缓刑执行地应放到户籍地台州还是放到杭州（其犯案时常住地），哪里更适合吴某矫正，《社区矫正法》对人民法院并没有强制性规定，必须进行一次社区矫正调查评估。由于《社区矫正法》仅对社区矫正调查评估作了"可以"的授权性规定，而非"应当"的义务性规定，社区矫正决定机关在对于哪些案件进行委托调查，哪些案件不委托调查的选择上面就有很大的随意性，有的决定机关进行无差别委托，所有拟适用社区矫正案件全部委托调查评估，有的决定机关干脆就全部不委托。调查评估委托率低、评估机构选择随意、评估意见的采信率低问题，导致部分不具备社区矫正条件的罪犯被判处管制、宣告缓刑、裁定假释、暂予监外执行，社区矫正对象重新犯罪风险不断增加，严重影响社会安全稳定。①

5. 从社区矫正执行机制角度看

从我国目前社区矫正实践来看，在社区矫正执法机构设置方面主要存在以下问题。②

（1）忽视了社区矫正的刑罚执行性质

社区矫正是一项严肃的刑罚执行活动，是社区矫正机构根据法院作出的刑事判决或裁定，依法对被缓刑、假释、管制、剥夺政治权利和暂予监外执行的罪犯所生效的或继续生效的刑罚，付诸实施的执法活动。它是将国家的刑罚权在社区范围内加以实现的活动。从这种意义上来说，社区矫正的机构应当是国家的刑罚执行机构。

我国社区矫正工作从公安机关转交给司法行政机关则采取了只交任务不移交执法人员的办法，给社区矫正工作的开展带来了诸多困难。乡镇街道司法所和管理司法所的司法行政机关（司法厅、局）本身并不是国家的刑罚执行机关。浙江省先行成立相对独立的社区矫正大队，但是在基层司法所（矫正中队），职责与人员并没有完全分开。大多数社区矫正工作人员缺乏刑罚执行方面的专业素养。在这种状况下短期的培训难以满足社区刑罚执行工作的需要。

（2）难以有效利用监狱管理的资源

监狱是国家的刑罚执行机关，我国监狱依照《中华人民共和国刑法》和《中华人民共和国刑事诉讼法》的规定，对被判处死缓、无期徒刑、有期徒刑的服刑人员，在监狱内执行刑罚。监狱实行惩罚和改造相结合、教育和劳动相结合的原则，将服刑人员改造成为守法公民。

社区矫正是对罪行较轻、主观恶性较小、社会危害性不大的犯罪分子在社区中执行刑罚的活动，通过适度的惩罚、监督考察，矫正其犯罪心理和行为恶习，提供必要的服务，促使其顺利回归社会。二者在工作方法和工作措施方面也有许多共同之处，可以资源共享、优势互补。教育、改造、转化服刑人员的理念是一致的，可以相互借鉴。目前，我国监狱机关和社区矫正机构虽然同属于司法行政系统，但在国家和省级层面是相对独立的机构，不利于二者的相互衔接、紧密配合，影响了工作效率。

（3）忽视了社区矫正的专业性

社区矫正是一项专业性很强的工作，西方发达国家的实践已经证实了社区矫正

---

① 朱坚：《关于完善社区矫正调查评估的建议》，https://mp.weixin.qq.com/s/gNhqlHsIEyd7Qfn9T7CjJg，最后访问时间：2022年9月13日。

② 刘强：《论健全适应惩教需要的社区矫正执法机构》，载金川主编：《社区矫正机构队伍建设与教育矫正研究：首届浙江台州社区矫正论坛论文集（2016）》，法律出版社2017年版，第70—121页。

拥有丰富的内容，主要表现在以下几个方面：

在监管方面，首先对服刑人员进行危险性程度和需要结构的评估，其次对其分别采取一般的管理、强化的管理或特别的管理。同时，社区矫正机构要承担或协助对赔偿、罚款，以及社区服务等惩罚项目的执行。监管的形式有中途住所、日报告中心、家中监禁、电子控制等，同时根据服刑人员的表现采取适当的奖惩措施，另外还要承担撰写判决前报告、假释前报告的任务。

在矫治方面，有许多不同的项目，如家庭的咨询、个人的咨询、对健康的关心、针对滥用毒品和酒精的矫治处遇项目、对服刑人员的干预性服务。针对暴力性罪犯和性罪犯提供特别的服务、提供必要的文化课程以及开设专题课程，如预防家庭暴力、如何当好家长、认知技能提高等课程，还需针对有精神障碍、精神缺陷的服刑人员提供特别的精神和心理矫治项目。

在服务方面，主要表现为为服刑人员提供技术培训和工作信息，帮助服刑人员找工作、处理家庭矛盾。

随着社会的进步与发展，社区矫正的内容还在不断地更新，如恢复性司法执法理念在社区矫正中的运用等。为了提高社区矫正的工作效率和行刑专业化的管理，美国、加拿大等国又将社区矫正工作者进行了细化，如分为缓刑官和假释官等，目的是根据不同对象的不同特点更有效地开展工作。例如，发达国家设置社区矫正或单独的缓刑、假释办公室，还对缓刑官和假释官做了进一步的分工，如有的侧重写判决前的报告或假释前的报告；有的侧重负责对服刑人员的监督管理和矫正服务；有的侧重按照罪犯的类别，安排工作人员对财产型犯罪者、滥用毒品和酒精的犯罪者及性犯罪者进行分别的管理。因此，社区矫正机构是一个专业化的工作机构。

从台州当地的情况看，目前司法所（矫正中队）队伍存在着人员少、兼职多、不稳定的问题。各个中队招聘社工，定位为社区矫正专业人员，但都达不到"专业"的要求其表现为：缺乏对服刑人员的管教经验；从体现帮助、服务的矫治职能来说，司法所（矫正中队）人员又缺乏心理矫治行为矫治的专业能力和技术，往往将思想教育作为唯一的矫治方法，而这种单纯的思想灌输已经被许多行业和经验证明效果甚微。

(4) 司法所（矫正中队）难以胜任执法工作

除了社区矫正进行专业化的因素以外，从目前司法所（矫正中队）的现状来看，由司法所（矫正中队）承担社区矫正工作并不利于社区矫正工作的有效开展，原因在于司法所（矫正中队）存在着基础设施薄弱、工作力量不足及工作人员专业素质相对较低的问题。

一是监管手段方面，针对社区矫正对象的监管手段仍然比较单一。目前法定的措施是通过报到、走访、会客等多种情况进行监管，规范了社区矫正对象档案管理、日常监管和劳动学习制度，要求社区矫正对象定期进行思想汇报，通过手机定位 App 确保社区矫正对象在监控范围，基层司法所的日常监管工作质量仅停留在调查走访、建立档案、法制教育上。而且上述措施建立社区矫正对象主动申报，依靠社区矫正对象的私用手机进行信息化监控，实施定位功能。矫正机关的智慧平台都是搭建在移动运营商的定位平台基础上的。一旦失联，工作人员处于被动状态。并没有实现执法装备信息化，异地托管难落实，动态监管难到位，并不能确保 24 小时监管。

《社区矫正法》第二十九条第一款、第二款针对电子定位装置有明确的限制，规定了法定的情形："社区矫正对象有下列情形之一的，经县级司法行政部门负责人批准，可以使用电子定位装置，加强监督管理：（一）违反人民法院禁止令的；（二）无正当理由，未经批准离开所居住的市、县的；（三）拒不按照规定报告自己的活动情况，被给予警告的；（四）违反监督管理规定，被给予治安管理处罚的；（五）拟提请撤销缓刑、假释或者暂予监外执行收监执行的。前款规定的使用电子定位装置的期限不得超过三个月。对于不需要继续使用的，应当及时解除；对于期限届满后，经评估仍有必要继续使用的，经过批准，期限可以延长，每次不得超过三个月。"因此针对社区矫正对象的监管手段比较单一，大多数人员，非特殊情况，不能使用电子定位装置。

二是协作配合方面，社区矫正作为刑事执行活动，需要决定机关、法律监督机关与社区矫正执行机构的共同协作配合才能完成目标任务。虽然浙江省也出台了社区矫正调查评估、考核奖惩、教育帮扶、信息化监管四个规范性文件，明晰了我省社区矫正各项工作，但对社区矫正机构与公检法机关之间的关于社区矫正对象居住地认定、建立健全社区矫正机构与公检法机关信息交互平台与机制、进一步完善非当地户籍的社区矫正对象治安管理对接机制、社区矫正对象被采取刑事强制措施期间的协同管理机制、对提请逮捕的证据要求、特殊解矫情形的衔接及在逃罪犯抓捕后交付执行等衔接配合工作，还有待进一步明确。社区矫正基础数据尚不能与"智能治理""基层网格""雪亮工程""公安天眼""城市大脑"等多家平台进行场景化的多业务协同，随机核查、按需协查等工作机制还未建立健全。[①]

三是信息渠道方面，在目前的社区矫正工作中，工作人员收集信息往往存在滞后性，无法动态更新，不能为矫正方法的变化和矫正计划的制订提供有效参考。大数据、人工智能在智慧矫正中没有充分发挥作用，社区矫正对象个人信息存在虚假风险。作为社区矫正执行机关获得的信息渠道非常单一，除了法院文书，居住、就学、就业、经商、征信、债务等其他个人信息大多由本人自述形成，没有将大数据

---

① 劳泓：《浙江省数字化改革背景下深化"智慧矫正"的探索和实践》，载《中国司法》2021 年第 6 期。

分析研判技术运用于社区矫正工作，未能实现对社区矫正对象动态信息的收集和分析。

司法所（矫正中队）根植基层、贴近实际是做好社区矫正的有利条件，但并不能解决专业化的问题。

四、结论与建议

（一）加强安全首位意识，提升执法水平

像社区矫正对象吴某这样，故意将定位监控手机放在家中，人机分离，不假外出的案例非常典型，也非常具有代表性。结合该案例，我们通过与其他县市区、外省兄弟单位交流沟通，以及媒体宣传报道等各种渠道了解到还有的社区矫正对象会在需要外出时将监控定位手机设置好呼叫转移后交由家人使用或者放在自己车上、别人车上等，从而使他们既能及时接到社区矫正工作人员的电话，定位监控手机又能一直都有运行轨迹出现，且不假外出也不会出现越界提示，以此来规避社区矫正的监控，这样隐蔽性更强，更难于发现其违法违规行为。

这就要求我们在社区矫正管理教育工作实践中，不仅要对新入矫、监管难度大的社区矫正对象加强日常监管，同时也要对其他社区矫正对象通过各种渠道加强巡查力度。

一要强化日常监管，及时发现脱管失联情况。司法所作为负责社矫对象日常监管工作的第一责任单位，必须严格依法依规落实社区矫正各项监管措施，工作人员要熟悉每一个社矫对象的基本情况，了解其近期思想动态，发现违规脱管的苗头倾向要及时教育矫正，尤其是要落实信息化监管措施，安排专人每日检查社矫对象定位情况，发现异常情况一定要提高重视立即处置，对于社矫对象未及时发送定位，且电话微信等方式无法取得联系的情况，千万不能有"等一等看情况再处理"的麻痹大意思想，优先考虑脱管失联情况。

二要加强应急处置，必要步骤24小时内完成。司法所在发现社矫对象脱管失联后，必须第一时间开展查找，要走访社矫对象的工作和居住地址，联系其亲属朋友或其他可能知道其下落的人，并发送短信、微信等给社矫对象及上述联系人，做好证据保留工作。若经过上述过程仍无法取得联系，司法所就要在当天发函给属地派出所协查，同时将相关情况向区司法局书面报告。上述必要步骤司法所必须在发现社矫对象脱管失联后的一个工作日内完成。

三要加强部门联动，灵活运用多重手段开展查找。要进一步加强与公检法等部门的沟通衔接工作。发现社矫对象脱管失联后，司法所可以采用灵活多样的方法组

织查找。在社矫对象发生脱管失联当天，建议每隔 15 分钟拨打社矫对象电话或微信语音，若社矫对象仍持有手机，即使拒接电话也可以对其造成心理压迫，督促其知错返回；若社矫对象涉嫌违法犯罪被公安机关带走调查，民警办案时一般会查阅其手机，若接到司法所电话可以说明情况。

四要固定相关证据，做好事件后续处理。在处理社矫对象脱管失联过程中，一定要做好证据材料的固定工作，查找的电话和短信记录截图留存，实地查访时携带执法记录仪，与相关人员谈话做好笔录，必要时进行留置送达，相关证据要形成闭环，注意不要形成孤证，便于后续对社矫对象进行处理。

(二) 加强数据信息共享和安全保障

依据《社区矫正法》第五条和《社区矫正实施办法》第十一条，提高社区矫正机构信息化水平，运用现代信息技术开展监督管理和教育帮扶。在人民法院、人民检察院、公安机关、司法行政机关之间依法建立完善社区矫正信息交换平台，实现业务协同、互联互通，完善信息共享，提高社区矫正信息化水平，从而进一步减少脱管、漏管情况的发生。

智慧社区矫正是大数据背景下信息化技术逐步应用于传统社区矫正工作发展而来的。2018 年，司法部下发了《"数字法治、智慧司法"信息化体系建设指导意见》《"数字法治、智慧司法"信息化体系建设实施方案》，明确到 2019 年年底，初步建成"数字法治、智慧司法"信息化体系，形成"大平台共享、大系统共治、大数据慧治"的信息化新格局。社区矫正作为我国司法工作的重要部分，必然要借力大数据、智能化建设，实现社区矫正业务流程一体化、监管手段智能化、教育矫正网络化、执法办案数据化，加快适应国家治理能力现代化趋势下的社区矫正建设工作快速稳步推进。

利用大数据算法技术对在矫人员情况进行全面把握，实现社区矫正工作"事前预防、事中干预、事后处置"一体化运行。在事前进行"评估介入预防"司法矫正与治疗模式，对矫正对象进行暴力风险和心理稳定程度评估，分析其行为和人身的危险性，做到提早发现、提前预防，以降低社区服刑人员的暴力行为与伤害行为风险。

促进大数据、人工智能在智慧矫正中充分发挥作用，构建全面、科学的调查评估体系与矫正项目，深化改革。建立公检法司联动机制，开发社区矫正对象网络管理平台，实现数据共享，形成工作合力，提高矫正实效。

(三) 完善社区矫正调查评估机制

由于法律上对社区矫正调查评估没有强制性规定，社区矫正决定机关对社区矫正调查评估委托案件选择随意，受委托机构选择随意，调查评估意见建议采纳随意，客观上加大了社区矫正监管风险。因此，要明确社区矫正调查评估委托范围。以司法解释或地方性法规的形式明确社区矫正调查评估的范围，进一步区分细化"应当"和"可以"委托调查评估的被告人、罪犯或者案件类型，将贩毒吸毒人员、精神病人、赌博人员、盗窃人员等"不能矫正的罪犯"和重新犯罪高风险的被告进行社区矫正调查评估作为法院宣告缓刑的前置条件，其评估意见作为证据给予采纳。并且建议将社区矫正调查评估列入检察机关监督内容，特别是对社区矫正决定机构的委托情况及评估意见采纳情况进行全面监督，建立案件评审制度，对社区矫正决定过程中的各个环节进行评审，对违法违规作出社区矫正决定的情况及时提出纠正建议，防止出现"不能矫正的罪犯"和重新犯罪高风险罪犯直接被适用社区矫正。①

（四）推进刑罚执行一体化执行机制

根据司法部"社区矫正刑罚执行一体化"工作部署，司法部持续推动构建监禁刑与非监禁刑相互衔接、统一协调的刑罚执行体系。派驻监狱、戒毒民警参与社区矫正工作，面对社区矫正对象具有身份上和心理上的优势，有利于对社区矫正对象形成震慑，有利于体现刑罚执行的严肃性和不可抗拒性；在采取强制性措施环节，社区矫正发生一般性应急处置事件，体现刑罚执行的严肃性。但是在履行职责的过程还存在一些问题和困难，援派的监狱、戒毒警察能否对矫正对象采取强制性措施？执法权限如何明确？谁来监督他们执法？都缺少法律支持。2020年7月1日实施的《社区矫正法》中，对于刑罚执行一体化、对于社区矫正用警问题，并无明确规定参与刑罚执行一体化的监狱戒毒人民警察有明确的职责和执法权。根据"法无授权不可为"的原则，在社区矫正机构中，警察依靠的是运用日常的管教工作经验与社区矫正对象进行有效沟通。

党的十九大关于深化机构改革的决策部署中指出："党和国家机构设置和职能配置同统筹推进'五位一体'总体布局、协调推进……一些领域党政机构重叠、职责交叉、权责脱节问题比较突出；一些政府机构设置和职责划分不够科学，职责缺位和效能不高问题凸显，政府职能转变还不到位；……这些问题，必须抓紧解决。"

我国社区矫正体系发育时间较短，系统尚未成熟，社区矫正执法机构上应当在国家和省级层面将监狱和社区矫正机构合并，建立资源共享、优势互补的罪犯管理和刑罚执行管理机构。"体现刑罚执行一体化原则。"② 在国家层面和省级层面将监狱

---

① 朱坚：《关于完善社区矫正调查评估的建议》，https://mp.weixin.qq.com/s/gNhqlHsIEyd7Qfn9T7CjJg，最后访问时间：2022年9月13日。

② 刘强：《论健全适应惩教需要的社区矫正执法机构》，载金川主编：《社区矫正机构队伍建设与教育矫正研究：首届浙江台州社区矫正论坛论文集（2016）》，法律出版社2017年版，第70—121页。

管理和社区刑罚执行管理这样工作关系密切的机构统一管理，如英国法务部下设的罪犯管理局，美国大部分州政府下设的惩教局。社区刑罚执行和监禁刑罚执行是对服刑人员执行刑罚的两种基本方式，两者具有紧密的相关性与交叉性。虽然两者的执行场所不同，但刑罚目的是相同的，两者在手段的运用上也有许多共同之处，如对服刑人员的风险评估、需要评估，对服刑人员的分级管理、分类改造，对服刑人员的心理矫治、认知教育、技术培训，积极创造条件以利于服刑人员回归社会，等等。从发展的趋势来看，今后将会有大量的监狱押犯通过假释的形式提前出狱。这就意味着监狱的工作会更多地向社区延伸，非监禁刑罚执行也会更多地向监狱延伸，如社区矫正工作者需要做假释前的报告，在服刑人员入狱后不久就要帮助其做假释的计划和准备。另外，对于在社区矫正中一些重新犯罪和违反监管规定且情节严重的服刑人员，需要依法将社区执行撤销而收监。总之，在监禁和社区刑罚执行的运作中，存在着工作上的交叉和渗透，管理机构的有机结合有利于资源共享、优势互补。

四、监督制约体系

关于社区矫正制约监督体系建设的思考

徐祖华[*]

习近平总书记在党的十九届中央纪委五次全会上的重要讲话中强调指出，要完善党和国家监督体系，使监督融入"十四五"建设之中……构建全覆盖的责任制度和监督制度……不断完善权力监督制度和执纪执法体系，各种监督协调贯通，形成常态长效的监督合力。这一重要讲话精神，为当前全国政法机关深化执法司法制约监督体系改革和建设，指明了前进方向，明确了实现路径，提供了根本遵循，具有十分重要的思想理论和实践方法论意义。认真学习贯彻习近平总书记重要讲话精神，全面贯彻落实中央政法工作会议关于深化执法司法制约监督体系改革和建设的各项部署和要求，深入贯彻实施《中华人民共和国社区矫正法》（以下简称《社区矫正法》），切实加强社区矫正制约监督体系建设，助力提升深化执法司法制约监督体系改革和建设的质量和水平，是各级社区矫正机构一项十分重要的政治任务和实践创新课题。

一、坚持问题导向，充分认识加强社区矫正制约监督体系建设的重要性

《社区矫正法》的颁布施行，标志着我国社区矫正工作全面进入法治化新时代。同时，法律的实施也对社区矫正法治化、规范化等建设提出了新的、更高的要求。目前，我国社区矫正工作发展水平还存在不平衡、不充分、不够规范等矛盾问题，社区矫正工作理念法治化、执法管理规范化、部门衔接机制化、制约监督系统化等方面的建设水平，与贯彻实施《社区矫正法》等法律法规的高标准和严要求之间还存在较大的差距。

从实际工作来看，一是"重监管、轻教育"现象仍然存在。主要表现在对社区矫正对象教育帮扶少，硬性管理多、柔性疏导少；集体学习活动多、个别教育开展少；帮扶政策措施少、重形式轻机制、持续力不强；教育学习与公益活动有依赖社

---

[*] 徐祖华，浙江警官职业学院副院长。

会组织等现象，社会化程度不高、思想认识不足、地区发展不平衡等。二是执法规范化程度不高。主要表现在调查评估不及时、个案研究分析少、"白描"现象多、集体评议制度不落实；分类管理、个别化矫正水平不高；考核奖惩适用相关规定不够准确、程序不够规范、决定送达不及时；外出管理把关不够严，材料审查粗放，还有"切香肠式"审批现象；居住地变更有讲人情关系现象；执行实地查访制度不够有力，有网格员替代走访等现象。三是基础管理工作不够扎实。主要表现在隐患排查运动式、问题整治不彻底；风险防范意识不够强，依赖通信联络、电子腕带等措施使用，线上巡查与实地核查有脱节现象，信息化核查措施落实不够到位；部门衔接配合意识不强，信息不对称，衔接不紧密，社区矫正工作有"单打一"现象；信息化建设水平不高，实际应用能力不强，专业人才紧缺；矫正执行档案与工作台账混杂、归档成卷不及时等。上述现象和问题，一方面，与当前社区矫正机构不健全、力量不整齐、保障不到位、基础不扎实等因素有较大关联；另一方面，社区矫正机构内部管理不规范、能力素质不匹配、监督问责不落细等现象也是问题产生的重要原因。

同时，在探索推进社区矫正制约监督体系建设方面也存在一些问题：一是思想认识还不够到位。有"上热下冷"现象，主动谋划建设的少、"亡羊补牢"应对的多，阶段性检查活动多、制度化机制化成果少，部分社区矫正机构和工作人员对检察机关法律监督活动还有一定的思想抵触情绪。二是部门协同配合还不够到位。公检法司和社区矫正机构等职能部门之间相互制约、相互监督、相互配合意识还不够强，制约监督机制建设的主动性不够高、互动性不够强，制度执行部门之间存在差异化、不同步等现象，衔接配合措施缺乏刚性和约束力。三是主体责任落实还不够到位。当前，各省市司法行政部门正在积极推进省、市、县（市、区）三级社区矫正机构建设，从总体上看进展较为缓慢、成效不够明显，尤其是在解决社区矫正机构层级、执法主体资格和人员力量配置等方面存在较大困难，严重影响和制约社区矫正制约监督体系建设进程。同时，根据《社区矫正法》规定，司法行政部门主管本地区社区矫正工作、社区矫正机构负责具体实施，社区矫正制约监督体系的建设主体、责任归属等问题亟须明确。四是社会参与机制建设还不够到位。目前，社区矫正机构动员组织社会力量参与的出发点，还在于协助配合社区矫正机构和司法所开展教育帮扶等活动。尽管也有一些社会力量参与指导、检查和监督等活动，但存在零星活动多、可持续性不足、制约监督作用发挥不明显等短板问题。

综上所述，加强社区矫正制约监督体系建设，既是破解当前社区矫正工作存在问题和发展难题的重要措施；也是社区矫正工作依法规范、健康有序发展的重要保障。同时，加强社区矫正制约监督体系建设，在一定程度上更能较为全面直观地反映和践行改革完善侦查权、审判权、检察权、执行权相互制约体制机制的现代化发展方向和法治化建设要求，对于助力提升深化执法司法制约监督体系改革和建设水平具有重要的促进作用和积极的借鉴意义。社区矫正机构要认真学习贯彻习近平总书记在党的十九届中央纪委五次全会上的重要讲话精神和中央政法工作会议精神，不断巩固和深化全国政法队伍教育整顿成果，以加强社区矫正制约监督体系建设为突破口，全面检视查摆社区矫正队伍和实际工作中存在的突出问题与薄弱环节，深入开展系统治理、依法治理、综合治理和源头治理，大力推进"清廉矫正"建设，全力提升社区矫正队伍规范执法能力和水平，着力健全完善社区矫正制约监督体系，努力为全面准确贯彻实施《社区矫正法》、提升社区矫正工作法治化水平增添动力、强化保障、夯实基础，不断展示新时代中国特色社会主义社区矫正制度的优越性。

二、坚持系统观念，统筹协调推进社区矫正制约监督体系建设进程

社区矫正是保障刑事判决、刑事裁定和暂予监外执行决定正确执行，促进社区矫正对象顺利融入社会，预防和减少犯罪的重要刑事执行活动。社区矫正工作政策性、法律性、综合性都很强，涉及审判机关、检察机关、公安机关等多部门协调配合和社会方方面面参与，是基层社会治理体系的重要组成部分。加强社区矫正制约监督体系建设，要坚持系统观念，用好系统方法，统筹协调推进。一是坚持在社区矫正委员会统筹协调和指导中推进。加强党委政府统一领导，事关社区矫正工作及其制约监督体系建设正确的政治方向和全面、协调、可持续发展。要认真贯彻执行《社区矫正法》关于"地方人民政府根据需要设立社区矫正委员会，负责统筹协调和指导本行政区域内的社区矫正工作"的规定，全面建立省、市、县（市、区）三级社区矫正委员会及其办公室，健全完善各级社区矫正委员会议事规则及其办公室工作细则和成员单位社区矫正工作责任清单等制度，认真落实矫正委每年、矫正办每半年召开一次工作例会制度，会商研究贯彻执行《社区矫正法》和推进社区矫正制约监督体系建设相关重大决策问题，牢牢把握正确的政治方向；协商研究解决本地区社区矫正制约监督体系建设中遇到的困难和问题，保障体系建设健康有序发展；协调汇聚各成员单位智慧和社会力量参与，共同致力于社区矫正制约监督体系建设，确保体系建设取得实效。二是坚持在强化社区矫正职能部门协调配合中推进。认真贯彻执行《社区矫正法》关于"人民法院、人民检察院、公安机关和其他有关部门依照各自职责，依法做好社区矫正工作"的规定，坚持以加强社区矫正委员会办公室建设及其职能作用发挥为着力点，健全完善部门会商、工作协调、情况通报、信息交流、管理考核等制度，统筹协调推进社区矫正职能部门和相关部门法定职责的积极有效履行，发挥各部门职能优势，着力在改革完善侦查权、审判权、检察权、执行权相互制约的体制机制进程中，努力形成"问题联治、整改联动、体系共建、

成果共享"的社区矫正制约监督体系建设新格局,提升体系建设水平。三是坚持在全面落实司法行政部门主管责任中推进。认真贯彻执行《社区矫正法》关于"国务院司法行政部门主管全国的社区矫正工作。县级以上人民政府司法行政部门主管本行政区域的社区矫正工作"和"社区矫正机构的设置和撤销,由县级以上人民政府司法行政部门提出意见,按照规定的权限和程序审批"等规定,全面落实司法行政部门对社区矫正工作的组织领导、机构管理、队伍建设、检查考核等主管责任,加强对社区矫正制约监督体系建设的组织领导、统筹谋划和部门协调,把握正确的建设方向,提高体系建设质量。四是坚持在全面落实社区矫正机构主体责任中推进。认真贯彻执行《社区矫正法》关于"县级以上人民政府根据需要设置社区矫正机构,负责社区矫正工作的具体实施"的规定,加快社区矫正机构建设步伐,健全完善社区矫正工作管理与刑事执行体系,确保社区矫正机构主体责任的有效履行。切实加强《社区矫正法》等相关法律法规和制度的学习研究及其实践运用,紧密结合社区矫正制约监督体系建设目标、任务及要求,深入查摆社区矫正工作特别是执法领域存在的突出问题,深刻剖析思想认识、工作理念、执法方式等方面的根源,明确重点任务,查明问题症结,找准建设方向,切实提高社区矫正制约监督体系建设的精准性。坚持依法治理与从严要求相统一、健全制度与完善机制相结合、体系建设与实践创新相同步,提高体系建设实效性,着力彰显社区矫正制约监督体系建设的政治效益、法律效益和社会效益。

三、坚持整体智治,着力提升社区矫正制约监督体系建设效能

社区矫正是行刑社会化的重要刑事执行活动,其制约监督体系建设涉及法律监督、部门监督、内部监督、社会监督等多形式、多路径、多层次的资源整合与创新成果的综合运用。加强社区矫正制约监督体系建设,要紧紧围绕"多种监督协调贯通,形成常态长效的监督合力"的建设目标和要求,坚持整体智治,强化系统集成,不断提升建设效能。

一是完善党的领导监督机制。坚持以全面落实党的领导监督为统领,充分发挥社区矫正职能部门各级党组织的领导作用,健全完善党内制约监督机制,全面落实党组织对本系统本单位本部门履行社区矫正工作职责情况的政治监督和组织监督。坚持教育管理与执纪问责相结合,加强经常性的党章党规党纪等教育,用足用好党纪政纪处分等措施,强化执法守法,督促依法履职,惩治违规违纪,促进规范执法,积极营造风清气正的政治生态和执法环境。坚持与改革完善社区矫正机构设置进程相同步,大力推进社区矫正机构党组织建设,在各级司法行政部门党委(党组)的统一领导下,全面加强和改进社区矫正机构党的建设等工作,不断提升社区矫正机

构的政治执行力，努力为健全完善社区矫正制约监督体系提供强有力的政治保障和组织保障。

二是完善检察机关法律监督机制。切实强化依法治理观念，全面贯彻执行《社区矫正法》关于"人民检察院发现社区矫正工作违反法律规定的，应当依法提出纠正意见、检察建议"的规定，积极配合和支持检察机关依法履职，充分发挥社区矫正法律监督专门机关的主责、主业、主渠道作用。坚持以建立完善社区矫正全程法律监督机制为目标，全面实施检察机关在县级社区矫正中心驻点监督制度，完善基层检察室监督司法所社区矫正日常工作机制，积极配合开展日常检察、巡回检察等活动，严格执行社区矫正调查评估、考核奖惩、监督管理等执法活动事前通报、事中监督、事后报备等制度，切实加大检察建议书、纠正违法通知书等相关问题整改整治力度，持续深化公检法司社区矫正联合执法检查等活动，努力确保社区矫正各项工作在法治的轨道上运行。加强社区矫正队伍《社区矫正法》等法律法规宣传教育，做好经常性的思想政治工作，强化遵法守法意识，提高接受检察机关监督的自觉性和主动性，养成在法律监督下开展工作的良好习惯，主动为检察机关依法履职创造良好的环境。

三是完善相关部门协同监督机制。切实强化系统治理观念，坚持以构建各尽其职、配合有力、制约有效的社区矫正工作体系为目标，紧紧抓住执法办案等关键环节，健全完善部门衔接、联合执法、协同办案、案件评查、流程控制等制约监督制度，促进社区矫正职能部门依法履职、规范执法。坚持以"社区矫正协同一体化办案平台"建设为突破口，不断巩固和深化社区矫正机构与人民法院、检察机关信息化联网成果，扎实推进与公安机关、监狱和看守所的信息化互联互通，优化配置办案平台资源和功能，实现社区矫正法律文书实时传输、执法办案网上监督、部门衔接全程无纸化，以信息化倒逼社区矫正执法规范化。坚持问题导向，健全完善社区矫正机构定期征求政法部门意见建议等制度，主动查找制约监督体系建设中存在突出问题和薄弱环节，深化部门协作配合，合力攻坚克难，不断提升体系建设的针对性和实效性。

四是完善司法行政内部监督机制。切实强化综合治理观念，坚持以全面落实司法行政机关主管责任和社区矫正机构主体责任为目标，加强《社区矫正法》及其实施办法学习研究，紧密结合社区矫正实践需求，健全调查评估、考核奖惩、教育帮扶、信息化监管等工作制度，推进社区矫正工作标准化建设，不断扎紧制度"笼子"。加强社区矫正工作考核评价体系研究，建立健全执法考评、质量评估等制度，常态化开展社区矫正工作考评活动，促进执法规范化。健全完善事项审批、执法办案内部审查审核机制，发挥纪检监察、法制部门等作用，把监督"关口"前移，把问题消除在萌芽状态。坚持社区矫正案件评查常态化，落实案件倒查、问题整改、结果反馈、责任追究等跟踪监管措施，不断提升执法办案质量。坚持完善监狱戒毒人民警察参与社区矫正工作制度，充分发挥监狱戒毒民警刑事执行"指导员"、执法办案"教练员"、社区矫正"监督员"、监地协作"联络员"作用，促进提升社区矫正执法水平。

五是完善社会力量参与监督机制。切实强化执法为民思想意识，坚持以构建开放动态透明的社区矫正"阳光执法"机制为目标，广泛深入开展《社区矫正法》等法律法规社会宣传活动，扩大社区矫正影响，提升公众知晓度，积极主动营造良好的社会监督氛围。深入推进社区矫正社会化进程，在组织动员和引导鼓励更广泛的社会力量参与中，不断健全完善"融入式"的社会监督机制。把社区矫正制约监督内容及要求纳入人民监督员、法治监督队伍日常监督职责，积极培育专业化、职业化社会监督队伍。定期邀请和组织"两代表一委员"调研、检查、指导和参与社区矫正活动，全面实施社区矫正场所"国家宪法日"向社会开放制度，探索建立"零距离"的社会监督机制。紧密结合调查评估、上门走访、实地核查等日常工作，以及组织开展教育学习、公益活动、困难帮扶等活动，积极主动征集机关部门、企事业单位、学校和村（社区）干部群众对社区矫正工作意见建议，了解社区矫正对象家庭成员对社区矫正制度及其工作的看法和想法，不断加强和改进社区矫正方法措施，全力构建"嵌入式"的社会监督机制。

基层检察机关社区矫正检察监督工作存在问题及对策

李宝英[*]

作为非机构性处遇，社区矫正是对监禁刑刑罚执行方式所产生弊端的反思与司法应答。从执行空间看，社区矫正对象处于相对宽松自由的环境，仅靠相关主体的自觉性参与是不够的，还需强有力的外部法律监督支撑，推进社区矫正制度整体规范运行。作为国家法律监督机关，检察机关依法对社区矫正监管执法活动开展全方位监督。2020年7月1日《中华人民共和国社区矫正法》（以下简称《社区矫正法》）正式施行，是我国社区矫正制度发展史的一个里程碑。该法实施以来，检察机关的监督职责也相应发生变化，社区矫正检察监督作用更加凸显。反观司法实践现状，作为同位监督主体，当前基层检察机关社区矫正检察监督工作存在的一些问题，与党中央在《中共中央关于加强新时代检察机关法律监督工作的意见》中提出的司法要求与期望，还存在不容忽视的差距。如何主动应对新时代检察监督理念重构和监督方式转轨双重压力，有效释放社区矫正检察监督"生产力"，为地方社会经济发展大局提供更高质量的"法治产品"和"检察产品"，是刑事执行检察部门应当深入思考的课题。

一、社区矫正检察监督工作存在的问题

（一）监督力量不足

很多检察人员认为执检部门不是主要办案部门，年轻检察人员不愿调入刑事执行检察部门，检察精英人才大多到一线办案，这与我国当前社区矫正日渐重视、社区矫正对象逐渐增多的现实相违背。执检队伍老龄化严重，不少基层检察院平均年龄在40岁以上，思想上墨守成规，创新意识弱化，对新问题、新模式思考不够，致使刑事执行检察工作中经验主义、老办法比较多，新思路、新举措不多，社区矫正检察工作缺乏创新。

---

[*] 李宝英，福建省安溪县人民检察院检察官助理。

内设机构改革后，不少基层检察院甚至未设置专门的执检部门，而是并入综合业务部，经常只有1名工作人员负责社区矫正检察工作，且大多为兼职，在基层业务量大且繁杂的情况下，对社区矫正检察工作往往疲于应付，较难往精细深方面去挖掘，监督质量不高。

（二）衔接配合不够顺畅

《中华人民共和国社区矫正法实施办法》（以下简称《社区矫正法实施办法》）第四十一条规定："社区矫正对象被依法决定行政拘留、司法拘留、强制隔离戒毒等或者因涉嫌犯新罪、发现判决宣告前还有其他罪没有判决被采取强制措施的，决定机关应当自作出决定之日起三日内将有关情况通知执行地县级社区矫正机构和执行地县级人民检察院。"实践中，相关决定机关没有按照规定及时将上述情况通报执行地县级社区矫正机构、检察院，往往是在社区矫正对象未按期报到或者联系不上时，社区矫正机构主动查找或者联系公安机关等部门后才发现社区矫正对象涉嫌被拘留、逮捕等情况。由于社区矫正工作相关部门间衔接不够顺畅，工作合力未能充分发挥，影响了社区矫正工作顺利开展。

（三）教育帮扶检察力度不够

《社区矫正法》第三条规定，"社区矫正工作坚持监督管理与教育帮扶相结合，专门机关与社会力量相结合"。该法施行后，社区矫正工作理念由过去的"刑""罚""管""教"转变为"控""矫""育""帮"，社区矫正本质上是"由社区来矫正"，社区矫正工作的核心是使社区矫正对象顺利回归社会。该法中"社会工作"出现4次，"志愿者"出现3次，"社会组织"出现7次，"社会力量"出现3次。[1] 该法对社会力量参与社区矫正有大篇幅的法条引用，体现国家和社会双本位犯罪预防模式的理念。但实践中教育帮扶检察力度不够，尤其是在经济发展水平不高的县域，社会力量参与少，具有专业化水平的社会组织匮乏，社会力量中的社会组织、社会团体规模小、服务质量不高，非营利性、公益性社会团体少，社会志愿者参与率低，教育帮扶转化效果不高。

（四）监督模式单一

社区矫正检察大多依赖于相关部门文书抄送进行书面检察、开展不定期巡回检察及约谈社区矫正对象和社区矫正工作人员进行实地检察。实践中，社区矫正相关部门文书抄送延迟时有发生，社区矫正机构也不会主动将存在的问题都及时通报检

---

[1] 连春亮：《社区矫正工作面临的现实矛盾与破解路径》，载《天津法学》2021年第2期。

察机关，谈话所获取信息缺乏全面性。传统监督模式无法及时、全方位掌握社区矫正工作动态情况，具有一定的滞后性，往往在违法违规行为发生后，检察机关才跟进监督，且书面审查和实地调查往往耗费大量时间，监督是否存在脱管、漏管容易错过最佳时机。能动性监督的缺乏导致社区矫正检察停留于查找浅层问题，忽视对监督内涵的丰富以及监督体系的构建。

（五）监督刚性缺乏

当前，检察机关的社区矫正检察监督权在本质上是一种建议和意见性的权利，[1]对于社区矫正过程中出现的违法行为或者管理漏洞发出书面纠正违法通知书或者检察建议书，相关部门回复文书基本会写明已采取措施纠正，检察机关通常是依据其回复的文书来判断是否整改，至于回复文书内容是否客观真实，是否真正予以纠正落实，检察机关没有相应机制予以监督。实践中最多再以口头或电话咨询相关部门是否落实整改，没有开展调查核实，可能存在以文书回复已纠正代替实际纠正的情况。实践中还存在大部分检察建议被采纳，但整改效果不佳，仅就现有表面问题进行整改，未能形成常态化工作机制。

二、社区矫正检察监督工作存在的问题剖析

（一）司法理念未转变

社区矫正工作由试点到全面推行阶段，被定性为非监禁刑刑罚执行方式，以严格监管为社区矫正的主要工作手段，矫正教育和社会帮扶为辅助措施。王顺安教授依据《社区矫正法》的内在立法精神，归纳出社区矫正法的十大引申意义："（1）不是为了惩罚报应而是为了预防；（2）不是为了剥夺或限制自由而是为了自由；（3）不是为了群众专政而是为了民主；（4）不是为了监督管理而是为了法治；（5）不是为了拘束控制而是为了安全；（6）不是为了思想改造而是为了矫正；（7）不是为了特殊管教而是为了感化；（8）不是为了帮困扶助而是为了人权；（9）不是为了损害修复而是为了正义；（10）不是为了赦免宽容而是为了和谐。"[2]"社区矫正是以惩罚性为基础、以恢复性为核心、注重罪犯重返社会的刑事执行制度"[3] 已成为理论界通说。但实践中，社区矫正工作人员还停留在以前的司法执法理

---

[1] 陈伟：《社区矫正检察监督机制的改革与完善》，载《湖北社会科学》2017年第3期。
[2] 王顺安：《论〈社区矫正法〉的五大立法目的与十大引申意义》，载《中国司法》2020年第5期。
[3] 王顺安：《从刑罚执行到刑事执行：谈对社区矫正性质的认识》，载《河南司法警官职业学院学报》2020年第2期。

念，未能准确理解、把握新法的立法精神和价值取向，不能及时更新司法理念以指导工作开展，比如帮教在社区矫正工作中处于"说起来重要、做起来次要、忙起来不要"的虚化状态①。

（二）监督模式未提升

传统的书面审查、实地巡回检察导致检察机关获取社区矫正工作信息渠道受限，如社区矫正相关部门文书抄送延期、缺乏信息共享平台、所获取信息具有滞后性等情况，不利于检察机关及时开展同步监督。特别是在新冠疫情影响下，以巡回、实地检察为主的传统社区矫正检察监督模式受限，监督手段单一、监督模式固化，监督效果不理想，大多为事后监督、程序性监督，缺乏事前、事中监督，实时性智慧检察监督缺乏，迫切需要大胆创新社区矫正检察监督模式，以新型检察监督模式提升监督实效。

（三）监督机制不健全

缺乏各部门间协作配合机制。《社区矫正法》施行后，社区矫正工作与检察监督措施都发生不少变化，各部门遇到的新型疑难复杂问题需要共同研究解决。实践中，各部门建立协作机制共同会商解决问题力度不够。

整改落实情况缺乏监督。根据《社区矫正法实施办法》第五十七条的规定，被监督单位对人民检察院的书面纠正意见在规定期限内没有回复纠正情况的，人民检察院应当督促回复。实践中一些检察机关未及时有效跟踪整改落实情况，对整改不够到位的，往往未采取报告上一级检察院、通报被建议单位的上级机关等措施，致使纠正违法通知书和检察建议书缺乏强制力，监督效果不理想。

三、完善社区矫正检察监督工作对策

（一）加强社区矫正检察队伍专业化建设

当前在深化司法体制改革的环境下，检察干警应该转变司法理念，重新认识社区矫正在刑事司法制度中的重要地位以及社区矫正工作对推动社会治理的重要性。检察机关应为社区矫正工作配备专职的检察监督人员，注重选配一定比例的优秀年轻干警，在社区矫正对象较多的县域至少配备一名检察官和一名至两名的检察辅助人员。加强队伍建设，在强调社区矫正对象再社会化的立法理念下，转变干警工作

---

① 马灵喜：《社区矫正教育研究》，载《中国司法》2015 年第 6 期。

思路，增强创新思维；通过举办专题业务培训班、加强研讨交流、加大岗位练兵力度等方式，使干警全面熟悉掌握社区矫正等刑罚执行领域法律法规；完善考评制度和激励机制，激发检察人员干事创业的热情，着力提升社区矫正检察监督能力。

（二）加强各部门协作配合机制

社区矫正工作是一项系统化社会工程，不是检察机关一家的"独奏"，需要各部门间加强协作配合以实现共赢。

一是建立多方联动机制。建章立制才能真正堵塞社区矫正工作出现的漏洞，检察机关应加强与各部门的工作衔接配合，充分发挥检察监督职能，可每季度召开公、检、法、司联席会，加强脱漏管、突发事件、提请收监和奖惩等重要信息的通报，梳理研究《社区矫正法》施行后的社区矫正与检察监督措施，听取各部门遇到的新型疑难复杂问题，合力研究解决，并对该法规定的各部门间法律文书抄送、衔接义务等进行提示。同时及时向党委政府汇报社区矫正检察工作情况，争取多方支持，形成党委政府重视、相关部门齐抓共管的工作局面。

二是发挥社区矫正委员会统筹协调作用。《社区矫正法》施行后，各级社区矫正委员会也相继成立，有利于指导公检法司等部门开展工作，可以组织研究、具体解决社区矫正工作中面临的新情况、新问题，交流工作经验，争取社区矫正工作所需经费，完善工作机制，研讨刑罚执行问题和重大疑难案件法律适用问题，解决部门间推诿扯皮等问题。

（三）加强教育帮扶检察力度

社区矫正检察监督既要保障刑事判决、裁定和暂予监外执行决定的正确执行，又要保证对社区矫正对象的教育帮扶落实到位，实现社区矫正对象再社会化。

一要提高社区矫正社会化水平。建议出台优惠政策，鼓励企事业单位、社会组织、志愿者等社会力量参与社区矫正工作；社区矫正机构应积极与民政、妇联、财政等部门加强沟通协调，争取村（居）委会的支持，共同做好社区矫正工作。鼓励社会工作者参与社区矫正，培训和组织志愿者群体参与社区矫正工作，有利于深入了解社区矫正对象工作、生活情况，通过介入其家庭环境、社区环境、朋辈群体等构建社会支持体系。检察机关对《社区矫正法》涉及的社区矫正对象所在单位、就读学校、妇女联合会等相关主体纳入检察监督范围，督促这些主体履行相关责任，同时联络相关主体做好普法工作，引导其积极参与社区矫正工作，共同推进对社区矫正对象的教育帮扶工作。

二要督促社区矫正机构加强社区矫正对象思想教育。社区矫正机构要经常性组织社区矫正对象收看社区矫正警示教育片，以案释法，讲解相关法律法规。检察机关可以会同社区矫正机构通过入矫第一课、在社区矫正入矫教育基地举办集中入矫教育，结合学习强国 App 学习资源、典型案例警示教育、日常面对面谈心谈话、解矫教育、法治宣讲等形式开展法治教育，实现社区矫正对象"线上""线下"教育全覆盖，切实加强其行为规范矫正、心理辅导教育、法治精神教育、道德感化教育等内容的学习，全面提升教育矫治效果。监督社区矫正机构贯彻落实宽严相济刑事政策的要求，对于教育改造成效明显的，通过调低管理类别或者给予表扬等方式予以激励，化被动矫正为自觉矫正；对于违反监督管理规定的，及时采取调高管理类别或者给予训诫、警告、提请治安管理处罚、提请收监等手段予以惩戒，避免酿成更严重的后果。

三要构建政府、社会、家庭"三位一体"教育帮扶检察体系。社区矫正对象在遇到难以克服的重大困难或者无一技之长时，如果得不到有效帮助，很有可能通过继续违法犯罪来摆脱困境，导致再次危害社会结果的发生。因此，检察机关有必要通过督促社区矫正机构开展职业教育培训，通过政府购买服务，建立电商园培训创业基地、电商产业孵化基地等教育培训基地，依托基地拓展培训内容，为社区矫正对象提供就业就学、心理辅导等帮助，健全社会服务体系和危机干预机制。比如，可以举办女性社区矫正对象家政培训班，提高女性社区矫正对象就业率。

督促社区矫正机构探索建立"五个一"帮扶机制，即"举办一场免费培训，推荐一次就业机会，提供一个创业平台，资助一笔帮扶基金，建立一项帮带制度"，延伸就业服务，因症施治、因人而异，助力社区矫正对象顺利回归社会。比如督促社区矫正机构结合排查了解的社区矫正对象生活状况，通过"五个一"帮扶机制，全方位助力贫、病社区矫正对象实现再就业，同时为家境极为困难的社区矫正对象申请落实最低生活保障和相关救助措施。

（四）多元化监督构建立体监督模式

通过"派驻+巡回检察""线上+线下巡查""法律+社会监督"等多元化方式开展社区矫正检察监督，紧扣社区矫正核查纠正脱漏管综合治理等重点，加强对辖区内执法信息的实时查询和同步监督，同时贯彻"在办案中监督、在监督中办案"的辩证思维和系统观念，着力提升执法规范化水平。

一是监督关口前移，检察监督由单一巡回模式向"派驻+巡回"模式转变。在社区矫正机构设立社区矫正检察官办公室，检察人员可采取每周至少有一天到社区矫正检察官办公室驻点办公以加强各执法环节的日常监督，对新型疑难复杂案件进行事前会商，同时受理社区矫正对象及其亲属的控告、申诉和检举，将法律监督延伸到社区矫正工作第一线。定期或不定期开展巡回检察，通过核查档案、实地走访、约见谈话等方法全面了解社区矫正工作情况。通过日常驻点检察发现问题，再结合每月至少实地巡回检察一个司法所,侧重检察社区矫正执行档案、台账、请假外出审批手续等内容,进一步核查社区矫正对象是否存在脱管、漏管、重新犯罪,全面检察社区矫正机构贯彻落实社区矫正法是否存在违法情形等问题,从中发现监督线索,提升社区矫正监督水平,实现从司法所去找问题向带着问题去司法所的转变。

二是运用信息化核查,线上线下巡查并进。传统线下实地检察监督模式有一定局限,同步智慧检察监督缺乏,为此要加强社区矫正检察监督的智慧化建设,可以整合利用统一业务应用系统、派驻看守所检察办公系统、省社区矫正监督指挥平台,搭建刑罚交付执行的"数据中心库",健全数据共享机制,通过数据库的筛选、比对、统计等优势功能,实现对刑罚交付执行实时动态监督,防范漏管。督促社区矫正机构建立"日定位、周听声、季比对"监管制度:每日加强手机定位信息核查,确保定位异常告警信息不过夜;每周至少一次电话抽查或现场见面;每季度通过公安网络信息平台对社区矫正对象出行、住宿等数据进行信息比对。加强信息化手段对社区矫正对象不假外出等情况进行线上核查,利用"在矫通 App"打卡、社区矫正工作信息共享平台、实时位置共享、手机定位抽检、电话汇报等核查方式,及时掌握社区矫正对象活动情况及社区矫正工作开展情况,严防社区矫正对象失联、脱管,实现从事后碎片化监督向全程同步监督转变。

三是接受社会监督,以司法公开促进刑罚执行公平公正。邀请人大代表、政协委员听取检察机关关于社区矫正检察工作的汇报,视察社区矫正工作,使人大代表、政协委员对社区矫正检察监督工作有更深入的了解,为社区矫正工作建言献策,帮助推动疑难复杂问题的解决。可邀请人大代表、政协委员、人民监督员、专家学者等参与收监执行审查案件、暂予监外执行审查案件听证会,增强司法工作透明度,进一步规范司法行为。依托基层群众自治组织、网格员、社会志愿者等社会力量,拓展监督线索来源渠道,形成全民参与的社会监督模式。

(五)增强社区矫正检察监督刚性

"一切有权力的人都容易滥用权力,这是万古不易的一条经验。"[1] 检察机关作为法律监督者,需增强社区矫正检察监督刚性,以权力制约权力严防滥用权力。

一是提升法律文书的监督刚性。建立纠正违法通知书和检察建议书公开宣告机制,邀请人大代表、政协委员、村(居)委会代表、相关单位等参与,增强检察监督的严肃性,引起被监督单位的重视,宣告中加强释法说理,提升监督效果。及时跟踪监督整改落实情况,对于被监督机关回复已整改的,要进一步采取定期回访、座谈等调查核实措施核查其整改落实情况,确保整改落实到位;对于被监督单位在

---

[1] [法]孟德斯鸠著:《论法的精神》,张雁生译,商务印书馆1994年版,第350页。

规定期限内仍未纠正或未回复意见的，应及时向上一级检察机关报告，由上一级检察机关通报同级社区矫正机构进行督促纠正。

二是建立责任追究机制。"查案是最好的监督"，如对社区矫正对象脱管漏管虚管、重新犯罪等情况要对隐藏于背后的职务犯罪加大查处力度，通过对社区矫正工作中存在的玩忽职守、滥用职权等犯罪行为立案侦查，追究相关人员刑事责任，对违纪违规行为及时向监察机关移送线索，倒逼社区矫正机构提升执法规范化水平。

三是提升检察建议的监督成效。对于检察发现的监管漏管和安全隐患等问题，在核实、固定证据的基础上，及时建议相关单位采取改进措施，堵塞工作漏洞；完善检察建议适用的程序性规范与监督纠正机制，应当明确限定被监督单位出具回复情况的期限，防止整改不及时，影响社区矫正效果；针对不采纳意见的情况，要明确其所阐述理由是否达到充分、正当的标准，防止被监督单位将以随意性的理由不予采纳；注意审查检察建议被采纳的整改质量与效果，督促被监督单位以个案问题的整改提升到建立常态化工作机制的高度上，或者发挥检察机关参与社会治理的重要作用，联合多部门建立健全相关制度规定，促进源头防范治理。

四、结语

社区矫正检察工作是社区矫正有效运行的制度保障，事关社区矫正对象合法权益，事关司法为民理念，事关社会大局稳定。针对基层检察机关社区矫正检察监督工作存在的不足之处，检察机关要认真贯彻《中共中央关于新时代检察机关法律监督工作的意见》，以"促进严格依法监管，增强罪犯改造成效"为目标，通过加强队伍专业化建设、各部门协作配合机制、教育帮扶检察力度、构建立体监督模式，以及增强检察监督刚性等方式，打造监管全时空、智慧矫正全覆盖的同步监督体系。社区矫正是"转化人"的事业，作为基层检察机关今后要继续探索、完善社区矫正检察监督工作，为区域平安、法治建设贡献检察力量。

从检察监督角度提升社区矫正执法规范化工作研究

——以杭州市萧山区为例

金啸　张巧玲[*]

2020年7月1日《中华人民共和国社区矫正法》（以下简称《社区矫正法》）的生效实施，标志着我国社区矫正法律制度的最终确立，为推动非监禁刑执行一体化刑事执行体系建设奠定了坚实基础，这也意味着非监禁刑执行的检察监督工作迎来了新的变化、面临新的要求。本文通过梳理社区矫正检察监督制度，并从萧山区社区矫正检察监督工作现状进行分析，研究检察监督存在的问题，对新形势下社区矫正检察监督工作进行了一定的思考。

一、我国社区矫正检察监督制度概述

（一）基本概念

所谓"社区矫正检察监督"，顾名思义是指在开展社区矫正工作期间进行的检察监督，它作为刑事执行法律监督的一部分，是人民检察院对社区矫正相关机构执行已经发生法律效力的刑事判决、裁定活动（社区矫正执法活动）是否合法的专门监督。[①] 具体来讲，是指在社区矫正工作中，人民检察院依据法律赋予的职权、按照法律规定的程序，对公安、法院、司法行政机关在社区矫正过程（交付矫正、矫正过程、变更与终止矫正）中开展社区矫正工作（监督管理、教育矫正、帮困扶助）的执法、司法活动是否符合法律进行的监督，以保证社区矫正依法公正实施的活动。[②]

（二）法律依据

由于社区矫正在我国实施的时间相对比较短，在《社区矫正法》颁布之前，无

---

[*] 金啸，杭州市萧山区司法局社区矫正科科长。张巧玲，杭州市萧山区司法局瓜沥司法所副所长。
① 高贞：《中国特色社区矫正制度研究》，法律出版社2018年版，第181—182页。
② 周伟：《关于社区矫正法律监督若干理论问题的探讨》，载《中国检察官》2012年第2期。

论是《中华人民共和国宪法》还是《中华人民共和国刑事诉讼法》等，都没有对"社区矫正检察监督"做一个比较详细的规定，仅散见于一些规范性文件中。2019年12月28日《社区矫正法》正式通过审议并在2020年7月1日生效实行，其中第八条第二款第一次从立法层面对社区矫正检察监督进行了明确。同时，2020年6月18日颁布的《中华人民共和国社区矫正法实施办法》（以下简称《社区矫正法实施办法》）第二条也规定："社区矫正工作坚持党的绝对领导，实行党委政府统一领导、司法行政机关组织实施、相关部门密切配合、社会力量广泛参与、检察机关法律监督的领导体制和工作机制。"

（三）检察监督的具体内容

在《社区矫正法实施办法》第六条中，详细列举检察监督的8项内容，具体为：（1）对社区矫正决定机关、社区矫正机构或者有关社会组织的调查评估活动实行法律监督；（2）对社区矫正决定机关判处管制、宣告缓刑、裁定假释、决定或者批准暂予监外执行活动实行法律监督；（3）对社区矫正法律文书及社区矫正对象交付执行活动实行法律监督；（4）对监督管理、教育帮扶社区矫正对象的活动实行法律监督；（5）对变更刑事执行、解除矫正和终止矫正的活动实行法律监督；（6）受理申诉、控告和举报，维护社区矫正对象的合法权益；（7）按照刑事诉讼法的规定，在对社区矫正实行法律监督中发现司法工作人员相关职务犯罪，可以立案侦查直接受理的案件；（8）其他依法应当履行的职责。

实践中，我们可以将这8项职责分为入矫前的社区矫正检察监督、入矫后的社区矫正检察监督，以及解矫时的社区矫正检察监督三个阶段。

二、社区矫正检察监督工作的基本情况——以萧山为例

近年来，萧山区积极加强对社区矫正工作的检察监督，通过区司法局和区检察院的配合，并以瓜沥为试点开展实践，不断提升全区社区矫正执法司法行为更加规范、公正。

在区级层面，萧山区司法局积极与区检察院建立社区矫正监督检查机制，定期召开联席会议，并通过翻阅资料、实地走访等对我区社区矫正工作进行定期和不定期的抽查和检查。同时，还根据社区矫正中心"三区十八室"的建设要求，设置了专门的驻检室作为监督管理区。目前，该驻检室刚完成室内装修，后期将根据工作实际需求，定期安排检察官进行值班。

在镇级层面，通过在瓜沥试点成立瓜沥检察室，并出台《关于印发〈杭州市萧山区人民检察院杭州市萧山区司法局瓜沥检察室瓜沥司法所社区矫正工作监督写作

机制〉的通知》，具体从以下 7 方面开展工作。

（一）专项监督

检察室对司法所每年开展两次社区矫正督查，全面查阅社区矫正工作档案、检查司法所日常工作台账，对部分社区矫正对象采取随机抽查方式，掌握矫正对象遵章守法及社区矫正工作人员教育监管情况。发现社区矫正监管活动或者社区矫正工作人员违法违规的，以口头纠正或者制作《检察建议书》《纠正违法通知书》等方式提出监督意见，由司法所将整改情况书面回复检察室。

（二）协同监管

在矫正对象入矫宣告、解矫宣告等活动中，检察室可以根据司法所的需求派员列席。对在矫正期间违反纪律的重点管理矫正对象，检察室会同司法所加强在重点社区矫正对象的监管和帮教，可派员参与训诫谈话和日常走访工作，掌握社区矫正对象思想动态、工作生活和现实表现，提高社区矫正对象服从监督管理意识。

（三）评议评估

对矫正对象提出治安管理处罚建议，提出减刑、撤销缓刑、撤销假释、提请收监执行、依法提请逮捕建议的案件，司法所应通知检察室派员参加，检察人员对评议活动予以监督；对于拟适用社区矫正的被告人、罪犯，需要审前调查评估其社会危害性和对居住社区影响的，应司法所要求检察室可派员参加并对评估活动予以监督。

（四）文书报送

司法所对社区矫正对象提出训诫、警告、治安管理处罚的相关文书，应及时送达检察室，矫正对象对于处罚决定向检察室提出异议的，检察室应将处理结果告知社区矫正对象。由司法所提交审批的社区矫正对象调查评估意见书，及社区矫正对象因违法犯罪被采取强制措施的，司法所应将相关文书及时送达检察室。

（五）信息共享

检察室、司法所通过信息交换互通平台，共享社区矫正综合管理平台信息，掌握社区矫正对象交付接收、日常监管、教育帮扶、脱离监管等动态数据，实现工作信息共享、文书传输便捷、网络监督常态化机制，便于检察室实时掌握矫正对象动态信息，提升社区矫正监督协作的信息化水平。

(六) 法治宣传

司法所可采用集中授课、网上培训等方式开展集中教育，检察室配合司法所对社区矫正对象进行教育帮扶，开展法治教育，对于国家出台或修订的重大法律法规及政策，由司法所组织社区矫正对象及矫正小组工作人员参加培训，检察室开展对矫正对象的法治教育及矫正小组工作人员的法治培训活动每年不少于两次。

(七) 联席会议

检察室、司法所每半年召开一次联席会议，司法所通报社区矫正工作总体情况，社区矫正工作中出现的新问题、新情况；共同研究探讨社区矫正工作中的难点问题，确定调研方向，司法所提供相关数据、资料、典型案例，双方共同开展理论调研，完善社区矫正工作检司联动新机制，全面提升社区矫正工作质效。

三、社区矫正检察监督工作存在的问题及原因分析——以萧山为例

(一) 检察监督人员力量薄弱、重视不够

随着刑事执行检察监督工作内容的不断完善，相应的检察监督工作量也显著增加，而我省大部分的基层检察院在刑事执行监督人员的配置上却未能跟上发展的需要。就拿萧山区来说，萧山区的社区矫正检察监督工作主要由监所第五检察部负责，一方面，在重"墙内"、轻"墙外"思想的影响下，其工作重心主要以看守所和监狱为主；另一方面，受制于"事多人少"的压力，使社区矫正检察监督工作处于"顺带"状态，进而导致法律监督工作不到位的现象。此外，在乡镇一级，已经普遍设置了人民法庭、派出所和司法所等司法部门，而检察机构由于人员编制等问题，没有额外设立派出机构，即使有也只是以试点的形式进行，如萧山瓜沥镇、桐庐分水等地。因此，对社区矫正工作的监督是基层检察院的薄弱环节，而派出检察机构的缺失也不利于社区矫正法律监督工作的开展，影响了其监督职能的有效发挥。

(二) 检察监督人员的专业素质有待提高

对于基层检察机关来说，社区矫正检察监督的工作任务繁重，而能精通社区矫正检察监督的工作人员非常少。特别是《社区矫正法》实施以后，对社区矫正检察、监督的要求也随之提高，这无疑对社区矫正检察监督力量提出了更严格的考验。另外，由于《社区矫正法》正式实施时间相对较短，所以社区矫正检察监督作为一项新型工作，检察部门内部自然就缺少相关专业背景的人才，这就导致了检察监督人

员的专业性不强、素质参差不齐，从而影响监督工作的质量。另外，社区矫正检察监督干警稳定性较差，体现在开展社区矫正专项检察等工作量较大的专项工作时，常常临时抽调其他检察部门干警从事边缘性、文字性等社区矫正检察监督工作，待专项工作结束，借调干警又回归其本职工作。

（三）缺乏必要的事前与事中监督手段

从目前的司法实践看，基层检察机关对社区矫正的法律监督还停留在事后监督阶段，无法有效、及时地对社区矫正的全过程进行监督。社区矫正日常工作中，往往涉及接收交付、日常监管、教育帮扶等流程，节点多，而由于司法部门与检察机关没有及时打通信息壁垒等原因，导致检察机关无法在第一时间获取信息、共享信息，往往出现违法违规行为发生以后才予以跟进，"亡羊补牢"式监督是常态。这种以事后监督、程序性监督为主，事前监督、事中监督相对不足的监督模式，必然会影响社区矫正检察监督的效果。

（四）检察监督方式相对陈旧、缺乏创新

近年来，社区矫正检察监督的方式主要以查看书面档案和法律文书为主，实施检察监督的手段也一直比较单一，只有在出现问题后以检察建议或提出纠正意见的方式进行监督，监督方式相对比较落后。而社区矫正与监禁服刑最大的区别在于其社会性、开放性、非监禁型的刑罚，执行相对开放性需要特别的监督，除了监督其程序的正当性以外，还要监督实体的合法性，才能构成完整的监督体系、取得监督实效。

四、推进社区矫正检察监督工作的对策建议

（一）积极推进检察监督专门机构建设

瓜沥检察室的设置无疑是一个有益的探索，但是要想在全省范围内，做到检察室在各乡镇街道全覆盖几乎无法实现。在现有机构设置的限制下，我们可以派1—2名专职检察监督工作人员长期入驻区县一级矫正驻检室，并明确岗位职责、工作流程、权利义务、法律责任等。在社区矫正对象比较多或者有条件的区县，可以根据实际，在乡镇一级设置中心检察室，有效辐射周边镇街的社区矫正对象。

（二）提高检察监督人员的专业素质

首先，可以配置一定数量的专职社区矫正检察干警，通过"专业的人干专业的事"，有效提高社区矫正检察监督工作的效能，确保检察监督工作的稳定性。其次，

在新招录公务员时，通过重点招考社区矫正相关专业方面的人才，让专业人士加入社区矫正检察监督工作中来。最后，还可以积极开展社区矫正检察监督业务培训、业务学习、经验交流等一系列活动，提高专职检察干警社区矫正检察监督业务能力。

（三）创新社区矫正检察监督模式

一是推进了机制创新，通过双向签名机制，对社区矫正对象怠于监管等问题进行了有效遏制，同时通过构建全程跟踪催办机制，使监管督促作用得到了充分发挥。二是积极探索社区矫正智慧检察监督平台建设，打通检察机关和司法机关的信息壁垒，从入矫到执行再到解矫的各个环节充分发挥好"智慧矫正"和"智慧检务"之间的链接，通过信息化手段进行监管数据分析、风险点提示、自动生成监管任务等，提升检察监督工作的精度和效率，真正实现从"事后监管"到"同步监管"跨越。

精细化篇

一、总体要求

社区矫正分类管理与个性化矫正的困境和出路

袁帅 黄陈炬 王勍*

2019 年 12 月 28 日通过的《中华人民共和国社区矫正法》（以下简称《社区矫正法》）第三条将"分类管理、个别化矫正"确定为社区矫正的基本原则之一，充分肯定了分类管理的实践价值。自 2003 年开展社区矫正试点以来，分类管理在各地的社区矫正实践中普遍体现为"分级管理"，即按照一定的标准，将全体社区矫正对象按照人身危险性大小分为两个到三个不同的等级，对不同等级的社区矫正对象实施不同的管理措施。在执行过程中，可以根据社区矫正对象的具体表现适时调整其管理等级。各地社区矫正司法实践中，分类管理仍然存在诸多问题。

一、社区矫正分类管理与个性化矫正的困境

（一）刑罚属性被弱化，监管威慑力不足，教育帮扶难以开展

从 2003 年 7 月起，最高人民法院、最高人民检察院、公安部、司法部相继下发了《关于开展社区矫正试点工作的通知》（2003 年 7 月）、《关于扩大社区矫正试点范围的通知》（2005 年 1 月）、《在全国试行社区矫正工作的意见》（2009 年 9 月）、《社区矫正实施办法》（2012 年 3 月），以及《全面推进社区矫正工作的意见》（2014 年 8 月）。在这些文件中，社区矫正都被界定为"非监禁刑罚执行活动"。而 2020 年 7 月正式实施的《社区矫正法》回避了对社区矫正性质的界定。亦有不少学者主张应弱化社区矫正的刑罚属性，强化其社会福利属性，对社矫对象"去标签化"。[①] 强化社区矫正的社会福利属性，与社区矫正促进社矫对象复归社会这一根本目标相一致。但是，对社区矫正刑罚属性的弱化，在实践中常常会导致社矫对象意识不到自己是罪犯、社区矫正是刑罚执行的一种方式，进而缺乏

---

* 袁帅，集美大学法学院讲师。黄陈炬，厦门市集美区人民检察院第一检察部主任。王勍，厦门市集美区司法局社区矫正与安置帮教科科长，一级主任科员。

[①] 胡聪、徐晓燕：《浙江省社区矫正对象分类管理制度存在的问题及对策》，载《犯罪与改造研究》2022 年第 3 期。

基本的对社区矫正工作的敬畏和对社区矫正工作人员的尊重和服从，不服监管，不听教育。社区矫正工作人员的权限不大，权威性不足，很难形成有效威慑力，工作难以开展。

（二）重监督管理，教育帮扶流于形式

社区矫正在性质上被界定为"非监禁刑罚执行活动"，社区矫正中的监督管理措施正体现了刑罚的惩罚性和预防性。而社区矫正的根本目标是促进犯罪分子能更好地复归社会，从这个意义上来讲，社区矫正必须体现恢复性正义理念和社会防卫思想。因此，在对社矫对象有效监督管理的基础上，对其进行教育、帮扶，矫正其犯罪心理，重塑其人格，实现复归社会，是社区矫正制度的根本要求。

从立法上看，对社矫对象的监督管理和教育扶助是并举的，但是在司法实践中，我们可以看到，各地的社区矫正的主要工作还是以监督管理为主，教育帮扶为辅，教育帮扶很难落到实处。通过定位监管、轨迹查询、重点监控、短信管理、通话管理等方式，对社矫对象实行规范化管理，而教育帮扶流于形式。教育矫正一般停留在入矫教育和解矫教育，恢复性目标很难达成。实践中，要么"眉毛胡子一把抓"，难以实现分类教育、个性化矫正的目标；要么一人一案，抓个案、树典型，有限的人力、财力资源难以为继。以适当的分类为标准进行类型化建设，既节约资源，又能实现个别化、人性化矫正的目标。

（三）分级管理难以体现宽严相济的刑事政策

1. 分级管理缺乏规范化，分级标准规定含糊

各地社区矫正的监督管理一般分为三级：严管、普管和宽管，或一级、二级、三级；也有的地方分为两级管理：严管和普管（陕西省），或者重点管控和一般管控（云南省）。很多地区没有设置宽管（或者叫三级）这一等级，即使是设置宽管等级的地区，宽管适用率也低。比如，2020年9月福建省高级人民法院、省人民检察院、省公安厅、省司法厅联合发布《福建省贯彻〈中华人民共和国社区矫正法〉实施细则》（以下简称《福建省社区矫正实施细则》），对社区矫正对象实施一、二、三类管理。社区矫正对象入矫当日纳入二类管理。在入矫期结束后，根据社区矫正对象被判处管制、宣告缓刑、假释和暂予监外执行的不同裁判内容和犯罪类型、矫正阶段、再犯罪风险等情况，进行综合评估。综合评估结果为基本稳定的，保留二类管理；综合评估结果为不稳定的，调整为一类管理。只有在日常矫正中，处于二类管理的社区矫正对象考核等次良好的，才可以调整为三类管理。

另外，各地制定的社区矫正实施细则或者实施方法，一般仅笼统地规定，根据社矫对象被判处的刑罚种类、犯罪情况、矫正期限、入矫时间、风险等级、悔罪表现、遵纪守法

等情况，实行分类管理，不同管理类别采取相应的监管矫正措施。① 没有明确规定各级的适用对象，分级管理存在比较大的随意性。对于特殊类型的社区矫正对象，如涉黑、涉恶、涉恐、涉暴、涉毒犯罪，或者有精神疾病等，没有特别的监管措施。

2. 各等级监督管理措施差异性小

各等级监管措施，仅仅在定期报告的次数和频率、外出时间长短、手机签到次数、每月接受集中教育与心理测试的次数和时长以及社区服务的时长等方面存在差异，而且差异比较小。比如，根据《四川省社区矫正实施细则（试行）》第六十条的规定，适用严管的社矫对象每周口头或者电话报告一次，每两周书面报告一次；适用普管的社矫对象每周口头或者电话报告一次，每月书面报告一次；适用宽管的社矫对象每两周口头或者电话报告一次，每季度书面报告一次。根据《福建省社区矫正实施细则》第十八条的规定，一类管理的社区矫正对象每日早中晚应当通过"在矫通"或者电话向一体化平台确认位置信息各一次；二类管理的社区矫正对象每日早晚应当通过"在矫通"或者电话向一体化平台确认位置信息各一次；三类管理的社区矫正对象每日应当通过"在矫通"或者电话向一体化平台确认位置信息一次。各等级差异性小，不足以体现宽严相济的刑事政策，同时也造成社区矫正对象晋级的激励性和降级的威慑性不足，社区矫正监管工作很难有效开展。

3. 监管等级的动态调整期限过长或者过短

各地规定的考核周期为三个月的居多。比如，根据《山东省社区矫正实施细则（试行）》的规定，自社区矫正对象到社区矫正机构报到之日起至第三个月底，实行第一次考核；此后，每三个月考核一次。也有的地方考核周期比较短。比如，根据《福建省社区矫正实施细则》的规定，对社区矫正对象实行月考核。考核周期过长，失去激励作用；过短，会导致社矫工作人员工作负担过重，造成工作不够细致。

4. 现行法律法规没有明确规定对社矫对象奖惩措施的具体适用条件，监督管理措施的规范性、威慑力和激励性不足

2020 年 7 月司法部、最高法、最高检、公安部联合印发的《中华人民共和国社区矫正法实施办法》第三十二条规定，社区矫正机构应当根据有关法律法规、部门规章和其他规范性文件，建立内容全面、程序合理、易于操作的社区矫正对象考核奖惩制度。各地应该制定与本地社区矫正发展水平相当的分类管理办法和考核奖惩

---

① 根据《福建省社区矫正实施细则》《云南省社区矫正实施办法》《江苏省社区矫正工作条例》《广东省社区矫正实施细则》等各省、市、自治区社区矫正规范化文件。

办法，做到有法可依、有章可循，降低分级处遇管理工作的主观性和随意性。① 但是各地具体的实施办法或者实施细则的规定仍有缺漏。

例如，《福建省社区矫正实施细则》仅仅对于各种奖惩的程序作了规定，没有涉及奖惩的具体适用条件。上海市、陕西省、山西省等地的实施细则，均未规定奖惩的具体适用条件。有的省市，如湖南省、云南省等，规定了部分奖惩措施，如表扬、警告的适用条件，但是对于提请公安机关予以治安管理处罚、提出减刑建议等适用条件并未规定。根据《社区矫正法》第二十八条、第二十九条、第三十三条，《中华人民共和国治安管理处罚法》第六十条以及《中华人民共和国刑法》第七十七条、第八十六条之规定，对于社矫对象违反监督管理规定，提请公安机关予以治安管理处罚、执行原判刑罚或者收监执行未执行完毕的刑期，仅仅作了指引性规定，并没有规定适用的具体情形，导致司法实践适用此情形法律依据不足，缺乏规范指引性和威慑力。绝大部分省市的奖惩规定更多地关注训诫、警告等惩罚性措施，而对于表扬、立功、重大立功等奖励性措施规定有所欠缺。

社区矫正作为一种刑罚执行方式，一个重要特性就是国家强制力保障实施。但在执行过程中，司法行政机关没有强制执法权，社区矫正的日常监管威慑力不足，仅依靠公安机关为社区矫正提供违法、犯罪行为的事后强制力保障。司法行政机关与公安机关之间，对于押送收监、追逃等需要强制力保障的工作需要进行衔接与沟通，不可避免地存在职责交叉。强制执法权的缺位，客观上增加了两机关的执法难度，降低了工作效率，不利于社区矫正工作开展。

（四）分类标准单一，分级管理"一刀切"

各地社区矫正的司法实践，综合考虑社区矫正对象不同裁判内容、犯罪类型、矫正阶段、再犯罪风险等情况，进行风险评估，并以此确定监管等级。监督管理过程中，对于同一级别的社矫对象，不论其犯罪类型、矫正期限、年龄、性别，采取几乎相同的监管措施，很显然是不合适的。也就是说，在分级监管的基础上，很难做到分类监管。虽说在社区矫正中，监督管理注重效率，而教育帮扶注重效果，但是监督管理一味追求效率，忽视个性化管理，也违背了刑罚个别化的要求。比如，对于同一级别管理的未成年人、成年人、老年人采取相同的监管措施，很显然是无益的。再比如，根据裁判的类型、罪名的轻重，以及犯罪人人身危险性大小的不同，社区矫正的期限各有不同。一般以一年半到三年期限居多，也有六个月以下的短期

---

① 从 2019 年《社区矫正法》出台起，安徽、江苏、浙江、山西、内蒙古、西安市碑林区等省、市、区根据《社区矫正法》《社区矫正实施办法》以及各地出台的《社区矫正实施细则》制定了《社区矫正分类管理办法》或者《社区矫正考核奖惩办法》。2020 年 9 月福建省高院、省检察院、公安厅、司法厅制定了《福建省贯彻〈中华人民共和国社区矫正法〉实施细则》。

矫正，还有四年甚至五年的长期社区矫正。在实践中，不论期限长短，监管措施和教育帮扶的内容和形式几乎没有差别。短期矫正，减掉入矫期和解矫期，日常矫正的期限非常短，各项矫正措施很难开展；而长期矫正存在的主要问题在于，监管教育缺乏科学的分期规划，集中教育多次重复，教育矫正流于形式。

（五）教育矫正措施单一，矫正效率低

我国的教育矫正重视集体教育，多以线上学习、线下课堂及公益劳动等方式进行基础性教育。个性化教育主要以个别谈话、走访等方式进行。教育矫正呈现如下几个方面的特点：一是重集中教育，教育矫正和分类监管在形式和内容上趋同。集中教育学习是监督管理措施，其次数和频率与监管等级密切相关，同时也是教育矫正措施，但作为教育矫正措施，其教育属性不明显，反而惩罚属性更强。教育矫正的效果也差强人意。二是重基础性教育。对于社矫对象，不区分等级、类型，集中教育学习内容往往都是包括法律常识、道德规范、时事政策在内的基础教育。这种教育形式单一，内容枯燥乏味，形式意义大于实质意义，很难契合社矫对象的个别情况和个性化需求。尤其是对于矫正期比较长的社矫对象来说，集中教育的内容多次重复，很难有实质性的矫正效果。三是重智能化教育。智能化在线教育信息平台的搭建，有助于实现教育矫正的便捷性；在线平台对教育矫正内容的精准推送，也对个性化教育有益。但是，过度依赖智能化平台的人机教育学习模式，无法调动社矫对象的积极主动性，使教育学习流于形式。四是教育矫正主体单一。教育矫正的工作由社矫工作人员组织一定社会力量参与。参与教育矫正的社会力量缺乏广泛性和多样性，专业类别单一，参与方式单一，多为集中上课。

二、准确把握社区矫正的刑罚属性和社会福利属性，监督管理和教育帮扶并举

社区矫正作为一种与监禁矫正相对应的、非监禁刑罚执行方式，其适用对象是被法院判决确定有罪的管制、缓刑、假释和监外执行的犯罪分子，其刑罚属性为绝大多数学者认可。[1] 刑罚的主要功能在于一般预防和特殊预防。[2] 对社矫对象的监督

---

[1] 《社区矫正法》回避了社区矫正作为"非监禁刑罚执行活动"的表述，亦有少部分学者认为，将社区矫正界定为"刑罚执行"活动或者制度是不恰当的。理由在于，被判处缓刑的犯罪分子是社区矫正的主要适用对象，而缓刑是"附条件不执行刑罚"，决定了社区矫正不能界定为刑罚执行。但是大部分学者主张，社区矫正是"非监禁刑罚执行活动"。参见吴宗宪主编：《社区矫正导论》，中国人民大学出版社2011年版，第5页；姜祖桢主编：《社区矫正理论与实务》，法律出版社2010年版，第6页；刘强主编：《社区矫正制度研究》，法律出版社2007年版，第7页；王顺安：《社区矫正研究》，山东人民出版社2008年版，"前言"第2页；贾宇：《社区矫正导论》，知识产权出版社2010年版，第4页。

[2] 贾宇主编：《刑法学（上册·总论）》，高等教育出版社2019年版，第296页。

管理，是刑罚一般预防功能的集中体现；对社矫对象的教育帮扶，则是为了帮助其复归社会，实现刑罚特殊预防的功能，也是社区矫正刑罚属性的题中应有之义。只有强化社区矫正的刑罚属性，社矫工作人员的监管才有威慑力，才能达到更好的监管效果；社矫中心开展的教育帮扶工作才能够顺利进行。

当然，社区矫正的社会属性也不容忽视。社矫对象在社区服刑，而非监狱服刑，根据其人身危险性大小，采取不同等级的监管；对社矫服刑人员的教育矫正，尤其是帮扶，带有明显的社会福利的性质；在对社矫对象的分类监管和教育帮扶中，社会组织、基层群众自治组织、社区志愿者等社会力量的广泛参与，使社区矫正明显区别于监狱矫正这种常规的刑罚执行方式，带有鲜明的社会属性。

可以说，监督管理是社区矫正的基础性和本质性工作，而教育帮扶是实现社区矫正使犯罪分子复归社会这一目的的核心和关键。

一方面，突破传统安全观，树立以监督管理为手段，以教育帮扶为核心的观念。相比较监禁矫正，社区矫正应弱监管、强教育帮扶，弱规范性、程序化，强个性化、人性化和实效性。社矫人员绝大部分是被判处缓刑的犯罪分子，其本身人身危险性比较小，应弱化日常形式上的监管，更多地给予其实质意义上的教育帮扶。

另一方面，与欧美国家社区矫正制度近百年历史相比，我国社区矫正制度的发展仅有不到二十年的时间，尚处于初级阶段，存在体制不健全、人员、资金配备严重不足、思想根基浅、社会力量参与不足等诸多问题。社区矫正制度进一步的发展和完善，既依赖于社区矫正工作主体和公众对社区矫正作为刑罚执行制度和罪犯处遇模式的认可和接受，也依赖于一个国家和地区政治体制的完善和经济的发展。[①] 我国幅员辽阔，各省、自治区、直辖市经济发展水平不平衡。各地应根据自己的经济发展状况，因地制宜、因时制宜，设计适合本地实际的社区矫正实施办法。在经济发展相对落后的地区，应将有限的人力、财力主要用于建立科学、合理的分级管理体系，实现对社区矫正服刑人员有效的监督管理。经济发展比较好的地区，在建立完善的监督管理体系的基础上，强化社区矫正的社会福利属性，加强对社区矫正服刑人员的教育和帮扶，促使其顺利复归社会。各地应制定适合本地实际的社区矫正发展的中长期规划，实现社区矫正制度循序渐进的发展和有效运作，实现法律效果与社会效果的统一。

---

① 吴何奇：《公众认同视阈下我国社区矫正问题反思》，载《河南警察学院学报》2018年第1期。

三、分级管理科学化，充分发挥监督管理的威慑和激励作用

（一）明确监管等级，加大各等级差异

监管等级分为宽管、普管、严管，并明确规定分别适用的对象，促进分级评估规范化。当宽则宽，当严则严。对于被判处管制、缓刑的犯罪分子，以及其他人身危险性小的犯罪，如交通肇事罪、危险驾驶罪、职务犯罪、过失犯罪等，大胆地适用宽管。对于故意犯危害公共安全、侵犯公民人身权利和财产权利，有再犯危险的犯罪，予以严管。入矫期以一个月为适宜，不宜过长；入矫期不宜一律适用严管，一般适用普管。入矫期结束后，根据综合评估结果，对于没有再犯危险的矫正对象，大胆直接适用宽管。

加大各等级监管的差异，提高晋级的激励性和降级的威慑力，有利于社区矫正工作的开展，并提高整体的工作效率。各等级监管应该在定期报告的次数、频率、集中教育的次数、时长及社区服务的时长、请假的次数等方面拉开差距。

一方面，对宽管的社矫对象，大幅度降低监管的力度和频次。定期报到的目的是确保社矫对象不脱管、不漏管；强制社矫对象参加集中教育学习则是帮助服刑人员增强法律意识、增强认罪悔罪意识。宽管适用对象人身危险性低，可以不强制参加社区服务、不强制报告、不强制集中教育学习。尽可能减少对社矫对象的人身自由的限制，不干涉其正常生活，同时还可以节约司法资源，缓解社区矫正人力、财力紧张的现状。发展适应特殊类型犯罪的新的社区矫正监管措施，把一部分社矫对象分离出基础监管的范围。比如，2021年10月，漳州市中级人民法院、公安局、司法局、道安办联合出台相关规定，首创了对醉驾缓刑人员采取"道路安全劝导令"这一社区矫正措施，并逐步在全省推广。责令醉驾缓刑犯罪分子签署承诺书，参加道路交通安全宣传劝导公益活动，包括在交通主要路口进行文明劝导、进涉酒场所开展"禁酒驾"宣传、在居住地行政村（居委会）发放交通安全宣传材料、在交通安全培训班上"现身说法"等。这种新型的矫正监管措施，使得占社矫对象相当大比例的醉驾缓刑的犯罪分子分离出基础监管，极大减轻了社矫机构监管工作的压力，同时达到良好的教育矫正效果和教育宣传效果。

另一方面，对严管的社矫对象，除了大幅提高监管措施的次数和频率以外，可以增加监管措施的新类型。比如，《四川省社区矫正实施细则（试行）》（2014年5月）第九十一条规定，对社矫对象有以下情形的，在社区矫正场所集中管理：对其提出收监执行建议的；有线索表明其有实施再犯罪风险的；有酗酒、吸毒、赌博等行为恶习，需要实施心理干预的；可能妨害重要公共场所以及国家重大节日、重大

活动期间公共秩序，尚不构成收监执行条件的；法律规定的其他情形。该实施细则并对集中管理这种监管措施的决定程序和期限作了规定。美中不足的是，该实施细则虽然规定了集中管理的期限，但是没有对集中管理的形式和集中管理的次数作出明确的规定。集中管理应以集中教育学习为主，不能剥夺社矫对象的人身自由，时间也不宜过长，警惕变相拘禁。

(二) 合理确定各等级的动态调整期限，明确奖惩的适用条件和社矫机构的权限

充分发挥监管措施本身的威慑力。监管等级的动态调整期限适当，不过短也不过长。可以借鉴《山西省社区矫正实施细则》（2012年5月）的规定，对新入矫的社区矫正对象在入矫后三个月内实行月考核，之后实行季度考核。

对社矫对象予以表扬、立功、重大立功、提出减刑建议，以及训诫、警告、提请公安机关治安管理处罚、提请法院撤销缓刑、假释、对暂予监外执行的收监执行等奖惩措施的适用条件，作出明确具体的规定，增强社区矫正监督管理措施的规范性、威慑力和激励性。可以借鉴2011年4月最高人民法院、最高人民检察院、公安部、司法部《关于对判处管制、宣告缓刑的犯罪分子适用禁止令有关问题的规定（试行）》的相关规定，以及《湖南省社区矫正实施细则》（2012年12月）、《广东省社区矫正实施细则》（2021年8月）的相关规定，明确规定违反相关监督管理规定"尚不属于情节严重"和"情节严重"的情形，根据社矫对象是否违反禁止令，违反监督管理规定的次数、严重程度和危害后果，结合其悔罪表现和教育矫正的效果，区分适用提高监管等级、训诫、警告、提请公安机关予以治安管理处罚和提请法院撤销缓刑、假释。[①]

赋予社区矫正工作人员更大的决定权和变更权。比如，增加禁止令建议权，根据社矫对象的犯罪类型、犯罪原因等犯罪情况，以及在社区矫正过程中的刑罚执行情况，提请人民法院增加禁止令，禁止其从事特定活动，进入特定区域、场所，或

---

① 2011年4月最高法、最高检、公安部、司法部《关于对判处管制、宣告缓刑的犯罪分子适用禁止令有关问题的规定（试行）》（以下简称《关于适用禁止令的有关规定》）第十一条、第十二条规定，判处管制的犯罪分子违反禁止令，或者被宣告缓刑的犯罪分子违反禁止令尚不属情节严重的，由负责执行禁止令的社区矫正机构所在地的公安机关依照《中华人民共和国治安管理处罚法》第六十条的规定处罚。被宣告缓刑的犯罪分子违反禁止令，情节严重的，应当撤销缓刑，执行原判刑罚。同时明确规定了情节严重的四种情形：三次以上违反禁止令的；因违反禁止令被治安管理处罚后，再次违反禁止令的；违反禁止令，发生较为严重危害后果的；其他情节严重的情形。

者接触特定的人。[1]

四、分类体系多元化，实施个性化教育矫正

《社区矫正法》第二十四条规定："社区矫正机构应当根据裁判内容和社区矫正对象的性别、年龄、心理特点、健康状况、犯罪原因、犯罪类型、犯罪情节、悔罪表现等情况，制定有针对性的矫正方案，实现分类管理、个别化矫正。矫正方案应当根据社区矫正对象的表现等情况相应调整。"

我国社区矫正制度的进一步的发展，一定会在分级分类监管的基础上更加重视分类矫正，以提高矫正效率，实现降低再犯风险、促进社矫对象复归社会的根本目标。吴宗宪在《中国社区矫正规范化研究》一书中对分类管理和个别化矫正的关系做了充分解读，他认为理想的社区矫正管理，应该是个别化的管理。不过在实践中，由于社区矫正对象数量过多，而社区矫正工作人员数量较少，很难对所有的社区矫正对象实行个别化的管理。在这种情况下，对社区矫正对象实行分类，大大提高社区矫正管理的效果。[2]

（一）弱化教育帮扶的惩罚属性，增强社矫对象对教育矫正的认同度和教育矫正的实效

与监督管理相反，教育帮扶措施和方式的运用，要弱化其刑罚属性、强化其福利属性。尽量少采取集中教育的方式，多进行分类教育。分类教育更具备专业性和针对性，既避免了集中教育形式的严肃性，也避免教育内容的空洞和乏味。制订灵活的教育帮扶方案，采取多样的教育矫正措施。引入社工机构、高校教师等各种社会力量，有针对性地参与矫正方案的制订和矫正活动，建立教育矫正主体和矫正对象的有效联结。比如，未成年人思想不成熟，价值观尚未形成，其犯罪更多地受到不利的家庭、学校、社会等因素的影响，也更容易接受教育改造。因此，对未成年人的教育矫正尤为重要。强调家庭、学校对未成年人的教育帮扶起到的作用。邀请年龄相仿的心理学、法学等专业的大学生，同社矫工作人员一起，共同制订矫正方案，参与矫正活动。相同的年龄，相似的经历，他们更能理解同龄人的心理和需求，

---

[1] 根据《中华人民共和国刑法》第三十八条、第七十二条，《关于适用禁止令的有关规定》及《社区矫正法》之规定，禁止令是由人民法院在判决时予以宣告，由司法行政机关指导管理的社区矫正机构负责执行，人民检察院监督执行的一种刑罚执行方式。针对禁止令在执行过程中的变更，法律和相关的司法解释仅仅规定了人民法院在依法作出减刑裁决时，可以相应缩短禁止令的期限，确定新的禁止令期限，并未规定人民法院增加宣告禁止令及增加禁止令期限的权力。

[2] 吴宗宪著：《中国社区矫正规范化研究》，北京师范大学出版社2021年版，第311页。

社矫对象也更容易接纳矫正工作人员，接受矫正方案。

（二）构建多元化的分类体系，逐步推进分类教育的精细化程度

《社区矫正法》第五十二条第一款规定："社区矫正机构应当根据未成年社区矫正对象的年龄、心理特点、发育需要、成长经历、犯罪原因、家庭监护教育条件等情况，采取针对性的矫正措施。"犯罪类型、裁判内容、年龄、性别、健康状况等因素是社区矫正分级管理的因素，也是分类矫正的依据。

根据犯罪类型，社矫对象可以分为违反交通管理法规的犯罪、危害人身安全的暴力犯罪、侵犯财产犯罪、经济犯罪、妨害社会管理秩序的犯罪及职务犯罪。根据裁判内容的不同，分为管制犯、缓刑犯（轻罪）和假释犯、暂予监外执行的犯罪分子。以性别区分为男性与女性，以年龄区分为未成年人、成年人和老年人，以受教育程度区分为文盲、中等受教育程度和高等受教育程度，以户籍分为城镇户口和农村户口。除此以外，还可以根据社矫对象的精神状况、犯罪动机等因素进行分类。

构建以犯罪类型分类为基础、裁判内容分类为辅，其他分类方式为补充的多元化分类模式。在实践中，应根据本地区的经济发展状况、社区矫正工作的发展水平、社矫工作人员的配置情况，以及相关社会资源的调动情况，采取循序渐进的方式，增加分类标准，逐步推进分类教育的精细化程度。

在具体操作上，可以由市一级社区矫正管理部门统一制订不同犯罪类型的社矫对象的矫正方案大纲，同时制订未成年人、假释犯罪分子等特殊矫正方案，在全市推行。比如，对于假释犯罪分子，考虑到其在监狱接受过劳动改造和教育矫正，同时其与社会隔离的时间较长，教育帮扶应该弱化教育，强化社会适应性帮扶，促使其顺利复归社会。各区可以依托一定的资源，深入探索其他特殊类别的矫正方案，如老年人、女性等，形成自身的特色，再逐步推广到其他区县。比如，以案件有无被害人、是否取得被害人谅解进行分类，对于有被害人的犯罪案件，适当引入被害人参与对服刑人员教育矫正的过程，通过与被害人面对面的沟通，使服刑人员充分认识到自己的犯罪行为的危害，取得被害人的谅解，消除被害人的恐惧心理，选择双方认同的方案来弥补犯罪所造成的损害。这是社区矫正的思想理论基础恢复性正义理念和社会防卫论所倡导的。

（三）重视个性化的特殊教育，以社矫对象的问题和需求为导向，确定教育矫正的方案

循证矫正，20世纪90年代发源于英、美等西方国家，是指在矫正领域内，实践者在所研究的证据中，遵循最佳证据原则，结合实践者个体矫正经验，在矫正对象

的配合下,针对矫正对象犯因性特点,开展高效矫正的一系列矫正活动。[①] 借鉴循证矫正的有益做法,根据矫正对象的问题和需求,制订有针对性的矫正方案。

比如,近十年来,犯非法吸收公众存款罪,开设赌场罪,诈骗罪及掩饰、隐瞒犯罪所得、犯罪所得收益罪等经济犯罪的社矫对象所占比例逐年增加,这反映出广大的人民群众,尤其是文化水平不高(一般是初中或者中专)的群众,缺乏"君子爱财,取之有道"的道德观念,以及创造财富、驾驭财富和应用财富的"财商"。普通的集中教育矫正很难对这类社矫对象产生效果。相比较以危险驾驶罪、交通肇事罪为代表的危害公共安全犯罪,和以寻衅滋事罪为代表的妨害社会管理秩序罪,经济犯罪再犯的可能性更大。因此,在教育矫正主体和方案的选择上,一方面,邀请弘扬中国传统文化的讲师对社矫对象进行传统文化的熏陶,使其树立正确的金钱观、价值观;另一方面,邀请有经验的商人、理财师传授现代投资理财知识,培养财商。这样的教育矫正才能做到有趣、有益又有效。

(四)探索多样化的寓教于乐、寓教于行的教育矫正方式

线上和线下学习相结合,重视以面对面、一对一的方式开展教育矫正工作,充分调动社矫对象参与矫正的积极主动性;深入挖掘社会力量参与社区矫正的资源,广泛吸纳法学、社会学、心理学、教育学等专业人员参与社矫工作,同时重视社矫对象家庭成员、社区网格员、片区民警、专业社工等社会各层次人员加入对特定社矫对象的教育矫正工作,并探索社区矫正各方主体参与的新途径。比如,老年人社矫对象,往往具有思想陈旧、固执的特点,集中教育和相关专业人员的分类教育一般都很难发挥作用。因此,要减少人工智能在老年人教育矫正中的运用,通过现场走访等方式,了解老年人的生活方式和人际关系的特点,充分吸纳村委会(居委会)中的工作人员、家庭成员,以及和老年人年龄相仿、语言相通、有相似人生阅历的老街坊、老邻居,共同参与教育矫正工作,可能会产生最佳的教育矫正的效果。

---

① 王平、安文霞:《西方国家循证矫正的历史发展及其启示》,载《中国政法大学学报》2013年第3期。

社区矫正"个别化"实践思考

——以社区矫正对象 W 某为典型个案

张磊　马寅矗[*]

根据《中华人民共和国社区矫正法》（以下简称《社区矫正法》）第三条、第二十四条和第三十六条的规定，社区矫正工作实行分类管理、个别化矫正，尊重个体差异，根据社区矫正对象的具体情况因人施教。个别化矫正是在刑事执行阶段落实刑罚个别化的重要举措，也是社区矫正走向成熟的必然选择，其内容不仅包括根据矫正阶段和犯罪类型的不同实施差异化监督管理，还包括根据社区矫正对象的不同类型给予教育和帮扶措施的区别对待。[①] 因此，针对矫正对象的危险程度、心理状态和实际需求，实施个别化矫正具有重要意义。本文以社区矫正对象 W 某的矫正个案为例，回顾矫正过程，评析支持措施的成功与不足之处，探索个别化矫正模式的完善路径。

一、社区矫正对象 W 某的基本情况与矫正需求分析

（一）社区矫正对象 W 某的基本情况

1. 个人基本情况

社区矫正对象 W 某，女，1983 年 4 月出生，中专学历，已婚，户籍地、实际居住地均在 A 省某市。案发前为某民营医院办公室工作人员，因参与该医院骗取医保基金一案，构成诈骗罪，被判处有期徒刑 3 年缓刑 4 年。缓刑考验期自 2017 年 8 月 15 日起至 2021 年 8 月 14 日止。2017 年 8 月 17 日该市某区社区矫正中心对 W 某进行入矫宣告，由指定司法所负责其社区矫正期间的日常管理。W 某在入矫前经过了一

---

[*] 张磊，安徽师范大学法学院讲师，中国法学会案例法学研究会安徽师范大学案例研究基地研究员。马寅矗，芜湖市弋江区司法局社区矫正挂职民警。

[①] 王爱立、姜爱东主编：《中华人民共和国社区矫正法释义》，中国民主法制出版社 2020 年版，第 132 页。

年的看守所关押，对于能够重新在社会中生活非常珍惜。工作人员对她的评价是，对社区矫正没有抵触心理，认罪态度端正。

2. 主要生活经历及犯罪成因分析

在学习和工作方面，1999 年 W 某考入东北地区某卫校，毕业后，在东北地区某医学院实习、工作。学习接受能力较强，工作按部就班，人际关系较好。2005 年因婚姻迁入目前所在城市，在案发医院从事过护士和医保系统录入等工作。W 某的犯罪成因有三点：一是 W 某是非观念不强，凡事听从领导安排。二是行为受环境影响明显。其所在民营医院为了追求利润，实施各种骗保行为。W 某在参与骗保过程中一直认为自己是在正常工作，未意识到自己的行为是犯罪，认为其他人都在做，自己做也没什么关系。三是文化程度不高，法治观念淡薄，不了解自身行为的法律定性。

3. 面临的主要问题

一是心理压力过大。风险评估测试显示，W 某的风险等级为低级，情况相对稳定，但心理压力过大，并伴有严重的非理性思维，一度有轻生想法，但未实际实施。W 某的丈夫是某公司工作人员，收入一般。因为犯罪，W 某失业，家庭少了一份经济来源。两人育有一子，案发时孩子刚上小学一年级。W 某特别怕自己的犯罪身份影响到孩子。二是夫妻感情危机。W 某的丈夫一方面觉得妻子冤枉，另一方面觉得妻子的犯罪让自己很没面子，对 W 某产生了一定的厌恶与疏离，夫妻之间出现感情危机。三是亲朋好友难以给予支持。经了解，W 某从东北嫁到目前所在的南方城市，身处他乡，父母、兄弟姐妹及其他亲朋好友均不在身边。W 某常常思念家中亲人，尤其是母亲患病在身，尤为挂念，但又不能回家照顾，心情沉重。表现在生活中，W 某易发脾气，情绪不稳定，有抑郁倾向，无法正常融入周围的环境，对未来非常迷茫。

(二) 对社区矫正对象 W 某的矫正需求分析

1. 家庭成员支持的需求

W 某入矫时 34 岁，作为已婚中年女性，承担着多重身份角色，这意味着其家庭及社会关系更加复杂，各种关系是否顺畅将成为影响其回归社会的重要因素。同时，由于 W 某身在异乡，社会交往空间相对比较狭窄，主要以家庭为轴心，因此，能否获得家人尤其是丈夫的情感支持，对 W 某回归社会的心理重建有重要影响。对于 W 某夫妻之间已经出现的感情危机需加以特别关注。此外，与父母亲人的联系、见面也是其重要的精神需求。

2. 心理重建的需求

得知自己犯罪后，W 某心理压力特别大，充满悔恨与自责，担心他人知道自己的犯罪身份，对自己和家庭形成不良评价。同时，出于对孩子的保护和自我形象的维护，其未将犯罪身份透露给儿子，但如果不加以有效引导和支持，极易引发心理障碍，使重返社会变得艰难。因此，心理重建要特别重视，帮助其缓解负面情绪，转变思想观念和认知心态，否则不仅会妨碍W某自身的回归，还会给孩子、家庭带来不利影响。

3. 法治道德与行为认知教育的需求

W某在工作中轻信盲从，法律知识匮乏、法律意识淡薄，加之侥幸心理促使，最终触犯刑法构成犯罪。若想促使其顺利回归社会，避免重蹈犯罪覆辙，须强化终身学习理念，加强法治道德教育及正确价值观和人生观的引导。同时，需要改变其错误的认知，增强自我控制和管理能力，训练其应对和摆脱犯罪环境的能力，选择正确的行为方式。

4. 就业支持的需求

W某因犯罪失业后，一直赋闲在家，虽然有强烈的就业意愿，但因为就业困难，加之需要照顾家庭，而不得不待业家中。就业对于社区矫正对象的再社会化具有重要意义，应当提供有力措施予以帮助。

二、对矫正对象W某的个别化矫正措施及评价

某区社区矫正中心及所属司法所针对W某的矫正需求，成立了由矫正专职干部、社会工作者、家庭成员及志愿者组成的矫正小组，结合W某的实际情况制定了个别化矫正方案，以家庭矛盾化解、心理辅导和就业支持为抓手，采取了多元化举措，持续四年的常态化支持，使W某各个方面关系越来越顺畅，最终顺利解矫。

（一）矫正机构对W某的多元化支持举措

1. 定期家访，疏导家庭成员，实现家庭支持

针对因犯罪导致的家庭矛盾问题，社区矫正机构重点对W某的丈夫进行疏导。首先是对其偏执思维的引导。矫正工作人员定期家访，面对面、拉家常、耐心引导，让其明白W某对虚假医保信息录入行为的法律定性。W某的丈夫渐渐接受事实，改变了一直持有的被冤枉心态。其次是体会W某的贤德和不易。W某为了爱情跟他来到人生地不熟的南方城市，舍弃了自己的亲人朋友，为家庭做了巨大的牺牲。经过反复沟通，最终取得W某丈夫的理解和支持，家庭和睦如初。一年后，W某的丈夫加入矫正小组，成为重要的帮教成员。

2. 通过心理治疗，完成心理重建

案发初期，W某认为社会黑暗，法律不公正，自己被冤枉，经过法律教育后，

明白自己的行为是犯罪，但因犯罪产生了强烈的沮丧情绪和自暴自弃倾向。入矫后，社区矫正机构除了安排工作人员进行个别谈话和思想疏导以外，还由心理帮扶中心对其进行心理测评，由专业女性心理咨询师对 W 某进行心理健康辅导和心理危机干预，排除其意识障碍，解开其内在心结。通过心理疗愈，W 某的负面情绪得到充分释放，重获自信心与安全感，转变了消极逃避心理。另外，还向 W 某传授沟通技巧，改善她与家人的交流方式，提升了其家庭矛盾的处理能力。

3. 加强法治道德教育，增强法律意识

在法治教育方面，通过开展内容丰富的法治教育活动，促使 W 某强化法治意识，增强其认罪悔罪意识，认清自己的行为性质，树立诚实守信、勤劳致富的价值观。在道德教育方面，以中华传统美德中的孝道和慈道为切入点展开对 W 某的道德教育。[1] 通过《孝经》《论语》《弟子规》等中华传统经典的解读和案例分享，触碰 W 某内心最柔软的部分，使其认清自己的家庭责任，唤醒其内在的良知，激发其改变的动力。

4. 批准合理请假申请，解决实际困难

2019 年 11 月《沪苏浙皖社区服刑人员外出管理办法（试行）》合理地规定了社区矫正对象的请假制度，对确因企业经营需要或者因就医、就学、结婚等事务需要，以及本人户籍地不在执行地，春节、清明期间确需回原籍或者赴外地探亲、祭祖等情形予以批准。由于 W 某的父母在东北地区，所以很难回家照顾。矫正期间，W 某的母亲多次生病住院，对其提出的两次返乡申请，在核实后均予以批准。另外，对其在矫正后期因参加就业技能培训（养老护理服务）而申请外出学习的请假给予批准。这种以人为本、暖心执法的做法，让她对矫正机关产生了诸多感动和信任。

5. 推荐就业技能培训、帮助就业，实现就业支持

针对 W 某的失业情况，矫正中心积极鼓励其另寻出路，帮助其调节就业心态。矫正初期，为其提供烹饪等就业技能培训，为其搜寻就业信息；矫正后期，支持其外出参加养老护理服务技能培训。最终，在各方支持下，W 某利用自己原有的医学知识和养老护理技能学习，与他人共同成立了一家医疗养老服务中心。实现了自我价值与社会价值的统一，重新燃起生活的希望，工作非常积极努力。

6. 组织参加公益活动，增强社会价值感

矫正机构根据 W 某的个人情况，组织其参加敬老院送温暖、环境治理、为偏远山区儿童献爱心等公益活动，并及时对其服务社会的爱心予以肯定。在公益服务中，W 某感觉到融入了社区的大家庭，体会到爱心无价、劳动的价值和回报社会的喜悦。

---

[1] 彭凤莲、陈宏建：《德法合治：国家治理现代化路径的反思与重塑》，载《安徽师范大学学报》2021 年第 2 期。

新冠疫情期间，W某主动加入社区志愿者服务队，测量体温、疏导人员。通过参与公益活动，W某增强了社会责任感，对社会越来越敞开胸怀接纳，也逐渐找回了重新融入社会的信心。

7. 动员社会力量，共同参与社区矫正

矫正机构根据W某的家庭情况，邀请先入矫、充满积极正能量的女性对象做帮教志愿者，做交流分享，缓解W某的精神压力，提升其矫正信心。举办女性互助小组活动，通过有过类似经历的小组成员相互交流，相互鼓励，共同战胜困难。邀请女律师讲解《妇女权益保障法》等，学会运用法律保护自己，主动迎接生活的挑战，为自己的行为选择负责。

（二）对矫正机构个别化矫正过程的评价

在对W某的矫正过程中，社区矫正机构在常态化监督前提下，坚持"帮，暖其心；扶，正其身"的宗旨，形成了以心理疏导和思想教育为主，以家庭支持、就业指导、困难帮扶及公益劳动为辅的多元化支持方式，为W某提供了较好的支持，有效杜绝了再犯问题。总体来看这个案例，有三点值得肯定：

一是动态互助与资源配置相得益彰。对于需要再社会化的矫正对象W某而言，社会支持系统是解决其生存与发展的重要途径。矫正机构根据W某的具体需求寻找相应资源提供帮助，积极联络心理服务组织、法律学者、民政部门、人力资源部门等各种社会帮扶资源，采取了个性化支持方案，既满足了W某的矫正需求，又使得社会更加安定和谐。在教育帮扶过程中，根据W某在矫正前、中、后期的不同需求，及时调整帮扶方案，对W某的心理、就业等方面提供了巨大支持。这一过程体现了社会支持系统与矫正对象之间的双向互动、动态互助，实现了矫正社会资源的合理配置。

二是心理重建与行为重构双管齐下。社区矫正机构对W某的矫正避免了传统法治道德教育过度强调集体教育而忽视个体差异的弊端。在"以人为本"理念的指导下，将心理重建与行为重构作为社区矫正对象再社会化的重要内容，根据W某的特殊情况给予了个性化支持。针对自我认同危机问题，进行心理评估与心理干预，使其从抑郁走向阳光；针对其婚姻危机问题，与家属恳谈，帮助其化解婚姻难题，并提升其与家人的沟通和相处能力；针对其就业技能欠缺的问题，根据其自身特长，鼓励其参加就业技能培训并提供就业信息帮助，实现顺利就业。

三是正式支持与非正式支持相互补充。对W某的支持过程中，除了家庭支持以外，主要采取了社会支持的方式，支持主体包括矫正机构工作人员、心理咨询师、社会工作者、高校教师、律师和社会志愿者等，对其进行综合帮扶。这种以正式社会支持为主、非正式社会支持为辅的做法，符合社区矫正作为非监禁刑罚执行制度的定位。

当然，尽管从 W 某的个案来看，矫正效果比较明显。但从个别化矫正的总体实施状况来看，还存在如下问题：

一是在矫正理念上，仍习惯于采取集中矫正方法，个别化矫正意识不强。由于中国自 2002 年才开始进行社区矫正试点工作，习惯了监禁刑矫正理念的实务工作人员大多将社区矫正的性质定位为在社区执行刑罚，与监狱矫正相比，只是换了个地点而已。因此，存在将监狱教育和改造罪犯的方式复制到社区矫正中的倾向，侧重于对矫正对象的监管，使其不在矫正期间重新犯罪，而忽视矫正对象回归社会的现实需求。在矫正过程中，矫正机构多以集中上大课式的思想政治教育和法律法规学习为主。对如何进行分类管理和个别化矫正，还并不十分明晰。由于个别化矫正意识不强，随之带来的问题是：首先，个别化矫正的运用具有极大的随机性。向 W 某这样被持续关注并给予全力帮扶的案件并不具有普遍性。其次，矫正方案比较空泛。矫正方案基本是千篇一律，且未随着矫正时间的推移和矫正对象的变化及时调整，难以体现针对性。最后，对社区矫正对象的评估流于形式。人格评估、需求评估、风险评估等专业性评估手段的运用主要是完成工作任务，并未对评估结果进行细致分析，并以此为依据展开矫正。

二是矫正小组的作用未完全发挥出来，作用弱化、虚化现象严重。[1] 矫正小组是组织动员社会力量参与社区矫正工作，落实个别化矫正方案，实现对矫正对象社会支持的关键载体。实践中，很多矫正小组对成员的职责未明确分工，导致小组成员只是挂个名，并未实际参与矫正工作。在对 W 某的矫正个案中主要是矫正中心工作人员实际参与，矫正小组其他人员参与较少。《社区矫正法》规定社区矫正对象是女性的，矫正小组中应有女性成员，但对矫正小组中女性成员的职责并未明确规定，实践中也并未充分发挥有效的帮助作用。

三是社会支持系统各资源之间未能形成协同效应，发挥最大效能。当前，社会组织的发展逐渐走向成熟，但行政化明显，没有引入市场竞争，影响了社会组织的培育、发展及服务能力的提升。社会工作者的人员数量、专业素养和干预能力还比较薄弱，心理帮扶和社会关系修复等专业服务能力不足。在 W 某的矫正个案中，心理帮扶是通过向社会组织购买心理咨询服务完成的，但是社会工作者的专业帮扶作用不明显。另外，社区矫正志愿者等社区力量较为分散，没有建立起组织管理的长效机制，缺乏志愿者在个案矫正小组中的明确定位和分工引导。

---

[1] 肖乾利、熊启然：《社区矫正基本问题研究》，法律出版社 2022 年版，第 185 页。

三、个别化社区矫正模式的完善路径

社区矫正的个别化实施应当是多层次的,分为观念层面的个别化,法律层面的个别化和操作层面的个别化。

(一) 个别化矫正的前提:坚守行刑个别化理念

刑事执行是整个刑事法律程序中浓墨重彩的一笔,关系着法律目标的最终实现。已经达成共识的是,一般预防与特殊预防作为刑罚的目的同时存在,在刑事执行阶段应当优先考虑特殊预防,将犯罪人的重新社会化作为"执行"的目标。[①] 申言之,在刑事执行过程中,重在特殊预防兼顾一般预防,此阶段需要以行刑个别化为基本理念,考虑犯罪人的不同情况,制订有针对性和有效性的矫正方案,消除其内在犯罪动机,增强其对外部不良环境的行为控制能力,真正实现改善犯罪人的目的。行刑个别化是实现特殊预防进而实现刑罚正义、促进罪犯矫正的具体路径,是以人为本思想在刑事执行阶段的落实,对于犯罪人回归社会具有重要意义。

因此,社区矫正个别化实践是行刑个别化理念在社区矫正工作中的体现,具有逻辑上的自洽性。以社区矫正对象的人身危险性和需要差异性为基础综合制订个别化矫正方案,有助于最大限度地实现刑罚价值。正是基于此,《社区矫正法》从法律层面确立了社区矫正个别化的工作原则,目的在于强调和落实行刑个别化理念,为社区矫正个别化的实现提供法律依据,使行刑个别化的操作具有实现可能性。实践中,只有充分认识到行刑个别化理念的重要性,将这一理念内化为指导思想,外化为行动逻辑,继而具体落实到操作层面,才能有效避免个别化矫正运用的随机性,真正实现个别化矫正原则的普遍运用。

(二) 个别化矫正的依据:采用循证矫正思维制订动态矫正方案

基于社区矫正预防、减少犯罪和促使犯罪人顺利回归社会的双重目标,在个别化矫正过程中,既不能完全采用重刑主义策略,也不能陷入泛爱模式的人道主义泥淖,而应以矫正对象的人身危险性程度和个人实际情况设计不同的矫正方案。前述对 W 某持续四年的支持,反映出矫正机构依据 W 某的人身危险性和实际情况予以动态、实时支持的特征。这种依据矫正对象再犯风险的高低确定矫正强度,针对矫正对象的具体问题,寻找并按照最佳证据,结合个人特点和意愿来实施矫正活动的支

[①] [德]克劳斯·罗克辛:《德国刑法学总论》(第1卷),王世洲译,法律出版社2005年版,第45—46页。贾宇:《刑法学》(上册·总论),高等教育出版社2019年版,第300页。

持方式，体现了循证矫正的思维，① 有利于在行为监督与矫正恢复之间实现平衡。循证矫正思想于 20 世纪末发端于加拿大，此后，在西方广泛展开。西方社区矫正的实践表明，循证社区矫正有效降低了社区矫正对象的再犯率。②

基于循证矫正思维的个别化矫正，需要有高效运作的个案矫正小组和动态调整的个案矫正方案。首先，需要明确个案矫正小组成员各自的分工与具体职责，以及没有履行相应职责应承担的法律责任，③ 以此规范矫正小组成员的行为，保障个案矫正的有效性。矫正机构的执法人员、社会工作者为个案矫正小组的正式成员，矫正志愿者和矫正对象的亲属、朋友等根据具体情况列为正式成员或非正式成员。以矫正小组为工作主体，开展日常执法管理、行为监督、教育矫正和帮困扶助工作。其次，运用循证矫正思维，通过风险评估量表对矫正对象的再犯风险加以判断并确定矫正强度，将具有中高度再犯的矫正对象列为重点关注人员，全方位了解矫正对象的生活成长史和犯罪史，准确评估犯因性需求，据此制订个性化矫正方案，并根据矫正对象不同阶段证据的变化调整矫正措施。④ 个别化矫正方案的设计重在依据矫正对象的个人特点进行差异化、动态化设计。矫正小组需要与矫正对象深入沟通，了解他们的个人特点和实际需求，让矫正对象充分参与自己矫正方案的制订和执行过程，激发他们内在的驱动力，共同推进矫正目标的顺利实现。在矫正过程中，根据矫正对象的具体情况，充分调动和发挥不同社会资源的优势，形成对矫正对象的综合支持。

（三）个别化矫正的重心：构建以情感支持为主的心理帮扶体系

矫正对象获得情感支持的途径主要有两种，一是以家庭支持（主要是配偶或父母）为主的非正式支持系统，二是以心理辅导为主的正式支持系统。⑤

家庭支持对矫正对象至关重要，但并非所有矫正对象都获得了家庭成员的理解和支持，因此，家庭支持方面仍需有效引导。前述 W 某个案中，矫正机构与 W 某丈夫恳谈的方法非常有效。可以尝试将家属恳谈法推广开来，强化家庭支持系统，让家属成为个案矫正小组正式成员，作为社区矫正对象的帮教者、家庭责任人和联系人，为他们提供有效的情感支持。在正式支持层面，以心理辅导为主的支持系统已

---

① 肖乾利、熊启然：《社区矫正基本问题研究》，法律出版社 2022 年版，第 239—240 页。
② 熊贵彬：《循证矫正视角下的社区矫正与社会工作》，中国政法大学出版社 2021 年版，第 79 页。
③ 如英国对未成年人的矫正，父母在执行监护令期间，应当签订监护协议，对旷课和逃学的孩子履行指导、课程辅导和交谈等责任，怠于履行的，最高处以 1000 英镑的罚金。刘强：《社区矫正组织管理模式比较研究》，中国法制出版社 2010 年版，第 148 页。
④ 熊贵彬：《循证矫正视角下的社区矫正与社会工作》，中国政法大学出版社 2021 年版，第 92 页。
⑤ 张磊等：《女性社区矫正对象回归社会的困境与出路》，载《犯罪与改造研究》2021 年第 10 期。

初步发挥作用。在 W 某个案中，一对一辅导初显成效。但总体仍然以集体性的心理讲座为主要形式，个性化心理辅导仍然较少，应当充分发挥社会工作者的专业能力，运用认知行为理论、优势视角理论、社会支持理论等专业理论和个案咨询、家庭工作、小组工作等工作方法，提升个案心理帮扶的有效性。

（四）个别化矫正的保障：加强各种支持资源的协同作用

一是加强就业支持的力度。就业支持是解决矫正对象生存发展的重要手段，也是降低再犯率的重要保障。上述 W 某个案中，就业支持极大地增强了其重新融入社会的信心。通过思想教育、就业培训及个别谈话等方式，引导矫正对象增强就业意识、改变陈旧就业观念、提升就业自信心。同时，积极发动企业，联合建立公益劳动基地或帮教基地，拓宽矫正对象的就业视野，增加就业机会，提升就业能力。二是提升社会力量的参与力度。社会力量是社区矫正持续发展的动力源泉，在 W 某的个案中，社会组织的心理帮扶发挥了重要作用。应当加强社会组织在个案矫正中的参与力度，加大社会组织的扶持和培育力度，通过购买社会服务的方式，在思想教育、心理帮扶和职业技能方面提供专业帮助。同时，有条件的地方可以加大与地方高校的合作，吸纳社会工作、法学、心理学、教育学等相关专业的师生成为个案矫正小组的志愿者，为个别化矫正提供理论支持和实际帮助。

人际交往行为视角下的社区矫正实效性研究

邹宇慧[*]

社区矫正，作为一种非监禁刑，旨在通过监督管理及教育帮扶相结合的方式，让被判处管制、缓刑、假释及暂予监外执行的罪犯在社会上执行刑期，以达到教育感化、纠错归正的效果。当前，司法所实际承担社区矫正日常监管工作，社区矫正对象在矫正考验期内必须按照社区矫正法律法规要求服从司法所的管理，同时司法所需要根据社区矫正对象的实际情况落实分类管理要求，开展适应性帮扶与特色教育。因此，社区矫正工作，可视作一种特殊的管理模式，社区矫正对象与司法所、县（区）社区矫正工作人员构建了一种特殊情景下的人际交往关系。相较于监狱管理方式，社区矫正管理举措更柔和，电话汇报、思想汇报、个别教育、实地查访、当面报告等多举措均依靠社区矫正对象与工作人员的交流沟通获取信息，以期掌握社区矫正对象的思想、生活、工作动态，再进一步根据更新的对象近况信息制订或调整下一步的矫正方案。因此，双方之间的沟通质量会直接影响到社区矫正监管帮教的效果。实践中，社区矫正对象故意欺瞒工作人员、对工作人员苦口婆心的说教置若罔闻、认为监管措施烦琐多余等行为背后，映射出社区矫正对象对工作人员不信服、不理解的心理，潜意识中的抗拒排斥会直接降低社区矫正对象的沟通意愿以及监管配合程度。综上所述，本研究将从工作实例中抽象出工作人员与社区矫正对象在社区矫正工作开展过程中的行为模型，从而比对分析双方各类人际交往模式中的优势及劣势，进而找到有助于提升社区矫正工作实效的相处模式。

一、情感—原则双路径模型及其表现形式

人的行为受感性与理性双重作用，而对于社区矫正工作人员及社区矫正对象而言，感性与理性结合实际工作情景可以分别具化为"情感"与"原则"两个指标。"情感"指标综合考虑了人的性格、情绪表达方式、处事风格等与个体内生动力有关的因素。性格外向、情绪化、为人办事直爽冲动的人，情感指标越高；相反，性格

---

[*] 邹宇慧，韶关市浈江区司法局社区矫正中心一级科员。

内敛、情绪平稳、遇事冷静的人，情感指标越低。"原则"指标主要是指人对待规定的态度与执行规定的风格，由于社区矫正对象及工作人员均因执行社区矫正才构建起人际关系，而社区矫正是一项需要依法依规开展的司法业务，因此对待规定的态度与执行方式已成为影响他们行为内核的重要因素。(见图1)

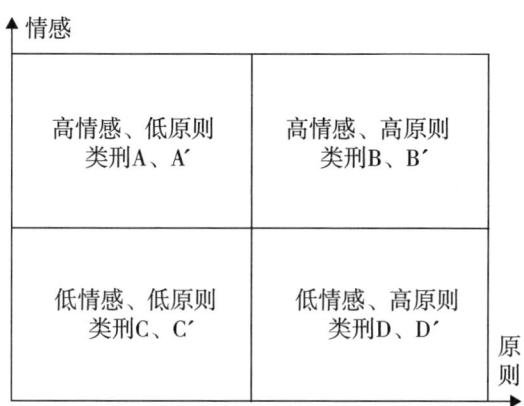

图1　情感—原则双路径模型

根据情感—原则双路径模型，人的行为可以划分为4种类型，即"高情感，低原则""高情感，高原则""低情感，低原则"及"低情感，高原则"，结合社区矫正对象及工作人员的实际表现，可以细化为8种表现形式。

"高情感，低原则"的社区矫正对象标记为A。"低原则"意味着此类社区矫正对象认为社区矫正规定是可以被灵活执行的，当规定与自身利益产生冲突的时候，A类社区矫正对象会希望以自身利益优先。而"高情感"的特征表示A会为了达到规定让位于利益的目的，不断地采用各种形式进行沟通，必要的时候甚至可能会铤而走险，作出违反社区矫正规定的事情，事发后会采用各种理由加以掩饰。A类社区矫正对象的监管风险在于其自身胆大又轻视规定，极易以身试险，出现违规行为。

"高情感，高原则"的社区矫正对象标记为B。由于B类社区矫正对象拥有"高原则"的特质，他们在一般情况下会认真遵守社区矫正的各项规定，违规风险极低。但是因为B类人存在"高情感"特质的叠加，他们很容易在违法犯罪被执行社区矫正后产生极大的心理负担，具体表现为认为自己的人生已经有了污点而过度担心未来发展，因自身成为社区矫正对象而觉得丢脸，甚至总认为身边的人在背地里嘲笑自己，认为自己犯罪的行为给家人带来了负担而思虑成疾等。B类社区矫正对象的监管风险在于避免其在"高情感"的作用下产生抑郁、焦虑、焦躁等心理问题。

"低情感，低原则"的社区矫正对象标记为C。此类社区矫正对象最大的外在表现就是过于散漫。因为"低情感"，所以他们很少流露出激动的情绪，总是懒洋洋的，一副事不关己高高挂起的样子。因为"低原则"，所以他们认为社区矫正规定里的条条框框很烦琐。未成年社区矫正对象较多表现出 C 类人员的特征。一方面，因为未成年社区矫正对象年轻阅历浅，所以既无所畏惧，也满不在乎，符合"低情感"的特点。另一方面，他们法律意识淡薄，缺乏对法律法规的敬畏感，呈现"低原则"的特点。C 类社区矫正对象监管难点在于各种形式的监管和帮教都难以真正地走进他们的心里，他们对社区矫正报以"无所谓"的态度，使得社区矫正容易沦为公事公办的形式主义。

"低情感，高原则"的社区矫正对象标记为 D。实际工作中，绝大多数社区矫正对象呈现 D 类人群的特征。因为被适用社区矫正的罪犯基本不存在重大社会风险，他们有一定的道德约束与认知，所以基本上都愿意遵守社区矫正规定，以顺利渡过社区矫正考验期的，即呈现出"高原则"的特征。但是，他们虽然能够一板一眼地按照规定执行社区矫正，但是他们心中未必真正认可和理解此项工作，更多的是作为一项任务来完成。D 类社区矫正对象的监管风险较低，而其监管的挑战更多的是在于如何让他们切实感知到社区矫正的教化作用。

作为监管者，社区矫正工作人员的类型分析应侧重于在情感—原则模型下所形成的监管工作风格。"高情感，低原则"的社区矫正工作者标记为 A′。A′类管理者在管理过程中会很愿意与社区矫正对象展开热切的交流，甚至可能达到与社区矫正对象交好的程度。对于规定，A′类管理者很少会一板一眼地执行，他们更愿意结合自己的判断和对社区矫正对象的了解，灵活地执行各项规定。一方面，A′类管理者很擅长营造出活跃、轻松的管理氛围，使得社区矫正对象放下戒心，愿意敞开心扉畅所欲言；但是另一方面，也面临着容易失去威信和震慑力的问题。A′类管理风格可以被称为气氛型管理。

"高情感，高原则"的社区矫正工作者标记为 B′。B′类管理者坚定不移地执行社区矫正规定，当出现试图挑战规定的社区矫正对象时，B′类管理者会毫不犹豫地坚决捍卫法律法规的尊严与权威，而 B′类管理者的强势作风也容易出现过于古板、不懂变通的不足。B′类管理风格可以被称为权威型管理。

"低情感，低原则"的社区矫正工作者标记为 C′。一方面，C′类管理者面对规则的时候，能根据实际情况灵活变通地使用规则加以管理，让社区矫正对象感到舒心与便利。另一方面，他们还能做到保持冷静与相对疏离，既能敏感而细腻地观察到社区矫正对象的动态变化，又能与社区矫正对象保持一定的距离而使得后者对他们存有敬畏与尊重。C′类管理风格可以被称为理智型管理。

"低情感，高原则"的社区矫正工作者标记为 D′。相较于 C′类管理者，D′类管理者会严格按照社区矫正规定施加管理。此类人中最典型的是刚毕业、缺少社会经验的新人社区矫正工作人员，他们小心翼翼地按照社区矫正规定一板一眼地进行管理。此管理风格虽然不容易出错，但是也缺乏灵活度，难以应对社区矫正工作期间出现的各种突发意外和复杂多变的情况。D′类管理风格可以被称为新人型管理。

4类社区矫正对象与4类社区矫正工作人员共形成了16种组合，即AA′、AB′、AC′、AD′、BA′、BB′、BC′、BD′、CA′、CB′、CC′、CD′、DA′、DB′、DC′、DD′。其中有的组合模式容易导致激烈的矛盾冲突，有的组合模式能实现双赢的良好效果。

三、社区矫正对象的管理模式及分析

（一）A类社区矫正对象的管理模式分析

对于A类社区矫正对象，AA′组合因为双方的行为特质相近而相处融洽，因双方都有外向型性格也可能相谈甚欢，但却也因为双方的"低原则管理者"特质而存在因轻视社区矫正规定违规的风险。为避免违规行为的发生，A′类管理者需要加强对原则的把握，此时，A′类工作人员将演变为B′。在AB′组合中，B′类管理者的强势作风和对于规则的坚持，正好可以约束A类社区矫正对象"低原则"的态度。一方面因为双方均为善于沟通且情感外露型人员，B′作为管理者的优势正好可以克制A外露型性格中的暴躁易怒等情绪。但从另一方面来看，对于A而言，B′的管理风格是4类管理模式中最让其难受的。双方在社区矫正执行期间很可能会因为观念差异和同为暴躁脾气而发生激烈争执，B′类管理者需要善于使用奖惩措施予以辅助，而不得一味地进行对抗与压制，因为压制过度很可能会引发A类人员的逆反心理而导致得不偿失。AC′与AD′因管理者的"低情感"可能难以克制A类社区矫正对象的"高情感"，A类社区矫正对象因此很容易产生不服管的心理，进而出现脱管等违规情形。此两种模式相比之下，因D′管理者对于规则的高度坚持，使得在A出现违规情形的时候工作人员能及时发现问题苗头，并善用规则及时组织并解决问题，使得AD′组合略微优于AC′组合。

（二）B类社区矫正对象的管理模式分析

因为B类社区矫正对象本身就具备了"高原则"属性，使得此类社区矫正对象管理的重点、难点在于如何避免其因"高情感"诱发负面情绪，并因负面情绪未及时消除而走向极端。在4类管理模式中，BB′组合不利于社区矫正对象排遣自身的负面情绪与疏导其心理压力。由于B′类管理者一贯的强势作风与直爽个性，不一定能细致地理解并体谅社区矫正对象微妙而敏感的情绪，反而因其对规则的强调更容易加剧B类社区矫正对象的畏惧与恐慌心理。相比较下，其他3类管理组合中，BA′组合容易营造出轻松和谐的管理氛围，而让社区矫正对象打开心扉，愿意主动沟通与

表达；BC'因 C'管理员的细心与冷静，善于发现社区矫正对象的所忧所虑，能进一步提高沟通的有效性；BD'组合在 D'的管理风格下，也不会反向加剧 B 的心理负担，虽在解决社区矫正对象负面情绪方面效果有限，但也基本能使得社区矫正对象顺利渡过社区矫正。

（三）C 类社区矫正对象的管理模式分析

对于 C 类社区矫正对象，重点是要解决其懒散的作风。CB'组合的突出优势在于 B'管理员一贯强势的管理风格和对于社区矫正规定的严格执行，对于 C 类社区矫正对象是一个很好的纠正错误行为并整肃作风的机会，但社区矫正对象 C 也有可能出现对于 B'的严厉说教报以既不置可否又旁若无人的态度，导致降低了矫正效果。而 CA'组合可以靠 A'的亲和力赢得 C 类社区矫正对象的认可与信赖，使得他们发自内心地信服与听教。CC'与 CD'组合则需要依靠工作人员的细心与耐心，坚持与社区矫正对象沟通，并善于捕捉其生活动态变化，引起 C 的好奇心与注意，进而获得其认可，也能强化社区矫正的工作成效。

（四）D 类社区矫正对象的管理模式分析

D 类社区矫正对象占有很大比例，他们基本上总是规规矩矩地将社区矫正当作一项任务并加以完成。对于此类社区矫正对象，最佳的管理模式是激发起他们对于社区矫正的认真态度，能切实地通过矫正来改错归正，提升个人素养。此目的下，DA'组合更容易在社区矫正对象及工作人员之间建立起良好的关系，使得社区矫正对象因对工作人员的认可与熟悉而提高沟通交流的真诚度，进而提高他们对于社区矫正教育的接受程度。

四、建议

（一）加强社区矫正工作队伍的综合实力

一方面，要重视社区矫正工作人员的技能培训工作。为切实落实社区矫正对象精细化管理，需要提升社区矫正工作人员的综合素养与能力。社区矫正工作者需要掌握人际交往沟通、心理疏导、人员管理等方面的知识与技能。各级社区矫正机构需定期邀请专业讲师，组织各种主题的专题培训。另一方面，需要招募具备法律、心理、信息化等方面知识的专业人员进入社区矫正工作队伍，以充实队伍的实力。

（二）采取社区矫正对象与特定类型工作人员配对开展管理

当前社区矫正对象是根据经常居住地分配到对应的司法所执行社区矫正，因此社区矫正对象由哪些社区矫正工作者来管理由居住地所在的司法所现有成员决定。由于工作人员自身的管理风格是相对稳定的，短时间内很难发生改变。每一位社区矫正工作人员所对应的管理风格均有其擅长应对的社区矫正对象类型。例如，在实践中，年龄相近的同代人之间确实比较容易沟通和相互理解，理智型管理模式的工作人员更擅长应对性格敏感的社区矫正对象等。因此，可以尝试将社区矫正工作人员根据管理风格划分为不同的管理团队，将社区矫正对象依据个体风格来确定更适合的管理模式，进而分配到对应的管理团队中，使得社区矫正对象在合适的管理模式下更好地执行社区矫正。或者建立流动人才库，将管理风格自成一体且卓有成效的社区矫正工作人员入库，对于个别重点社区矫正对象，除司法所正常管理外，还由流动人才库中的专才工作人员予以辅助管理，以加强社区矫正执行效果。

（三）积累案例经验构建行为模式体系

结合日常工作过程中的管理心得与典型个案，不断地丰富管理经验，建立健全社区矫正对象与工作人员行为模型与配对管理模式体系，并根据实际情况加以动态调整，加以推广并运用到实际工作中。

二、心理矫正

内嵌式社区矫正"心理—社会"整合服务探索

郭宏斌　董洪杰　史娟　毕珅珅[*]

自 2020 年 7 月《中华人民共和国社区矫正法》（以下简称《社区矫正法》）施行以来，社区矫正机构亟须运用除监管外的"法律、教育、心理、社会工作等专业知识或实践经验"为矫正对象开展相关服务。相较于传统的监禁刑罚，"社区矫正"强调将矫正对象置于一种相对自由的"社会状态"，通过采取适当的矫正措施，矫正他们的不良心理和行为恶习，促使矫正对象复归社会。[①] 新施行的《社区矫正法》强调最大限度地保障矫正对象的人权，但社区矫正需要将矫正对象置于开放且复杂的社区环境中予以改造，这无疑增加了日常监管的难度。单薄的司法行政力量很难独立应对，亟待吸纳更多的社会力量有效参与矫正过程。为此，《社区矫正法》第四十条第一款规定："社区矫正机构可以通过公开择优购买社区矫正社会工作服务或者其他社会服务，为社区矫正对象在教育、心理辅导、职业技能培训、社会关系改善等方面提供必要的帮扶。"强调柔性服务的社会工作在解决个别化问题、有效整合各方资源、优化矫正对象外部环境等方面具有显著优势。

纵观当前的社区矫正实践，我国早期的社区矫正社会工作大致呈现出比较典型的三种工作模式：司法监管社工服务内嵌的"上海模式"、司法行政监督主导的"北京模式"以及通过购买第三方岗位服务的"深圳模式"。[②] 与这三者不同，在社区矫正社会工作中引入"打开心墙"心理矫治系统的厦门模式，是厦门市集美区司法局创新开展社区矫正工作的有效尝试。[③] 尽管社区矫正社会工作的模式有所差别，但在

---

[*] 郭宏斌，黄山学院经济管理学院，副院长、副教授、硕士生导师。董洪杰，内蒙古师范大学心理学院讲师、硕士生导师。史娟，青岛大学师范学院讲师。毕珅珅，黄山市屯溪区司法局社区矫正中心大队长。

[①] 李水平、田汉国：《关于开展社区矫正工作的几点思考》，载《学习与实践》2005 年第 9 期。孙文立：《论社区矫正心理矫治工作的发展路径——以监狱心理矫治工作经验为视角》，载《山东警察学院学报》2015 年第 4 期。

[②] 熊贵彬：《社区矫正三大管理模式及社会工作介入效果分析——基于循证矫正视角》，载《浙江工商大学学报》2020 年第 2 期。

[③] 厦门市集美区司法局：《福建省厦门市集美区心理矫治社会服务项目》，http://www.ccgp.gov.cn/gpsr/jyjl/201710/t20171018_9004172.shtml，最后访问时间：2022 年 8 月 12 日。

服务策略上却都表现出了兼容色彩，积极地吸收心理疏导和社会工作的元素，呈现出多样化的技术特征。值得关注的是，服务模式上将"心理技术"与"社会工作"结合，已逐渐成为社区矫正社会工作的实践共识。① 在此观念影响下，对矫正对象的监管服务也从原来的司法行政延伸出认知教育、行为训练、家庭关系辅导以及增权赋能等，倡导更为综合的矫正干预方案。

从设计理念来看，综合运用心理技术与社会工作的矫正方案尽管在努力弥合技术的阻隔，但理念有别的拼盘式矫正方案如果缺乏矫正技术统筹，并不能提升社区矫正的成效。在《社区矫正法》实施的背景下，如何有效整合服务力量汇聚社区矫正合力，亟须重新审视社区矫正服务方案的矫正目标与介入策略。有鉴于此，本文接下来将在对以往社区矫正的技术路线进行梳理的基础上，以 A 省 H 市 T 区的"更生护航"项目实践为个案进行剖析，探索复原取向的"内嵌式"服务介入策略，以及心理技术与社会工作在社区矫正过程中的整合方式及其效果，进而探讨"心理—社会"的整合服务策略及其潜在困境。

一、国内外研究现状

（一）矫正技术视野的心理技术与社会工作

心理技术在社区矫正中很早就受到了关注，注重矫正对象不良心理的消除以及健全人格的重塑，使其最终能够重新融入社会。② 社区矫正过程中的心理技术大致可以概括为心理矫正与心理矫治两大类。心理矫正早在 20 世纪 90 年代就受到了关注，有研究者提出了罪犯心理矫正工作制度的设想，以便适应罪犯成分与心理日趋复杂的情况。③ 心理矫正与监督矫正、教育矫正、帮助矫正一同被视为社区矫正制度功能的组成部分。④ 心理矫治则充满了技术"治病"的诊疗意味，试图借助心理咨询，并结合定期谈话、社会帮助、公益劳动等形式改造矫正对象的心理。⑤ 认知行为治疗对

---

① 朱久伟：《社区矫正重犯预防的理论与实践——以发挥社区优势构建罪犯回归支持系统为视角》，载《犯罪研究》2009 年第 4 期。Nicolson, P., & Bayne, R. (2014). Psychology for social work theory and practice. Hampshire: Macmillan Publishers Limited.

② 孙文立：《论社区矫正心理矫治工作的发展路径——以监狱心理矫治工作经验为视角》，载《山东警察学院学报》2015 年第 4 期。

③ 杨春华、李洪吉：《论罪犯心理矫正工作制度》，载《心理学动态》1994 年第 2 期。

④ 李振杰：《社区矫正制度的比较研究与完善进路》，载《人民检察》2019 年第 17 期。

⑤ 吴玉华：《社区矫正工作初探》，载《法学杂志》2003 年第 5 期。

于降低社区服刑人员再犯率的有效性也得到临床实践证明。[1] 当然也有部分研究者注意到了家庭、良好支持环境互动对个体心理问题的影响,主张以家庭为单位,通过家庭治疗弥补社区矫正中个体心理矫治的不足。[2]

社会工作也是社区矫正工作目标确定与达成的重要保障,社会工作的实施则有助于提高社区的资源动员能力,[3] 能够构建起运用社区资源促进矫正对象改变的社会支持网络。社区矫正过程中的社会工作可分为个案工作和小组工作两种形式。早期研究关注社会工作个案方法在社区矫正中的潜在意义与适用性探索,[4] 个案方法被认为是最具普遍价值也最能体现专业特色的服务方法,但其对社工的能力素质以及社会支持性资源等因素的依赖性高。[5] 在介入策略上,个案工作除强调自身方法优势的同时,也要注重对心理技术的整合吸收。强调要与矫正对象建立良好的工作关系,改善案主的心理认知。实施家庭辅导,促进其与家庭相处方式的改善。[6] 小组工作则倾向于为犯有相同或相近罪名的矫正对象开设治疗性小组和教育学习小组,但小组工作也可能出现矫正"活动化"和"交叉感染"等潜在问题,使得社区矫正中的社会工作伦理运用受到研究者关注。[7] 从目前的实践来看,社区矫正社会工作强调改变的外部资源普遍匮乏,承担的大多是司法部门外转的教育职能,[8] 存在专业化程度偏低、执行手段较单一等现实困境。[9]

总体来看,社会工作在社区矫正中的作用日益得到重视,在服务技术方面虽已尝试借鉴心理学的相关技术,但总体上"单兵突进"色彩依然浓重。促进社区矫正的人才队伍合作与社区矫正理念更新,已成为改善社会工作介入社区矫正的能力建设的迫切任务。鉴于促成矫正对象从社区矫正制度情境"服刑人员"恢复为日常生

---

[1] 陈珊、童峰、齐铱、张婷婷:《认知行为治疗降低社区服刑人员再犯率有效性的系统评价》,载《中国心理卫生杂志》2018年第9期。

[2] 徐超凡:《家庭治疗在社区矫正中的功能和实现》,载《河北法学》2017年第4期。

[3] 钟莹:《社会工作在社区矫正中的功能定位与实现途径》,载《求索》2007年第10期。

[4] 田国秀:《社会工作个案方法在社区矫正中的意义与运用》,载《首都师范大学学报(社会科学版)》2004年第5期。

[5] 洪佩、费梅苹:《本土社会工作实践中社区服刑人员的身份建构机制》,载《中国青年研究》第2018年第4期。

[6] 曲文勇、张文娟:《浅谈社区矫正的社会工作介入》,载《黑龙江省政法管理干部学院学报》2010年第9期。

[7] 付立华:《社区矫正中的社会工作伦理运用探析》,载《山东社会科学》2009年第8期。

[8] 汪蓓:《社会工作对犯罪社区矫正的介入模式创新》,载《中南民族大学学报(人文社会科学版)》2015年第6期。

[9] 周爱萍、孔海娥:《社区矫正专业化的现实困境与路径选择》,载《中南民族大学学报(人文社会科学版)》2013年第1期。

活情境"社区成员",是社会工作参与社区矫正实践的意义与目标所在。[1] 社区矫正社会工作在充分提升与发挥社会工作的专业优势之余,聚焦社区服刑人员的心理转变更为关键。特别是注重发挥社区服刑人员积极主动的矫正态度,以期改善他们的精神健康状况与复归社会效率。[2]

(二) 社区矫正的矫正技术整合策略

由于社区矫正对象存在心理状态与问题特征的差异,"一刀切的干预措施不适合减少再次犯罪"。[3] 而且不必要的、设计不良或实施不当的干预措施实际上会增加负面结果的可能性,[4] 特别是对低风险罪犯实施高强度干预往往无效甚至适得其反。[5] 因此,对矫正对象采取差别化的适当矫治措施方案,是实现社区矫正成效的必要举措。但是尽管社区矫正的实践方案不断更新,矫正技术的选择及其整合策略却没有得到充分关注与探讨。回顾来看,社区矫正技术的选择路径表现为两类:一类是司法判决驱动的分类矫正;另一类是矫正评估驱动的循证矫正。

司法判决驱动的分类矫正综合人口背景(性别与年龄等)、犯罪类型、再犯风险等特征概括出相同或相近的矫正对象,进行矫正对象或矫正措施的类型化。[6] 社区分类矫正致力于在监管资源有限的条件下提升矫正效能,其理论基础、现实意义、可行性及具体操作方法等方面都陆续得到探讨。[7] 实际上分类矫正是一个多标准、多目标的工具体系,具有多元主体博弈的多目标选择问题属性。[8] 按照连春亮区分的三层次社区矫正目的:社区矫正的刑罚替代性惩罚的浅表层次目的、改变矫正对象心理行为以期预防犯罪的中层次目的,以及恢复犯罪破坏的社会关系的深层次目的。[9] 常见的分类矫正通常依据犯罪类型、人身危险性,实际上是聚焦社区矫正的浅表层次

---

[1] 洪佩、费梅苹:《本土社会工作实践中社区服刑人员的身份建构机制》,载《中国青年研究》第2018年第4期。

[2] 杨彩云:《社区服刑人员的社会融入与精神健康:基于上海的实证研究》,载《华东理工大学学报(社会科学版)》2014年第4期。

[3] Sapouna, M., Bisset, C., Conlong, A. M., & Matthews, B. (2015). What works to reduce reoffending: A summary of the evidence. Justice Analytical Services, Scottish Government. https://www2.gov.scot/resource/0047/00476574.pdf.

[4] Barnett, G., Howard, F. (2018). What doesn't work to reduce reoffending? A review of reviews of ineffective interventions for adults convicted of crimes. European Psychologist, 23 (2).

[5] Gill, C., & Wilson, D. B. (2017). Improving the success of reentry programs: Identifying the impact of service-need fit on recidivism. Criminal Justice and Behavior, 44 (3), 336–359.

[6] 连春亮:《论社区矫正中的分管分矫制度》,载《山东警察学院学报》2006年第5期。

[7] 魏敏:《论社区分类矫正的本土化构建》,载《社会主义研究》2009年第2期。

[8] 李西臣:《少数民族地区社区服刑人员的异质性及其分类矫正路径研究》,载《云南民族大学学报(哲学社会科学版)》2018年第3期。

[9] 连春亮:《社区矫正目的的多元分析与构建》,载《山东警察学院学报》2008年第6期。

目的，无力实现或是对接社区矫正的中层次目的与深层次目的。

矫正评估驱动的循证矫正是矫正工作者借助矫正证据分类分级体系和循证数据库，结合矫正过程资料的评估明确矫正对象的犯因性问题和优势，并寻找筛选与应用最佳证据设计适合矫正对象的社区矫正方案的矫正活动总称。① 肇始于循证医学的循证实践试图将实证研究结论、案主的个体情况以及地方实践情景结合起来，② 但"证据为本的实践""反思性对话实践""设计为本的实践"等构想，居多停留在理论传播与评述层面。③ 使得有赖于完备的矫正证据分类分级体系和循证数据库的循证矫正，在实践层面没能得到充分检验与反思，甚或操作为社区矫正工作人员的循环自证。

总体而言，司法判决驱动的分类矫正与矫正评估驱动的循证矫正，都希望借助分类实施矫正实现矫正精细化。两者尽管在分类标准选取策略上有所差异，但都属于外部植入式的社区矫正。如果社区矫正工作以矫正对象的再社会化为最终目标，那么社区矫正应服务于矫正对象的复归社会过程，从外在的司法判决与矫正评估转向矫正对象的心理需求和社区资源，并据此确保社区矫正对象能够获得有针对性的、治疗性的和有意义的方案和机会。④ 由此而言，术有专攻的心理技术与社会工作等社区矫正技术，应致力于矫正对象协同内部状态与外部环境从而积极能动地复归社会。两者如何结合矫正对象再社会化的阶段特征，亟须生成统一于社区矫正全过程的整体框架。但从目前的文献来看，对两类矫正技术更多还是"各表一枝""各论各式"，在实践层面甚至出现由两个团队分而治之，这就在很大程度上阻碍了社区矫正创新实践的实质性推进。接下来本研究将围绕 A 省 H 市"更生护航"项目的社区矫正社会工作服务实践，分析论证心理技术与社会工作在社区矫正过程中的整合机制及其效果。

---

① 刘立霞、孙建荣：《循证社区矫正中最佳证据研究》，载《河北法学》2017 年第 1 期。
② Gambrill, E. (2006). Evidence-based practice and policy: choices ahead. Research on Social Work Practice, 16 (3), 338–357.
③ 彭少峰、张昱：《循证社会工作的本土模式、实践限度与可能价值——以南通循证矫正为例》，载《学习与实践》2015 年第 2 期。
④ Sapouna, M., Bisset, C., Conlong, A. M., & Matthews, B. (2015). What works to reduce reoffending: A summary of the evidence. Justice Analytical Services, Scottish Government. https://www2.gov.scot/resource/0047/00476574.pdf.

二、"更生护航":内嵌式社区矫正的"心理—社会"整合服务实践

(一)"更生护航"项目与矫正访谈对象概况

"更生护航"项目起始于 2018 年 9 月,是 A 省 H 市 T 区司法局依照政府购买服务方式引入专业社工机构后实施的全市第一个社区矫正创新项目。服务机构现有专职社工 3 人,并同时具备心理咨询师和社会工作双重资质,另有兼职助理(心理学与社会学在读本科生与硕士生)10 余人。服务机构还设有专门的个案工作室、心理治疗室和心理宣泄室,为有需要的矫正对象提供服务与咨询。

项目目前在册矫正对象 210 人,列入重点和高风险矫正对象 17 人。服务内容包括入矫心理评估、教育矫正、重点人员个案服务以及家庭关系辅导、社会资源链接等。项目自实施以来,已累计开展心理健康评估服务 312 例,发出高风险等级警示 4 次;开展个案服务 30 例,成功干预自杀 2 起;根据 T 区司法局提供的数据,解矫再犯罪率为零,矫正效果明显,使矫正期间公益服务参与率较项目实施前提高了 98%。

本研究选择"更生护航"社区矫正服务项目为调研对象,采取个案研究方法,对其所开展的社区矫正社工服务和心理技术进行观察记录,并分别选取三位解矫的对象、两位准备解矫的对象以及一位在矫的对象,在对方知情同意的基础上进行了半结构式访谈。接受访谈的六位矫正对象情况见表 1。

表 1 "更生护航"项目矫正访谈对象的个案概况

受访对象	年龄	性别	矫正状态	矫正情况	入矫初期的心理及社会支持概况
宋某	56 岁	男	解矫	因"猥亵儿童罪"入矫,接受服务后心理测试结果逐渐趋好,现情绪稳定,社交基本恢复正常,在工厂打工,自己感觉比较充实	情绪起伏大,多次尝试自杀。家庭关系紧张,亲人因其犯罪蒙羞。同时,遭遇社区排斥强烈
宣某	36 岁	女	解矫	因"容留介绍卖淫罪"入矫,外地人,矫正期间家庭破裂,精神压力巨大,患乳腺癌,情绪不稳定,每天待在家里无事可做	心理状态极差,尝试自杀,与原生家庭缺乏联系,仅有一两个朋友

续表

受访对象	年龄	性别	矫正状态	矫正情况	入矫初期的心理及社会支持概况
王某	35岁	男	解矫	因"盗窃罪"入矫，惯犯，情绪稳定，矫正期对所犯罪行缺乏反思，表现出"大错不犯，小错不断"的自我放任状态	家人对促使其改变无能为力，没有信心，关系紧张
曹某	38岁	女	准备解矫	因"非法吸收公众财产罪"入矫，情绪焦虑，害怕对孩子未来造成影响，对自己目前失业状态充满担忧	家庭支持有限、夫妻关系紧张。时常会有债主上门追债，社区歧视明显
汪某	41岁	男	准备解矫	因"危险驾驶罪"入矫，被开除公职，对未来感到迷茫，失落感和自卑感强烈	目前待业在家，对周围环境敌视。性格偏激，爱钻牛角尖，和其相处需要小心翼翼
程某	30岁	男	在矫	因"开设赌场罪"入矫，尿毒症晚期，对很多的矫正管理措施非常抗拒，有"破罐子破摔"的心态，情绪低落	求生欲望强烈但身体和家庭经济条件都无法支撑，照顾者异常疲倦，家庭支持几乎为零

(二) 内嵌式社区矫正的"心理—社会"整合实践

1. 复原取向的"内嵌式"服务介入策略

促成具有"服刑人员"与"社区成员"双重身份的社区矫正对象从社区矫正制度情境的"服刑人员"恢复为日常生活情境的"社区成员"，是社会工作参与社区矫正实践的意义与目标所在。[1] 实证研究也表明，改善矫正对象的精神健康状况与复归社会效率，不仅要从外部因素入手建构相应的社会支持系统，更应注重发挥社区服刑人员积极主动的矫正态度。[2] 这一理念与西方社会在精神疾病患者治疗中的复原模

---

[1] 洪佩、费梅苹：《本土社会工作实践中社区服刑人员的身份建构机制》，载《中国青年研究》第2018年第4期。

[2] 杨彩云：《社区服刑人员的社会融入与精神健康：基于上海的实证研究》，载《华东理工大学学报（社会科学版）》2014年第4期。

式（Recovery Model）非常相近。复原模式认为，对复原经验至关重要的是一种与他人共享旅程的感觉，[①] 能够体验积极的身份、希望、赋能、福祉、社会包容和有意义的生活。[②] 由此而言，遵循社区矫正对象转变的"复原"过程，制订与实施社区矫正项目的方案兼具必要性与可行性。

与传统的外部"植入式"社工服务和单独强调矫正方法优势的服务策略不同，"更生护航"项目采取的是"内嵌式"服务介入策略，即依据矫正对象的心理状态以及社会环境需求变化，不断动态调整社工与心理技术方法的侧重点。矫正初期，服务主要侧重于认知改变和潜能挖掘、外部环境改善；矫正中期，服务主要体现为情绪疏导和增权赋能的生成；矫正后期即解矫前，服务内容则调整为心理调适以及外部资源链接、社区融入支持。"更生护航"项目的具体运行机制主要由"确定方案—系统矫正—联结社会"三个阶段组成。（见图1）

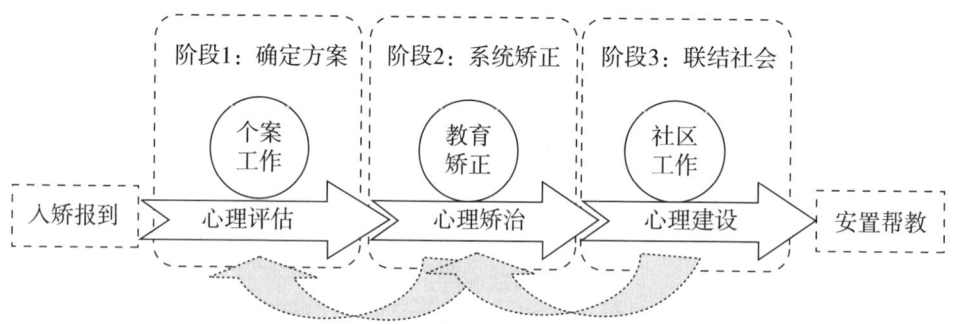

图1　"更生护航"项目心理技术与社会工作整合实践流程

社区矫正对象持法院判决到区县司法局入矫报到，在完成规定的法律手续后随即转入"更生护航"的第一阶段"确定方案"。确定方案是指社工接洽入矫人员后，根据心理评估结果确定入矫对象后续的社区矫正具体方案，由心理评估与个案工作构成。心理评估是社会工作介入社区矫正的首个环节，是面向所有入矫对象的强制服务。主要由具有心理学资质的社工进行矫正对象的心理测评与个别面谈，然后根据心理测评与面谈结果形成心理评估报告，同时结合社会风险及调查报告辅助各镇街司法所完成社区矫正方案确定。其中心理评估表明心理健康状况正常且社会风险

[①] Cruwys, T., Haslam, S. A., Dingle, G. A., Jetten, J., Hornsey, M. J., Chong, E. M. D., & Oei, T. P. S. (2014). Feeling connected again: Interventions that increase social identification reduce depression symptoms in community and clinical settings. Journal of Affective Disorders, 159, 139-146.

[②] Ellison, M. L., Belanger, L. K., Niles, B. L., Evans, L. C., & Bauer, M. S. (2018). Explication and definition of mental health recovery: A systematic review. Administration and Policy in Mental Health and Mental Health Services Research, 45 (1), 91 – 102.

等级较低的矫正对象，被纳入普遍矫正服务即第二阶段的"系统矫正"；而心理健康状况异常的矫正对象和重点矫正人员，还需借助 SCL-90 量表[①]与个别面谈进行更为严格的二次心理评估，并根据矫正管理要求全部转入社会工作的个案工作服务流程，提供差异化矫正方案。个案工作是较为精细的社会工作方法，所针对的矫正对象是在心理健康评估中发现异常的人群；为体现对未成年人员的关怀，所有未成年矫正对象也会被纳入个案服务对象。在与矫正对象签订服务协议后，首先展开访谈初步了解情况并完成个案登记表，其次再对矫正对象进行服务需求评估进而制订适宜的服务计划。同时，为全面掌握心理异常者的心理状况和认知变化，心理评估与个案工作服务并轨开展，并依据矫正对象的需求交错呈现。第一阶段所有矫正对象的心理测评或个别面谈结果，后续还用于构建个人矫正档案，为后续矫正提供参考并向司法局反馈，协助司法局对其进行风险管理。

矫正对象经过第一阶段确定好矫正方案，启动"更生护航"第二阶段"系统矫正"。系统矫正是按矫正对象确定的矫正方案分门别类实施具体的社区矫正，由教育矫正与心理矫治构成。教育矫正是社区矫正项目中运用普遍的一种社会工作技术，旨在根据矫正对象需求与矫正特征集中实施差异化教育矫正，促使矫正对象主动改善其外部环境。教育矫正的内容涉及道德教育、家庭教育、法治教育、心理健康教育以及徽州文化教育等。由于新实施的《社区矫正法》对教育时长不再作为强制性规定，"更生护航"的教育矫正更注重借助适用性强的模块设计、专业性强的课堂讲授、生动性强的课堂氛围等方式优化教育矫正方式，提升矫正对象整体矫正效果。心理矫治是"系统矫正"阶段的重要工作方法，是借助心理学理论技术对矫正对象进行矫正与治疗。"更生护航"项目中的心理矫治是通过心理评估进行筛选分类来实施的，在心理评估与心理矫治过程中如筛选出具有明显病态心理症状的矫正对象会给出治疗转介建议，并上报司法主管机构。适用心理矫治的则继续由社会工作机构提供矫正服务，具体形式有团体心理辅导与个体心理干预。团体心理辅导用于矫治社区矫正对象的不良行为，反思悔过犯罪心理，从而更好地适应社会。个体心理干预则用于应对矫正对象的情绪困扰与心理压力，以个体心理疏导为主要形式。"系统矫正"阶段社工需要综合运用专业技术协助矫正对象改善心理认知与家庭社会关系，也是心理技术与社会工作方法结合最为紧密的环节。

在对矫正对象完成"系统矫正"服务之后，项目即转入"更生护航"的第三阶段"联结社会"。联结社会是指协助初步完成系统矫正的矫正对象做好回归社会前的准备，由心理支持与社区工作构成。心理支持旨在协助矫正对象做好返回家庭、职业与社区的社会生活心理准备，侧重引导矫正对象反思与认识自己处理家庭关系、

[①] 症状自评量表。

职业关系与社会关系的优势与不足，让个体逐步感受到社会关系中的尊重、理解从而增强生活信心。社区工作则旨在链接与重建矫正对象的社区生活，工作内容在于社会关系的环境改善和社会工作意义上的"赋能"。目的在于陪伴与促进矫正对象获取社区资源与社区接纳，并着力解决矫正对象的社会生活资源缺乏与中断、职场排斥与社会排斥等具体问题，避免因为结构性压力重新走上犯罪道路。

完成"更生护航"第三阶段"联结社会"的矫正对象，就意味着解除社区矫正可以转向安置帮教。需要补充说明的是，"更生护航"项目的"确定方案—系统矫正—联结社会"三阶段工作模式，在个别特殊情况下还可能存在返回路径。当遇到矫正对象出现退行变化或是上一阶段方案效果影响当前阶段任务开展的，矫正对象需要返回上一阶段重新实施矫正，但不会被告知。"更生护航"的矫正实践表明，矫正对象普遍存在情绪困扰与心理压力，还伴随着家庭社会关系的紧张或疏离。所以社区矫正过程中社工的重点需要运用心理技术进行心理干预和团体辅导，同时辅助社会工作方法优化其外部环境尤其是家庭环境。上文的六位矫正访谈对象在入矫后普遍存在抗拒和消极心理，对象 1 和对象 2 甚至已出现自杀倾向，此时必须进行紧急心理干预。"更生护航"项目社会工作技术的运用形式还表现为，将同质性强并且有着相似性服务需求的矫正对象（如本研究中的矫正访谈对象 1、3、4）组建一个教育成长小组，旨在增强矫正对象的反思能力以及促进关系修复，当然此时的小组活动也会借助心理团辅的相关技巧。

2. 认知行为矫正与环境改善的"心理—社会"整合实践

矫正实践显示，"更生护航"项目在矫正过程中充分发挥社会工作"环境改善"优势的同时，也积极运用了"认知行为矫正"的心理技术。在传统刚性管理的司法管教中，矫正对象极易产生焦躁和对抗情绪，表面上的遵从只是为了免于被警告或者被收监。矫正要真正达到预期的目标、预防犯罪再发生，就必须以"攻心"为先，特别是对于像危险驾驶罪、赌博罪等易复发性犯罪而言，没有心理改变支持的社区矫正会潜伏着很高的再犯风险。而自身认知存在的偏差，也容易导致对外部环境产生压力敏感或误判，发生本研究中的矫正访谈对象 5、6 所呈现出的敌视型社交状态。当然也有可能坠入另外一个环境陷阱，即缺乏"洗心革面"决心的矫正对象一旦与外部环境中的诱因重合，便会再次出现行为偏差或者故伎重演。针对此情况，整合了心理和社会环境修复服务的"更生护航"项目，要求矫正对象尤其是重点人员在矫正期间接受认知行为矫正服务，以期协助社区矫正对象改正不良认知或偏差行为，学会情绪控制与自我管理。

受访对象 5 因为酒驾被判社区矫正，生活也随之发生了重大变化，在情绪"ABC"的逻辑之下，案主将目前一切的不顺归因于犯罪，认为这一事件对自己造成了毁灭性的伤害。进而对矫正产生了强烈的敌意，将家人及身边的善意视为对自己的可怜伪善，拒绝正常社交。针对此情况，社工将着力点首先落在了通过不断的面谈和入户访视修正其非理性信念上，在其认知有显著变化后，社工立即将重心转移至家庭关系辅导和就业机会链接。心理技术与社会工作方法的交替使用往往是伴随案主面临问题的优先次序而出现，二者呈现更多的是"二重性"的关系。

受访对象 6 的矫正难度则在于经济上的困难加剧了其内心焦虑，劳动能力的丧失使其产生了强烈的"无力感"，而照顾者长期"无喘息"的紧张状态让矫正对象能够获得的家庭和社会支持非常有限。多种负面情绪的叠加，使矫正对象认为矫正无助于他的情况改善，甚至加剧了其原本的不幸。基于此，项目社工对矫正对象优先采取了心理疏导、政策救助以及针对照顾者的"喘息日"综合服务，让矫正对象长期积压的负面情绪能够通过心理疏导有效释放，而家庭辅导和救助政策运用，巩固了心理改善成果。虽未能从根本上解决矫正对象 6 所面临的困境，但其焦虑和无助感得到有效缓解，对社区矫正的对抗性明显下降，生活信心明显增强。

从受访对象 5、6 的矫正过程和效果来看，搁置不同矫正技术在方法论上的差异分歧，在矫正过程中要注重双方的重叠衔接之处，以期双方交相辉映。也可以佐证整合了心理技术和社会工作的矫正服务，在本项目的个案服务中呈现出了明显的方法优势。从实际的矫正成效来看，也取得了较好的成绩，但调查也发现：矫正过程中存在的强制性与以往以主动求助为基础的服务存在显著差异，矫正对象的主动性不足，常常是服务活动的被动参与者。尽管本项目很多服务内容的设置期望最大限度兼顾矫正对象心理过程上的"接纳现实、维护自我形象、恢复和重建"的阶段需求，但仍然不可避免地带有比较明显的司法监管色彩。[1]

三、讨论：内嵌式社区矫正"心理—社会"整合服务的启示

内嵌式社区矫正"心理—社会"的整合服务亟须第三方社会组织从单纯的矫正组织者转变为多学科协作的服务提供者。更为重要的是，在社区矫正过程中社工人员需要遵循内嵌式服务介入策略，将必要的矫正技术统一于矫正对象再社会化的阶段复原过程，促使矫正对象从"有问题"的罪错者过渡为"有改变"的行动者。社工人员的职责在于协助社区矫正对象去发现和创造生活机会，借助特定生活事件促使当事人进行反思和对话从而发生改变，而识别生活事件、抓住生活机会，要靠专业知识的储备和专业能力的训练。[2] 借用复原模式的理念，"心理—社会"矫正整合

---

[1] 张丹丹、路茗涵、王卫红：《社区矫正对象的心理需求理论——基于扎根理论》，载《心理科学》2019 年第 1 期。

[2] 郭伟和：《专业实践中实证知识和实践逻辑的辩证关系——以循证矫正处境化实践为例》，载《社会学研究》2019 年第 5 期。

服务主张矫正对象应从失败者身份中发展出积极的自我，学会立足社区矫正的经历并自主做出改变，并且依托可用的支持环境重新发展出生活意义和目标。"更生护航"的实践表明，内嵌式服务介入策略为心理技术与社会工作的整合提供了基础，而依据矫正对象的复原特征与阶段需求协助矫正对象进行认知行为矫正的同时实现社会支持环境的扩容，则使得矫正对象最终复归社会成为可能性。这种矫正理念和思路在《社区矫正法》实施之后，可为各地社区矫正实践提供可资借鉴的有效框架。

值得关注的是，和复原模式的复原经验类似，[1] 与社区监管者之间的关系质量也会影响到社区矫正对象的积极变化。[2] 矫正对象会重视与社区矫正专业人员的人际互动体验（如关注、尊重和帮助），并受益于持续提供关系支持的社区矫正服务方案。但是矫正方案的服务目标往往受制于司法行政的矫正期限，往往使得耗费大量时间建立专业信任关系的矫正服务方案难以深入持续推进。这就会出现社区矫正的服务活动无法根据矫正对象的需要进行有效调整，一旦解矫则服务效果难以为继甚至会出现退行反弹。而且心理技术和社会工作的活动越丰富，被动的矫正对象越没有能力适应解矫后的变化。因而，除加强社区矫正工作人员在相关技术使用以及优势关注方面的培训外，引导社区矫正工作人员适时把握"内嵌式"融合服务的退场时机，顺利搭建起安置帮教的社区心理资源更为重要。

尽管诸多研究表明社会支持在降低犯罪人员再犯风险方面的作用日益突出，[3] 但实际上为社区矫正对象搭建起安置帮教的社区心理资源是一项艰巨的任务。一方面，许多被认为用于解决"问题"的社区矫正措施也会催生新问题。例如，终止与犯罪相关的同伴交往，对于社会支持有限或是长期遭遇社会孤立的社区矫正对象而言非常艰难。与此同时，被分配到社区矫正项目中的多数社区矫正对象，由于减少与社区接触也会潜在地侵蚀自我价值、信心和动力。而且团体项目的小组活动还会产生与犯罪相关的"负面联系"，并强化"罪犯"身份。[4] 因而，如果没有充分解决矫正

---

[1] Cruwys, T., Haslam, S. A., Dingle, G. A., Jetten, J., Hornsey, M. J., Chong, E. M. D., & Oei, T. P. S. (2014). Feeling connected again: Interventions that increase social identification reduce depression symptoms in community and clinical settings. Journal of Affective Disorders, 159, 139-146.

[2] Sapouna, M., Bisset, C., Conlong, A. M., & Matthews, B. (2015). What works to reduce reoffending: A summary of the evidence. Justice Analytical Services, Scottish Government. https://www2.gov.scot/resource/0047/00476574.pdf.

[3] Chouhy, C., Cullen, F. T., & Lee, H. (2020). A social support theory of desistance. Journal of Developmental and Life-Course Criminology, 6, 204–223.

[4] Green, R., Hopkins, D., & Roach, G. (2020). Exploring the lived experiences of people on community correction orders in victoria, Australia: is the opportunity for rehabilitation being realised? Australian and New Zealand Journal of Criminology, 53 (1), 000486582095705.

对象的多方面需求，就业支持方案的提供很可能是无效的。[1] 另一方面，公众支持对于社区矫正项目的启动、筹资、管理和整体成功至关重要。[2] 然而社区居民关注社区矫正更多的是出于监督和公共安全，而不是罪犯改造。[3] 与那些有非暴力犯罪、轻罪和无性犯罪史的犯罪人员相比，人们对于具有暴力和性犯罪史的人员持有更为消极的态度，[4] 会更倾向于支持给予监禁而不是社区矫正。[5] 事实上，社区矫正对象在多个领域都会遇到社会排斥特别是社会网络排斥，这已成为社区矫正目标实现的重要阻滞因素。[6] 总而言之，促进社区矫正群体特别是解矫人员更好地融入社区，仅仅依靠社区矫正项目的专业服务还远远不够。在经济困难、重新就业、家庭关系、社会适应、心理健康等方面都需要社会资源的帮扶，[7] 需要司法系统与社区服务提供者、地方政府、行业和其他方面之间的跨部门合作。[8] 特别是在政社关系上，当前社会工作机构与司法部门的"形式化"的契约合作关系，有待向"契合共生"关系转换。[9]

四、结语

借助对 A 省 H 市社区矫正项目的研究剖析，本文概括总结了"更生护航"社区矫正项目实践的三阶段工作机制，并详细阐释了在每个阶段中实现心理技术与社会工作整合方式的基本构想，还进一步探讨反思了社区矫正的现有问题。研究可为社

---

[1] Newton, D., Day, A., Giles, M., Wodak, J., Graffam, J., & Baldry, E. (2018). The impact of vocational education and training programs on recidivism: A systematic review of current experimental evidence. International Journal of Offender Therapy and Comparative Criminology, 62 (1), 187–207.

[2] Garland, B., Wodahl, E., & Saxon, C. (2017). What influences public support of transitional housing facilities for offenders during reentry? Criminal Justice Policy Review, 28 (1), 18-40.

[3] Payne, B. K., Tewksbury, R., & Mustaine, E. E. (2016) Identifying the sources of community corrections professionals' attitudes about sex offender residence restrictions: The impact of demographics and perceptions. Crime & Delinquency, 62 (2), 143–168.

[4] Hardcastle, L., Bartholomew, T., & Graffam, J. (2011). Legislative and community support for offender reintegration in Victoria. Deakin Law Review, 16 (1), 111–132.

[5] Shahbazov, I. (2019). Exploring the attitudes of university students and criminal justice. professionals towards electronic monitoring in Azerbaijan: A focus group study. International Journal of Law, Crime and Justice, 58, 44-55.

[6] 骆群：《社区矫正对象社会网络排斥的成因探析——以上海市为例》，载《内蒙古社会科学（汉文版）》2010年第2期。

[7] 李光勇：《社区矫正对象帮扶现状、困境与对策调查研究》，载《中国刑事法杂志》2013年第4期。

[8] Green, R., Hopkins, D., & Roach, G. (2020). Exploring the lived experiences of people on community correction orders in victoria, Australia: is the opportunity for rehabilitation being realised? Australian and New Zealand Journal of Criminology, 53 (1), 000486582095705.

[9] 康姣、董志峰：《社会工作参与社区矫正的关系结构》，载《甘肃社会科学》2019年第5期。

会组织参与社区矫正提供可行的工作框架，也反映出社会组织参与社区矫正依然任重道远。特别是社会组织对于社区矫正过程特征、社区心理资源的理解把握，还有待理论研究与项目实践进行更为深入细致的经验总结。

"更生护航"的实践表明，社区矫正以矫正对象的再社会化为最终目标，矫正实施的过程应结合再社会化的阶段特征开展"心理—社会"服务。相信目前国内会有更多地方的社区矫正如"更生护航"一样迈向"心理—社会"模式，并越来越强调矫正过程的服务策略反思与技术手段的整合。虽然实践过程依然面临着矫正对象比较被动、服务周期与解矫时间不统一以及矫正效果难以呈现等问题，但可以确定的是，围绕矫正对象改变的"心理—社会"介入服务，不能操作为增设更多的心理和社会工作活动内容或是简单组合，而应确立服务策略与内容之间的内在逻辑关联，促进司法系统与社区服务提供者、社会组织和其他方面之间的跨部门合作。以矫正对象的能力和发展为核心，在改变其认知行为回应现实需求的基础上，与其同步规划不同的心理和社会方面的活动，改善和优化其家庭及社区支持环境，进而巩固矫正效果防止犯罪再次发生，以期真正实现"矫心矫行"的社区矫正任务。

一湾晴朗工作室凝心聚力开展心理矫治工作

——广州市荔湾区司法社工开展规范化社区矫正服务案例

岳鸿洲　赵江涛[*]

《中华人民共和国社区矫正法》（以下简称《社区矫正法》）第十一条[①]规定组织具有法律、教育、心理、社会工作等专业知识或者实践经验的社会工作者开展社区矫正相关工作，这为广州市荔湾区司法局坚持以习近平新时代中国特色社会主义思想为指导，深入学习贯彻习近平法治思想，探索善治规律提供了法律遵循，于是荔湾区司法局以心理矫治为"小切口"组建一湾晴朗工作室，依法推动社会力量参与社区矫正工作，[②]加强荔湾区社区矫正工作的规范化工作，发挥荔湾区司法社会工作者的专业服务力量，提高基层对社矫对象刑事执行的治理管控水平，织密公共安全防护屏障，融入大安全格局。

一、实施背景

（一）荔湾区司法社工的发展现状

《广州市司法局关于印发〈广州市司法社会工作项目体系建设实施方案〉的通知》（穗司发〔2015〕17号）要求在全市以政府购买服务项目的方式，培育专业的司法社会工作组织，建立专门的司法社会工作队伍，承接对社区矫正对象和刑满释放人员的教育矫正、社会适应性帮扶等司法矫治服务工作。荔湾区司法局根据相关法律法规的规定，自2011年8月起，购买司法社会工作项目，以专业社会工作服务开展社区矫正工作，2021年广州市心明爱社会工作服务中心司法社会工作服务团队

---

[*] 岳鸿洲，广州市荔湾区司法局科长。赵江涛，广州市荔湾区司法社工项目负责人及心明爱机构督导。

[①] 《社区矫正法》第十一条规定："社区矫正机构根据需要，组织具有法律、教育、心理、社会工作等专业知识或者实践经验的社会工作者开展社区矫正相关工作。"

[②] 《社区矫正法》第十三条规定："国家鼓励、支持企事业单位、社会组织、志愿者等社会力量依法参与社区矫正工作。"

在荔湾区司法局的指导下，入驻荔湾区社区矫正中心的一湾晴朗工作室开展系列矫治工作，工作重点为心理矫治。

（二）荔湾区社区矫正对象的心理状况调查

针对2021年1月至12月荔湾区社区矫正对象的SCL-90心理测量结果进行分析，其中SCL-90心理测量结果有症状的问卷共50份，统计结果见表1。

表1 社区矫正对象心理健康状况总结

心理健康维度	无症状	轻度症状	中度症状	重度症状	跟进建议 缓	跟进建议 轻	跟进建议 重	跟进建议 急
躯体化	62%	30%	0	8%		√		
强迫	64%	30%	0	6%		√		
人际关系敏感	76%	18%	0	6%		√		
抑郁	24%	68%	0	8%			√	
焦虑	62%	30%	0	8%		√		
敌对	86%	10%	0	4%	√			
恐怖	80%	18%	0	2%	√			
偏执	80%	16%	0	4%	√			
精神病性	36%	60%	0	4%			√	
睡眠及饮食	26%	68%	0	6%			√	

经过对荔湾区社区矫正对象的SCL-90心理测量结果的分析，可以看到以下结果：

第一，受访者群体中，抑郁、精神病性、睡眠及饮食三个维度的有症状占比排名前三，则需要工作者进行重点介入，适宜以活动、讲座形式介入，其他维度也有一定的症状分布，可以在活动、讲座中以普适性的心理问题进行介绍，并以心理辅导形式做个别介入为宜。

第二，在出现症状的每一维度中，无症状或轻度症状的占绝大多数，服务对象整体在心理健康问卷中的10个维度都表现出了症状，且中度症状均为0，大多数集中在轻度和重度症状，这说明该群体的心理问题呈现出多样化的趋势且心理问题一旦发生便可迅速变为重度，影响较大，因此需要在服务中发挥预防性作用，尤其关注对轻度症状的辅导和全体社矫对象的基本知识普及。

第三，在完成问卷调查的受访者中，出现症状的服务对象并不占社区矫正对象总体的大多数，但该结果为工作者解决现有心理问题、发掘潜在问题对象提供了一定的指引。

二、心理矫治专业技术应用

依据需求调研结果及荔湾区的社工发展情况,司法社工考虑到社矫对象的文化程度、表达能力、对心理矫治的接受程度等的不同状况,选择焦点解决短期治疗、认知治疗、沙盘游戏治疗三种技术作为一湾晴朗工作室的主要技术。

(一)焦点解决短期治疗

伯格(Berg)与多兰(Dolan)认为,焦点解决短期治疗(Solution-Focused Brief Therapy,SFBT)是一种"希望与尊重实用主义"(Pragmatics of hope and respect)。[1] SFBT(焦点解决短期治疗)强调发展性、复原力与去病理化,相信"复原"乃开始于当事人愿意改变那一刻。于 SFBT 晤谈中,咨询师会特别看重与开发当事人想要有所不同、已有过的成功经验或者他们已经试着改善问题情境的作为等"可能性的征兆"(Hints of possibility)之所在,并将其用于构建解决之道。[2] 在心理矫治过程中,社工考虑到社矫对象的矫正期、文化水平差异,选择焦点解决、短期治疗,关注社矫对象的成功经验,集中寻求解决办法,从而帮助社矫对象改善心理状况。

(二)认知治疗

认知治疗是植根在认知模式上,假设人的情绪以及行为都会受到他们对于事件的观点所影响,并不是情境本身决定人们感觉到什么,而是人们解读情境的方式会影响到人们的情绪。[3] 在心理矫治过程中,社工应用认知治疗技术,关注社矫对象对犯罪事实的解读,鼓励其能够正确地去认识犯罪事实,积极去面对和改变,从而调整社区矫正对象的心理状况。

(三)沙盘游戏治疗

沙盘游戏治疗是一种以荣格心理学原理为基础,由多拉·卡尔夫发展创立的心理治疗方法。沙盘游戏是运用意象(积极想象)进行治疗的创造形式,"一种对身心生命能量的集中提炼"(荣格)。沙盘中所表现的系列沙盘意象,营造出沙盘游戏者心灵深处意识和无意识之间的持续对话,以及由此而激发的治愈过程和人格(及心灵与自性

---

[1] Berg I K, Dolan Y., Tales of solutions: A collection of hope-inspiring stories, W. W. Norton & Company, 2001.
[2] 许维素:《建构解决之道:焦点解决短期治疗》,宁波出版社 2013 年版,第 5 页。
[3] Judith S. Beck, ph.D, "Cognitive therapy: Basics and beyond", The Journal of Psychotherapy Practice and Research6 (1997).

的）发展。① 社工应用沙盘游戏治疗技术，帮助不善表达的社矫对象改善心理状况。

三、一湾晴朗工作室的规范化设计

（一）一湾晴朗工作室的项目规范化思维设计

一湾晴朗工作室，聚焦心理矫治，以项目规范化思维设计并开展"一湾晴朗心，矫正有晴时"系列矫治工作。结合荔湾区矫正对象的需求/问题，从心理（情绪情感及心理问题症状等）、知识（法律法规知识及生活知识等）、行动（志愿行动及变化鼓励等）三个层面，开展"心晴朗""知晴朗""行晴朗"的系列矫治工作，项目规范化设计框架见图1。

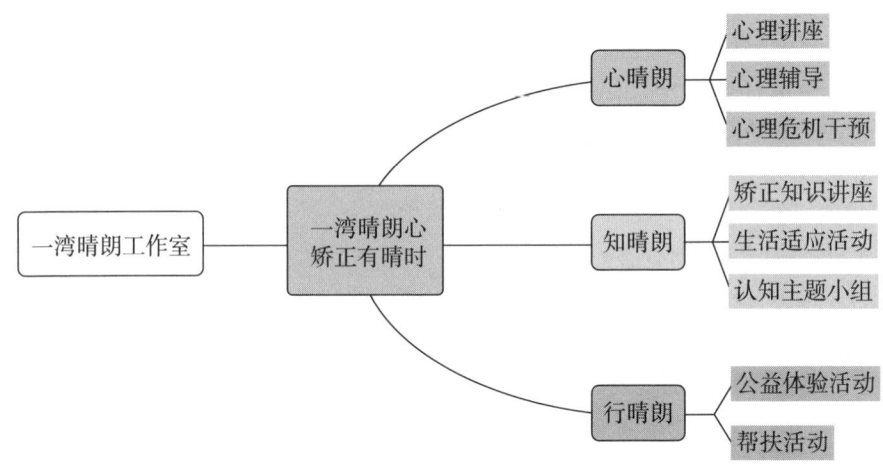

图1 一湾晴朗工作室项目规范化设计

（二）一湾晴朗工作室工作个案管理的程序化规范

一湾晴朗工作室以个案管理模式开展服务，通过个案管理模式的运作，对社矫对象按照心理状况、再犯风险、危机状况进行评估，结合社矫对象的个别化情况进行分层，并进一步在服务安排上进行分类。

在服务流程上，以个案管理模式对服务流程进行规范，包括评估服务、安排服务（协调服务）、服务开展、监察服务、评估成效的程序对社区矫正对象开展服务。服务的流程程序化见图2。

---

① 高岚、申荷永：《沙盘游戏疗法》，中国人民大学出版社2012年版，第4页。

二、心理矫正　283

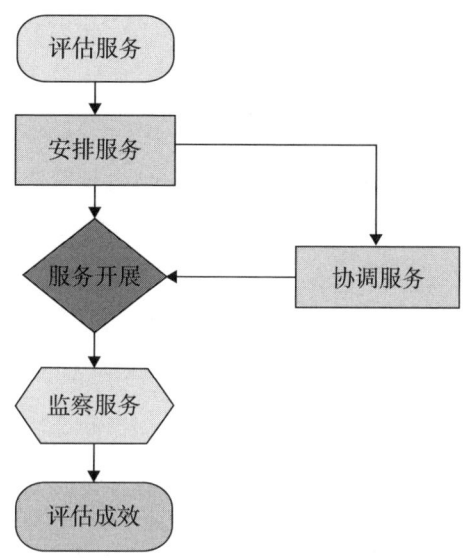

图 2　一湾晴朗工作室项目个案管理的流程程序化设计

在服务内容上,首先以 SCL-90 问卷的测量结果、再犯风险测评结果、系统风险测评结果进行分类,以鉴别不同风险或症状等级,根据不同的风险或症状等级提供不同层次的服务内容。服务的内容程序化见图 3。

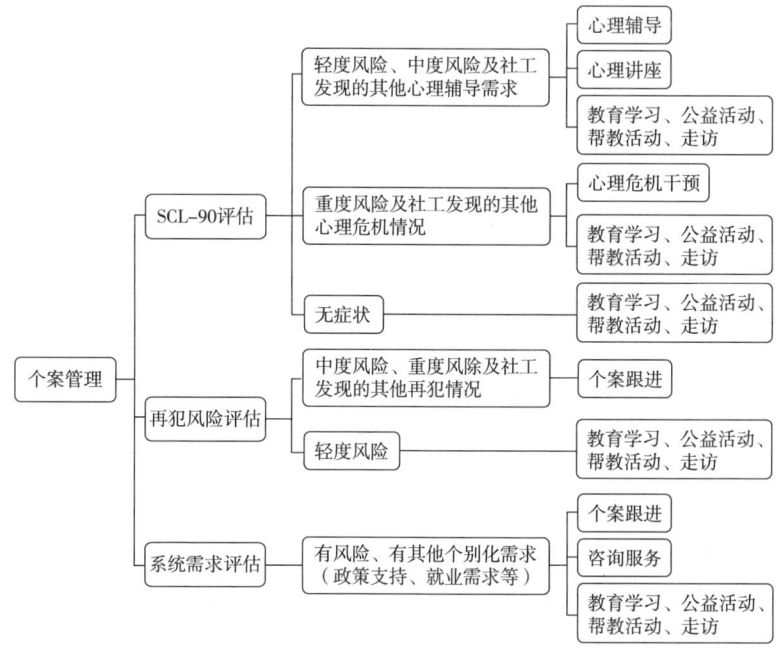

图 3　一湾晴朗工作室项目个案管理的内容程序化设计

四、一湾晴朗工作室案例

一湾晴朗工作室规范程序化服务，依据SCL-90心理测量结果及社工观察评估结果，开展心理矫治服务。在服务过程中，社工处理的个案包括入矫不适情绪调试个案、自杀危机个案、伤人危机个案、睡眠障碍个案等。接下来以社工处理社矫对象心理遭受冲击后导致其无法适应矫正生活为例，来了解一湾晴朗工作室开展心理矫治服务的情况。

（一）社区矫正对象基本信息

社矫对象：林某（化名）

性别：男

年龄：44岁

婚姻情况：离异

罪名及矫正期：故意伤害罪，社区矫正期限为一年六个月

（二）依法接收入矫情况

1. 案主情况

（1）家庭情况：案主与父母同住，无其他兄弟姐妹。案主曾结婚一次，目前是离异状态。案主母亲有退休金，可以保证案主的生活支出。

（2）工作情况：案主目前已待业一年，近3年里仅工作约5个月，从事的岗位主要为体力岗。

（3）入矫时状态：案主表现出对犯罪事实的接受，案主的《社区矫正对象需求评估》结果显示案主危险性为轻度，重犯的可能性不大；SCL-90心理测量结果显示无症状。逢源所接触后发现案主不能按时完成社区矫正期间要求的定位打卡（即使每次提醒都不能完成）且不能完成教育学习时数，行为异常，疑似精神症状。案主将负责其矫正的工作人员微信删除，司法所多次介入无果，因此司法所出《关于申请为社区矫正对象林某提供专业心理辅导的函》到区社矫科。

2. 问题分析

（1）生理方面：案主目前经常凌晨睡觉，白天也经常睡觉，基本上是空闲在家，且没有工作、极少社交，整个人的精神状态不佳，案主的生活处于不规律的状态，其睡眠和饮食情况不佳。案主目前的生活作息情况，会对案主的情绪造成影响，扩大至焦虑、抑郁、人际关系敏感的影响程度。

(2) 认知方面：案主对社区矫正工作人员的角色、对自身在社区矫正中的角色不清晰，认为社区矫正的工作人员是区检察院的人，是管制其行为的，自己需要在家里"坐牢"。案主不当的认知，会导致案主的负面情绪加重，也会产生不配合社区矫正的行为，如将工作人员的微信删除。

(3) 情绪方面：案主表现出焦虑、紧张、恐惧、不安的情绪，案主父亲表示案主"经常出现情绪异常、行为异常，手一直在抖，精神紧张"，虽然 SCL-90 心理测评无明显症状，但考虑到测量表的有限性，需对案主的症状做进一步的了解和观察，同时了解案主出现这些症状的情况和原因，如频率、时段、表现等。这些情况的产生，一方面会影响案主的身心健康和日常生活，甚至导致案主患上精神疾病；另一方面负面情绪的持续发展，会影响案主无法完成社区矫正任务。

(4) 认罪态度方面：案主主动表示，自己有错误，愿意接受所有的处罚，承担一切责任；司法所工作人员表示案主"态度上服从监管"。但案主的"接受"，可能是因恐惧、不安所造成的被动接受。即案主语言上接受处罚、承诺改正，但是行为上没有相应的行动结果。

(5) 人际关系方面：案主自述出门很怕撞到他人，产生冲突。案主父亲表示"自看守所释放以来，在家不愿意出门"。综合案主和其父亲的表述，社工初步判断本次犯罪被判刑影响了案主的人际交往，增加了案主的人际敏感度。

(6) 社区矫正适应方面：案主无法按要求完成社区矫正任务，如介入前一周需定位打卡 21 次，案主实际定位打卡 8 次，成功定位打卡率仅为 38%；学习时数无法完成，介入前当月需完成学习时数 8 小时，案主仅完成 3.7 小时，到社工介入时的当月，案主仅完成 0.28 小时。即使在司法所工作人员实时催促和教授下，仍然不能完成。考虑到案主自身具备一定的能力，可以熟练操作手机打卡学习，工作人员已经对其进行了社区矫正任务的说明和教授，社工初步判断案主无法完成社区矫正任务与其情绪、认知有紧密的联系。

综合以上分析，案主的"犯罪被判刑"为应急事件，导致案主短时间内心理压力增加，产生心理危机和负面情绪，同时因案主对犯罪判刑和社区矫正的负面看法，导致案主情绪低落，出现了生活作息不规律的情况，而生活作息不规律、负面情绪、角色认知错误三者之间相互影响，更加剧了案主对社区矫正的负面看法和消极行动。并且犯罪判刑和社区矫正被贴上负面标签，长期被社会另眼相看，导致案主出现人际敏感、社交退缩等情况，更影响了案主进行社区矫正及恢复正常生活的动机、动力和信心。整理案主的情况，可以得出案主的各方面问题/需求产生的"案主需求矩阵图"，见图 4：

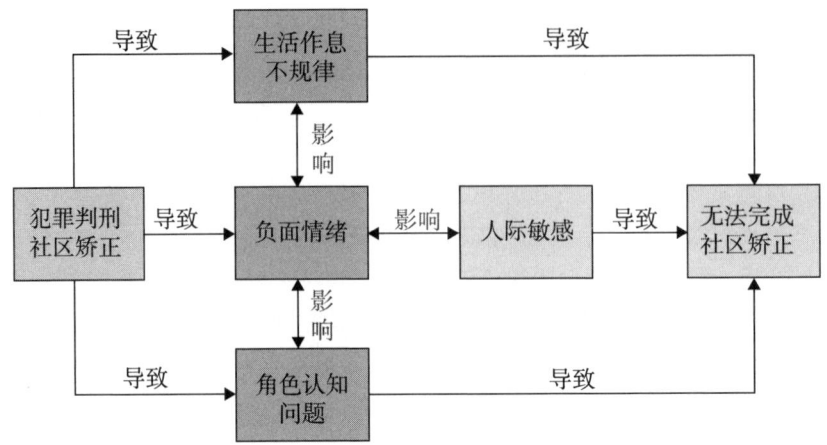

图 4　案主需求矩阵

因此，案主"犯罪判刑"和"社区矫正"是既定事实，无法改变，案主不仅需要接受现实，而且得为社区矫正作出实际行动。所以可以从案主的"生活作息不规律""负面情绪""角色认知问题"三个方面入手，帮助案主调整状态，接受社区矫正，并协调处理好案主的生活、社交等。

(三) 心理矫治服务设计

1. 介入思路

案主因犯罪判刑和社区矫正陷入负面情绪，以消极的态度面对生活、家庭和社区矫正，如果案主继续保持这种状态，不仅因无法完成社区矫正任务而影响其正常生活，而且犯罪判刑和社区矫正还将对案主产生持续且负面的影响。所以案主需要面对完成社区矫正任务的问题，调整个人认知及状态，促使其积极正向的改变。

基于案主的情况，社工采用焦点解决短期治疗介入服务，聚焦案主有关调整状态完成社区矫正任务的问题解决。在犯罪判刑后，案主陷入不自信的状态，觉得自己没有能力解决问题，看不到自己的能力和优势，社工需引导案主关注自己的感受、和期望，激发其改变的动力，引导其发现自己的优势，促成其改变。

2. 服务目标

(1) 案主能够完成社区矫正任务；

(2) 案主焦虑行为（手抖、额头冒汗）消失；

(3) 案主养成正常的生活作息规律，适应矫正生活；

(4) 案主对自身、社区矫正工作人员的角色认知清晰。

3. 服务策略及行动计划

结合以上分析，主要围绕"生活作息不规律""负面情绪""角色认知问题"三方面问题/需求介入，从而达到顺利完成社区矫正任务、适应社区矫正生活的目的。基于焦点解决短期治疗的理念，可采取以下行动计划：

（1）角色认知矫正。引导案主认识到在社矫生活中，自己的角色、家人的角色、司法所工作人员的角色和职责、社工的角色和职责，引导案主感受到被支持，从而建立关系，改善案主的情绪。

（2）寻找需求和能力。以 SCL-90 量表重新施测，同时以"需求矩阵"为索引及 EARS 询问技术，引导案主发现其在面对困难时的"例外"和自身的能力，以及其改变动机，引导案主发现改变的可能性，从而增强案主的改变信心，促进案主产生积极正向的态度。

（3）规划社矫生活。从案主的能力、动机出发，社工与案主共同制定作息时间表，同时以"会谈后的任务"（FFST）引导案主执行作息时间表，引导案主能够更好地适应矫正生活。

（四）心理矫治介入过程

1. 阶段一：建立关系，改善角色认知

案主见到社工时，表现出手抖、额头冒汗等症状，社工以情感反映、内容反映技术，准确反映案主的焦虑、压抑、恐惧、担心的情绪，案主感受到被理解，与社工迅速建立起了专业关系。在谈话过程中，案主母亲突然谈起广州市天河区的亲人重病，想带案主去探望，案主立刻阻止案主母亲的请求，表示自己要在家不能出门。社工使用洞察技术、情感和内容反映技术，了解到案主对社区矫正工作人员和自己的角色认知有偏差，因此及时进行认知矫正。

（1）引导案主明确社区矫正工作人员的角色。案主认识到自己在社区矫正中需要听从司法所的任务安排，但是却把司法所工作人员看成区检察院的工作人员，因此在每次司法所工作人员叫其到所里报到的时候，他都"按照要求"去到了区检察院。社工引导案主改变对司法所工作人员的认识，引导其不仅认识到司法所需要对其进行管理，更理解到司法所工作人员、司法社工等的重要任务是帮助其更好地适应社区矫正，改过自新。

（2）引导案主明确自己在社区矫正中的角色。在理解社区矫正工作人员角色和目的之后，社工引导案主思考自己在社区矫正中的角色，消除案主的在家"坐牢"的想法。案主听到社工的表达后，感受到社区矫正是给予其改进的空间，感受到社会相信其能在社会中改进的信任感。此时案主的情绪有了明显变化，脸上多了笑容，紧握的双手也慢慢打开。

（3）引导案主明确自己在社区矫正中的目标。在明确司法所工作人员、司法社工、自己的角色后，社工引导案主整理自己在社区矫正中的目标，使案主明确其接下来需要完成的任务：一方面是适应矫正生活，以顺利解矫；另一方面是积极学习、改进，在社区矫正中提升自我。

2. 阶段二：探寻自我，探寻需求

通过司法所《关于申请为社区矫正对象林某提供专业心理辅导的函》、案主父亲的表述、社工面谈评估，判断案主的 SCL-90 心理测评结果不准确，因此社工再次以 SCL-90 量表进行施测，并以"需求探索矩阵"技术、评量式技术，引导案主发现自己的需求及能力。

（1）案主探索自身需求，发现自己的期望和优势。社工以"需求探索矩阵"，从自身面临的困境出发，引导案主思考自己的能力和支持网络在过去、现在的状况，以及案主目前状况解决和不解决的未来结果。逐步找到案主的能力，包括自己愿意遵守要求、自觉性变高、有充分的时间、有家人的提醒和帮助。在使用奇迹式询问技术"如果今天一出门，自己就解矫了，你最希望看到自己的状态是什么"，社工发现案主的期望是就业、自己养活自己、能自由地生活，由此案主定下目标为按要求定位打卡、做思想汇报、接受教育学习和公益劳动等，保证自己能够顺利解矫。至此，案主的改善动机、改变信心得到增强。

（2）案主重测 SCL-90，发现自己需要改变的方向。社工以 SCL-90 量表对案主的情况再次施测，第二次测量结果显示案主处于中度症状，主要在躯体化、强迫症状、人际关系敏感、抑郁、焦虑、睡眠及饮食的维度显示轻度症状。社工与案主对照测量结果，厘清案主目前的状态，以一般化技术"很多社矫对象在入矫的时候都会面对一定困难"，减轻案主的焦虑，案主最后集中到焦虑、抑郁和作息状态三个方面的调整上。至此案主对于自己内在所处的情况更加清晰，改变方向更加明确。

（3）案主了解自己过分的担心，愿意改变。社工以评量式技术，使案主清楚自己担心出门撞到他人的可能性、产生摩擦的可能性以及自己担心的强烈程度。通过对比，案主发现过度担心影响着自己的情绪，后案主愿意每天安排时间到社区里面去走一走，调整自己的心情。至此，案主的过分担心得到缓解，直面自己的情绪，愿意去行动。

3. 阶段三：规划生活，重燃希望

前两个阶段，案主在认知、情绪、目标方向、自信方面有了较大的变化。在此基础上，社工引导案主规划自己的生活。社工以例外架构技术找到案主觉得一天中最舒服的事情是晚上下楼去走一走，再以滚雪球技术，鼓励案主做整天的规划。

首先以时间为索引，引导案主制订全天的规划，其次对所规划的内容进行轻重分级，案主确定最重要的是睡眠、打卡，其次是散步，缓解自己的心情。社工同时以 FFST 技术，鼓励案主观察自己日常规划的执行情况。最后案主主动对自己的生活进行了规划，同时对未来的生活充满希望。

4. 阶段四：回顾反思，我行我能

社工通过心理疏导，使案主在认知、情绪、自信、行为上有较大的转变。案主能够主动就自己的日常规划与社工分享，在社区矫正中遇到困难的时候，案主能够主动联系社工，与社工进行沟通，寻求帮助。

社工以振奋性引导和外化技术，引导案主看到自己的改变。案主发现自己在认知、情绪、自信、行为上的变化，同时也能感受自己的生活状态有了变化，其积极度就会有很大的提升。社工以评量式技术，使案主清晰地认识到自己的变化，并以滚雪球技术，使案主清晰地认识到自己在未来生活中如何去做。至此案主清晰自己的改变，案主也感受到自己的能力有了提升。

（五）心理矫治成效评估

1. 行为范畴——适应矫正，规划生活

（1）评估方法：观察、提问。

（2）成效：主要表现在案主完成社区矫正任务和恢复正常生活作息两个方面，一方面案主规划了符合社区矫正生活的作息时间表，同时在日常生活中按照计划去执行，并主动地与社工分享自己在执行中的情况和感受；另一方面案主实现了从不能完成社区矫正任务，到能够完成；从不能参与司法所集中教育到能参与的转变。（见表2）

表2 案主完成矫正任务变化对比

类别	时间	应完成	已完成	完成率
定位打卡	介入前1周	21次	8次	38%
	介入后1周	21次	21次	100%
学习时数	介入前当月	8小时	3.95小时	49%
	介入后次月	8小时	9.85小时	123%

2. 信念范畴——认识自我，清晰矫正

（1）评估方法：观察、提问。

（2）成效：案主从认为是在家"坐牢"到清楚什么是社区矫正，从抵触、不配合社区矫正工作人员，到服从、接纳社区矫正工作人员，在认知和信念上有了较大的改变，并感受到家人和社区矫正工作人员对自己的支持，激发了案主的积极信念和改变的希望。

3. 感受范畴——情绪稳定，动力十足

（1）评估方法：观察。

（2）成效：案主从最初见到社工、司法所工作人员就"双手紧握、手抖、冒汗、不敢主动说话"的表现，到能与社工就自身的情况主动沟通，表现出笑容，"冒汗、手抖"的表现消失，可以看到案主的情绪从焦虑、抑郁到稳定有明显的变化。

4. 意向范畴——从"我服从"到"我愿意"

（1）评估方法：访谈/提问。

（2）成效：在介入前，案主常用语为"服从安排，服从改造"，当案主发现在矫正中能够得到改变和成长后，表述变为"我希望""我愿意"。案主后期积极、主动参与到当地的抗疫和社区环境清洁的志愿服务中，还得到了当地街道办事处、居委会的书面表扬。可见，通过个案服务能促使案主积极行动，激发其面对生活的动力，使其对未来的生活更有希望。

五、一湾晴朗工作室的工作成效

一湾晴朗工作室从社区矫正对象的需要出发，以规范化、程序化的思维，设计并开展"一湾晴朗"系列矫治工作，让社矫对象感受到政府的关怀、司法的温暖，促进其再社会化，降低重新犯罪的风险。主要成果可以概括为"一个中心、一套程序、两项底线"，具体如下：

（一）一个中心，凝聚力量

一湾晴朗工作室的社区矫正工作依托荔湾区社区矫正中心开展，凝聚公安、检察官、司法社工、心理咨询师的力量，打造多方联动机制，扫除社矫对象知识盲点，对社矫对象"扶知"；开展技能培训，通过就业政策法规培训、面试技巧提升、就业知识手册发放等知识层面的提升，和交通站岗、做问卷调查、职业技能培训等行为层面赋能，充分发挥法治和德治教化作用，对社矫对象"扶能"，为荔湾区的矫正工作顺利开展提供保障。

（二）规范程序，精准服务

一湾晴朗工作室，聚焦心理矫治，以规范化思维创新设计心理矫治工作。从项目规范化思维设计、个案管理的程序化规范入手，规范社矫对象分层标准、心理矫治服务内容分类，让心理矫治服务能够精准覆盖到有需要的社矫对象，对社矫对象"扶心"。

（三）心理问题肇事肇祸底线："0起心理问题人员肇事肇祸事件，体现心理矫治作用"

组建"一湾晴朗工作室"，整合荔湾司法社工资源，配置心理咨询师、社会工师，重点开展心理矫治，包括心理测评、心理讲座、心理辅导、危机干预等。"一湾晴朗"系列矫治工作开展期间，保证了荔湾区社区矫正对象中 0 起严重心理问题肇事肇祸事件发生，如 2022 年 4 月，司法社工从 SCL-90 心理测评结果中发现赵某有严重的自杀倾向，社工采取心理危机干预，帮助赵某消除自杀想法，并使赵某能够积极地面对生活，通过司法社工的心理矫治工作有效防止了心理问题人员的肇事肇祸。

（四）重新犯罪底线："0 起重新犯罪，显示矫正实效"

"一湾晴朗"系列矫治工作的开展，促成了各个部门的相互协作，使社区矫正对象安全稳定。2021 年社区矫正对象重新犯罪率为 0，显示出荔湾区的社区矫正实效，如 2022 年 3 月，司法社工从再犯风险评估和观察评估中发现欧某有严重的持刀伤人意图，再犯风险较大，司法社工对其采取重点心理矫治，最终欧某改变了原有的冲动想法，能理性地与相关方沟通，未产生再犯罪行为。

心理矫正工作再思考

——以社区矫正工作人员与社区矫正对象的心理分析为视角

任璀霞　金啸[*]

"刑罚惩戒的是行为还是行为人"这一命题，勾画出报应刑与功利刑的分界线。报应刑，面向已然之罪，侧重社会危害性，主要关注犯罪的性质和行为人的主观罪责；功利刑，面向未然之罪，针对的是人身危险性，主要考察行为人对社会造成危害的潜在风险性。两种思维模式截然相反，孰是孰非，莫衷一是。困扰人们的是，在制刑、量刑、行刑三个阶段到底如何把握社会危害性和人身危险性的关系。制刑比较重视犯罪性质，兼顾人身危险性。量刑重在犯罪情节，同时考虑人身危险性。行刑重在犯罪人的人身危险性程度的消长变化，兼及犯罪性质和情节。[①] 那么，具体到社区矫正领域，作为行刑的一种方式，它所欲达成的目标是"促进社区矫正对象能够顺利融入社会，预防和减少犯罪"，这正符合行刑为了消除其再犯罪危险性这一理念的逻辑结论。虽然我们很难确定一个统一、科学、完备的评价社区矫正对象人身危险性大小的模式，但可以确定的是，人身危险性集中表现在社区矫正对象的生理特征、心理状态、社会经历，以及犯罪前后的一系列行为中。简言之，行为失范的基础往往是心理失度。由此可见，人的心理问题，作为一个隐性问题，却有显性化的需要，因为，它不仅是一个机能问题，还是一个事关社会稳定的问题。

一、表征：心理矫正运行样态

（一）从社区矫正对象心理透视心理矫正工作现状

1. 实践检索：部分区县开展社区矫正心理矫正的方式和效果

（1）杭州市萧山区：自 2018 年起，萧山区司法局与杭州民生公益服务中心和区心理咨询师协会等社会机构深入合作，成立了一支由 28 名专家组成的心理咨询师队

---

[*] 金啸，杭州市萧山区司法局社区矫正管理科科长。任璀霞，杭州市萧山区司法局靖江司法所副所长。
[①] 张明楷：《新刑法与并合主义》，载《中国社会科学》2000 年第 1 期。

伍，定期开展心理评估、个案跟踪以及团体辅导，提高了社区矫正对象抵抗再犯罪的主观能动性。①

（2）杭州市余杭区：自2017年起，余杭区司法局采取购买服务的方式，与余杭区心理卫生协会签订心理健康服务合作协议，由余杭区心理卫生协会承接全区社区矫正心理矫正工作，为社区矫正对象提供心理健康讲座、团体心理辅导、重点人员心理矫正和突发事件心理危机干预等专业性强、社会性强的非执法类工作，全面提升心理矫正工作实效。②

（3）宁波市江北区：自2018年起，江北区司法局在宁波市范围内率先向社会公开招标采购社区矫正服务，最终与"一席阳光"心理咨询中心、"阳光出发"两家社会组织机构签约，将社区矫正日常管理中的心理咨询疏导、再犯罪风险评估等工作内容打包委托给社会第三方机构，自此取得了良好成效。③

由此可见，大部分区县司法局进行心理矫正的开展方式都较类似，如在矫治主体上，大都选择专业心理咨询团队等进行心理辅导；在矫治方式和内容上，主要包括心理评估、心理干预、心理咨询疏导等。

2. 数据调研：以社区矫正对象的调查问卷为样本分析

聚焦微观，笔者随机抽取了萧山区社区矫正对象在册名单中的50名社区矫正对象，重点围绕服刑心理、自控能力、社会应对、对心理矫正的认识等方面，对上述50名社区矫正对象进行了问卷调查，目的是对我国心理矫正工作现状有更感性的认识——毕竟我们没有理由认为其他区县市不会存在与萧山区同样的问题。

（1）社区矫正对象心理状况亟须引起关注

心理表现主要包括：①后悔自卑心理。部分社区矫正对象因一时冲动实施了犯罪，事后一般都产生了后悔心理。部分性格内向的社区矫正对象因害怕被亲友、邻居等嘲笑，较容易产生自卑感。②焦虑心理。因为社区矫正对象的特殊身份而产生挫败感，长期处于焦虑不安的不稳定情绪中。③抵触心理。部分社区矫正对象的法治意识淡薄，内心并未完全接受判决结果，或以沉默等消极方式接受社区矫正。（见图1）

---

① 参见浙江省司法厅网站新闻，http://sft.zj.gov.cn/art/2018/8/6/art_1659555_35610862.html，最后访问时间：2022年7月21日。
② 参见浙江省司法厅网站新闻，http://sft.zj.gov.cn/art/2018/7/18/art_1659555_35610755.html，最后访问时间：2022年7月21日。
③ 参见浙江省司法厅网站新闻，http://sft.zj.gov.cn/art/2018/8/29/art_1659555_35611008.html，最后访问时间：2022年7月21日。

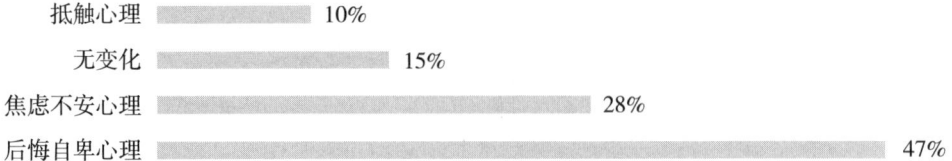

图 1 社区矫正对象心理状况

(2) 社区矫正活动增加了社区矫正对象心理压力

对 50 份问卷调查进行统计，近六成受访的社区矫正对象认为社区矫正给他们带来了心理波动并产生心理压力，这些心理压力部分来源于对社区矫正规定的不正确或不清晰认识，部分来源于对违反社区矫正规定所承担后果的心理负担，部分来源于复杂的社会关系及抉择不能而引发的心理焦虑等。(见图 2)

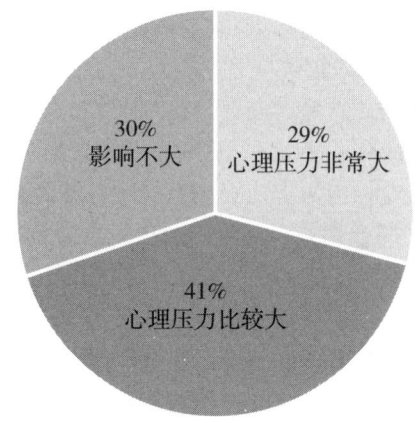

图 2 社区矫正对象对心理压力承受情况的反馈

(3) 社区矫正对象对心理矫正存在认识偏差

以调研问题"是否愿意接受心理矫正"为例，只有 33% 的社区矫正对象愿意接受心理矫正，近七成的社区矫正对象表示不愿意或没有想好是否接受心理矫正（见图 3）。这从侧面反映出加强心理矫正的必要性，因为不愿意接受或没有想好是否接受心理矫正的社区矫正对象可能是基于对心理矫正的不正确认识，或对社区矫正工作人员缺乏信任。

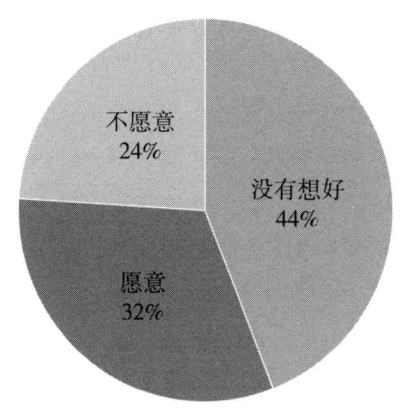

图 3　社区矫正对象对引入心理矫治的态度

(4) 社区矫正对象更倾向于接受专业人士的心理矫正

在愿意接受心理矫正的社区矫正对象中,多数选择由专业心理咨询师、专业律师或具有心理咨询师资格的社区矫正工作人员对其进行心理矫正。(见图4) 因此,为了让社区矫正对象打开心扉,心理矫正应加强专业化建设。

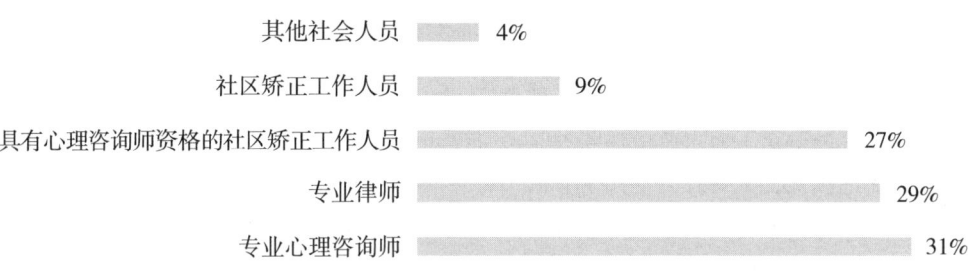

图 4　社区矫正对象对指导心理矫治人员的选择

(二) 从社区矫正工作人员心理透视心理矫正工作的优势和障碍

1. 社区矫正工作人员对心理矫正的价值判断

(1) 实现"个性化"帮扶教育。实践研究表明,个性相对孤僻、适应社会能力差、情绪不易控制、否认犯罪法律后果甚至产生道德责任感转向(转到与社会规范或准则相对立的方面)是刑事被告人典型的心理特征。[①] 开展心理矫正,既为社区矫正对象消除对立情绪提供了路径,也是社区矫正工作从传统的监督管理向理性关怀式教育帮扶方向的延伸。但由于社会环境、教育经历、遗传素质等不同,每个社区矫正对象心理发展也各有不同,故"因人施教"的个性化心理矫正需要充分掌握社

---

① 陈和华:《刑事心理学新编》,北京大学出版社2009年版,第143页。

区矫正对象的性格和心理特征，进而制订合乎其特质的个性化辅导方案，激发其开展"自我教育"的主体性。

（2）强化预防再犯罪的效果。以妨害社会管理秩序罪为例，笔者对萧山区2020年至2021年因妨害社会管理秩序而触犯刑法的37名社区矫正对象进行统计，梳理后显示，约17%的社区矫正对象在接受本次社区矫正前曾有前科劣迹，且该类社区矫正对象大都属于较急躁、易冲动类型。开展心理矫正，有利于从专业角度帮助社区矫正对象打开心结，协助和引导他们认识错误，重塑信心，降低再犯罪风险，达到预防犯罪的效果。

（3）保障社区矫正工作顺利进行。社区矫正对象在未被宣判前属于被告人身份，他们在犯罪后至宣判前一般都经历了公安机关刑事侦查、人民检察院审查起诉、人民法院刑事审判等一系列司法活动，在此期间，被告人（社区矫正对象）心理活动一直不断变化，有时为了求得非监禁刑的目的，往往掩盖内心的真实想法。当确定在社会上服刑后，他们的真实想法会逐渐表露出来，特别是有心理问题的社区矫正对象，他们的犯罪易感特质是他们成为再犯的重大隐患，因此，对社区矫正对象进行心理矫正可以缓解其内心的紧张、不安、侥幸、松劲等不成熟情绪，保障社区矫正工作的顺利进行。

2. 社区矫正工作人员对心理矫正的顾虑心态

萧山区的社区矫正工作人员队伍现有96人，笔者对他们进行了问卷调查，统计后发现，社区矫正工作人员虽然不排斥心理矫正工作，但内心对这项工作的开展也存有较多的担忧，主要有以下几个方面：（1）掌握的心理学方法不多。在萧山区96名社区矫正工作人员中，持有心理咨询师资格证的有8人，仅占8.3%。实践中，多数社区矫正工作人员对社区矫正对象进行心理矫正处于自发运用状态，真正懂得如何运用心理学方法进行矫治的并不多。（2）程序性的考核方式并未完全回应社区矫正对象的相关需求。目前对社区矫正对象进行心理矫正主要是"2+2"辅导模式，包括"线下不定时的心理健康教育课堂、按规按时的心理评估"等两项规定动作，还有"按需心理咨询、心理危机干预"等两项自选动作。而社区矫正工作人员一般只需盯着电脑屏幕，存档备查系统中留痕的一串串数字，包括辅导讲座、教育活动的开展场数、签到打卡记录、学习时长统计等，即可检查验收社区矫正对象的任务完成情况。尽管结构化的操作模式提高了考核的便利性，但往往不能充分聚焦社区矫正对象真实需求，很容易产生重"量"轻"质"现象。（3）缺乏有效考评机制。多数社区矫正工作人员表示进行心理矫正会增加工作量，而且心理矫正的效果不会立竿见影，特别是在社区矫正工作考核不断增项细化，社区矫正对象人数持续增多的情况下（注：萧山区目前在册社区矫正对象有998人），社区矫正工作人员的积极性普遍不高。

二、梳理：不可回避的实践难题

（一）缺乏相关法律的有力支撑

《中华人民共和国社区矫正法》（以下简称《社区矫正法》）第二十四条规定："社区矫正机构应当根据裁判内容和社区矫正对象的性别、年龄、心理特点、健康状况、犯罪原因、犯罪类型、犯罪情节、悔罪表现等情况，制定有针对性的矫正方案，实现分类管理、个别化矫正。矫正方案应当根据社区矫正对象的表现等情况相应调整。"《中华人民共和国社区矫正法实施办法》（以下简称《社区矫正法实施办法》）第四十三条第三款规定："社区矫正机构、司法所……根据社区矫正对象的心理健康状况，对其开展心理健康教育、实施心理辅导。"《浙江省社区矫正教育帮扶规定（试行）》把"心理矫正"单列一章进行规范。前述法律法规条文对社区矫正对象进行心理矫正的流程和要求作了原则性规定，但是缺乏具体细致的可操作条款，并且该项矫正活动尚处于自主运用阶段，多少还受到正当性问题的困扰。另外，在法律效力上，我国相关法律法规并未对有关心理矫正工作的相关文书性质、如何正确处理心理矫正与监管措施的关系等作出明确的法律认定。因此，在实操中，开展心理矫正的法律依据存在诸多空白。

（二）受社区矫正工作人员个人素质的制约

对社区矫正对象开展心理矫正活动涉及心理学与法学的融汇，当前又缺乏统一的操作规则，社区矫正工作人员的个人素质在开展心理矫正工作中的影响显得较为突出。比如，有些社区矫正工作人员不愿开展心理矫正工作；有些社区矫正工作人员开展社区矫正工作相对熟练；有些社区矫正工作人员希望运用心理学知识开展心理矫正，但又困于不知如何运用等。开展心理矫正工作，需要社区矫正工作人员在充分掌握矫正对象心理现状的基础上，相对准确地判断其心理问题倾向，并采取合法合理的方式和手段进行心理引导，而这些都需要社区矫正工作人员具备法学、社会学、心理学等专业学科的基础知识，且能对综合能力和工作经验进行运用。

（三）心理矫正启动程序不够明确

当前对心理矫正启动模式没有统一规定。部分司法行政机关认为应当从有利于社区矫正对象接受心理矫正和保障心理矫正效果的角度出发，以社区矫正对象自愿接受为启动原则；部分司法行政机关坚持应当以一律启动心理矫正为原则，理由是社区矫正对象的犯罪行为已经表明其内心存在心理问题，必须且只有对他们进行个性化的心理矫正，才能帮助他们克服心理障碍、释放心理压力，防止重新犯罪。心理学是一门专业性与实践性并重的学科，但心理矫正工作目前相对粗糙的操作细节使心理矫正低质徘徊，也影响了心理学功能的有效发挥。

（四）物质保障有待加强

经费保障是开展心理矫正工作的重要组成部分，支撑着运行过程中的方方面面，从经费投入的角度来说，供给决定了最终能有多少需求被满足。以萧山区为例，目前每年投入心理矫正工作的专项经费为3万元，仅能满足传统的、基本的心理矫正需求，但在社区矫正工作人员激励保障方面存在缺失。开展心理矫正工作，需要社区矫正工作人员在完成原有工作任务的基础上，提供额外的心理咨询和心理辅导，而工作补贴不足自然会降低社区矫正工作人员的工作热情。

三、构筑：实践策略与机制完善

（一）站位意识：正确认识心理矫正及其相关关系

1. 提高社区矫正工作人员、社区矫正对象对心理矫正的认识

虽然心理矫正在司法实践中的运用越来越广泛，但是相关人员对该项工作的认识仍然存在偏差，参与意识不强。司法行政系统需要广泛宣传，积极引导，通过发放宣传资料、公布典型案例、举办座谈会等形式，从不同层面、不同角度加大对心理矫正工作的宣传力度，提高社区矫正工作人员主动推进、强势推进心理矫正的意识，学习做"入世者"，知晓掌握心理学知识和技能。积极引导社区矫正对象了解心理矫正的宗旨在于促进他们的身心健康，帮助他们缩短重新融入社会的适应期。

2. 引导社区矫正对象积极配合心理矫正

从司法实践情况来看，一些社区矫正对象在判刑后的心理状况不容乐观，对罪名和矫正期限存在抵触情绪，容易产生矛盾心理；也有一些社区矫正对象过多地在意外界声音，在接受社区矫正期间出现了不同程度的心理压力或心理障碍。因此，以疏为防，及时注入心理矫正"强心剂"，有助于引导存在心理偏差的社区矫正对象正确认识其犯罪事实及量刑依据，增强自我调节和社会适应能力，进而扼杀问题苗头。

3. 正确把握评估参考与监管教育的关系

在浙江，现阶段相对科学掌握社区矫正对象心理动向的精确化尝试是依托"灵犀"浙里连心系统进行心理测评，测评内容主要包括在矫测评、心理压力测试、职业兴趣测试、社会适应力测试及真实人格评估等。关于《心理测评量表》的效力，

我国法律虽然尚未作出明确认定，但该测评结果为制订个性化矫正方案、预防再犯罪提供了重要依据，对加快实现"精准矫正"有推动作用。

(二) 实施模式：明确心理矫正的操作规则

1. 明确心理矫正启动模式

建议根据社区矫正对象的不同心理状态，分别采取自愿启动、申请启动和强制启动三种模式。针对心理情况相对稳定的成年社区矫正对象，由社区矫正工作人员告知心理矫正流程并征询其意见后自愿启动。针对未成年社区矫正对象，由社区矫正工作人员告知其及法定代理人享有进行心理矫正的权利，本人或法定代理人可以自愿申请心理矫正，若本人未自愿申请，但社区矫正工作人员对其进行监管教育期间，认为需要对其进行心理矫正的，可征求该未成年社区矫正对象及其法定代理人意见，并经签署同意书后启动心理矫正。针对存在"焦虑抑郁、强迫恐惧"等倾向的心理障碍社区矫正对象，若不进行心理矫正已无法正常进行监管教育的，司法行政机关可以强制启动心理矫正，以确保社区矫正工作有序进行。

2. 明确心理矫正实施主体

现行心理矫正多由司法行政机关与第三方专业机构合作开展，社区矫正工作人员在该模式中受到双重身份冲突的困扰。基于体制身份，社区矫正工作人员代表国家行使刑事执法权，其对社区矫正对象进行监督管理和教育帮扶时难以摆脱执法者的身份，情感上也无法进行无障碍沟通。基于社会身份，社区矫正工作人员是心理矫正工作实施者，要求与社区矫正对象进行平等、尊重、理解的交流沟通。并且，基于心理问题存在持续性和反复性等特征，建议开展心理矫正工作在保证专业性的同时，也要积极整合多方资源，加快构建由司法行政机关作为"主导线"、具有专业资质的心理咨询机构或心理咨询师作为"保障线"、社区矫正工作人员等社会力量作为"辅助线"的心理矫正"辅导网格"。

(三) 运作程序：分阶段、有重点、统筹构建心理矫正模式

1. 入矫初期阶段：社区矫正对象心理评估

(1) 开展社会调查。社区矫正工作人员通过走访、谈话、查阅资料等方式，向社区矫正对象的家庭成员、工作单位、就读学校、所居住的村（居）民委员会、村（居）群众等调查了解社区矫正对象的性格特点、家庭环境、成长经历。(2) 开展心理交流。确定心理交流人员，与社区矫正对象进行面对面心理交流，帮助社区矫正对象调整对社会和他人的认知，尽量选择在心理矫正室、人民调解室等气氛相对宽松的环境进行。(3) 进行专业心理测评。由具备心理咨询师资格的人员对社区矫正对象进行心理评估，帮助其缓解社会接触焦虑、抵抗消极被动等不良心理情绪。

（4）启动心理矫正。根据心理调查评估情况，由社区矫正工作人员向社区矫正对象介绍心理矫正基本情况，告知申请心理矫正的权利，视情形进入自愿启动、申请启动或强制启动心理矫正程序。

2. 矫正中期阶段：社区矫正对象心理定位

社区矫正工作人员在管理社区矫正对象过程中，需要主动留意并观察其活动轨迹和行为表现，探寻其心理状态，对排查出的具有心理问题的社区矫正对象，有针对性地进行"类型化""一对一"心理辅导干预，在保护隐私的同时，确保身心矫正同步开展。

（1）未成年社区矫正对象。未成年被告人由于身心发育尚未成熟，在法律上强制和心理上压抑的状态下接受改造，内心容易产生困扰，需要倾诉和宣泄。[①] 笔者认为，对未成年社区矫正对象的心理矫正重点是可持续的情绪修复。另外，为避免未成年社区矫正对象因判决结果和心理预期存在落差而对司法公正产生怀疑，建议将心理矫正与判后答疑结合起来，以提高未成年社区矫正对象明辨是非和自我保护的能力，避免再次误入歧途。

（2）冲动型社区矫正对象。从日常的言行举止观察来看，这类社区矫正对象具有急躁、好斗和高度竞争的性格特点。针对冲动型社区矫正对象，社区矫正工作人员要格外关注，适度对语言进行控制，尽量用普通言辞释明《社区矫正法》等条文规定，平时要耐心，将重心放到鼓励该类社区矫正对象多讲、讲清楚、讲透彻。

（3）女性社区矫正对象。随着社会地位的不断提高，女性对自身权益的需求和保护更加迫切。对此类社区矫正对象，要言之以诚、言之有度。得体的人文关怀会让女性社区矫正对象感受到人格、尊严、情感等得到尊重，从而缓解她们的对抗情绪，转变"问题思想"。

3. 临近解矫即将回归社会阶段：社区矫正对象心理调适

对于即将迈入正常生活的社区矫正对象，社区矫正工作人员要注重为他们提供人际交往方面原则和技术的课程辅导，包括必要的家庭支持干预。帮助社区矫正对象建立新的行为定型，指导他们学会积极的自我情绪管理，遇到矛盾困难要换位思考，平时要用正当的方式释放压力，促使他们在矫正期间的"读懂自己"，逐步成长为"提升自己"。

（四）基础保障：健全心理矫正适用保障机制

1. 建立心理疏导能力培养机制

开展心理矫正工作对社区矫正工作人员的司法能力和综合素质提出了更高的要

[①] 罗大华：《犯罪心理学》，中国政法大学出版社2016年版，第417页。

求。建议建立社区矫正工作人员培养机制,增强心理学、社会学方面的运用能力。重点培养以下几个方面:(1)培养社区矫正工作人员善于倾听和交流的能力。社区矫正工作人员的举手投足、一颦一笑都具有相当程度上的社会意义。要善于倾听社区矫正对象适度宣泄的不良情绪,尽量拉近社区矫正工作人员与社区矫正对象之间的心理距离。要善于与社区矫正对象交流,在保持中立态度的同时,运用技巧方式,通过合理把握和控制交谈方向和内容,排除社区矫正对象对社区矫正工作人员的心理障碍。(2)培养社区矫正工作人员准确地把握社区矫正对象心理的能力。在管理教育过程中,社区矫正工作人员不时向社区矫正对象传达法律规定,表达法律意志,在这些环节中需要社区矫正工作人员通过对社区矫正对象的言行观察,分析把握每个不同修养差异、文化差异和性格差异的社区矫正对象的心理状态,并采取相应的策略和方法。(3)培养社区矫正工作人员良好的心理素质。身处外在不良情绪的干扰环境中,社区矫正工作人员必须不断增强自身情绪控制力和坚持力,保持良好的心理素质,保证心理矫正效果。

2. 完善心理矫正配套保障机制

建议在"三区十八室"基础设施建设完成的基础上,积极争取政府支持,合理增加发展性模块,加快建立良好的社会支持体系,进一步加强与公安、检察院、法院、民政、共青团、妇联等社会各部门的联系配合,形成多元化的心理矫正机制。

3. 建立心理矫正绩效考评机制

建议对社区矫正工作人员进行绩效考核时能充分考虑其工作量、社会效果,对心理矫正案件进行分类统计,适度增加心理矫正案件评估权重,从而提高社区矫正工作人员进行心理矫正的积极性、主动性和成就感。

四、结语

站在司法实用主义的立场观察,作为传统监督管理的一种补充,让法律心理学走进社区矫正领域,是一项重要而迫切的系统工程。作为新时代的司法行政机关,应当能够正确地把握法律制度所预设的价值追求,在法律适用过程中充分吸纳其他学科对法的价值反映,以缓解人际冲突,化解社会矛盾。

三、特殊地域社区矫正

厦门市涉台社区矫正工作的探索与实践

林辉亮　黄永焕[*]

我国台湾户籍（以下简称台籍）社区矫正对象是一个特殊的群体。之前，在司法实践中，由于大部分台籍被告人在大陆没有住所或较为固定的居住地，也无法确定缓刑期内具体监管保证人（监护人），法院不得不将本可宣告缓刑的台籍被告人判处实刑，造成台籍被告人与同等条件的大陆被告人在缓刑适用上存在待遇差别，一定程度影响了司法的公平、公正。近年来，随着两岸关系的发展，人员往来日益频繁，在厦门触犯大陆刑法的台籍被告人日趋增多，为避免出现"同案不同判"情况，解决台籍被告人缓刑适用难问题，厦门市司法局在市委、市政府和省司法厅的大力支持下，围绕适应两岸交流合作新形势的需要，充分发挥地域、人文等优势，率先试行台籍社区服刑人员集中监管矫治模式，积极完善涉台社区矫正工作机制，着力解决台籍社区矫正人员监管重点难点问题，涉台社区矫正工作取得明显成效，得到司法部、省司法厅领导的肯定和广大台胞的好评。

一、基本情况

截至 2022 年 5 月，厦门市已累计接收台籍社区矫正对象 75 人，解除矫正 67 人，实际在矫 8 人。从矫正类别分析，缓刑 73 名，暂予监外执行 1 名，假释 1 名。从罪名分析，危险驾驶罪 41 人，走私普通货物罪 8 人，非法收购运输出售珍贵濒危野生动物制品罪 4 人，寻衅滋事罪 4 人，帮助信息网络犯罪活动罪 3 人，虚开增值税专用发票罪 3 人，此外还有开设赌场罪 2 人，交通肇事罪 2 人，走私珍贵动物、珍贵动物制品罪 1 人，非法经营罪 1 人，妨害公务罪 1 人，故意毁坏财物罪 1 人，拒不支付劳动报酬罪 1 人，以危险方法危害公共安全罪 1 人，诈骗罪 1 人，重大责任事故罪 1 人。从矫正期限分析，1 年及 1 年以下的有 49 人，最长的为 4 年，共 2 人，分别犯诈骗罪和重大责任事故罪。从性别分析，男性 71 人，女性 4 人。矫正过程中，由于社区矫正对象违反规定，被训诫 11 人次，警告 3 人次，撤销缓刑 1 人。没有发生重新违法

---

[*] 林辉亮，厦门市社区矫正管理局局长（处长）。黄永焕，厦门市司法局社区矫正管理局二级调研员。

犯罪等问题。

二、主要做法

多年以来，我们紧贴实际、积极创新、勇于担当，有力有序有效地推进了各项工作落细落实。

（一）紧贴涉台实际，矫正实施突出"统"

针对台籍矫正对象户口、家人及社会关系等不在国内的特殊情况，厦门市司法局专门制发《关于开展台籍社区矫正对象集中监管试点工作的意见》，对涉台社区矫正工作提出"四统"要求。一是统一监管机构。明确由厦门市海沧区司法局嵩屿司法所为执法主体，统一负责监管台籍社区矫正对象工作，同时在海沧区社区矫正中心加挂"厦门市涉台社区矫正中心"牌子，作为对台籍社区矫正对象教育矫正的工作平台。二是统一监管对象。因各类违法犯罪被判处管制、宣告缓刑、裁定假释、被决定暂予监外执行的在厦台籍罪犯，统一由海沧区司法局嵩屿司法所按照社区矫正工作流程规范开展矫正监管工作。三是统一监管职责。从台籍社区矫正对象的调查评估、交付接收、管理教育、考核奖惩、收监执行、解除矫正及归档整理等工作均由海沧区司法局确定的司法所负责；对居住在海沧区以外的台籍社区矫正对象开展调查取证、社区服务、集中教育等工作时，居住地司法行政机关应予协助配合。四是统一配备人员。由海沧区司法局通过申请增加编制及政府购买服务等方式招聘政治素质高、业务能力强，且了解对台政策、台湾地区民风民俗、精通闽南语的工作人员，进一步充实工作队伍。同时加强与台湾地区相关组织合作，借鉴台湾心理矫治和行为矫正好的经验做法，全力做好矫正工作落实。

（二）建立协作机制，四方联动突出"合"

打造公、检、法、司四方联动的畅通渠道是保证台籍社区矫正对象矫正工作顺利进行的重要条件，厦门市司法局与法院、检察院、公安局多次沟通协商，建立协作机制，畅通联动渠道。一是合心架起工作网。一方面联合制定了《海沧区加强社区矫正"四方衔接"协作配合机制实施意见》，明确了各自职责，完善了协作配合和信息共享机制；另一方面与检察院联合下发《关于加强涉台社区矫正监督协作机制》，共同推进涉台社区矫正及刑事执行监督工作健康发展。同时，在海沧区社矫中心设立涉台刑事执行监督检察工作室，通过派驻检察官对涉台社区矫正各执法环节开展法律监督。二是合力抓住重难点。协调市公安局指定海沧区嵩屿边防派出所负责协助海沧区司法局监管台籍社区矫正对象，统一对违反规定的台籍社区矫正对象实施治安管理处罚、押送、收监等工作。2016年7月和8月，两名台籍社区矫正对象分别因私自出境和吸食毒品严重违反社区矫正规定，工作人员立即收集证据，向区法院提请撤缓，并在嵩屿边防派出所的协助下，成功完成了收监工作。三是合作聘任考察员。与法院联合制定下发了《涉台刑事缓刑考察员制度工作规范（试行）》，聘任了10名涉台刑事缓刑考察员，其中有5名是台胞，协助开展台籍被告人审前调查和台籍社区矫正对象日常监管等工作，有力地促进了台籍社区矫正对象的改造。四是合拍落实人财物。各级政府对涉台社区矫正工作十分重视，试点工作刚开始，海沧区政府常务会就专题研究部署了涉台矫正工作集中监管的做法，第一时间增补了2名编外工作人员，确定了每年17万元的经费预算，配齐了办公用品等，从2020年起每年经费预算增加至30万元，有力地保证了各项工作的顺利进行。

（三）坚持法治根本，教育监管突出"新"

社区矫正的目的是矫正社区矫正对象的犯罪心理与行为恶习，使之成为守法公民，直至向社会提供不再重新犯罪的合格"产品"。对此，我们在教育监管上突出"五新"：一是日常监管借助新手段。从入矫报到时就全部使用电子设备采集指纹、人脸等基本信息，矫正期内全程利用科技手段进行信息化管理，使用手机定位和在矫通App等构筑起一道全方位的"电子围墙"，能在第一时间发现并处置异常情况，有效地预防矫正对象脱管、漏管和重新违法犯罪。自集中监管以来，共通过定位方法发现台籍社区矫正对象未假外出、请假期间超出活动区域及其他违反规定的异常情况13人次。矫正机构均在第一时间进行制止，并及时予以处罚，彰显了法律的威严，有效地预防了台籍矫正对象脱、漏管和重新违法犯罪。二是心灵改造拓宽新办法。触及心灵的改造，才是对矫正对象真正的挽救。几年来，我们联合厦门市海峡两岸文化产业交流协会、厦门台商协会、海沧区日月谷温泉度假有限公司等涉台单位，开展特色教育。走进厦门五缘湾慈济慈善会聆听《心灵四神汤》专题讲座，沐浴精神道德上的洗礼，净化心灵，启迪善心；到鼓浪屿钢琴艺术馆学习音乐知识，接受艺术熏陶，陶冶情操；参观厦门市上古文化馆，感受中国历史源远流长和中华文化博大精深；拜访闽台宗祠博物馆，了解闽台传统文化与民俗，增强闽台同根同祖同源、一脉相承的文化认同感与归属感，促进改造由心而起，触及心灵。三是传统文化焕发新魅力。深度挖掘厦门市海沧区深厚的传统耕读文化与两岸民俗，依托当地青礁慈济东宫、天竺社区、芦塘书院、颜思齐故居等场所开展丰富的地方传统文化教育。组织台籍社区矫正对象到天竺社区参观农耕文化展与家风家训教育基地，了解传统的耕读文化；到芦塘书院聆听家风崇廉、爱国爱乡等闽南传统讲座，感受古老家训魅力，增强民族自豪感；走进青礁慈济东宫参观学习慈济东宫的历史渊源及保生文化，深入体验两岸地缘相近，文缘相承，神缘相合的传统与传承。四是警示教育筑牢新防线。组织涉台矫正对象到厦门司法强制隔离戒毒所教育基地参观学习，让矫正对象深刻感受毒品危害，从而提高抵制毒品的自觉性；利用台籍社区矫正对象被撤缓收监等发生在身边的案例开展以案说法，对试图以身试法者敲响警钟；矫正机构还特邀政法部门干警、台商协会和海峡两岸文化产业协会的领导等人员联合对台籍社区矫正对象及其监护人开展经常性的教育、引导与诫勉，从而筑牢涉台矫正对象的思想防线。五是服务社会提升新价值。台籍社区矫正对象也有服务他人提升自己、实现价值的意愿。几年来，我们借助全国首个两岸志愿者服务交流合作平台——海沧两岸义工联盟，组织台籍社区矫正对象参与垃圾分类宣传、关爱自闭症儿童、助力马拉松等志愿活动，增强他们"奉献、友爱、互助、进步"的志愿服务精神和两岸一家亲的融入感、亲情感。依托海峡两岸文化产业协会组织台籍社区矫正对象到各文化博物馆进行讲解员学习培训，并让他们积极参与义务讲解，展现风采；组织他们参加爱心献血、环保志愿行动及参加社区手工劳动等活动，使大家在服务社会中提升自我价值，提升互助精神，促进台籍矫正对象更快更好地重新融入社会大家庭。

（四）凸显人文关怀，教育帮扶突出"真"

社区矫正监管是手段，教育是途径，回归是灵魂。以人为本及时进行人文关怀，既能让台籍社区矫正对象感受到社会的温暖，又能鼓励他们认真接受矫正，认罪服法，融入社会。一是真情矫正，突出心理疏导。台籍社区矫正对象刚入矫时大部分都存有一定的心理障碍，有的难以适应当前身份，有的罪恶感严重、心理阴影挥之不去，有的认为自己犯罪只是运气不好，在刑意识不强等。对此，我们通过购买社会服务全面推行心理测试、心理健康教育、心理咨询、心理危机干预等相衔接的心理矫治模式，帮助他们调节情绪，消除不良心理，矫正其不当认知，尊重其人格，最大限度地提高矫正工作质量和效果。海沧区台籍矫正对象自集中监管以来，共开展心理测试 272 人次，心理治疗 220 人次，心理健康讲座 35 场，团体心理辅导 45 场，通过这些活动及时有效治疗和干预了有心理危机的矫正对象，防止其心理失衡，再犯新罪。二是真心帮助，体现宽严相济。在坚持严格教育监管的同时，积极主动帮助台籍社区矫正对象解决实际问题，让他们真正感受到社区矫正宽严相济的政策。2020 年台籍社区矫正对象杨某的女儿因病住院，治疗半个月未见好转，急需转院，但因疫情影响及床位等问题未能如愿，杨某心急如焚。司法局工作人员知悉后，立即帮其联系厦门长庚医院，让杨某女儿顺利转院治疗，病情得以缓解。2022 年，台籍社区矫正对象卢某和王某分别因头部血管淤堵和肾结石住院手术治疗，工作人员也在第一时间到医院看望慰问，并及时帮助他们依法办理了免除社区服务的申请。通过这些活动，使矫正对象感受到了政府和社会的关怀与帮扶，增强了回归社会的愿望。三是真诚分忧，着重解决难题。部分台籍社区矫正对象因实施社区矫正前被羁押在看守所时间较长，导致《台湾居民往来大陆通行证》（台胞证）丢失或到期未能及时换证、延期，给其日常生活和生产经营带来极大不便（台籍人员在服刑期间公安部门原则上不受理其个人申请办理台胞证等相关事项）。为帮助台籍社区矫正对象解决燃眉之急，促其安心矫正，我们主动与厦门市公安局出入境管理局沟通协调，由区司法局统一为其办理台胞证的换领，之后由矫正机构暂为保管，矫正对象需要时提出申请，经审核后借用。五年多来共帮助7名台籍社区矫正对象申领了台胞证，他们也因此更主动配合矫正。

三、思考建议

（一）审前调查评估难以全面准确

在进行适用社区矫正前社会调查评估时，社区矫正机构无法调查台籍被告人在台湾是否有犯罪记录，一贯表现如何，即使调查现在居住地的相关情况也会因台籍被告人流动性较大，与社区接触少等原因困难重重。因此，工作人员在进行调查评估时主要根据对被告人的讯问和被告人提供的监护担保人的陈述，不能保证各种情况的全面与真实。对此，我们在两岸民间组织交流合作不断深化的基础上，进一步加强两岸司法协作力度，明确社区矫正协作主管部门，互设办事机构，探索建立两岸社区矫正配合机制。两岸社区矫正决定机关在被告人适用社区矫正前，通过办事机构进行委托，双方司法机关对被告人的违法犯罪记录、一贯表现等进行调查，再经办事机构进行反馈，作为决定机关是否适用社区矫正的依据，探索解决审前社会调查评估难以全面准确的问题。

（二）不能请假出境影响正常监管教育

根据《中华人民共和国出入境管理法》规定，台籍社区矫正对象不能出境，致使有的台籍矫正对象在遇到生活与家庭上的重大变故时（如亲人、亲属去世或病危）也无法请假出境，在一定程度上影响了监管教育工作的正常进行。对此，我们感到在台籍社区矫正对象请假回台问题上，应积极本着"治本安全观"理念，本着同是中国人的胸怀，让他们与大陆社区矫正对象享受同等待遇，无须门槛限制。这样，也能进一步强化同是中国人的观念。对于部分病重、患有精神疾病或怀孕的台籍社区矫正对象迫切希望回到台湾的情况，建议探索适用"移管"制度，将中国大陆与港澳台间的区际社区矫正对象移管纳入国际通行的"被判刑人移管"制度框架内进行探索，在平等协商的基础上尽快出台社区矫正对象移管方面的相关制度，使区际社区矫正对象在自己熟悉的环境中接受改造,提高教育改造效果,促进其顺利重新融入社会。

身处经济特区和改革开放的前沿阵地,厦门市司法局始终坚持大胆探索,更新观念,创新实践,全力推进社区矫正工作,力争把"试验田"变为"示范田",形成可复制、可推广的经验做法。

农村社区矫正工作的困境及其破解之道

——基于安徽淮南的实证调研

胡善平　朱传娟[*]

一、研究背景

社区矫正是与监禁矫正相对的行刑方式，是指将符合法定条件的罪犯置于社区内，由司法行政机关（司法局）及其派出机构（司法所）在相关部门和社会力量的协助下，在判决、裁定或决定确定的期限内，矫正其犯罪心理和行为恶习，通过思想改造和劳动改造进行心理、身体方面的纪律规制，并促进其顺利回归社会的非监禁刑罚执行活动。社区矫正所体现的刑罚理念及其制度、刑罚执行方式的变革与发展，实际上就是一个平衡国家利益、社会利益、社区利益、被害人利益和罪犯利益的过程。理论界从必要性、可行性等方面出发进行了推进社区矫正工作业务拓展的价值分析和功能界定；实务界则从具体活动开展、存在阻隔、工作经验和积累等方面出发进行了深入、细致的实证性分析并有针对性地提出了进一步提质优化的具体建议。党的十九届四中全会指出，现代性国家的成长离不开国家治理体系的现代化建设，作为治理体系现代性重要指标要素之一的社会治理，则需要不断建设完善党委领导、政府负责、民主协商、社会协同、公众参与、法治保障、科技支撑的工作框架，还需要在实践中逐渐形成人人有责、人人尽责、人人享有的治理共同体。推进社区矫正工作的科学化、现代化、完善化内在地被包含在这一历史进程之中。场域视角下的比较研究有利于推动社区矫正工作向着更加深入、更加细致的方向发展。开展社区矫正研究尤其是制度建设、资源供给相对薄弱、相对滞后的农村地区的社区矫正研究，对于完善优化并构建社区矫正工作立体框架具有积极的意义。本研究就是在实证性调研和数据分析的基础上，重点分析农村地区社区矫正工作存在的问题，具体剖析社区矫正政策执行落实不畅、遭遇阻隔的生发机制，以期针对性地提

---

[*] 胡善平，淮南师范学院副教授。朱传娟，淮南市田家庵区人民检察院检察官。

出相应的应因措施，从而不断地提升社会治理的科学化水平。

不断推动社会治理的制度现代化和治理水平的现代化理应包含社会构成的方方面面，应该覆盖服务并回应全体社会成员的需要以构建共享、共治的人文格局。正是在这样的背景下，社区矫正工作近年来才逐渐成为学术研究的热点议题，文献分布的时间历程有效地回应了社区矫正试点工作的实务进程，具有同频共振的一致性和吻合性。以农村社区矫正、社区矫正为检索项检索相关研究文献，进行主题对比，不难发现作为社区矫正的下属概念，农村社区矫正受学术关注的时间和分量均无法和社区矫正城市相比，形象直观地显现了社区矫正工作存在的城乡分割问题。理论上来讲，社区矫正无论是在城市还是在农村均应该受到同等的重视，但源于资源储备、组织建构、人才支撑、观念认识等方面存在的差异，致使农村社区矫正工作研究相较于城市社区矫正工作研究而言存在明显的缺失和不足。从文献的时间分布来看，相关研究绝大多数开始于2003年之后，这与国家大力推动社区矫正的试点工作在时间上具有完全的切合性。可见，学术研究的议题设置与话语权力、政治建构等元素存在密切的关联性。农村社区矫正工作研究学者主要从模式总结、问题梳理、价值分析、对策回应等方面开展了较为全面的研究，总结来看研究关切主要集中在以下几个方面。

第一，城乡场域栖息地不同背景下社区矫正实务的规则框架及主体行为分析。不少学者基于乡土社区的温情设想，突出利用乡土优质资源以构建本土化的矫正模式和工作范式。[①] 部分学者认为，农村社区矫正工作的开展有益于为村民自治、村民法治提供示范，从而为推动社会建设提供平台和契机。[②] 相关分析更多的是进行必要性和可行性分析以突出熟人社会的潜在优势，认为乡土社会的人情关联、社会整合有利于开展社区矫正工作。但这些研究缺乏必要的绩效性分析。有些论述和观点并不适用于具有高度流动性特质的农村社会现实，现在的犯罪并没有冲击固有的村落共同体，属地原则可能不利于社区矫正对象的改造；或者说村落共同体本身就已不复存在，流动性、空心化、老龄化不断消解着部分学者笔下乡土社会的优势潜能，学界对这一问题和趋向的关注度不够，需要进一步深入研究。

第二，社区矫正模式、工作机制的总结。部分学者注重从推进基层法治建设的角度进行工作路径的梳理分析，初步形成了北京模式、上海模式、浙江模式等一批工作范式。

第三，农村社区矫正的地方性实践、存在问题和对策研究梳理。学者王伟、李树斌、丁明亮等人认为重刑主义思想根深蒂固；地理因素、人口流动带来的改造、监管障碍；志愿人员匮乏，保障经费不足等是农村矫正工作难以普及深入的主要阻

[①] 王伟：《论中国农村社区矫正模式的构建》，载《社科纵横》2015年第3期。
[②] 曾赟：《论中国农村社区矫正之模式与路径——以浙江省枫桥镇为例》，载《浙江社会科学》2006年第3期。

碍。学者们普遍认为必须从制度建设、组织建设、流程管理、经费保障等方面加大对农村社区矫正工作的支持力度，积极普及推广政府购买社会组织专业服务以形成全员参与、全社会参与的治理格局。①② 同时也有不少学者侧重于从农村社区矫正工作开展的价值意义和工作机制构建方面进行研究并提出了相应的对策建议，政策集束突出从法律文本的角度设置各个主体的责任分工和工作关联。③

这些研究对于深化农村社区矫正工作具有极其重要的理论指导价值和意义，但客观上存在着重应然性分析，轻实证性分析；重管理者体验，服务对象话语缺失；帮扶介入工作的专业性不强，效果验证信度效度不高；重监控轻人文感化等问题和不足。研究依托农村社区矫正工作实际运行的地方性实践和经验梳理，从覆盖对象范围以及实务操作层面，基于社会规训泛化、抽象化的理论设定，研究社会资源投入背景下，农村社区矫正工作开展的重点和具体策略问题，力图推动农村社区矫正工作的制度化、科学化。依据社会行动理论从主体融入、目标设定、条件依赖和环境禀赋等维度分析研判农村社区矫正工作机制构建中资源投入和规制制定的结构化策略，在结构和建构的双重逻辑中构建农村社区矫正工作的体系和工作机制，以实现对矫正对象及其社会关系的增能赋权。

二、农村社区矫正工作存在的问题——基于调查数据的事实分析

第一，制度衔接的匹配关联与权责明晰强度不够。

从理论上来说，居民委员会、村民委员会可以引导志愿者和社区群众，采取多种形式对社区矫正人员进行教育，并利用社区资源对有特殊困难的社区矫正人员进行必要的帮扶。但现实情况是农村社区的高速流动性、空心化、空巢化等使得传统社区所具有的整合功能优势不复存在，属地性矫正工作不仅不能起到很好的教育帮扶作用，客观上具有的污名化问题甚至还不利于对矫正对象的教育感化。考察发现，绝大多数矫正对象实施犯罪侵犯的社会联结并不在户籍地而是在实际生活地、工作地，遣返和户籍地兜底的政策、制度设置可能会破坏其相对稳定的社会联结，严重的甚至会影响其生活维系。多元管理主体之间的权责关联、岗位分工如果不明确极易造成管理的内部损耗从而不断提升管理成本。调查中发现，以 H 市为例，百分之三十以上的矫正对象都是因为在外地务工时犯罪而被判处社区矫正，大多数人在户籍所在地乡土社会中已经没有多少社会联结，有的甚至是举家外迁。但务工所在地社区出于安全、责任等方面的考量一般都选择不予以接收，这种情况下只能由户籍

---

① 李树斌等：《农村地区社区矫正工作研究与思考》，载《犯罪与改造研究》2016 年第 3 期。
② 丁明亮：《农村社区矫正的困境与出路》，载《湖北警官学院学报》2011 年第 3 期。
③ 陆红：《农村社区矫正模式及其创新探析》，载《北方民族大学学报（社会科学版）》2019 年第 1 期。

地农村社区兜底接收。而这种做法又伴随有很多的弊端，如不能利用原有的社会资本、失去收入来源、社区环境陌生等。因此制度设计必须充分解决流程对接、部门衔接等问题，基于案主利益维护、利益最大化原则研发工作机制和运作框架。人民法院、人民检察院、公安机关和其他有关部门在流程管理上如何衔接、如何适用拒绝权等都需要在实践中不断地加以完善并需要作出制度上的匹配优化。

第二，社会生态栖息地居民对待矫正人员的观念认识亟待转变。

以罪名类型为分析要点、从矫正工作的主体内容来看，监管、控制的成分大于服务、教育感化的部分。不仅普通民众甚至社区矫正工作人员自身亦带有普遍的错误认识。如表1所示，H市农村社区矫正工作的内容虽然包含有扶贫济困、资源联结等要素，但更多的内容指涉的是管理、监控等方面。从服务的具体内容来看，无论是教育矫正、心理健康教育、应急防身技能训练还是典型个案分析与处置、困难帮扶等均存在不同程度的负向标签和污名化问题。怀疑、隔离、排斥的治理理念和驱动性色彩较为显著。

从矫正对象所实施犯罪的类型来看，基本涵盖各种罪行罪名。但源于乡土社会发展的相对滞后以及法律知识普及的相对欠缺，致使普通民众对很多新罪名充满恐惧感，在一定程度上增加了罪行标签化、污名化的风险可能，消解了民众对于矫正对象的接纳和包容度。调查发现，矫正对象被判处的罪名主要集中在交通肇事罪、故意伤害罪、危险驾驶罪三种类型。但其中亦有故意杀人罪、非法制造爆炸物罪、信用卡诈骗罪、介绍卖淫罪等重罪以及一些较少出现在农村社区的罪行。从社区矫正工作服务对象覆盖的范围及构成来看，触犯恢复性法律而被采取社区矫正的对象所占的比例高达80%。现代刑罚理论认为，经济性违规对于集体意识的侵犯和伤害远没有侵犯身体和社会稳定、国家认同所带来的伤害大。这种类型的矫正对象被社会民众接纳的可能性较大。总体而言，其筛选遵循着主观恶意小、社会危害性低、社会可以接受的基本原则。表现为从主观方面来看，必须为过失或者为无主体资格、限定主体资格对象；从行为的客观方面来看，必须是社会损害程度较小或从社会影响的角度来看必须为能够被社会接纳，不至于影响居民的生活安全。而重型犯被社会所接受的可能性则较低，而且民众对罪名、刑期的首映印象对其关于矫正对象危险性的评估有着直接的影响。

为提升对未成年犯罪嫌疑人的司法保护力度，淮南市在涉及未成年人司法诉讼管理上采取集中统一的原则，各县区在处理涉及未成年人案件时均将其移交给田家庵区人民检察院统一管辖。但田家庵区人民检察院未管处仅有3名工作人员，仅仅依靠他们则难以将对未成年犯罪嫌疑人的司法保护落到实处、实现精细化个案管理。人员、资金供给难以匹配现实性工作任务的要求。为此，检察院依托购买服务的形式，将诉前社会调查以及部分符条件不起诉人员的帮教工作外包给专业社会组织去承接落实，检察院仅就工作绩效定期进行评估。同时依托专业文本，书写等纪律性技术实现对承接方的监督和管理。以诉前社会调查为例，涉及的空域及主体比较多元，在价值上试图基于生命周期及生态分析，客观还原个案的成长过程，并就帮教条件及再犯风险进行评估。实务层面，家长、社区、受害人、未成年犯罪嫌疑人等主体都存有对社会调查员身份、专业性和合法性的质疑，难以快速企及体验社区矫正社会性效应的发挥，从而在情感上存有轻视、忽视的可能。教育帮教过程中，不少服务对象亦存在应付、敷衍的互动反映，从而难以有效评估介入的实际效果。尤其是一些复杂性案件，受害方对社会调查的功能认知往往存有抵触、反感，从而难以发挥联结功效，如项目组在处理一起未成年人实施的强奸案时，就曾多次被受害方拒之门外。

第三，矫正工作所需要素资源投入的欠缺，农村社区矫正工作系统运作的机制不畅。

任何系统的运行都必须要确保维模、适应、整合、达成等基本功能实现，这就意味着必须投入必要的人力要素、组织要素、资本要素以确保各项矫正活动能够顺利开展和进行。从调查来看，农村社区矫正工作在场地设施建设、人员匹配、资金保障等要素投入方面均存在较大的缺额。乡土社会社区矫正工作的末端承接主体一般为乡镇司法所，行政村一级没有专门的工作人员。虽然很多地方要求村委会干部协同配合乡镇司法所的工作，但大多处于虚设的状态。一方面，司法所和村级干部之间没有隶属关系，在精准扶贫、生态保护、乡村建设等主流话语和考核指标导向下，难以要求其投入大量的精力；另一方面，政策配套方面的缺失错位也难以调动基层行政主体工作的积极性。以H市为例，大多数司法所只有一名工作人员，同时面对几十名矫正对象，大量的程序性工作，如表格填写、文书工作使工作人员疲于应付，难以做出有实效性的工作创新。工作人员文化素质、专业素养等方面的欠缺也导致难以确保矫正工作的高质量。如表1所示，一份完整的矫正服务工作从流程管理的角度来看，从入矫前的审查评估到入矫的正式运作再到司法所的常规管理，需要填写的表格就多达50种。书写纪律技术在确保对工作开展的有效监督的同时，也使得工作人员被关入"牢笼"之中，不断的书写工作可能会消磨工作人员的工作热情和创新性，也使得本来就紧缺的专业人才在海量的文案工作面前显得更加捉襟见肘从而难以促使工作向深度化方向拓展延伸。纪律技术的广泛运用虽然能够确保痕迹管理的到位、可追溯，但内在含有对矫正对象的不信任和歧视感，而这恰恰与矫正工作的本质追求相冲突。正如社会学家福柯所强调的一样，施加于人体的权力不应被视为财产，而应该被视为一种策略。其支配效应不应归为占有，而应归为调度、策略、技术和运作。通过层级监视、规范裁决等检查制度，被检查者一直被置于可观察、可监视的环境之中，不断的书写记录可以对矫正对象进行重复的有效的分类、审核，同时也可以对矫正主体进行绩效、流程控制和考核，实现管理者对矫正活动实施者、实施对象的同时监管和控制。但在实际操作中，亦要防范技术的反身性对实质理性的侵蚀，技术治理虽然能够提升服务的精细化和程序性，但亦有抽离化和非人性的另一面。

表 1　社区矫正流程管理填写表格清单

一、基本情况	报到序号			责任人	
	罪犯姓名		罪名		联系方式	
	所属社区		矫正期限		定位手机	
二、社区矫正执行档案（卷宗一）	□1. □管制、缓刑人员：□（1）起诉书副本；□（2）刑事判决书； 　　　　　　□（3）执行通知书；□（4）结案登记表。 　　□假释人员：□（1）原判法律文书；□（2）假释裁定书； 　　　　　　□（3）假释证明书；□（4）罪犯出监鉴定书； 　　　　　　□（5）执行通知书。 　　□暂予监外执行人员：□（1）起诉书副本； 　　　　　　□（2）判决（裁定）书； 　　　　　　□（3）执行通知书； 　　　　　　□（4）结案登记表； 　　　　　　□（5）暂予监外执行审批表； 　　　　　　□（6）暂予监外执行决定书； 　　　　　　□（7）具保书； 　　　　　　□（8）精神病人的医学鉴定； 　　　　　　□（9）保外就医的定期复查证明。 □2. 社区影响评估意见书； □3. 报到情况回执单； □4. 接受社区矫正保证书； □5. □外出、□居住地变更审批表； □6. 给予□警告审批表、□警告决定书； □7. 提请给予：□（1）治安管理处罚建议书；□（2）撤销缓刑建议书； 　　　　　　□（3）撤销假释建议书；□（4）收监执行建议书； 　　　　　　□（5）减刑建议书。 □8. 提请给予：□（1）治安管理处罚审核表；□（2）撤销缓刑审核表； 　　　　　　□（3）撤销假释审核表；□（4）收监执行审核表； 　　　　　　□（5）减刑审核表。 □9. 解除社区矫正通知书； □10. 社区矫正人员死亡通知书； □11. 其他文书。

续表

三、社区矫正工作档案（入矫，卷宗二）	☐1. 社区服刑人员基本信息表； ☐2. 社区矫正告知书； ☐3. 社区矫正宣告书*； ☐4. 社区矫正责任书*； ☐5. 矫正方案*； ☐6. 日常报告记录*； ☐7. 教育学习记录（个案）*； ☐8. 社区服务记录（个案）*； ☐9. 警告审批表； ☐10. 帮困扶助记录； ☐11. 月度考察表； ☐12. 季度考察表； ☐13. 年度考察表； ☐14. 走访记录； ☐15. 期满鉴定表*； ☐16. 解除社区矫正宣告书*； ☐17. 解除社区矫正证明书； ☐18. 其他文书： 　　☐（1）身份证复印件； 　　☐（2）入矫谈话资料； 　　☐（3）手机定位规定*； 　　☐（4）社区服刑监督协议； 　　☐（5）社区服务承诺； 　　☐（6）矫正小组名单*； 　　☐（7）日常监管综合记录*； 　　☐（8）社区服刑人员密切联系人情况摸底； 　　☐（9）社区服刑人员工作、生活等行踪示意图； 　　☐（10）保外就医提交病情复查情况； ☐19. 与安置帮教衔接记录； ☐20. 其他资料。

四、司法所工作台账设置（附）	□1. 矫正管理流程图； □2. 审前评估登记表＊； □3. 服刑登记表（可根据需要派生出历年、分村社区累计、分当年分年度、解矫、警告、公安比对、管理等级、脱逃下落不明等登记表）＊； □4. 联系登记表＊； □5. 手机定位与使用情况巡查记录＊； □6. 重新违法犯罪情况公安比对表＊； □7. 外出情况登记表＊； □8. 教育学习记录（总）； □9. 社区服务记录（总）； □10. 集中教育学习与社区服务登记表； □11. 管理等级一览表； □12. 就业情况登记表； □13. 志愿者花名册； □14. 脱管、脱逃、下落不明情况登记表； □15. 其他资料。

从资源的规范性角度来看，可以将其分为正式资源与非正式资源。学者们普遍认为社区矫正领域正式资源的投入力度较大，非正式资源的开发有待强化，以推动资源整合和多元竞合机制的构建。部分学者在实务工作经验总结的基础上，进一步探讨了社会资源介入社区矫正工作的侧重点和具体方式，这一方面的社会工作专业化介入的文献研究较为突出。[①] 从表格集束中不难发现，矫正工作的开展需要推动志愿者队伍、社会组织等各种力量的介入，但这种制度设置目标是否切合乡土社会的地方性事实则有待进一步的具体验证和考量，如 H 市在推进未成年人社区矫正工作时，就积极吸纳高校、社会组织等主体的资源和优势，基于技术集成实现供给与需求的有限衔接匹配。但在广大的乡土社会，这些资源的可及性、可溯性则要欠缺得多，难以实现服务的精细化。

第四，社会组织等多元主体的介入不足。

政府、市场、社会组织通常是社会治理的主体，基于资源禀赋和目标达成设置，各自介入社区矫正的动机有所差异。从供给角度来看，如何形成彼此之间的组合关系一直是学界关注的热点问题，学者们普遍认为必须通过多元投入和职责划分以规范各自的行为。从需求方的角度来看，学者主要围绕矫正对象及其社会关系的需求，

---

① 曹华、侯习敏：《农村社区矫正问题分析及其完善》，载《四川文理学院学报》2019 年第 2 期。

构建社区矫正工作的具体服务内容和工作方法，突出通过构建专业矫正社工队伍为核心力量，并积极整合司法部门、民政部门以及志愿者队伍以推动主体建设，从而为社区矫正工作的开展积蓄人力资源。[①] 从矫正帮扶的内容来看，涉及的领域比较多元，需要具有各种知识背景的专业人才积极投入以构建矫正对象的社会支持系统。现实工作的开展尤其需要具有心理学、教育学、社会学、法学等学科积淀的专业人才的介入支持，而高度流动性的乡土社会则通常缺乏这样的人才支撑。以 H 市为例，截至 2019 年共有各类社会组织 1318 家，涉及覆盖教育、医疗、商业等各个方面，这些组织各具特长能够为服务有效供给提供支撑；同时农村社区矫正基层工作组织在人员、专业知识等方面的不足也为社会组织的有效介入提供了可能性。按照现行法律规定和"两院两部"工作要求，社区矫正工作主体是司法机关，而具体从事社区矫正工作的是司法所。城乡之间在司法所的力量上存在较大的不平衡，工作人员除承担社区矫正工作任务外，还要承担社会矛盾纠纷调解、刑释解教人员安置帮教、法治宣传等工作，难以全身心地投入社区矫正工作中。但现实是一方面，农村社区矫正工作的各级管理主体和行政部门对于社会组织介入矫正工作普遍缺乏支持，甚至存在抵触和戒备的心理，另一方面，乡土社会组织的数量和能力也难以回应矫正对象的现实需要。政策、合法性、资源投入的缺失等成为阻碍社会力量介入矫正工作的重要因素。

第五，强化部门合作，推动共享共治社会治理结构生成的力度不够。

社区矫正工作除去监督考察的内容外，还包含教育辅导、心理矫正、社会资源联结等方面的具体内容。这就要求社会方方面面的力量都应该加入进来以构建多元介入的立体帮扶体系。矫正工作要取得实质性效果，就需要公检法、劳动保障、教育等部门之间的通力合作，以消解可行能力不足对矫正对象及其家人的影响。为确保矫正工作能够取得实效，就必须构建矫正对象全流程的追踪服务体系，在流程上做好司法判决前、司法审判中、具体执行以及解教帮扶完成后各个环节之间信息、资料等方面的共享；在空域组织上做好家庭、社区、公安机关、检察机关、监狱机关等部门之间的衔接，以便彼此沟通和互动，从而宜于形成针对矫正对象的统合体系。但现实情况是由于权责利界限划分得不清，部门之间的协商沟通往往存在各种各样的阻隔和障碍，亟待进行必要的厘清和疏通。

2020 年 7 月 1 日正式实施的《中华人民共和国社区矫正法》（以下简称《社区矫正法》）对以上问题从理论、程序上进行了相应的文本和制度规范，但其操作性如何仍需在实践中不断加以完善和优化，以构建程序通畅、权责明确、有序推进的运

[①] 陈嘉、陈丽：《西部山区农村留守未成年人犯罪社区矫正研究——以 S 省 X 县为样本》，载《甘肃理论学刊》2016 年第 6 期。但未丽、苏现翠：《制度初衷与现实：农村社区矫正现存阻力分析——基于 S 省 W 镇的社区矫正执行调查》，载《中国人民公安大学学报（社会科学版）》2018 年第 6 期。

作机制和工作规范。需要在不断总结实务经验的基础上强化介入服务的标准化和规范化，积极构建《社区矫正法》贯彻执行的规范流程和技术标准，强化动力机制、保障机制、反馈机制、激励机制等配套体系的匹配和搭建。不断通过纪律技术、书写技术等现代治理技术强化对矫正对象的管理和服务，推动刑事制度的不断革新，以积极构建中国特色矫正模式和工作路径。

三、提升农村社区矫正工作绩效的策略和破解之道

第一，不断优化制度衔接匹配度，推动政府治理理念的转变，坚持服务对象利益最大化原则，改管理为服务，强化制度的完善性和可行性评判。既要看到社区矫正的刑罚属性，也要关注到社区矫正的保障性属性，按照正义原则、可行能力原则提升矫正对象的能力储备和资源联结。司法所的台账资料、卷宗档案需要不断规范，积极搭建科学管理体系。从入矫前的社会调查评估、到社区矫正人员的交付与接收、入矫后的监督管理及教育矫正、社会适应性帮扶、考核奖惩以及解除与终止社区矫正等都应该有全面明确的规定和规范。但在具体设置上要充分考量属地的条件进行必要的简便化处理。条件成熟的农村社区设立社区矫正中心通过建立健全各项规章制度，规范工作流程，形成常态化的社区工作运作机制。依托《社区矫正法》的实际运行绩效评估强化工作规范性和行动指南建设，不断提升制度的操作性和执行力。

第二，不断优化生态栖息地环境，引导、改变公众的认知和评价，提升社会的包容度和开放度。一方面，工作人员要改变固有的偏见；另一方面，要通过积极的舆论宣传，普及罪犯生成的社会责任理论，必须积极破除对矫正对象的污名化和标签化。积极运用现代传媒技术，综合运用把关人理论引导舆论宣传的方向性以构建开放包容的文化生态环境。人体不仅是知识的反映、分析对象，而且也是权力的具体作用对象，人体由此而获得一种权力与知识的中介地位。人的行为更多的是"人在环境中"并由多种外部因素影响而生成的。人们通常习惯于把文明看成一种摆在我们面前的现成财富，但在埃利亚斯看来，"文明的表现"绝非天然如此，文明是一种过程，是历经数百年逐步演变的结果，是心理逐步积淀规范的结果。通过对日常生活中行为习惯，如餐桌礼仪、卫生习惯的变迁演化，埃利亚斯分析了均平化模仿对于身体的形塑功能。只有主体形成现代性认知模式和行为习惯，现代性才能成型、完善。社区矫正工作作为主体行为规训的重要体现，其形成、发展、演变的历史同样可以借助以上理论范式加以具体的分析、梳理。要弘扬传统文化、乡土治理规范中的优势基因，强化道德整合以及宽容理念的文化植入。

第三，加大资源投入和培育力度，提升矫正工作的专业化水准。无论是教育工作还是监管工作都要兼顾机构追求和个体需求满足的平衡关联。依据社区服刑人员

的犯罪类型、年龄、服刑阶段等不同情况进行风险评估，把他们分成不同的监督等级，区分对待、分类管理。积极采用政府招标、购买服务等形式加大对矫正工作的资源支持力度。从制度、组织、关系、空间场域等方面提升社会对矫正工作的关注度和投入度。通过行政配给、市场交换、民间互动互惠等多种形式将社区矫正嵌入社会治理的运行空间之中，并给予必要的扶持和帮助。存量方面要加大对社区矫正工作人员的业务培训和专业辅导以提升其工作技能和素养；增量方面要积极吸纳各种主体并创设平台为其开展志愿服务提供机会和可行空间，以推动社会服务治理的新机制。

第四，积极推动多元主体的整合介入，发挥各方主体的资源优势。探讨建立健全社会资源的进入机制、管理机制、评估机制、保障机制等对于社区矫正工作的深入开展具有积极的意义。创设平台和路径为社会组织、公民等多元主体的有效介入提供保障，实现矫正对象需求回应的精准性，有效匹配社会组织等主体的供给能力和矫正工作需要、矫正对象需要之间的关联性。聘请社工、心理学家等社会主体资源参与社区矫正工作，以提升矫正帮扶的针对性和专业化水平。基于社区矫正涉及的不同内容、领域创新服务承接形式，通过转包、购买、招标、志愿服务等形式积极吸纳社会组织等社会力量介入具体活动的开展以提升矫正工作的社会整合度。通过聘请专家、学者在各个阶段对社区矫正工作人员进行有针对性的专门培训，逐步实现培训工作的制度化、规范化。

第五，强化部门衔接，推动治理水平的现代性转变。积极运用现代化技术手段推进矫正方式、矫正内容的创新拓展。社会监控、全员参与、纪律规制的社会认可是社区矫正工作得以推行的目标定位，顺应了权力运作的现代性转变。这就迫切需要整合社会资源包括人力资源、组织资源、信息资源等以推动监控、规制的具体化、社会化，推动权力运作由过去的国家维护变为保卫社会的手段。积极推广应用共享技术，构建优化教育培训的网络化、过程化管理，基于网络技术实现对社区矫正的质量管理。

总之，农村社区矫正工作的开展直接关系到平安中国宏大目标的实现，关系到民众及矫正对象自身权益的维护，关系到民众对幸福生活的向往和追求，农村社区特殊的场域空间栖息地性质要求我们必须在实践中不断创新矫正方式以提升矫正工作的实效性和针对性。后续实务工作必须从提升社会接纳度、匹配优化制度衔接、加大资源投入、丰富组织形式和业务内容、理顺部门关系、搭建多元主体有效参与平台等维度出发，不断提升农村社区矫正工作的社会治理水平。

乡村振兴战略视域下农村地区社区矫正问题与对策

——基于 H 省 J 市社区矫正实证探究

江漩涛[*]

作为宽严相济刑事政策下的一项重要产物，于 2011 年出台的《中华人民共和国刑法修正案（八）》打破了新中国成立后延续的收监执行单一格局，正式确立了社区矫正在刑罚执行方式上的法律地位。多年实践证明，社区矫正以其非监禁方式在避免监狱执行造成犯罪分子间的交叉感染、充分调动社区矫正对象积极性，促使该群体尽速回归社会等方面起到了举足轻重的作用。

为更好地保障刑事判决、刑事裁定和暂予监外执行决定的正确执行，提高教育矫正质量，促使社区矫正对象顺利融入社会，预防和减少犯罪发生，《中华人民共和国社区矫正法》（以下简称《社区矫正法》）于 2019 年应运而生，"分类化管理、个别化矫正，有针对性地消除社区矫正对象可能重新犯罪的因素"等涉及"精细化"管理的理念也以条文形式正式写入法律，使得"精准社矫"管理模式的实践探索至此有法可依。2022 年"两会"调查结果显示，"乡村振兴"的关注度位居前列。这一现象说明我国农村落后、农业薄弱、农民困难的现状还没有得到根本改变，经济社会发展中最明显的短板仍然在"三农"，现代化建设中最羸弱的环节仍然是农业农村。

社区矫正工作在落后的农村地区经济基础之上所体现出来的，必然是硬件设施的不足，是知识人才的匮乏，是领导意识的轻视，最终结果就是社区矫正管理方式的简单粗暴。而"精准社矫"模式就是要从根本上克服农村地区在社区矫正实践中所面临的诸多困难，彻底扭转诸如此类社区矫正就是"不脱管、不漏管、不收监""入矫就是管理，解矫就是成功"思维主导下的社区矫正管理不利局面，将社区矫正监管方式由大水漫灌改为精准滴灌，真正将分类管理、个别化矫正等手段融入社区矫正工作中，实现将可能导致社区矫正对象重新犯罪的因素有针对性地消除，帮助身处农村地区的该特殊群体顺利回归社会，成为守法公民。

---

[*] 江漩涛，湖北省京山市司法局坪坝司法所负责人。

虽然仅就乡村振兴和社区矫正本身而言，前者系国家政策调整范畴，后者是法定的刑罚执行方式，看似不会产生显见的时空交集，但在经济社会发展相对欠发达的农村地区，二者却都关乎民生，关乎社会治理和人民对美好生活的向往。基于目标的同质性，也就使得在乡村振兴战略视域下探析社区矫正模式成为可能。

观察现有学术领域，在社区矫正方面已涌现出一批优秀成果，如吴宗宪[1]、但未丽[2]等所作研究。但其研究多专注于从法学视角下探析社区矫正在实践中所面临的制度缺陷和解决之策，本文则力争从多领域融合角度探究乡村振兴战略下实现"精准社矫"模式的可能性，展望社区矫正与乡村振兴融合之美好愿景。

一、农村社区矫正工作现状

在《社区矫正法》实施之前，自主探索的现实使得我国大部分地区都是以出台地方性法规的形式对所管辖区域内的社区矫正工作进行规范指导。因我国幅员辽阔，各地经济发展的差异也在社区矫正实际工作中日益显现，如北京、上海和深圳等经济发达的一线城市凭借优越的经济条件早已建立起成熟的社区矫正机制，社区矫正队伍知识水平相对较高，结构合理，帮教资源充足，在"精准社矫"模式探索实践方面业已走在了时代前列。相较于城市健全的基础设施，浓厚的法治氛围，更高的社会接纳度，农村所呈现出的却是一幅截然不同的景象，那就是良莠不齐的社区矫正队伍，较为分散的人居环境，普遍偏低的文化程度和以亲情乡情为纽带的熟人社会对罪犯较低的接纳程度，这些客观现实的存在无一不为社区矫正工作的开展设置了重重障碍。

（一）社区矫正工作人员力量配置和专业程度有待提升

从J市乡镇司法所来看，除个别偏远且人口稀疏的司法所为单人所外，其他各司法所大多配备两名到三名工作人员，基本格局为一名编内人员领导一名新招录公务员或一名司法辅助人员。在人员配备捉襟见肘的境况下，司法所承担着下辖区域法治宣传、法律援助、人民调解、社区矫正及乡镇党委政府和县区司法局交代的各项工作任务，繁杂的工作压力导致社区矫正工作人员在监管工作中往往"心有余而力不足"，结果就是日常管理纸上谈兵，规定动作流于形式，监管手段简单粗放。

虽然自公务员公开招考制度实施以来，基层司法行政人员更新换代带来的高学历、年轻化给社区矫正队伍注入了时代活力，但由于农村地区客观的艰苦条件削弱

---

[1] 吴宗宪：《我国社区矫正基层执法机构的问题及改革建议》，载《甘肃社会科学》2016年第6期。
[2] 但未丽、苏现翠：《制度初衷与现实：农村社区矫正现存阻力分析——基于S省W镇的社区矫正执行调查》，载《中国人民公安大学学报（社会科学版）》2018年第6期。

了较多以法律专业为主的合格人员的报考意愿，直接造成每年招考进司法行政队伍的人员在接受高等教育阶段所学专业五花八门。以J市司法局为例，据笔者统计，自2015年通过公务员考试招录的10名公务员的专业分布，其中工商管理3人、行政管理1人、历史学1人、化学1人、石油与天然气工程1人、艺术1人、经济学1人、法学1人。所有招录人员中，其大学专业虽涵盖了文史理工的数个方向，但法律科班毕业生仅有1人。法律知识的缺失或许可以在入职之后的实际工作中得到弥补，但法律基本素养的形成却不可能一蹴而就。作为对法律知识水平要求颇高的司法行政岗位，从业人员法律素养的参差不齐可能会对日常社矫工作的开展带来不可忽视的影响。

（二）社区矫正设施软硬件有待提升

经济基础的差别在不同区域社区矫正软硬件建设上也不可避免地得到了体现。农村地区由于大部分处于山区或者经济欠发达省份，在捉襟见肘的地方财政大都投入经济民生重点领域的情况下，社区矫正软硬件建设的不被重视在某种程度上也就成了理所当然。

以笔者调查对象J市为例，在《社区矫正法》出台的背景下，司法行政系统借此东风，投入大量人力物力开展了轰轰烈烈的司法所规范化建设行动，以此作为夯实基层司法行政职能的"当头炮"。据统计，J市下辖的15个街道、开发区及乡镇司法所，除个别因为客观原因还没有进行规范化改造外，其他的司法所均已按照相关要求建设到位。笔者观察，相较城市，农村地区的司法所规范化建设因为受制于外在的客观环境，最后"硬化"的往往只是空调桌椅、房屋和牌匾，而在核心的社矫对象的管控手段和定位设备的精准度提升等软件方面建树乏善可陈。总结而言，就是形式多于实质，书面规范大于实际效果。

（三）社区矫正管理薄弱

根据在县市交叉检查和检察院日常监管通报的情况来看，相比城区而言，农村地区司法所在社区矫正日常管理中出现的问题往往更多。通报数据显示，在实际管理中出现主要存在以下问题：一是社区矫正对象在作为重要监管手段的行动轨迹填写上随心所欲，如某镇司法所管理对象所记录的日常活动记载表和情况汇报一栏的填写内容大相径庭，社区矫正对象在其每日活动记载表上写着"某月某日，在亲戚家做客"，但是在情况汇报一栏的相同日期，却又堂而皇之地写着"前往司法所汇报工作生活情况"。二是在请假上，往往是管理对象随手写一张请假条，工作人员就批准其外出。如此明显的错误和程序性违法能够在日常管理中一而再再而三地出现，这不能不说我们的社区矫正管理浮于表面，太过薄弱。

（四）社区矫正对象个体差异性大

农村地区因客观现实的制约，导致社区矫正对象对社区矫正需求的差异性较大。据笔者对地处偏远山区 J 市 P 镇的统计结果显示，其近五年间入矫服刑的 16 人的文化程度分布为小学 5 人，初中 7 人，高中 4 人。就实际监管过程中个别社区矫正对象连基本汉字都无法书写的现象而言，不排除有些社区矫正对象为文盲的情况存在。该群体成长环境不同，犯罪成因也各不相同，而文化程度的高低直接关系到他们对自身犯罪行为的悔悟程度，对国家法律法规的理解以及通过矫正达到降低其重复犯罪可能性的大小。

从年龄分布来看，16 人中 50 岁以上 9 人，40 岁到 50 岁 3 人，30 岁到 40 岁 4 人。年龄普遍偏大，导致他们对社区矫正这一刑罚方式的理解也不尽相同。相当一部分 60 多岁的社矫对象入矫之后对工作人员的监管极其反感，有的人直言不讳，说自己大半辈子都遵纪守法，现在犯了点小错误就上纲上线。他们对此表示非常不理解，而内心的抗拒直接后果就是不愿意接受社区矫正工作人员的监管，抑或即使接受监管也时有不配合，导致矫正效果有限。

而从社区矫正对象所触犯罪名来看，16 人中包括危险驾驶罪 8 人，交通肇事罪 4 人，盗窃罪 2 人，滥伐林木罪 1 人，故意伤害罪 1 人。但值得一提的是，作为近年来接受社区矫正对象所犯罪名的大户，危险驾驶罪占据了半壁江山。自从酒驾入刑以来，由于法律宣传和农民自身文化环境所限，较多农村村民对"喝酒不开车"这句在城市里耳熟能详的朴素法律宣传语没有深刻的理解和认识，有的甚至连醉酒驾驶机动车属于违法犯罪的基本法律知识都不曾了解，还停留在"喝酒开个车不是什么大事"的陈旧意识之中，在被查获判刑后才如梦方醒，悔之晚矣。交通肇事罪作为过失犯罪，其行为人往往都处于 30 岁至 50 岁之间的青壮年阶段，且基本都是家庭的主要劳动力。而社区矫正管理对社区矫正对象活动的限制及相对频繁的汇报制度在一定程度上会干扰该群体原本的工作生活，由此会对其改造意愿产生一定的影响。

（五）精准定位方式的应用亟待探索

结合农村社区矫正对象居住零散，人员社会活动活跃，乡镇司法行政人员偏少的现状，利用现代科技力量有效提高监管效率成为摆在司法行政人面前的一个课题。

就笔者所在 H 省 J 市而言，出于多种因素考量，对社区矫正对象的定位监管一直采用手机信号定位方式进行。即通过与移动通信公司达成合作的方式，采取通过获取手机信号定位的方式进行社矫对象的位置确认。由于系统的不稳定性造成的定位偏差情况时有发生。特别是在多省市交界处，分属不同地市的信号塔可能会对定位的准确性带来较大的干扰，因而导致位置信息的误报。

随着现代科技的迅猛发展，新型电子定位装置，如电子手环的应用场景也得到了拓展。如果采用先进的卫星信号接收机制工作的电子手环等精确定位装置能够更为有效地获知社区矫正对象的实时位置，有助于加强监管。但《中华人民共和国社区矫正法》第二十九条对电子定位装置的使用情形进行了明确限制，如何在法律许可的范围内通过其他行之有效的方法进行精准定位，需要进一步的探索。

（六）农村地区社区矫正社会力量参与度低下

与城市相比，农村地区存在社区服务功能欠缺，国家依附性强，资源整合能力不足等突出问题。由于这种先天不足，造成在城市社区矫正工作中社区志愿者、社会工作者等社会力量共同参与，协同作战的成果经验难以成功复制到农村社区矫正工作实践中。目前，农村地区社区矫正的主力军依然是基层司法行政机关有限的社区矫正执法人员，人民警察、社区志愿者和社会工作者的实际参与度聊胜于无，这也是导致农村地区社区矫正工作发展乏力，难以达到良好法律效果和社会效果的重要原因。

二、农村地区社区矫正问题应对之策

（一）提高执法人员职业素养，实现社区矫正"规范化"

结合现有农村地区司法所事多人少，从事社区矫正执法人员素质良莠不齐的现状，笔者认为应当从以下两个方面努力探索并加以解决。

1. 扩大基层司法所人员编制

结合现有农村地区地广人稀，社区矫正对象居住分散，人员活动频繁活跃的实际情况，适当增加司法所人员编制。根据司法部统计，截至2018年，全国社区矫正机构2800多个（县级），社区矫正工作者10万余人。[1] 但相较于眼下社区矫正工作开展的客观需要，现有人员还是远远不足的。司法所应当配备3名以上工作人员，有条件的地方，应当配备5名以上工作人员。[2] 根据司法部2018年9月在成都市举办的全国司法所工作会议披露的信息显示，全国范围内3名及以下工作人员（包括0人）的司法所占比高达75%。[3] 司法所人手不足，却承担着包括社区矫正在内的多达9项职责。面对巨大的人员缺口，司法部及各级司法行政领导机构应当努力争取编制

---

[1] 天津长安网：《涓滴之水汇聚法律服务的万顷澄碧》，http://www.tjcaw.gov.cn/yw/zysy/tjcaw-ifyquptv8604483.shtml，最后访问时间：2022年7月19日。
[2] 《关于加强司法所规范化建设的意见》（司发〔2019〕19号）。
[3] 吴宗宪等：《社区矫正机构探讨》，载《中国司法》2020年第6期。

或聘请司法辅助人员，力争解决司法所人员短缺问题。

2. 建立专业化社区矫正队伍，切实提高执法人员素质

矫正人员素质的良莠不齐决定了农村地区迫切呼唤建立一支专业化、具有战斗力的社区矫正队伍，提高管理能效。首先，在县级司法行政机构经费许可范围内，可以通过外聘专家或上级指派的形式对司法所工作人员进行定期的专业培训，使其掌握相应的法律知识和社区矫正专业技能。其次，在农村社区矫正队伍建设完善中，可以引入政府采购机制，向社会购买专业的服务岗位和服务项目，从而达到专业的人做专业事的目的，还可以增强社会力量在社区矫正工作中的参与度。① 最后，在司法行政机构未来的岗位公开招考中，要更加偏重于法律相关专业毕业生的招录比重，以岗位匹配度更好的人员助力社区矫正工作的开展。

（二）开展社区矫正需求评估，落实社区矫正"精细化"

为帮助社矫对象快速融入社会，杜绝简单粗放的监督管理方式，行之有效的途径就是根据裁判内容和社区矫正对象的具体情况，制订有针对性的矫正方案，实现分类管理、个别化矫正，并且要依据社区矫正对象的表现等情况及时作出调整。考虑到农村地区社区矫正对象成长历程、犯罪成因以及生活环境的巨大差异，工作人员在接收社矫对象之后，应当严格按照要求对其犯罪原因、目的和手法等进行初步评估研判，了解未来工作中需要侧重的着力点，如对年龄偏大、法治意识淡薄的村民，要通过坚持不懈的法律知识灌输，使其从思想上认识到自身行为的违法性，进而达到促使其认罪悔罪的目的。而针对过失性犯罪人，要通过设身处地的换位思考和灵活的管理手段，使其在接受处罚的同时也能充分意识到自身行为所带来的严重社会危害性，以期避免类似犯罪行为的再次发生。通过引入专业社区矫正需求评估，对社区矫正对象实施"对症下药"的精细化社区矫正，有助于更好实现社区矫正的法律效果和社会效果。

（三）加强信息沟通获取，实现社区矫正"智慧化"

我们身处在一个信息爆炸的时代，依靠大数据实现社会管理已成为现实，如监控人口流动的网格化管理制度，无处不在的天网工程对社会治安的全天候保护，以及交通管理中敏锐无比的"海燕系统"等，无一不为社会治安的综合治理立下汗马功劳。但据笔者了解，以上这些系统所获取的信息基于各种考量，目前还未与社区矫正系统互通共享。如果将社区矫正与以上各系统实现信息互通共享，相信会对社区矫正工作未来的发展提效产生颠覆性的影响。

---

① 黄葵花：《农村地区社区矫正工作面临的困境及应对》，载《司法理论与实践》2022年第1期。

此外，城市"智慧化"社区矫正的开展大都是通过开发专有 App，让社区矫正对象下载使用的方式进行信息核查。目前，农村地区因受客观条件所限，通行的位置收集手段仍旧采用准确性欠佳的手机定位，由此带来的越境误报、人机分离现象层出不穷，在电子定位装置使用受到法律严格限制的情况下，如何将微信等流行社交工具融入社区矫正工作就成为一项重要课题。当前，部分农村地区自行采用的微信实时位置共享，视频通话核实等方法的推广实施也为信息时代下的社区矫正"智慧化"探索开辟了新的路径。

三、结语

综上，在乡村振兴战略全面实施的今天，如何在相对落后的农村地区更好地开展社区矫正工作，对乡村产业振兴、人才振兴、文化振兴、生态振兴、组织振兴，推进城乡融合发展具有重要的现实意义。如何贯彻刑罚规范化、差异化和社会化的理念，真正在社区矫正实践中以人性化视角将矫正对象视为社会一分子，符合法治社会建设的根本要求，更是一项契合社会发展方向的司法制度。相较城市而言，农村地区的社区矫正工作开展面临诸多难点与堵点，但笔者相信只要及时发现问题，解决问题，在"规范化、精细化、智慧化"社区矫正上找到正确着力点，进而建立一套符合农村社情民意的工作机制，相信农村地区社区矫正事业也一定会振兴。

浅析农村地区社区矫正工作困境

徐焱[*]

社区矫正工作是一种非监禁刑的执行形式,旨在利用轻刑罚的理念,对部分犯罪情节不是很严重、对社会危害不是很大或因特殊情况被判处管制、宣告缓刑、假释和暂予监外执行的罪犯制订有针对性的矫正方案,实现分类管理、个别化矫正。在惩戒罪犯让其切实感受到国家法律威严的同时,积极鼓励支持社会各方面共同参与,着力解决和消除不利于社区矫正对象回归社会的各种问题和不利因素,鼓励和提高社区矫正对象自我矫正和自觉回归的积极主动性,促使和帮助社区矫正对象回归社会,成为合法公民。

我国自 2003 年起开始开展社区矫正试点工作,至今已经有了较大发展,但是,目前的社区矫正工作还存在较大的城乡差异。农村社区矫正工作是我国社区矫正工作全面发展中的短板,加强农村社区矫正工作水平,对于加快农村地区法治化建设,完善我国社会主义法治体系具有重要意义。当前,由于各种现实因素制约,农村社区矫正工作开展中面临着矫正方法、矫正资源、矫正经费、矫正队伍、矫正环境等各个方面的困境。

一、基本现状

(一)在矫人员特点

中青年在农村社区矫正对象中占到很大的比例,而且是男性犯罪的较多,女性犯罪的较少。在农村家庭里劳动力主要是男性,男性担负的经济责任偏重,但他们受教育水平不高,学历低找不到好工作,收入不高。农村社区矫正的犯罪虽以故意犯罪为主,但都是一些主观恶性较小的故意犯罪,犯罪类型以纠纷类、财物类等为主,如盗窃罪等。很多人是因为进城务工后,难以找到工作或者是工资水平太低,基于迫切的生活需求而犯罪,还有一部分人因过失触犯法律,总的来说主观恶性不

---

[*] 徐焱,马鞍山市博望区司法局社区矫正中心工作人员。

大。在面对农村社区矫正对象这一特殊群体时，不能机械地照搬城市社区矫正的工作经验，要有所侧重。帮助其解决实际生活中的困难，掌握就业技能、工作技巧，能够有稳定的工作、稳定的收入是更加重要的。

(二) 矫正工作困境

与城市中强调教育帮扶、重视信息化技术、社会参与度高不同。农村地区社区矫正工作较为片面，方式单一，社会参与度不高。

一是工作内容有限，主要侧重于监督管理。我国社区矫正工作的基本内容主要包括三个方面，即监督管理、教育矫正和帮困扶助，社区矫正作为非监禁的刑罚措施，其特点之一就是不仅在社区内对矫正对象进行监管，还要利用社区的环境和整体资源，以及各种力量来对其进行教育矫正，帮助其改掉行为恶习，改善不良的心理，从而帮助其顺利回归社会。因此，应有效地帮助社区矫正对象提高社会生活能力，解决生活和就业问题，尽快恢复生产和生活，顺利回归社会。但是在农村社区矫正工作实践中，工作人员严重不足，大部分工作人员更注重对矫正对象的监督管理，认为最重要的是不出现脱管、漏管、再犯罪等，对教育帮扶工作不重视，也难以开展职业技能培训、就业技巧培训、就业辅导等活动，没有实际解决他们在就业方面的困难。

二是农村社区矫正工作主要依靠司法所的力量。《社区矫正法》颁布实施之前，司法所负责社区矫正日常工作，如今，司法所接受社区矫正机构的委托开展具体矫正工作，但农村社区司法所的压力并未因此而减轻。大部分社区矫正工作人员学历为大专，承担社区矫正、人民调解等多项职能，还兼顾乡政府的其他行政工作，工作压力较大，没有社工和志愿者的帮助。同时，乡镇司法所在社区矫正开展过程中，缺乏强有效的震慑手段，在个别矫正对象觉得自身罪责较轻，认为司法所监督管理较为严格，便拒绝配合工作，甚至公开向社区矫正工作人员威胁挑衅时，因司法所不同于法院、公安等部门有权决定、实施强制措施，工作人员只能对其进行批评教育，在社区矫正对象面前缺乏震慑力，工作开展处于被动局面。在这种情况下，极大地损害了刑罚权威性。

三是矫正措施形式单调，精细化的矫正措施是提高矫正效果的重要条件。矫正对象的活动内容、行为表现、实践情况等是工作人员需要重点掌握的内容。但是由于农村经济发展落后、交通不便、工作人员少、矫正对象多等因素，通常是采用定期学习、定期交思想汇报、电话抽查、在社区矫正信息平台上查询登记等手段。在教育内容上，以法治教育为主，内容单调匮乏。这些手段不灵活、不深入，比较容易被矫正对象钻漏洞。尤其是定期的检查手段，时间间隔较长，很容易发生脱离监管的现象。

二、原因分析

(一) 矫正对象矫正需求差异大，矫正效果较差

农村社区矫正对象的文化水平普遍低下，他们犯罪的原因、手段、目的不同，为确保社区矫正有效性，就需要关注社区矫正对象的真正需要。然而，目前的农村社区矫正工作中，社区矫正对象居住零散，很多社区司法工作人员少，工作强度大，为了提高矫正工作覆盖面，对农村地区所有需要进行社区矫正的对象进行集中教育与个别教育相结合方式，所学的内容大多是相关的法律法规，学习的方式还不够多样化，这种社区矫正工作方式不能照顾矫正对象的矫正需求差异性，难以达到预期的矫正效果，社区矫正对象也难以从中获得良好的矫正教育，不能达到社区矫正目的。[①]

(二) 社区矫正社会力量参与不足，发展乏力

相较于城市地区，农村地区自身存在社区服务功能较差、国家依附性强、资源整合能力不足等问题。因而城市社区矫正工作中社区志愿者、社会工作者等社会力量共同参与的成功经验难以在农村社区矫正工作中有效落实。从当前农村社区矫正工作的实际来看，矫正工作人员队伍构成主要以司法行政机关社区矫正执法人员为主，人民警察、社区志愿者、社会工作者的实际参与度非常低。甚至在部分偏远农村地区，基层乡镇司法所也处在"一人所"的状态，这导致农村社区矫正工作发展乏力，难以达到良好的社区矫正工作水平。

(三) 社区矫正经费不足，矫正工作保障性差

社区矫正工作包括对社区矫正对象进行教育矫正、监督管理、考核奖惩等多项工作任务，这些工作具有系统性、繁杂性，各项工作的有效开展都需要依靠充足的资金支持。但是，农村社区矫正工作主要依靠县级财政经费拨款，难以满足实际工作的资金需求。[②] 再加上农村地区地域范围广阔，矫正对象居住往往较为分散，司法所工作人员调查走访人力、物力耗费较高，进一步加大了社区矫正经费不足的制约性。由于社区矫正经费不足，很多社区矫正项目，如心理矫正、技能培训等都受到了资金制约而难以落实，针对社区矫正对象的教育监管以及帮扶措施不能有效执行，

[①] 杨柳：《社区矫正的制度实践及其完善》，载《法制博览》2020年第7期。
[②] 田作京、吴艳华：《农村社区矫正的实然与应然——兼论社区矫正中村民的有效参与》，载《河南司法警官职业学院学报》2019年第4期。

矫正工作难以得到保障。同时，由于社区矫正经费不足，在很大程度上也影响了社区工作者、志愿者的参与意愿，阻碍了社会力量的参与。

（四）社区矫正工作专业人员不足，专业程度有待提升

从司法行政工作人员数量上来看，乡镇司法所大多配置两名到三名工作人员，部分司法所仅有一名工作人员。在这种情况下，司法所工作人员不仅要完成农村地区法治宣传教育、法律援助、人民调解以及其他乡镇党委交代的工作，同时还要承担农村社区矫正工作执行任务。因此，乡镇司法所工作人员承担着过重的社会管理职能，在开展社区矫正工作的过程中，往往表现出"心有余而力不足"的疲软状态，影响工作开展。从社区矫正工作人员专业能力上看，社区矫正工作对司法人员的专业胜任能力要求较高，许多社区矫正工作明确要求要公务员完成。但目前乡镇司法所工作人员实际上虽然具有相应的执法资格，但大多并未参加过专业的社区矫正技能培训，相关工作经验不足。社区矫正工作不仅是刑罚执行工作，更具有显著的社会属性，其专业性要求较高，要求工作人员不仅具有较强的法律素质、政治素养、业务素质，同时还要具备矫正罪犯工作和社会工作的专业技能。因此，农村社区矫正工作人员专业性较差，也影响了社区矫正工作效果。

（五）社区矫正宣传教育难度大，农村群众不理解

在广大农村，人们接受新鲜事物用得最多的媒体就是电视，有些年纪大的村民至今没有用上智能手机，有工作人员进村宣传法律知识，很多群众忙于农活无心学习。传统农村社会属于熟人社会，同一地域人与人之间的关系较为密切，人情纽带作用更强。因此，农村社区矫正需要农村群众的理解和支持，更好地帮助社区矫正对象转化和回归，建立和谐稳定的社会关系。然而，由于社区矫正宣传教育工作方式较为单一，农村群众并不能充分理解社区矫正工作的内容、性质以及其重要意义，对社区矫正对象有较强的防范、担忧和排斥心理，在一定程度上影响了社区矫正工作的顺利展开，更不用说主动参与到社区矫正对象的矫正工作中来；甚至反而会发挥人情纽带的反作用，不利于社区矫正对象重新回归社会。

三、有关建议

（一）开展专业矫正需求评估

实施个别化矫正社区矫正工作应当真正关注社区矫正对象的"矫正需求"，实现"应需而矫"，才能达到良好的矫正效果，帮助社区矫正对象快速融入社会。为实现

对不同社区矫正对象对症下药，应为其提供针对性的矫正措施。农村社区矫正工作人员在开展工作前，应当对矫正对象进行专业的矫正需求评估，通过分析其犯罪原因、犯罪目的、犯罪手法等，了解其需要矫正的侧重点，如对法治意识欠缺的矫正对象要加强普法教育，使其深刻认识到自身行为是违法的，并找到相应的法律依据，指导其学习和提高，从而使其能够真正认罪、悔罪，达到良好的矫正效果。又如，对欲望性犯罪人，在矫正工作中，既需要加强对犯罪人的惩处措施，防范其再犯风险，又需要培养其尊重他人、遵循法律的正直感和自我约束，并加强对其生存能力指导，从根源上消除其通过不法渠道满足自身欲望的行为，消除犯罪因素。通过对社区矫正对象进行专业化矫正需求评估，对其实施个性化矫正，从而实现良好的矫正效果。

（二）积极引入社会力量参与

积极推进政府购买社会服务社区矫正是一种严格的、专业的执法工作，其主要在社区中进行，以司法行政机关为主导，以各种社会资源为依托。因此，农村社区矫正也不能脱离于社会力量的参与。当前，农村社区矫正中社会力量参与度较低，主要是由于农村地区缺乏政府购买社会服务的氛围。农村地区政府应当重视加强政府购买社会服务，为各类社会工作组织、志愿者组织等提供活动发展的平台，让专业的人来做专业的事，在农村地区，可以充分借鉴"枫桥模式"，依托村民自治，整合农村社会资源，培育农村社会组织，开展社区矫正工作。依托村民自治，是以公共权力为主导，由农村基层群众建立自治组织，对社区矫正对象进行矫正。

（三）强化农村地区经费保障

有序推进社区矫正工作强有力的资金支持是保证农村社区矫正工作有序推进的基础保障。各级地方政府应当充分认识到农村社区矫正工作的重要性，进一步加大对农村社区矫正工作的财政支持力度，同时广泛吸收企业、社会团体等社会渠道资金，缓解社区矫正工作经费紧张的问题。一方面，地方政府应建立农村社区矫正经费动态增长机制，既要加强当地财政部门对农村社区矫正经费的支持力度，也应加大中央财政对地方社区矫正制度经费向农村地区的划拨。另一方面，拓宽农村社区矫正经费来源渠道，合法吸收农村社会组织机构资金到社区矫正工作中。同时，要求各地制定社区矫正实施细则，明确政府、社保、民政等相关部门参与社区矫正的工作职责，实现多部门共同参与，减轻专项经费紧张压力。

（四）建立专业化社区矫正队伍

农村社区矫正工作迫切需要建立一支专业化的矫正队伍，以提高社区矫正工作效率。首先，在基层司法所经费允许的条件下，加强对司法工作人员专业技能培训，可以通过邀请或上级指派专业人员对社区矫正工作人员进行专业化培训，使其掌握社区矫正工作和社会工作技能。其次，在农村社区矫正队伍建设中，可以引入政府购买工作机制，向社会购买专业化服务岗位和服务项目，从而既可以达到让专业人做专业事的目的，还可以增强社会力量在社区矫正工作中的参与度。最后，社区矫正工作人员应当重视提升自身执法素质，加强学习社区矫正法律以及相关管理理论，转变工作中的重刑思想，尊重和保障社区矫正对象人权，在矫正工作中"宽严相济"，注重"以人为本"理念，关注对矫正对象的心理矫正，更好地帮助其重返社会。[1]

（五）加大普法教育宣传

营造良好社区矫正对象转化和回归的社会氛围。农村地区观念意识上的落后对社区矫正对象重返社会造成了一定的影响，针对这一问题，关键在于加大对农村群众的普法教育，正确认识社区矫正相关法律法规。首先，各级基层部门应当加强对农村的法治宣传教育，开展社区矫正法律法规普及活动，鼓励农村地区大学生、志愿团体等参与到普法宣传队伍中来。其次，丰富创新宣传方式，加强对各类媒体资源的运用，用生动鲜活的实际案例对农村群众进行普法教育，通过具体、鲜活、浅显的案例讲解，使农村群众了解社区矫正的重要意义，正确认识社区矫正对象，从而缓解农村群众对社区矫正对象的抵触心理，增强对社区矫正的认同感，支持农村社区矫正工作的展开，营造有利于社区矫正对象转化和回归的社会氛围。

---

[1] 高鑫：《关于农村社区矫正工作的探究》，载《法制与社会》2018年第33期。

谈农村牧区社区矫正如何融合民俗道德教育

——以内蒙古赤峰市巴林右旗为例

麻志远[*]

依法治国是党领导人民治理国家的基本方略，以德治国则是在依法治国的基础上，对人们的思想道德提出的更高要求。以德治国属于思想建设、精神文明等更广阔的范畴，社会主义道德水平的普遍提高又必然促进社会主义法治的有效实现。因此，"法治"与"德治"都是实现国家建设、促进社会发展所必不可少的手段，二者密切联系、相互支持，共同推动社会的进步。习近平总书记指出，要强化道德对法治的支撑作用。坚持依法治国和以德治国相结合，就要重视发挥道德的教化作用，提高全社会文明程度，为全面依法治国创造良好人文环境。[①] 依法对社区矫正对象开展教育帮扶，更离不开法治教育和道德教育的相互配合和依存。

"法律是成文的道德，道德是内心的法律。法律有效实施有赖于道德支撑，道德践行也离不开法律约束。法治和德治相互补充、相互促进、相得益彰，二者是辩证统一的关系。"[②]《中华人民共和国社区矫正法》（以下简称《社区矫正法》）第三十六条规定："社区矫正机构根据需要，对社区矫正对象进行法治、道德等教育，增强其法治观念，提高其道德素质和悔罪意识。对社区矫正对象的教育应当根据其个体特征、日常表现等实际情况，充分考虑其工作和生活情况，因人施教。"基于教育帮扶等相关法律规定，对社区矫正对象规范有序地开展法治、道德、心理健康教育、职业技能培训是矫正教育的常规内容，其中道德教育是重点之一。

巴林草原历史悠久，是我国古代北方人类文明的重要发源地之一，在蒙古族发展史上占有一定的地位。草原各族人民世代繁衍生息在这片美丽富饶的土地上，创造了辉煌的文化。[③] 笔者长期在基层一线工作，以内蒙古赤峰市巴林右旗为例，对农

---

[*] 麻志远，内蒙古赤峰市巴林右旗司法局社区矫正股四级主任科员。
[①] 习近平：《习近平谈治国理政》（第二卷），外文出版社2017年版，第134页。
[②] 崔耀中：《坚持依法治国和以德治国相结合》，http：//www.wenming.cn/ll_pd/zz/201411/t20141105_2273226.shtml，最后访问时间：2022年6月21日。
[③] 芒来、那顺孟和：《巴林右旗文史资料（第三辑）巴林史话专辑之序言》，内蒙古文化出版社1997年版，第1页。

村牧区社区矫正如何融入民俗道德教育问题，进行初步探讨，以利于基层司法所根据社区矫正机构的委托，在承担社区矫正相关工作中，提高效率、有序操作、有的放矢，努力推动社区矫正工作向规范化、精细化、智能化发展。

一、学教优先，引导农村牧区社区矫正对象融入学习教育氛围

教育帮扶是社区矫正工作的核心和关键，学习教育是全面推进行为与心理矫正、提高矫正实效的重点环节。通过全程强化教育学习，增强社区矫正对象的法治观念、道德素养和改造意识，为社区矫正对象以积极的心态接受改造、预防重新违法犯罪、顺利融入社会指明方向。

（一）利用每月报到，集中教育学

从实际出发，将集中报到、见面点验与集中教育、分类管理、风险评估有机结合起来。在西拉沐沦、宝日勿苏等苏木（乡）镇举办的集中教育活动中，执法人员用蒙汉双语分析讲解日常监管、社区服务、考核奖惩等相关规定，驻地检察室工作人员全程参与指导。活动现场还邀请旗法律援助中心执业律师为社区矫正对象提供法律咨询并讲解申请法律援助的条件和程序等。

（二）利用教育读本，按部就班学

统一采购《社区矫正对象教育学习读本》免费发放使用，并按年度重点工作要求，在继续推行"一日化"集中教育过程中全面学习研读。通过多种方式确保每名社区矫正对象每月参加不少于一天的集中教育和社区服务。推广分段教育和分类教育，有针对性地开展个别教育，增强教育矫正的精细化。达尔罕街道的社区矫正对象王某文化水平低下，不能有效阅读，更不能完成配套学习效果评价"作业"及阶段检测"试题"。执法人员结合分段教育实际，抽时间给王某"补课"，不厌其烦、按篇逐页地讲解，并辅导其完成"作业"，把思考与练习题目分析讲授给他听，按其理解、回答的言语内容，"笔录式"地反馈给他听，直至接近其学习理解的本义后，由工作人员代笔完成"作业"及"试卷"。多年未进行文化学习的王某竟然培养起了学习兴趣，期满解除后仍对工作人员的帮教感念不忘。

（三）利用社会资源，结组同步学

融合社会资源，创新管理模式，发挥矫正小组作用。及时为每一名社区矫正对象建立矫正小组，合理配置成员结构，明确职责任务。西拉沐沦、索博日嘎等苏木（乡）镇利用实地查访等契机，邀请家属代表和矫正小组部分成员与社区矫正对象共

同参加集中教育。由旗社区矫正机构工作人员、旗检察院驻苏木（乡）镇检察室人员对家属代表和矫正小组部分成员进行业务培训和法治辅导。矫正对象及其矫正小组部分成员代表，在集中活动现场发言表达心声，在矫正对象中引发强烈共鸣。对积极配合监管、参与公益活动表现较好的矫正对象及其矫正小组成员进行现场表扬，并将日常表现情况纳入分类管理、个别化矫正、风险评估等考核范畴。

（四）利用调查走访，入户帮扶学

司法所工作人员利用包村下乡及参与重大民俗活动、传统节日等时机，积极开展入户走访，主动上门开展帮助教育学习。巴彦塔拉、大板等司法所积极开展实地查访，通过监禁与非监禁刑罚的现实对比，深入浅出地讲解宽严相济政策的优势所在，激励社区矫正对象要认罪服法、配合改造、珍惜机会、完善人生。同时加大舆论宣传力度，增强农牧民群众对社区矫正对象的认同感，消除群众对社区矫正工作的顾虑，并进一步做好解除矫正人员的衔接工作，确保特殊人群顺利回归社会、融入社会。

（五）利用法律文书，案例分析学

通过报到入门教育、首次谈话等形式，对社区矫正对象始终灌输判决书等法律文书就是人生教科书的理念。让矫正对象明白，法律文书"教材"意义重大，对未来人生的指导作用甚至超越学校课本。社区矫正机构工作人员除对其例行诫勉外，还重点对社区矫正对象在家庭生活、发展生产、就业就学、社会交往等方面如何防范风险、提升守法意识提出了"点对点"的指导建议，引导社区矫正对象身体力行，争当"尊法、学法、守法、用法"和谐公民，增强其自我保护能力，完成"以身试法"到守法有责的升华。

（六）利用法治创建，普法宣传学

"以身试法"也是一种"社会资源"，不可偏废。亚里士多德认为，守法是法治的关键。公民的守法精神不能依赖于自发形成，而须经长期的培养。[①] 在教育学习中，将交通肇事、信用卡诈骗、非法占用农用地、滥伐林木等罪责的矫正对象纳入义务普法宣传员队伍，现身说法、以案释法，教育周围农牧民群众，争做社会守法公民。对于矫正对象来说既是教育他人，也是感化自身融入社会。幸福之路、索博日嘎等司法所还鼓励具备民族文艺特长的社区矫正对象，利用基层群众文化活动阵地，开展民族传统教育，弘扬主旋律、丰富业余生活、修复社会关系。

---

① 石泰峰：《西方法律史》，中共中央党校出版社2001年版，第29页。

二、团队带动，成立特殊人群内部学习教育和志愿服务活动组织

（一）组织先导

设立社区矫正对象内部组织即"社区矫正心悦读友会"与"法润心田志愿者社区服务队"。为提高社区矫正对象教育矫正、社区服务质量，持续强化教育学习、强化行为矫正，依据《社区矫正法》及其实施办法的有关规定，为社区矫正对象参加教育学习、公益活动、社区服务提供根本性的组织保障。荀子认为，人的生存离不开社会组织。若没有社会组织中的合作与互相支持，人就不可能改善自己的生活……人需要社会组织。为使社会组织起来，人们需要有共同的行为准则。[①]

社区矫正专业内部组织由社区矫正机构主办，负责牵头、协调开展业务。司法所协助组织、落实、操作具体活动事项。司法所在社区矫正机构的带动、引领、指导下，遵循社会管理规律，运用社会工作方法，整合社会资源和力量，对社区矫正对象进行学识、思想、行为、心理的教育改造。确保在册矫正对象均积极参加学习教育，有劳动能力的社区矫正对象，参与社区服务、公益劳动，共同修复社会关系，培养社会责任感、集体观念和纪律意识。

（二）以读会友

书籍是人类知识的载体、智慧的结晶、进步的阶梯，明确每名社区矫正对象都是"读友"。通过读书的方式，拓宽视野、丰富知识、明理知耻、崇德向善、修养身心。《中华人民共和国社区矫正法实施办法》（以下简称《社区矫正法实施办法》）第四十三条第三款规定："社区矫正机构、司法所根据需要可以采用集中教育、网上培训、实地参观等多种形式开展集体教育；组织社区矫正对象参加法治、道德等方面的教育活动；根据社区矫正对象的心理健康状况，对其开展心理健康教育、实施心理辅导。""心悦读友会"就是让每名"读友"有更多机会亲近图书，以读书求新知，以读书求进步，以读书求发展，以读书传承民俗德育正向精神，形成"多读书、读好书、好读书"的良好氛围和文明风尚。

1. 鼓励"读友"为树立法治理念而读书

"徒善不足以为政，徒法不能以自行。"法治理念是理性化的法治观念，是指导人们进行法治实践的思想基础、基本原则和价值追求。全面树立法治理念有利于促进正确法治观念的形成，有利于理解法律的内在精神，有利于养成依法办事的行为

[①] 冯友兰：《中国哲学简史》，赵复三译，文化发展出版社2018年版，第137页。

习惯。社区矫正对象更应当自觉树立社会主义法治理念，以习近平法治思想为指导积极参与社会建设实践，为社会主义政治文明、民主文明、生态文明建设做出应有的贡献。

2. 引导"读友"为修身养性而读书

让"读友"一起畅游书海，坚持以学修身、以学增才，将读书融入个人的工作、学习和生活之中，尤其是要把法治学习作为日常生活不可或缺的一部分，深刻理解法律条款的丰富内涵，将行为矫正与心理矫正相结合，以读书丰富生活情趣，以读书丰富法治文化素养。

3. 助力"读友"为提高社会适应能力而读书

司法所把"心悦读友会"读书活动与教育矫正活动有机结合，提供必要的场所，通过读书小组、读书讲座、内部学报投稿等形式，开展丰富多彩的读书学习活动，努力提高读书活动质量，让全体社区矫正对象通过读书缓解心理压力，让"读友"通过读书正确明辨是非、严以律己、增强本领、树立信念，提升自我保护意识，提升谋生技能，提升社会认同，提振融入社会的信心。

（三）修复社会关系

志愿服务是现代社会文明进步的重要标志，是加强精神文明建设、培育和践行社会主义核心价值观的重要体现。《社区矫正法》第四十二条规定："社区矫正机构可以根据社区矫正对象的个人特长，组织其参加公益活动，修复社会关系，培养社会责任感。"为提高行为矫正质量，更好地组织、协调、指导全体社区矫正对象志愿服务活动，确保社区矫正对象每月参加社区服务规范化，成立的"法润心田志愿者社区服务队"是志愿服务活动组织，是汇聚社会资源、传递社会关爱、弘扬社会正气的重要载体，是形成向上向善、诚信互助社会风尚的重要力量。

伴随着农村牧区新时代文明实践活动的广泛开展，志愿服务事业快速发展，志愿服务组织不断涌现，在推进精神文明建设、推动社会治理创新、维护社会和谐稳定中发挥了重要作用。"法润心田志愿者社区服务队"的宗旨是"繁荣法治、服务社会、传播文明"，倡导"奉献、友爱、互助、进步"的志愿者精神，为敬老扶幼、环境保护、公共场所卫生等提供社区志愿服务。坚持积极引导发展、严格依法管理的原则，由社区矫正机构指导志愿者社区服务队将社区矫正对象志愿者具体组织起来开展各项公益活动。

三、天然优势，将传统民俗文化优秀成果融入法治教育

（一）内化于心

自然界的和谐是遵从一定的秩序运行而达到的。春夏秋冬，顺应天时，农业才可获得理想的收获。违背了合理的秩序，便农事无收，人际紊乱。因此，在理想的国度必应有理想的社会秩序。基于这种认识，中国文化中产生了独有的伦理观念。所谓伦理，就是人际关系的准则和价值尺度、道德规范。① 借助农村牧区那达慕、祭敖包等传统民俗、文艺活动，将传统伦理、家庭观念、自然认知与社会和谐的优秀理念，与现代法治精神融会贯通，普法与德育一举两得。改变过去单一的宣传方式，通过排练普法宣传小品、短剧等群众喜闻乐见的形式，把法律知识贯穿在节目中，既满足群众娱乐需求，又宣传法律法规知识。"三个巴林人当中，就有一个是歌手""草原的鲜花多，巴林的民歌多"（蒙古族谚语），巴林蒙古族人感情豪放热爱生活，因而产生了许多赞美生活的歌曲。西拉沐沦等苏木（乡）镇依靠基层群众文化活动阵地，开展民族传统教育、弘扬主旋律、丰富业余生活、融洽社区矫正对象与村民之间关系。

（二）外化于行

巴林右旗巍峨耸立的赛汗罕乌拉高峰，奔腾不息的查干沐沦河水，蕴藏着知识的升华，积蓄着文化的沉淀。多少年来，虽然高山上的岚雾飘远了，平原上的河水流去了，但生活在草原上的人们所创造的轰轰烈烈的历史业绩，生动感人的历史事件，可歌可泣的历史人物，繁花茂草般的历史轶闻，却一代一代地流传下来。② 蒙古族人的传统娱乐，一般为赛马、摔跤、射箭、音乐、舞蹈等，赛马、摔跤、射箭历史悠久，早在13世纪就闻名于世。那时弓箭是狩猎的工具，骑兵把弓箭作为进攻和防御外敌的武器，摔跤是训练战士体能的手段。从那时起，蒙古族各部中都有"那达慕"（游艺）活动。而赛马、摔跤、射箭这三项技能，又称为蒙古族"男子汉的三项竞技"，是衡量男子有无本事的标志，也是各种庆祝活动中不可缺少的娱乐形式。③ 通过学教活动，引导社区矫正对象以传统竞技技能之"礼"净化人的感情，发挥

---

① 苏叔阳：《中国读本》（经典版），海豚出版社2015年版，第146页。
② 芒来、那顺孟和：《巴林右旗文史资料（第三辑）巴林史话专辑之序言》，内蒙古文化出版社1997年版，第1页。
③ 王兴贵、穆松：《巴林右旗文史资料（第三辑）巴林史话专辑之巴林习俗趣话多》，内蒙古文化出版社1997年版，第341页。

"礼"的纯洁、典雅的内化作用,同时教导其施于礼节、行于礼仪时,融入传统伦理、民俗、德育的正向激励作用,充分发挥礼节体现做人做事文化教养的外化作用。

四、融合资源,让民俗德育教育融入更广阔的法治文化环境中

(一) 文化基础

在漫长的历史发展进程中,各民族由于所处的自然环境和社会生产、生活方式的不同,因此形成了各自不同的风俗习惯。各种风俗习惯在不同程度上反映着各民族的历史传统、经济生活、文化艺术和心理状态,成为不同民族的一种标志。各少数民族的风俗习惯受到党和人民的尊重;同时,随着经济生活的改善和科学文化水平的逐步提高,风俗习惯也在发生变化。同样,居住在巴林蒙古民族的风俗也在不断地发生变化和改进。[①] "是百灵鸟就要唱出最美的歌,是巴林人就要讲究礼貌""有桥的河流显秀美,有客的人家显和美""有朋友的人游遍草原,无朋友的人道路窄小",这几句蒙古族谚语生动地说明了草原民族是一个热情好客、豪放爽朗、讲究礼貌的民族。

(二) 法治文艺

进一步促进法治文化融入农村牧区文化生活工作中,在农村牧区广泛开展主题创建活动,并组织法治文艺宣传志愿队伍,深入农村、牧区、草场、田间、地头,采取农牧民群众喜闻乐见的形式宣讲法律知识。进一步发挥基层法律工作者的作用,定期开展针对农牧民群众的法律咨询和法律服务活动。巴林右旗同步壮大专业普法力量,先后成立"法治乌兰牧骑"和"法韵德音"好来宝普法宣传大队。依托"中国好来宝之乡"的独特优势,借助社会组织力量,创新法治宣传模式,将法治宣传与"好来宝"说唱艺术深度融合,打造具有地域特色、民族特色的法治宣传品牌。普法宣传队伍深入贯彻落实习近平总书记对法治宣传工作提出的"要创新宣传形式,注重宣传实效"的要求,着力满足农村牧区群众不断增长的法律需求。"好来宝"汉语意为"联韵"。这种民间艺术形式很受蒙古族人喜爱。它韵律和谐、节奏鲜明,演唱起来气氛浓烈、引人入胜。它虽有诗的韵,但又不像诗歌那样凝重含蓄,讲究顺口合调通俗易懂。演唱"好来宝"的形式不拘,可根据需要进行多种多样的变化。[②]

[①] 穆松:《巴林右旗文史资料(第一辑)之巴林蒙古族风俗习惯概述》,巴林右旗鑫源印刷厂印刷1985年版,第59页。

[②] 王兴贵、穆松:《巴林右旗文史资料(第三辑)巴林史话专辑之民间艺术绽奇葩》,内蒙古文化出版社1997年版,第331页。

寓教于乐、雅俗共赏、特色鲜明。

（三）法治文明

巴彦琥硕、查干沐沦等苏木（乡）镇结合地域区划、农牧民群体、需求事项等实际，以法治为抓手，弘扬文明乡风。积极推行"两所一庭一办"矛盾纠纷联调机制，进一步加强农村牧区法律服务供给，为社会治理体系和治理能力现代化建设提供有力的法治保障。组织法庭、派出所、司法所及普法宣传队伍常态化开展普法宣传，不断提高村民法律素养，为法治乡村建设营造良好氛围，形成敬畏法律、崇尚道德、引领文明新风尚的鲜明导向。

五、内部挖潜，以基地建设推动民俗德育教育发展

注重挖掘人文资源，在旗民俗博物馆设立"社区矫正传统文化思想教育基地"，进一步强化特殊人群教育帮扶，将社区矫正对象打造成传统文化思想教育基地的"学员"。

（一）注重选址

基地协办单位旗民俗博物馆坐落在巴林王府、康熙行宫古建筑群内。信步其间，庭院古朴，绿荫翠幕，微风习习，堰头游廊，屏门垂花，雀替如意，更能体味社会结构规制那份特有的凝重。走进基地，徜徉布展，传统工艺，"非遗"器具，自然崇拜，草原民俗，生存智慧，"学员"更能深刻体会北方游牧民族文化的粗犷与细腻、自然与休闲之美。

（二）合理选题

2018年的启动仪式上，首批"学员"在基地接受实地体验教育，立即获得明显实效。"学员们"在工作人员的带动下，严格执行参观须知，自觉爱护公共设施、保护环境卫生、遵守参观秩序，列队按序参观展厅，悉心听取讲解员的解说。学习内容以巴林民俗为主题，这是一部浓缩了巴林右旗生态变迁史与草原文明史的实景"百科全书"。"宗教信仰""男儿三艺"升华了德育体育的人性力量；"马背文化""传统手工器具"衍生了生活艺术的传统美学；"饮食器具""蒙医药具"撷取了草原民族的聪明才智；"奶食文化""民族服饰"透射了生存智慧的光芒。"学员们"兴趣盎然、流连忘返，均表示获益匪浅、不枉此行，要将集中教育收获体现到思想汇报中，将收获渗透到日常工作生活的点滴之中，更加珍视宽严相济刑罚政策。

（三）形成合力

巴林右旗司法局与文化广电体育旅游局结为"伙伴"，将旗民俗博物馆打造为民俗德育学习教育的集合体，将传统文化教育基地作为旗社区矫正中心开展思想政治教育的延伸和补充，形成以旗级传统文化思想教育基地为中心，辐射、带动旗级警示教育、集中教育、公益活动等其他社区矫正基地，基地体系建设已初具规模，初步达到规范建设、提升形象、完善体系的标准，能为集中教育、个别化教育、精细化教育提供多层次、多视角的活动场地，推动社区矫正工作创新发展。

六、创建载体，打造共建共治共享长效机制的范例

（一）合作基础

基地以旗民俗博物馆为依托，合作设立集社区矫正刑罚执行特点与传统文化草原民俗特色于一体的旗级社区矫正传统文化思想教育基地，共同致力于繁荣全旗法治文化建设，实现树立法治思维与传统思想教育相结合、汲取民俗文化营养与丰富教育矫正内容相结合、文化传承增强民族大团结认同感与公平正义基本价值取向相结合、行为矫正与心理矫正相结合，矫正教育、集中教育、强化体验教育，将社区矫正对象改造成为守法公民、和谐公民。

（二）共同赋能

1. 基地合作方责任

一是以爱国主义教育和传统文化教育为主线，协助组织社区矫正对象集中体验、学习、传承传统民俗文化，引导、教育社区矫正对象树立民族团结意识，树立热爱祖国、热爱草原、热爱北疆的人生观和价值观。二是定期组织开展传统文化教育活动，在职责范围内为"学员"群体提供场所、讲解、教育、体验等便利。三是有计划地举办专题讲座、民俗研讨、"非遗"保护等活动，普及传统文化知识。结合实际情况可走进"学员"矫正一线开展宣教活动。

2. 矫正机构责任

一是会同基地及早拟定入馆学习方案，定期有计划地组织社区矫正对象集体进行传统文化教育参观学习，把传统文化教育基地作为开展思想政治教育的延伸和补充。二是为巴林右旗的传统文化宣教活动提供支持和便利。三是在社区矫正对象群体中加强志愿服务意识教育，力争壮大旗民俗博物馆在收藏、展览、解说、学术交流等方面的志愿服务队伍。四是结合实际情况积极参与、配合传统文化教育活动等。

3. 联席联创机制

定期反馈信息，交换意见，以促进各项活动的顺利开展，并定期开展座谈、总结、交流，宣传工作经验和典型做法。所有开展的活动都是本着公益服务性质，不涉及经济利益。

（三）保持优势

携手合作共建基地，优化集中教育方式形式、丰富学习教育内容，提高"学员"对地方文化的认同感，激励"学员"融入社会的归属感。

1. 打好基础

设立旗级社区矫正传统文化思想教育基地，是全力推进由"底线安全观"向"治本安全观"转变的重要举措。建好基地是前提，是第一步，与基地合作单位共同制定操作规程、拟定计划、完善流程、更新内容、丰富素材，把基地体验教育与日常监管教育有机结合，不断增强基地体验教育的针对性和实效性。

2. 构建平台

以建立教育基地为契机，搭建起交流互动的平台，努力把教育基地建设成为社区矫正对象改造的场所，建设成为锻炼社区矫正工作队伍培训能力的场所。加强沟通联系，多学习、多请教基地工作人员在现场讲解、体验教学等方面的经验做法，本着就近、便捷、高效的原则，做好矫正对象的思想教育工作。

3. 融合发展

充分发挥法治宣传教育的职能优势，让矫正对象由被动集中学习向主动融入志愿服务转变，激发"学员"兴趣，扭转"学员"参与集中教育的抗拒心理，促动"学员"既要树立法治意识、服刑意识，又要树立矫正期内全程学习教育、终身学习的意识，推动社区矫正工作融合发展。

（四）传承技艺

民族手工业是传承弘扬中华文化、促进各民族交往交流交融的重要载体。巴林右旗有效利用民俗博物馆与民族手工坊经济实体的协作关系，推荐有就业意愿、有手工技能、乐于传承传统生产技艺的矫正对象，到民族手工坊学徒、就业，进一步将职业技能培训与民族手工技艺传承结合，将灵活就业与手工艺人培养有机结合起来。促进民族手工业创新发展，有助于推动民族地区调整优化产业结构、巩固拓展脱贫攻坚成果同乡村振兴有效衔接，不断坚定各族群众对中华文化的高度认同感。

根据巴林右旗辖区面积广阔、部分苏木（乡）镇远离中心城区、与五个旗县接邻边界线较长、人口密度小、人员流动性较大等地域特征，针对社区矫正对象生活生产方式、成长环境、交际范围等不同特性，严格规范刑罚执行活动，注重民俗德育融合，积极开展感化教育，人性化监管手段、一线教育矫正、实地社会帮扶等多措并举，初步达到安定生活、教化意识、提高素养、纠正恶习、完善人生的矫正目标。

传统文化始终是中华民族自强不息的动力源泉。把传统文化思想融入社区矫正理念，就是要将法治文化与传统民俗文化、德育教育融合起来，强化传统文化的感召引领作用，弘扬尊重保障人权的法治基本精神，夯实教育矫正的社会文化基础。

关于社区矫正精细化监管的思考
——以杭州市萧山区 Y 街道为例

孙超　顾康康[*]

社区矫正作为我国司法体制和工作机制改革的重要内容，于 2003 年 7 月开始试点，2011 年《中华人民共和国刑法修正案（八）》对社区矫正制度予以确认，2012 年《中华人民共和国刑事诉讼法》对社区矫正制度进一步完善，2019 年 12 月 28 日正式出台《中华人民共和国社区矫正法》（以下简称《社区矫正法》），并于 2020 年 7 月 1 日正式实施，标志着我国的社区矫正进入一个新的历史时期。

《社区矫正法》的出台为我国社区矫正工作提供了统领性法律依据，体现了现代保障人权、宽严相济、科学矫正、社会参与的刑罚执行精神。迄今，《社区矫正法》颁布实施已满两年，社区矫正工作被推进到一个全新的发展阶段。加强社区矫正精细化监管，对于全面贯彻落实《社区矫正法》，推动社区矫正工作更高水平发展，进一步发挥社区矫正在犯罪治理与社会治理中的作用具有重要意义。

一、《社区矫正法》的颁布对社区矫正实务的重大意义

（一）提供完善的法律支撑

社区矫正是让矫正对象在正常的社会环境下生活、工作，通过对其开展相关的监督管理和教育帮扶，在矫正期限内消除其再犯罪的不稳定因素，促进其回归社会。但在《社区矫正法》出台之前，我国社区矫正工作的开展只能依据一些地方性文件、全国性文件以及零零散散的法律条款，法律依据较为分散，同时司法行政机关缺少一个合法身份，社区矫正工作存在法律基础不足的问题。《社区矫正法》的出台，充分肯定了社区矫正工作开展 16 年以来取得的成绩，在总结吸收社区矫正工作改革、发展和创新中取得的成果和积累的经验的基础上进一步确立了社区矫正制度的法律

---

[*] 孙超，杭州市萧山区司法局瓜沥司法所所长。顾康康，杭州市萧山区司法局盈丰司法所社区矫正专管员。

地位和基本框架，弥补了我国社区矫正在立法层面的空白，为社区矫正工作的顺利开展提供了明确的立法授权、合理的条文内容和充分的制度保障，对推动社区矫正工作的法治化、制度化、规范化具有十分重要的意义，极大地促进了我国社区矫正工作的进一步开展。

（二）贯彻人权保障的立法理念

我国《社区矫正法》第四条明确规定"尊重和保障人权"，《宪法》第三十三条规定："国家尊重和保障人权"。宪法是国家的根本法，同时也是社区矫正法制定的依据，因此"尊重和保障人权"是开展一切社区矫正工作的前提和基础。无论是监督管理还是教育帮扶，都必须尊重和保障社区矫正对象的人权。在此基础上，将更有效地促进社区矫正对象顺利回归社会。例如，关于执行地的规定，增加了"社区矫正执行地为社区矫正对象的居住地"的规定，让社区矫正对象能够在更熟悉的地方进行矫正，有助于其生活、工作的稳定，也有利于其亲属、朋友参与到社区矫正过程中，可以帮助社区矫正对象更加顺利地融入社会。

（三）作为新时代中国特色社会主义法律体系的重要补充

从世界范围来看，我国《社区矫正法》是世界上第一部由国家立法机关制定的规定社区矫正的专门法律。这一法律的颁布实施不仅会极大地促进我国社区矫正工作的开展，也向全世界各国开展社区矫正工作展示了中国范本，贡献了中国智慧，体现了中国自信，是新时代中国特色社会主义法律体系的重要补充。

二、社区矫正精细化监管的定义

简单来说，社区矫正精细化监管主要包括实施分类管理与个别化矫正两大方面的内容。

（一）分类管理的内涵

社区矫正分类管理制度是指对不同类型的社区矫正对象采取有针对性的方法和措施进行管理，是合理划分社区矫正对象的类型并针对不同类型社区矫正对象的特点实行差异化管理的制度。这种管理制度有助于合理配置社区矫正资源，深化社区矫正管理，增强社区矫正工作的针对性、科学性和系统性。

该制度在《中华人民共和国社区矫正法实施办法》（以下简称《社区矫正法实施办法》）第二十一条第一款中被明确规定："社区矫正机构应当根据社区矫正对象被判处管制、宣告缓刑、假释和暂予监外执行的不同裁判内容和犯罪类型、矫正阶段、再犯罪风险等情况，进行综合评估，划分不同类别，实施分类管理。"根据被判处的刑罚和服刑状态，可以将我国的社区矫正对象划分为管制犯、缓刑犯、假释犯和暂予监外执行犯，这是最基本的社区矫正对象分类。

（二）个别化矫正的内涵

个别化矫正是相关法律和文件明确规定的内容。《社区矫正法》第三条和第二十四条都对"个别化矫正"作出了规定。《社区矫正法实施办法》第十九条在规定矫正小组的事项时也指出，要"按照矫正方案，开展个案矫正工作"。

落实个别化矫正的根本途径，是在社区矫正中实行个案管理。社区矫正中的个案管理是指根据每个社区矫正对象的具体情况组织开展相关社区矫正工作的方法与活动。大体而言，社区矫正中的个案管理，主要由进行个案评估、制订矫正方案和进行个案矫正等环节构成。

社区矫正中的个案管理具有个别性、综合性、动态性和整合性的主要特征。个别性是指针对每个社区矫正对象个人的不同情况开展相应的社区矫正工作的特性；综合性是指社区矫正中的个案管理包括多方面的内容、问题和工作等的特性；动态性是指在社区矫正工作中要根据社区矫正对象本身及相关情况的变化而调整个案管理工作内容的特性；整合性是指在社区矫正工作中组织、协调各种有益的社会资源开展个案管理工作的特性。

三、在社区矫正中落实精细化监管的必要性

（一）在社区矫正中开展分类管理的必要性

1. 是执行法律规定的必然要求

对社区矫正对象实行分类管理，是严格依法办事、准确执行刑事法律规定的必然要求。根据刑事法律规范体系，我国目前的社区矫正对象包括管制犯、缓刑犯、假释犯和暂予监外执行犯这四类罪犯，分别被规定了不同的刑罚执行或者矫正内容。

2. 是提高管理效果的必然要求

在社区矫正实务中，不同类型的社区矫正对象在犯罪类型、刑罚或者受刑事处分的种类、社会危害及个人风险程度、就学谋生情况、周围环境状况等方面都存在很大的差异。要增强管理工作的针对性，提高社区矫正管理的效果，必须对不同类型的社区矫正对象实行分类管理。

3. 是提高改造质量的重要途径

《社区矫正法》第一条对社区矫正法的立法宗旨作出了明确规定："为了推进和

规范社区矫正工作,保障刑事判决、刑事裁定和暂予监外执行决定的正确执行,提高教育矫正质量,促进社区矫正对象顺利融入社会,预防和减少犯罪,根据宪法,制定本法。"只有根据不同类型以及社区矫正对象个人的具体情况进行管理,管理工作本身才可以发挥改变其对抗法律的态度、促使其遵纪守法的作用,才可能保证被矫正人与他人、与社区建立和保持正常、友善的社会关系。

(二)在社区矫正中开展个案管理的必要性

1. 是落实个别化管理的根本途径

在社区矫正中,社区矫正对象虽然存在一些共性的、类似的问题,但是在性格、能力、特长、生理心理状况、文化水平、家庭背景、犯罪情况、债务情况、与他人相处情况等方面存在一定的甚至很大的差异。每个社区矫正对象都是不同的个体,一味地依赖系统化的管理则会忽视每个个体之间的差异性,无法使管理工作真正切合每个社区矫正对象的个人情况。通过个案管理,实现监督个别化、教育个别化、帮扶个别化,能够增强管理工作的针对性,提高管理工作的效果。

2. 是增强管理力度的重要方法

在对不同的社区矫正对象组成矫正小组的过程中,可以在充分考虑到各个社区矫正对象差异化的基础上,吸收具有不同知识背景和工作技能的司法所工作人员、村(社区)工作人员、家庭成员以及学校或者单位的同学或同事等人,利用各种方法和各种有益的社会资源开展社区矫正工作。

对社区矫正对象的个案管理,能够增强社区矫正工作者的责任心,消除社区矫正管理中可能发生的权责不明、敷衍扯皮、工作拖沓等问题,在日常工作中不遗漏任何一个社区矫正对象,不留下任何一个管理"死角",有效增强管理工作的力度。

3. 是提高改造质量的有效措施

对社区矫正对象的监督管理,实际上是促使社区矫正对象发生积极转变的改造过程。对社区矫正对象采取分类管理与个案管理相结合的监管方式,能够促使社区矫正对象发生更大的转变,有效提高社区矫正对象的改造质量。

四、基层社区矫正精细化监管的理论与实践探索——以杭州市萧山区 Y 街道为例

截至 2022 年 7 月 31 日,杭州市萧山区 Y 街道共有社区矫正对象 76 名。按照刑罚种类进行划分,其中缓刑犯 72 名,假释犯 4 名;按照犯罪类型进行划分,其中危害公共安全罪犯 4 名,破坏经济秩序罪犯 33 名,侵犯公民人身权利罪犯 1 名,侵犯财产罪犯 16 名,妨害社会管理秩序罪犯 18 名,贪污受贿罪犯 4 名;按照户籍进行划

分,其中城镇户籍33名,农村户籍43名;按照性别进行划分,其中男性58名,女性18名;按照民族划分,76名均为汉族;按照年龄进行划分,其中18—35周岁42名,36—45周岁15名,46—60周岁19名;按照文化程度进行划分,其中大专及以上48名,高中或中专12名,初中及以下16名;根据就业就学情况进行划分,其中就业58名,无业18名。

(一)针对不同学历层次的分类化管理实践

截至2022年7月31日,杭州市萧山区Y街道在册社区矫正对象76名中,小学学历3名,初中学历13名,中专和中技学历2名,高中学历10名,大专学历23名,本科学历22名,硕士学历2名,博士学历1名。

根据以上数据可以得知,杭州市萧山区Y街道在册社区矫正对象整体文化程度较高,不乏硕士研究生和博士研究生,但与此同时存在的问题是社区矫正对象之间文化水平差距过大,在监督管理和教育帮扶上用同样或者相近的方式方法很难达到预期的效果,这对社区矫正工作者的监管方式和方法提出更高要求。

以最基础的社区矫正相关规定为例,杭州市萧山区Y街道一般以发放纸质版社区矫正对象入矫须知的形式将最基本的接受社区矫正的有关规定告知新入矫社区的矫正对象。本科学历及以上的社区矫正对象能够快速掌握该须知上的有关内容,在社区矫正过程中能够较好地遵守有关规定;而部分小学及初中学历的社区矫正对象,甚至还存在阅读不通畅、理解不到位的情况,这就需要社区矫正工作者通过口述的方式进行告知,但是此种告知方式无法达到令该部分社区矫正对象牢固掌握须知内容的效果,在接受社区矫正的过程中还是多次会在报告时间、学习时间上犯记忆混淆的低级错误。

再以监督管理和教育帮扶的侧重点为例,杭州市萧山区Y街道历史社区矫正对象中,硕士学历和博士学历的社区矫正对象案由基本上以危险驾驶罪为主,案发前多从事金融、互联网等薪资收入较高、工作岗位较体面、对文化程度要求较高的职业,案发后在矫时基本处于被公司开除、寻找新工作中的待业状态。考虑到危险驾驶罪一般缓刑时间较短的特性,在接受社区矫正过程中,该类社区矫正对象主观上愿意在这段时间内冷静思考,大多会维持待业状态,待解除社区矫正后再走上新的工作岗位。因此,杭州市萧山区Y街谊社区矫正工作者在对高学历社区矫正对象的监督管理与教育帮扶中,与对学历较低、缺乏职业竞争力的社区矫正对象开展职业技能的学习培训不同,而是将重点放在对其的心理辅导和法治理念的灌输上,由具有心理专业能力的社会工作者进行日常心理帮扶,同时与杭州市萧山区司法局社区矫正科定期对接,安排有需求的社区矫正对象进行心理咨询。对因危险驾驶罪接受社区矫正的矫正对象,着重开展交通安全方面的法律知识培训,组织其参观交通安全法治教育基地，培养其法治意识，促使其遵守法律法规、服从监督管理。

（二）针对居住地相关因素的分类化管理实践

杭州市萧山区 Y 街道地理位置优越，距离滨江区与上城区较近，辖区内公共交通线路密集、站点较多，出行便利。同时，与滨江区和上城区相比，房价和租金具备一定的价格优势，因而存在较多人白天在滨江区与上城区工作，晚上则回到居住地萧山区 Y 街道。

在杭州市萧山区 Y 街道现有的 76 名社区矫正对象中，萧山区户籍人员仅为 31 名。该 31 名萧山户籍矫正对象的居住地均为其本人或者家人所有，住所稳定。其余的 45 名非萧山区矫正对象在居住地的类别上存在较大差异。多数社区矫正对象属于上述所提到的在滨江区工作，房屋租赁在萧山区 Y 街道的人员，多为自己单独居住或者和同事一起居住，住所随工作变动的流动性较强，居住条件相对来说不稳定。另有部分社区矫正对象属于已在萧山区购房，但由于个人原因户籍地仍在老家未随房屋迁移的情况，基本上和家人一同居住生活，居住条件稳定。

显而易见，在册社区矫正对象中，工作地与居住地不一致，且居住条件相对不稳定的人员，监管风险要大于其他矫正对象。针对此种居住地相关因素的分类，社区矫正工作者重点研究该类社区矫正对象的每日活动轨迹，加强信息化核查力度，掌握其日常上班、通勤情况，同时加强与其同事或者公司、房东之间的联系程度，确保在社区矫正对象信息化核查出现异常时能够及时、快速联系上本人。

（三）针对个案管理综合性与整合性探索的有关实践

以杭州市萧山区 Y 街道在册女性社区矫正对象杨某为例，杨某因犯容留卖淫罪于 2019 年 4 月 28 日被判处有期徒刑 5 年，并处罚金人民币 10 万元，原判刑期为 2018 年 9 月 10 日至 2023 年 9 月 9 日，在浙江省乔司监狱服刑期间无加减刑情况，实际执行刑期 3 年 1 个月 28 天后，依据浙江省杭州市中级人民法院某刑事裁定书，予以假释，于 2021 年 11 月 22 日到杭州市萧山区司法局报到并办理入矫手续。

通过对杨某的首次谈话、个别教育谈话、走访谈话内容和社区治保主任对其家庭情况的掌握情况，杭州市萧山区 Y 街道社区矫正工作者出于杨某矫正类别为假释、夫妻关系不和睦、目前无业等方面的考量，对其进行个案管理，并对个案管理中的综合性与整合性实践进行有关探索。

社区矫正的个案管理要求评估每个社区矫正对象的需要情况，适当满足他们的急迫需要，帮助他们解决紧要的问题，只有这样，才能保证他们遵纪守法，从根本上预防他们发生新的违法、犯罪行为。同时，要求组织和协调各种有益的社会资源，充分发挥不同社会资源的优势，形成有机整体，有效开展社区矫正工作。

杨某在接受社区矫正中主要遇到的困难为与社会脱节较久，寻找工作困难，并且与丈夫婚姻不和睦。Y街道社区矫正工作者积极发挥资源整合优势，由社区矫正工作站为其优先推荐村里掌握到的求职信息，帮助其快速参加面试，充实生活。同时，由值班律师从法律化和专业化角度对其与丈夫之间的矛盾进行分析，并给予法律咨询和矛盾化解服务。

杨某在社区矫正工作者、社区工作人员、值班律师的帮助下，与前夫协议离婚，相关财产权益得到有效保障，开始了新的生活，并且学习抖音直播带货，空闲时间提供保洁服务，能够有效遵守社区矫正有关规定。

五、推进社区矫正精细化监管工作的对策建议

在社区矫正新发展阶段，加强社区矫正精细化，必须坚持推进实施分类管理与个别化矫正，根据杭州市萧山区Y街道基层社区矫正精细化监管的理论与实践探索，提出以下意见建议：

（一）加强数据分析，科学分类管理

必须加强对辖区内在册社区矫正对象的性别、年龄、婚姻状况、犯罪类型、文化程度、工作种类等个人基本信息的数据掌握情况，根据社区矫正工作中的实际需求和不同标准，依据社区矫正对象的考核结果和奖惩情况与不同类别的社区矫正对象的犯罪性质和具体表现，对社区矫正对象进行分析，将不同类别社区矫正对象科学分类，有效开展管理。

（二）强化风险摸排，注重个案研判

对社区矫正对象开展社区矫正工作，不是一个静态、无变化的过程，而是不断变化的动态过程。社区矫正对象的个人情况、家庭情况、所在社区情况等，都会发生不同程度和性质的变化。而这些变化，或多或少的都会对社区矫正对象接受社区矫正的过程带来影响。社区矫正工作者必须及时掌握与社区矫正对象相关的变量变化情况，对可能带来风险的不利因素尽早摸排，并且根据该名社区矫正对象的特性，对这些变化制订有针对性的个别方案，适当调整，保持个案管理工作的针对性，增强个案管理工作的效果。

（三）调动各方力量，开展教育帮扶

调动各方力量参与社区矫正工作中，开展教育帮扶，一方面需要广泛吸纳社会力量；另一方面需要发挥多部门联动作用。

广泛吸纳社会力量，首先要加强社区矫正社会工作者队伍建设，提高矫正队伍的专业水准；其次要发挥好社区矫正工作站的职责，对村（社区）工作人员进行工作培训，提高其应当积极参与矫正工作的认知性；再次要加大培育社区矫正相关社会组织的力度，可以出台购买社会组织的社区矫正服务的相关制度，鼓励社会组织向更加专业化、全面化的方向发展，从而满足社区对象多样化需求，发挥好专业帮扶功能；最后要以法律为依托，对社会力量参与实践中存在的现实问题进行研究分析，完善相关法律法规和配套措施。

发挥多部门联动作用，需要加强社区矫正工作相关部门之间的信息共享，打破信息壁垒、信息垄断，实现公检法司信息共享、业务协同，防止矫正对象脱漏管，提高基层社区矫正工作的工作效率和规范化水平。同时建立信息共享平台，实现社区矫正工作动态数据共享，做到公检法司能够同步监督、动态监督，确保社区矫正工作顺利开展。在信息共享工作中，要做好社区矫正对象的个人信息、隐私的保密工作。

六、结语

社区矫正是立足我国基本国情发展起来的具有中国特色的刑事执行制度，目的在于培养、教化、培育社区矫正对象的人文素养，因此在社区矫正精细化工作推进过程中，要严格按照《社区矫正法》《社区矫正法实施办法》的规定，坚持"以人为本"，提高教育矫正质量，促进社区矫正对象顺利融入社会，预防和减少犯罪，实现社区矫正的工作目标，为我国法治建设筑牢基层法治防线。

四、特殊类型社区矫正

我国弱势群体社区矫正对象若干问题初探

严曼蓉[*]

一般来说，社区矫正对象中的弱势群体主要包含未成年人、妇女以及老人等群体，但是目前我国社区矫正工作中还存在一定问题，如在弱势群体社区矫正对象的管理上缺乏创新，缺少分类管理和个案管理，这严重制约着社区矫正制度的适用。正因如此，在《社区矫正法》颁布实施两周年之际，我国积极探讨弱势群体社区矫正对象相关制度的完善措施，无疑是非常必要的，对我国的法律完善及弱势群体的合法权益保护大有裨益。

一、对弱势群体社区矫正对象开展针对性社区矫正的意义

（一）彰显人文关怀，推进立法完善

弱势群体社区矫正可以使犯罪人和被害人在第三方劝解下进行面对面的沟通、协商，以赔偿、道歉、生活扶助及社区服务等方式，达到补偿被害人精神和物质损失的目的，以使被害人恢复到被害之前的生活状态，也使犯罪人通过这种方式获得谅解和救赎，得到社会的认可和帮助，以全新的姿态融入社区生活中去。[①] 并且，对于被宣判为缓刑、假释、管制等的犯罪人，可以在法律规定的期限内进行社区矫正。这样就可以进一步彰显人文关怀，推进立法完善。基于弱势群体犯罪问题特殊的社会原因，对弱势群体犯罪，更应当积极体现"以人为本"的理念，力求使法律在强制的背景下体现宽容，在宽严相济的情况下，让弱势群体犯罪对象既能感受到法律的威严，又能感受到国家和社会的宽容。这就有必要探索我国社会弱势群体犯罪人员行刑社会化的可能。

（二）确保社区矫正目标的执行，完善矫正制度

对弱势群体社区矫正对象开展针对性社区矫正，可以进一步确保社区矫正目标

---

[*] 严曼蓉，河北省石家庄市赵县司法局王西章司法所所长。
[①] 张桂荣、宋立卿著：《违法犯罪未成年人矫治制度研究》，群众出版社2007年版，第346页。

的执行，完善矫正制度。社区矫正的开展可以广泛地利用社会力量，加强对矫正目标的执行力。在具体的实施过程中，可以进一步细化有关未成年人的法律法规，《社区矫正法》中系统阐述未成年人社区矫正，减少原则性规定，增加可操作性的规定，明确落实矫正的主体，为未成年人社区矫正工作提供行之有效的法律保障。

（三）提高管理工作效率，合理优化刑罚资源

对弱势群体社区矫正对象开展针对性社区矫正，可以进一步提高管理工作效率，合理优化刑罚资源。建立专门的矫正机构和专业的矫正团队，有利于进一步提高工作效率。除此之外，组织和开展丰富和个性化的矫正项目代替刑罚，可以进一步优化刑罚资源，矫正项目不单单带有惩罚性质，更多的是帮助弱势群体改善意识问题，解决实际问题。

（四）增强矫正效果，维护社会稳定

社区矫正已成为我国刑事处罚的重要方式，并向着制度化、体系化的方向发展，成为刑罚执行方式的重大改革措施之一，必将在今后的经济发展和社会和谐方面发挥重要的作用。[1] 考虑到社会工作和社区矫正在促进矫正对象回归社会的目标上的共同点，政府鼓励社会工作者积极参与到社区矫正工作中。由于我国不断大力推进社区矫正试点工作，社会工作者不断加入社区矫正工作中来，他们的队伍不断发展壮大，已成为社区矫正中一股不可或缺的力量，发挥着重要的作用。

二、弱势群体社区矫正对象在社区矫正工作中存在的问题

（一）法律支撑存在缺陷

我国目前对于弱势群体社区矫正对象社区矫正的法律规定非常有限，目前仅在《中华人民共和国刑法》中略有提及，《社区矫正法》中仅有对未成年人社区矫正特别规定的介绍，专门的弱势群体社区矫正对象的法律制度体系无从说起。虽然在一些诸如司法解释以及部委的规范性文件中稍有对弱势群体的社区矫正对象社区矫正的规范，但这些规定和文件都不能算是严格意义上的法律，只能称为"法律性文件"，在弱势群体社区矫正对象社区矫正领域不具有强制力，仅起到指导相关工作的作用。另外，在上海、江苏、北京等地实际上是有自己的关于弱势群体社区矫正对

---

[1] 张昱、费梅萍著：《社区矫正实务过程分析（第二版）》，华东理工大学出版社2008年版，第119—123页。

象社区矫正的一些法律规定的，但是这些法律规定存在法律位阶较低的困境，没有上位法的支撑，这些地方性法规很难发挥真正的作用，一些规定无法很好地落到实处，从而出现这些法规名存实亡的状况。最后，我国目前的法律没有对弱势群体社区矫正对象这么一个特殊社区矫正群体做出任何概念的阐释、主体的界定。适用对象不清晰，适用范围也很狭窄，这就导致了在实践中很难开展工作。

（二）管理体制不完善

在相关工作开展过程中，苦于缺乏规范有效的法律文书，一些部门在开展相关工作时无法及时有效掌握监外执行罪犯的准备信息，使得部门出现脱管、漏管的情况。[1] 同时，目前社区矫正的工作主体缺乏执法性，队伍建设较为落后，造成了工作主体和执法主体出现分离的情况，而这种管理不到位很大程度上也弱化了社区矫正应用的有效性。不仅如此，我国当前社区矫正工作的程序也缺乏保障，矫正对象信息无法有效共享，执法机关和工作主体工作无法协调一致，使得矫正工作开展不到位。另外，我国社区矫正也缺乏统一规范的服务平台，不但使教育培训工作开展不到位，也使得矫正对象得不到专业、科学的辅导。

（三）矫正方法和矫正项目有待创新

从目前来看，虽然司法部门出台了多种相关规定，要求司法所通过培训、讲座、参观、参加社会活动等丰富多彩的教育形式，对矫正对象进行包括形势政策、法制和公民道德等各方面的教育。[2] 但是从目前来看，我国社区矫正的方法项目仍然非常少，一些简单的劳动、道德教育、培训模式并不能够满足客观实际的需要，且并没有根据未成年人、妇女、老年人社区矫正对象而针对性地设定有效的矫正项目，这就使得相关的项目开展缺乏有效性，开展质量不佳，且一些项目开展流程化、形式化，而在我国大力推进社区矫正制度的应用背景下，我国无疑需要亟待创新社区矫正的方法和矫正的项目。

（四）弱势群体社区矫正环境有待提高

我国当前弱势群体社区矫正的环境建设并不是十分到位，社区服务功能仍然有待进一步完善，在社区服务中，政府、社区居委会及其他力量会向特定群体或社区居民提供文化、生活等方面的服务。目前我国社区服务主要集中在针对"老、弱、

---

[1] 李婉蓉：《我国未成年人犯罪社区矫正制度探析》，载《厦门广播电视大学学报》2018年第4期。
[2] 张静：《社区矫正实施的困境及其制度完善——以太原市社区矫正实务为样本》，载《山东警察学院学报》2018年第3期。

病、残"的社会救助、社会保障和再就业服务。[①] 在文化方面的社区服务较少涉及，如社区中缺少社区图书馆这类有助于丰富社区居民精神文化生活的设施。而对于未成年人、妇女、老年人针对性的矫正措施也极为缺乏，另外，我国社区矫正环境选择也不严谨，并没有非常好的社区环境为矫正对象提供相应的空间和场所，这在很大程度上也降低了社区矫正的有效性。

三、完善我国弱势群体社区矫正对象相关制度的建议

（一）完善弱势群体社区矫正立法体系

第一，进一步完善《社区矫正法》，在我国大力推进"以人为本"理念的背景下，为了更好地提升社区矫正制度应用的有效性，我国需要坚持相对灵活与开放的立法原则，动态化地对相关法律加以完善和提升，在符合立法方向的背景下，不断细化相关法律法规，并针对新出现的社区矫正问题完善相应的立法，制定相应的法规，从而更好地满足我国客观现实的需要。一方面，要将司法实践中的剥夺政治权利排除在社区矫正适用范围外。另一方面，可以适当扩大社区矫正适用对象。比如，"对于一些过失犯、初犯、偶犯，犯罪情节较轻，主观恶性不深的罪犯以及未成年犯列入社区矫正的范围。"对于弱势群体社区矫正对象，需要针对性地设定相应的法律条款。

第二，完善《中华人民共和国刑法》等相关配套法律，有针对性地增加社区劳动并作为管制、缓刑的执行内容，考虑到弱势群体劳动能力及危险程度，可以有针对性地设定不同级别的管理方式，以便更好地指导客观实践。同时，要细化管制刑的相关立法，进一步扩大管制刑的适用范围。此外，还要进一步增加管制刑的惩罚内容，完善缓刑的相关立法，并放宽缓刑的撤销条件，完善相应的假释制度，将这些制度同社区矫正制度有机结合，提升法律的系统性。

第三，建立弱势群体社区矫正对象审前调查制度，对弱势群体的家庭状况、工作和学习环境、生活背景、社交情况等因素做审前调查，同时也要对弱势群体的犯罪历史、犯罪行为等因素进行调查，为进一步惩处提供必要的基础，从而提升非监禁刑罚应用的合理性。

第四，建立弱势群体社区矫正对象分类矫正制度，设定相应的标准来将社区矫正对象进行区分，然后再进行针对性的管理和教育，可以针对弱势群体社区矫正对象设定相应的矫正制度和矫正队伍，由医学、精神病学、心理学、法学等方面的专

---

① 申心刚：《我国社区矫正制度的确立与完善》，载《天津师范大学学报》2016年第10期。

家组成，为弱势群体社区矫正对象提供有效的支持和帮助，在此过程中，可以对弱势群体社区矫正对象进行管理级别分类，然后依次设定宽严相济的管理模式，提供相应的帮助。

(二) 完善弱势群体社区矫正对象社区矫正的管理体制

第一，建立弱势群体社区矫正对象社区矫正的工作机构，可以考虑在各地区设立相应的社区矫正管理局，在地方设立社区矫正管理处及社区矫正管理科，同时设定专门针对弱势群体社区矫正对象社区矫正需要的规章制度和相关工作人员，积极监督和管理弱势群体社区矫正对象社区矫正工作的开展。

第二，建立弱势群体社区矫正对象社区矫正的评估机构，评估机构聘请专业人员作为评估者，对弱势群体社区矫正对象进行有效评估，评估者需要有专业的知识，同时也对弱势群体有较为深入的认识，能够利用专业知识和心理学手段来强化矫正工作，提升评估的有效性。同时，也要完善相应的评估内容，制订监督计划，对入矫对象进行危险评估，设定相应的监督方法和内容，并负责有效的监督，从而让矫正工作更符合弱势群体的需要。

第三，加强社区矫正弱势群体社区矫正对象工作力量建设，要加大培训力度，建立各类培训载体，定期组织社区矫正专业队伍和志愿者参加培训，提高他们的专业水平、工作能力和职业素养。通过"请进来"的方式让专家、教授讲解社区矫正理论知识和国内、国际社区矫正的先进经验。同时要通过"走出去"的方式，积极向兄弟单位学习取经，引入兄弟单位的成功做法，吸取先进的工作方法，提高整体矫正的工作水平。另外，还要定期召开工作例会，通过例会交流，剖析典型案例，使全体社区矫正工作队伍素质不断提升，不断掌握社区矫正的新手段、新方法。

第四，采用差异化管理手段，坚持宽严相济的原则，对于弱势群体，采取区别于普通社区矫正对象的管理模式，给予相对宽松的管理环境，管理手段也要更为温和，适合弱势群体社区矫正对象的身心特点。同时，对于犯罪情节较轻的服刑弱势群体，应该适当放宽管理水平，在宽严相济原则的支持下去帮助并引导弱势群体，从而让其从社会矫正过程中得到更好的帮助。

(三) 完善弱势群体社区矫正对象的矫正方法和矫正项目

第一，开展多种形式的集中教育，注重个别教育。有针对不同的社区矫正对象，采取针对性的教育帮助，深入了解其基本资料、问题、家庭情况、工作情况、身心状况等，然后采取系统有效的教育措施，帮助其解决困难，树立健康的心理，掌握相应的法律知识。

第二，加强心理矫正，进行心理关怀。通过专业的心理工作者给予有针对性的心理指导，并通过心理咨询、心理评估、心理治疗及心理干预等方式来有效矫正违法行为，纠正服刑者的不良行为习惯，帮助其调整心理状况，而我国相关部门要有针对性地建立专门的心理辅导机构，强化对弱势群体的心理矫正。

第三，开展针对性教育矫正，避免过犹不及。一些弱势群体社区矫正对象的心理问题较为严重，缺乏心理健康知识，因此在矫正过程中要对其进行有针对性的心理健康教育，帮助其了解相应的心理健康基本知识，解决心理健康问题，可以请专业的心理咨询师等专业人员对弱势群体社区矫正对象进行针对性教育矫正，法律知识不足的进行法律和道德知识宣传教育，对心理问题较重的社区矫正对象则有针对性地开展教育和矫正工作。

第四，慎用公益劳动，加强帮困扶助。针对弱势群体要慎用公益劳动，加强帮困扶助工作，将公益劳动作为一种辅助方式，重点对未成年人、老年人和妇女进行帮助和引导，深入了解弱势群体社区矫正对象及其家庭存在的困难和问题，给予必要的帮助，从而让其可以更好地改过自新，转变自己的思想观念。

第五，发挥家庭邻里作用，助力回归社会，家庭和邻里的帮助作用无疑是非常重要的，其对入矫人员非常了解，也是非常亲近或者比较亲近的人，因此能够对社区矫正对象提供很好的帮助，特别是在心理层面，可以给予其重要的引导，也容易让社区矫正对象接受，从而助力其回归社会。为此，在社区矫正过程中，应该强化入矫人员同家人邻里的沟通和交流的机会和制度，为其创造良好的矫正环境。

（四）加大弱势群体社区矫正对象相关宣传

第一，加大社区法律宣传。一是利用"八五"普法契机，充分借鉴公安"五进七讲"工作法，发挥电视、广播、报纸等媒介的作用，面向广大群众宣传社区矫正的概念、性质、适用范围以及执行方式等内容，从而让全社会都知晓和关注社区矫正，不断扩大社会影响面，争取得到社会各界的认同和支持。二是突出社区矫正的管理矫正功能。通过宣传教育让社区矫正对象清楚地认识到社区矫正是一种新的刑罚执行方式，矫治是根本，帮助是保障，具有一定的惩罚性、管束性和监督性。三是社区矫正工作者要体现执法的威严性，严格要求社区矫正对象定期汇报社会服刑和参加公益劳动情况，以体现对其的监管和矫治。

第二，加强社会民间团体的参与度，相关部门需要有针对性地引进妇联、未成年人保护中心、市阳光社会工作服务中心、老年人协会等单位的参与，针对性地为未成年人、女性、老年人提供服务，提升社区矫正的有效性。

第三，吸收志愿者加入社区矫正队伍，通过加大宣传教育来吸引志愿者的目光，同时对志愿者做好相应的技能和知识培训，对于表现优异的志愿者，给予相应的奖励，形成良性循环发展的氛围，特别是考虑到弱势群体心理和生理的缺陷，在招募志愿者时要重视医务工作者、心理学专家学者、有弱势群体服务经验等工作者的加入，从而提升社区矫正的有效性。

危险驾驶罪社矫对象分类教育的现状分析与研究
——以 NT 镇醉驾型危险驾驶罪社矫对象为例

郭永强[*]

社区矫正是指将符合法定条件的罪犯置于社区内,由司法行政机关在有关部门、社会组织和志愿者的协助下,矫正其犯罪心理和行为恶习的刑事执行活动。社区矫正包括对社矫对象的监督管理和教育帮扶,教育作为社区矫正工作的重要环节,直接影响社矫对象的矫正效果。而在现行制度下,《中华人民共和国社区矫正法》(以下简称《社区矫正法》)第二十六条对社矫对象的矫正教育作出了概括性规定,即因人施教。

2020 年 6 月 8 日,据央广网报道:中国社会科学院法学研究所、社会科学文献出版社联合发布《法治蓝皮书:中国司法制度发展报告(2020)》,蓝皮书指出,从人民法院受案的角度分析,以醉驾为主体的危险驾驶罪成为上半年审理最多的刑事案件,首次超过侵财类犯罪的盗窃罪,成为刑事追诉第一大罪名。[①] 笔者所在的地区近三年统计数据也印证了这一事实,危险驾驶罪社矫对象的入矫总人数占比持续高达 60%以上(2019 年 76.3%,2020 年 60.4%,2021 年 67%)。

面对如此大量的危险驾驶罪社矫对象,笔者所在地区的"案由罪错"类分类教育模式在综合介入方面还存在一定不足,为此笔者结合社区矫正理论文章、法律规章及 NT 镇的工作实践对目前危险驾驶罪社矫对象分类教育现状、存在的问题及应对策略进行研究和总结,为完善社区矫正法在基层的实践工作贡献智力支持。

一、NT 镇危险驾驶罪社矫对象犯罪原因

(一)客观的社会环境影响

笔者所在的地区是近二十年发展起来的新兴工业城镇,本地的中老年人群大多

---

[*] 郭永强,广东省中山市启创社会工作服务中心项目主任(南头镇社区矫正及安置帮教项目)。
[①] 央广网:"《法治蓝皮书》发布:危险驾驶罪成去年上半年审理最多刑案",https://baijiahao.baidu.com/s?id=1668926620367813717&wfr=spider&for=pc,最后访问时间:2022 年 7 月 5 日。

曾从事农业工作，大多有早餐喝粥饮酒的习惯，经常会在门庭若市的粥馆看到三五好友唠家常、碰酒杯。同时也由于工业发达，聚集了较多产业工人和商业活动，也聚集了来自全国各地的追梦人，每到晚上，同事聚会、老乡叙旧、商业应酬占据了各大餐馆、大排档，喝酒也成了最受欢迎的社交活动。传统生活习惯、工商业发展使得酒文化有着较强的"群众基础"，也为醉驾埋下隐患。

（二）缺乏法律敬畏之心

自醉驾入刑以来，除社会的广泛宣传还有交警部门的大力查处外，随着网络的发展，交警部门也都会在报纸、电视台、公众号等平台大力宣传醉驾专项整治并提前公布。在如此大力度的宣传和打击之下，醉驾的案例不减反增，这说明该部分人群并未树立对法律的敬畏之心，而是采取各种手段企图逃避法律的制裁。正如某些危险驾驶罪社矫对象向笔者分享，他们都知道交警经常选择在较大的交通路口查车，所以他们长期走高速公路或镇区内小路，屡试不爽。

（三）存在较强的侥幸心理

2011年5月1日，自《中华人民共和国刑法修正案（八）》施行并将醉驾入刑，至今已有近12年时间，同时"喝酒不开车，开车不喝酒"也已成为全社会的共识。2022年3月，笔者针对在册社矫对象开展需求调查并询问犯罪原因，14名危险驾驶罪社矫对象中有13名承认自己存在侥幸心理。笔者也在近三年对危险驾驶罪社矫对象进行访谈，他们大部分也都承认自己心存侥幸并透露彼时的个人想法："我酒量还可以，就喝了几杯酒，开车没问题。""距离很短，转弯就能到家，就不用叫代驾。"

二、分类教育模式应用的现状及分析

（一）"案由罪错"分类教育的实践模式

1. "案由罪错"的含义及分类

"案由罪错"分类教育即根据社区矫正对象犯罪的案由或判处的罪名进行分类。具体可分为经济类（如假冒注册商标罪）、危害公共安全类（如危险驾驶罪）、侵财类（如抢劫、盗窃罪等）、暴力类（如故意伤害罪）、妨碍社会管理秩序类等。

2. "案由罪错"分类教育的工作模式

"案由罪错"分类教育即以回应满足同类罪名的社矫对象的共性需求为出发点，运用团体动力促进个体成长及改变，同时借助个体辅导（个别教育）的形式实现个体的个性化需求的满足，最终达到社矫对象需求平衡的工作模式。

3. "案由罪错"分类教育的工作流程

经过实践探索,基本形成了以下分类教育工作流程(见图1):

第一,编制"案由罪错"不同类别社矫对象共性需求图谱。针对每个类型的社矫对象进行分析研究,针对法律知识、不良行为与认知等共同需求进行汇总提炼。

第二,入矫筛查评估,确定"案由罪错"分类。分析社区矫正对象的犯罪案情及罪名,结合入矫的自陈量表,初步确定社矫对象分类教育类型。

第三,横向分析,明确社矫对象的共性需求及个性化需求并通过矫正方案确定下来。在制订矫正方案的过程中,将社矫对象的共性需求与个性化需求进行分析总结。

第四,纵向对比,筛查出同一罪名的社矫对象共性需求不统一的人员并做另外的跟进处理。

第五,综合介入,运用法律知识学习、案情分析、价值辩论、情景模拟、社区服务等多样化的互动活动形式促进个人意识和行为的转变。

第六,评估总结,以三个月为一周期,个体需求满足程度高、行为转变大的社矫对象转入恒常化跟进。针对矫正效果不明显的社矫对象重新评估其需求,进入下一轮分类教育矫正。

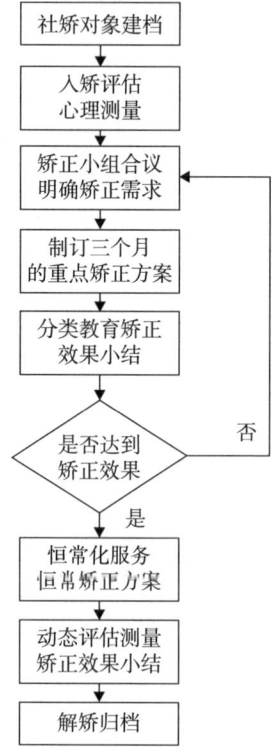

图 1　NT 司法所社区矫正对象分类教育矫正流程

(二) 分类教育模式应用现状及分析

1. 入矫心理测量自评需求不明显

危险驾驶罪社矫对象在入矫心理测量表（SCL-90）中对于焦虑、抑郁、强迫等症状的自评大多是无，只有少量表现出躯体化问题，并没有显露出明显的个人需求。这一方面源自伴随非监禁的司法流程等待期，减少了对社矫对象工作和生活的影响。他们自醉驾被查获后可以办理取保候审，同时在三个月至一年的司法流程中，内心的懊悔、焦虑等逐渐得以自愈。另一方面他们通过咨询律师、求助亲友等知道自己的罪行即使是服刑，刑期也较短，所以服刑压力较小，进而显露出的表达性需求就很少。

2. 专业评估非理性认知较多

在面谈评估中，笔者发现危险驾驶罪社矫对象中有较大一部分群体存在非理性认知，如"身边的人都这样，自己被查获就是运气不好""我酒量好，喝点酒不影响开车""醉驾不应该都判刑，要看个人身体情况"。出现此类非理性认知，一方面是源于受教育程度低，对法律的认知不够。在本地区近三年入矫的危险驾驶罪社矫对象中，有60.6%是初中及以下学历，他们很少知道酒驾和醉驾的区别，也很少有人知道醉驾后的处罚措施。另一方面源于侥幸心理，缺乏对法律的敬畏。他们认为自己长期醉驾都没被查获就会一直没事，这样的价值观让他们逐渐放松对自己的约束，最终酿成苦果。还有一方面来自"醉驾不入刑"的社会舆论。尤其是有全国人大代表连续两年建议取消醉驾入刑，在社会上引起较大的舆论风暴。很多社矫对象也私下找笔者进行探讨，强烈支持人大代表的建议。这对矫正个人非理性认知起到了较强的负面效应。

3. 分类教育课程内容还不够精准

目前分类教育课程仍以交通法规教育和警示教育为主，在服务设计上"教育"属性较强，体验式互动内容偏少，对于社矫对象的矫正精准度还不高。在交通法规教育环节中，社矫对象更多的是属于被动地接受知识，无法激发他们的学习动力，使得学习过程专注度不高，课堂氛围也比较沉闷。而对于警示教育环节，社矫对象大部分聚精会神，聆听导师的授课内容或观看教育视频，显然对发生在身边的致死事故关注度更高。这一方面是人性使然——没有人喜欢被他人"教育"，尤其是被教育的知识是自己知晓的且可以随时获取的。另一方面是发生在身边的故事更容易激发人的好奇心，增加个人对醉驾危害性的认识。但发生在他人身上的案例并不足以让人过目难忘，对于警示教育存在时效性的问题，需要增加一定的"体验式"教育，不断让社矫对象将遵守法规的教育核心进行内化。

4. 集中教育与个别教育的衔接还不紧密

目前危险驾驶罪的分类教育模式，仍以集中授课形式进行，授课人员有交警、律师和社工。在授课结束后，司法所工作人员并没有安排有针对性的个别教育，这使得集中教育的内容要靠社矫对象自身吸收消化，没有及时通过个别教育进行巩固强化。这一方面是社区矫正工作人员并未作出系统规划。分类教育不只是一次分类教育集中活动，应该是要贯穿社矫对象整个矫正过程。另一方面是"教育"和"引导"缺乏有效衔接。目前除社工参与授课外，还有交警和专业律师的教育，如社矫工作人员不了解授课内容，便无法有针对性地开展引导教育。

5. 入矫人员数量及时机影响分类教育组织

受危险驾驶罪社矫对象入矫时间不一样影响，个别月份会有10余人入矫，针对同月份人员笔者可以顺利组织开展分类教育课程。但个别月份只有1—2名入矫，单独开课达不到分类教育的活动效果，延迟到下月举行又面临解矫。这一方面是由于危险驾驶罪社矫对象的矫正期限短，无法开展系统的矫正服务。除去人员交接、手续办理等因素，2—3个月的矫正期，实际矫正期限只有1.5—2.5个月。另一方面是来自法律的约束，矫正工作应尽量减少对社矫对象工作及生活的影响。按照危险驾驶罪的服刑期限，他们大概能参与1—2次集中教育活动，3—4次个别面谈。还有一方面是由于现有的人员配备无法满足分类教育所需的人力资源。教育帮扶只是社矫工作的一部分，笔者及社工同事在很大程度上还要协助司法所处理档案管理及监督管理事项，对于个别零星入矫的社矫对象难以执行分类教育。

6. 缺乏恰当的成效评估方式

现有分类教育成效评估的方式主要以活动结束后的访谈及解矫时填写的满意度评估表为主，社矫对象会对工作人员的服务态度、活动组织效率、活动内容的适切性进行评价。缺少社矫对象个人改变的评估指标，如知识、态度、行为、能力等。

三、进一步做好危险驾驶罪社矫对象分类教育的建议

（一）加强顶层设计，制定分类教育工作指引

面对如此庞大的危险驾驶罪社矫对象群体，实现从"管得住"到"矫得好"转变，无疑需要投入一定的人力和物力资源。但最紧迫的仍是分类教育的顶层设计，这需要省级部门乃至国家部门确定教学大纲，组织开展需求调研，做好服务指引并搭建好服务课程资源平台。各地区虽存在区域差异，但危险驾驶罪社矫对象面临的矫正难点都比较相似，基层司法所只需要结合自身情况加以完善即可投入使用。

（二）注重档案资料，加强入矫心理评估

在入矫心理测量中，工作人员可使用心理自评量表，通过社矫对象选择的量表选项来了解他们的价值观及犯罪认识。同时结合社矫对象的起诉书、判决书等内容，详细了解社矫对象的查获经过、酒精含量、羁押历史、罚金金额等情况，分析他们在案件过程中可能存在的负面情绪，进而通过情绪支持、法律知识讲解舒缓他们的入矫压力，明晰他们的个别化矫正需求，为后续的分类教育及个别教育衔接工作奠定服务基础。

（三）坚持问题视角，开发矫正体验课程[①]

我们必须深刻地认识到危险驾驶罪社矫对象再犯罪可能带来的社会危害性，而社区矫正工作人员的职责就是做好社会风险管控，化解可能存在的风险隐患，减少影响恶劣的醉驾案发生。为此笔者认为，必须从问题视角出发，以矫正危险驾驶罪社矫对象存在的非理性认知为目标设计分类教育课程，如醉酒VR驾驶体验、醉驾家属的一天、模拟监狱体验日等体验课堂，以情景再现的形式让社矫对象重新审视自己的醉驾行为，进而提升他们的法律意识，矫正他们的不良价值观。

（四）注重时效，强化全流程的矫正服务思维

面对危险驾驶罪社矫对象较短的矫正期限，笔者认为必须在现有分类教育模式的基础上强化全流程矫正思维，可以在他们入矫制订的矫正方案基础上制作矫正服务菜单，即把矫正方案的内容具体化、日程化、可执行化，使得每次与服务对象接触的过程中都清楚明白需要执行的矫正事项并做好服务登记，这样能让工作人员及时掌握他们的矫正进度并做好服务的动态调整。

（五）优化矫正活动安排，多形式创新服务

鉴于《社区矫正法》要求社矫工作应尽量减少对社矫对象工作及生活的影响，但社矫对象每天、每周、每月要做的矫正事项并不算少，笔者认为可以将相关事项联合开展，优化活动安排，如组织社矫对象参与独居长者家庭清洁大约需要1—2小时，但他们普遍都需要请半天假，工作人员可就近安排相应的分类教育课堂，合理利用请假时间，减少对社矫对象工作及生活的影响；另外工作人员也可以制作线上教育视频，提高线上服务时间，化解矫正时间及空间限制。

---

① 王玉珍：《社区服刑人员集中教育现状分析与研究》，载《中国司法》2019年第3期。

（六）加强成效评估，注重解矫总结

对于危险驾驶罪社矫对象的矫正成效评估，笔者认为不仅需要有工作人员的测量问卷，还需要借助社矫对象撰写的个人总结和解矫访谈，才能全面评估他们的矫正收获及个人转变。另外笔者认为，解矫仪式感也十分重要，除了严肃的解矫宣告，赠予自己一个手势或一句话或许能让他们笑看过去，喜迎未来，重新调整好心态面对新生活。

四、结语

NT镇"案由罪错"分类教育模式作为社区矫正分类教育实践探索，目前在危险驾驶罪社矫对象的教育矫正应用还有较多不足之处，但笔者愿意不断尝试新思路、新方法，不断充实完善"案由罪错"分类教育模式，使其更富有指导性。笔者也相信，随着社矫对象分类教育逐渐引发行业及高校组织的重视及研究投入，社区矫正分类教育工作必将走向专业化、制度化、规范化，成为助力社矫对象回归社会的坚实举措。

"非吸"类社区矫正对象困境分析及对策研究

王凯妮　钱晓玲[*]

在当前复杂严峻的经济形势下，非法吸收公众存款罪作为一项涉众型经济犯罪，对国家的金融秩序和群众的财产安全都造成了严重威胁。为防范金融风险，保障群众切身利益，维护社会金融秩序，国家不断加大对非法吸收公众存款罪的打击力度，这也导致大量涉非法吸收公众存款类犯罪人员进入司法系统，而如何使其重新回归社会，避免再犯，又成了迫切需要解决的新问题。然而，当前针对非法吸收公众存款罪的研究多集中在刑法学科领域，主要对该罪的构成要件、"非法""公众"等重要概念界定以及该罪与民间借贷、P2P（个人对个人）网贷平台合法融资、集资诈骗之间罪与非罪、此罪与彼罪的界限等方面展开讨论，对于非法吸收公众存款罪社区矫正的研究则相对较少，在中国知网上仅有一篇社会工作专业的硕士论文对非法吸收公众存款罪社区矫正对象（以下简称"非吸"社区矫正对象）的"冤"认知作了讨论，这说明"非吸"犯罪的矫正实践研究仍处于相对空白的状态。因而，本文拟在介绍非法吸收公众存款罪犯罪特点、司法现状等基本范畴的基础上，根据上海市长宁区50位"非吸"社区矫正对象的实地调研情况，对"非吸"社区矫正对象再社会化过程中面临的困境作全面的分析并对此提出针对性解决对策，以弥补非法吸收公众存款罪社区矫正研究的空白，也为其他罪错社区矫正对象的分类矫正实践提供参考借鉴。

一、非法吸收公众存款罪基本范畴

非法吸收公众存款罪，是指违反国家金融管理法规实施非法吸收公众存款或变相吸收公众存款，扰乱金融秩序的犯罪行为。按照《最高人民法院关于审理非法集资刑事案件具体应用法律若干问题的解释（2022修正）》第一条的规定，非法吸收公众存款罪具有"四性"特征，一是非法性，即在违反国家金融管理法律规定，未

---

[*] 王凯妮，华东政法大学刑事法学院刑事司法学专业硕士研究生。钱晓玲，上海市长宁区司法局社区矫正科干部。

经有关部门依法许可或者借用合法经营形式的情况下实施的吸收公众存款行为；二是公开性，需通过网络、媒体、推介会、传单、手机信息等途径向社会公开宣传；三是利诱性，即承诺在一定期限内以货币、实物、股权等方式还本付息或者给付回报；四是社会性，吸收资金的对象必须是社会不特定对象。多数学者认为除了上述"四性"以外，非法吸收公众存款罪还需要满足特殊的主观目的，即只有将吸收的公众存款用于货币资本运营而非企业正常生产经营时，才构成非法吸收公众存款罪，这一特殊的主观目的是区分该罪与民间借贷的重要依据，[1] 也是防范该罪过度介入融资活动、限制中小企业生存空间所作的必要限缩。

作为一种法定犯，非法吸收公众存款罪与经济环境的变化以及国民收入水平的提高息息相关。改革开放前，高度集中的计划经济体制和单一型的收入分配方式[2]未给"非吸"犯罪提供滋生环境，改革开放后，在以分权化为核心的经济体制改革下，[3] 国民收入分配体制也随之改变，居民手中可支配收入增加，储蓄、投资能力增强，在各大商业银行、非银行金融机构蓬勃发展的同时，也为其他单位和个人借贷、吸收居民储蓄创造了机会和条件。民间融资对于中小微民营企业而言是在银行贷款融资难的情况下充分借助民间闲散资金以扩大生产经营的重要途径，随着互联网高速发展，民间融资从线下转至线上，P2P网络借贷应运而生，使得融资更为高效、便捷。然而在实现金融创新的同时，也在一定程度上导致了金融风险，造成了对金融管理秩序的威胁。一方面，民间借贷可能异化为非法吸收公众存款，部分企业从直接融资异化为间接融资，融资目的从生产经营异化为货币资金运营，部分网络借贷中介机构从信息中介异化为信用中介，在合法的民间借贷表象下隐藏着大量金融风险。另一方面，有更多的企业或个人打着金融创新的名义，抓住公众理财需求和追求高利率投资的心态，在未经国家有关部门批准的情况下，公然销售理财产品，对公众资金安全造成了严重损害。为惩治金融乱象，防范金融风险，国家加大了对非法吸收公众款犯罪的打击力度，自2013年起，"非吸"犯罪案件数量急剧增长，[4] 成为高发罪名之一。

以"非法吸收公众存款罪"为案由在威科先行法律信息库进行检索，得到近五年以来一审刑事判决书共13985份，其中上海市案件数量达2275件，占比16.35%，位居全国首位，这一现象或许与上海的金融中心地位不无关系。通过抽取上海市近1

---

[1] 王韬、李孟娣：《论非法吸收公众存款罪》，载《河北法学》2013年第6期。
[2] 张车伟、赵文：《我国工资与收入分配改革的回顾与展望》，载《China Economist》2019年第1期。
[3] 马颖、陈波：《改革开放以来中国经济体制改革、金融发展与经济增长》，载《经济评论》，2009年第1期。
[4] 贾薛飞：《非法吸收公众存款罪的法律问题探究》，载《齐齐哈尔大学学报（哲学社会科学版）》2020年第3期。

年343份有效判决书（共涉及被告人620名）并展开详细分析后，① 可以发现"非吸"犯罪具有以下几点犯罪特征：（1）涉案金额大，社会影响广。"非吸"人员吸收的资金通常以千万元计，分析样本中约有24%的被告人吸收款项甚至达到了上亿元，未完全兑付或造成集资参与人实际损失的比例较大，因此具有较大的社会危害性。（2）犯罪手段多样且较为隐蔽。非法吸收公众存款通常以正常的生产经营活动为名目，通过设立公司、开设门店，宣传常规投资、理财项目，营造企业运营形象，降低集资参与人的防备心，再以高额收益吸引其投资。具体手段包括但不限于：以投资环保项目、建造房屋、咖啡种植以及投资其他公司或其他公司的项目等为名，对外进行公开宣传并许以高息回报；② 销售债权转让类产品、私募基金类产品、保理类产品及其他理财产品，并承诺高收益、提供担保、保本保息；③ 宣传发展养老产业、提供养老服务，通过承诺充值后返还折扣优惠等方式，与集资参与人签订服务合同；④ 借用融资租赁形式，以A公司名义与集资参与人签订产品采购合同后再以B公司名义与集资参与人签订委托租赁合同；⑤ 以网络借贷中介公司名义向社会不特定公众吸收存款，并通过线上、线下方式将钱款对外放贷。⑥（3）多为单位犯罪或共同犯罪，犯罪团伙组织化程度高，分工明确，层级明显。通常采用公司化管理模式，在多地设立分公司或分店，内部系统除法定代表人和实际控制人外，还包括各地分公司总经理（区域经理）或分店店长，销售部、研发部、系统运维部（技术部）、财务部、人事行政部、培训部等部门经理，团队长及其下属业务员等，分工精细，组织完整。

除此之外，在对上述343份判决书量刑情况作进一步考察后，可以发现"非吸"犯罪还具有以下几点司法趋势：（1）被告人自首、退赔退赃等量刑情节突出。大多数被告人在接到公安机关通知后都能主动投案、配合调查、如实供述，620名被告人中有438名被告人系自首，自首率达到70.6%；退赔被害人损失或退缴违法所得（部分或全部）的有508名，占比约81.9%；在区分主从犯的案件中，过半数被告人系从犯，占比约65.8%。这些数据在一定程度上说明大部分"非吸"犯的主观恶性通常较小，对自己从事违法行为的认识不到位。（2）量刑轻缓化且缓刑率高。620名被告人中被单处罚金、判处拘役刑或者三年以下有期徒刑的被告人共480名，占比约

---

① 检索时间为2022年7月10日。
② （2021）沪0110刑初896号、（2021）沪0107刑初1225号、（2021）沪0113刑初1404号、（2021）沪0106刑初1362号。
③ （2021）沪0106刑初1348号、（2021）沪0101刑初648号、（2020）沪0106刑初550号。
④ （2021）沪0112刑初1946号。
⑤ （2021）沪0105刑初459号。
⑥ （2020）沪0101刑初983号。

77.4%，其中被判处一年以上、两年以下有期徒刑的被告人数最多；而被判处缓刑的被告人数为 372 名，占比 60%。这说明虽然国家对"非吸"犯罪打击力度持续加大，但在司法实践中对于主观恶性小、能够积极退赔、退赃的被告人，在适用刑罚时仍持轻缓化理念。同时，这也意味着将有大量"非吸"人员经司法审判程序流入社区矫正中心，对该类犯罪群体开展分类矫正工作、提高矫正质量是社区矫正中心整体工作中不可忽视的重要部分。

二、"非吸"人员社区矫正困境分析

通过对上海市长宁区 50 位"非吸"社区矫正对象展开调研，笔者发现"非吸"类社区矫正对象往往在心理认同层面、社会关系层面和现实生活层面存在一定困境，这些困境导致"非吸"人员往往有着较大的心理压力，非但影响"非吸"矫正工作的正常开展，削弱了社区矫正对象的矫正效果，也阻碍了"非吸"人员进一步回归正常的生产生活轨道。

（一）心理认同层面"冤"认知强烈

"非吸"社区矫正对象的"冤"认知主要体现在两方面：一是对法院定罪的不认同，也即不认为自己的行为构成犯罪。部分"非吸"社区矫正对象对于公司无相关业务资质的违法性认识不足，对于自身向不特定公众吸收存款的行为危害性认识有所欠缺。不理解为何吸收公众存款这一行为在之前不构成犯罪，"铺天盖地地都在吸"，政策也未曾提及，而现在却"突然爆雷了"，被认定成一种犯罪行为；也有个别社区矫正对象在继续从事金融工作后向社区矫正工作人员提出了"为什么现在卖的理财产品跟之前卖的理财产品差不多，现在不是犯罪"的疑问；还有个别社区矫正对象在从事"非吸"业务时深信自己从事的是正当的金融工作，非但自己投钱，还劝说亲戚朋友投资，案发后不理解为何自己身为受害者也会被定罪。这些社区矫正对象往往有着较高的学历和文化水平，在职业规划上倾向于从事金融行业，但缺乏一定的职业风险意识，认为自己被定罪完全是"无妄之灾"。二是对法院归责的不认同，也即虽然承认自己的行为违法，但却不认同法院的归责方式。如前所述，非法吸收公众存款罪多为单位犯罪或共同犯罪，犯罪层级明显、分工明确，部分"非吸"社区矫正对象认为自己作为公司员工，受公司工作调遣安排，吸收的公众存款归公司所有，理应由公司承担刑事责任，而不该向员工追究个人责任；部分社区矫正对象对法院的"继续追缴"心存疑惑，不理解为何"不是自己经手的案子，钱都交到公司了"，自己也退赔了违法所得，还要将公司的欠款纳入自己的还款范围；另有部分社区矫正对象则认为"当时共同从事'非吸'工作的同事没有被抓，只抓了自己一个，很不公平"。这些社区矫正对象虽然在司法审判程序中认罪认罚，但心理上仍抱持着"冤枉"的心态，对矫正工作更易产生抗拒心理，也不利于再犯预防。而导致"非吸"社区矫正对象"冤"认知产生的一个重要原因就是其在相关法律知识方面的欠缺。对于为什么要设置非法吸收公众存款罪、该罪构成要件以及罪与非罪之间的界限没有形成一个完整的认识，致使"非吸"社区矫正对象对自身行为性质产生认知偏差或是始终处于不知何为罪的状态；对于单位犯罪、共同犯罪中各成员间的责任分配方式、刑事判决中的"继续追缴"等刑事概念缺乏清晰的认识，致使"非吸"社区矫正对象对法院的行为归责方式产生怨言。

(二) 社会关系层面家庭矛盾突出且社会支持网络弱化

部分"非吸"人员在从事"非吸"工作时坚信公司运营的理财产品能够获得高额收益，因而非但本人参与投资，还通过发展亲友、朋友介绍等口口相传的方式在原有的社会关系网络中吸收资金，一旦公司出现资金链问题，"非吸"人员本人及其亲属朋友也会遭受惨重损失。这一现象在"非吸"犯罪中绝非个案，如 (2020) 沪 0101 刑初 1015 号案中被告人本人及其家属投资的数百万元至今未曾拿回，(2021) 沪 0107 刑初 1235 号案中被告人母亲的投资款项尚未兑付 100 余万元等，在本文调研的 50 位"非吸"社区矫正对象中也不乏此类情形。对于这类"非吸"人员，其被告人身份与受害人身份的重叠将诱发其产生"冤"认知，而其被告人身份与亲属朋友的受害人身份之间产生的冲突对立又会引发家庭矛盾升级及原有的社会关系网络断裂、社会支持弱化等问题。亲戚朋友基于对被告人的信任投资理财项目，在遭遇损失后往往会对被告人持怨怼态度，要求被告人归还投资款项，致使"非吸"人员主动或被动地脱离原有的稳定的社会关系网络或者无法控制地使社会关系朝负面方向发展，导致"非吸"人员除了面对法律制裁以外，还需要承受来自家庭和社会关系网络的沉重压力，如调研的社区矫正对象中有多位表示自己"把亲戚朋友、社区邻居的钱拉了进去，所以存在家庭和社区矛盾""有一种出了事情被全世界抛弃的感觉""姐姐投进去好几百万元，自己只能卖房子赔"。这表明"非吸"社区矫正对象的社会网络支持问题相较其他社区矫正对象更为突出，而社区矫正对象的社会关系网络如若不能得到修复，将对矫正效果及再犯预防效果产生较大影响。

(三) 现实生活层面经济压力大且就业受阻

"非吸"社区矫正对象的经济压力是最直接也是最突出的一个问题。一方面是退赔、继续追缴等大额支出；另一方面是矫正期间就业受阻、收入无法保障以及财产冻结等经济来源障碍，"入不敷出"和"随时清零"的沉重经济压力使得"非吸"社区矫正对象易产生巨大的心理压力，甚至萌发绝望情绪。长宁区受调研的 50 位

"非吸"社区矫正对象曾多方提及这些经济压力,具体包括:(1)退赔、追缴压力。例如,A对继续追缴特别抗拒,表示自己穷到连罚金都交不起;B为70多岁的老太,在被冻结养老金后没有收入,却需要同时支付看病费用和法院罚款,经济压力较大;C为交法院罚款,欠有100万元的外债;D在矫正初期心态良好,向朋友借款100多万元用于还款后准备好好工作慢慢还,但被强制执行后失去了工作动力,认为自己找再高工资的工作也会被法院划走,无法将钱还给朋友,甚至因此为了不拖累妻子而与妻子离婚;E在不知道法院是否会继续追缴时心态良好,准备多赚点钱慢慢还上,直至收到法院继续退赔300多万元的通知时心态发生变化,因普通工作满足不了还款需求,还是挑了保险行业等。(2)就业压力。多名社区矫正对象表示自己正处于待业状态且经济状况不理想,或是仅靠房屋出租租金生活,或是拿着低保,个别社区矫正对象在没有工作收入的情况下还需支付房屋租赁费用,这些社区矫正对象都希望能够找到一个稳定(或时间灵活)的工作,而导致就业困难的原因包括:如F的居住地与执行地相隔太远,无法实现就业;G的银行卡被冻结导致找工作困难;H的公司要求出差,但司法所不允许频繁外出,导致被公司开除,后待业在家准备去开滴滴,但无法出具无犯罪记录证明;J虽对就业有需要,但对于薪资低或坐班制的工作却不予考虑等。(3)其他经济压力。例如,K的房屋被法院冻结,但接下来的20年每月仍需还贷3万余元,怕房子被法院强制执行后自己要露宿街头,心理压力较大,希望房子能够解冻后另作处理以减轻还贷压力;L育有两个儿子,其丈夫因身体原因无法正常就业,生活压力较大,而这也是当初她做"非吸"的原因之一等。

社区矫正工作作为刑事司法的最后一个环节,必然受到包括审判环节在内的多方影响。由上述调研现状可以推断出,当前"非吸"社区矫正对象的经济困境以及由此引发的心理负担在一定程度上与我国司法实践中涉众型经济犯罪案件判决的追缴规范问题以及社区矫正对象再就业支持问题有关。主要表现在以下两个方面:

首先,追缴制度不规范。法院在"非吸"类案件判决书中往往会附上"不足部分责令退赔或继续追缴"这一处理结果,而在司法实践中这一处理结果往往存在三处不规范。一则,法院对于退赔或追缴"违法所得"的金额范围未形成统一意见,在共同犯罪中从犯的退赔或追缴范围是依据被告人实际获利金额来确定,还是根据被告人个人及团队实际涉案未兑付金额来确定,这一问题在个案中并未形成统一意见;二则,判决书中对"责令退赔或继续追缴"的表述不清楚、不规范,既未写明继续追缴的具体金额也未涉及主从犯退赔金额的具体分配方式,[①] 这导致社区矫正对象对于自己应当承担的退赔金额范围与法院执行局产生不同理解,造成矫正过程中社区矫正对象心态的巨大变化,打击矫正信心,甚至产生绝望情绪,如上述D、E情

---

① 王保林:《刑事涉案财产裁判主文的规范化表述》,载《上海公安高等专科学校学报》2013年第3期。

形；三则，在具体执行中对于是否继续追缴、是否采取强制执行措施也因不同法院以及案件被害人的不同态度而异，在调研的50位"非吸"社区矫正对象中，个别社区矫正对象的判决书中虽写明"继续追缴"但实际却并未追缴或强制执行。追缴或责令退赔不规范不仅无法保障受害人的财产权益，损害司法权威，还有可能给被告人造成与其罪行不相称的经济负担和心理压力，阻碍其顺利融入社会。其次，社区矫正对象再就业支持不足。一方面，当前企事业单位对于刑释人员和社区矫正对象仍存有一定的就业歧视，背景调查要求提供无犯罪记录证明将"非吸"社区矫正对象拦截在大部分职业门槛之外，包括与其所犯罪行无关的职业，如滴滴司机、外卖配送等，这样的就业环境打击了社区矫正对象融入社会的信心，加重了社区矫正对象的经济压力。另一方面，部分非吸社区矫正对象自身学历高、人脉广，从事过高薪资的金融行业后对于就业选择存在一定的偏向性，在现实的就业环境下更容易形成一种"高不成、低不就"的待业状态，也在一定程度上加剧了"非吸"社区矫正对象的经济困境。

三、"非吸"人员社区矫正困境解决对策

（一）普及涉金融犯罪相关法律知识化解社区矫正对象的"冤"认知

要改变"非吸"社区矫正对象的"冤"认知，使其认同法院的定罪量刑，做到真正的认罪认罚，提升矫正在刑意识，应从法律知识普及入手，解决社区矫正对象对法律相关问题的困惑和怀疑。司法所可以通过邀请专业人士或"校所合作"等方式开展非法吸收公众存款罪等金融犯罪专题讲座，以通俗的语言表达结合典型的案例分析，帮助"非吸"社区矫正对象厘清什么是非法吸收公众存款罪、这一罪名在刑法及相关司法解释上的演变过程以及共同犯罪和单位犯罪的概念、主从犯责任分配方式等体系性法律问题。在此基础上，不定期开展个别法律服务项目或对接驻点援助律师，为"非吸"社区矫正对象的具体法律问题提供答疑服务。普及法律知识、提升职业风险意识既是缓解"非吸"社区矫正对象对定罪量刑的不满情绪、确保司法威信的必要手段，也是防止"非吸"社区矫正对象再次"误入歧途"、实现社区矫正犯罪预防目的的根本保障。

（二）借鉴恢复性司法方案修复社区矫正对象的社会关系网络

由于"非吸"犯罪的部分受害人与社区矫正对象之间存在特殊的社会关系，共处于相对紧密的社会网络之中，这使得"非吸"社区矫正对象的社会网络支持问题相较其他社区矫正对象也更为突出，因而，促进受损关系弥合以加强社会网络支持

就成为"非吸"人员社区矫正工作中的重要内容。而恢复性司法（Restorative justice）作为一项寻求由犯罪人、被害人和社区各方共同参与犯罪处理的司法模式，① 其主要价值追求就在于修复犯罪伤害、恢复各方关系、预防重新犯罪。学术界对于将恢复性司法理念引入社区矫正的可行性和必要性有过诸多理论探讨，② 认为恢复性司法与社区矫正的基本价值取向契合，社区矫正中也存在恢复性司法的现实需求，在开展社区矫正工作时借鉴恢复性司法的一些做法可以帮助稳定当事人的情绪、缓解矛盾等。因而，社区矫正小组在修复"非吸"社区矫正对象的社会关系时，也可尝试借鉴恢复性司法的某些做法，参考美国司法部编制的《恢复性司法事实小册子》中的七种运作模式，即社区恢复委员会、量刑小组、赔偿、社区服务、被害后果陈述、被害人犯罪人调解和家庭小组会议，③ 基于对社区矫正对象家庭社会关系现状的调查了解，针对性地组织开展社区矫正对象与受害人的矛盾调解与退赔协商会议，通过引导、疏解被害人的不满情绪，促进社区矫正对象与被害人之间的相互理解，使双方在相对理性的心理状态下根据社区矫正对象的现实经济情况共同讨论、制订退赔计划，缓和、化解双方的对立状态，修复社区矫正对象的社会关系网络。

（三）规范违法所得追缴或责令退赔的责任分配及文书表述

《中华人民共和国刑法》第六十四条规定"犯罪分子违法所得的一切财物，应当予以追缴或者责令退赔"。非法吸收公众存款罪的"违法所得"，根据2014年最高人民法院、最高人民检察院、公安部联合发布的《关于办理非法集资刑事案件适用法律若干问题的意见》第五条规定，应包括向社会公众非法吸收的资金、以吸收的资金向集资参与人支付的利息、分红等回报以及向帮助吸收资金人员支付的代理费、好处费、返点费、佣金、提成等费用。在非法吸收公众存款罪共同犯罪中，主犯应对全案违法所得承担刑事责任，这一点在司法实践中并无争议，而对于层级较低、仅从事一般业务、不负责资金流转支配的从犯而言，就其退赔违法所得的范围问题

---

① 吴宗宪：《恢复性司法述评》，载《江苏公安专科学校学报》2002年第3期。
② 马辉：《论恢复性司法在我国社区矫正中的引入》，载《学理论》2012年第25期。王瑞山：《论社区矫正的恢复性选择与路径创新——以〈社区矫正法〉的实施为契机》，载《犯罪研究》2020年第2期。王顺安、甄宏：《社区矫正与恢复性司法》，载《中国犯罪学研究会第十四届学术研讨会论文集（上册）》2005年，第342—355页。
③ 吴宗宪：《恢复性司法述评》，载《江苏公安专科学校学报》2002年第3期。社区恢复委员会是一组经过强化培训的居民，与犯罪人一起进行公开的面对面会议；量刑小组是由被害人、犯罪人、刑事司法系统人员以及所有感兴趣的社区成员组成的小组，共同探讨和理解犯罪行为，确定帮助各方恢复和犯罪预防措施；赔偿是犯罪人对其给被害人造成的经济损失承担责任的过程；社区服务是犯罪人通过为社区工作来修复犯罪行为造成的损害的一种措施；被害后果陈述是由被害人陈述犯罪行为对自己产生的负面影响；被害人犯罪人调解是为被害人提供会见犯罪人并就犯罪问题进行讨论的环境；家庭小组会议是由遭受犯罪影响的主要人员参与的讨论如何处理犯罪人的会议。

仍存在一定争议，各省市对此做出的具体规定并不统一，如重庆市《关于办理非法集资类刑事案件法律使用问题的会议纪要》第二十四条规定"追缴或者责令退赔违法所得与民事诉讼中共同被告对集资参与人的损失承担连带赔偿责任有所区别……应以行为人实际的违法所得为限"，而上海市高人民法院、上海市人民检察院、上海市公安局《关于办理涉众型非法集资犯罪案件的指导意见》第十一条第二款则规定："参与非法集资犯罪的被告人（包括被追究刑事责任的业务员），应当对其犯罪行为造成的损失承担退赔责任，除应当依法追缴其获取的佣金、提成等违法所得外，还可以责令在其犯罪行为造成的损失范围内承担退赔责任。"前者是以实际获利范围为限，后者则是以个人吸收资金未兑付数额为限，[①] 而在司法实务中还存在要求一般从犯共同（平均）承担团队吸收资金未兑付数额的情况，这导致部分从犯承担了超出自己实际责任范围的退赔义务。而由于一般从犯吸收的公众存款通常多达上百万元或上千万元，将吸收资金上交公司后实际获利或支配资金却远不及此数额，这导致部分从犯的退赔义务远大于其退赔能力，非但无法保障被害人的财产权益，还有可能使"非吸"社区矫正对象在巨大的退赔压力下走向重新犯罪或"破罐子破摔"的极端道路。

对此，笔者以为应当规范违法所得退赔责任分配方式。对于"非吸"罪的一般从犯而言，可以在追缴其实际违法所得的基础上，综合全案考虑（包括主犯到案及退赔情况），在一般从犯实际造成的损失范围内合理确定其退赔义务。同时应规范裁判文书主文中关于追缴或责令退赔的笼统表述，列明追缴或责令退赔的具体金额。"裁判文书是案件执行的基础，作为追缴、退赔等财产执行的依据，文书判项的内容应当具体、明确，且具备可执行性"，[②] 这在1999年最高人民法院颁布的《法院刑事诉讼文书样式》中就有过具体要求——"追缴、退赔和没收的财物，应当写明其名称和数额。财物多、种类杂的，可在判决书上写明其种类和总额，并另附清单作为判决书的附件"。[③] 此外，对于部分"非吸"社区矫正对象而言，规范追缴或责令退赔文书表述可能还意味着将未知的压力化为有形的动力。

（四）落实《社区矫正法》中社区矫正对象再就业支持服务

《中华人民共和国社区矫正法》（以下简称《社区矫正法》）对社区矫正对象的

[①] 朋礼松：《刑事案件中的"退赃退赔"及其范围责任的认定》，https：//www.163.com/dy/article/FU9BMQO20551QDCT.html，最后访问时间：2022年7月6日。
[②] 朱宁吉、张坤：《涉众型经济犯罪案件追缴与退赔执行的困境及对策》，载《江苏警官学院学报》2020年第2期。
[③] 周道鸾：《最新刑事法律文书格式范本》，转引自苏斌、张曼慧、阿尼沙：《涉众型经济犯罪案件财物追缴的判决主文表述》，载《人民司法》2015年第13期。

就业问题给予了充分的关注,具体措施包括:(1)在实施矫正措施方面,第三十四条规定,社区矫正的措施和方法应当避免对社区社区矫正对象的正常工作和生活造成不必要的影响;(2)在职业技能培训方面,第三十七条规定,社区矫正机构可以协调有关部门和单位,依法对就业困难的社区矫正对象开展职业技能培训、就业指导;第四十条第一款规定,社区矫正机构可以通过公开择优购买社区矫正社会工作服务或者其他社会服务,为社区矫正对象在教育、心理辅导、职业技能培训、社会关系改善等方面提供必要的帮扶;第五十五条第二款规定,年满十六周岁的社区矫正对象有就业意愿的,社区矫正机构可以协调有关部门和单位为其提供职业技能培训,给予就业指导和帮助;(3)在社会支持方面,第四十一条规定,国家鼓励企业事业单位、社会组织为社区矫正对象提供就业岗位和职业技能培训,招用符合条件的社区矫正对象的企业,按照规定享受国家优惠政策。因而,对于"非吸"社区矫正对象的再就业问题,除了消解社会对刑释、社区矫正对象的就业歧视以外,还可以从以上几方面加以落实。首先,对于矫正措施给"非吸"社区矫正对象的就业造成实际且不必要影响的,应尽可能协调解决,如调研中因居住地和执行地距离问题导致就业困难的,应按照《社区矫正法》第十七条规定"根据有利于社区矫正对象接受矫正、更好地融入社会的原则,确定执行地"来加以协调解决。其次,针对始终处于待业状态且有就业需求的社区矫正对象组织开展职业技能培训,根据社区矫正对象的需求给出就业建议,对接相关企业单位为社区矫正对象"牵线搭桥"。最后,针对有就业需求但"高不成低不就"的社区矫正对象,还可以组织开展恰当的就业心理疏导。

(五)加强社区矫正对象心理疏导服务

林春梅教授认为心理压力是机体在内外环境作用下,因客观要求与主体应付能力不平衡所产生的一种适应环境的紧张状态。[1] 也就是说,个体的大部分心理问题实则是由现实生活中各项压力源引发的心理上的应激反应。在对"非吸"社区矫正对象展开的调研中不难发现,因法律知识缺乏导致的行为认知偏差、家庭及社会关系支持网络弱化、经济及就业压力等现实困境都会给"非吸"社区矫正对象带来心理上的郁结和压力。因而,采取上述几项对策解决"非吸"社区矫正对象的现实困境,可以在很大程度上缓解"非吸"社区矫正对象的心理压力,排解和舒缓社区矫正对象的焦虑情绪和抑郁倾向。在此基础上,针对"非吸"社区矫正对象所具有的因判刑而产生的对家人的愧疚心理和低落情绪以及从普通公民到社区矫正对象身份转变的不适感和羞耻感等心理问题,可以通过社工小组介入的方式或者邀请驻点心理咨

---

[1] 林春梅:《心理压力与健康》,载《民族教育研究》2001年第4期。

询师组织开展情绪互助小组，让有着相同境遇的"非吸"社区矫正对象在小组交流中得以宣泄情绪、获得理解，以此缓和罪犯身份的孤立感，还可以使其在交流过程中改变看待事物的方式，重建对未来生活的信心。[①]

四、总结与展望

社区矫正作为一种非监禁刑罚执行方式，承载着使罪犯再社会化的价值追求。然而，不同罪错的社区矫正对象在重新融入社会的过程中面临着不同的困境，如非法吸收公众存款罪，作为一种典型的涉众型经济犯罪，该类社区矫正对象的矫正困境明显与经济因素挂钩，追缴或责令退赔带来的经济压力与就业困难交织在一起，重击了"非吸"社区矫正对象重新融入社会的信心，而由经济"纠纷"引发的社会关系网络断裂又使"非吸"社区矫正对象丧失了基本的社会关怀，这些困境是影响和阻碍"非吸"社区矫正对象回归社会的重要因素，也是社区矫正小组需要重点加以解决的问题。按照不同罪错分类管理、个别化矫正是有效利用社区矫正资源、针对性解决矫正困境、实现矫正效果最大化、预防社区矫正对象重新犯罪的重要举措。在矫正实践中，还需要更多研究人员针对不同社区矫正对象的不同矫正困境开展调研工作，调研结果可以为其他地区同类社区矫正对象的矫正工作提供方向借鉴。

[①] 张腾芳：《非法吸收公众存款罪社区矫正对象"冤"认知改变研究》，华东理工大学 2021 年硕士论文。

五、未成年人社区矫正

浅析未成年社区矫正对象管理实务

——以入矫时未成年人年龄界定标准为视角

吴宇 喻旭[*]

《中华人民共和国社区矫正法》（以下简称《社区矫正法》）以专章的方式体现了对未成年社区矫正群体的保护，这无疑是推进刑事执行制度规范化的重大进展，如何落实未成年社区矫正的相关规定，切实保护好未成年社区矫正对象的合法权益则是对司法行政机关的重要考验。结合实践中遇到的真实案例，并根据《社区矫正法》和贵州省新出台的规范性文件《贵州省未成年人社区矫正工作规定（试行）》（以下简称《工作规定》），本文针对将未成年罪犯纳入社区矫正管理时刻进行问题分析，提出观点，以期能够促进社区矫正工作的规范化和精细化。

一、案例概述

案例：社区矫正对象张某，女，于2001年8月5日出生，贵州绥阳县人，经常居住地位于贵州省遵义市汇川区。根据法院判决书载明，2018年至2019年，张某及同案陈某等人在缅甸组织诈骗集团。该集团通过blued、抖音、快手、伊对等应用软件物色中国境内的被害人，利用微信、QQ等聊天工具添加被害人为好友，由业务员虚构身份通过谈感情获取其信任后进行诈骗。在2019年2月14日至4月19日，张某系该诈骗集团的小组业务员。张某于2020年7月24日自动投案，如实供述了自己的犯罪事实，同年7月25日被取保候审。2022年4月18日，张某被浙江省温州市瓯海区人民法院以犯诈骗罪判处有期徒刑一年九个月，缓刑二年六个月，并处罚金2万元。宣告缓刑后，张某返回贵州省遵义市汇川区接受社区矫正，于2022年5月26日在汇川区司法局董公寺司法所宣告入矫。从该案例中可以确定的是社区矫正对象张某犯罪时实际年龄不满18周岁，入矫时是20周岁零9个月。

在本案中，基层司法所在入矫时，对张某的矫正对象类别管理提出了异议，通

---

[*] 吴宇，贵州省遵义市汇川区司法局沙湾司法所负责人。喻旭，贵州省遵义市汇川区司法局董公寺司法所所长。

过请示上级主管部门，被告知张某应根据《工作规定》第三条规定①纳入未成年社区矫正对象管理。但本文并不赞同将张某列入未成年社区矫正对象行列进行矫正，由此展开如下分析。

二、《工作规定》第三条关于年龄标准界定的问题分析

上述案例中引用的《工作规定》是贵州省司法厅制定的关于未成年人社区矫正的规范性文件，其所适用的第三条体现了两项内容，前半句规定了未成年社区矫正对象的入矫年龄标准，后半句则与《社区矫正法》第五十八条②相一致，主要规定了跨年龄执行的特殊情形。从引入的案例来看，本文主要想探讨的是《工作规定》第三条中以"犯罪时未满十八周岁"来界定社区矫正中未成年社区矫正对象是否合理甚至合法的问题，因此在问题分析部分主要分为两个模块，一是检索《工作规定》第三条的法律渊源。在直接上位法——《社区矫正法》《中华人民共和国社区矫正法实施办法》（以下简称《实施办法》）中并无年龄标准界定的情况下，《工作规定》作为下位规范性文件，必然有一定参照物支撑其未成年社区矫正对象的年龄标准界定，本文从横、纵两个方面进行比对，以全包围的方式分析支持《工作规定》第三条可能存在的法律渊源。二是从理论、实践两个方面分析《工作规定》第三条的不合理性。理论方面主要是从在内容上是否与《社区矫正法》立法本意相违背以及在形式上是否与上位法相抵触进行探讨，实践方面主要是从《社区矫正法》第七章的条文出发，阐明若以《工作规定》第三条作为落实社区矫正工作的具体规范，其将会带来的不利后果。

（一）检索《工作规定》第三条的法律渊源

1. 横向比较各省社区矫正对象管理规定

本文检索了10个省司法厅官网发现（见表1），贵州省并不是唯一规定了未成年人社区矫正纳入标准以及跨年龄执行的省份，除江苏省、山东省并未检索到相关规定外，其他省份都无一例外规定了犯罪时未满十八周岁的社区矫正对象适用未成年社区矫正规定的情形，说明了以"犯罪时未满十八周岁"作为界定是不是未成年社区矫正对象的规定普遍存在，其可能作为《工作规定》第三条的理论来源和制定依据。

---

① 《贵州省未成年人社区矫正工作规定（试行）》第三条规定："本规定所称未成年社区矫正对象是指犯罪时未满十八周岁的社区矫正对象。未成年社区矫正对象在社区矫正期间年满十八周岁的，继续按照未成年人社区矫正有关规定执行。"

② 《社区矫正法》第五十八条规定："未成年社区矫正对象在社区矫正期间年满十八周岁的，继续按照未成年人社区矫正有关规定执行。"

表1 各省未成年社区矫正对象管理规定

《北京市社区矫正实施细则》	第三十六条第一款、第二款 对未成年人实施社区矫正，应当遵循教育、感化、挽救的方针，按照下列规定执行：……犯罪时不满十八周岁被判处五年有期徒刑以下刑罚的社区矫正人员，适用前款规定。
《四川省社区矫正实施细则（试行）》	第一百九十一条 犯罪的时候不满十八周岁但在社区矫正期间年满十八周岁的社区矫正对象，适用未成年社区矫正对象的相关规定。
《云南省社区矫正实施细则》	第八十二条第二款 ……对于犯罪时不满十八周岁，被判处五年有期徒刑以下刑罚的未成年人的犯罪记录，应当予以封存……
《湖南省社区矫正实施细则》	第二百一十二条 犯罪的时候不满十八周岁但在社区矫正期间年满十八周岁的社区矫正对象适用未成年社区矫正对象的相关规定。
《江苏省社区矫正工作条例》	无
《浙江省社区矫正教育帮扶规定（试行）》	第四十八条 未成年社区矫正对象在社区矫正期间年满十八周岁的，继续按照未成年人社区矫正有关规定执行。
《江西省社区矫正工作实施细则》	第四十六条第六款 未成年社区矫正对象在社区矫正期间年满十八周岁的，继续按未成年人社区矫正有关规定执行。
《广东省社区矫正实施细则》	第七十五条 犯罪的时候不满十八周岁但在社区矫正期间年满十八周岁的社区矫正对象适用未成年社区矫正对象的相关规定。
《山东省社区矫正实施细则（试行）》	无
《重庆市社区矫正实施细则》	第八十五条 社区矫正对象在犯罪的时候不满十八周岁但在社区矫正期间年满十八周岁的，适用未成年人社区矫正的相关规定。

2. 纵向检索法律及司法解释

通过前文的横向比较后,《工作规定》若仅以各省份均规定了"犯罪时未满十八周岁"为由制定了相关条款,其论据明显是不充分的,需仔细考量是否存在其他上位法作为法律渊源支持其制定该标准。受《中华人民共和国社区矫正法释义》(以下简称《释义》)一书的启发,该书学者认为未成年社区矫正对象应以"犯罪时未满十八周岁"为界的原因在于我国相关的刑事法律规范规定了未成年刑事犯罪案件是以犯罪时计算。① 正如前文所述,在直接上位法并无规定的情况下,本文也尝试检索了其他未成年刑事案件规范中有关年龄标准的规定(见表2)。

表2 未成年刑事案件规范中有关年龄标准的规定

《中华人民共和国刑法》	第十七条 【刑事责任年龄】已满十六周岁的人犯罪,应当负刑事责任。 已满十四周岁不满十六周岁的人,犯故意杀人、故意伤害致人重伤或者死亡、强奸、抢劫、贩卖毒品、放火、爆炸、投放危险物质罪的,应当负刑事责任。 已满十二周岁不满十四周岁的人,犯故意杀人、故意伤害罪,致人死亡或者以特别残忍手段致人重伤造成严重残疾,情节恶劣,经最高人民检察院核准追诉的,应当负刑事责任。 对依照前三款规定追究刑事责任的不满十八周岁的人,应当从轻或者减轻处罚。 因不满十六周岁不予刑事处罚的,责令其父母或者其他监护人加以管教;在必要的时候,依法进行专门矫治教育。
《中华人民共和国刑事诉讼法》	第二百八十六条第一款 犯罪的时候不满十八周岁,被判处五年有期徒刑以下刑罚的,应当对相关犯罪记录予以封存。
《中华人民共和国监狱法》	第七十六条 未成年犯年满十八周岁时,剩余刑期不超过二年的,仍可以留在未成年犯管教所执行剩余刑期。

---

① 王爱立、姜爱东主编:《中华人民共和国社区矫正法释义》,中国民主法制出版社2020年版,第280页。

续表

《最高人民法院关于适用〈中华人民共和国刑事诉讼法〉的解释》	第五百五十条第一款、第二款 被告人实施被指控的犯罪时不满十八周岁、人民法院立案时不满二十周岁的案件，由未成年人案件审判组织审理。下列案件可以由未成年人案件审判组织审理：（一）人民法院立案时不满二十二周岁的在校学生犯罪案件；（二）强奸、猥亵、虐待、遗弃未成年人等侵害未成年人人身权利的犯罪案件；（三）由未成年人案件审判组织审理更为适宜的其他案件。 第五百六十七条 被告人实施被指控的犯罪时不满十八周岁，开庭时已满十八周岁、不满二十周岁的，人民法院开庭时，一般应当通知其近亲属到庭。经法庭同意，近亲属可以发表意见。近亲属无法通知、不能到场或者是共犯的，应当记录在案。
《最高人民法院关于审理未成年人刑事案件具体应用法律若干问题的解释》	第一条 本解释所称未成年人刑事案件，是指被告人实施被指控的犯罪时已满十四周岁不满十八周岁的案件。
《人民检察院办理未成年人刑事案件的规定》	第七十九条 本规定所称未成年人刑事案件，是指犯罪嫌疑人、被告人实施涉嫌犯罪行为时已满十四周岁、未满十八周岁的刑事案件，但在有关未成年人诉讼权利和体现对未成年人程序上特殊保护的条文中所称的未成年人，是指在诉讼过程中未满十八周岁的人。犯罪嫌疑人实施涉嫌犯罪行为时未满十八周岁，在诉讼过程中已满十八周岁的，人民检察院可以根据案件的具体情况适用本规定。
《最高人民法院、最高人民检察院、公安部、司法部关于未成年人犯罪记录封存的实施办法》	第四条 犯罪的时候不满十八周岁，被判处五年有期徒刑以下刑罚以及免予刑事处罚的未成年人犯罪记录，应当依法予以封存。对在年满十八周岁前后实施数个行为，构成一罪或者并处理的数罪，主要犯罪行为是在年满十八岁周岁前实施的，被判处或者决定执行五年有期徒刑以下刑罚以及免予刑事处罚的未成年人犯罪记录，应当对全案依法予以封存。
《社区矫正实施办法》（已废止）	第三十三条第二款 犯罪的时候不满十八周岁被判处五年有期徒刑以下刑罚的社区矫正人员，适用前款规定。

综上，不论是横向比较抑或纵向检索，其他省份关于未成年社区矫正对象的规定以及与未成年刑事犯罪有关的法律规定均可能作为贵州省制定《工作规定》第三条的法律依据，但立法者在制定《工作规定》第三条时可能并未注意到以横向或是

纵向作为参考依据可能存在的问题。在横向比较中，各省市采取"犯罪时未满十八周岁"的规定一方面可能仍以 2012 年"两部两高"的《社区矫正实施办法》作为立法依据；另一方面也可能是受到其他法律的影响，但从众的立法并不能直接说明该项规定具有可参考性。从纵向检索来看，《工作规定》的立法者可能并未清晰认识到社区矫正工作虽然表面披上了刑事案件外衣，但实际上不论是侦查起诉阶段、审判阶段以及后续的执行阶段都是独立的部分，每个阶段的法律制度安排既有其特殊性也有共同性，一个阶段的立法规定并不能直接套用在另一个阶段中。因此，本文认为不论是横向渊源还是纵向渊源都不足以充分支持《工作规定》第三条以"犯罪时未满十八周岁"作为划分入矫时未成年社区矫正对象的标准。本文认为，在上位法仍具效力且处于运行期间，应该从上位法出发来制定下位规范性文件，由此本文下文将从《社区矫正法》第七章出发，具体对《工作规定》第三条进行分析。

（二）分析《工作规定》第三条适用的不合理性

《社区矫正法》自 2020 年施行以来，其中一大特色便是专章规定了未成年社区矫正制度，这种专章规定的方式无疑是体现了立法者对未成年社区矫正对象的倾向性保护，同时《工作规定》也旨在保护未成年人的合法权益，想通过社区矫正纠正未成年人的犯罪行为，使其能够在未来为社会做出重大贡献。本文也认为对未成年社区矫正对象应该进行特殊保护，毕竟未成年人可塑性较高，未来具有无限可能性，而这种保护应该体现适度原则。与《社区矫正法》第七章相比，《工作规定》第三条所表述的未成年社区矫正对象的主体概念被无限扩大，从而产生了未成年社区矫正对象无上限的倾向性保护，这一规定一方面与上位法的本意有所出入；另一方面会导致基层管理者在操作上和适用上脱节，具体分析如下。

从理论上探讨《工作规定》第三条的不合理性。笔者在对《社区矫正法》第七章进行学习研究时发现，全章所称未成年社区矫正对象并未以法条的形式表明是以"犯罪时未满十八岁"作为标准计算，笔者认为该章内在本意是以"入矫时未满十八周岁"计算，具体分析如下。

第一，从法律解释角度出发。文理解释、字面解释是法条解释中最常见且也是首要运用的方法，运用此类解释方法，《社区矫正法》第七章[①]所有条文的字面理解均强调了适用未成年社区矫正制度的对象是入矫时未满十八周岁的社区矫正对象。

---

① 《社区矫正法》第七章包含的法条共有七条：第五十二条、第五十三条、第五十四条、第五十五条、第五十六条、第五十七条、第五十八条。

例如,《社区矫正法》第五十二条第三款①规定"对未成年人的社区矫正,应当与成年人分别进行",该条文强调了社区矫正工作中成年和未成年的区分教育,也就是说只有入矫时仍是未满十八周岁的社区矫正对象,在矫正时才会与成年的社区矫正对象分别进行;如第五十三条②规定了未成年社区矫正对象的监护人应该履行监护责任。但《中华人民共和国民法典》(以下简称《民法典》)明文规定③,只有未满十八周岁的未成年人和无民事行为能力的成年人才具有监护人;再如《社区矫正法》第五十八条④阐述了未成年社区矫正对象跨越成年门槛的特殊规定,该项规定也表明了未成年社区矫正对象需在入矫之前未成年,在矫正期间跨过了成年的门槛,那么才能满足第一个条件——即"在矫正期间年满十八周岁的",从而才能"继续"按照未成年人社区矫正有关规定执行。从上述举例的三个条款上看,均说明未成年社区矫正对象是在入矫时未满十八周岁,否则这些条款也没有列明的必要了。

论理解释是法律在被运用到具体案件中时,按照立法精神,以合理的目的进行解释的方法。⑤ 由于论理解释要求看到立法者背后的本意,要符合一般逻辑,在对法律解释时也是较为常见的方法。本文在探寻《社区矫正法》第七章的立法目的时,不得不正视立法者以专章规定的方式本身就体现了对未成年人的倾向性保护,更是考虑到了未成年人在矫正时需要更多的保护和引导,同时并将这种保护限缩在了"入矫时未满十八周岁"的范畴,但从上述案例中适用《工作规定》第三条的情况来看,其适用对象却包括成年后以未成年身份入矫的社区矫正对象,将《社区矫正法》第七章所规定的未成年社区矫正对象的外延扩大(如下图所示),正如案例中的张某仍以未成年标准入矫,使成年社区矫正对象超越了年龄限制,便把成年人硬拽

---

① 《社区矫正法》第五十二条规定:"社区矫正机构应当根据未成年社区矫正对象的年龄、心理特点、发育需要、成长经历、犯罪原因、家庭监护教育条件等情况,采取针对性的矫正措施。社区矫正机构为未成年社区矫正对象确定矫正小组,应当吸收熟悉未成年人身心特点的人员参加。对未成年人的社区矫正,应当与成年人分别进行。"

② 《社区矫正法》第五十三条规定:"未成年社区矫正对象的监护人应当履行监护责任,承担抚养、管教等义务。监护人怠于履行监护职责的,社区矫正机构应当督促、教育其履行监护责任。监护人拒不履行监护职责的,通知有关部门依法作出处理。"

③ 《民法典》第二十七条规定:"父母是未成年子女的监护人。未成年人的父母已经死亡或者没有监护能力的,由下列有监护能力的人按顺序担任监护人:(一)祖父母、外祖父母;(二)兄、姐;(三)其他愿意担任监护人的个人或者组织,但是须经未成年人住所地的居民委员会、村民委员会或者民政部门同意。"第二十八条规定:"无民事行为能力或者限制民事行为能力的成年人,由下列有监护能力的人按顺序担任监护人:(一)配偶;(二)父母、子女;(三)其他近亲属;(四)其他愿意担任监护人的个人或者组织,但是须经被监护人住所地的居民委员会、村民委员会或者民政部门同意。"

④ 《社区矫正法》第五十八条规定:"未成年社区矫正对象在社区矫正期间年满十八周岁的,继续按照未成年人社区矫正有关规定执行。"

⑤ 论理解释是指按照立法精神,根据具体案件,从逻辑上进行的解释,即从现阶段社会发展的需要出发,以合理的目的所进行的解释。

回到未成年人矫正队列。显然这种做法既不符合《社区矫正法》对未成年罪犯的特殊保护，也超出了一般国民预测可能性。

第二，从上下位法的角度出发。本文认为《工作规定》第三条作为贵州省制定的规范性文件在一定程度上抵触了《社区矫正法》第七章的内容。法律规范的抵触是指上位法与下位法针对同一事项作出规定，下位法与上位法的规定内容不一致，即下位法的规定违背了上位法的原则和条文。① 关于法律规范的抵触，本文将从形式要件和实质要件展开论证。就形式要件而言，大多数学者认为成立下位法抵触上位法需符合如下条件：② 第一，抵触需存在上下位阶法律之间。通常上位法指的是宪法、法律、行政法规等，而下位法一般指的是具体执行上位法条款的规范性文件，本文所论证的《社区矫正法》第七章是专门规定未成年社区矫正制度的规定，且《社区矫正法》是由全国人大常委会立法通过的法律，属上位法；而《工作规定》是由贵州省司法厅制定并颁布的专门用于指导和保护未成年社区矫正对象的规范性文件，是具体实施《社区矫正法》第七章的规定，属下位法，二者位于上下位阶之间，且属同一个范围之内。第二，上下位法均具有法律效力。《社区矫正法》于2020年7月1日起施行，目前正处于有效期内；《工作规定》于2021年11月印发于《贵州省社区矫正手册》中，目前应用于贵州省社区矫正工作中，也尚属有效期内。第三，上下位法针对同一调整对象。从上文中不难看出《工作规定》和《社区矫正法》第七章都是针对未成年人社区矫正工作进行的专门性规定，都调整的是未成年社区矫正对象。综上所述，《工作规定》第三条和《社区矫正法》第七章符合一般下位法抵触上位法的形式要件。

纵观我国法治社会进程中，并未对上下位法相抵触的实质性要件作出明文概括性标准，但不代表实质性要件没有可参考内容——通过检索，以胡建淼教授关于抵触分类标准的观点和最高院2004年形成了《关于审理行政案件适用法律规范问题座谈会纪要》（以下简称《纪要》）最为典型，而本文在论述时也主要以上述两项为基准进行分析。胡建淼教授提出的抵触分类标准分为两种，一是原则抵触，是指下位法与上位法所表达的立法精神基本原则不一致；二是规则抵触，是指下位法具体规则和上位法不一致。本文认为《工作规定》和《社区矫正法》第七章并未出现原则抵触，它们的目标都是想将未成年人社区矫正工作规范化和精细化，都是对未成年社区矫正对象进行的倾向性保护。本文重点论述的是《工作规定》第三条关于未成年社区矫正对象年龄标准问题与《社区矫正法》第七章所表达的未成年社区矫正对象年龄标准不一致，是具体规则上的不一致，因此属于规则抵触。同时胡建淼教授提出若是符合规则抵触，还需要从法律规范类别属性和法律关系属性两个方面进

---

① 胡建淼：《法律规范之间抵触标准研究》，载《中国法学》2016年第3期，第18页。
② 顾强：《地方立法抵触问题研究》，浙江工商大学2021年硕士学位论文。李人鹏：《上下位法相抵触的认定标准》，浙江大学2017年硕士学位论文。

行二次分析。第一，从规范属性上看，本文认为《工作规定》属于同类抵触下的同向抵触。① 同类抵触是上下位法属于统一法律规范；同向抵触是指上下位法之间在主体范围、权利义务和责任的条件、范围等方面发生了差异。而最高院2004年形成的《纪要》中所列举的十一种上下位法抵触的规定②则是同向抵触标准的具体体现。首先，从本文所讨论的年龄标准问题上看，《社区矫正法》第七章将纳入未成年社区矫正对象的年龄在具体条文中确定下来，即强调入矫时未满十八周岁；《工作规定》更是以明文方式表明其纳入标准，根据法理学中对法律规范的规定，二者都属确定性规范，③ 符合同类抵触的标准。其次，二者不同的是在未成年社区矫正对象纳入年龄上发生了一定的"变异"，虽然二者都强调了未满十八周岁，但是界定的时刻却不一致，《社区矫正法》第七章强调入矫时刻，《工作规定》强调犯罪时刻，符合同向抵触的要求，也符合《纪要》中第一条的规定。第二，从法律关系上看，胡建森教授认为若是上下位法属于设定和规定的法律关系，那么只要规定内容超越设定内容的主体、行为、对象范围和幅度都属于抵触。④《社区矫正法》第七章设定了如何执行未成年社区矫正工作的问题，是之前从未规定过的，是"从无到有"；《工作规定》第三条具体化未成年社区矫正对象入矫年龄的问题，是具体执行《社区矫正法》第七章的内容，是"从粗到细"的，符合法律关系中设定和规定的关系。前文已经论述了二者的差异，那么可以得出《工作规定》第三条规定的内容超越了《社区矫正法》第七章设定的内容。

综上，在文理和论理的法律解释下，《工作规定》第三条扩大了《社区矫正法》第七章的立法本意；在抵触的形式要件和实质要件分析下，《工作规定》第三条抵触了《社区矫正法》第七章的法律规定。

---

① 胡建森教授认为从规范属性出发，规则抵触被分为同类抵触和异类抵触，异类抵触是指从上位法到下位法法律规范属性发生"变异"，即上位法规范和下位法规范不属于同一种类。例如，上位法是授权性规范，下位法是义务性规范。同类抵触是指上下位法之间法律规范没有发生变异，但是在具体规定内容上发生了不一致。

② 《关于审理行政案件适用法律规范问题的座谈会纪要》规定，从审判实践看，下位法不符合上位法的常见情形有：下位法缩小上位法规定的权利主体范围，或者违反上位法立法目的扩大上位法规定的权利主体范围；下位法限制或者剥夺上位法规定的权利，或者违反上位法立法目的扩大上位法规定的权利范围；下位法扩大行政主体或其职权范围；下位法延长上位法规定的履行法定职责期限；下位法以参照、准用等方式扩大或者限缩上位法规定的义务或者义务主体的范围、性质或者条件；下位法增设或者限缩违反上位法规定的适用条件；下位法扩大或者限缩上位法规定的给予行政处罚的行为、种类和幅度的范围；下位法改变上位法已规定的违法行为的性质；下位法超出上位法规定的强制措施的适用范围、种类和方式，以及增设或者限缩其适用条件；法规、规章或者其他规范文件设定不符合行政许可法规定的行政许可，或者增设违反上位法的行政许可条件；其他相抵触的情形。

③ 法理学中将法律规范分为如下几类：调整性规范和保护性规范；一般性规范、定义性规范、冲突性规范；义务性规范、授权性规范和禁止性规范；强制性规范和任意性规范；确定性规范和非确定性规范。

④ 胡建森：《法律规范抵触标准研究》，载《中国法学》2016年第3期。

(三) 从实践的角度阐述《工作规定》第三条的不利后果

本文认为在前文所述案例中适用《工作规定》第三条有关未成年社区矫正对象年龄标准的规定与实际产生了一定的脱节，且与《社区矫正法》第七章内容无法顺利衔接，本段以《社区矫正法》第七章中第五十二条、第五十三条、第五十六条、第五十八条为例进行展开，分析适用《工作规定》第三条带来的不利后果。

第一，如何按照未成年社区矫正对象管理规定对成年社区矫正对象制订方案。首先《社区矫正法》第五十二条规定了在未成年社区矫正对象入矫时需要根据未成年人的年龄、心理特点、发育需要等因素制订矫正方案。在本案中，张某在入矫时已经成年，这让基层社区矫正工作人员在制订方案时陷入两难境地，因为既不能做到追溯至张某犯罪时的心理状态，也不能直接根据她现在成年人的心理状态来制订方案，在无法穿越到当时犯罪时间的情况下，按照成年人的心理状态来制订名为未成年人社区矫正的方案，在实践中是显然做不到的。其次在《社区矫正法》第五十二条中明确规定了将未成年人的社区矫正和成年人的社区矫正分别进行，这说明了不仅档案要分别管理，教育也要分别进行。区分的目的一方面是体现对未成年人社区矫正工作的重视和保护；另一方面是担心未成年犯心智尚未成熟，容易被成年犯所影响，造成更加不可挽回的后果。就本案而言，将成年的张某纳入未成年社区矫正对象意味着她将和其他的未成年社区矫正对象一起进行教育，立法者花费心思将成年社区矫正对象和未成年社区矫正对象进行划分显然没有了意义，也同样不利于其他未成年社区矫正对象的再教育工作。

第二，如何确定成年后入矫而被强制纳入未成年社区矫正对象的监护人。《社区矫正法》第五十三条规定了监护人对未成年社区矫正对象要履行监护义务，包括管控、入矫、解矫到场等义务。同时根据《民法典》的规定，通常情况下不满十八周岁的未成年人需要监护人，且监护人可以代理实施民事法律行为，一般情况下能辨认自身行为的成年人是不需要监护人的。[①] 在本案中，确定张某的监护人则变成一个现实难题。假设按照"犯罪时"的标准将张某父母仍列为张某的监护人，张某在入矫时已不是未成年人，那么设立监护人的行为便和民法典的逻辑不能自洽，在实践中往往造成适用混乱的局面，如确定监护人后，监护人需要管教未成年社区矫正对象，管教期间可能代理未成年人实施民事法律行为，可实际张某已经不是未成年人，其享有完全的民事权利，不需要进行法定代理，那么监护人进行代理的行为能否生效，是否与《民法典》相违背。

---

① 《民法典》第十七条规定："十八周岁以上的自然人为成年人。不满十八周岁的自然人为未成年人。"第三十四条第一款规定："监护人的职责是代理被监护人实施民事法律行为，保护被监护人的人身权利、财产权利以及其他合法权益等。"

第三，如何在社区矫正工作中对成年社区矫正对象适用未成年人保护组织。《社区矫正法》第五十六条规定了未成年人保护组织应当依法协助社区矫正机构做好社区矫正工作。① 在《中华人民共和国未成年人保护法》中规定了未成年人保护组织保护对象是指未满十八周岁的未成年人，那么在本文讨论的案例中，张某若是在社区矫正期间受到侵害，那么未成年人保护组织是否能够介入，社区矫正机构能否请求未成年人保护组织介入保护一个不属于未成年人范畴的社区矫正对象？我们无法在上下位法冲突时得到一个准确的答案，站在《工作规定》第三条标准上看，如果不介入，该名社区矫正对象在名义上属于未成年社区矫正对象，如果介入，不仅年龄上与《民法典》的规定相抵触，也可能存在浪费国家资源的情况。

第四，如何衔接跨年龄执行的问题。《社区矫正法》第五十八条规定了未成年社区矫正对象入矫后成年该如何执行的问题。实际上《社区矫正法》第五十八条的本质更像是一条针对未成年社区矫正工作中普遍发生的情形所制定的特殊规定，其更强调入矫后成年应该怎么处理。在前文已经论述了《社区矫正法》第五十八条的适用对象是入矫时为未成年的社区矫正对象，该条文作为特殊规定是可以选择性适用的，实际上不像前三条存在强烈的不利后果，而本文在这里讨论《社区矫正法》第五十八条是因为也有基层社区矫正工作者提出了质疑——《社区矫正法》第五十八条暗含了成年社区矫正对象在特定情形下也可适用未成年社区矫正制度，为什么直接入矫的成年人就不能适用？本文认为，刑事案件有三个阶段——侦查阶段、审判阶段和执行阶段，这三个阶段既相互独立也相互关联，根据上文检索的法条可以看到，即便是在侦查和审判阶段也不是无条件适用"犯罪时未满十八周岁"的规定，属于执行阶段的《监狱法》，也对跨年龄段执行作出了一定的限制。那么同样地，社区矫正也是一段连贯的刑罚执行阶段，在未成年人以"未满十八周岁"的条件入矫以后，执行阶段未发生改变，适用未成年社区矫正制度在入矫时已经确定，那么从对未成年的倾向性保护或是阶段的完整性而言，是可以恒定状态的，这种保有社区矫正执行模式的延续性是值得赞同的，但在社区矫正阶段开始时就已经是成年的状态，直接套用未成年社区矫正对象管理规定难免有些牵强，甚至会造成基层工作者适用法律的混乱。

综上，通过上文分析，将入矫时成年的社区矫正对象纳入未成年社区矫正管理在实务中会产生违背逻辑和无法执行的情况，仅考虑未成年社区矫正对象的保护反而造成多项法律条款无法落实，无法做到真正意义上的保护。

---

① 《社区矫正法》第五十六条规定："共产主义青年团、妇女联合会、未成年人保护组织应当依法协助社区矫正机构做好未成年人社区矫正工作。国家鼓励其他未成年人相关社会组织参与未成年人社区矫正工作，依法给予政策支持。"

三、解决措施

纵观全文，其实不难概括出本文重点在于未成年社区矫正对象应该按照"入矫时刻"计算还是应该按照"犯罪时刻"计算，有人觉得实际上两者差别不大，也有人提出本案中张某不过二十岁，将其纳入未成年社区矫正管理似乎也符合社会以及国家对未成年人倾向保护的范畴。但在基本情况不变的基础上，若是我们将张某的自首年龄放大，张某在公安机关立案后在逃，此时案件不受追诉时效的限制，张某在 13 年后返回自首仍被判处缓刑，此时三十岁的张某按照"犯罪时"的标准仍适用未成年社区矫正管理制度，此时就会发现《工作规定》第三条的不合理之处更为凸显。因此，为不断完善未成年社区矫正工作的精准化和规范化，本文就《工作规定》第三条提出如下两点建议：

第一，建议将《工作规定》中关于未成年社区矫正对象纳入标准的条款直接删除，原因如下：一是《社区矫正法》已经通过第七章的七条法律规定明确了未成年社区矫正对象的标准是入矫时未满十八周岁的社区矫正对象，无须再次进行规定，且此项规定直接与《社区矫正法》第七章所表述的未成年社区矫正对象相抵触；二是 2012 年《社区矫正实施办法》虽然曾规定了社区矫正对象应该按照犯罪时未满十八周岁计算，但是该部法律现已废止，2020 年《社区矫正法实施办法》中并未提及有关未成年社区矫正对象年龄的标准问题；三是《工作规定》第三条的纳入标准一方面在实践中很容易遭受误解，认为不用考虑其他因素直接实行第三条即可，从而导致基层工作者的法律适用错误；另一方面容易与其他法条相冲突，导致实际上很多条款无法适用。

第二，建议采用细化的方式完善纳入年龄标准。可以采取明文的方式，以司法解释或是实施办法等方式补正未成年社区矫正管理问题。实际上有学者提到过区分未成年和成年社区矫正对象的根本在心理和生理的特殊性，并不是纯粹的年龄区分。[①] 本文赞同此种观点，只是在现有法律配套制度尚不完备的情况下，采用年龄管理的分类模式也是推进社区矫正制度规范化和精细化的一种表现，具体来说，可以将未成年社区矫正入矫管理分为三种：一是入矫时未成年解矫时也未成年的，直接适用未成年社区矫正管理规定；二是直接适用《社区矫正法》第五十八条规定，矫正期间年满十八周岁的也可参照适用未成年社区矫正管理规定；三是如果入矫时就已经成年，无论犯罪、侦察和审判阶段是否未成年，一律按成年矫正对象正常管理，

---

① 秦吴霄：《未成年社区矫正制度评析——以〈社区矫正法〉为视角》，载《西部学刊》2021 年 7 月上半月刊。

需要进行特殊管理的除外，如按照法律特殊规定对未成年的犯罪记录进行封存。

四、结论

《社区矫正法》以专章方式规定了未成年社区矫正制度，使全国的社区矫正机构开始重视未成年社区矫正的管理，而《工作规定》的初衷也是想保护更多的未成年犯。诚然，《工作规定》可能存在一定的不合理之处，但不可否认的是其推动了未成年社区矫正工作的规范化和精细化。我们在法治的轨道上滚滚向前，现有制度必然会暴露出问题，但在未来会有更多的有志之士不断通过自身实践，在未来贡献出每一份力量致力于未成年社区矫正工作的完善。

浅谈《社区矫正法》实施两周年背景下未成年人社区矫正的局限与发展

王元勋　王新杰[*]

建设社会主义法治中国需要建设完备的法律规范体系，以良法促进发展、保障善治，这就必须加强和改进立法工作，深入推进科学立法、民主立法、依法立法，不断提高立法质量和效率，以高质量立法保障高质量发展、推动全面深化改革、维护社会大局稳定，进而建设公正高效权威的中国特色社会主义司法制度。而健全未成年人司法保护体系，深化执行体制改革，完善社区矫正制度是深化司法体制综合配套改革，全面落实司法责任制中的重要一环。

《中华人民共和国社区矫正法》（以下简称《社区矫正法》）于 2020 年 7 月 1 日起施行，为全面学习宣传贯彻《社区矫正法》，进一步提升社区矫正社会影响力和群众知晓率，各地纷纷开展《社区矫正法》普法宣传活动，以期社区矫正公众参与度得到提高。

一、当前我国未成年人社区矫正的现状

《社区矫正法》在第七章对未成年人社区矫正工作作出了特别规定，2022 年 6 月 1 日，最高人民检察院发布《未成年人检察工作白皮书（2021）》。2021 年，共针对未成年人社区矫正活动纠正脱管漏管 203 人，同比上升 3.1 倍；纠正收监执行不当 86 人，同比上升 5.6 倍；纠正与成年犯混合执行社区矫正 305 人。未成年人刑事执行检察业务全面开展，以未成年人社区矫正特别规定落实为重点，强化对未成年社区矫正对象矫治帮教情况的常态化监督。发现社区矫正机构违反未成年人社区矫正相关规定的，依法提出纠正意见，保障有关未成年人社区矫正特别规定落实到位，配合做好对未成年人的教育。天津、黑龙江、西藏自治区等地检察机关主动与司法行政机关对接，做好未成年社区矫正对象摸底调查和动态掌握，逐人建档。河北省

---

[*] 王元勋，青岛市李沧区司法局一级科员。王新杰，青岛市黄岛区司法局、青岛市西海岸新区司法局社区矫正工作科四级主任科员。

人民检察院与省司法厅联合印发《关于加强未成年人社区矫正工作配合协作的意见》，在全省范围内开展未成年人社区矫正检察监督专项活动，逐人逐项进行核查。由此可见，在对未成年人特殊保护和司法政策落实上，未成年人刑事执行检察监督力度大大加强，这对司法行政系统的社区矫正工作部门提出了更高的要求，建立了更高的业务标准，必须在未成年人社区矫正工作方面把工作做实做细，未成年人社区矫正工作成了司法行政系统社区矫正工作部门的业务重点。

二、对未成年人实行社区矫正的意义

2021年，我国正式施行《中华人民共和国刑法修正案（十一）》，《中华人民共和国刑法修正案（十一）》调整了未成年人的刑事责任年龄，现在未成年人的刑事责任年龄分为三个层次：12—14周岁犯故意杀人、故意伤害罪，致人死亡或者以特别残忍手段致人重伤造成严重残疾，情节恶劣的，经最高人民检察院核准追诉的；14—16周岁犯故意杀人、故意伤害致人重伤或者死亡等8种罪行的；16—18周岁属于完全负刑事责任的未成年人。需注意的是，年龄判断的时间应为审判时。这将产生连锁反应，会引发未成年社区矫正对象数量增加，因此，对于社区矫正工作部门来说，加强对未成年社区矫正对象方面的规范化、精细化、智慧化矫正工作研究，时不我待。

其实，我国未成年社区矫正对象的矫正工作的规范化、精细化、智慧化已经在如火如荼地开展。为帮助罪错未成年人顺利回归社会，落实《中华人民共和国未成年人保护法》《中华人民共和国预防未成年人犯罪法》等部门法，最高人民法院、最高人民检察院、公安部、司法部联合发布《关于未成年人犯罪记录封存的实施办法》，自2022年5月30日起施行。应封尽封，尽可能降低轻罪前科对未成年人回归社会的影响。这也是刑事司法保护未成年人合法权益的一项重要制度。这要求社区矫正工作部门将矫正工作过程中形成的有关未成年矫正对象的全部卷宗材料与电子档案信息依法及时封存，建立健全严格的保管制度，确保封存效果到位。严格审核查询理由、依据和使用范围的合法性，严格按照法定程序办理相关查询工作，严格要求保密承诺书签订，依法在法定时限内出具犯罪记录证明，确保未成年人的权益保护到位。

三、我国未成年人社区矫正存在的问题

随着未成年人犯罪数量的增加，未成年人接受社区矫正的数量也越来越多，未成年人社区矫正案件已经成为社区矫正机构不可忽视的一部分。未成年人在

接受社区矫正的过程中受到多个层面的影响，因此下面将从社区矫正机构、未成年监护人、法律制定三个层面分别探讨存在的问题，以便有针对性地提出解决措施。

（一）社区矫正机构存在的问题

1. 司法所人员配备不足

在当前国内大部分城市中基层司法所人员配备2—3名工作人员，包含一名所长和一名至两名劳务派遣人员，如天津、上海等一线城市可以配备4—7名工作人员。基层司法所要对接区局各科室，以社区矫正和人民调解为主，社区矫正和安置帮教对象多则七八十人，少则三四十人，人员管理难度大，尤其是在重大节会期间，维稳安保压力大，对未成年人的管理上可能出现疏忽。《社区矫正法》第五十二条第三款规定，对未成年人的社区矫正，应当与成年人分别进行。部分城市和地区探索成立未成年人社区矫正基地，但是在大部分地区暂时难以推广。

2. 司法所工作人员专业化程度不足

司法所工作人员身在矫正一线，对矫正对象实施直接监督管理，对矫正法的运用比较熟悉，但司法所工作人员以劳务派遣制协理员为主，一般不要求通过法律职业资格考试，对其他法律如《刑法》和《未成年人保护法》的掌握较少，不利于对未成年社区矫正对象进行矫正。

3. 对未成年人社区矫正重视程度不足

以区级司法行政机关为单位，涉及未成年社区矫正数量较少，有的司法所常年不接触未成年社区矫正，不能严格落实和执行法律规定。而未成年人身份特殊，即使数量少也应该特别对待。

在部分地区的问题通报中，出现对未成年人社区矫正人员的身份保密工作存在漏洞的问题：进行社区矫正的未成年社区矫正对象的考核成绩，存在与其他成年社区矫正对象的考核成绩同时公开、公示的情况；部分司法所存在让未成年社区矫正对象和其他人员一同考勤、一起学习、一起劳动的现象。

这就违背了《社区矫正法》第五十二条第三款"对未成年人的社区矫正，应当与成年人分别进行"的规定。与《社区矫正法实施办法》第五十五条第二款"社区矫正机构、司法所对未成年社区矫正对象的相关信息应当保密"的规定不符。

在矫正小组的设置上，未成年社区矫正人员的矫正小组应当有熟悉青少年成长特点的人员参加；应当针对未成年人的年龄、心理特点和身心发育需要等特殊情况，采取有益于其身心健康发展的监督管理措施，组织相关活动，不能与成年社区矫正人员一样；应当采用易为未成年人接受的方式，开展思想、法治、道德教育和心理辅导。

4. 部门协调机制不畅

在已成立社区矫正委员会的地区，多部门联合社区矫正的难度较大，除政法委、公安、检察院、法院、监狱与司法行政部门联系较为密切外，其他如民政、人社、教体等单位与社区矫正工作关联性不大，而实际未成年社区矫正工作需要多部门联合协调解决。另外，如县区级教体局没有让非义务教育阶段的未成年社区矫正对象继续接受教育的职权，而人社部门也不能实际性对未成年社区矫正对象进行就业指导，导致很多未成年社区矫正对象既不就学，也不就业，无事可做，对改造重入社会造成障碍。

(二) 监护人存在的问题

1. 监护人角色缺位，无力引导管教

根据《社区矫正法》第五十三条规定，未成年社区矫正对象的监护人应当履行监护责任，承担抚养、管教等义务。监护人怠于履行监护职责的，社区矫正机构应当督促、教育其履行监护责任。监护人拒不履行监护职责的，通知有关部门依法作出处理。大部分监护人在未成年社区矫正对象犯罪后都表现出愤怒、困惑和懊悔，认为是自己在孩子成长过程中或由于溺爱或忙于工作导致教育的错位和缺失，事实上也有相当一部分的未成年社区矫正对象因此而导致性格冲动易怒、不服管教，尚未完全建立的三观野蛮生长，最终酿成大祸。

某市一件未成年人抢劫案就是典型的此类问题。16岁的张某某作为从犯被判处四年缓刑，其不服管教的性格令司法所工作人员头疼不已。初中肄业的她在夜店找了一份卖酒的工作，在未成年的张某某看来，这份工作光鲜亮丽，有时候一晚上可能赚个三四百元，所以她不听从工作人员让其辞职的意见，并且在身上文有大面积的文身。在社区矫正执行期间，社区矫正机构定期有心理咨询师对张某某和张某某的母亲进行心理疏导，在工作人员的努力下，逐渐走入了张某某的内心。

张某某的母亲是一位老实的中年妇女，性格温和，对于司法所对张某某的矫正完全配合，但是工作人员从来没有见过张某某的父亲。在与母女二人的交流中，工作人员发现张某某的父亲对张某某几乎不过问，学习和生活都不干涉，而母亲温和的性格也管教不了张某某，初中时张某某就时常夜不归宿，母亲虽然焦急但毫无办法，后来张某某的母亲生下了一个弟弟，张某某的内心更是产生自己被放弃的想法，于是更加自暴自弃，很少与父母进行交流。

此案中张某某的父亲是张某某教育成长历程中缺失的一环，而母亲又不能填补这个空白，即使心里着急也只能眼睁睁地看着张某某逐渐走入歧途，父母与未成年人之间应当有效沟通，如果有必要应及时请求外界力量的介入，对未成年人进行心理疏导。在社区矫正执行过程中一定要有监护人的配合，并且应当比以往更加积极主动地与未成年社区矫正对象进行交流，修复原本破碎的关系，帮助他们以崭新的面貌走向社会。

2. 法律教育缺失，罔顾前途命运

未成年人在义务教育阶段会受到一定程度的法律教育，但实际上他们所掌握的法律知识甚少，对法律存在的意义并不能切实理解，有的甚至产生"我是未成年人，犯罪不用承担刑事责任"的错误想法，在青春期易冲动的荷尔蒙催化下更容易违法犯罪。部分案例中反映出涉案未成年人年龄较小，违法危害性较低，对于不能近距离接触法律的未成年人来说，其并不能分辨自己的行为构成犯罪还是单纯的"开玩笑"。如果监护人在明确知道未成年人可能犯罪后，仍不积极采取应对措施，如积极赔偿请求被害人谅解，并及时对未成年人进行警示教育，那么对未成年人的个人前途命运可能造成不可挽回的影响。

（三）法律制定存在空白

1. 尚未形成针对未成年社区矫正对象的矫正项目与评估体系①

在部分司法所问题通报中，有的司法所没有为未成年社区矫正对象制定针对性的矫正措施，这直接反映出对未成年人进行社区矫正存在法律上的空白，既没有专门针对未成年人的身心特点制定专门的矫正项目，也没有完善的评估体系。

目前未成年人的矫正项目与成年人类似，主要以法治教育、心理辅导、公益活动、思想汇报等为主。《社区矫正法》第五十二条规定社区矫正机构应当根据未成年社区矫正对象的具体情况采取针对性的矫正措施，而实践中未成年人矫正措施与成年人总体上相类似。未成年犯与成年犯在对事物的理解，对是非的辨别等方面存在差异，成年人的矫正项目不一定能对未成年人起到同样的效果，因此除了必要的政治思想教育以外，如要求每天通过"学习强国"学习知识外，还可以定期组织参观红色教育基地、开展警示教育等方式来对形式、手段、内容进行创新，不能让涉罪未成年人出现无事可做的状态。

2. 缺乏相应的惩罚性措施

在矫正实践中，部分未成年社区矫正对象或自制力弱，或内心不重视，接受矫正态度不积极，小问题不断出现，如不能每天打卡，或者不按时报到做思想汇报，司法所工作人员本着"以教育为主，以惩罚为辅"的原则，很少采取强硬的强制措施，甚至警告都很少提出，事实上针对这种现象，社区矫正工作人员有权采取的最严厉的措施也不过是警告或向司法行政机关提出收监执行的建议，因此给未成年社

---

① 自正法：《涉罪未成年人社区矫正的实证考察与治理路径》，载《西南民族大学学报（人文社会科学版）》2020年第10期。

区矫正对象造成不服从社区管理，受到的惩罚最多不过是警告的认知，以致有些正接受社区矫正的未成年人更加肆无忌惮。由此可知，由于缺乏相应的监管措施，导致社区矫正的监管效果欠佳。此外，欠缺社区矫正的其他配套性机制。社区矫正不仅需要有专业的社区矫正人员、矫正方式、矫正制度，而且需要配备基础设施，如心理检测器、教育设施、职业技能环境等，由于地区经济化水平的差异，基础设施建设程度和智慧化矫正建设的程度也不尽相同，这些基础设施都需要政府、公安司法机关及社会组织等合力投入，以帮助完备配套性设施。

四、完善未成年人社区矫正制度的措施

（一）设立专业化的未成年人社区矫正队伍

我国尚未建立针对青少年的专门社区矫正体系，但在国外，青少年的专门社区矫正体制早有涉及。澳大利亚的青少年司法部与司法委员会并列，辖37个拘留中心、35个社区服务部、2个强化工作部门，280名职员负责18岁以下的约300名在押犯；法国为初犯建立了一个分类中心，建立了青少年犯的"监狱学校"；英国为了青少年专门设置了"监督"矫正刑；德国十分重视青少年的保护工作，对少年犯采取阶梯式处遇，对定罪量刑的少年犯规定了完善的缓刑制度等。[①]

未成年人社区矫正应当与成年人分开进行，结合并考虑未成年人这一群体的特殊性，为此国内的部分专家学者提出成立专业化的未成年人社区矫正机构。经过调研，实际上一个普通地级市的区级社区矫正机构所管理的未成年社区矫正对象人数极少，通常只有个位数，虽然设立专门的未成年社区矫正机构可以使执法主体更明确，执法效率更高，但对绝大部分地区而言存在现实中的困难，而设立一支专业化的未成年人社区矫正队伍相对更具可操作性，这支队伍可以由社区矫正机构工作人员和律师或法律工作者甚至是学校心理教师组成，这样既可以提高社区矫正专业化程度，又可以提高社会参与社区矫正的力量，并且为成立专门的未成年社区矫正机构提供缓冲过渡。

（二）完善现存未成年人社区矫正项目

未成年人犯罪的危害程度以及初犯、累犯有所差异，相对的矫正项目也应分级，不应一概而论，对于初犯、程度较轻的可以主要以思想教育、社区服务为主；对于累犯、危害程度较重的应要求其定期报到，汇报思想动态，并且要定期进行警示教

---

① 赵丽凯：《青少年社区矫正探索》，载《政策与商法研究》2015年第9期，第183页。

育和法治教育，从各方面杜绝其再犯的可能性。

为体现惩罚性、监督的有效性并结合未成年人的特点，应当为未成年罪犯设立专属的社区矫正制度，即设立青少年社区矫正令。我国的青少年社区矫正令还处于摸索阶段，相较于英国完善的社区矫正令制度，我国矫正令类型不够明确，将成年人和未成年人的矫正令混在一起，没有明确的区分，社区矫正制度可以根据青少年本身的特征设立社区矫正令，如禁止出入网吧，禁止出入酒吧等声色场所，或者禁止喝酒、吸烟等禁止性规定，也可以将各个未成年罪犯集中在一起进行各个活动，设立专属于未成年人的社区矫正制度。①

（三）加强法治宣传，提高社会公众参与度

很多专家学者提出了未成年人社区矫正公众参与度低的问题，除了不能给未成年人社区矫正打造良好的矫正氛围，对于预防未成年人再犯罪也不能起到良好的示范作用，未成年人大都尚未踏入社会，在误入歧途后更应当对其进行良性引导，让其认识到自身的错误。同时，通过加强法治宣传来提高公众法律意识也有助于对未成年人的监护人产生影响，未成年人的教育以学校教育、家庭教育、社会教育为主，家庭是不可缺失的一环，法治宣传并非一蹴而就，但有意识地向未成年人方向倾斜，会对下一步未成年人社区矫正工作产生良好的促进作用。

（四）依托信息化技术进行智慧化矫正

未成年人对信息技术等智慧化矫正手段更容易接受，在调查中许多未成年人也对智慧化矫正手段表现出浓厚的兴趣，目前许多省区市都打造了自己的智慧化矫正平台，依托于智慧矫正平台对未成年人进行线上教育、线下监管可以使矫正效果事半功倍，但是这也需要未成年社区矫正对象的配合，需要结合实际情况具体问题具体分析，如果智慧矫正平台将未成年矫正功能开发和利用好，也有利于打造社区矫正信息一体化建设。

五、结语

当前未成年人保护网比以前织得更严更密、工作成效更加彰显，但是也要清醒地看到，随着经济社会的发展，未成年人保护面临更加严峻复杂的形势，未成年人犯罪有所抬头，家庭监护缺位比较突出，网络对未成年人的影响巨大，未成年人健

---

① 陈清霞：《我国未成年犯社区矫正项目之体系建构与实施路径》，载《福建警察学院学报》2020年第1期。

康成长的社会环境亟待优化,等等。我们在对未成年人保护上任重道远。因此,针对未成年人方面的工作应当成为社会关注的热点和业务重点。《社区矫正法》实施两周年,对未成年人社区矫正和预防未成年人犯罪等方面产生了巨大的影响,使保护未成年人和未成年人矫正有法可依,虽然目前仍有很多不足,但随着各地对未成年人工作的重视,未来社区矫正法将得到进一步完善,未成年社区矫正工作也将进一步得到提升。

浅谈未成年社区矫正对象的精细化管理问题

王洪山[*]

未成年人是祖国的未来，民族的希望。随着未成年人犯罪问题的不断攀升，越来越多的未成年人问题凸显出来。家庭、学校重智育，轻德育、法育，未成年人自身叛逆的性格特点，好奇心重、判断力差、抗诱惑能力差，多种因素交织，导致未成年人误入歧途的数量越来越多，引起了社会的广泛关注。而传统的以监禁刑为主的改造方式，也逐步暴露了它自身存在的弊端，针对未成年罪犯行刑轻缓化、人道化，已经成为国际社会发展的一种趋势。如何控制未成年人犯罪以及矫治违法犯罪未成年人，一直是我国刑事司法领域的重要课题。

一、《社区矫正法》对未成年人的保护

《中华人民共和国社区矫正法》（以下简称《社区矫正法》）明确规定对未成年社区矫正对象予以特殊保护，如为未成年社区矫正对象确定矫正小组，应当吸收熟悉未成年人身心特点的人员参加；保障未成年社区矫正对象完成义务教育以及提供职业技能培训；在复学、升学、就业等方面依法享有与其他未成年人同等的权利。具体主要体现在以下四个方面：一是明确根据未成年社区矫正对象的特点开展矫正工作。社区矫正机构应当根据社区矫正对象的年龄、心理特点、发育需要、成长经历、犯罪原因、家庭监护教育条件等情况，采取针对性的矫正措施。对未成年人的社区矫正，应当与成年人分别进行。二是依法保护未成年社区矫正对象的身份信息。社区矫正机构工作人员和其他依法参与社区矫正工作的人员对履行职责过程中获得的未成年人身份信息应当予以保密。除司法机关办案需要或者有关单位根据国家规定查询外，未成年社区矫正对象的档案信息不得提供给任何单位和个人。三是依法保护未成年社区矫正对象的合法权益。对未完成义务教育的未成年社区矫正对象，要配合教育部门做好就学复学工作；对年满 16 周岁有就业意愿的社区矫正对象，应协调相关部门为其提供职业技能培训，给予就业指导和帮助。四是强化家庭监护责

---

[*] 王洪山，齐齐哈尔市司法局社区矫正管理科科长。

任。规定未成年社区矫正对象的监护人应当履行监护责任，承担抚养、管教等义务。监护人怠于履行或不履行监护职责的，社区矫正机构应当予以督促教育或通知有关部门依法做出处理。《社区矫正法》还将保护期延展到未成年社区矫正对象成年以后，未成年社区矫正对象在社区矫正期间年满十八周岁的，继续按照未成年人社区矫正有关规定执行。

二、未成年社矫对象监管的现状

根据司法部社区矫正管理局有关负责人的表示，自2003年社区矫正工作试点以来，社区矫正对象再犯罪率稳定在0.2%左右。近年来，在社会各界共同努力下，未成年人犯罪的形势已经有所好转，犯罪数量、比例呈逐年下降的趋势。但我们也要清醒地看到，当前未成年人犯罪形势仍不容乐观。全国每年受理提请逮捕、移送审查起诉的未成年犯罪嫌疑人数占受理捕、诉犯罪嫌疑人总数的9%左右，并且随着城镇化、工业化、信息化进程，流动、闲散和留守未成年人违法犯罪问题日益突出。未成年犯罪组织化程度增强，犯罪低龄化、手段成人化、暴力化倾向明显。正因如此，如何进一步探索未成年人社区矫正的有效途径，完善对未成年人犯罪的刑事政策，在追求司法公正与理性的今天，显得尤为必要。

由于矫正执行地的功能建设不齐全、对未成年人矫正工作的制度不完善，推行对未成年社矫对象的矫正工作举步维艰，面临矫正不出效果的尴尬。究其原因，主要是相关法律法规制度缺失，理论制度不健全，导致理论与实践难以结合。因此，我们很有必要更新现有的未成年人社区矫正观念，保持现有的实践成果，使未成年人社区矫正工作法制化、科学化与规范化。

（一）未成年人社区矫正的相关法律法规不完善

现行相关法律缺乏足够的针对性。我国目前还没有出台专门针对未成年人社区矫正的法律，关于未成年人的相关法律规定在成年人法律的部分章节里，实施起来缺乏足够的指导性。首先，在社区矫正过程中，如何对矫正对象进行监督，如何进行奖惩，什么情况下可以凭借表现获得减刑等缺乏明确规定，缺乏容错激励机制。实践中的做法往往都是重教育、重监督，没有渠道消除或者抹去污点，没有给未成年社区矫正对象带去重生的希望。其次，对社区矫正执法人员条件、执法程序等缺乏规定。例如，入矫前进行的是否适合社区矫正的调查评估，由于没有相关的制度规定，都是比对成年社区矫正对象的做法进行调查评估。一方面要保护未成年人隐私；另一方面又要跟成年社区矫正对象一样访亲属、访邻居、访社区干部等，操作起来极其不便。最后，对于社区矫正相关部门如何分工负责、互相配合、互相制约缺少规定。例如，经过调查评估不适宜在户籍地执行社区矫正的未成年社区矫正对象，决定机关对评估意见不予采纳，给后续矫正工作带来巨大难度。

（二）并未建立区别于成年人的未成年人社区矫正制度

未成年人是社区矫正对象中的特殊群体，其生理、心理、行为等方面与成年社区矫正对象差异显著。有学者认为，在社区监督体系下，未成年人和成年人有很多不同之处，这就决定了在社区矫正中应该对未成年人采取一套分开的矫正体系。在社区矫正监督下，未成年人和成年人的重要区别是：未成年人年少且容易改变；未成年人有很高的犯罪中止率；家庭在未成年人的生活中扮演着重要角色；成年人容易受到同辈的影响；未成年人缺乏责任心。鉴于两者的区别，对未成年人，我们应当实施与成年人有所差别的矫正项目及措施，不能简单地移植或套用，更不能将未成年人与成年人"混同"。

未成年人社区矫正虽不乏社区矫正的共性，但更有区别于成年人社区矫正的特色。西方国家都已采取了专门适用于未成年人的社区矫正管理制度和模式，有专门的管理机构和不同于成年人的专业化管理人员。但是，目前我国基本上没有确立适合未成年人特点的社区矫正管理制度，而是不加选择地与成年人混同操作，既不利于未成年人的矫正，又影响了社区矫正工作的效率。

（三）对未成年社区矫正对象的监管措施不精

粗放化的矫正措施影响社区矫正工作的质量。监督管理和教育矫正是社区矫正的重要措施。在很多地方的社区矫正工作实践中，虽然对涉罪未成年人有一定的特殊照顾，但是几乎与成年人的矫正举措相类似，无论是监督管理、教育矫正还是帮扶举措都没有形成一个体系，缺乏针对涉罪未成年人的个别化矫正措施。具体情况如下：一方面，监督管理强调控制。绝大部分司法所能够根据我国社区矫正法的要求落实监督管理。从监管措施的频次来看，强调报到、通信联络、信息化核查、实地走访等措施，其目的是加强管控，预防重新犯罪，但精细化、专业化的个案管理、风险评估却应用不足。另一方面，教育矫正重视法治、道德教育等通识型教育。从司法所开展教育矫正的情况可知，司法所积极开展不同内容的教育，将法治道德教育、心理健康教育作为教育的重点，其应用频次高；而帮助未成年人融入社会，促进其自身发展的社会生活教育、文化教育和职业技能教育则应用偏低。更重要的是，教育矫正的内容主要比照成年人，并未体现未成年人的特殊性。综上，未成年人社区矫正监管措施以控制型为主，教育措施以通识型为主，仍处于粗放化层次。

三、加强未成年社矫对象精细化管理的对策

矫正措施精细化是未成年人社区矫正工作发展的方向。针对上述矫正措施粗放化的现状，建议从以下三个方面着手：

（一）探索适合未成年人的矫正项目

针对未成年人与成年人区分程度不够，开发适合未成年人群体的矫正项目十分必要。国外未成年人社区矫正工作发展了丰富多彩的矫正项目，值得借鉴。例如，在美国，少年严格监督型缓刑、学校型缓刑等创新型缓刑措施，是针对轻微少年犯罪人和需监管儿童的社区型处置措施。根据少年犯罪人居住的情况，将少年犯罪人社区矫正计划分为居住式社区矫正计划和非居住式社区矫正计划。居住式社区矫正计划包括群体之家、居住式治疗中心、教养所、野外计划、寄养家庭，非居住式社区矫正计划包括社区服务、日间治疗中心、多系统治疗、新自豪项目。他山之石，可以攻玉。我们可以借鉴国外未成年人专门化的矫正项目，研发符合我国未成年人年龄、生理发育需要以及心理特点的矫正项目，提高未成年人改造的积极性和主动性，引导其远离犯罪。

关于发展适合未成年人的矫正项目，国内实务部门及学者也有积极探索。例如，上海对未成年犯社区矫正设置了假释辅导站、试学以及释前准假参加社会实践制度等。有学者也提倡设计未成年人的矫正项目体系，第一层级的矫正项目包括禁止令、社区服务令、教育令、家中监禁、电子监控、宵禁、毒品治疗与检测、少年犯管教中心令以及震慑性的监禁项目等；第二层级的矫正项目有：家庭关系类矫正项目、社会交往类矫正项目、文化教育类矫正项目、生活能力类矫正项目、认知行为类矫正项目、情绪控制类矫正项目；第三层级的矫正项目是可选择的矫正项目，即未成年犯除必须参加的矫正项目外，可以根据自己的需要或兴趣选择参加的矫正。这些主张都值得社区矫正机构借鉴与试验。总之，矫正项目既要符合未成年人的群体特点，又要有利于消除其重新犯罪的风险。

（二）监督管理措施应从控制型向矫正型推进

基于预防重新犯罪的考量，司法所重视报到、请假等控制型监督措施。这仅能够在形式上将未成年人"约束"在特定区域，及时掌握他们的行踪，发现其是否脱逃漏管。监管是手段，矫正是目的。社区矫正工作不是简单地将矫正对象控制在社区之内，也不是单纯地防止重新犯罪，而是消除矫正对象重新犯罪的风险，加速其回归社会。因此，监督管理措施应从控制型向矫正型推进，即积极应用有利于实现

未成年人再社会化的专业化、科学化的措施，如个案管理、风险评估等。个案管理是根据未成年人的特殊情况实施有针对性矫正方案的方法。矫正方案既要解决未成年人的基本需求（如教育、医疗、营养、社会），也要关注每位未成年人的具体情况，如犯罪类型、性别、创伤和受害史、文化、身体残疾、智力障碍、精神障碍和成瘾行为，包括物质滥用和赌博。风险评估是设计矫正方案的基础。具体来说，可联合心理学家、法官、律师、社会工作者等专业人士对未成年人犯罪的风险性和保护性因素进行评估，根据未成年人自身的特点制定个性化的个案评估报告。社区矫正机构需要尝试研发适合未成年人的风险评估报告，符合未成年人基本需要及具体情况的矫正措施。同时，个案管理不是一劳永逸的活动，需要定期进行效果评估，以检验矫正措施的有效性，并结合未成年人的新变化，及时调整矫正方案，保障矫正措施与未成年人的特殊问题相契合。进言之，矫正措施的个别化与动态化是个案管理的核心要义。

（三）教育矫正由通识型向类别型转变

社区矫正的目的是实现未成年人再社会化，促进其融入社会群体。基于此，与再社会化密切相关的文化教育、社会生活教育、职业技能教育应当得到重视。更重要的是，教育矫正的内容不能是比照成年人的教育项目后，简单地降低学习难度，而应当是符合未成年人的群体特征，以利于激发其兴趣。换言之，教育矫正需要从通识型向类别型发展。未成年人犯罪案件类型主要集中在侵财犯罪和暴力犯罪。据《未成年人检察工作白皮书（2020）》统计，2020年受理审查起诉未成年人犯罪居前七位的分别是盗窃14405人、聚众斗殴7406人、寻衅滋事5728人、强奸5160人、抢劫4968人、故意伤害4167人、诈骗4042人，七类犯罪嫌疑人数量占全部犯罪人数的84.03%，与2019年基本持平。

另外，2013—2018年我国未成年人犯罪类型居前两位的始终是盗窃罪、抢劫罪。盗窃罪、抢劫罪是典型的侵财型犯罪。法律意识淡薄，错误的价值观、金钱观以及不良的需求结构是导致侵财型犯罪的主要原因。聚众斗殴、寻衅滋事、强奸、抢劫等行为具有暴力性质。文化程度低、认知水平低、情绪不稳定、行为冲动、叛逆性与纠结性强是未成年人实施暴力行为的主要原因。

控制未成年人犯罪，矫正未成年犯是法治国家之重责。非监禁化的司法保护原则在我国未成年人刑事司法领域未得到充分贯彻，导致未成年人适用社区矫正比例低，加之缺乏专门矫正项目，缺少专业工作队伍，造成未成年人社区矫正的特殊性、差异性难以体现，矫正措施的科学化水平不高。对此，国家应当冲破重刑迷雾，将人道化、轻缓化之"阳光"充分照进未成年人这一特殊群体，并在法律制度设计及司法审判过程中践行宽缓的理念，放宽未成年人缓刑、假释的适用条件，消弭限制未成年人回归社会的障碍，最大限度地照顾未成年人的身心成长，真正落实未成年人应有的"优待"；同时，社区矫正机构需要充分整合社会资源，加强专门工作人员所需的业务培训，逐步建立一支高素质的工作队伍；积极探索、实践符合未成年人个性特征、家庭环境的矫正项目，推进风险评估、个案管理等精细化的监管措施，开展类别化的教育矫正项目。唯此，社区矫正在改造未成年人方面的优势才能得以发挥，特殊保护的未成年人司法政策才能"落地生根"。

未成年社区矫正工作执行现状及推进路径

陈浩然[*]

未成年人是一个民族的未来和希望，未成年人的社区矫正制度具有积极价值，尤其是相对于监禁制度来说，更能体现出我国一贯主张的"以教育为主，以惩罚为辅"的价值追求。未成年社区矫正制度作为社区矫正制度的重要组成部分其重要性不言而喻。因此，进一步探索和完善我国的未成年社区矫正制度具有重要意义。为了维护社会稳定，防范未成年社区矫正对象再次犯罪，使其尽快融入社会，本着教育、感化、挽救的原则，根据《中华人民共和国社区矫正法》《中华人民共和国社区矫正法实施办法》的规定，在充分调查、了解辖区内现有未成年社区矫正对象详细情况的基础上对特殊群体开展了如下工作。

一、辖区内现状考察：未成年社区矫正工作执行现状

（一）监督管理智能化

将现代信息技术运用于未成年社区矫正工作，助推未成年社区矫正对象的精细化矫正。运用大数据、云矫正对未成年社区矫正对象进行监督和管理，通过信息核查、实地检查的方式，及时掌握未成年社区矫正对象的活动情况，提高监管的效率。通过矫正平台快速定位，对未成年社区矫正对象进行实时监管，有效防止脱管、漏管。同时，打破数据壁垒，将公、检、法、司各部门间的数据和信息互通共享，做好部门间的衔接。

（二）教育矫正的精准化

未成年社区矫正对象入矫初期，社区矫正中心组织各司法所长以及驻派干警召开关于特殊群体的研讨会并按照对未成年社区矫正对象实行教育、感化、挽救的方针，根据未成年矫正对象的年龄、心理特点、发育需要、成长经历、犯罪原因、家

---

[*] 陈浩然，河北省保定市涞源县司法局社区矫正股四级主任科员。

庭监护教育条件等情况，制订适应未成年特点的矫正方案，实现"一人一案"。在此基础上，成立未成年矫正小组。吸收熟悉未成年社区矫正对象身心特点，具有法律、教育、心理等专业知识的人员负责未成年社区矫正工作，建立矫正小组。强化同未成年社区矫正对象父母及能起到正面教育作用的亲友的联系，调动一切社会资源共同做好矫正工作。丰富教育内容，开展特色教育课程，提高教育效果。最后，重视未成年社区矫正对象的风险评估。个案矫正的前提是做好未成年社区矫正对象的社会调查和犯罪风险评估，实现风险评估的本土化。参考未成年刑事诉讼活动中社会调查报告，根据其犯罪原因、危害性程度、社会环境、家庭状况、父母教育背景、经济状况、被害人处理意见等内容进行分析，为未成年社区矫正对象制订社区矫正管理方案以及安排适当的社区矫正方案。

（三）协调联系各单位，形成齐抓共管合力

积极就未成年社区矫正对象的监管教育工作请示社区矫正委员会。社区矫正委员会召集各成员单位进行研究，要求严格按照矫正方案及关于未成年社区矫正对象的特殊管理规定进行监管。针对未成年人的年龄、心理特点和身心发育需要等特殊情况，采取有益于其身心健康发展的监督管理措施，采用易为未成年社区矫正对象接受的方式，开展思想、法治、道德教育和心理辅导；协调公安、团委、妇联等有关部门为未成年社区矫正对象就学、就业等提供帮助；督促未成年社区矫正对象的监护人切实履行监护职责，承担抚养、管教等义务，密切关注其日常生活、工作、学习、社交等情况，尤其是要防止其与同案犯交往，出入酒吧、网吧、KTV等娱乐场所，夜不归宿。

（四）进行心理矫治方法

未成年社区矫正对象具有认知、情感、意志等方面的缺陷，同时犯罪人的身份也给他们带来了心理负担。未成年社区矫正对象在矫正初期存在抑郁、焦虑、悲观、孤僻、情绪易冲动等心理问题。对于未成年社区矫正对象突出的心理问题，要及时地进行疏导，防止问题的恶化。同时，相对于成年社区矫正对象，未成年社区矫正对象心理可塑性强，通过积极引导可以转变其不良心理。一方面，建立丰富的心理矫治项目，开展点心式心理矫治。对有心理障碍倾向的未成年社区矫正对象进行"一对一"点餐式心理干预，跟踪开展心理咨询、心理辅导和心理转化等心理矫治活动。另一方面，开展认识自我、情绪调节、社会适应等相关主题的心理健康讲座，帮助其树立健康的心理。司法所的工作人员与未成年社区矫正对象互加微信，通过语音、文字聊天"交朋友"，消除其戒备心理，让其敞开心扉，鼓励其吐露心声，帮助其调整心理状态，从而消除因犯罪而产生的心理阴影。修复其在心理、道德、法律等规范方面的认知,恢复正常社会人格。

（五）采取家庭疗法

未成年社区矫正对象的不良心理和行为往往是家庭问题的外在表征,家庭应该对此承担一定的责任。未成年社区矫正对象的关系简单,家庭是其主要的生活场所,他们容易受到家庭问题的影响,因此,在接收未成年社区矫正对象以后,密切关注未成年社区矫正对象的家庭联系,派社区矫正工作人员与未成年社区矫正对象的监护人进行沟通、谈心教育,提高监护人教育未成年子女的能力和责任感,并在此过程中及时了解未成年社区矫正对象的生活动态,通过改变未成年社区矫正对象过去的家庭模式,帮助未成年社区矫正对象建立良好的家庭关系。家庭参与到心理矫治过程,有助于未成年社区矫正对象敞开心扉,积极配合心理矫治,降低矫治的难度。在对未成年社区矫正对象实施社区矫正中采取家庭疗法,要重视矫治过程中的阶段性评估,如初始阶段对家庭成员参与意愿、谁来参与的问题进行评估,实施阶段效果评估等,通过评估及时进行反馈,提高心理矫治的针对性。

建立未成年社区矫正联络点,通过社区联络点和联络人来加强对未成年社区矫正对象的监管。社区矫正联络点依托学校、社区等未成年人日常活动场所,利用其日常接触的人员,实现对未成年社区矫正对象全天候、全方位、全过程的实时动态监管、教育和帮扶。

（六）积极指导就学就业

在未成年社区矫正对象就学方面：积极与未成年社区矫正对象意向就学学校沟通、联系,帮助其顺利复学。在未成年社区矫正对象就业方面：积极与教育和体育局、人力资源和社会保障局接洽,指导未成年社区矫正对象就业。

（七）履行保密义务

对未成年社区矫正对象的相关信息保密,宣告和奖惩不公开进行,相关事项不予公示,进行宣告或者处罚时,通知其监护人到场。各种档案文书由专人管理,杜绝遗失、泄密。

二、原因分析：辖区内未成年社区矫正工作的制约因素

（一）非监禁化保护原则贯彻不力

非监禁化是未成年人司法保护的原则之一。监禁刑像一把"双刃剑",在最大限

度地体现犯罪行为报应性惩罚的同时，也存在巨大的负面作用。监禁刑改造效果有限，易造成"交叉感染"，不利于矫正对象再社会化，同时，监禁刑的成本过高，直接耗费社会资源过多。此两点是监禁刑弊端的直接体现。对未成年人实施监禁矫正弊大于利，特别是随之而来的"标签效应"，严重影响他们将来的成长与生活。避免监禁，实施非监禁化，已成为各国未成年人司法制度的重要理念与原则。①

未成年人的刑罚措施并未体现出特殊优势，难以落实非监禁化的司法保护原则。在缓刑的适用条件上，未成年人与成年人并无区别，并且目前缓刑的适用条件过于严苛。在假释的程序上，未成年人并未得到特殊照顾，除不适用公示制度和一般不公开审理之外，未成年人假释程序和成年人没有实质性差异。进言之，与成年人相同的严格的适用条件，导致缓刑、假释等非监禁刑罚执行措施适用偏低。

综上，非监禁化的司法保护原则贯彻不力，造成未成年人非监禁化程度不高，限缩了未成年社区矫正对象的数量，限制了社区矫正的适用及功能的发挥。

（二）缺乏专门化的矫正项目

在实践中，未成年人接受监管及教育的程序、标准、内容等与成年人并无区别，具有针对性的矫正项目严重不足。有研究人员发现，从调查情况来看，除有的未成年犯参加了职业技能培训外，多数未成年犯都处于无所事事的状态。有的虽然被介绍到社区工作，但是由于工资低、工作枯燥，坚持很短时间就放弃了。有的在社区服刑期间，经常与一群游手好闲的不良青年为伍，在他们中间寻求认同感，乐于同他们一起上网、酗酒、娱乐，结果导致了重新犯罪。② 缺乏具有针对性的矫正项目，既不利于调动未成年人的参与性，也无法贯彻区分对待的原则。

（三）缺乏专业化的工作队伍

缺乏专门的管理机构、专业的工作队伍是矫正措施粗放化的重要原因。未成年人是刑事司法系统中的特殊群体，在刑事诉讼程序中应当对其给予特别照顾。目前公安机关已探索针对未成年犯罪嫌疑人的专门预审机构，检察机关基本建立了专门的未成年人案件部门，大多数法院成立了少年法庭，监狱也区分为成年男犯监狱、女子监狱和未成年犯管教所，而作为刑事执行社会化的社区矫正，则是成年人与未成年人同一的管制体制与机构，并未设置专门的部门。更严重的是，工作力量不足严重影响社区矫正工作的质量。

缺少专业化的工作人员直接影响教育矫正工作质量，突出表现为重视法治、道

---

① 张凯：《我国未成年人社区矫正工作的执行现状及推进路径——以我国社区矫正法相关规定为切入》，载《长白学刊》2021 年第 6 期。

② 丁磊：《未成年人犯罪社区矫正探微》，西南政法大学 2010 年硕士学位论文。

德、心理健康教育等适合社区矫正对象的通识型教育，忽视促进未成年人自身发展，忽视帮助未成年人融入社会的类型化、特殊化的教育项目。进言之，缺乏专门的管理机构、专业的工作人员严重影响监督管理、教育矫正措施的科学化水平，直接制约未成年人社区矫正工作的效果。

三、推进路径：我国未成年社区矫正工作的实践对策

（一）增加宣传渠道，提高民众的认同度

为未成年社区矫正制度顺利走入社会乃至每一位民众的家中，增加对该制度的认识程度，通过讲道理、扩大宣传的方式，改变部分民众既有的思想，抛弃之前的偏见和歧视，营造良好的社会氛围，增加如下宣传渠道：

在学校中，根据受教育程度不同的学生采取不同的宣传措施。首先，面对法学专业的大学生，可以开设《社区矫正法》这门专业课，及时更新课程安排，通过法律进课堂的方式，让未成年社区矫正理论和实践相结合，增加法学专业大学生的认知。其次，面对中学生，由于他们大多数都没有成年，可以按时开展普法宣讲会，邀请中学生和其监护人共同参与。

在社区中，一方面利用新媒体增加曝光率的方式，以微信公众号、新浪微博、新闻软件App为媒介，选择典型的未成年社区矫正案例（注意保护隐私），以案释法，增加宣传的趣味性、理解性，发布优质文章和视频介绍，增加民众对未成年社区矫正制度的认识，并取得他们的信任与配合，营造良好的社会氛围，为未成年人顺利回归打下坚实的基础。另一方面，通过传统媒介的方式宣传，法治宣传月期间在当地人流量大的地方，采用挂横幅、印发未成年社区矫正制度相关内容的传单等方式，或者通过报纸，提高民众对未成年社区矫正制度的正确认识。

（二）开展"震撼教育"，上好"入矫第一课"

组织未成年社区矫正对象到监狱进行"震撼教育"。通过组织未成年社区矫正对象实地参观罪犯的生产车间、监舍和禁闭室，观看罪犯会操并亲身体验队列训练等活动。同时，组织未成年社区矫正对象观看监狱服刑人现身说法等警示教育片，并明确社区矫正期间的管理规定和相关要求，使得未成年社区矫正对象认罪悔罪，服从监管教育，自觉接受教育矫正。通过开展"震撼教育"，给未成年社区矫正对象上好"入矫第一课"。

（三）健全危险评估机制，提高矫正质量

将未成年社区矫正对象风险评估指标分为静态因素和动态因素。其中静态因素

是指客观存在、已经发生且无法逆转的因素，既包括犯罪记录、有无前科及次数、刑期时长等，也包括犯罪类型、犯罪情节、社会危害性、有无不良嗜瘾及药物滥用史，还包括原生家庭环境、自身已完成教育程度等。通过静态因素的调查分析，确定未成年社区矫正对象的管理方向以及应当实施何种矫正方案。动态因素是指社区矫正过程中未成年社区矫正对象的各种变化性因素，即三观的重塑、认罪认罚态度、矫正过程的配合度、学习的认真程度或就业的向往程度，以及个人需求情况等。根据动态因素的呈现，对未成年社区矫正对象的矫正方案和矫正力度进行调整，通过这种分类考量的做法，结合入矫社会调查报告、阶段性评估和解矫评估，进行多次、多阶段、多方面的调查，将所得结果量化成表，录入系统中逐步完善出三维立体评估体系，分析出评估结果，从而在矫正过程中不断调整矫正方案，提高矫正质量和矫正速度。

（四）推进"社区矫正+特色教育"工作模式

组织未成年社区矫正对象参观法治文化主题公园，参观禁毒展览、参与禁毒活动，举办"法治正人心，书香润心灵"等国学教育以及阅读分享、捐书赠书、知识竞赛、团队游戏等活动，进一步提升其正能量。

（五）实施"家庭增能"教育项目

加强对未成年社区矫正对象父母和监护人的教育，定期组织监护人座谈会，共同分析未成年社区矫正对象的心路历程，邀请专业的心理咨询师和教育专家讲授教育知识，转变错误的教育方法，引导他们掌握与未成年社区矫正对象沟通的技巧，进一步修复家庭关系，促进对未成年社区矫正对象的教育矫正工作。

（六）发动社会力量参与，完善社会支持系统

在条件允许的情况下，组织社会力量参与，积极引导专业社会力量和志愿者参与未成年社区矫正对象的教育活动，吸纳具备心理学、教育学、法学等知识背景和从事青少年工作的专家、教师、高校学生等人士，参与未成年社区矫正对象的帮扶工作。要加强与共青团的协作，联合关工委、教育部门组织志愿者与青少年社区矫正对象采取一帮一、二帮一的"结对子"方式，开展"手拉手"帮教活动。

未成年社区矫正对象犯罪问题不容忽视，这也是整个社区矫正工作中的薄弱项，要加强社会基础、提高社会公众认可度，加大对社区矫正的宣传，重塑民众刑罚观念，建立专业化的未成年社区矫正工作队伍，加强对未成年社区矫正对象的特殊保护、优先保护。对这类特殊群体必须遵循以教育为主、以惩罚为辅的原则，尽可能地避免让其在监狱服刑这种封闭管理，替而代之，对未成年社区矫正对象采用社区

矫正的执行方式，让未成年社区矫正对象不脱离家庭、学校和社会，促进身心发育、改邪归正，对不同阶段的未成年社区矫正对象及时调整符合其身心特点变化的具有针对性的矫正方案，开展"个性化"心理矫正，法律工作者们从未停下向前探索的脚步，从实践中总结经验，从经验中提炼理论精华，坚持不懈，一往无前，健全未成年社区矫正工作制度。

智能化篇

一、各地实践

新时代智慧矫正建设的实践与思考

——以上海市杨浦区为例

邓远见[*]

近年来，杨浦区紧扣司法部和上海市司法局"规范化、精细化、智慧化"建设的工作要求，按照司法部办公厅《关于加快推进全国"智慧矫正"建设的实施意见》提出的目标任务和总体要求，认真贯彻落实社区矫正系列标准规范，大力推进"智慧矫正"体系建设。现结合杨浦区创建智慧矫正过程的一些实践经验进行分享，同时就政府部门数字化转型背景下社区矫正工作如何迈向智能化提出思考，立足社区矫正数据应用与分析，高效提升社区矫正管理能力，准确把握社区矫正工作发展方向与价值。

一、杨浦区智慧矫正建设的时代背景

上海市自 2002 年以来在全国率先试点社区矫正工作，社区矫正工作在"预防和减少犯罪体系建设"下，形成了以市委政法委牵头，综治部门协调，司法行政机关为主，公、检、法密切配合、协同推进的工作机制，将社区矫正工作纳入创新社会治理、推进平安建设的大局进行谋划和推进。各级社区矫正工作部门恪守社区矫正刑罚执行的本质属性，坚持以监管为基，以矫正为本，以帮扶为辅，以制度促规范，落实社区服刑人员的监管、提高教育矫正水平。

杨浦区司法局作为全市 6 个试点区之一，于 2017 年年初积极先试先行、探索创新，稳步推进社区矫正标准化、智慧化建设试点，率先探索杨浦区社区矫正指挥中心的建设，构筑以社区指挥中心为主导平台的"全方位、全天候、多层次"的社区矫正业务管理机制，将区内司法软硬件设施、人力、物力资源，实现集矫正人员监管、信息系统、管理、业务以及审核等功能于一体，发挥统一平台、统一数据、统一引用的优势，进一步增强社区矫正的安全和管控能力，提高司法管理水平和信息

---

[*] 邓远见，上海市杨浦区司法局党委书记、局长。

化水平，确保区内社会的安全稳定。

二、杨浦区智慧矫正建设的基本情况

（一）凝聚共识，迅速行动，确保创建科学有序推进

自2017年启动"智慧矫正"工作以来，杨浦区司法局始终将矫正中心智慧化的建设作为全局的重要工作之一。牢固树立"一盘棋"思想，立足于司法行政信息化标准化建设的"一体化"，合理谋划"智慧矫正"工作远近规划，先后制定《杨浦区"智慧矫正"整体规划》、年度工作计划，开展专项信息化需求分析。针对"智慧矫正中心"创建，区矫正中心抽调精干力量，分管局长专门负责，组织成立工作专班，制订工作推进方案，认真研判，找准差距，挂图作战，积极推动创建科学有序进行。

（二）谋定而动，实至势成，确保创建扎实有力推进

自2017年起，杨浦区每年将"智慧矫正"建设经费纳入区级政府财政预算，并落实专项运维资金。从硬件设备购置到系统软件开发，再到配套装备完善，先后投入经费达上百万元，以确保"智慧矫正中心"基础保障扎实有力。同时，区矫正中心专设一名专职干部和一名社区矫正选派民警负责"智慧矫正"信息化日常维护管理工作，定期对中心内所有工作人员开展信息化培训及实务演练，每季度进行考核。此外，杨浦区为积极落实有效的运维管理，通过购买运维服务、配强值守队伍，每月定期对相关数据信息进行及时清理与模块更新，确保智慧平台正常运转。

（三）建用并举，同频共振，确保创建稳妥有效推进

杨浦区司法局按照健全社区矫正制度、强化矫正执法执行的需求，扎实有效推进"智慧矫正中心"建设。按照《社区矫正法》及相关配套文件要求，紧扣"智慧矫正中心"创建考核评价体系，进一步健全完善执法执行各个环节的衔接配合。在一体化延伸模块的开发中，杨浦区为进一步彰显协同指挥要素，按照"层层过关""环环相扣"的理念，设计了工作提示功能、质量把关功能和预案供给功能，推动信息技术开发向"智慧矫正"升级。

三、杨浦区智慧矫正建设的主要成果

杨浦区司法局围绕"智慧矫正中心"考核评价体系，在市局的统一领导与有力

指导下，开展了 10 余次专题研究，着力打造以标准化场所建设为"骨架"，可视化数据管理为"眼耳"，条目式督办清单为"经络"，数据化研判分析为"血肉"的"杨浦智慧矫正中心"。

（一）标准化建设场所，搭建智慧矫正中心"骨架"

杨浦区社区矫正中心将原有一楼的执法功能区细分成"报到接收区""信息采集区""执法监管区""自主学习区""心理测评区"五大板块。同时进一步对照标准化硬件需求，统一制作各类标识标牌，进一步改善区社区矫正中心等矫正窗口的标准化形象。中心共配备3台自助矫正终端，2台用于自动采集社区矫正对象的身份证、人脸、指纹、声纹等生物信息，努力实现"自动收集，实时上传"的工作模式；1台用于社区矫正对象自助学习。同时，对照《中华人民共和国社区矫正法》（以下简称《社区矫正法》）及相关配套文件，及时对各项执法工作进行流程再造与制度上墙，确保中心上下规范执行社区矫正各项规章制度。

（二）可视化全程管理，塑造智慧矫正中心"眼耳"

杨浦区社区矫正中心将原有安装的 36 个视频监控探头进行了升级改造，实现区社区矫正中心的执法教育区域全覆盖。通过矫正中心监控、司法所监控、移动监控、电子定位监控、视频点名，实时在大屏幕显示，形成矫正场所可视化、突发情形可视化、矫正对象行踪可视化的"三位一体"效果。同时，为全区所有司法所购买了13套移动布控球和移动执法仪，实现对司法所及户外移动执法场所的视频监控全覆盖。通过场所监控、移动监控等模块实现场所可视、情形可视、行踪可视，动态显示在岗司法所工作安排，实时记录工作状态。如遇突发事件，可直接联系现场，发布工作指令，实现指挥直通直达，响应即时即效。

（三）条目式督办清单，畅通智慧矫正中心"经络"

在杨浦区专有的"杨浦社矫"模块中，结合《社区矫正法》颁布实施，厘清现有工作管理制度，特别设计了督办要点和执法清单两大板块，将社区矫正服务管理标准转化成为电子流程图，以执法清单的方式，明确工作标准、责任。同时，从社区矫正业务工作实际出发，以工作进度为线索，将社区矫正执法执行的内容、步骤、规定，都以流水方式显示状态和进展情况。此外，杨浦区将社区矫正重点工作、关键环节、时间节点、突出问题，依照设定规则自动作出计划安排、提示提醒，保证社区矫正程序管理和督导管理的精确高效。

（四）数据化研判分析，赋予智慧矫正中心"血肉"

"智慧矫正中心"建设启动后，杨浦区开展了大量的数据调研，从对象的基础信息数据、内部管理数据、执法办案数据、矫正教育数据等入手,特别研发了"分析研判"板块。内设需求分析、态势分析、质效分析等三大内容,抓取、集成社区矫正对象的相关数据。围绕需求导向理念,根据每名社区矫正对象入矫时填写的《需求调查表》,指挥中心平台自动生成需求信息,为分类矫正、个别矫正提供客观依据。从采集社区矫正对象案由、持有护照(出入证)情况、户籍、就业情况、前科、同案犯信息等个体元素,分析得出"三最"因子,辅助预判社区矫正工作面临的主客观影响和发展变化趋势。收集、汇总社区矫正对象人数、调查评估采纳率、重新犯罪情况、收监执行情况等基础数据,分析比对结果作为质效评价、绩效考核的重要依据。

四、杨浦区智慧矫正创新之路展望

通过近5年信息化建造与完善,杨浦区司法局多方布局、率先探索,智慧矫正建设工作已经初具规模,通过"信息化""标准化"双轮驱动,已经完成智慧矫正1.0版本打磨,其中不乏信息化工作亮点和创新点。但同时看到,随着社会经济的发展,政府部门数字化转型迫在眉睫,单纯的信息化已经无法满足智慧矫正发展,特别与"智慧"重要内涵无法完全契合,急需升级换代,打造智慧矫正2.0版本。

就以上海社区矫正系统各区级自建平台为例,虽已达到数据的初级整合能力,但实际运用中却存在以下几个问题:(1)平台开发时间前后不一致。因信息化工程发展日新月异,导致各区级平台无法做到标准化,各区级平台"形态各异",社区矫正对象分析、研判的程式与依据也不同,无法耦合到市级主要平台中。(2)从纵向上,从市级平台下发到区级平台面临平台数据接口、数据模式不一致,有时还需要人工导入,方便性大大降低。(3)从横向上,外部数据共享存在较为严重的数据壁垒,与民政、公安、医保等部门无法做到数据的共享,导致平台实用性大大降低。

综上,杨浦区要从总体思维路径和平台系统性构成入手,在完成标准化场所建设为"骨架"、可视化数据管理为"眼耳"、条目式督办清单为"经络"、数据化研判分析为"血肉"基础上,逐步构建思维路径清晰的智慧"大脑",打通各类数据贯通的智慧"桥梁",将"总体国家安全观"中全面性思维、整体性思维,运用到智慧矫正工作中来,打通社区矫正工作的"奇经八脉"。

(一)思维方式的变革,逐步构建路径清晰的智慧"大脑"

从宏观上看,谈到智慧化、智能化,首先必须清晰了解何为人工智能。人工智能的本质是通过代码的方式,将知识输入数据库中,然后基于人的行为解析,做合理的需求匹配，满足人的日常需求。其次是深刻把握信息化"熵增定律"① 内涵的一个过程。信息，作为事物能量交换的媒介，本来是用来消除不确定性的东西，用来减熵的。然而，当接收的信息过于复杂，将无法妥善处理信息，得到的仅仅是眼睛疲惫，大脑疲劳。因此，智慧的过程，重要的是对信息的吸收目标契合、对信息处理的筛选、对信息利用的结果性反馈，对信息的处理就是需要一个减熵的过程，将无序整理成有序，将信息结构化、系统化。

从中观上看，立足于社区矫正工作、社区矫正对象的总体特征，以往采样一直是主要的数据获取手段，这是在信息相对闭塞，无法获得总体数据信息条件下的无奈选择。在数字化转型的今天，社区矫正部门可以获得并分析更多的数据，从对象入矫情况、社区表现、出矫情况与其他政府职能部门互通获得相关的所有数据，不再依赖于采样，从而可以带来更全面的认识，更清楚地发现样本无法揭示的细节信息。近年来，随着数据收集、存储、分析技术的突破性发展，特别是"云"计算运用，社区矫正部门可以更加方便、快捷、动态地获得与社区矫正对象有关的所有数据，不再因诸多限制不得不采用样本研究方法，相应地，思维方式也从样本思维转向总体思维，从而能够更加全面、立体、系统地认识总体状况。

从微观上看，在构建智慧矫正数据库，不单单以智慧矫正1.0版本，仅仅通过社区矫正执法执行的内容、步骤、规定，以流水方式显示状态和进展情况，而是必须更深入一步，通过社区矫正管理相应的标签、画像、用户信息模块嵌入，进行大量数据分析，找到其中的规律，然后提炼底层逻辑并进行合理化总结，最后形成标准化输出。将有效数据进行分类和整合，达到数据合理运用。逐步构建思维路径清晰的智慧"大脑"，从纵向上，形成了异常排查、异常评估、异常处置、司法所自查、科室（矫正局）检查、异常转化、异常撤销、异常续报和异常跟踪九大异常跟踪。从横向上，形成了排查、治理、再排查、再治理的异常对象管理链条。从体系上，形成了排查、处置、整改、再排查完整的PDCA② 管理循环。

（二）数据桥梁的贯通，逐步打通矫正信息的供养"动脉"

一是打通数据采集桥梁，引导硬件与软件上信息的共享与分析。社区矫正当前

---

① 信息本来是通信理论中的一个基本概念，指的是在通信过程中信号不确定性的消除。后来这个概念推广到一般系统，并将信息量看作一个系统有序性或组织程度的度量，如果一个系统有确定的结构，就意味着它已经包含一定的信息。这种信息叫作结构信息，可用来表示系统的有序性；结构信息量越大，系统越有序。因此，信息意味着负熵、反熵增或熵减。

② P（Planning）——计划职能包括三小部分：目标（goal）、实施计划（plan）、收支预算（budget）。D（Design）——设计方案和布局。C（4C）——4C管理：Check（检查）、Communicate（沟通）、Clean（清理）、Control（控制）。A（2A）——Act（执行，对总结检查的结果进行处理）、Aim（按照目标要求行事，如改善、提高）。

的信息化建设中，存在一个巨大的信息瓶颈，以社区矫正系统之间乃至社区矫正各个条线中，各自为战，各自为政，各大子系统之间就会形成一个个信息闭塞的循环。在实际运作中，社区矫正的自助矫正终端、语音转写设备、VR设备、心理测评（干预）设备、矫务通（在矫通、协矫通）、电子（脚环）手环等设备按要求配置的情况与指挥中心二级架构等系统在内的信息化安防系统，可以将信息进行整合与共享。比如，社区矫正心理测评（干预）设备和安防这两大系统，通过跨界融合技术，可以实现社区矫正对象的基本信息（包括社区矫正奖惩、处遇级别、计分考核、社区表现信息、社区刑罚执行情况等）与监控报警信息进行捆绑。一旦发生异常，或发生不稳定的事与因素，就与信息化安防系统与指挥中心二级架构进行有效连接。像"桥"一般，撷取、管理、处理，并整理借助智能化技术从海量数据中挖掘出有价值的关键数据，帮助司法所、矫正中心决策者作出更正确的决策。之后，再通过司法所、区县矫正中心、市矫正局三个层面，司法所社工、专职干部、矫正中心值班长、市矫正局值班人员四个层次进行落实。

二是打通数据利用桥梁，引导社区矫正管理部门创新。《社区矫正法》颁布并实施为社区矫正工作今后的开展提供了法治保障。通过使用信息化技术，分析社区矫正所掌握的所有数据，可以促进社区矫正各部门从被动响应型管理向主动预见型管理理念创新，实现了工作理念、思维方式、管理模式的转变，促进了工作方式由被动向主动、由静态向动态管理的转变。《社区矫正法》第三十六条规定："社区矫正机构根据需要，对社区矫正对象进行法治、道德等教育，增强其法治观念，提高其道德素质和悔罪意识。对社区矫正对象的教育应当根据其个体特征、日常表现等实际情况，充分考虑其工作和生活情况，因人施教。"实际工作中，因人施教看似简单，实则需要根据对象进行大量数据分析。比如，先要利用重点调查、典型调查、抽样调查三种调查手段，围绕着对象年龄、学历、心态、同案情况、就业状况、需求状况进行科学分析。其次是集合专业力量，结合社区矫正对象实际需求，利用社会组织功能，充分整合区域法律实务、心理咨询、法律援助、就业援助等有效资源，为更加科学有效开展社区矫正对象分类教育，这些都必须利用信息化技术手段。再如，在社区矫正民警队伍建设方面，智慧矫正的使用既有利于发现队伍建设中普遍性、倾向性的问题，又有利于了解个性化具体化需求，对症下药，实现标准化建设与人性化管理统一。在优化教育培训方面，智慧矫正使用有助于找准社区矫正培训短板，找准社区矫正系统培训定位，提高培训质量。

三是打通数据管理桥梁，打通矫正业务横向大动脉。近年来，在中央统一部署下，上海已经建立纵向由"部、市、区、街道"三级四层面社区矫正管理平台。但受限于社区矫正工作本身的业务属性，其数据具有一定的敏感性，数据存在加密需要，对象的数据难以获取，外部数据获取渠道不畅，存在明显的数据壁垒与条线孤岛。例如，《社区矫正法》第三十条规定："社区矫正对象失去联系的，社区矫正机构应当立即组织查找，公安机关等有关单位和人员应当予以配合协助。查找到社区矫正对象后，应当区别情形依法作出处理。"第三十一条规定："社区矫正机构发现社区矫正对象正在实施违反监督管理规定的行为或者违反人民法院禁止令等违法行为的，应当立即制止；制止无效的，应当立即通知公安机关到场处置。"传统方式上，社区矫正对象一旦发生脱漏管，区社区矫正中心电话通知区公安局，并逐层上报市社区矫正工作管理部门，因耗费时间较长，致使矫正对象已失联多时。再如，矫正对象违反禁止令情况，如无法与公安相关信息化衔接或者电子围栏设立报警信息联动，矫正对象违反人民法院禁止令等违法行为，将无法做到"应当立即制止"。以上案例说明，就矫正对象监管而言，需要公安与法院多部门的横向数据。

为此，杨浦矫正主动跨前一步，积极对接杨浦区级"大数据中心"，思考在智慧矫正2.0版本中，开发"横向到边"社区矫正应用场景，着力扩展多元化的平台功能，打造集信息查询、协同监管、联合惩戒、社会参与、研判分析等多功能于一体的社区矫正应用场景嵌入区级大数据中心。在社区矫正应用场景形成"社区矫正中心+司法所运用主体、电脑+手机 App 的运用矩阵"，同时利用社区矫正委员会作用，打破"自扫门前雪"工作模式，将区级"大数据中心"有关对象的公安、民政、司法、社保、医保数据汇总到区级社区矫正应用场景中来，将区级社区矫正应用场景中一些数据"脱敏"后，反馈给其他部门运用，做到数据共享。

最后，引用《大数据时代》结语："大数据并不是一个充斥着算法和机器的冰冷世界，人类的作用依旧无法被取代。"大数据为我们提供的不是最终答案，只是参考答案，帮助是暂时的，而更好的方法和答案还在不久的未来。在新时代的数字化、创新化、科学化的大背景下，社区矫正的智慧化、智能化的探索创新之路永无止境，相信在不久的将来有更好、更多的方法和答案！

贵州省铜仁市推进社区矫正规范化、精细化、智能化工作的主要做法及几点思考

梅波[*]

社区矫正是与监禁刑罚执行对应的一种非监禁刑罚执行方式。我国现行社区矫正制度经历了从试点到扩大试点再到全面施行的发展历程。2020年7月1日《中华人民共和国社区矫正法》（以下简称《社区矫正法》）正式施行，对推动我国社区矫正工作高质量发展，有效预防和减少重新违法犯罪，具有十分重要的意义。随着社区矫正制度建设、队伍建设、保障能力的不断推进，铜仁市社区矫正工作逐步走上了规范化、精细化、智能化的道路，这个过程中也积累了一些经验。本文以铜仁市社区矫正工作为例，梳理规范化、精细化、智能化建设工作做法，探讨如何进一步推动"三化"工作发展。

一、铜仁市社区矫正工作的基本情况

近年来，铜仁市社区矫正工作在铜仁市委、市政府的坚强领导下，在省司法厅、局党组的指导帮助关心下，全市社区矫正机构与有关职能部门密切协作配合，紧紧围绕"将社区矫正对象改造成守法公民"目标，认真落实"监督管理、教育帮扶"工作任务，严格社区矫正执法，探索创新教育矫治方式方法，有序推进社区矫正工作顺利发展。截至2022年8月10日，全市累计接收社区矫正对象16729人，累计解除15176人；现在册社区矫正对象1588人，其中管制类4人、缓刑类1428人、假释类105人，暂予监外执行类51人，社区矫正对象再犯罪率低于全国平均水平，整体工作局面发展良好。

二、铜仁市社区矫正工作的主要做法和成效

自《社区矫正法》颁布实施以来，铜仁市社区矫正工作以习近平新时代中国特

---

[*] 梅波，贵州省铜仁市司法局社区矫正管理科科长。

色社会主义思想为指导，深入贯彻习近平法治思想，贯彻落实党的十九大和十九届历次全会精神，坚持在维护安全稳定上强化措施，在整治顽瘴痼疾上狠抓成效，在推动规范化建设上多措并举，通过以"六聚六新"为抓手，全方位推动社区矫正工作高质量发展。

（一）聚焦体制机制建设，推动《社区矫正法》贯彻落实取得新进展

一是在议事机构上下功夫。截至 2021 年年底，铜仁市 10 个区县和 181 个乡镇（街道）均成立了社区矫正委员会，实现了市县乡全覆盖；去年 12 月中旬首次召开全市社区矫正委员会全体会议，市直 19 个成员单位主要负责同志及联络员参加会议，会议听取了铜仁市三年来社区矫正工作开展情况汇报，印发了《铜仁市社区矫正委员会工作规则》《铜仁市社区矫正委员会办公室工作规则》《铜仁市社区矫正委员成员单位工作职责》。2022 年 3 月，铜仁市社区矫正委员会办公室制定印发了《2022 年铜仁市社区矫正委员会工作计划》，明确了今年各成员单位的主要考核任务，着力强化部门协作联动，社区矫正工作形成了齐抓共管的局面。

二是在工作机构上求突破。2022 年 1 月，市委编办明确市司法局社区矫正管理科加挂铜仁市社区矫正管理局牌子，对外称铜仁市社区矫正管理局。目前，全市 7 个区县先后挂牌成立社区矫正管理局，依法承担社区矫正机构职责，负责社区矫正工作的具体实施，确保了社区矫正机构专职专业。特别是石阡县司法局经过不懈努力，多方协调，于 2022 年 8 月 1 日收到了县委编办发放的社区矫正机构的独立法人和机构代码，真正实现依法独立承担社区矫正工作，这也是铜仁市的首张社区矫正机构代码证。

（二）聚焦日常监督管理，推动社区矫正安全稳定取得新成效

一是紧盯重要时段、重要节点强化监管措施。在重要时间节点，下发工作通知、工作提示，落实值班和日报告制度，确保安全稳定。严格落实分级安全稳定风险分析研判制度，定期组织召开安全形势研判会，分析查找监管薄弱环节，严格落实重点监管措施，全力防范风险隐患，严防社区矫正对象脱管失控。二是紧抓重要环节强化监督管理。突出分级管理、分类教育等重点矫正环节，充分运用信息化核查手段的应用，有效加强对社区矫正对象的监管，对违反监管规定的社区矫正对象依法给予训诫、警告、提请治安管理处罚和收监执行，有力维护了安全稳定。三是充分发挥派驻民警作用。自 2022 年以来，全市 10 名监狱人民警察共参与入矫教育 818 人次、行为矫治和心理健康 53 人次、走访个别教育 440 人次，训诫谈话 146 人次；开展扫黑除恶及《社区矫正法》宣讲 28 次、集中警示教育共计 35 次；先后参与庭审前调查评估案件 541 起、整理社区矫正执行档案 56 卷，实现监狱与社区矫正工作的

优势互补。为加强对社区矫正对象的教育监管，切实提升矫治效果。四是全力做好社区矫正对象疫情防控工作。加强日常监管，严格执行社区矫正对象请假外出审批，落实社区矫正对象进入社区矫正工作场所必须扫"两码"的疫情防控措施，同时要求全市社区矫正机构扎实做好社区矫正对象疫苗接种工作，做到应接必接，确保了全市社区矫正对象零疫情、零感染。

（三）聚焦强基固本，推动基层基础提升取得新突破

一是常态化开展案件评查。2021年结合政法队伍教育整顿的深入开展，通过自查自评、抽样评查和交叉检查的形式对社区矫正档案扎实开展评查，共评查案件7804件，为案件质量提升打下坚实基础。今年6月，市社区矫正管理局组织2个评查组对10个区县进行了实地抽样评查，重点从2021年以来的假释、暂予监外执行社区矫正案件和其他部分在册重点社区矫正案件每个区县抽取50个档案开展评查；此次市级抽样评查案件500件，通过扎实开展案件评查，规范了社区矫正各个环节管理的程序和流程，社区矫正案件质量不断提升。二是创新开展对基层司法所定点帮扶。2021年8月，市司法局印发《铜仁市司法行政干部定点帮扶司法所工作方案》，明确全市司法行政系统100名科级以上干部定点帮扶全市100个基层基础较为薄弱的司法所，每月最少安排2天时间到所开展定点帮扶工作，切实帮助司法所厘清工作思路，健全工作机制。通过定点帮扶，为基层司法所配备电脑22台、打印机31台，规范社区矫正档案200余本。如碧江区选派12名职级领导干部担任基层司法所"社区矫正督导员"，明确工作职责，开展点穴式督导检查，推动司法所社区矫正工作有效开展。三是以暗访督导司法所形式倒逼问题整改。自今年3月以来，市司法局领导班子分别带队，对全市10个区县47个司法所开展暗访督导，针对督查发现的问题，向全市10个区县分别下发暗访情况通报，并定期收取区县问题整改情况报告，督促按期完成整改提升工作。通过暗访督导，进一步改进了社区矫正工作人员工作作风，提高了工作质效，着力解决了一些司法所社区矫正工作中存在的突出问题。

（四）聚焦信息化建设，推动社区矫正技防水平再上新台阶

一是着力推进贵州省智慧矫正管理平台应用。自2021年以来，市社区矫正委员会办公室向各区县印发社区矫正智慧管理系统应用情况通报13期，对同步率、登录率、定位率等应用情况较差的区县和司法所进行点名，全力推动社区矫正智慧管理系统应用。目前，全市社区矫正智慧管理系统综合排名位居全省前列。二是着力运用"天网工程"加强对社区矫正对象的监管。将"天网工程"接入市社区矫正指挥中心，利用监控探头全市各区域全覆盖的优势，随机对重点社区矫正对象进行监控抽查，形成了有效震慑，以确保社区矫正对象在重要时间节点的安全稳定。三是着

力强化智慧矫正中心建设。2021年9月，结合实际印发《铜仁市"智慧矫正中心"实施方案》，2022年5月11日至13日，组织松桃、玉屏、思南、沿河县司法局考察学习"智慧矫正中心"创建工作，进一步厘清4个县创建工作思路，目前正有力有序推进铜仁市"智慧矫正中心"建设，其中思南县智慧矫正中心基础装修已经完成，目前正在研究采购相关设施设备。

（五）聚焦规范化建设，推动社区矫正队伍业务能力得到新提升

一是加强实务培训。2021年4月，市司法局组织开展社区矫正业务培训暨社区矫正队伍政治轮训，全市188名社区矫正工作人员参加培训，以更加务实的工作作风推动全市社区矫正工作高质量发展。自2022年4月以来，市司法局共现场对7个区县150余名社区矫正工作人员开展了培训，培训内容涉及社区矫正档案管理制作、贵州省智慧矫正管理系统应用等，通过培训，有效提高了社区矫正工作人员的业务能力和执法水平。二是加强建章立制。自2021年以来，市级先后印发了社区矫正调查评估、案件评查、社区矫正对象档案管理、暂予监外罪犯病情复查等制度。各区县在加强规范执法上集中发力，先后在加强日常管理、完善执法程序、开展案件评查等方面出台相关制度，有力促进了社区矫正执法工作规范运行。三是加强刑罚执行一体化建设。全面加强社区矫正与监狱的衔接配合，不断创新工作方式方法。2021年10月，组织召开全市刑罚执行一体化工作推进会暨派驻民警参与社区矫正工作座谈会，持续推进铜仁市刑罚执行一体化工作。切实开展业务培训，积极探索监地"双延伸"工作，为依法推进社区矫正工作，正确执行刑事判决、刑事裁定和暂予监外执行决定，推动社区矫正工作高质量发展奠定坚实基础。

（六）聚焦"一中心一张网十联户"，推动社区矫正对象教育管理取得新成绩

一是抓宣传教育，促法治意识深入人心。强化"一中心一张网十联户"服务功能，常态化开展宣传教育。对社区矫正对象进行必要的政策法规宣传，能够有效防止发生脱管失控和再犯罪。一方面充分发挥联户长和网格员宣传员作用。基层司法所在走访社区矫正对象时，邀请联户长和网格员对重点人群进行有针对性的政策法规宣传教育，通过拉家常、摆龙门阵等形式，使宣传教育入脑入心，达到预期效果。另一方面司法所在组织社区矫正对象进行集中教育时，定期组织部分联户长或网格员对他们进行法治教育，使社区矫正对象能够进一步认识到自己所犯罪行，更好地接受矫正，不再做违法乱纪的事情。二是抓诉源治理，促矛盾纠纷有效化解。强化"一中心一张网十联户"预警作用，全方位防范安全风险。社区矫正对象作为社会上的特殊群体，易与他人产生矛盾纠纷，需要及时化解，基层司法所充分发挥党小组+

网格员+联户长"铁三角"的作用，常态化开展矛盾纠纷排查化解，对辖区社区矫正对象矛盾纠纷和各类苗头隐患做到底数清、情况明、处置妥。首先是要发现早。充分发挥网格员在基层一线、了解村情民意的优势，把触角延伸到最前端，一旦发现矛盾苗头性、倾向性问题及时向上级诉源治理综治中心报告，为及时化解矛盾纠纷提供第一手信息。其次就要化解快。接到相关信息后，第一时间组建矛盾纠纷调解工作组，组员由矫正小组成员、网格员、联户长、人民调解员等人员组成，把矛盾纠纷化解在源头、在前端，确保矛盾纠纷不出村、不上交。三是抓日常管控，促社会环境安全稳定。强化"一中心一张网十联户"实战功能，针对性管理社区矫正对象。社会治理根基在基层，社会和谐稳定靠基层，社区矫正对象的管控工作，事关基层社会安全问题，马虎不得。在社区网格中，一方面充分利用"十联户"自治单元，将社区矫正对象管控纳入"十联户"自治单元，细化任务措施，按照"住户相邻、邻里守望"的原则，着力打造形成社区矫正对象"日常动态实时掌握、风险隐患及时化解"的基层联户治理工作平台。另一方面还可充分发挥"一中心一张网十联户"基层社会治理作用，不断织牢网格基础。各网格员和联户长，对网格片区的社区矫正对象做到"户户必进、人人必访"，确保底数清、情况明、不出事。四是抓帮扶救助，促顺利融入社会。强化"一中心一张网十联户"服务功能，个性化开展帮扶救助。将村（社区）网格员列为社区矫正对象工作志愿者，协助司法所开展服务帮扶救助工作，实时掌握社区矫正对象生活、工作、精神状况，助推他们顺利融入社会正常生活。一方面对生活存在实际困难的社区矫正对象开展帮扶救助。特别是残疾、年老、患病等重点人群，村（社区）网格员是第一知情人，一旦发现此类情况，及时报送司法所和当地党委政府，积极与民政、残联等部门对接协调，为其解决实际问题，对其有针对性地开展帮扶救助工作，让其在感受法律严肃与神圣的同时，也充分感受到党和政府的关怀。另一方面对就业、就学等存在困难的社区矫正对象开展帮扶救助。村（社区）网格员在日常工作中对就业、就学存在困难的社区矫正对象逐一入户核实调查一一登记在册，并报送相关职能部门予以帮助解决。自2022年以来，全市村（社区）网格员协助落实社区矫正对象享受低保12人，协调就学2人，就业培训30余人次，推荐就业14人次。

三、做好社区矫正工作的几点思考

自《社区矫正法》实施以来，社区矫正工作还面临着许多挑战。如何立足地方实际，着眼全局厘清新时代社区矫正的任务和使命，努力开创社区矫正工作新局面，已经成为当前社区矫正战线最为紧迫的重要任务和时代命题。铜仁市司法局通过近年来的实践和探索，对如何做好当前社区矫正工作有以下几点思考。

（一）重视程度是关键

一方面是上级领导要重视。自社区矫正法施行以来，铜仁市在社区矫正实践中发现还存在很多亟待解决的问题，有些需要顶层设计，加以完善。近两年，省司法厅陆续印发多份社区矫正规范文件，不断规范社区矫正执法行为，全省社区矫正工作规范化、精细化、信息化水平不断提升。另一方面是本级领导要重视，近两年铜仁社区矫正工作取得的进步与市司法局领导对社区矫正工作的高度重视是分不开的。例如，每年局党组要听取社区矫正工作汇报，每季度专题研究调度社区矫正工作，主要领导亲自参加每季度的安全形势分析会，班子成员亲自带队督查暗访基层司法所社区矫正工作，对社区矫正工作滞后的相关区县主要领导进行约谈。

（二）素质过硬是基础

一是思想政治素质务必过硬。社区矫正工作对纪律性、专业性、规范性要求高，风险性相对大，压力也大，要常态化开展政治理论学习和思想政治教育，从思想上持续提升社区矫正工作人员的职业认同感、从业荣誉感、爱岗敬业自豪感。要不负韶华，担当使命，把爱岗敬业落实到社区矫正实践中。二是业务能力素质务必过硬。要钻研社区矫正业务知识、专业常识，深入学习理解运用《中华人民共和国刑法》《中华人民共和国刑事诉讼法》《社区矫正法》《社区矫正法实施办法》等法律法规和规章制度，按照省厅下发的权责清单，熟练掌握相关业务执法流程，做社区矫正工作专家。三是纪律作风务必过硬。要树立司法行政干部良好的形象。坚决整治"庸、懒、散、慢、拖"等不良现象，促进履职尽责，加强警示教育，狠抓《社区矫正法》第六十一条和新时代政法干警"十个严禁"、司法部社区矫正工作人员"六不准"等学习教育和贯彻执行，强化社区矫正工作人员的自律意识，筑牢思想防线，不断纯洁社区矫正队伍。

（三）工作落实是重点

一是胸中要有谋。要做好领导或者党委政府的参谋，出好主意，提炼总结好工作，汇报好工作。二是肩上要有责。各级有各级的职责，一定要时刻牢记自己的职责使命，市县两级社区矫正机构职责在《社区矫正法实施办法》里有明确，全国司法所工作规范里面规定司法所关于社区矫正的职责：根据社区矫正机构委托，开展调查评估、确定矫正小组、组织入（解）矫宣告、制订和落实矫正方案、开展社区矫正对象日常监督管理和教育帮扶及考核等工作。三是心中要有数。市县两级社区矫正机构要通过案件评查，明察暗访等多种方式充分了解基层司法所工作情况，切实做到底数清、情况明。司法所要通过扎实的实地走访，掌握了解每一名社区矫正对象的家庭、思想、生活等状况，切实做到"犯罪事实清、现实表现清、监管责任清、思想动态清、行为去向清"。四是手中要有招。要抓住主要矛盾，抓两头带中间，树典型，以点带面。抓警示，以儆效尤。抓督导，落实责任，如可以用督查督办去推动工作。司法所工作人员在教育监管社区矫正对象时要做到有责任、有标准、有底线。五是协同要主动。要充分发挥市县乡社区矫正委员会的作用，注重上下联动，强化部门协同，调动起各方面的积极性，汇聚成开展社区矫正工作的强大合力。六是督促要到位。要加强外力督导作为，迫其勤奋努力完成工作，并同时启用严格的追责问责程序，推动工作高质高效运转。七是指导要精准。市县两级社区矫正机构在检查指导基层司法所时要做到有想法、有办法、有绝招，指导要精准、精细、精确。

浅谈"智慧矫正"在社区矫正监督管理中的实践

陈亮[*]

按照司法部对社区矫正工作"规范化、精细化、信息化"的工作要求和司法部、四川省司法厅对社区矫正信息化建设的安排部署,全省各地社区矫正机构不断深化社区矫正信息化建设,随着智慧矫正中心建设逐步推进,社区矫正业务逐步规范,"智慧化"程度显著增强,功能发挥越来越明显。

一、"智慧矫正"建设取得的阶段性成效

2021年,按照四川省司法厅关于部级智慧矫正中心建设实施方案要求,迅速开展对全省部级智慧矫正中心创建工作。全省各市州迅速行动,按照总体方案要求,不断完善硬件设施和软件应用,智慧矫正的精准化、智慧化、信息化逐步凸显。

(一)"智慧矫正"平台应用赋能监管规范有效

省司法厅建立统一的"四川省社区矫正一体化平台",各级社区矫正机构依托一体化平台逐级网上录入,业务工作网上办理,各类文书、报表、档案、考核评估网上生成,实现"人在网上走,事在网上办,结果网上查"。不断完善监督管理、教育矫正和教育帮扶全业务的数据化管理,实现数据采集自动化、工作流程规范化、业务衔接标准化。充分利用手机定位、App定位等信息技术,实现对社区矫正对象动态监管,对越界情况做到及时预警,进一步降低了脱管和漏管现象的发生。

(二)"移动矫正"终端深化移动矫正质效

不断推广"矫务通"的应用,将社区矫正系统延伸到移动终端,建成工作人员、社会力量、社区矫正对象使用"矫务通""协矫通""在矫通"等App应用,实现社区矫正对象实时签到、电话报告、在线学习、信息推动等功能,实现报到、定位、教育、帮扶更加精准有效。充分运用"跨部门办案平台"融入"四川省社区矫正一

---

[*] 陈亮,四川省自贡市司法局社区矫正管理局局长。

体化平台"应用管理,实现公安、法院、检察院、司法行政等信息数据交换,全面实现网上"单轨制"运行管理,实现网上办案、网上执法、网上巡查等功能,社区矫正信息化格局基本形成。深入拓展民政、交通、住建等部门数据信息交换,实时掌握社区矫正对象生活、住房、交通信息等,适时运用相关信息强化对社区矫正对象的监督管理和教育帮扶。

(三)"智慧监管"增效管控精准度

建立全覆盖的手机定位监管,依法规范有序开展社区矫正对象信息化核查。依法对五类社区矫正对象实施电子腕带信息化核查,通过现有信息技术实现对社区矫正对象动态监管。不断深入信息技术应用,对社区矫正对象活动区域或者指定区域划定"电子围墙",对社区矫正同案犯活动轨迹回放,及时发现重新犯罪的苗头,实现特定区域自动报警,实现全天候、全方位、立体化精准监控,有效预防社区矫正对象脱管和重新犯罪。

(四)"智慧教育"实现教育帮扶时空交织

随着手机、平板等通信技术的发达以及新冠疫情防控的需要,社区矫正对象线上教育成为必然,线上教育的方式呈现多样化趋势,教育资源丰富多样化。以教育平台为依托,实时推送法律政策信息、技能培训信息、就业信息等,发布社区矫正工作要求动态,实现"线上教育、线上帮扶、线上监督",不断提升社区矫正教育帮扶质量,实现社区矫正对象线上与线下时空交织,有效避免教育帮扶质量针对性不强、教育形式单一等多种弊端。在此基础上,各区县社区矫正机构充分运用钉钉、微信等增设现场视频点名、视频通话、开设直播课堂等方式,通过远程的方式增加教育帮扶的针对性、时效性。

(五)"智慧心理辅导"多方吸收心理教育资源

社区矫正心理矫治一直是困惑社区矫正机构的难题之一,针对教育资源不足、专业性不强、方法单一等心理矫正工作的弊端,远程心理矫治平台的运用不失为一种很好的解决方案。充分吸收各类心理矫正平台的开发和应用,创新打造专业的心理矫治平台,充分运用全国各级心理矫正资源,搭建起符合社区矫正自身特征,有针对性推送相关的心理服务课程或者视频讲座,甚至可以通过社区矫正犯罪的特征,实现社区矫正机构对社区矫正对象的及时心理干预,促进社区矫正对象心理矫治全流程的再造,助力其回归社会。

(六)"智慧中心"搭建起社区矫正智慧矫正的实体平台

通过司法部"三区十八室"的规划设计,以及自助矫正终端、远程视频、智慧中心、VR教育等信息化手段的接入，为矫正中心的作用发挥搭建起智慧矫正的实体平台，实现采集信息、互联互通、快速响应等功能，实现中央、省、市、县、乡五级社区矫正的指挥体系，有效提升全局指挥和精准处置，形成快速高效的指挥体系。

二、智慧矫正建设存在的问题及不足

当前，智慧矫正中心建设在全省各区县有序开展，全省各级社区矫正机构已经搭建起全流程、全方位、全过程的省级社区矫正一体化平台。但在建设和使用过程中出现的问题不容忽视，"大数据"功能作用仍未充分显现。

（一）部门间"大数据"融合未完全打通

目前，各部门资源共享、业务协同仍需进一步提升。社区矫正业务平台"智慧"功能未充分发挥，与其他政务部门之间的信息共享仍存在障碍，随机核查、按需核查等工作机制未建立健全。政法跨部门办案平台虽然基本实现"单轨制"运行，但是在运行中仍存在部分功能不能实现、数据交换延时、数据丢失等诸多问题，与社区矫正全业务贯通协同有较大差距。

（二）智慧矫正中心建设功能设置与现有社区矫正机构建设不匹配

按照"三区十八室"功能设置，确实在社区矫正业务中有一定科学性，但结合现有社区矫正机构的现状来看，部分社区矫正机构存在一定难度。司法行政业务用房建设对司法行政部门来说是较重的任务，如果社区矫正机构在业务用房建设中抽出部分功能分区建设将有较大难度，从社区矫正工作实际来看，社区矫正部分功能分区在矫正工作实际中用处并不多，在现有人员机构编制不变的情况下，办理社区对象入矫手续已经成为一项较为烦琐的工作，更何况使用各项功能室已经成为一种不切实际的工作，很多功能室俨然成为一种摆设。

（三）社区矫正数字化业务能力限制，业务市场未充分放开

在智慧矫正中心建设过程中，所有功能建设集中于"省级社区矫正一体化平台"，平台集中有利于工作开展同时节约工作成本，但是弊端也逐步显现。如社区矫正机构在采购后期设备过程中要符合集约平台端口限制，必然会造成设备采购和技术支撑的垄断，社区矫正相关的设施设备相对比较"小众"，如果再有技术上的壁垒，势必会对智慧矫正建设不利，社区矫正机构在采购设备中处于被动地位，甚至浪费较大的资金采购不符合工作实际的设施设备，让"智慧矫正"建设成为一种华而不实的摆设，成为迎接上级检查的工具，甚至变相增加基层工作负担，并非为社区矫正提供便

捷。再加之，智慧矫正建设中各类设施设备操作维护还需大量的资金和人才长期支撑，如果资金和人才不能得到有效解决，这些设备在后期必然会成为华而不实的摆设。

（四）受制于"智慧矫正"建设发展不平衡的现实条件制约，社区矫正精准防控体系仍需进一步建立健全

"智慧矫正"基础数据平台虽已逐步建成，但各地之间信息化建设发展不均衡，精准防控体系建设有待进一步深化。如社区矫正对象定位不精准，数据反馈不及时，在信息化建设中各种技术不稳定等需要长期解决的问题。

三、智慧社区矫正建设的完善路径

智慧社区矫正建设具有整体性与多维性，不能仅关注社区矫正机构自身或矫正对象，而要紧紧围绕促使社区矫正对象顺利回归社会这个核心，既关注社区矫正机构纵向系统的顺畅运行，又充分整合社区矫正机构之外的各类社会资源。

（一）在充分基层调研基础上凝聚建设共识

社区矫正是一项综合、复杂、开放的刑罚执行手段，教育矫治也是一项社会性的活动，不是司法行政机关能通过自身独立完成的工作。智慧社区矫正需要在科学的刑事司法理念、社会治理理念指导下，从矫正罪犯、防卫社会及保障人权的高度，结合实践中的智慧法院、智慧检务、智慧警务、智慧社区等工作整体推进。从逻辑层次上说，智慧法院、智慧检务、智慧警务与智慧矫正工作需要在刑事一体化理论指导下共同推进，而智慧司法与智慧社区建设又需要在共建共治共享的社会治理理念下构建。因此，智慧社区矫正创建工作既是智慧司法的重要组成部分，又是当代社会治理体系必不可少的重要一环。如何自上而下，尽快打破部门偏见，凝聚一体化防卫与社会治理的共识，真正树立起数据治理的理念，是我们要认真思考的重要理论与现实问题。

（二）坚持问题导向，注重智慧社区矫正核心应用研发

《社区矫正法》颁布后，全国社区矫正工作要求和模式总体要求在全国应当是一致的。智慧社区矫正建设在全国的最终目标是促使社区矫正对象成功再社会化，在此基础上围绕社区矫正全业务流程梳理出对这一核心目标具有关键作用的系列业务模块。针对统一的业务模块，业务要求总体也是一致的，具体包括基础管理模块、定位监管模块、心理测评与干预模块、教育矫正模块、需求评估模块、风险评估模块、社会适应性帮扶模块、矫正效果评估模块等。在智慧社区矫正运作过程中，要针对不同的业务需求开发相应的软件进行技术支持。总之，要进一步提高系统的智

慧化程度，从社区矫正监督管理、教育矫正、社会适应性帮扶三大工作任务出发，坚持精简、高效的建设原则和"业务数据化、数据业务化"的建设思路，真正实现社区矫正全流程可见可控可查。在模块开发中社区矫正是相对"小众"的研发对象，全国各地的科技信息技术支撑不尽相同，沿海发达地区科技支撑力量更强，对技术公司的选择面更广，针对这种小众的技术开发，可以集中科技力量，集中研发一批好的软件及硬件设施推广应用，让社区矫正机构有更多更好的选择。

（三）提供有效的物质保障与人才支撑

在现有机构和人员设置无法有效解决的背景下，智慧社区矫正建设是一个长期且复杂的过程，需要各地政府本着统筹、高效、实用的原则，科学指导各部门系统规划，合理预算建设成本，让有限的财政资金产生最佳的建设收益。各地要从工作实际出发，因地制宜，分阶段制定必要的经费、物资清单，避免盲目采购与跟风攀比，确保智慧社区矫正建设分步骤平稳推进。要严格把好新入职社区矫正工作人员的入口关，建立定期培训机制，实现全员培训与全方位学习，进一步提高社区矫正队伍的综合素质，为智慧社区矫正工作的科学化、规范化、精准化与人性化运行提供可靠的人才支撑。

（四）注重资源统筹，避免重复建设

智慧矫正中心对硬件和软件建设有较高的需求。在基层工作实践中发现，社区矫正应统筹更多社会以及行政资源，充分统筹各项资源的运用发挥，如功能室中指挥中心建设运用可以整合司法行政智慧中心建设为一体，教育培训室等功能完全可以整合司法行政资源，实现资源充分整合运用。例如，在实践中，心理矫正室、培训室等可以充分吸收政法、公安、卫健委等系列资源融入社区矫正建设过程中，实现整个系统的资源运用，充分实现"1+1>1"的功能作用。

全国各地经济社会发展水平与发达地区不同，四川有四川的省情，在推进智慧社区矫正建设的过程中，不能"一根尺子比到底，一个标准用全国"，各地智慧矫正中心建设也不可能完全照搬照抄先进地区的建设经验，更不可能在短期内达到与发达地区一样的智慧化目标与水平。智慧社区矫正建设是一个主动作为、奋力追赶的过程，更是一个逐步完善、实现跨越发展的过程。可以在先进地区、有条件的地区逐步推进，没有条件的地区可以实现部分功能或者建立符合自身条件的"智慧模式"。全国各地应在系统谋划、科学设计、精确运行的基础上，充分调动各方面积极因素，形成信息动态感知、知识深度学习、数据精准分析、业务智能辅助、网络安全可控的科技应用新格局，构建起"大数据"模式支撑下的"智慧矫正"新模式，促进社区矫正管理更加精细化、精准化、科学化。

浅谈新形势下社区矫正信息化建设中智能化现状及发展

杨东越[*]

《中华人民共和国社区矫正法》（以下简称《社区矫正法》）已经于2019年12月通过，但如何开展社区矫正工作并不断完善社区矫正制度仍需我们在实践中总结摸索，本文以安徽省滁州市全椒县社区矫正信息化建设情况入手，综合新形势下社区矫正一线工作发展现状，就如何完善社区矫正信息化建设中的智能化建设方面提出一些设想。

社区矫正是将符合法定条件的罪犯置于社会中，利用社会力量对其教育改造的一种非监禁的刑罚执行方式。而社区矫正信息化则是利用电脑技术，对社区矫正工作的相关数据进行整理、分析，建立全方位覆盖的信息化管理平台，实现办公便捷化、自动化、智能化，以提高社区矫正工作的效率和成效。

本着"以监管为基、以执法为魂、以矫正为本、以帮扶为辅"这一工作思路，将智能化建设作为社区矫正监管的重要手段既是社区矫正工作发展的必然，也是广大司法人不断探索的结果，对预防和减少犯罪、维护社会稳定具有重要意义。笔者以为，从社区矫正依循的刑罚效益原则及现有立法对人格权重视趋势来看，推行信息化建设监管智能化，有其历史的必然性和必要性。

一、全椒县社区矫正工作形势

全椒县现在册社区矫正对象241人，根据《安徽省社区矫正对象分期分级分类管理教育办法》，其中重点管理等级6人，有重新犯罪风险1人，本季度接收社区矫正对象49人、解除社区矫正44人。开展集体教育个别教育90人次，心理矫治1人次，组织公益活动8场次（参加32人次），开展帮扶2人次；司法所开展集中教育28场次（参加656人次）、个别教育90人次，组织公益活动24场次（参加316人次）。处罚社区矫正对象5人次（其中，训诫2人次、警告2人次、提请撤销缓刑1人次），无社区矫正对象重新犯罪，批准外出23人次。由于承担社区矫正任务的主

---

[*] 杨东越，安徽省全椒县司法局社区矫正局副局长。

体多在司法所及县级社区矫正机构中,而司法所仍承担普法宣传、人民调解等任务,总体来看任务繁重,工作压力较大,目前社区矫正"队建制"改革就是致力于解决此问题,但就目前来看,落实前仍需要提高智能化水平,解决人工压力。

二、当前全椒县社区矫正信息化监管措施的智能化表现

2022年3月,全椒县正式将安徽省社区矫正智能管理平台作为全椒县社区矫正信息化监管主要平台,在实现社区矫正一体化管理的同时,较之过去的监管平台功能,在矫正对象信息录入、业务审批、信息化核查、教育帮扶等方面有着巨大的提升,主要体现在以下几个方面:

(一)社区矫正信息管理

过去信息管理均是通过工作人员将社区矫正对象基本信息、生物信息、矫正档案、奖惩情况、教育帮扶等资料录入平台,运用平台账号分级管理技术,实现县级社区矫正机构与司法所之间的多种信息交互,避免重复录入,为工作人员减负,提高社区矫正工作效率,同时也为社区矫正工作开展留下了"痕迹"。如今,在安徽省司法厅、滁州市司法局的指导下,全椒县借助智慧矫正中心创建工作,购置了三种自助矫正设备,分别是立式自助矫正终端、桌面式自助矫正终端及平板式自助矫正终端。因其功能的区别分别做自助矫正室、报到登记室及外出执法用。社区矫正对象可根据自助矫正终端的提示,自助完成信息采集、外出申请、教育活动或公益活动的打卡等,以节省人力,提高办理矫正业务的效率。同时配合"在矫通""矫务通""协矫通"三种分别由工作人员、协助人员、矫正对象适用的手机App,实现社区矫正事项智能化、便捷化、经济化,目前可实现24小时监管不断层。

(二)教育矫治、公益活动

教育活动、公益活动、帮扶活动等通知由社区矫正工作人员通过安徽省社区矫正智能管理平台发布,社区矫正对象可以通过"在矫通"App及时获取信息,也可以通过App进行签到、签退。较之前,开展活动需要通过微信或者电话通知矫正对象,签到、签退需要排队逐一进行指纹或人脸打卡,如今的智能设备运用,使得社区矫正活动开展得更加便捷高效。此外,安徽省社区矫正智能管理平台拥有网上教育视频库,社区矫正工作人员可以将教育视频上传至平台视频库,社区矫正对象通过手机"在矫通"App即可在线观看学习,视频库将存储的视频分类整理存储,社区矫正对象根据兴趣和需要自行选择观看视频,在观看视频过程中,平台不定时进行后台人脸核查,确保社区矫正对象观看视频的真实性和有效性,方便社区矫正对

象利用休息时间，灵活进行学习教育，可保证辖区社区矫正对象教育率保持在99.5%以上。

（三）业务指派及审批

现今法院委托的评估及转派社区矫正对象可通过安徽省社区矫正智能管理平台进行接收，并及时分派到相应司法所账号下进行处理，实现无纸化、智能化办公。同时，司法所也可以通过平台向县级社区矫正机构进行反馈、调查评估结果等，极大地减少了人力浪费，提高了工作效率。移动执法终端及"在矫通""矫务通"App的使用，可以实现社区矫正对象通过手机就可以完成请销假，社区矫正对象在"在矫通"App上录入请假申请并上传相关证明材料，社区矫正工作人员通过"矫务通"即可查阅该社区矫正对象的申请并做出审批意见，形成"不见面审查模式"，极大地减轻了工作强度，减少了流程处理时间。

（四）无感签到终端及移动执法监管

全椒县司法局安装了无感签到终端，连接该终端的摄像头分布在社区矫正重要场所内，任何社区矫正对象出现在该摄像头监控范围内，无感签到系统均会立即做出人脸识别，将其基本资料和签到记录反馈在社区矫正智能管理平台的信息化核查一栏。智能执法记录仪运用在走访、评估等外出执法工作中，执法记录仪所拍摄的画面可以实时传递到监管平台，省、市、县三级社区矫正机构均可通过平台实时监督，同时可以通过平台进行实时对讲，有利于更好地指导司法所社区矫正工作人员进行执法工作。

（五）VR警示教育

全椒县司法局为智慧矫正建设购置VR（虚拟现实）相关仪器与软件产品，建立了VR警示教育室。通过VR的特性，模拟监狱场景及违法人员违法时的状态等，让社区矫正对象进行虚拟场景体验，强化矫正对象的在刑意识，达到"景、情、心"相融合的效果，增强社区矫正对象的守法意识和道德观念，促进其顺利融入社会，实现"心有所戒、行有所止"的教育效果。

（六）其他社区矫正工作措施

安徽省社区矫正智能管理平台拥有未完成工作提醒功能（质效评价），使得社区矫正工作进度一目了然，方便工作人员对自己的矫正工作进行规划和补缺补差，同时上级部门也可以直接对下级部门的社区矫正工作进行监督。通过"在矫通"App，社区矫正对象可以进行定期汇报，他们定期汇报的电话录音音频可自动存储在安徽省社区矫正智能管理平台，社区矫正工作人员可以随时调取，同时语音撰写功能也可以将社区矫正对象定期汇报的电话录音音频转换成文字，方便社区矫正工作人员更加简洁直观地掌握其生活、工作现状，并针对他们的问题和需要，有的放矢地开展专项教育和帮扶。

三、现存问题

（一）一体化智能信息共享平台未建立

笔者以为，在信息技术的应用背景下，建立社区矫正一体化智能信息共享平台是社区矫正发展的必然结果，目前公、检、法、司各机关尚未全部实现信息共享，就全椒县而言，社区矫正机构与决定机关等部门的矫正衔接工作多数仍停留在人工送达纸质材料的阶段，尚未实现信息实时共享。首先，委托机关的评估材料、执行材料、罪犯信息以及犯罪事实等无法从网上移送或反馈，需要人工送达，耗时费力且风险较大。举例而言，S 市邮路堵塞，而社区矫正决定机关的材料通过该途径送达时距解矫期限已不足数月，导致矫正对象长时间处于脱漏管状态，严重不利于维护法律威严，且给社会造成不稳定因素，导致矫正衔接工作效率低下。其次，与检察机关的工作衔接无法在网上完成，全部依靠人工，影响检察机关监督效率。最后，公安机关特有的"天网"目前未对社区矫正机构开放，实际上，社区矫正对象仍属于在刑人员，是基层社会稳定的风险点之一，且现有手机定位等方式仍存在"信号漂移"、人机分离等风险，若是接入"天网工程"，对于社区矫正对象的相关出行记录、违规事实等信息可减轻去派出所对接工作量，消除掌握社区矫正对象的相关违规事实滞后的弊端及对社区矫正对象监管上的安全隐患。

（二）缺乏专业的社区矫正智能化技术人才

现阶段社区矫正工作仍处于摸索期，笔者通过网络查询，现阶段开展社区矫正专业的院校多为职业性司法警官学院，以山东某政法学院为例，开展课程以法学、刑罚学、社会学为主，缺乏智能化系统性管理和专业技术指导，多依赖短期培训掌握相关信息技术，导致工作人员技能偏实务，社区矫正信息化建设中各种细节问题层出不穷。同时，系统和设备的调整更新、损坏维修不及时都会导致信息传输不及时、监控定位不精准。笔者所在社区矫正机构工作人员因缺乏专业知识，只能联系相关平台客服人员，等待处理，社区矫正对象大多文化水平不高，亦缺乏专业的技术人员解答问题，导致社区矫正对象在配合社区矫正工作方面存在一定困难，使得信息化技术的作用大打折扣。

（三）参与社区矫正社会力量不足

社区矫正信息化监管智能化建设囊括社区矫正对象和社区矫正工作人员两方面，现根据省司法厅、省民政厅指导，依托村（居）民委员会依法协助社区矫正工作，虽设立了"协矫通"供村居等参与社区矫正的社会力量使用，但现情况下，该人员队伍单一、专业化水平有限，在协助社区矫正机构的工作中作为有限，部分村（居）民委员会人员结构老龄化，对智能软件使用能力有限，智能化平台应用仍需进一步便捷化，建成"傻瓜式"操作平台。另外，现有社区矫正对象的帮扶教育依赖于聘请地方专业心理咨询师及职业技能培训师，但因经费、师资数量的制约，在社区矫正工作实践过程中，会出现各方缺位的状况。笔者以为，或可通过建成区域性智能网络帮扶平台，依托网络完成矫正对象心理自测及职业技能选择，而后通过心理咨询师一对一帮扶和平台式职业技能培训，助力社区矫正对象的帮扶教育。

（四）经费不足

现存社区矫正信息化建设智能化运用安徽省社区矫正智能管理平台，在此基础上需要借助自助矫正终端、移动执法终端、无感签到终端、心理测评终端等智能设备的配套使用。现经向县政府申请，获批91万余元的专项经费，但想要为下设10个司法所配齐智慧矫正智能设备，91万余元的经费仍捉襟见肘，"队建制"建成后，社区矫正终端需求量减少后情况或可获缓解。

四、新形势下社区矫正信息化建设智能化的设想

（一）建成一体化智能信息共享平台

联通公、检、法、司等机关实现社区矫正信息共享平台，打通省际社区矫正信息共享通道，解决社区矫正工作机制方面的堵点、难点。一是社区矫正决定机关关于社区矫正适用提前调查评估委托的发送和反馈、社区矫正执行法律文书的发送和签收等矫正衔接工作可以直接在平台上完成，确保矫正衔接的及时性和有效性。二是实现检察机关在网上对社区矫正工作的全程检察监督，实现检察经济。三是与公安机关进行社区矫正信息整合共享，减少反复核查资料、重复录入等工作，对于社区矫正对象的拘留和释放可以及时通知社区矫正机构，避免出现社区矫正对象脱管、漏管现象，社区矫正对象离开矫正地也可以借助天网平台，实现同步了解，同步处理。

（二）运用大数据提升社区矫正工作执法水平

对在矫社区矫正对象基本信息、家庭情况、犯罪类型、工作情况、心理状况等数据进行录入和整合，建立数据模型。设立智能化心理检测系统，根据矫正对象数据库的数据，结合日常录入的矫正对象服刑情况，及时分析其心理状况，自动生成和调整教育矫治方案，对出现危险心理的社区矫正对象进行预警，以便社区矫正工作人员及时干预。工作人员可根据情况跟进及处理；设立定位禁止系统，通过对不同社区矫正对象的特定区域禁止进入和公众区域禁止进入双重设定，一旦社区矫正对象靠近设定禁止进入区域，系统智能识别并分析报警，基于以上，可利用大数据实现智能化监管，提高工作效率和准确度。

（三）充分调动社会力量参与社区矫正

建立社会力量参与社区矫正信息化模块，实现协助人员"傻瓜式"操作。一是向社区矫正对象发布普法教育、公益活动、技能培训帮扶等活动的通知，方便社区矫正对象按需参加。二是建立相应的社区矫正对象信息反馈中心，收集、处理社会力量参与社区矫正中对社区矫正对象培训、帮扶等相关反馈信息，拓宽对社区矫正对象的帮扶、监督渠道。三是对社会力量参与社区矫正信息进行收集整理和优化资源配置，同时加强宣传效果，不仅可以提升社区矫正工作成效，而且可以帮助社区矫正对象更好地回归社会，对预防和减少犯罪、维护社会稳定具有重要作用。四是对矫正工作模块实现二元化分离，对非专业模块实现便捷化"傻瓜式"操作，对专业模块细化工作内容，确保内容正确完整。

（四）争取经费支持

向地方党委、政府申请争取智能设备购置及后期维护经费、聘请专业人员对社区矫正对象进行心理疏导、培训以及对困难社区矫正人员进行生活物资帮扶等的专项经费，用以保障社区矫正各项工作进行。同时争取提高社区矫正工作人员（辅警）的待遇，解决其后顾之忧，提高其干事创业热情，使之全身心地投入社区矫正工作中来，保障社区矫正工作做细、做实。

（五）吸纳专业化人才和加大学习培训力度

一方面，联系地方编办，争取社区矫正队伍人员新血液流入，招录心理学、法学、计算机等专业人员，利用专业优势，提高社区矫正工作质效。另一方面，多邀请相关专业人员对社区矫正工作人员进行业务知识培训，利用岗位练兵、知识竞赛等活动，促学促进，提升社区矫正工作人员整体业务素质。

（六）智能化新设想

根据现有情况来看，笔者希望能够在县区一级社区矫正机构中建立多媒体电脑教室，提供相关技能培训（教学与实践）程序、心理帮扶（分析与疏导）程序、业务培训等媒体资料，建立一个囊括社区矫正工作人员、社区矫正对象及矫正小组成员三方需求的自助多媒体教室。此项工作便于社区矫正工作人员和矫正对象进行自主体验和学习。建成虚拟智能管家，全面掌握社区矫正各阶段各项工作，一是能够主动提醒完成尚未完成的社区矫正相关工作，确保工作不出现疏漏或拖延。二是能够实时监管社区矫正对象动态。三是加入语音智能遥控功能，通过语音遥控部分社区矫正监管工作开展，提高社区矫正工作效率。如能实现社区矫正智能管家应用，将会转变现有的繁重且效率低的桌面办公模式，将有限的社区矫正工作人员投入实地走访、核查、开展户外公益活动及带领社区矫正对象去专业学校进行技能培训等需要"走出去"的工作中去，以提高社区矫正工作实效。

浅谈社区矫正规范化、智能化建设

——以太原市迎泽区为例

贾舜瑶[*]

我国的社区矫正工作从 2003 年开始，历经了 19 年的时间，从无到有、从小到大。山西省是较晚开展社区矫正试点实践工作的省份，2007 年 6 月，山西省以太原市所辖的六城区作为首批社区矫正试点地区，以此拉开了省内社区矫正的帷幕。近年来，太原市的社区矫正有了一定的积极成效，但是一些矛盾与问题也制约着其发展，如社区矫正队伍力量薄弱、老龄化严重、男女比例不平衡、社会力量参与程度低、缺乏个性化矫正方案、智能化程度不尽完善等。随着社会的快速变迁与发展，社区矫正也迎来重要节点。基于此，笔者对太原市迎泽区社区矫正规范化、智能化建设中的问题进行阐述，以期对社区矫正工作的贯彻实施有所裨益。

一、太原市迎泽区社区矫正基本情况

迎泽区位于太原市市中心，地处繁华地带，人员密集。相比其他区而言，迎泽区面积小，矫正对象基数少，具有鲜明的特点。全市社区矫正执行层面的"1+7+1+1"制度体系（1 个实施细则+7 项细化制度+1 套执法文书+1 张权责清单），逐步规范社区矫正执法工作。[①] 2007 年，太原市迎泽区率先在全省开展社区矫正试点工作，通过不断的工作总结与探究，迎泽区司法局设计了社区矫正审前调查"四笔录六证明一书一表"和社区矫正监管教育七种记录表格。同时根据社区矫正对象的罪行轻重、社会危害程度等实际情况，采用相对应的分类管理模式，分为从严管理、从宽管理和普通管理，不同程度的管理方式有不同的具体要求。主要活动包括矫正小组定期开展入户走访，矫正对象每月进行集中教育学习、定时参与社区公益活动、定时交思想汇报等内容。随着《中华人民共和国社区矫正法》（以下简称《社区矫正

---

[*] 贾舜瑶，山西省太原市迎泽区文庙街道幸福社区综治员。
[①] 浙江省司法厅社区矫正管理局：《"智慧矫正中心"创建的浙江实践》，载《中国司法》2021 年第 12 期。

法》)、《山西省社区矫正实施细则》等法律法规的陆续出台，迎泽区也在不断完善对于社区矫正对象的实时监测、动态评估和分类考核等制度，并增加手机定位、佩戴电子腕带等智能化的监管方式。

2022年，迎泽区社区矫正工作已经历经15年，全区累计接收社区矫正对象2115人，解除矫正1895人，矫正期间重新犯罪率一直控制在市控指标范围内，取得了良好的社会效果和法律效果。

二、基层社区矫正工作存在的问题

(一) 社区矫正队伍存在的问题

1. 矫正队伍力量薄弱

目前迎泽区的社区矫正工作，主要是由各乡镇（街道）司法所负责具体统筹规划，其下各社区负责具体落实。由于当前的法律法规没有对社区矫正社会工作者进行明确界定，我市普遍存在矫正队伍力量薄弱的问题。

各社区的矫正队伍主要由民警、社区书记、主任和社工组成，并没有专职矫正的社区工作者，本职工作与矫正工作经常发生冲突，造成精力分散等问题。在矫正工作的实际操作中，对于矫正对象的入户走访、公益劳动和学习教育，民警基本不参与相关工作，而社区的工作人员也被本职工作占用了大部分的时间，上述工作基本以社区网格员为主，矫正队伍力量薄弱。

2. 专业化程度欠缺

社区矫正的社会工作者需要熟悉相关法律条文、各项监管规章制度，还需要具备矫正、教育等专业行为的方法和技巧。这些专业的素质只有通过专业和学习及系统的训练才可具备。而目前我市的社会工作者基本都没有相关专业的学习经历，社区工作者大多毕业于行政管理、金融会计、教育教学等与社区矫正工作关系不大的专业，同时工作人员的学历大多为专科，全日制本科学历较少，导致社区矫正队伍专业化程度不高。[1]

3. 老龄化严重、男女比例失衡

在社区矫正工作小组中，还有两个十分突出的问题，就是老龄化严重和男女比例失衡。以迎泽区某社区为例，社区拥有工作人员21人，20岁以上2人、30岁以上9人、40岁以上6人、即将退休4人，其中女性18人，男性3人。在社区矫正工作小组人员中，40岁以上2人，30岁以上2人，其中女性4人，男性0人。根据以上

---

[1] 侯迁广：《"智慧矫正"的湖南实践及评析》，载《中国司法》2021年第3期。

数据，我们不难发现，社区工作人员老龄化及男女比例失衡等问题十分突出，导致矫正小组也存在此类问题。由此可见，上述问题绝不仅仅只是个别情况，极有可能已经成为我市矫正工作中的主要问题。

（二）社区矫正工作中存在的其他问题

1. 矫正对象自身认识不足

目前大部分的社区矫正对象文化水平较低，法律意识淡薄，对自己的身份缺乏正确认识，存在态度不端正的现象，对刑罚执行的严肃性和权威性没有清楚的认识。在教育矫治期间经常发生迟到早退、劳动态度不端正、学习不认真等问题。在参加公益劳动时胡乱应付、以"摆拍"为主，而社区并没有执法权，致使社区矫正监管困难、矫正困难，教育力度大打折扣。

2. 教育矫正流于形式

针对矫正对象进行的教育矫正往往形式大于实质。以笔者参与矫正对象的入户走访为例，入户走访时，工作人员基本以"工作留痕"为目的，入户时间基本保持在 5 分钟。根据要求，矫正工作人员入户走访以了解矫正对象近况为主，其中包括思想动态、生活状况、交友状况和近期困难，从而保证扎实有效掌握辖区社区矫正对象的实际生产和生活状况，在关键节点做好社区矫正对象的监督管理与教育帮扶工作，使其能够严格遵守相关规范，维护社区矫正工作的稳定性。但如今的走访基本以了解矫正对象的生活状况为主，工作人员和矫正对象都希望"短、平、快"地完成谈话，使得入户走访的形式意义大于实际意义。

3. 智能化程度较低

根据国家推进治理体系和治理能力现代化建设的要求，应建立健全运用互联网、大数据、人工智能等技术手段进行行政管理的制度规则；推进数字政府建设，加强数据有序共享，依法保护个人信息。截至目前，太原市依然存在信息化平台建设不完善和设备分配不均衡等问题。以迎泽区某社区为例，至今未实现信息化的实时监测，智能化程度较低。在实际操作中，矫正工作小组通过电话和微信来联系矫正对象参与社区公益劳动及集中学习教育。手机定位、视频通话、佩戴电子腕带等监管方式依旧没有实行，致使矫正工作实施、监管难到位。

三、改善基层社区矫正工作的建议

（一）加强社区矫正规范化建设

1. 增强社区矫正队伍的力量

首先，促进社区矫正队伍职业化。针对矫正队伍力量薄弱的问题，短期内通过进一步加强财政支持力度，增加政府购买服务经费；增加专职矫正工作人员，充实司法所的工作力量；建立完善的社区矫正选任制度，引进专业化的社区矫正人才；增加社区矫正的新鲜力量，改善社区矫正小组老龄化问题，避免人员配置不均及人力资源浪费等问题。在此基础上，为社区矫正工作人员统一着装，达到社区矫正规范化的目标。

2. 建立完善的培训制度

社区矫正工作人员应切实加强业务学习、提升执法技能。司法局可定期安排培训或推荐社区矫正人员到高等院校进行学习研究，加强矫正工作实务和教育矫治等专业知识培训，通过开展学习培训，提升矫正工作人员的业务能力和专业水平。并且在工作中不断总结经验，改进工作方法，以达到更高的工作效率、更好的工作效果，提高社区矫正工作人员的综合素质，以达到社区矫正专业化的要求。

3. 设置个性化的教育矫治方案

社区矫正工作人员通过走访、谈心等方式，建立一对一帮扶关系，争取全面掌握矫正对象的个人情况。根据社区矫正对象的家庭情况、个人需求、自身特点、犯罪原因、悔罪表现等，建立社区矫正工作档案，量身定制出带有个人特征的管理方法和模式，并在矫正期间跟踪观察矫正对象的思想行为变化，调整矫正方案，不断实现个性化矫正，帮助他们更好地适应和完成社区矫正，从而提高社区矫正管理实效。根据每个矫正对象的不同情况，对矫正对象予以充分理解、尊重和关心，帮助他们妥善解决个人与家庭、邻里的关系，树立自己的生活信心，达到正确认识社会、正确面对自己的目标。

4. 加强社区矫正的宣传力度

大力加强司法所、派出所民警及居委会对《社区矫正法》与社区矫正工作的宣传力度，力求让广大群众熟知社区矫正工作的主要内容和重要意义，进一步提高社区矫正工作的社会知晓度。定期组织社区矫正对象集中学习，进行法治宣传教育，通过集中考试等方式，进一步提升矫正对象学习的积极性，强化矫正对象的遵纪守法意识，提高社区矫正质量。同时，积极引导广大人民群众认识社区矫正的目的及意义，正确对待社区矫正对象，帮助他们顺利回归社会。

5. 志愿服务助力社区矫正

形成公益活动助力矫正的良好氛围,切实推进"N+社区矫正"计划。鼓励支持社会工作者、律师、基层法律服务工作者、人民调解员、居民等社会力量参与社区矫正,落实"一帮一、多帮一"教育帮扶,营造全社会关心支持和参与社区矫正工作的浓厚氛围,提升帮教效果。

(二) 加强社区矫正智能化建设

随着国家治理体系现代化的发展,大数据治理理念已经深入人心,基本形成了"大数据+政务"的政务管理模式。与此同时,社区矫正工作产生新变化,逐渐向智能化矫正趋势发展。2018 年,司法部下发了《"数字法治、智慧司法"信息化体系建设指导意见》《"数字法治、智慧司法"信息化体系建设实施方案》,明确到 2019 年年底,初步建成"数字法治、智慧司法"信息化体系,形成"大平台共享、大系统共治、大数据慧治"的信息化新格局。而社区矫正也通过智能化建设,实现社区矫正一体化。加强社区矫正智能化的主要方法如下:

1. 建设智慧矫正中心

对社区矫正中心进行升级改造,深化智慧应用,力求实现"大平台共通、大数据共享、大系统共治"的智慧矫正新格局,建立社区矫正一体化智慧中心,对矫正系统进行深度融合,形成"数据一体化、管理智能化、移动互联化、指挥可视化"的智慧矫正,利用大数据平台加强司法所信息化建设[①],达到社区矫正智能化的目标,提升管理效能。

2. 日常管理智能化

根据信息化的时代特点,研发相关的手机 App,分别给司法所管理人员、社区矫正工作人员及社区矫正对象使用,通过手机 App,在矫正对象入矫时,根据自助终端采集矫正对象的身份信息,生成电子档案,简化报到程序;在矫正过程中,通过人脸识别、定位签到、电话汇报、在线学习,实现定位、教育精准管理,实时对社区矫正对象进行动态跟踪、远程监控,预防和减少社区矫正对象脱管漏管、重新犯罪的问题;以此为制订个性化矫正方案、进行分类管理、开展帮困扶助等工作提供信息支撑,提高工作的便捷性和工作质效,实现真正意义上的社区矫正工作数字化、网络化、智能化。

3. 建立信息核查机制

针对社区矫正对象脱管漏管、私自外出等违规违法行为,各司法局可以建立信息核查机制。在社区矫正的过程中,提升监管帮教信息核查要求,充分利用信息化

---

① 席珺:《山西省社区矫正工作的改革与完善》,载《咸宁学院学报》2011 年第 11 期。

核查手段，经常性对矫正对象进行核查，确保矫正小组对社区矫正对象在矫期间的行动轨迹的动态掌握、人员实时管控，杜绝脱管漏管隐患。利用"钉钉"App，丰富社区矫正对象的监管措施，建立以各个司法所为主的"钉钉"矫正管理群，在日常监管中启用人脸识别功能，防止作弊，要求社区矫正对象每天打一次卡，通过打卡获取社区矫正对象实时位置。如果社区矫正对象请假外出，也可以据此有效掌握其实际位置。同时利用"钉钉"App 的自动提醒打卡、考勤统计上报等功能，有效强化监督管理工作。并且，社区矫正工作人员可以联合辖区派出所协助司法所定期向人民检察院、公安局通报矫正人员名册，进行信息核对，查询在册社区矫正对象外出、异地住宿等情况，做到去向清、情况明。也可采取不定期抽查、人员分类精准化管理等方式，加强对重点人员、严管、普管、宽管级别的社区矫正对象实行分类管理，如发现情况异常，做到第一时间上报。增加社区矫正对象配合监管的积极性和主动性，最大限度地避免脱管、漏管情况的发生，增强执法活动的有效性，[1] 最大限度降低监管的风险隐患。

---

[1] 翟中东：《我国社区矫正立法中需要解决的四个问题》，载《上海政法学院学报（法治论丛）》2017 年第 2 期。

二、理论探讨

智能时代下社区矫正假释犯回归社会的困境与出路

李彦洁　李行*

一、社区矫正假释犯现状

（一）全国范围

社区矫正在 2011 年被写入《刑法修正案（八）》，已经取得了显著成效。随着依法治国理念的推进，我国已具有大量的社区矫正对象而且还将继续增多。2021 年新接收社区矫正对象 59 万人，加上 2020 年底在册 64.5 万人，全年列管社区矫正对象 123.5 万人，解除矫正 57 万人，社区正对象在矫期间内再犯罪率一直处于较低水平，为维护社会安全稳定作出极大贡献。① 但假释犯自刑罚执行开始即处于长期社会化断裂的状态，因此在重新回归社会时其将面临交际能力退化、"标签效应"等窘境，处于更为弱势的境地。在当前"互联网+"的浪潮下，新兴媒体的介入，小程序及 App 等智能技术的蓬勃发展也为社区矫正升级提供了新思路，但作为讲"情"的中国传统社会，新旧时代的交替会让社区矫正迸发出怎样的光彩？只有在厘清社区矫正假释犯社会支持困境及其具体逻辑基础上，才能有的放矢地提出改进社区矫正假释犯社会支持的针对策略。故下文将聚焦于传统与新兴智能，分析现有问题并提出假释犯回归社会的建议。

从刑法发展历程来看，刑法理论经历了理性主义、实证主义及人道主义三个阶段，假释制度作为目前刑法理论处于人道主义阶段的重要实践成果之一，创新社会管理模式，促进司法资源的优化配置和效用最大化，可以进一步完善社会融合制度。②

---

* 李彦洁，安徽省宣城市司法局见习生。李行，安徽省宣城市司法局见习生。
① 中国法学会：《中国法治建设年度报告》，法律出版社 2021 年版，第 56 页。
② 韦军、杨明：《社区矫正实务》，法律出版社 2013 年版，第 26—28 页。

(二) 实证调研情况

根据调研地宣城市下设的各区县的数据，现状如下：

1. 假释犯个人

(1) 假释犯社会生活现状

一是假释犯矫正过程中表现良好。根据调查结果，70%的假释犯都是已婚，只有15%的假释犯是未婚或离异，稳定的婚姻环境有助于他们快速适应狱后生活，能够达到更加稳定的生活状态，也有利于巩固社区矫正的成果。（见图1）

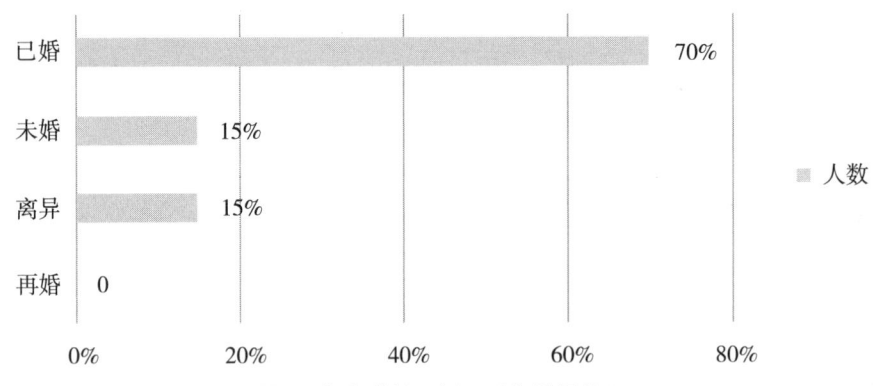

图1 假释类社区矫正对象婚姻状况

二是心理状况方面体现为心理压力较大。有高达46%的假释犯没有进行过定期心理测试。虽然监狱会寄出委托函实地调查拟假释罪犯的家庭情况、犯罪前表现、重新犯罪的可能性等情况，但是假释犯与社会脱轨较久，较为容易产生自闭倾向与自卑心理，进一步加大其心理压力。（见图2）

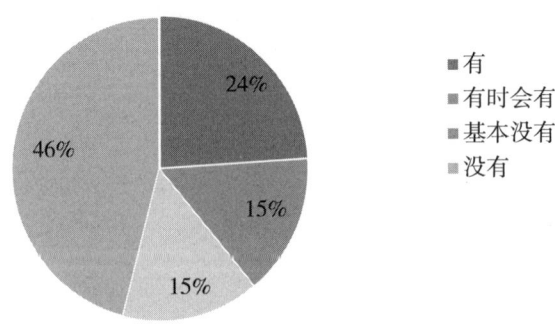

图2 假释类社区矫正对象定期心理测试情况

(2) 假释犯社会交往现状

主要体现为：交往人员以亲属为主；出狱后的社交需满足多层次需求

根据调查结果显示，有54%的假释犯出狱后的主要交往人员是亲属，主要交往人员为邻居或曾经朋友的则分别占17%和29%，可见假释犯在出狱后的主要交往对象以亲人和入狱前较为亲密的朋友为主。

(3) 假释犯工作现状

主要体现为：就业状况良好，但狱内工作学习对假释犯帮助有限

统计自2015年以来宣城市下设的各县假释类社区矫正对象的再就业情况良好。例如，绩溪县假释类社区矫正对象矫正期满后实现再就业人数的就业率为90%；泾县甚至达到了100%。但从调查结果来看，大多假释犯在出狱后工作的薪资水平较入狱前工作的薪资水平有所降低，并且难以从事理想职业。(见图3、图4、图5)

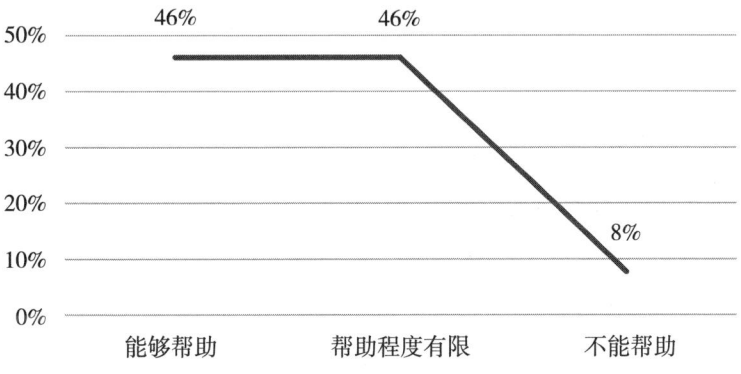

图3 狱内学习对假释类社区矫正对象的帮助程度

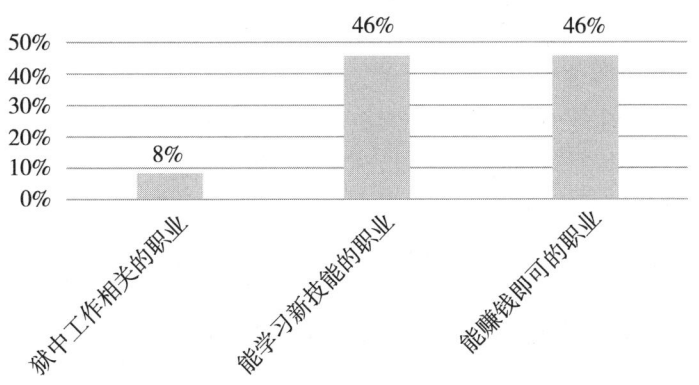

图4 假释类社区矫正对象理想职业

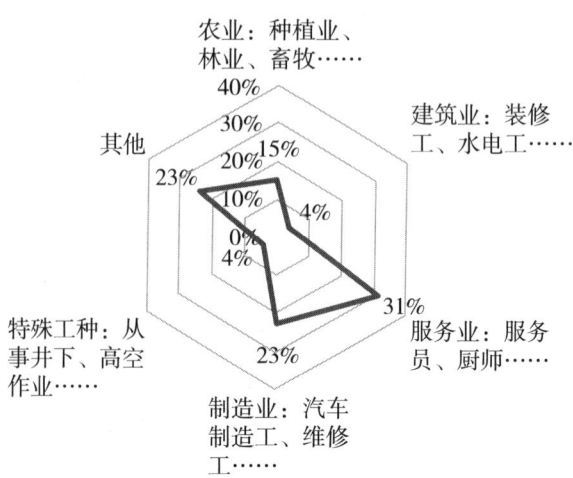

图 5　假释类社区矫正对象从事工作

2. 社区矫正工作开展情况

我国大部分地区已经建立起相对系统的社区矫正工作制度，包括社区矫正工作队伍建设、人员配备、经费保障等诸多方面也取得了较大的成绩。现以安徽省宣城市宣州区为例进行陈述：宣州区司法局紧紧围绕"监督管理和教育帮扶"总任务、"预防和减少犯罪"总目标，全面贯彻落实社区矫正法律法规，加强对假释类社区矫正对象教育管理，现阶段开展的社区矫正工作如下：一是建立矫正小组，加强日常监管。在入矫时，为每名假释类社区矫正对象确定由司法所工作人员担任组长、社区公安民警、村（居）民委员会干部、矫正对象家属共同组成的矫正小组。矫正小组与司法所签订矫正责任书，负责对假释类社区矫正对象进行日常监管和教育帮扶。二是定期走访调查，掌握真实情况。在矫正期间，各司法所定期与矫正小组成员沟通情况，定期走访假释类社区矫正对象的家庭、所在单位和居住社区，了解、核实假释类社区矫正对象的思想动态和现实表现情况。三是开展定期考核，实行分级分类管理。司法所根据对假释类社区矫正对象的考核结果，结合再犯罪风险评估以及矫正效果评估的情况，对其实施分级分类管理，科学施策、因人施策。四是实行监管审批，防止脱管失控。五是强化重点监管，确保安全稳定。在重大活动、节假日期间，宣州区司法局通过开展专项行动的方式排查隐患、加强监管。通过以上全方面、多维度的社区矫正措施，安徽省宣城市宣州区 2015—2022 年接收假释类社区矫正对象再犯罪率为 0%。

二、模式回溯：回归社区矫正制度视角

自社区矫正产生之时起，各个国家关于社区矫正的理念就相差甚远，由于国内外研究视角、思维方式、社会基础、风俗习惯等因素的不同，所得出的观点也不尽相同。

（一）国外主要的社区矫正模式

国外的社区矫正模式主要有以俄罗斯为代表的"非监禁改造工作模式"，以美国、加拿大和澳大利亚为代表的"公众保护模式"，以英国为代表的"刑罚模式"和以日本为代表的"更生保护模式"。[①] 假释是各国社区矫正制度的一种重要形式，附条件释放罪犯，让他们在假释官的监督之下工作和生活，并由假释官给予指导、帮助和约束。目前，世界各国在保留自由刑的同时，越来越倾向于运用社区矫正进行改造。许多国家基于"监禁是迫不得已的最后手段"的理念，只把罪行极为严重的罪犯送入监狱，而对大多数罪犯采取社区矫正的手段。

（二）国内的社区矫正模式

2003 年 7 月"两院两部"以联合颁发通知的形式，启动我国北京等 6 个省、直辖市率先试点社区矫正工作。在此次试点之后，我国的社区矫正工作不断完善，矫正范围快速扩大，逐步形成了具有中国特色的社区矫正模式。

2011 年 5 月 1 日，《中华人民共和国刑法修正案（八）》首次规定了"依法实行社区矫正"这一概念，国内的社区矫正工作至此具备了法律依据。当前，我国社区矫正的代表性模式有北京模式、上海模式和浙江模式。北京社区矫正的工作队伍由三类专职工作人员构成，分别为矫正干警、司法助理员、矫正协管员。由于我国地域辽阔、民族众多，各地区在党委政府的领导与支持下针对自身具体情况制定了各具特色的社区矫正工作策略，取得了较为显著的社会效果。

三、现实困境与成因分析

（一）生活回归障碍

在经历了长期与社会隔绝的生活后，假释人员的交际能力、沟通能力、心理承

[①] 鲁兰：《中国特色社区矫正模式的探索——以浙江省嘉兴市司法局的实践为例》，载《河南司法警官职业学院学报》2019 年第 2 期。

受能力都受到了不同程度的影响。人际交往上，大部分假释犯交际圈脆化。据调研数据显示，假释犯交往群体依赖于亲属、旧友等人构成的旧交际圈，而与同事、新朋友的交往较少。这是长期监狱生活产生的负面效果。为方便管理，监狱或社区矫正机关采用过度放大负罪感的方式来实现"管得住、跑不了"的目标。监狱或社区矫正机关将罪犯的标签在假释犯身上反复强化，这直接影响他们迫切想要过上普通人生活的愿景，导致负罪感成为其心理上的一块巨石。在监狱内外的巨大差别下，假释犯难以适应宽松的环境与多元的价值取向，在沟通等方面容易失去正常交流的能力，以至于在短时间内无法适应社会生活，影响社会安定与个人发展。

（二）就业障碍

就业障碍是社区矫正假释犯回归社会难度最大的问题之一。在以按劳分配为主要分配方式的基本经济制度下，假释犯常被排斥于常规的市场体系和市场规则之外，难以充分参与就业市场和市场消费，而常处于经济窘迫的困境中。

首先职业期望与现实从事工作相差较大。据有关假释犯职业期望的调研数据显示，有46%的假释人员希望从事能学习新技能的职业作为在狱中积极改造脱颖而出的一类人，假释犯将美好生活的希望寄托于一份崭新的工作。但现实不容乐观。绝大多数假释犯目前从事劳力型职业，技术附加值较低，并没能够从事理想职业，更多的是被生活所迫选择了"能赚钱即可"的职业。笔者认为共有以下三点原因：一是假释人员的学历大多不高，根据调研，有15%的假释犯为小学学历。随着高等教育的普及，社会平均学历提高，大多数企业对普通员工的学历要求也随之水涨船高。二是狱内工作和学习的技能对假释犯的影响。现在监狱在管理上已步入人性化和正规化的模式，但监狱的劳动改造仍存在重劳动、轻改造的现象，劳动内容多为服装、生活用品生产这类技术水平低、改造效果差的劳力工作，使得多数罪犯对入狱前的生存技能生疏，也无有效的新生存技能培养，导致重新进入社会时难就业的结果。三是广泛存在的社会歧视。鉴于法律具有保护用人单位知情权的义务，前科报告制度存在一定合理性，但在求职时，即便企业工作内容并不涉及公共安全，许多企业仍要求开具"无犯罪记录证明"，严重影响假释犯再就业时的竞争力与职业类型。

（三）社保歧视

据调研数据显示，绝大多数假释犯都对当地的社会保障制度不了解，甚至存在未参保的情况。在实践中，虽然我国的法律未禁止假释犯享受社会保险，但假释犯受软性歧视的事实比比皆是。假释犯的社会保险多为个人缴纳，而单位和个人共同缴纳较少。这与假释犯的工作种类也有联系，由于学历普遍较低，外加"标签效应"所形成的社会歧视，假释犯通常从事劳动密集型工作。一般情况下，劳动者将企业为其缴纳社会保险作为择业的考量因素，但在就业市场中，假释犯常属于弱势一方，多数假释犯选择以放弃社保的方式来为自己争取更大的竞争优势。

（四）制度障碍

1. 社区矫正工作的既有措施不完善

调研地宣城市的现有矫正措施主要为以下几种：一是建立矫正小组，加强日常监管。二是定期走访调查，掌握真实情况。三是开展定期考核，实行分级分类管理。四是实行监管审批，防止脱管失控。五是强化重点监管，确保安全稳定。在这几种措施中多为高屋建瓴的顶层设计，虽然能够在一定程度上把握假释犯的动向，但弊端在于难以真实掌握假释犯的人格信息，仍存在"表面化"的问题。因此，传统的书面登记、监管调查在人口流动强、更新换代快的时代显得力不从心。

2. 矫正工作运行机制有待完善

社区矫正机关的执行难度大，任务繁重。调研地的区、县级社区矫正支队人数较少，基层司法部门担负的工作职能已然过多。在经费支出上，社区矫正依赖财政拨款，这便与社区矫正机关的财政以及经济发展状况有着强关联性。因此，笔者认为，仅凭社区矫正机关自身，难以展开有效的职业技能培训工作。

3. 监狱劳动改造工作阻碍再社会化

劳动改造学习的技能难以满足社会需求。在服刑期间，由于犯罪分子的文化程度普遍不高，技能培训也需要较长时间，因此，为提高效率，监狱通常选择技术含量较低的劳动密集型产业作为劳动改造内容，而不是从提升罪犯素质、加强技能培养上想办法。由此导致许多假释犯在监所中所学技能有限，其再社会化困难。

四、出路：改善社区矫正假释犯社会困境的策略

社区矫正假释犯所面临的困境是外部社会因素与个人因素共同作用的结果，尽管在法治中国的建设中，社会的法治氛围愈加浓厚，但想跨越人性关隘破解这一困境绝非易事。有效的假释犯社区矫正应当是"互构"型的，即在假释犯积极融入社会的同时由以社区为主体的外部力量向假释犯施以援手。"互联网+"时代的到来不仅为我们研究社区矫正假释犯困境开辟了新方向，也为我们改善假释犯社区矫正的实践提供了新视角。

（一）向好氛围：重塑公众社区矫正认知

从社区矫正与监狱矫正参与者来看，社区矫正有更多的社会力量参与其中，这是监狱矫正所不具有的优势。因此如何最大限度地发挥社会力量的作用，是社区矫

正能否获得成效的关键所在,同样也是假释犯社区矫正的关键之处。智能时代下,"互联网+"新模式的出现也为上述应有举措注入新能量。

公众对假释犯认知的维度与深度分别指知晓假释犯社区矫正制度公众的数量与质量,只有制度上清晰,行为才能坚定,这是公众对假释犯社区矫正形成正确认知与主动参与的重要基础。应利用新兴媒体所具有的高效性、便捷性及跨域性,加强假释制度与社区矫正的宣传与普及,提升公众认知度。例如,通过公众号等新兴自媒体向特定社区推送相关科普,利用动画等形式生动展现假释犯为何能够进入社区进行矫正。

(二) 力量引导:加强社区力量引导

我国社区矫正本土化的时间较短,尚未在大范围内形成向好舆情,在这样的大环境中,如何拓展社区矫正参与主体,引导社会力量有效参与社区矫正工作的问题,是社区矫正工作开展的关键部分。社区作为假释犯生存、活动的主要场所,在实现教育改造目的的过程中发挥重要作用。对比其他社会力量,社区工作人员最能贴近假释犯的日常生活,掌握社区"第一手"资料,能为社区矫正工作提供必要信息。可通过建立社区矫正工作站以发挥基层社区在矫正工作中的基础性作用,线上线下双管齐下发挥基层社区最大效能。例如,通过微信小程序或 App 进行定期心理健康监测,基层社区工作人员将假释犯生活状况定期载入线上平台,加强实时监测。

此外,还需增强企业参与社区矫正程度。企业作为国民经济的基本单位,是包括假释犯在内等罪犯的主要再社会化地点。假释犯在假释期间重新就业有诸多问题,总的来说共有三部分:一是再次进入社会时,信息不流通,缺乏就业信息;二是自身文化程度不高,可从事行业可替代性较强;三是犯罪前科形成"标签效应",即阻碍成功就业。但这类问题的解决无法仅仅依靠政府干涉与社区矫正假释犯自身努力来解决,有待于企事业单位的有效引导。企事业单位可通过专业技能培训、提供工作岗位等方式,帮助扶持假释犯顺利度过重进社会的"尴尬期"。

为实现企事业单位的支持介入,社区矫正部门可与符合条件的企事业单位取得联系,可给予企事业单位优惠政策或表彰奖励以争取建立与社区矫正之间的合作关系。一是经由司法局联系沟通好的各企事业单位按比例分配给基层司法所,将各企事业单位提供的工作岗位信息汇总到对口司法所,由包括社区矫正假释犯的社区矫正对象自己申请或司法所推荐,并对通过审核的矫正对象进行分类培训、上岗;二是开展由司法所社区矫正部门牵头,各企事业单位介入、需要就业帮扶的社区矫正对象参与的就业技能培训会,在为假释犯提供对口性、专业性服务的同时,企事业单位也能获得收益。

(三) 主体增能：提升假释犯适应能力

社会工作秉持"助人自助"的宗旨，与社区矫正具有极高契合度，而假释犯的社区矫正正是重新挖掘和运用社区这类人员的内在潜力与外在资源，并再度投入社会生产中，最终实现社会工作"助人自助"的价值目标。因此，在互联网时代与疫情大环境下，社区矫正工作的开展可以更多结合智能技术。例如，针对环境适应能力或心理控制能力较弱的社区矫正假释犯进行针对性的职业技能培训或人际交往能力培训，而智能技术帮助此类培训突破地域的限制，可集中高质量的培训资源。

此外，监狱劳动改造工作应当进行转型升级。正如前文所述，"标签效应"、文化水平不高、环境适应能力不强等因素的情况最终容易造成假释犯生存能力不足的问题。监狱改造可将重心放在更具有改造内涵的劳动上，在条件允许的情况下将改造与非物质传统文化相结合。正如上海青浦监狱中成立的"清流玉雕工作室"，30年中共参与改造300多名，其中出现了多位非物质文化传承人。相比于其他进行一般劳动改造的罪犯，这类罪犯所经历的改造工作更磨炼心智，在重新进入社会时可找寻的工作具有不可替代性，即具有更强的环境适应能力。而在智能技术的帮助下，前文所提及的条件可通过视频记录，AI观摩等方式被最大限度地放宽。

(四) 制度保障：完善法律顶层设计

社区矫正假释犯与一般公民相比，因犯罪者身份被合法剥夺部分权利，但因其公民资格而仍具有部分公民权利。但现实中形势不容乐观，社区矫正假释犯在被"正当夺权"的同时，其余合法权利不可避免地遭受不同程度的侵害。而相比其他西方发达国家，我国社区矫正制度始于21世纪初期，起步较晚，相关立法尚未完备。因此完善立法，结合智能技术，是发展我国社区矫正工作的当务之急，也是保障我国社区矫正假释犯监管教育工作顺利开展的前提条件。完善社区矫正假释犯保障制度。例如，在就业方面，应将社区矫正假释犯的安置就业纳入本地职业技能培训的总体规划，鼓励社区矫正假释犯自主创业，规定符合条件的社区矫正假释犯可以申请并享受相关的就业扶持政策。

基层社区矫正智能化的适配性问题研讨

孙绍萍[*]

2022年2月4日，随着北京冬奥会的开幕，App应用、场馆仿真、智慧餐厅、智能选材、科学化训练方案等智能化应用，无一不践行了"科技奥运"的理念，向世界展示了探寻未来城市生活解决方案的"中国智慧"，中国人工智能科技发展水平举世瞩目。2017年7月8日，国务院发布了《新一代人工智能发展规划的通知》，将推进人工智能发展作为国家战略，提出开展跨学科探索性研究，推动人工智能与各学科交叉融合，在法律领域催生了法律科技，法律的科技化、信息化、智能化逐步成为发展的新方向，智慧法院、智慧检务、智慧警务等系统相继出现，智慧矫正也在此背景下应运而生。

智慧矫正工作开展至今，基层社区矫正智能化建设仍然停留在无纸化、硬件设备采购阶段，完全的信息化还尚未达到，距离真正的"智慧矫正"尚有一定距离。我们应准确认识基层社区矫正的智能化现状，提出探索性构建方案，讨论基层的适配性和建设的难点问题，以期建立真正资源与流程联动、人工智能与司法活动深度融合的基层智能化社区矫正。

一、社区矫正智能化的界定及智能化程度的区分

（一）社区矫正智能化的概念界定

智慧矫正的推行对于实现社会公平、提高工作效率、提升矫正实效有着重要意义，也直接关乎司法改革的成败。因此，一经提出便迅速铺开，惠及全国，在各地都开展了积极的实践探索，为了能够确切地判定智能化的程度，应该就社区矫正智能化作一个明确的概念界定和程度区分。

《2006—2020年国家信息化发展战略》将信息化定义为："充分利用信息技术，开发利用信息资源，促进信息交流和知识共享，提高经济增长质量，推动经济社会

---

[*] 孙绍萍，山东省招远市司法局社区矫正科科员。

发展的历史进程。"概括而言,信息化是指信息技术的应用引起的社会产业结构的变革过程。智能化是人工智能技术的应用引起的社会产业结构的变革过程。

(二) 智能化程度的区分

信息化和智能化都是技术应用所引发的社会产业结构变革,但是又有明确的界定区分。[1] 信息化是数据的获取、存储、传递,将文字、图片、声音、视频等信息按照预设程序进行录入,按照人为设定的程序执行操作;智能化则是在信息化的基础上,将输入的数据进行整合,运用大数据算法、整合多媒体协同、进行自主智能判断分析,提出最优解决方案。

用通俗易懂的话来说,信息化更多接近于无纸化、数据化,更多的是硬件投入、基础建设、人员配备,而智能化则更多接近于集成处理,推理判断分析出最优方案,并自主执行。智能化是信息化发展到一定成熟阶段的产物,智能化建设不能脱离或跨越信息化出现,智能化是信息化的延伸,没有前期信息化的丰富沉淀,智能化就无从谈起。在司法领域,广义的智能化应该包含信息化和智能化两部分,本文要探讨的是在广义司法智能框架下基层社区矫正的智能化适配性。

二、社区矫正智能化现状及构建探索

(一) 社区矫正智能化实践现状

自 2015 年 9 月起,以国务院印发《促进大数据发展行动纲要》为起点,提出要用五年到十年时间致力于以大数据应用为抓手打造精准社会治理新模式,到 2021 年 3 月,司法部下发《关于开展"智慧矫正中心"创建工作的通知》,国家对于"智慧矫正"已经布局多年,建设目标就是达成矫正信息化向智能化的转型升级。在"智慧矫正"的实践上,作为一线城市的北京、上海、广州等地都率先进行了积极的探索:智能矫正中心相继建立、公检法司线上互通、可视化实时监控、精准化业务督办、数据化分析研判、一体化保障集成,为社区矫正智能化积累了先进经验。但是,相比一线城市,中小城市甚至县级基层城市的矫正智能化就相对单薄,更多还是停留在信息的录入、无纸化办公、硬件设备采购的阶段,距离真正的"智慧矫正"尚有一定差距。以烟台市的县级矫正智能化情况为例,目前社区矫正的建立主要在三个方面:一是运行山东省智慧矫正平台。录入矫正人员信息,建立电子档案,开通实时定位。二是建立社区矫正远程视频会见系统。实现家属与监狱服刑人员的线上

---

[1] 崔亚东:《人工智能与司法现代化》,上海人民出版社 2019 年版,第 134 页。

远程会见。三是手机定位实时监督。通过定位系统对社区矫正人员进行实时定位，有效监控矫正人员位置，动态更新运动轨迹。以上是目前县级社区矫正智能化的基本现状，不仅与一二线城市智能化水平无法匹配，与地域中心城市的智能化水平也有一定差距。

县级及乡镇街道级是智慧矫正的终端，数量最庞大，工作最前沿，实践性最强，也同时承担最多录入、运维等基础性工作，数据的处理、运行维护最频繁，然而作为最普遍、最终端、最前沿的基层，在智慧矫正中的获益是最多的吗？并不是。基层司法所仍然处在信息化的初级阶段，相比数量占比较小的超大、大中型城市而言，作为数量占绝对比重的县级城市基层司法所，仍然处在工作的总量增加了，但是工作并没有简化的情形之下。

真正的智能，应该是工作更简化、节省更多人工、管理更便捷、监管无死角，让工作人员感受到人工智能的普惠性，日常监管手段更为便捷，让矫正对象感受到管理方式的简化，对社区矫正对象的生活影响更小、更隐形。但是现阶段基层所做的工作更多的是基础性的录入，又不能完全脱离纸质档案，也就是尚不能达成完全的无纸化矫正，作为矫正智能的基石，成为大数据的分母，而所获得的收益与综合投入不成正比。

推行智慧矫正的基层司法所，并没有成为数据运转的既得利益者，而大概率成为大数据服务的终端。一套真正可行的智慧矫正，是应该普适于大多数的使用者，即运行智慧矫正这个庞大机器的终端人员，在辖区范围更小，工作更精准、更细化的基层司法所，而不是手段更多，平台更广，物资更为充盈的大中型城市。

智慧矫正的投入成本、协调单位、运维指导、顶层设计，应该更倾向于基层服务。

（二）社区矫正智能化的基层探索性构建方案

作为量大、繁多的基层社区矫正工作，应该是智能化的、科学的、先进的、高效的，而不应该是传统的、烦琐的、保守的、低效的。目前大部分司法所均面临着人少事多的问题，而传统的社区矫正工作需要工作人员花费大量的时间与精力，如各种"手工式"的档案卷宗、各种手写工作、各种整理汇总，总会让基层司法所工作人员感到"分身乏术"。所以，社区矫正工作的提质增效和"智能化"迫在眉睫。到底什么样的社区矫正才算真正的"智能化"呢？我认为社区矫正的"智能化"应该是全环节的"智能"，是贯穿"入矫"到"解矫"全过程的"智能化"。

现在我们就全流程的"智能化"开展提供思路和可能性的现实路径。

1. 入矫阶段。配置自动报到机，实现自动报到，电子建档。社区矫正对象人脸识别或指纹录入、身份证验证、矫正对象基本信息录入、公检法所有法律文书信息匹配（包括犯罪事实、矫正期限等），自动生成电子档案（包括宣告书、责任书、保证书、信息表等），根据需要打印纸质文书，让社区矫正对象签字、签章或按电子指纹，报到过程同步录像，上传至云端。2. 日常监管。根据社区矫正对象的年龄、性别、犯罪实事、主观恶性程度、心理健康状况、家庭情况、工作环境等情况，根据大数据形成社区矫正画像，综合分析评定管理等级，自动生成矫正方案，并根据后期表现进行动态调整。配备联网终端，通过 App 执行日常矫正方案，将形成的矫正方案发送至 App，设置定时提醒，通过系统提示、短信提示和电话提醒方式通知社区矫正对象进行定期报到、日常学习和公益活动；定期报到须通过身份证、人脸识别或指纹在自助报到机上进行报到，填写问卷和汇报材料，并与社区矫正工作人员开展谈心谈话，定期填写心理健康问卷，量化心理健康状况，作为是否采取心理干预的依据，如自行察觉心理问题也可自行预约心理咨询；建立网上课堂，进行在线学习、课时测验并设定合格线，依据日常表现设定难易程度；公益活动会量化社区矫正对象的能力进行自主选择，自行匹配本地的公益组织和公益活动，由矫正对象根据时间安排自选项目，活动发起人审核评价。3. 信息化核查。除结合手机定位、电子腕带和微信实时定位等手段外，开通公检法司联合网络，接入"天眼""雪亮"等网络系统，各平台互通，掌握社区矫正对象的动态行程，核查人机分离，及时掌握是否存在越界、脱管或被采取强制措施的情形，并借助网络互通、人脸识别快速查找定位，文书信息共享即时依法处置。4. 解除矫正。通过身份证、人脸识别或者指纹，在自助报到机办理解矫手续，社区矫正工作人员后台审批，在办理好解矫手续后，自动生成期满鉴定和宣告书，转入安置帮教程序，做好初访笔录。

通过这样的智能化系统，最大限度地释放了基层人员的工作压力，档案自动生成、管理、留存，不需要工作人员进行手工填写和汇总；社区矫正对象的活动轨迹、心理状态和生活情况也能被动态记录，量化分析。

三、基层社区矫正智能化构建的典型模式及适配性问题探讨

基层的"全流程"智能化构建是一种可能性的展望，也有部分县市区已经在建设的路径中。以山东省滨州市阳信县司法局为例，打造了县级层面的社区矫正"智慧平台"，实现了"智慧矫正"的数据化、智能化、可视化，完成硬件采购和基层构架，县域内实现信息数据共享，公检法司网络对接，部分管理人群可动态监控，系统内数据流转无纸化。阳信模式的成功，一方面证明了基层智能探索性构建的可行性；另一方面也反映了基层社区矫正智能化的极限性。是否具有普适性和可行性，首先要讨论基层社区矫正智能化的构建与基层地域的适配性，我们先从以下几个问题进行分析。

（一）基层社区矫正智能化定位问题

基层社区矫正智能化建设并没有一个整体的明确定位，遵从的路径仍然是从上到下布置什么，基层安排什么，没有明确的建设投入目标和规划，也没有针对性的建设方案，仍是单一的遵从指令、依据中心城市基层构架规划进行零星应用建设，角色定位仍是终端延伸，没有基层社区矫正智能化中心的目标引领。

（二）基层数据孤岛现象严重

时间孤岛，智慧矫正平台建设各地落地时间不尽相同，但基本自2018年年底投入使用，距今不足四年时间，仍处于探索阶段，基层所有的电子化数据积累范围仅来源于2018年至今，目前基层尚无余力进行历史数据电子化。地域孤岛，数据保存格式不一、不同地区间系统的壁垒、平台权限的设置、数据保密性考量等诸多因素，导致了基层智能无法获取更丰富的数据，四年本地区的矫正对象数据是基层智能化唯一的数据来源，也是有权限获取的全部数据信息，限制了智能化深度学习能力和量化分析研判功能的发挥，直接影响智能化的整体效用。

（三）联通壁垒难以打破

智慧矫正的各项目条款分散，缺乏资源整合，现在基层使用的智慧矫正平台仅限于本地区，没有横向沟通和向上的通道，司法系统内部不同层级、不同地区的部门联合无法实现；与公安、检察院、法院、监狱等系统未曾实现智能化信息共享，矫正流程上的转接和文书传递中的提醒都无法进行联动。

（四）智能化项目分散

无法脱离纸质档案，定位系统精确性、及时性不足，未实现大数据分析和智能矫正方案生成问题都是基层智能化面临的问题，智能化的项目都停留在零星领域，无法达成探索性方案中的系统化、平台化、高覆盖的综合体系，同时，现有系统的存储设备、后台服务器、系统接口、扩容路径也没有开放性规划，仅是对当前技术的利用，缺乏对未来技术发展的前瞻性规划。

以上都是目前基层智能化无法发挥效用，适配性低的问题，即使阳信模式，准确定位了基层的角色，也是在省统一运行的智慧平台之外单独架构了县级平台，通过县级平台联通了部分公检法系统功能，也仅对授权的部分人进行了系统内的信息共享、文书流转，生物识别系统、可视化查找也是购买外部服务在县级平台上进行局域范围内的应用，虽然仍没有在本质上解决基层智能化的问题，但已经在基层智能化适配上走在了前列，是基层智能化建设最靠近探索性方案的典型案例。

四、构建适配基层社区矫正智能化方案的难点

单就县市区及乡镇级别而言,智慧矫正建设普惠性的获益多少,有待社区矫正的量化数据。如何提高智慧矫正的普惠性,怎样建设"智慧矫正",如何使作为智慧矫正终端的县市区甚至乡镇级基层所真正享受到大数据、区块链、智能化带来的便捷性,是我们真正需要探讨的问题。通过对基层社区矫正探索性方案和适配性问题的研讨,要构建真正适配基层的"智慧矫正"关键在于以下几个方面:

(一)资金投入

智能化是指事物在网络、大数据、物联网和人工智能等技术的支持下,所具有的能满足人的各种需求的属性。相对传统终端,智能化是建立在数据化基础上的媒体功能的全面升华。因此基层的投入应该是在整个数据流中占比最重的,智慧矫正应该是一个自上而下的投入体系,智能化的投入应该更注重基层终端的延伸,增强功能性的铺设,在探索性方案中,基础硬件包含集成化的自主报到机、电子腕带、联网运行的 App(因为是固定于硬件联通,也算在基础硬件里)、人脸或指纹生物技术识别仪。除硬件外,后台的运行、设备的维护、人员培训和部门接入的中间成本都是需要资金投入的,这当然也包括所需的场所——一个县级的集成化智慧矫正中心。作为智能化终端的基层,资金投入不应该只单纯依靠于地方,作为在中心城市辐射环境下的基层,司法智能总体的细小终端,应该得到自上而下的资金支持。单纯要求数据和效能,依赖地方财政,很难达到基础平均,许多地方存在"智能化盆地",在地级范围内尚无法形成统一,[①] 数据和检索自然受限,直接影响上层智能分析和大数据运算的全面性。

(二)框架匹配

"北上广深"等一线城市在智慧矫正方面积累的经验,推动了矫正智能化的发展,也为基层社区矫正智能化提供了先行样本,但本质上,矫正智能化仍处于探索阶段,基层应有的定位角色,首先固定的是大智能的终端,神经末梢的传感系统,其次是地区社区矫正的辐射中心,基层发展的上限取决于大智能发展的水平和地区发展水平。框架的架设应该具有地方定制的针对性和匹配上级架构的开放性,未来人工智能技术发展到何种程度,人工智能与社区矫正工作的匹配磨合问题都是需要在前期框架构建时留有余地的,基层智慧矫正的系统应该保持开放态度,不断接纳

[①] 汪友海:《大数据视野下智慧社区矫正体系的构建》,载《法制博览》2019 年第 6 期。

新技术，不断完善、积极更新。

（三）人员投入

社区矫正工作是一项集法律知识、实践经验、人生阅历于一体的综合性工作，基层社区矫正归根结底仍是直面人的工作，[①] 人工智能再发展仍然不能替代工作人员独立自主思考和判断，也无法做出人性化的个案处理。且基层智能化的提升依存于人机交互的实现，新时代的社区矫正人员应该既能够做出人性化的判断也需要熟练智能化操作，这就需要提前布局，集产学研用于一体，一方面强化对现有人员的培训；另一方面也需要培养相关的实用型人才。目前，基层社区矫正工作人员往往身兼数职，并不能专职社区矫正，社区矫正工作人员职能的分工、数量的多寡，需要顶层的提前布局，才能完成真正的专人专做，智能录入，智慧终端。

（四）操作简化

现存的智能矫正终端设备，应该定位于便捷、快速、高效，简化的系统让用户体验感增强，释放更多的人力物力，但实践中出现的情况是，在没有智能终端设备的情况下，在现有的平台系统之上无法完成相对简化的操作，在仍然无法离开纸质档案的前提下，适当简化智慧矫正平台审批、流转，实现基层辖区内的高效联动，提高系统内的计算研判，生成便捷的惯性操作，使人机交互更加便利，更适用于基层相对封闭系统的最佳途径。

（五）数据共享

现基层数据孤岛现象严重，基层也只有看到普遍性数据体系，才能在大数据基础上进行智能运算，采纳其他地区类似案例，打破检索限制，得到相对公正的最优化方案。同时，公检法司数据共享是智能化关键的一环，所以在初步的探索中，不管是大中城市还是基层，数据共享都列为智能化的项目之一。公检法司的数据共享，不仅关乎简单的文书流转环节，与规范化送达、业务转接、联防漏管、网上追踪、动态化监管等工作也都有着极其紧密的联系，可以说，数据共通共享是基层智能化成败的根本。

（六）评判指标

智能化的评判指标应该是基于关键数据上的量化分析，日常学习的时长、学习教育的成果转化比、思想教育转变的深刻程度都可以量化成数据分析，考评工作现

[①] 华宇元典年法律人工智能研究院：《让法律人读懂人工智能》，北京法律出版社2019年版，第78页。

状和矫正人员的归正比例，对于基层社区矫正智能化建设，应该有地区统一的评判标准，截取关键数据作为评判指标，制定考核标准，优化指导智能化工作。

五、结语

社区矫正智能化，有利于实现社区矫正的标准化、公平化，全流程智能运转，降低人为干扰，更多按照制式标准流程进行；有利于提高社区矫正的工作效能，智能辅助，减少简单重复、需要长途的工作，降低司法成本；有利于优化工作方法，处处留痕，完善流程，减少争议。因此，建立适用于基层的社区矫正智能化系统弥补传统社区矫正的不足，为社会治理提供新的方式是需要长期探索的，是否能够建成，需要各部门的重视与配合，有待实践的进一步检验。

大数据背景下智慧矫正在基层乡镇的建设路径分析

张荣珺[*]

我国《社区矫正法》的实施从法律层面上为社区矫正的规范化建设提供了指导，基于当前的大数据时代背景考虑，笔者在本次研究中对智慧矫正的研究背景进行了概述，而后阐述相关概念，讨论了在当前大数据背景之下基层乡镇地区推行社区矫正工作的困难，进而浅析其背后的原因，针对性地提出建设意见，助力基层乡镇社区矫正工作规范化、精细化、智能化。

一、研究背景

社区矫正理论的前身是 19 世纪后期西方近代学派的行刑社会化思想，该理论提出了与传统监禁模式相对的刑罚执行模式。[①] 根据社会实践研究的情况来看，长期适用监禁模式服刑极有可能造成服刑人员的性格扭曲，无形中加重他们对社会的不满，进而在一定程度上偏离预定的教育矫正效果，从而导致再次犯罪，甚至实施性质更加恶劣的犯罪。面对这一问题，近代学派的学者们基于充分的研究和讨论，提出了将罪行较轻的罪犯置于居住社区，在家庭、政府以及社会帮助下进行改造的尝试，以此来完成教育矫正的主张。

我国社区矫正制度始于 2003 年，首先选取六个省、市作为试点开展工作，并根据试点经验于 2007 年在全国范围内推广社区矫正，2010 年普遍落实，到 2014 年我国已经实现社区矫正制度全覆盖。我国社区矫正制度规定适用对象有四类，即判处管制、宣告缓刑、裁定假释、暂予监外执行。截至 2022 年对于社区矫正制度的探索已有 19 年的时间，在此期间大批量的罪犯以社区矫正的形式接受刑罚教育，并在社区矫正机构及工作人员的帮助下成功回归社会，成为守法的合格公民。根据 2021 年司法部公布的数据可知，我国累计接收社区矫正对象 537 万人，累计解除 473 万人，

---

[*] 张荣珺，湖北省襄阳市南漳县司法局肖堰司法所负责人。
[①] 刘红岩：《论当前我社区矫正制度的健全与完善》，载《学术交流》2011 年第 4 期。

矫正期间再犯罪率一直处于0.2%的较低水平。①

二、智慧矫正相关概念概述

(一) 社区矫正

社区矫正制度的本质仍属于刑罚执行活动，只是其不具有监禁性，不要求罪犯在高墙之内完成服刑，我国在适用这一外来制度时充分考虑了我国的司法实践情况，确定将适用对象选定为管制、缓刑、暂予监外执行、假释四种类型的罪犯，在符合法定条件的情况下允许他们在居住的社区当地完成裁判文书规定的刑期，在此期间由司法行政机关、社区矫正机构以及社会力量对其进行管理并提供帮助，促使其能够顺利完成改造，回归社会。

(二) 智慧矫正

"智慧矫正"的关键就在于"智慧"二字，其具体表现为信息技术的应用，也就是将信息技术与社区矫正工作结合起来，通过提高社区矫正的信息化程度优化人力资源配置，整合信息资源，升级设备设施，完成自动化数据采集、信息平台共享、智能化管理等功能，是大数据时代背景下社区矫正管理信息化的主要表现。②

(三) 大数据分析

所谓大数据，本质上属于数据集的一种，这种数据集并不等同于普通的数据库，其采集数据以及储存、管理甚至是分析的能力更胜一筹。在理解"大数据"中的"大"时，仅仅单纯地认为数据量庞大是远远不够的，应当认识到其也有数据种类繁多之意思。③ 大数据分析，顾名思义就是分析大批量的数据并从中提取出有价值的信息，从这一概念的阐述也不难看出大量数据意味着具有规模化和多样化的特点，运用信息技术提取信息则表明其具有快速化和价值化的特点。

(四) 电子定位监管

将电子设备运用于定位监管工作之中，引入电子定位技术，实时查看社区矫正

---

① 《学习贯彻习近平总书记"七一"重要讲话精神 深入推进社区矫正工作规范化精细化智能化——专访司法部社区矫正管理局党支部书记、局长姜爱东》，http://www.people.com.cn/n1/2021/0826/c32306-32209041.html，最后访问时间：2022年8月10日。

② 周秋阳：《基于大数据的智慧社区矫正综合管理平台设计》，载《移动信息》2021年第4期。

③ 谭庆芳、陈雪松：《大数据环境下社区矫正监管模式创新研究》，载《河南司法警官职业学院学报》2019年第1期。

对象的活动轨迹，判断其是否遵照社区矫正规定，没有离开居住地范围，以动态的监管强化脱管、漏管监督。

三、大数据背景下推行智慧矫正建设的意义

（一）建立统一数据体系

充分利用大数据分析自身所具有的规模化和快速化特点，对社区矫正工作中的大量数据信息进行存储，并在此基础上建立起统一的数据体系，为社区矫正工作提供数据支持。

（二）发挥预测预警作用

基于大数据信息体系，运用数据建模、数据挖掘等技术，对现有的数据资源进行深层次的整合与利用，并在此基础上完成对社区矫正对象的性格分析、行为预测、矫情研判，从而能够利用数据信息的预测预警作用强化日常监管。

（三）实现部门信息共享

大数据分析技术的运用使得部门之间的信息共享成为可能，通过互联网、云计算以及区块链等技术手段实现社区矫正智能化平台的建设以及完善工作，为重新犯罪以及矫正的分析研判提供相对客观的数据参考，实现政法部门之间的数据联动和业务流通。①

四、智慧矫正在基层乡镇地区建设存在的问题及原因

（一）智慧矫正在基层乡镇地区建设存在的问题

1. 基础设施不健全

从当前我国智慧矫正系统建设的情况来看，电子卷宗、远程签到、网络平台学习、实时定位监控等已经成为普遍功能，但多数乡镇地区信息化基础设施建设尚未完善，只具备网络管理平台、手机定位设施，借助网络平台进行学习的过程也多是依附于法宣在线、学习强国等其他平台，而基层乡镇地区的社区矫正对象文化水平普遍不高，对于电子产品的接受程度较低，信息化基础设施的不完备使得智慧矫正

---

① 周秋阳：《大数据视野下智慧社区矫正体系的构建》，载《移动信息》2021年第3期。

无法得到有效应用。

2. 人力资源不充足

基层乡镇地区居民整体法律水平较低，社区矫正对象数量较多，并呈现出分散分布的特点，考虑到基层乡镇地区普遍存在交通不便的情况，在管理上存在一定的困难。基层司法所的工作人员十分有限，即便已经借助手机定位设备丰富了监管手段，但是在引导社区矫正对象再社会化方面仍有明显不足。[①] 考虑到在实际工作中，基层司法所工作人员除需要负责社区矫正的各项环节工作外，还需要承担安置帮教、法治宣传、法律服务、人民调解等其他司法行政工作，此外还应当根据所在镇党委政府的安排，配合综治维稳等其他工作，显然无法达到专人专职的工作要求。再加上当前基层工作压力大、待遇低，基层司法所工作人员流动较为频繁，在当下的司法工作现状中，新进入的工作人员大多没有相关工作经验而适应期较长，这些都不利于智慧矫正系统的运行日常化。

3. 社会力量参与少

社区矫正并非单纯的刑罚手段，其还肩负着帮助社区矫正对象回归社会的任务，如此一来就离不开社会力量的参与和支持。但就基层乡镇地区的实际情况来看，一方面居民以农村人口为主；另一方面也受长期以来文化生活习惯的影响，社区矫正工作的社会参与程度普遍较低，矫正力量主体只有司法行政部门和村委会成员，缺乏以律师、教师为主的高素质人才。智慧矫正系统的推行仅靠司法行政部门的力量是远远不够的，其工作模式更多的是强调人机互动，鼓励并支持社会力量参与其中，这不仅能够提高社区矫正工作的针对性和个性化程度，也是强化社区矫正工作社会力量的有效手段，若缺少社会力量的加持，社区矫正智能化的程度势必会受到不利影响。

（二）智慧矫正在基层乡镇地区建设存在问题的原因

1. 信息应用水平低

推进社区矫正规范化、精细化、智能化是司法行政工作信息化建设的重要举措，其中又以智慧矫正系统的建设最为关键，然而作为基层司法行政机关，信息技术应用能力尚未达到规划设计智慧矫正系统的水平，实际工作中也多以传统业务为主。[②] 在理解和重视均未达到一定程度的情况下，社区矫正工作的智能化进程也受到了制约。

---

① 王强：《"司法 e 通"打造和谐司法 人性司法》，载《信息让生活更美好——江苏省通信行业信息化案例选编》，人民邮电出版社 2010 年版。

② 李延琴：《信息化时代基层社区矫正工作的分析与建议》，载《数码世界》2019 年第 1 期。

2. 人才储备不丰富

基层司法所是基层乡镇地区社区矫正工作开展的主要力量，但以笔者工作的 N 县司法局为例来看，人才储备不足问题十分明显：全县共有基层司法所 11 个，其中"1 人所"9 个，占比高达 82%。且在人才资源如此紧缺的情况下，基层司法所工作人员还需要身兼数职，承担本职工作的同时完成当地党委政府下发的任务。作为基层社区矫正工作的直接参与人员，基层司法所工作人员理应成为智慧矫正系统建设的重要参与者，但实际上能够用于思考智慧矫正系统建设的时间十分有限。此外，社会参与力量的整体素质也呈现出参差不齐的状态，专业知识的薄弱以及社会经验的匮乏都与参与社区矫正工作的社会力量存在较大的差距。

3. 自身信息能力弱

基层司法所岗位在招录时多倾向于法学专业，并未设置专门的计算机人才岗位，再加上社会参与力量也缺乏专业信息化人才，在对信息化建设研究不够深入的情况下，推进智慧矫正系统建设本就存在较大的难度，也在无形中影响了工作人员的积极性，此外还需要完成大量繁杂的司法行政事务，如此一来更是弱化了工作人员学习的主动性，由最初的不会用，演变为不愿用，最终陷入不想用的恶性循环之中，与最初加强信息化建设的初衷背道而驰。

五、智慧矫正在基层乡镇地区建设的建议

（一）健全数据平台

虽然大数据时代的到来为信息的存储和利用提供了便利，但是更进一步的数据分析和价值挖掘还需要信息化电子设备的支撑，且打破数据壁垒实现信息共享并非仅凭司法行政机关的力量就可以完成的工作。若想在基层乡镇地区推动智慧矫正系统的使用，提高社区矫正工作的信息化程度，可通过统一标准强化一体化数据信息平台的建设工作，包括建立统一数据接口、采用相同信息平台，制定统一操作流程规范，以此来保证数据传输和使用的标准化。以同一个基层司法所硬件设施标准进行建设，并将社区矫正工作的智能化程度纳入常态化业务检查内容。一方面精简平台数量，整合现有数据，对于重复数据进行统一处理，从而提高使用效率。[1] 在社区矫正对象入矫之初就为其建立电子档案，多维度评估其性格特点，借助互联网平台、数据分析应用、人机交互等技术，以评估的动态化保证后续矫正期间所能获取信息

---

[1] 朱林：《基于视联网技术的智慧社区矫正综合平台解决思路探讨》，载《数字技术与应用》2019 年第 10 期。

的动态化，从而真正做到"因人施矫"。另一方面政府也需要发挥助力作用，按照政法委、公安、检察院、法院、司法、监狱部门职能的不同，完成关联数据库的建设工作，使用者在登录时可根据自己的身份选择登录数据板块，获取相应的数据信息，在完成关联信息共享的同时，能够强化多社区矫正对象脱管、漏管的监督，为矫正效果的评估，尤其是重新犯罪率的计算提供了数据支撑，也减少了因为重复录入而带来的非必要工作。①

（二）优化人员配置

基层司法行政单位在招录工作人员时可设置专门的信息化岗位，并向计算机专业人才倾斜，设置计算机专业、信息化专业、具有信息行业工作经验等限制条件。此外还可以举办信息化工作培训，对社区矫正工作中的信息化操作规范及流程进行培训，针对性强化基层司法所工作人员的信息技术运用能力。② 此外，充分抓住《新时代司法所规范化建设三年行动实施方案（2022—2024年）》这一方案实施的契机，从政策层面向司法所建设倾斜，针对基层司法所工作人员严重紧缺的状况，可通过招录、聘用、引入政府购买服务等多种方式配齐配强司法所工作人员，由司法行政单位根据实际岗位需要向民政局提出购买申请，再由民政局面向社会公开招标，选择符合资质条件的社会服务机构派出专业的社会工作者从事社区矫正工作。

（三）加强社会参与

我国《社区矫正法》的制定和实施，从法律层面肯定了社会力量在社区矫正工作中的重要地位和意义，鼓励社区矫正机构吸纳有法律、心理学、教育学、社会工作等专业背景的社会高素质人才参与社区矫正。在整个社区矫正工作开展的过程中，基层司法所工作人员代表的是国家机关力量，因此社会力量所处的位置更像是第三方参与人员，因此在和社区矫正对象沟通的过程中，更能够降低他们对于社区矫正工作的戒备心理和抵触情绪。除法律鼓励外，社会力量参与社区矫正工作也是现实需要，一方面可以与网格平台进行联动，形成管理合力，充分发挥网格系统工作人员的作用，全方位了解社区矫正对象的家庭情况，从而能够更好地对其行为进行预测；另一方面还是应当在宣传上面发力，以吸引更多的高素质志愿者参与到社区矫正工作中来，以助力社区矫正工作智能化建设。③ 根据《新时代司法所规范化建设三年行动实施方案（2022—2024年）》文件精神，可积极探索社会力量参与司法所工

---

① 柳玉祥：《以一体化智能平台建设为基础打造司法行政"智慧法务"》，载《中国司法》2016年第8期。
② 宋蕾：《社区矫正"智能化"应用的区域性思考》，载《青年时代》2019年第19期。
③ 连春亮：《社区矫正工作发展的应然选择》，载《山东警察学院学报》2021年第5期。

作，制定定向培养基层司法所人员的政策措施，鼓励实习律师以及大专院校学生到司法所驻点实习、工作，以增强基层司法所工作的社会力量。

六、结论

随着现代化信息技术的革新，社会发展进入大数据时代，法治建设以及国家和社会的治理也呈现出智能化趋势，智慧矫正系统正是大数据时代与传统社区矫正工作结合的产物，也是社区矫正工作规范化、精细化、智能化的重要表现，为社区矫正工作新格局的形成奠定了基础。

笔者在本次研究中重点从基础设施、人力资源、社会力量三个方面论述了当前智慧矫正在基层乡镇建设的困难并提出建议，期望借助智慧矫正系统提高社区矫正的智能化程度。虽然当前基层乡镇地区推行社区矫正工作智能化存在一定的难度，但随着"智慧法务"改革不断深化，社区矫正工作的信息化程度也在不断提高，推动智慧矫正工作在基层乡镇地区的建设已然成为维护社会安全稳定的重要举措。本文的不足之处在于笔者的时间、精力以及理论水平十分有限，对于概念的理解以及问题的分析均较为片面浅显，因此下一步将加强社区矫正智能化的相关理论学习，并结合自己在基层司法所工作的优势，深层次思考智慧矫正系统的建设问题，以期为社区矫正工作规范化、精细化、智能化略尽绵薄之力。

信息化背景下社区矫正发展研究

文博[*]

随着信息技术的飞速发展,社区矫正工作已充分运用现代技术手段,从原来的纸质、电话沟通、汇报工作转变为在线、实时监测。社区矫正信息化程度的不断提升,解决了社区矫正对象监管难、分布散、衔接配合不畅、工作力量不足等问题,大大提高了工作效率,对防范漏管、脱管等现象也发挥了积极作用。

一、社区矫正信息化相关概念界定

社区矫正作为一个"舶来品",起源于西方。这种全新的行刑方式,自20世纪70年代以来,随着人们对刑罚价值观念的转变,被世界各国广泛接纳和采用。[①] 随着中国的社会主义法治建设的发展,我国社区矫正工作从2003年开始试点,2009年在全国全面施行。社区矫正本质是非监禁刑的刑罚执行方式,[②] 它将新时代的犯罪人员纳入社区的改造之中,从而达到社会改造目的。根据2020年7月1日起实施的《中华人民共和国社区矫正法》(以下简称《社区矫正法》)第一章第二条规定,对被判处管制、宣告缓刑、假释和暂予监外执行的罪犯,依法实行社区矫正。

社区矫正"信息化",则指的是在通过信息系统将社区矫正登记、考核、奖惩、走访、学习等过程中形成的一套具有典藏价值的电子法律文件和相关记录,同时,通过手机、电脑等电子通信工具,对辖区内的社区矫正对象进行监测、预警等。社区矫正"信息化",能实现对社区矫正对象实时掌握,从而有效地提高了矫正工作的效能,使社区矫正工作实现科学化、规范化、智能化,加强对社区矫正工作的管理,节省人力物力,减少行政费用。

---

[*] 文博,四川省资阳市雁江区司法局社区矫正股一级科员。
[①] 李岚林:《司法社会工作在社区矫正中的功能定位及实现路径》,载《西安电子科技大学学报》2016年第6期。
[②] 袁华:《我国社区矫正检察监督研究》,大连海事大学2013年硕士学位论文。

二、社区矫正信息化建设和完善的作用

按照人们的传统观点,让罪犯在社区里进行改造,居民们对居住的安全感到担忧,从而造成了安全问题。这就需要在司法行政机关投入大量人力、物力进行有效的监督,而在这个时期,社区矫正工作的信息化就显得格外关键。

(一) 提升社区矫正规范化水平

目前,各省级司法行政机关在司法部的统一领导下,随着OA技术在全国的推广普及,已经建立各自的社区矫正信息平台,可以对社区矫正对象的各项数据进行完整的统计,实现社区矫正执法信息网上研判、证据网上留存、程序网上流转、文书网上生成、结果网上查询、质量网上考评、全程网上监督,[1] 形成社区矫正标准化管理模式,提升社区矫正工作规范化。

(二) 全程监控矫正对象,防止脱管与漏管

社区矫正信息化的开展,让社区矫正工作人员可以及时了解社区矫正对象的行为状况,现已成为社区矫正工作不可或缺的一部分。它是指将社区矫正对象限制在法定限度之内,利用GPS、移动运营商基站或BDS进行定位,并在此基础上建立一个历史记录,明确地了解社区矫正对象的活动区域,并能及时地检测到是否存在"越界"行为。对于出现"越界"或者远距离离开社区矫正活动范围的矫正对象,该定位器将会向司法行政机构和社区矫正对象发出警示。同时,部门联动,通过社区矫正平台可以联通天网、雪亮等工程监管重点社区矫正对象,依据其行动路线,在指定时段内必须在指定的摄像机下现身,通过实时监控的方式,能很好地辅助社区矫正工作的开展。

(三) 对矫正对象进行风险评估

通过社区矫正信息化,可以通过运用专业软件对矫正对象潜在负性情绪和危险行为倾向及犯罪心理、犯罪原因、再犯罪风险等进行评估,对矫正对象风险等级划分,并且能应用大数据分析评估结果,形成有针对性开展犯罪心理矫正、心理健康辅导、心理创伤抚慰和社会适应性心理训练及分类管理、分段教育防控有效的教育矫正方案。

---

[1] 李忠洁:《信息技术在警务工作中的应用及发展》,西北农林科技大学2015年硕士学位论文。

（四）提高社区矫正工作效率，提升司法透明度

社区矫正信息化管理，可以准确、直观地反映出社区矫正对象在空间、历史时段上的分布、演变情况，有效地减少以往跨地域、跨层级信息传递时间，这不仅建立健全了社区矫正的质效运行机制，提升了执法工作的效能；同时将社区矫正工作全流程留痕，减少了社区矫正中可能存在的违法违规隐患点，切实提升司法公信力，提高司法透明度。

三、我国社区矫正信息化存在的问题

（一）未统一全国社区矫正信息化管理平台

一种独特的社会治理模式，要在全国推行，就需要建立一个全国性的管理平台。当前全国还没有统一社区矫正管理平台，而各省的社区矫正管理平台都是以不同的形式和不同的开发商建立起来的，数据互通较为困难。以四川省为例，四川省社区矫正使用的是四川迈维系统工程有限责任公司建设的"四川省社区矫正一体化平台"，该平台无法与其他省份社区矫正管理平台进行互通，在进行跨省份的业务工作办理时就不能做到数据交换，如社区矫正的执行地变更工作，跨省份的办理，只能通过原始的纸质传递，耗时长费用高还有出现快件遗失的情况。另外，未统一全国社区矫正信息化管理平台导致各省在资料格式规范上有一定的差异，这也不利于我们社区矫正工作的规范化开展。

（二）社区矫正定位监管的问题

社区矫正信息化管理存在最大的难题就在于社区矫正对象定位监管。社区矫正对象定位监管要求使用电子手环、电子手表，但是由于电子手环、电子手表的造价高昂且易损坏，各省司法行政机构均采取利用手机 App 定位的方式代替，此类监管方式存在通信装置被干扰后数据不完整或数据出错问题。以四川省为例，该省社区矫正对象定位监管大量依托"在矫通"App，该 App 主要靠获取手机信号来进行定位，市面上现存在某些定位篡改软件，可以利用手机系统的漏洞将手机信号定位固定在某个区域，某些心术不正的社区矫正对象可能通过这种方式刻意躲避监管。另外，还存在少数地区因为地方经费限制或其他原因，未采购移动办公终端或采购的移动办公终端数量不够，只能在 PC 端或指挥中心查看社区矫正对象的活动轨迹及定位情况，如果社区矫正对象在非工作时间内脱下（删除）定位装置，工作人员就不能及时发现异常情况并处置。

(三) 缺乏社区矫正远程教育平台

在我国的监狱工作中，刑罚和教育并重是其工作的基本原则，对于在监外服刑的社区矫正对象，则更应当以教育为重。而目前的情况是，我国社区矫正的大量工作都是对社区矫正对象进行监管，包括在社区矫正信息化中，工作人员需要做的大量工作是对矫正对象的日常监管情况的登记，没有通过信息系统帮助工作人员对社区矫正对象开展教育帮扶工作，日常社区矫正对象的学习教育均需要工作人员提供，缺乏一个统一的社区矫正远程教育矫正系统。

(四) 缺乏专业的社区矫正信息化管理人才

当前，全国各地的社区矫正机构以省级（直辖市）、地级市、县、（镇）乡四级为主体，社区矫正工作人员则以司法行政的政法专编、辅助人员和志愿人员为主体，虽然队伍看似庞大，但我国的社区矫正工作人员却实属不够，特别是专业的社区矫正信息化管理人才更是十分紧缺。比如，四川省资阳市雁江区，该区辖区内有500余名社区矫正对象，司法局却仅有两个专职政法专编专职社区矫正工作人员，且全区社区矫正工作人员中，没有一名社区矫正信息化管理专业人员。每当工作中出现问题，都只能向建设单位的运维工程师求助，而且往往需要等待很长时间才能解决问题。

四、关于社区矫正信息化建设和完善的几点思考

(一) 加大信息化建设力度，统一全国社区矫正平台

目前，各省级司法行政机关已按照《全国社区矫正管理信息系统技术规范（SF/T0015—2017）》要求建立了各省的社区矫正平台，但从国家层面上看，只统一标准，未建设统一平台，不利于社区矫正工作在全国范围内的开展，全国应当建立一个统一的社区矫正工作专用平台，保障全国社区矫正数据能够做到互联互通。而且随着目前硬件设施国产化进程的加快，大部分地区硬件设施正处于新、旧交替的过程中，因此司法部必须统一部署，确保国产设备购置的费用和运行调试的进程，加速社区矫正的信息化发展。

(二) 加强定位监管，多方协作保障社区矫正工作得力

1. 加强硬件设施配备

根据司法部修订下发《全国社区矫正人员定位系统技术规范（SF/T0016—

2017）》及建设要求，有条件的县（区）司法局在省、市统一指导下，要用 BDS 技术逐步取代 GPS 定位技术，用电子腕带定位逐步取代手机定位。但由于地方经费不足等一系列原因，目前全国各省使用的社区矫正对象定位监管仍然以手机 App 为主，建议司法部将电子腕带或电子手表此类硬件设施配备作为专项工作开展，确保硬件设施配备到位。

2. 加大政法联动力度

基于目前政法系统正在开展的跨部门办案平台试点运行工作，建议将社区矫正对象定位监管的数据对接公安指挥中心系统，当社区矫正对象出现越界或定位异常时，相关异常信息不仅是通报社区矫正指挥中心和司法所，还能同步推送至公安系统，通过政法部门联动，确保社区矫正对象监管工作有序开展。

（三）加强社区矫正信息化人才队伍建设

社区矫正工作能够做到高度智能化，需要科学技术专家、社区矫正业务精英、信息技术人员的通力合作和沟通协调。

1. 建立健全交叉学科的学习激励机制

要建立激励社区矫正业务骨干和辅助人员学习应用信息技术机制。随着社会的发展和技术的进步，社区矫正工作与信息化的交叉学科成为一个重要的发展方向，通过选派相关业务骨干到平台建设单位交流学习和平台建设单位定期举行培训班等多种形式，促使他们学习社区矫正信息化的相关知识，通过学习先进的思维理念，不断变革自己完善知识结构，确保精细化开展工作。

2. 研发单位建立学习法律知识的激励机制

社区矫正信息化建设的企业要为单位内的信息化工程师学习理解法律知识提供强有力的帮助和支持，通过学习《社区矫正法》及地方相关实施细则，增强工程师的法律思维方式和法律办事逻辑，确保在平台开发和后期维护中能够理解社区矫正工作的下一步发展需求，同时也能够为社区矫正信息化提供可行的建议。

（四）开发远程教育平台，加强教育导向

信息化远程教学平台将是今后社区矫正工作的一个重要推动力，目前社区矫正信息管理体系以监督为主，缺少以教育为主导的功能。随着云计算、大数据、物联网等新技术的广泛应用，社区矫正教育信息的开放、共享和社区矫正教育与信息技术相结合是大势所趋。建议通过整合司法部、各省（直辖市）司法行政部门的教育资源，开发远程教育平台，制订统一的信息化教学平台计划。通过开展社区矫正对象课堂化教育和行为养成训练，如社区矫正知识教育、认罪悔罪和身份意识教育、遵规守纪教育、行为规范教育（队列训练和广播体操）、心理健康教育、歌曲教唱等，真正促使社区矫正对象认罪悔罪、明确身份、端正态度、遵守规定、服从管教，适应社区矫正。

五、结论

社区矫正信息管理是一种改革，它将促进司法行政信息化。当前，"数字司法""智慧司法""司法云"等新的信息化管理方式也得到了大胆的构想。我们坚信，当新的 IT 技术越来越成熟时，这些想法一定会变成现实。作为社区矫正的一个重要分支，社区矫正的信息化也必然会逐步得到发展和应用。当前，我国的社区矫正工作正处于一个黄金时期，各地的司法行政机构应当更加重视，并不断地推广和完善这一节约司法资源的新模式。

浅谈社区矫正智能化应急建设

张佳宁[*]

随着国家治理体系和治理能力现代化，人工智能、大数据与物联网技术不断改造社会治理的各个方面，社区矫正工作也逐步向智能化矫正方向发展。作为我国司法工作的重要组成部分，社区矫正必然要借力大数据与物联网技术，实现社区矫正业务管理高效化、教育帮扶科学化、信息核查精准化，加快推进社区矫正智慧化管理，适应国家治理能力现代化趋势。

社区矫正智能化应急建设，是为有效应对恶劣天气或自然灾害引发的突发事件而构建的集指挥、预警、处置、善后为一体的紧急应对系统。由于社区矫正是我国刚兴起的一种非监禁刑的刑罚执行制度，具有行刑环境的开放性、矫正监管的复杂性等特点，决定了社区矫正是一个高危领域，必须重视加强应急体系建设，不断提高紧急事态下的应对能力，高效维护社会安全稳定。

一、社区矫正智能化应急建设现状

"智慧矫正"以实战实效为引领，加快推进社区矫正工作和信息技术深度融合发展，实现了社区矫正流程再造、要素重组、结构重塑，覆盖了全人员、全领域、全环节线上执法，实现实时监控、远程督查、立体防控、应急指挥。依托社区矫正一体化大平台，广泛推进自助矫正终端等物联网设备、App 等移动互联运用，以及语音识别、指纹识别等人工智能设备，与社区矫正执法要素的融合应用。平台搭载了大数据可视化分析系统，矫正中心的统计大屏自动将社区矫正对象基本情况、定位情况、日常报到、教育学习、社区服务的宏观数据进行分析汇总，通过电子地图、图表进行动态展示，工作人员可以随时随地查看矫正对象的个人信息、管理级别，并根据其犯罪类型、心理测评结果，自动生成个性化矫正方案及具体监管措施。智慧社区矫正是大数据背景下信息化技术逐步应用于传统社区矫正工作发展而来的，搭建了"数字法治、智慧司法"信息化体系，实现信息化新格局。智慧矫正依托信息

---

[*] 张佳宁：郑州市郑东新区社区矫正中心社会工作者。

化技术，节约了人力，但对电子设备的稳定、存储数据的安全和信息技术的保障也提出了更高的要求，因此社区矫正智能化应急建设也应提上日程。

目前，安全生产基层基础薄弱、安全发展理念树立不牢、安全责任落实不到位等问题仍然突出。安全风险分级管控和隐患排查治理双重预防体系建设任务依然艰巨，安全监管任务十分繁重。各类自然灾害易发频发。在全球气候变化影响下，自然灾害时空分布更具突发性、异常性，局部地区极端天气频发强发概率增大，特大暴雨、洪涝干旱、城市内涝、高温热浪、低温雨雪冰冻、地质地震等灾害呈高发态势，影响社会稳定大局。

二、社区矫正智能化应急建设的主要问题

构建社区矫正应急体系，既要树立"宁可备而不用，不可用而无备"的战略思想，又要强化"销患于未形，保治于未然"的主动作为意识，从系统谋划入手，从基本要素建起，做到建管用相统一。[①]

（一）电子设备的稳定

智慧矫正配备有自助报到终端、VR沉浸式教育设备、签名捺印一体机、矫务通App、电子腕带、指挥大屏等智能设备，对此要考虑到突发灾害天气，提高防灾减灾救灾能力。如暴雨时，突发大范围停电，应配备应急电源；地震时，应保障设备安全等。运用有线通信和移动无线通信技术手段，构建社区矫正处突指挥通信网，确保整个处突行动指挥通信畅通。结合社区矫正突发事件的特点和处置要求，配备攻防一体、侦听一体、摄录传一体的警用装备，配置统一的身份识别标志，以满足社区矫正处突行动的需要。

在"7·21"特大暴雨灾害等突发事件应对过程中，应急管理工作暴露出诸多短板弱项，如应急管理法规体系不完善，应急救援力量不足，先进适用装备缺乏，应急科技支撑不够，遥感监测、物联网、超前感知和人工智能等信息化手段应用水平不高，安全监管、精准执法能力有待加强，全灾种应对处置能力有待提升。

（二）存储数据的安全

技术往往是一把"双刃剑"，在数据获取越来越方便的同时，对信息管理和隐私保护也提出了巨大的挑战。人工智能技术在社区矫正对象教育矫正中的应用，需要

---

① 《学习贯彻习近平总书记"七一"重要讲话精神 深入推进社区矫正工作规范化精细化智能化——专访司法部社区矫正管理局党支部书记、局长姜爱东》，http://www.people.com.cn/n1/2021/0826/c32306-32209041.html，最后访问时间：2022年8月1日。

收集大量社区矫正对象的数据,这为保护社区矫正对象信息安全和隐私安全带来了巨大的隐患。人工智能技术缺陷、网络犯罪都有可能导致数据的泄露、非法窃取信息和利用数据犯罪等严重后果。这需要统一建立社区矫正对象信息数据库,并制定数据录入的标准和规范,同时要强化对数据使用和线上教育平台的管理。相关工作人员的管理、数据的采集、数据的储存与保护、数据的共享以及数据的应用范围等,都必须要有明确的法律规范和制度规定,做到有法可依、有据可循,防止数据过度采集、泄露、滥用和非法交易。此外要做好保密、防火、防盗工作,有效保障信息安全。学习贯彻落实《中华人民共和国数据安全法》,做到系统应用到哪里,网络安全、数据安全、保密安全就跟进到哪里。切实将"智慧矫正中心"创建工作与安全并重,做到同步规划、同步建设,构建起统一的安全保障体系,确保网络和资源免受各种类型的威胁、干扰和破坏。加强与合作建设技术公司、企业单位的安全保密管理,确保全流程信息安全可控。

(三)信息技术的保障

智慧矫正系统技术架构包括物理层(虚拟层)、感知层、网络层、数据层、计算层、服务层、支撑层、管理层和应用层。具体来讲,包括数据中心、感知接入、网络支撑、数据支撑、计算支撑、业务支撑等。在其执行系统中,还包括社区矫正风险数据评估模型、社区矫正业务督办模型、社区矫正可视化管控模型、社区矫正资源调配模型和社区矫正帮扶模型,以此保证智慧社区矫正体系在实施过程中合理、有序地开展,且保证各个环节的智慧化,减少工作纰漏。各类存量增量变量风险交织叠加、事故灾害易发多发态势没有改变,应急管理工作面临的形势依然严峻。坚持信息化运用以人为本的理念,不断培养社区矫正社会工作者信息化运用意识,切实做到从机器帮人、机器替人到最终实现人机良性互动,让"智慧矫正"工作"真用实用管用"。加强社区矫正工作人员、社区矫正社会工作者和社会志愿者"三支队伍"建设,强化信息化运用的实务培训和检查督导,将信息化运用能力纳入年度考核中,做到年年有重点、创新有载体、指导有抓手、管理有实效,不断提高信息化运用水平,促进社区矫正工作向好发展。

三、社区矫正智能化应急建设的发展建议

突发事件应对包括预防与应急准备、监测与预警、应急处置与救援、事后恢复与重建等多个环节的全链条管理过程。围绕这些过程,要进一步强化能力建设,做到事前"无急有备",事中"有急能应",事后"应后能进"。

（一）应急预测预警体系和风险评估能力建设

"智慧矫正"实现深入融合运用大数据分析、人工智能、移动互联、物联网等信息技术，推进远程视频督察系统、社区矫正执法监管平台、移动执法系统、自助报到系统、电子定位装置、VR沉浸式教育、无人机、人脸抓拍、人脸比对、移动执法车等创新应用。其关键是信息平台和信息系统构建，以及利用机器学习等大数据、计算机及信息技术对社区矫正对象基本情况、定位情况的监测和分析，实现风险评估自学习、自辨识，事态趋势及影响自推演、自优化，并按照可能发生的紧急情况的严重性和紧急程度确定相应的预警级别，制定分级管理办法。预测预警的准确性需依靠大数据和专业的信息化队伍。

（二）应急预案体系和动态维护能力构建

应急预案是针对可能发生的安全威胁而预先制订的系统周密的应对实施方案，用以保证应急过程的快速、准确、高效、有序，以更好地满足需求。它是一个全方位覆盖、纵横交错、规范有序的科学体系。目前我国应急预案分为六个层级，如公共卫生事件预案、自然灾害预案、安全生产预案等。其内容包括应急预案编制的目的背景依据、适用范围责任、实力状况及潜力评价，紧急状态启动时的指挥机构、启动程序、响应级别，紧急情况下的经济管制等，还包括从紧急到恢复常态的命令发布、计划制订等。

应急预案的信息化应充分利用大数据、计算机及信息技术先天的逻辑推理和机器学习优势，根据动态模拟发展过程，精准制定并实时维护，避免预案的针对性、实用性、可操作性不强问题，如在暴雨中突发大范围停电，忽略了应急电源，导致电子设备基本瘫痪，无法发挥作用。

（三）培训、演练体系及人员专业能力构建

由于专门人才缺失导致了项目建设和日常运行管理难度较大。大部分地区的司法行政机关，特别是县级司法局缺乏计算机专业技术人才，对有关信息化建设要求和相关规范标准没有弄懂吃透，导致部分地区在信息化建设过程中走了弯路。普通工作人员信息化办公水平不高，对相关设备操作不熟悉，从而使得"智慧矫正"难以充分发挥"智慧"功效。因此，当下需要通过人才引进、专家挂职、购买服务等方式，吸纳高端专业人才，推进其在这个领域发挥"领头羊"的作用，不断形成内在激励机制，推动社区矫正队伍整体提高专业素养。各地司法行政机关要通过多种途径激励社区矫正工作队伍不断学习，提升信息化办公水平，解决因不懂不会导致智慧矫正难以发挥质效的问题。此外，在智慧矫正建设上还需要各地进行内涵式创

新发展,在实践中发挥质效来吸纳人才,在"智慧矫正"实践中全面实现自我价值。[①] 普及相关常识、专业知识,构建完整培训体系,在一定范围内适时公布应急预案,制定定期演练制度,明确演习的队伍、内容、范围、场所、频次、组织、评估和总结、经费保障等。充分发挥队伍等社会力量的作用,使其通过各种应急任务的专业技能培训,提高专业应急能力,保证紧急时快速匹配具有相应专业能力的人员。

(四)决策指挥体系及快速转换响应能力构建

明确各有关部门、单位的职责及相互关系,明确专家咨询和辅助决策机制。决策体系应充分借助互联网、物联网、人工智能、大数据、区块链等现代技术构建信息平台快速、有效、高质量地获取数据、分析数据,协助、支持决策指挥,提高决策指挥能力。应对社区矫正突发事件,最理想的效果是将事态处置在萌芽状态。因此,需要建立情报收集分析系统、风险评估预测系统、险情报警联动系统。一要加快社区矫正对象信息系统建设。按照"见人见档、一人一档、人档相符"的原则,逐一建立和完善社区矫正对象信息档案资料,及时收集和分析社区矫正对象动态信息,形成社区矫正对象动态数据库,时刻掌握社区矫正对象的思想动态和行为动向。二要加快社区矫正风险评估系统建设。尽快出台社区矫正风险评估实施办法,加快设立社区矫正风险评估机构,组建专业化风险评估队伍,适时组织开展风险评估鉴定工作,以科学确定社区矫正对象的危险等级和监控等级。三要加快社区矫正险情报警系统建设。以社区矫正应急指挥中心为基本平台,以社区矫正对象佩戴电子腕带或专用手机为基本手段,运用"互联网+"技术,构建社区矫正险情报警系统,建立24小时备勤值班制度,做到"社区矫正对象一出险情,预警系统就能第一时间感知、发现和报警",为采取正确处置行动赢得先机。

(五)应急恢复体系及持续改进能力构建

落实综合防灾减灾措施,地震监测预报预警基础进一步夯实,地质灾害专群结合监测网络覆盖率大幅提高,防洪除涝工程和抗旱水源工程全部落地,气象预报预警水平显著提升,全社会防灾减灾意识和能力不断增强。

加强应急管理体制建设。加强应急领导机构和指挥机构建设,健全部门机构设置,合理配备专业技术人员。优化应急协同联动机制。完善省级应急救援总指挥部综合协调机制,健全各级各类应急救援队伍协同机制,完善自然灾害风险研判、隐患治理、监测预警等跨部门信息共享机制。

---

① 刘红岩:《论我国社区矫正制度的健全与完善》,载《学术交流》2011年第4期。

(六) 善后体系的构建

在处置社区矫正突发事件中，大量复杂的工作在于善后，这同时也决定着社区矫正处突行动的最终成效。按照事态的轻重缓急，应重点做好受伤人员的救助、财产损失的弥补、事发现场的修复、新闻舆论的回应、社会情绪的安抚、经验教训的总结、应对策略的完善等工作。处置行动结束后，各参战单位应根据自己担负的工作任务完成情况，进行全面深入的分析总结，不断完善本级应急工作方案，并由社区矫正处突指挥中心统一收集经验教训和改进措施，进一步修订完善总体应对策略，为今后社区矫正处理突发任务做好智能准备。

四、结语

智慧矫正，人工智能与社区矫正的融合，是时代的变革，科技的进步，但是人工智能并非万能，社区矫正不能完全依赖于人工智能。对于应用人工智能而引发的各种挑战和问题，有关部门要有清醒的认识，必须及时筹划，以前瞻性的眼光制定法律、建立制度，从而规范智慧矫正的未来发展。今后将以加快数字化智能化发展为着力点，进一步增强推动创建工作的责任感、使命感、紧迫感，强化措施、补齐短板，不断提高智慧矫正工作水平，努力在建设"重要窗口"中发挥竞争新优势，把"智慧矫正中心"打造成为共同富裕示范区建设的一项创新性、突破性、制度性的司法成果。

图书在版编目（CIP）数据

社区矫正前沿.2022／司法部预防犯罪研究所主编.—北京：中国法制出版社，2023.11
　　ISBN 978-7-5216-3969-8

Ⅰ.①社… Ⅱ.①司… Ⅲ.①社区-监督改造-中国-文集 Ⅳ.①926.74-53

中国版本图书馆 CIP 数据核字（2023）第 218528 号

策划编辑：赵宏
责任编辑：王悦（wangyuefzs@163.com）　　　　　　　　　　封面设计：杨泽江

社区矫正前沿.2022
SHEQU JIAOZHENG QIANYAN.2022

主编/司法部预防犯罪研究所
经销/新华书店
印刷/三河市紫恒印装有限公司
开本/710 毫米×1000 毫米　16 开　　　　　　　　　　　印张/31　字数/448 千
版次/2023 年 11 月第 1 版　　　　　　　　　　　　　　2023 年 11 月第 1 次印刷

中国法制出版社出版
书号 ISBN 978-7-5216-3969-8　　　　　　　　　　　　　　　定价：99.00 元

北京市西城区西便门西里甲 16 号西便门办公区
邮政编码：100053　　　　　　　　　　　　　　　　　传真：010-63141600
网址：http://www.zgfzs.com　　　　　　　　　编辑部电话：010-63141831
市场营销部电话：010-63141612　　　　　　　　　印务部电话：010-63141606

（如有印装质量问题，请与本社印务部联系。）